NCERT & SCERT

पर आधारित

BPSC TRE

बिहार शिक्षक भर्ती

(कक्षा 1 से 12 सभी के लिए)

INM

INDIAN NATIONAL MOVEMENT

भारतीय राष्ट्रीय आन्दोलन

SACHIN CHOUDHARY

Sachin Academy

Published by

Invincible Publication Pvt. Ltd.

Published by
Invincible Publication Pvt. Ltd.
201A, SAS Tower, Sector 38, Gurugram – 122003
www.invinciblepublishers.com

BPSC TRE बिहार शिक्षक भर्ती INM BY SACHIN CHOUDHARY

First Edition 2024
This edition can be exported from India only by Invincible Publication.

ISBN : 978-93-58862-85-0

Invincible Publication Pvt. Ltd.

Sales Office : 4760-61/23, Basement, Pratap Street, Ansari Road,
Daryaganj, New Delhi - 110002
Email: invinciblepublishers@gmail.com

Acknowledgements

This book owes its existence to the unwavering guidance and mentorship of **Sachin Choudhary**. Your wisdom and insight have shaped every page and inspired every word.

A heartfelt appreciation to **Virendra Kumar** , whose vast experience and knowledge have been invaluable in crafting this work. His invaluable assistance and unwavering support throughout the journey of completing this book. Your contributions have enriched the content beyond measure.

Sachin Sir , alongside **Virendra Sir**, spent months meticulously crafting and compiling the content, ensuring its depth and accuracy. As a result of their collaboration, we proudly present the best book for **Indian National Movement** in the market.

CONTENTS

गठन	-	22 मार्च, 1912
राजधानी	-	पटना
जनसंख्या	-	10,40,99,452
क्षेत्रफल	-	94,163 वर्ग किमी.
कुल ज़िले	-	38
उच्च न्यायालय	-	पटना

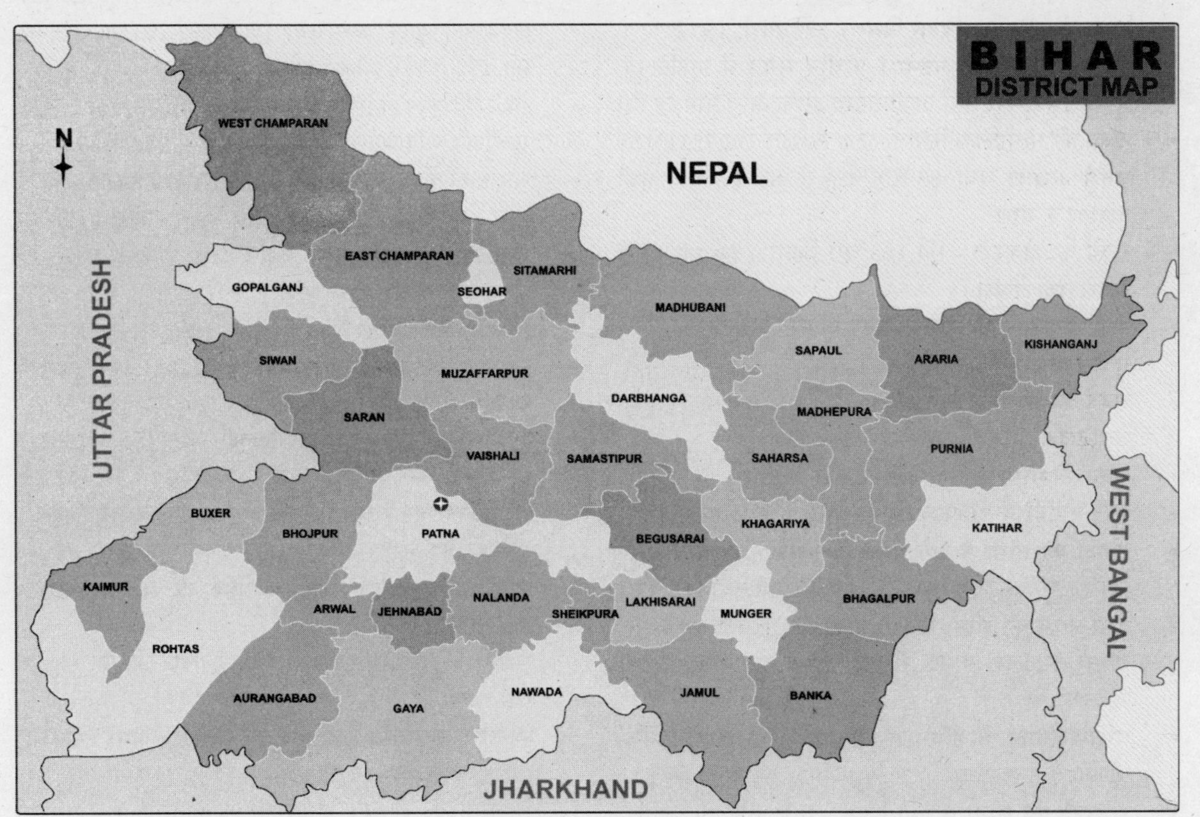

सामान्य जानकारी

- राजकीय पशु – बैल
- राजकीय वृक्ष – पीपल
- राजकीय पुष्प – गेंदा
- राजकीय पक्षी – गौरैया
- पवित्र पर्व – छठ पूजा
- प्रमुख चित्रकला – मधुबनी
- राज्य का नाम - बिहार, ऐसा माना जाता है कि इस क्षेत्र में **बौद्ध मठों (विहारों) की अधिकता के कारण**, इस क्षेत्र का नाम बिहार पड़ा। उल्लेखनीय है कि यह क्षेत्र प्राचीन समय में बौद्ध धर्म का प्रमुख केंद्र रहा है।
- राज्य की स्थापना **(बिहार दिवस)** - 22 मार्च, 1912
- राज्य की **राजधानी पटना** (प्राचीन समय में पाटलिपुत्र, पुष्पपुर, कुसुमपुर तथा अजीमाबाद इसके अन्य नाम रहे हैं।)
- राज्य की भौगोलिक स्थिति - 24°2010" से 27°31'15" **उत्तरी अंक्षाश** तथा 83°19'50" से 88°17'40" **पूर्वी देशांतर** के मध्य
- राज्य का क्षेत्रफल - 94,163 वर्ग किमी. **(देश का 12वाँ सबसे बड़ा राज्य)**
- **उत्तर से दक्षिण** की लंबाई - 345 किमी.
- **पूर्व से पश्चिम** की लंबाई - 483 किमी.
- राज्य की **सीमा से लगे राज्य** - 3 [पश्चिम बंगाल (पूर्व), उत्तर प्रदेश (पश्चिम) तथा झारखंड (दक्षिण)]
- राज्य की **सीमा से लगा देश** - नेपाल (उत्तर में)
- कुल भौगोलिक क्षेत्रफल (संपूर्ण भारत में) - **2.86%**
- **नेपाल की सीमा से लगे ज़िले** -7 [पश्चिमी चंपारण, पूर्वी चंपारण, सीतामढ़ी, मधुबनी, सुपौल, अररिया तथा किशनगंज
- **उत्तर प्रदेश की सीमा से लगे ज़िले** - 8 [रोहतास, कैमूर, बक्सर, भोजपुर, सारण, सीवान, गोपालगंज तथा पश्चिमी चंपारण
- **पश्चिम बंगाल की सीमा से लगे जिले** - 3 [किशनगंज, पूर्णिया तथा कटिहार
- **झारखंड की सीमा से लगे जिले** - 8 [भागलपुर, बाँका, जमुई, नवादा, गया, औरंगाबाद, रोहतास तथा कटिहार
- बिहार की **राजधानी पटना से लगे जिले** - 9 [अरवल, जहानाबाद, नालंदा, लखीसराय, बेगूसराय, समस्तीपुर, वैशाली, सारण, भोजपुर
- **क्षेत्रफल की दृष्टि से** सबसे **बड़ा जिला** - पश्चिमी चंपारण
- क्षेत्रफल की दृष्टि से **सबसे छोटा ज़िला** – शिवहर
- सबसे उत्तरी ज़िला - पश्चिमी चंपारण
- सबसे दक्षिणी ज़िला - गया
- सबसे पश्चिमी ज़िला – कैमूर
- सबसे पूर्वी ज़िला – किशनगंज
- राज्य की जलवायु – **मानसूनी**
- **सामान्य वर्षा** - 1,205 मिलीमीटर
- **सर्वाधिक वर्षा वाला ज़िला** – किशनगंज
- **न्यूनतम वर्षा वाले जिले** - कैमूर, रोहतास, औरंगाबाद तथा गया।
- **सबसे गर्म स्थान** - गया
- समुद्र तल से औसत ऊँचाई - 173 फीट (लगभग 53 मी.)
- राज्य की **कुल जनसंख्या** (जनगणना-2011) -10,40, 99,452 (**देश में तीसरा स्थान**)
- राज्य की **कुल जनसंख्या में पुरुष** - 5,42,78,157
- राज्य की कुल जनसंख्या में **महिला** - 4, 98,21,295
- भारत की कुल जनसंख्या में प्रतिशत अंश - **8.60%**
- कुल जनसंख्या की दृष्टि से देश में स्थान - तीसरा (पहला- उत्तर प्रदेश, जबकि दूसरा- महाराष्ट्र)
- जनसंख्या में **दशकीय वृद्धि** (2001-2011) - 25.42% (देश में छठा स्थान)
- **जनसंख्या घनत्व (व्यक्ति/वर्ग किमी.)** - 1,106 **(देश में पहला स्थान)**
- **सर्वाधिक जनसंख्या वाला ज़िला** - पटना (58,38,465)
- **न्यूनतम** जनसंख्या वाला ज़िला - शेखपुरा (6,36,342)
- **सर्वाधिक जनसंख्या दशकीय वृद्धि** दर वाला ज़िला - मधेपुरा (31.12%)
- **न्यूनतम जनसंख्या दशकीय वृद्धि दर** वाला जिला - गोपालगंज (19.02%)
- **सर्वाधिक जनसंख्या घनत्व** वाला ज़िला - शिवहर (1880 व्यक्ति/वर्ग किमी.)
- न्यूनतम जनसंख्या घनत्व वाला जिला - **कैमूर** (भभुआ) (488 व्यक्ति/ वर्ग किमी.)
- साक्षरता दर (2011 जनगणना के अनुसार) - **लगभग 61.80%** (71.20% पुरुष, 51.50% महिला)
- **सर्वाधिक साक्षरता दर वाला ज़िला** - रोहतास (73.37%)
- **न्यूनतम साक्षरता दर** वाला जिला - पूर्णिया (51.08%)
- सर्वाधिक पुरुष साक्षरता दर वाला जिला - रोहतास (82.88%)
- न्यूनतम पुरुष साक्षरता दर वाला जिला - पूर्णिया (59.06%)

- सर्वाधिक महिला साक्षरता दर वाला जिला - रोहतास (62.97%)
- न्यूनतम महिला साक्षरता दर वाला जिला - सहरसा (41.68%)
- **लिंगानुपात – 918**
- **सर्वाधिक लिंगानुपात** वाला जिला - गोपालगंज (1021)
- **न्यूनतम लिंगानुपात** वाला ज़िला - मुंगेर (876)
- शिशु लिंगानुपात (0-6 वर्ष) – 935
- सर्वाधिक शिशु लिंगानुपात वाला ज़िला - किशनगंज (971)
- न्यूनतम शिशु लिंगानुपात वाला जिला - वैशाली (904)
- **सर्वाधिक नगरीय जनसंख्या** वाला ज़िला - पटना (25,14,590)
- **न्यूनतम नगरीय जनसंख्या** वाला ज़िला - शिवहर (28,116)
- कुल जनसंख्या में **ग्रामीण जनसंख्या का प्रतिशत** - लगभग 88.71%
- कुल जनसंख्या में **नगरीय जनसंख्या का प्रतिशत** - लगभग 11.29%
- सर्वाधिक नगरीय जनसंख्या का प्रतिशत - पटना (43.07%)
- न्यूनतम नगरीय जनसंख्या का प्रतिशत - समस्तीपुर (3.47%)
- कुल जनसंख्या में अनुसूचित जाति (SC) - 15.9%
- **सर्वाधिक अनुसूचित जाति** जनसंख्या वाला ज़िला - गया (13,343, 51)
- सर्वाधिक **अनुसूचित जाति जनसंख्या प्रतिशत** वाला ज़िला – गया (30.39%)
- न्यूनतम अनुसूचित जाति **जनसंख्या** वाला ज़िला - शिवहर (96,655)
- न्यूनतम अनुसूचित जाति **जनसंख्या प्रतिशत** वाला ज़िला - किशनगंज (6.69%)
- कुल जनसंख्या में अनुसूचित जनजाति (ST) -1.3%
- **सर्वाधिक अनुसूचित जनजाति जनसंख्या वाला जिला** - पश्चिमी चंपारण (250046)
- न्यूनतम **अनुसूचित जनजाति** जनसंख्या वाला ज़िला - शिवहर (318)
- सर्वाधिक अनुसूचित जनजाति जनसंख्या **प्रतिशत** वाला जिला – पश्चिमी चंपारण (6.35%)
- न्यूनतम अनुसूचित जनजाति जनसंख्या प्रतिशत वाले ज़िले - औरंगाबाद, खगड़िया तथा समस्तीपुर।
- **प्रमंडल / कमिश्नरियों की संख्या - 09** (कोशी, दरभंगा, सारण, भागलपुर, पटना, तिरहुत, मुंगेर, मगध व पूर्णिया)
- **ज़िलों** की संख्या – 38
- **अनुमंडलों** की संख्या – 101
- **प्रखंडों** की संख्या – 534
- **पंचायतों** की संख्या - 8,406
- **पुलिस स्टेशनों (थाना)** की संख्या - 853
- **राजस्व ग्रामों की संख्या** - 45,103
- **लोकसभा सदस्यों** की संख्या – 40
- **राज्यसभा सदस्यों** की संख्या – 16
- **लोकसभा में अनुसूचित जाति** के लिये आरक्षित सीटों की संख्या – 6
- विधानमंडल - द्विसदनीय (उच्च सदन- विधानपरिषद, निम्न सदन - विधानसभा)
- **विधानसभा सदस्यों** की संख्या – 243
- **विधान परिषद सदस्यों** की संख्या – 75
- राजकीय चिह्न - बोधिवृक्ष (दो स्वास्तिक के बीच स्थित)
- राजकीय भाषा – हिन्दी
- द्वितीय राजकीय भाषा – उर्दू
- राजकीय मछली – मांगुर
- **राज्य गीत** - मेरे भारत के कंठहार, तुझको शत शत वंदन बिहार...
- **राज्य प्रार्थना** - मेरे रफ्तार पे सूरज की किरणें राज करे...
- **लोकनृत्य** - कठ घोड़वा, छऊ, लौंडा, धोबिया, झिझिया, झरनी, करमा तथा डोमकच।
- **प्रमुख वन प्रकार** - पर्णपाती

महत्वपूर्ण प्रश्न / Important Question

1. अंग्रेजी शासन काल में भारत का कौन सा क्षेत्र अफीम उत्पादन हेतु प्रसिद्ध था
(a) बिहार
(b) दक्षिण भारत
(c) गुजरात
(d) असम
(e) उपर्युक्त में से कोई नहीं है / उपर्युक्त में से एक से अधिक
Which area of India was famous for opium production during the British rule?
(a) Bihar
(b) South India
(c) Gujarat
(d) Assam
(e) None of the above / More than one of the above

47 BPSC (Pre) 2004-05

Ans - (a)
अंग्रेजी शासन काल में अफीम उत्पादन के लिए बिहार क्षेत्र विशेष प्रसिद्ध था।

2. उस क्षेत्र की पहचान करें जहां से यूरोप वासियों को सर्वोत्तम शोरा और अफीम प्राप्त होती थी
(a) बिहार
(b) गुजरात
(c) बंगाल
(d) मद्रास
(e) उपर्युक्त में से कोई नहीं है / उपर्युक्त में से एक से अधिक
Identify the region from where Europeans obtained the best saltpeter and opium.
(a) Bihar
(b) Gujarat
(c) Bengal
(d) Madras
(e) None of the above / More than one of the above

40th BPSC (Pre) 1995

Ans - (a)
यूरोपीय वासियों को सर्वोत्तम अफीम और शोरा की प्राप्ति बिहार से होती थी।

3. 1934 में बनी बिहार सोशलिस्ट पार्टी के सचिव थे?
(a) आचार्य नरेंद्र देव
(b) जयप्रकाश नारायण
(c) रामवृक्ष बेनीपुरी
(d) कर्पूरी ठाकुर
(e) उपर्युक्त में से कोई नहीं है / उपर्युक्त में से एक से अधिक
Was the secretary of Bihar Socialist Party formed in 1934?
(a) Acharya Narendra Dev
(b) Jaiprakash Narayan
(c) Ramvriksha Benipuri
(d) Karpuri Thakur
(e) None of the above / More than one of the above

63 BPSC (Pre) 2017-18

Ans - (b)
बिहार सोशलिस्ट पार्टी की स्थापना 1931 में गंगाशरण सिन्हा, रामवृक्ष बेनीपुरी और रामानंद मिश्रा के के द्वारा की गयी थी। 1934 में बिहार सोशलिस्ट पार्टी की औपचारिक स्थापना पटना अंजुमन इस्लामिया हॉल में हुई, जिसके अध्यक्ष आचार्य नरेन्द्र देव व सचिव जय प्रकाश नरायण थे।

4. किस तिथि को अगस्त क्रान्ति, 1942 के दौरान लिनलिथगो ने पटना एवं इसके आसपास की भीड़ पर गोली चलाने का आदेश दिया था ?
(a) 5 अगस्त
(b) 15 अगस्त
(c) 25 अगस्त
(d) उपर्युक्त में से एक से अधिक
(e) उपर्युक्त में से कोई नहीं
On which date, during the August Revolution, 1942, did Linlithgow give the order to open fire on the crowd in and around Patna?
(a) 5th August
(b) 15 August
(c) 25 August

(d) More than one of the above
(e) None of the above

BPSC School Teacher 2023 (Paper-II) Shift-2

Ans. (e)
अगस्त क्रान्ति, 1942 के दौरान 11 अगस्त, 1942 को लिनलिथगो ने पटना एवं इसके आस-पास की भीड़ पर गोली चलाने का आदेश दिया था। इस घटना में शहीद होने वाले सभी छात्र थे।

5. Who formed a Congress Ministry in Bihar as Premier on 20 July, 1937? 20 जुलाई, 1937 को बिहार में काँग्रेस मंत्रिमण्डल का गठन प्रीमियर के रूप में किसने किया था?
(a) Prof Abdul Bari / प्रो. अब्दुल बारी
(b) Anugrah Narayan Sinha / अनुग्रह नारायण सिन्हा
(c) Shri Krishna Sinha / श्रीकृष्ण सिन्हा
(d) More than one of the above उपर्युक्त में से एक से अधिक
(e) None of the above / उपर्युक्त में से कोई नहीं BPSC

TRE 2.0 18/12/2023 (Paper-III)

Ans. (c)
20 जुलाई, 1937 को श्री कृष्ण सिन्हा ने बिहार में कांग्रेस मंत्रिमण्डल का गठन किया था। श्रीकृष्ण सिन्हा बिहार के पहले मुख्यमंत्री (प्रीमियर) थे

6. Barabar Hills are situated in the vicinity of which city of Bihar?/बराबर की पहाड़ियाँ निम्नलिखित में से बिहार के किस शहर के सबसे समीप हैं?
(a) Makhdumpur / मखदूमपुर
(b) Munger/मुंगेर
(c) Madhubani /मधुबनी
(d) More than one of the above उपर्युक्त में से एक से अधिक
(e) None of the above/उपर्युक्त में से कोई नहीं

BPSC TRE 2.0 18/12/2023 (Paper-III)

Ans. (a)
बराबर की पहाड़ियां बिहार राज्य के जहानाबाद जिले के मखदूमपुर शहर के निकट है। यहाँ पर स्थित बराबर की गुफाओं का उपयोग आजीवक सम्प्रदाय के संयासिगों द्वारा किया गया है।

7. Which party of Bihar was active during the Quit India Movement? भारत छोड़ो आन्दोलन के समय बिहार का कौन-सा दल सक्रिय था?
(a) Siyaram Dal/सियाराम दल
(b) Azad Dasta/आजाद दस्ता
(c) Anand Dal/आनन्द दल
(d) More than one of the above/उपर्युक्त में से एक से अधिक
(e) None of the above /उपर्युक्त में से कोई नहीं

BPSC TRE 2.0 7/12/2023 Shift-II (Paper-III)

Ans.(a)
भारत छोड़ो आन्दोलन की अवधि में जयप्रकाश नारायण के द्वारा आजाद दस्ता के गठन के आहवाहन पर तिलकपुर, भागलपुर के निवासी सियाराम सिंह के नेतृत्व में सियाराम दल का गठन हुआ। यह दल हिंसा में विश्वास करता था।

8. On the outbreak of 1942, the people proclaimed the establishment of a National Government under Siaram Singh at
1942 के आन्दोलन में लोगों ने सियाराम सिंह की अगुवाई में कहाँ पर राष्ट्रीय सरकार की स्थापना की घोषणा की थी?
(a) Patna/पटना
(b) Bhagalpur /भागलपुर
(c) Champaran / चम्पारण
(d) More than one of the above /उपर्युक्त में से एक से अधिक
(e) None of the above/उपर्युक्त में से कोई नहीं

BPSC TRE 2.0 7/12/2023 Shift-II (Paper-III)

Ans. (b)
1942 के आंदोलन में लोगों ने सियाराम सिंह की अगुवाई में भागलपुर में राष्ट्रीय सरकार की स्थापना की घोषणा की थी।

9. When did the Bihar Youth League come into existence? / बिहार यूथ लीग का गठन कब हुआ?
(a) 1930
(b) 1928
(c) 1940
(d) More than one of the above / उपर्युक्त में से एक से अधिक
(e) None of the above/उपर्युक्त में से कोई नहीं

BPSC TRE 2.0 09/12/2023 (Paper-II)

Ans. (b)

बिहार यूथ लीग का गठन 1928 में हुआ। इसकी स्थापना बिहार में युवा राष्ट्रवादियों में एक समूह द्वारा की गई थी। बिहार यूथ लीग के प्रमुख नेताओं में जयप्रकाश नारायण, सत्येंद्र नारायण सिन्हा, श्रीकृष्ण सिंह आदि शामिल थे। बिहार यूथ लीग ने 1934 में अखिल भारतीय कांग्रेस सोशलिस्ट पार्टी के साथ विलय कर लिया।

10. सन् 1942 में भारत छोड़ो आन्दोलन में बिहार के नेताओं का महत्त्वपूर्ण योगदान रहा था। बिहार के कौन-से प्रमुख नेता 'बिहार केसरी' के नाम से जाने थे और उन्होंने भारत छोड़ो आन्दोलन में सक्रिय रूप से भाग लिया था?

(a) डॉ. राजेन्द्र प्रसाद
(b) श्रीकृष्ण सिंह
(c) अनुग्रह नारायण सिन्हा
(d) राम मनोहर लोहिया
(e) उपर्युक्त में से कोई नहीं / उपर्युक्त में से एक से अधिक

The leaders of Bihar had an important contribution in the Quit India Movement in 1942. Which prominent leader of Bihar was known as 'Bihar Kesari' and actively participated in the Quit India Movement?

(a) Dr. Rajendra Prasad
(b) Shri Krishna Singh
(c) Anugrah Narayan Sinha
(d) Ram Manohar Lohia
(e) None of the above / More than one of the above

69th BPSC (Pre) 2023

Ans. (b)

बिहार के स्वतन्त्रता संग्राम सेनानी एवं प्रमुख नेता श्रीकृष्ण सिंह को 'बिहार केसरी' के नाम से जाना जाता था और उन्होंने भारत छोड़ो आन्दोलन में सक्रिय रूप में भाग लिया था। उन्होंने 1946 से 1961 तक बिहार के पहले मुख्यमंत्री के रूप में कार्य किया।

11. बिहार में विक्रमशिला विश्वविद्यालय के सम्बन्ध में, निम्नलिखित कथनों पर विचार कीजिए:

1. यह बिहार के वर्तमान बांका जिले में स्थित था।
2. इसकी स्थापना पाल वंश के राजा गोपाल प्रथम ने की थी
3. बौद्ध धर्म का 'वज्रयान' सम्प्रदाय यहाँ फला-फूला।
4. यहाँ खगोल-विज्ञान, तर्कशास्त्र, कानून, व्याकरण और दर्शन जैसे अन्य विषय भी पढ़ाए जाते थे।

उपर्युक्त में से कौन-से कथन गलत हैं?

(a) 2 और 3
(b) 1 और 4
(c) 1 और 2
(d) उपर्युक्त में से कोई नहीं
(e) उपर्युक्त में से एक से अधिक

Regarding Vikramshila University in Bihar, consider the following statements:

1. It was located in the present Banka district of Bihar.
2. It was founded by King Gopal I of Pal dynasty.
3. 'Vajrayana' sect of Buddhism flourished here.
4. Other subjects like astronomy, logic, law, grammar and philosophy were also taught here.

Which of the above statements are incorrect?

(a) 2 and 3
(b) 1 and 4
(c) 1 and 2
(d) None of the above
(e) More than one of the above

69th BPSC (Pre) 2023

Ans. (c)

विक्रमशिला विश्वविद्यालय के सम्बन्ध में निम्न कथन इस प्रकार है-

विक्रमशिला विश्वविद्यालय बिहार के भागलपुर जिले में स्थित है।

विक्रमशिला विश्वविद्यालय की स्थापना नरेश धर्मपाल ने (775- 800) ने करवायी थी। यहाँ 160 विहार तथा व्याख्यान के लिए अनेक कक्ष बने हुए थे।

बौद्ध धर्म का वज्रयान सम्प्रदाय यहाँ फला-फूला।

यहाँ खगोल विज्ञान, तर्कशास्त्र, कानून, व्याकरण और दर्शन जैसे अन्य विषय भी पढ़ाए जाते थे।

12. 1913 में पटना में अनुशीलन समिति की एक शाखा की स्थापना किसने की थी?
(a) रामानन्द सिन्हा
(b) सतीश झा
(c) शचीन्द्रनाथ सान्याल
(d) उपर्युक्त में से एक से अधिक
(e) उपर्युक्त में से कोई नहीं
Who established a branch of Anushilan Samiti in Patna in 1913?
(a) Ramanand Sinha
(b) Satish Jha
(c) Sachindranath Sanyal
(d) More than one of the above
(e) None of the above
BPSC School Teacher 2023 (Paper-IV)

Ans. (c)
वर्ष 1913 में पटना में अनुशीलन समिति की एक शाखा की स्थापना शचीन्द्रनाथ सान्याल ने की थी।

13. 'बिहार प्रॉविन्सियल काँग्रेस कमेटी' जिसका मुख्यालय पटना में है, का गठन किस वर्ष हुआ?
(a) 1908
(b) 1910
(c) 1906
(d) उपर्युक्त में से एक से अधिक
(e) उपर्युक्त में से कोई नहीं
In which year was 'Bihar Provincial Congress Committee', whose headquarters is in Patna, formed?
(a) 1908
(b) 1910
(c) 1906
(d) More than one of the above
(e) None of the above
BPSC School Teacher 2023 (Paper-IV)

Ans. (a)
बिहार प्रॉविन्सियल कांग्रेस कमेटी, भारतीय राष्ट्रीय कांग्रेस की बिहार इकाई की शाखा है, जिसका मुख्यालय पटना में है। इसका गठन वर्ष 1908 में हुआ था।

14. बिहार समाजवादी पार्टी का गठन किसने किया था?
(a) फूलनचंद तिवारी और राजेन्द्र प्रसाद
(b) फूलन प्रसाद वर्मा और जयप्रकाश नारायण
(c) राजकुमार शुक्ल और स्वामी अग्निवेश
(d) उपर्युक्त में से एक से अधिक
(e) उपर्युक्त में से कोई नहीं
Who formed Bihar Samajwadi Party?
(a) Phoolanchand Tiwari and Rajendra Prasad
(b) Phoolan Prasad Verma and Jaiprakash Narayan
(c) Rajkumar Shukla and Swami Agnivesh
(d) More than one of the above
(e) None of the above
BPSC School Teacher 2023 (Paper-IV)

Ans. (b)
बिहार समाजवादी पार्टी का गठन फूलन प्रसाद वर्मा और जय प्रकाश नारायण तथा कुछ अन्य लोगों ने मिलकर वर्ष 1931 में की थी।

15. किस वर्ष 'बिहार प्रान्तीय किसान सभा' का गठन किया गया था ?
(a) 1920
(b) 1924
(c) 1929
(d) उपर्युक्त में से एक से अधिक
(e) उपर्युक्त में से कोई नहीं
In which year was 'Bihar Provincial Kisan Sabha' formed?
(a) 1920
(b) 1924
(c) 1929
(d) More than one of the above
(e) None of the above
BPSC School Teacher 2023(Paper- H) Shift-2

Ans. (c) :
बिहार प्रांतीय किसान सभा का गठन वर्ष 1929 में सहजानंद सरस्वती द्वारा किया गया था।

16. In which year did the Muzaffarpur Bomb Case happen? / किस वर्ष मुजफ्फरपुर बम काण्ड हुआ था?
(a) 1907

(b) 1908
(c) 1909
(d) More than one of the above /उपर्युक्त में से एक से अधिक
(e) None of the above/उपर्युक्त में से कोई नहीं

Ans. (b):
प्रफुल्ल चाकी तथा खुदीराम बोस ने 30 अप्रैल, 1908 को मुजफ्फरपुर के मजिस्ट्रेट किंग्स फोर्ड की हत्या का प्रयास किया।

17. भारतीय राष्ट्रीय कांग्रेस के 1922 में आयोजित गया अधिवेशन के अध्यक्ष कौन थे?
(a) चितरंजन दास
(b) हकीम अजमल खान
(c) महात्मा गांधी
(d) मौलाना अब्दुल कलाम
(e) उपर्युक्त में से कोई नहीं या उपर्युक्त में से एक से अधिक
Who was the President of the Gaya session of the Indian National Congress held in 1922?
(a) Chittaranjan Das
(b) Hakim Ajmal Khan
(c) Mahatma Gandhi
(d) Maulana Abdul Kalam
(e) None of the above or more than one of the above

67th BPSC(Pre) Nirast 2021 65th BPSC(Pre) Re-exam 2019 56-59 BPSC (Pre) 2015

Ans. (a):
भारतीय राष्ट्रीय कांग्रेस के 1922 ई. में आयोजित गया अधिवेशन के अध्यक्ष चितरंजन दास थे।

18. भारतीय राष्ट्रीय कांग्रेस का 1912 का अधिवेशन बिहार के किस शहर में हुआ था?
(a) हरिपुरा
(b) पटना
(c) रांची
(d) भागलपुर
(e) उपर्युक्त में से कोई नहीं या उपर्युक्त में से एक से अधिक
In which city of Bihar was the 1912 session of the Indian National Congress held?
(a) Haripura
(b) Patna
(c) Ranchi
(d) Bhagalpur
(e) None of the above or more than one of the above

46th BPSC (Pre) 2003-04

Ans - (b)
भारतीय राष्ट्रीय कांग्रेस का 1912 में अधिवेशन बांकीपुर (पटना) में आर. एन. मुधोलकर की अध्यक्षता में हुआ जिसमें ए. ओ. ह्यूम को कांग्रेस का पिता कहा गया।

19. भारतीय राष्ट्रीय कांग्रेस के 27वें सम्मेलन की अध्यक्षता किसने की?
(a) एस. एन. सिन्हा
(b) आर. एन. मुधोलकर
(c) मजरुल हक
(d) राजेंद्र प्रसाद
(e) उपर्युक्त में से कोई नहीं या उपर्युक्त में से एक से अधिक
Who presided over the 27th conference of the Indian National Congress??
(a) S. N. Sinha
(b) R. N. Mudholkar
(c) Majrul Haq
(d) Rajendra Prasad
(e) None of the above or more than one of the above

65 BPSC (Pre) Re-exam 2019 63th-55 BPSC (Pre) 2011

Ans. (b)
भारतीय राष्ट्रीय कांग्रेस के 27वें सम्मेलन की अध्यक्षता आर एन. मुधोलकर ने की थी। भारतीय राष्ट्रीय कांग्रेस का 27वां सम्मेलने बांकीपुर (पटना) में हुआ था।

20. बिहार के किस नगर में 1922 का भारतीय राष्ट्रीय कांग्रेस का वार्षिक अधिवेशन हुआ था?
(a) पटना
(b) भागलपुर
(c) मुंगेर
(d) गया
(e) उपर्युक्त में से कोई नहीं या उपर्युक्त में से एक से अधिक

In which city of Bihar was the annual session of the Indian National Congress held in 1922??
(a) Patna
(b) Bhagalpur
(c) Munger
(d) Gaya
(e) None of the above or more than one of the above

BPSC Auditor (Pre) 2021

Ans - (d)
बिहार के गया जिले में 1922 का भारतीय राष्ट्रीय कांग्रेस का वार्षिक अधिवेशन हुआ था। इसकी अध्यक्षता सी.आर. दास ने की थी।

21. Who was the President of the Patna Session of Indian National Congress held in 1912? 1912 मे पटना में होने वाले भारतीय राष्ट्रीय काँग्रेस के अधिवेशन के अध्यक्ष कौन थे?
(a) R. N. Mudholkar /आर. एन. मुधोलकर
(b) A. C. Majumdar /ए.सी. मजूमदार
(c) Madan Mohan Malaviya / मदन मोहन मालवीय
(d) More than one of the above/उपर्युक्त में से एक से अधिक
(e) None of the above /उपर्युक्त में से कोई नहीं

BPSC TRE 2.0 7/12/2023 Shift-II (Paper-III)

Ans. (a)
1912 में पटना में होने वाले भारतीय राष्ट्रीय कांग्रेस के अधिवेशन के अध्यक्ष आर. एन. मुधोलकर थे।

22. Gaya Session of Indian National Congress was held in which year? / भारतीय राष्ट्रीय काँग्रेस का गया अधिवेशन किस वर्ष में हुआ?
(a) 1922
(b) 1933
(c) 1946
(d) More than one of the above / उपर्युक्त में से एक से अधिक
(e) None of the above / उपर्युक्त में से कोई नहीं

BPSC TRE 2.0 10/12/2023 (Paper-III)

Ans. (a)
भारतीय राष्ट्रीय कांग्रेस का गया अधिवेशन दिसंबर 1922 में आयोजित किया गया था। इसकी अध्यक्षता सी. आर. दास ने की थी।

23. Who was the President of the Indian National Congress at the Gaya Session of 1922? 1922 में, आयोजित भारतीय राष्ट्रीय कांग्रेस के गया अधिवेशन के अध्यक्ष कौन थे?
(a) Chittaranjan Das/चित्तरंजन दास
(b) Hakim Ajmal Khan/हकीम अजमल खाँ
(c) Mahatma Gandhi/महात्मा गाँधी
(d) More than one of the above /उपर्युक्त में से एक से अधिक
(e) None of the above/उपर्युक्त में से कोई नहीं

BPSC TRE 2.0 8/12/2023 (Paper-III)

Ans.(a)
वर्ष 1922 में आयोजित भारतीय राष्ट्रीय कांग्रेस के गया अधिवेशन के अध्यक्ष चित्तरंजन दास थे।

24. At which place, the Indian National Congress Session was held in Bihar for the first time?/ बिहार में सर्वप्रथम भारतीय राष्ट्रीय काँग्रेस का सत्र कहाँ हुआ था?
(a) Gaya /गया
(b) Bankipur/बाँकीपुर
(c) Bhagalpur / भागलपुर
(d) More than one of the above / उपर्युक्त में से एक से अधिक
(e) None of the above / उपर्युक्त में से कोई नहीं

BPSC TRE 2.0 18/12/2023 (Paper-II)

Ans. (b)
बिहार में राष्ट्रीय कांग्रेस का पहला अधिवेशन 1912 में बांकीपुर, पटना में हुआ था।

25. बिहार के किस वकील ने असहयोग आंदोलन के समय अपनी लाभप्रद वकालत छोड़ दी थी?
(a) जयप्रकाश नारायण
(b) डॉक्टर राजेंद्र प्रसाद
(c) राजकुमार शुक्ला
(d) स्वामी सहजानंद सरस्वती
(e) उपर्युक्त में से कोई नहीं या उपर्युक्त में से एक से अधिक
Which lawyer of Bihar had given up his profitable practice during the non-cooperation

movement??
(a) Jaiprakash Narayan
(b) Dr. Rajendra Prasad
(c) Rajkumar Shukla
(d) Swami Sahajanand Saraswati
(e) None of the above or more than one of the above

BPSC Motor Vehicle Insp. 2022

Ans. (b):
1920 में महात्मा गांधी के नेतृत्त्व में असहयोग आन्दोलन की शुरुआत हुयी। इस दौरान राजेन्द्र प्रसाद ने अपनी वकालत छोड़ दी।

26. किस क्षेत्र में राहुल सांकृत्यायन 1920 के असहयोग आंदोलन में सक्रिय थे?
(a) छपरा
(b) दिल्ली
(c) लखनऊ
(d) पटना
(e) उपर्युक्त में से कोई नहीं या उपर्युक्त में से एक से अधिक
In which field was Rahul Sankrityayan active in the non-cooperation movement of 1920?
(a) Chhapra
(b) Delhi
(c) Lucknow
(d) Patna
(e) None of the above or more than one of the above

56th-59th BPSC (Pre) 2015

Ans - (a)
राहुल सांकृत्यायन(केदारनाथ पांडे) ने असहयोग आन्दोलन के दौरान बिहार के छपरा में नेतृत्व किया एवं जेल गए। इन्हें 'हिंदी यात्रा साहित्य का जनक' कहा जाता है।

27. असहयोग आंदोलन के दौरान किसने पटना कॉलेज छोड़ा जबकि उसकी परीक्षा केवल 20 दिन ही बचे थे?
(a) राजेंद्र प्रसाद
(b) ब्रज किशोर
(c) जयप्रकाश नारायण
(d) श्रीकृष्ण सिन्हा
(e) उपर्युक्त में से कोई नहीं या उपर्युक्त में से एक से अधिक
Who left Patna College during the non-cooperation movement when only 20 days were left for his examination?
(a) Rajendra Prasad
(b) Braj Kishore
(c) Jaiprakash Narayan
(d) Shrikrishna Sinha
(e) None of the above or more than one of the above

60-62 BPSC (Pre) 2016-17

Ans - (c)
बिहार के सारण जनपद में जन्मे जय प्रकाश नारायण ने असहयोग आन्दोलन के दौरान पटना कालेज छोड़ा था जबकि उनकी परीक्षा के केवल बीस ही दिन बचे थे।

28. गांधीजी के असहयोग आंदोलन में लोगों को शराब से परहेज करने का आग्रह किया गया. फलस्वरूप सरकार के राजस्व में भारी कमी आयी. एक प्रदेश सरकार के लोगों को फिर से शराब पीने के लिए प्रेरित करने के लिए प्रमुख व्यक्तियों की एक सूची प्रसारित की जो शराब पीते थे. उस प्रदेश का नाम बताइए
(a) आंध्र प्रदेश
(b) बिहार
(c) बॉम्बे
(d) गुजरात
(e) उपर्युक्त में से कोई नहीं या उपर्युक्त में से एक से अधिक
In Gandhiji's non-cooperation movement, people were urged to abstain from alcohol. As a result, there was a huge decline in the government's revenue. A state government circulated a list of prominent individuals who used to drink alcohol to encourage people to drink alcohol again. tell the name of that region
(a) Andhra Pradesh
(b) Bihar
(c) Bombay
(d) Gujarat
(e) None of the above or more than one of the above

64th BPSC (Pre) 2018-19

Ans - (b)

असहयोग आन्दोलन के दौरान बिहार राज्य में सरकार ने महान लोगों के नाम बताए, जो शराब पीते थे। जैसे - मूसा, सिकंदर, नेपोलियन, शेक्सपियर, ग्लैंडस्टोन आदि।

29. During which movement 'Bihar Vidyapeeth' was established? किस आन्दोलन के दौरान 'बिहार विद्यापीठ' की स्थापना की गई?

(a) Swadeshi Movement / स्वदेशी आन्दोलन
(b) Non-Cooperation Movement / असहयोग आन्दोलन
(c) Civil Disobedience Movement / सविनय अवज्ञा आन्दोलन
(d) More than one of the above / उपर्युक्त में से एक से अधिक
(e) None of the above / उपर्युक्त में से कोई नहीं

BPSC TRE 2.0 14/12/2023 Paper-I

Ans. (b)

असहयोग आन्दोलन के दौरान पटना में गंगा के किनारे स्थित 'बिहार विद्यापीठ' की स्थापना की गई।

30. Who led the peasants of Bihar during the Non-Cooperation Movement? असहयोग आन्दोलन के दौरान किसने बिहार में किसानों की अगुवाई की?

(a) Raj Kumar Shukla/राजकुमार शुक्ला
(b) Swami Vidyanand/स्वामी विद्यानन्द
(c) Rajendra Prasad/राजेन्द्र प्रसाद
(d) More than one of the above/उपर्युक्त में से एक से अधिक
(e) None of the above/उपर्युक्त में से कोई नहीं

BPSC TRE 2.0 8/12/2023 (Paper-III)

Ans. (b)

असहयोग आन्दोलन के दौरान स्वामी विद्यानन्द ने बिहार में किसानों की अगुवाई की थी।

31. नेशनल कॉलेज और बिहार विद्यापीठ का शिलान्यास किसने किया था?

(a) डॉ. राजेन्द्र प्रसाद
(b) मौलाना अब्दुल बारी
(c) महात्मा गांधी
(d) उपर्युक्त में से एक से अधिक
(e) उपर्युक्त में से कोई नहीं

Who laid the foundation stone of National College and Bihar Vidyapeeth?

(a) Dr. Rajendra Prasad
(b) Maulana Abdul Bari
(c) Mahatma Gandhi
(d) More than one of the above
(e) None of the above

BPSC School Teacher 2023 (Paper-III)

Ans. (c):

बिहार की राजधानी पटना में गंगा के किनारे स्थित बिहार विद्यापीठ की स्थापना महात्मा गांधी के प्रयासों से हुई थी। इन्होने ही इसका शिलान्यास किया था डॉ. राजेन्द्र प्रसाद इस संस्थान के पहले प्राचार्य बनाए गए थे।

32. डच ईस्ट इन्डिया कम्पनी ने किस वर्ष पटना में अपना कारखाना स्थापित किया? / In which year did the Dutch East India Company establish its factory in Patna?

(a) 1635
(b) 1632
(c) 1643
(d) 1648
(e) उपर्युक्त में से कोई नहीं / उपर्युक्त में से एक से अधिक / None of the above / More than one of the above

69th BPSC (Pre) 2023

Ans. (b)

डच ईस्ट इंडिया कम्पनी ने वर्ष 1632 में पटना में अपना कारखाना स्थापित किया।

33. वर्ष 1632 में बिहार के पटना शहर में कौन सी कंपनी ने अपनी फैक्ट्री स्थापित की?

(a) ब्रिटिश ईस्ट इंडिया कंपनी
(b) डच ईस्ट इंडिया कंपनी
(c) पुर्तगाल ईस्ट इंडिया कंपनी
(d) फ्रेंच ईस्ट इंडिया कंपनी
(e) उपयुक्त में से कोई नहीं है/उपयुक्त में से एक से अधिक

Which company established its factory in Patna city of Bihar in the year 1632?

(a) British East India Company
(b) Dutch East India Company
(c) Portugal East India Company

(d) French East India Company
(e) None of the above/More than one of the above

66th BPSC (Pre) 2020

Ans. (b)

डच ईस्ट इंडिया कम्पनी (नीदरलैण्ड) ने 1632 ई. में बिहार के पटना शहर में अपनी फैक्टरी स्थापित की थी।

34. Who was incharge of the English Company at Patna at the time of the Buxar War? बक्सर युद्ध के समय पटना में अंग्रेजी कंपनी का प्रभारी कौन था?
(a) Ellis/एलिस
(b) Holwell/हॉलवेल
(c) Verelst/वेरेलस्ट
(d) More than one of the above/उपर्युक्त में से एक से अधिक
(e) None of the above/उपर्युक्त में से कोई नहीं

Ans.(a):

बक्सर युद्ध के समय पटना में अंग्रेजी कम्पनी का प्रभारी एलिस था।

35. बिहार के किस क्षेत्र में 'फतेह शाही विद्रोह' हुआ था?
(a) मिथिला
(b) तिरहुत
(c) सारण
(d) मगध
(e) उपयुक्त में से कोई नहीं/उपयुक्त में से एक से अधिक

In which area of Bihar did the 'Fateh Shahi Revolt' take place?
(a) Mithila
(b) Tirhut
(c) Saran
(d) Magadha
(e) None of the above/More than one of the above

BPSC Auditor (Pre)2021

Ans. (c)

फतेह शाही का विद्रोह ईस्ट इंडिया कंपनी के खिलाफ बिहार के सारण जिला में छापामार युद्ध था। फतेह बहादुर शाही अपने अनुयायियों के साथ जंगलों में भाग गए, और वह अंग्रेजों के खिलाफ छापामार युद्ध लड़ते थे।

36. प्लासी युद्ध के पश्चात किसको बिहार प्रांत का 'उप-दीवान' नियुक्त किया गया था?
(a) राजा सिताब राय
(b) मोहम्मद रजा खान
(c) दुर्गादास
(d) पृथ्वीश चंद्र राय
(e) उपयुक्त में से कोई नहीं/उपयुक्त में से एक सेअधिक

Who was appointed 'Sub-Dewan' of Bihar province after the Battle of Plassey?
(a) Raja Sitab Rai
(b) Mohammad Raza Khan
(c) Durgadas
(d) Prithivish Chandra Rai
(e) None of the above/More than one of the above

BPSC DACO 2021

Ans. (a)

प्लासी का युद्ध जून, 1757 के बाद मीरजाफर को बंगाल का नवाब घोषित किया गया तथा राजा सिताब राय को बिहार का 'उप-दीवान' तथा मुहम्मद राजा खां को बंगाल का 'उप-दीवान' बनाया गया।

37. बिहार में 'परमानेंट सेटेलमेंट' लागू करने का कारण था –
(a) जमींदारों का जमीन पर अधिकार न रहना
(b) जमींदारों के लिए जमीन पर वंश परंपरागत अधिकार को स्वेच्छा से हस्तांतरित करने का अधिकार
(c) भू राजस्व का राजस्व निर्णय करना
(d) जमींदारी - प्रथा का निर्मूलन
(e) उपयुक्त में से कोई नहीं/उपयुक्त में से एक से अधिक

The reason for implementing 'Permanent Settlement' in Bihar was –
(a) Landlords no longer have rights over the land
(b) Right for landlords to voluntarily transfer hereditary rights over land
(c) To decide the revenue of land revenue
(d) Abolition of Zamindari system
(e) None of the above/More than one of the above

48th -52nd BPSC (Pre) 2007-08

Ans. (c)

बिहार में 'परमानेंट सेटलमेंट' लागू करने का कारण भू-

राजस्व का राजस्व निर्णय करना था।

38. भारतीय हस्तशिल्प के सन्दर्भ में, बिहार में 'सुजिनी' क्या है?
(a) एक प्रकार का काँच का बर्तन
(b) एक धातु शिल्प
(c) एक प्रकार की कढ़ाई
(d) एक प्रकार का मिट्टी का बर्तन
(e) उपर्युक्त में से कोई नहीं / उपर्युक्त में से एक से अधिक

In the context of Indian handicrafts, what is 'Sujini' in Bihar?
(a) A type of glass vessel
(b) a metal craft
(c) A type of embroidery
(d) A type of earthen pot
(e) None of the above / More than one of the above

69th BPSC (Pre) 2023

Ans. (c)
बिहार में परम्परागत रूप से महिलाएँ नवजात शिशुओं को लपेटने के लिए साधारण कपड़ों के छोटे पैच पर कढ़ाई करके कपड़ा तैयार करती है। इसी को सुजनी कहते हैं।

39. सन 1872 ईस्वी में 'बिहार हेराल्ड' आरंभ किया था
(a) मुंशी सूरजमल ने
(b) राय मोहनलाल ने
(c) बाबू गुरु प्रसाद सेन ने
(d) कृष्ण भट्ट ने
(e) उपर्युक्त में से कोई नहीं या उपर्युक्त में से एक से अधिक

'Bihar Herald' was started in 1872 AD
(a) Munshi Surajmal
(b) Rai Mohan Lal
(c) Babu Guru Prasad Sen
(d) Krishna Bhatt
(e) None of the above or more than one of the above

66th BPSC (Pre) (Re-Exam) 2020

Ans. (c)
बिहार का पहला अंग्रेजी समाचार पत्र 'द बिहार हेराल्ड' था जिसका आरम्भ 1872 में बाबू गुरू प्रसाद सेन ने किया था।

40. Who is known as 'Gandhi of Bihar'? 'बिहार का गाँधी' के रूप में कौन जाने जाते हैं?
(a) Dr. Rajendra Prasad/डॉ. राजेन्द्र प्रसाद
(b) Lal Bahadur Shastri/लाल बहादुर शास्त्री
(c) Khan Abdul Ghaffar Khan/खान अब्दुल गफ्फार खान
(d) More than one of the above/उपर्युक्त में से एक से अधिक
(e) None of the above/उपर्युक्त में से कोई नहीं

BPSC TRE 2.0 7/12/2023 Shift-II (Paper-III)

Ans.(a)
'बिहार का गाँधी' डॉ राजेन्द्र प्रसाद का उपनाम है।

41. महात्मा गाँधी एण्ड बिहार: सम रेमिनिसेन्सेस पुस्तक के लेखक कौन थे?
(a) सैयद अली जहीर
(b) डॉ. राजेंद्र प्रसाद
(c) जीवतराम भगवानदास कृपलानी
(d) उपर्युक्त में से एक से अधिक
(e) उपर्युक्त में से कोई नहीं

Who was the author of the book Mahatma Gandhi and Bihar: Some Reminiscences?
(a) Syed Ali Zaheer
(b) Dr. Rajendra Prasad
(c) Jeevatram Bhagwandas Kripalani
(d) More than one of the above
(e) None of the above

BPSC School Teacher 2023 (Paper II) Shift-1
BPSC TRE 2.0, 2023 (Paper I)

Ans. (b)
डॉ. राजेन्द्र प्रसाद की प्रमुख Books - महात्मा गाँधी एंड बिहारः सम रेमिनिसेन्सेस, बापू के कदमों में बाबू, इंडिया डिवाइडेड, सत्याग्रह एट चम्पारण आदि।

42. 1857 ईस्वी के विद्रोह के एक नेता कुंवर सिंह किस स्थान से संबंधित थे?
(a) ग्वालियर
(b) जगदीशपुर
(c) झांसी
(d) मेरठ
(e) उपर्युक्त में से कोई नहीं / उपर्युक्त में से एक से अधिक

Kunwar Singh, a leader of the rebellion of 1857 AD, belonged to which place?
(a) Gwalior
(b) Jagdishpur
(c) Jhansi
(d) Meerut
(e) None of the above / More than one of the above

67th BPSC(Pre) Nirast 2021

Ans. (b):
कुंवर सिंह बिहार (वर्तमान भोजपुर जिले) के जगदीशपुर से संबंधित थे।

43. किस महीने में पीर अली ने घटना में अंग्रेजो के खिलाफ विद्रोह की शुरुआत की?
(a) मई 1857
(b) जून 1857
(c) जुलाई 1857
(d) अगस्त 1857
(e) उपर्युक्त में से कोई नहीं/उपर्युक्त में से एक से अधिक
In which month did Pir Ali start a rebellion against the British?
(a) May 1857
(b) June 1857
(c) July 1857
(d) August 1857
(e) None of the above/More than one of the above

BPSC Auditor (Pre)2021

Ans. (c)
3 जुलाई, 1857 को पटना सिटी में अंग्रेजो के विरुद्ध संघर्ष आरंभ हुआ। इसका नेतृत्व एक पुस्तक-विक्रेता पीर अली द्वारा किया गया। पटना के कमिश्नर टेलर के आदेश पर उसे फांसी की सजा हुई।

44. बिहार में 21 अप्रैल,1858 को ब्रिगेडियर डगलस के अधीन ब्रिटिश सैन्य दल के विरुद्ध किसने बहादुरी के साथ युद्ध किया?
(a) जगलाल चौधरी
(b) कुँवर सिंह
(c) सुरेंद्र साही
(d) उज्जवल साही
(e) उपर्युक्त में से कोई नहीं / उपर्युक्त में से एक से अधिक
Who fought bravely against the British army under Brigadier Douglas in Bihar on April 21, 1858?
(a) Jaglal Chaudhary
(b) Kunwar Singh
(c) Surendra Sahi
(d) Ujjwal Sahi
(e) None of the above / More than one of the above

BPSC Auditor (Pre)2021

Ans. (b)
ब्रिगेडियर डगलस ने 17 अप्रैल 1858 को आजमगढ़ के समीप कुंवर सिंह पर आक्रमण किया। डगलस के सभी प्रयत्नों को विफल करते हुए कुंवर सिंह नागरा और फिर सिकन्दर पुर पहुँच गये। कुंवर सिंह की बौसडीह (गाजीपुर एवं छपरा के बीच) नामक स्थान पर डगलस के सैनिकों से 21 अप्रैल 1858 को लड़ते हुए 22 अप्रैल 1858 तक वे जगदीशपुर पहुंच गये। 23 अप्रैल, 1858 को उन्होंने अपनी अन्तिम लड़ाई लड़ी तथा 26 अप्रैल, 1858 को उनकी मृत्यु हो गयी.

45. 1857 की क्रांति के दौरान पटना डिवीजन का कमिश्नर कौन था?
(a) विलियम टेलर
(b) ब्रिगेडियर डगलस
(c) एच. सी. वेक
(d) कैप्टन आर. पी. हैरिसन
(e) उपर्युक्त में से कोई नहीं/उपर्युक्त में से एक से अधिक
Who was the Commissioner of Patna Division during the Revolution of 1857?
(a) William Taylor
(b) Brigadier Douglas
(c) H.C. Wake
(d) Captain R. P. Harrison
(e) None of the above / More than one of the above

BPSC Auditor (Pre)2021

Ans. (a)
1857 के विद्रोह के समय पटना डिवीजन का कमिश्नर विलियम टेलर था।

46. कुंवर सिंह जगदीशपुर में कब प्रविष्ट हुए?
(a) 22 अप्रैल, 1858
(b) 23 अप्रैल,1858
(c) 20 अप्रैल,1818
(d) 25 अप्रैल,1858
(e) उपर्युक्तमें से कोई नहीं / उपर्युक्त में से एक से अधिक
When did Kunwar Singh enter Jagdishpur?
(a) April 22, 1858
(b) April 23, 1858
(c) April 20, 1818
(d) April 25, 1858
(e) None of the above / More than one of the above

66th BPSC (Pre) (Re-Exam) 2020
42 BPSC (Pre) 1997-98
49-52 BPSC (Pre) 2007-08

Ans. (a)
युद्ध में ब्रिटिश सेना को पराजित कर कुंवर सिंह ने 22 अप्रैल, 1858 को पुन: जगदीशपुर मे प्रविष्ट हुए। इन्होंने 23 अप्रैल 1858 को जगदीपुर के पास अंतिम लड़ाई लड़ी। 26 अप्रैल 1858 को 80 वर्ष की उम्र में शहीद हो गए।

47. बिहार में1857 के विद्रोह का नेतृत्व किसने किया?
(a) नाना साहब
(b) तात्या टोपे
(c) कुंवर सिंह
(d) मौलवी अहमदुल्लाह
(e) उपर्युक्त में से कोई नहीं / उपर्युक्त में से एक से अधिक
Who led the rebellion of 1857 in Bihar?
(a) Nana Saheb
(b) Tatya Tope
(c) Kunwar Singh
(d) Maulvi Ahmadullah
(e) None of the above / More than one of the above

66th BPSC (Pre) 2020

Ans. (c)
बिहार में 1857 के विद्रोह का नेतृत्व कुँवर सिंह ने किया था।
जन्म- 1777 में बिहार के भोजपुर जिले के जगदीशपुर गांव में हुआ था।

48. कुंवर सिंह अंग्रेजो के खिलाफ 1857 के विद्रोह में किस जगह शामिल हुए?
(a) आरा
(b) पटना
(c) बेतिया
(d) वाराणसी
(e) उपयुक्त में से कोई नहीं / उपर्युक्त में से एक से अधिक
Where did Kunwar Singh join the rebellion of 1857 against the British?
(a) Ara
(b) Patna
(c) Bettiah
(d) Varanasi
(e) None of the above / More than one of the above

64 BPSC (Pre) 2018-19

Ans. (a)
1857 के विद्रोह के दौरान बिहार में विद्रोहियों के नेता जगदीशपुर (आरा) के जमींदार कुंवर सिंह है।

49. निम्नलिखित में से कौन सा कथन सही है?
(a) 1857 में दरभंगा, डुमराँव और हटवा के महाराजाओं और उनके साथी जमींदारों ने आदमी तथा पैसे से अंग्रेजों की मदद की
(b) 1857 में दरभंगा, डुमराँव और हटवाके महाराजाओं और उनके साथी जमींदारों ने आदमियों से अंग्रेजों की मदद की, पैसे से नहीं
(c) 1857 में दरभंगा, डुमराँव और हटवा के महाराजाओं और उनके साथी जमींदारों ने पैसे से अंग्रेजों की मदद की, आदमियों से नहीं
(d) 1857 में दरभंगा, डुमराँव और हटवा के महाराजाओं और उनके साथियों ने अंग्रेजों का विरोध किया
(e) उपयुक्त में से कोई नहीं/उपयुक्त में से एक से अधिक
Which of the following statements is correct?
(a) In 1857, the Maharajas of Darbhanga, Dumraon and Hatwa and their fellow landlords helped the British with men and money.
(b) In 1857, the Maharajas of Darbhanga, Dumraon and Hatwa and their fellow landlords helped the British with men, not with money.
(c) In 1857, the Maharajas of Darbhanga,

Dumraon and Hatwa and their fellow landlords helped the British with money, not with men.

(d) In 1857, the Maharajas of Darbhanga, Dumraon and Hatwa and their associates opposed the British.

(e) None of the above/More than one of the above

56th-59th BPSC (Pre) 2015

Ans. (a)

1857 के विद्रोह के समय दरभंगा, डुमरांव तथा हटवा के महाराजाओं और उनके साथी जमीदारों ने आदमियों तथा पैसे से अंग्रेजों की मदद की।

50. जगदीशपुर के किस व्यक्ति ने 1857 के विप्लव में क्रांतिकारियों का नेतृत्व किया?

(a) कुंवर सिंह
(b) चंद्रशेखर
(c) तीरथ सिंह
(d) राम सिंह
(e) उपयुक्त में से कोई नहीं/उपयुक्त में से एक से अधिक

Which person from Jagdishpur led the revolutionaries in the revolt of 1857?

(a) Kunwar Singh
(b) Chandrashekhar
(c) Tirath Singh
(d) Ram Singh
(e) None of the above/More than one of the above

48-52 BPSC (Pre) 2007-08

Ans. (a)

1857 के विद्रोह में बिहार के जगदीशपुर से क्रांति का नेतृत्व कुंअर सिंह ने किया था। 26 अप्रैल, 1858 को उनकी मृत्यु हो गई।

51. प्रभावती देवी किस क्षेत्र की स्वतंत्रता संग्राम सेनानी थी?

(a) चंपारण
(b) पटना
(c) भागलपुर
(d) शाहाबाद
(e) उपयुक्त में से कोई नहीं/उपयुक्त में से एक से अधिक

Prabhavati Devi was a freedom fighter of which region?

(a) Champaran
(b) Patna
(c) Bhagalpur
(d) Shahabad
(e) None of the above/More than one of the above

48-52 BPSC (Pre) 2007-08

Ans. (b)

प्रभावती देवी पटना क्षेत्र की स्वतंत्रता संग्राम सेनानी थीं।

52. कुंवर सिंह ने 1857 के विद्रोह का नेतृत्व किस प्रांत से किया?

(a) पंजाब
(b) बंगाल
(c) बिहार
(d) महाराष्ट्र
(e) उपयुक्त में से कोई नहीं/उपयुक्त में से एक से अधिक

From which province did Kunwar Singh lead the rebellion of 1857?

(a) Punjab
(b) Bengal
(c) Bihar
(d) Maharashtra
(e) None of the above/More than one of the above

45th BPSC (Pre) 2002

Ans. (c)

जगदीशपुर के कुंवर सिंह ने 1857 के विद्रोह का नेतृत्व बिहार प्रान्त से किया था।

53. जगदीशपुर के राजा थे –

(a) नाना साहब
(b) तात्या टोपे
(c) लक्ष्मीबाई
(d) कुंवर सिंह
(e) उपयुक्त में से कोई नहीं/उपयुक्त में से एक से अधिक

The king of Jagdishpur was –

(a) Nana Saheb
(b) Tatya Tope
(c) Laxmibai
(d) Kunwar Singh

(e) None of the above/More than one of the above

43th BPSC (Pre) 1999

Ans. (d)

कुंवर सिंह जगदीशपुर (आरा) के राजा थे।

54. 1857 के विद्रोह का बिहार में 15 जुलाई, 1857 से 20 जनवरी,1818 तक केंद्र था-

(a) रामपुर
(b) हमीरपुर
(c) धीरपुर
(d) जगदीशपुर
(e) उपयुक्त में से कोई नहीं/उपयुक्त में से एक से अधिक

The center of the Revolt of 1857 in Bihar from July 15, 1857 to January 20, 1818 was-

(a) Rampur
(b) Hamirpur
(c) Dhirpur
(d) Jagdishpur
(e) None of the above/More than one of the above

43th BPSC (Pre) 1999

Ans. (d)

15 जुलाई 1857 से 20 जनवरी 1958 तक जगदीशपुर 1857 के विद्रोह का केन्द्र भी रहा। जगदीशपुर में जमींदार कुवर सिंह ने विद्रोह का नेतृत्व किया।

55. 1857 के विद्रोह के दौरान जगदीशपुर में इसका नेतृत्व किसके द्वारा किया गया?

(a) खान बहादुर
(b) कुंवर सिंह
(c) अजीमुल्ला खान
(d) बख्त खां

Who led it in Jagdishpur during the rebellion of 1857?

(a) Khan Bahadur
(b) Kunwar Singh
(c) Azimullah Khan
(d) Bakht Khan

Bihar Police SI (Pre) Exam 16-07-2023

Ans. (b):

1857 के विद्रोह के दौरान जगदीशपुर में विद्रोह का नेतृत्व कुंवर सिंह ने किया था।

56. सिक्खों के दसवें गुरू, गुरू गोविन्द सिंह का जन्म कहाँ हुआ था?

(a) पानीपत
(b) अमृतसर
(c) दिल्ली
(d) पटना

Where was Guru Gobind Singh, the tenth Guru of the Sikhs, born?

(a) Panipat
(b) Amritsar
(c) Delhi
(d) Patna

BPSC LDC Prelims Exam Date 26-02-2022

Ans. (d):

सिक्खों के दसवें व अंतिम गुरू गोविन्द सिंह का जन्म 22 दिसंबर, 1666 ई. में बिहार के पटनों में हुआ था।

57. बिहार में 1857 की क्रांति का नेतृत्व किसने किया था?

(a) कुँवर सिंह
(b) खान बहादुर खान
(c) तात्या टोपे
(d) नाना साहेब

Who led the revolution of 1857 in Bihar?

(a) Kunwar Singh
(b) Khan Bahadur Khan
(c) Tatya Tope
(d) Nana Saheb

Police Avar Nirikshak Exam 22/12/2019 (Shift-II)
Forest Range Officer (Pre.) Exam 17/01/2020

Ans. (a)

बिहार में 1857 की क्रांति में नेतृत्व कुँवर सिंह ने किया.

58. 1857 ई. के विद्रोह से बिहार का कौन सा भाग अप्रभावित रहा

1. दानापुर
2. पटना
3. आरा
4. मुजफ्फरपुर

5. मुंगेर
अपना उत्तर निम्नलिखित कूटों में चुने
(a) 4 एवं 5
(b) केवल 5
(c) केवल 4
(d) 3 एवं 5
(e) उपयुक्त में से कोई नहीं/उपयुक्त में से एक से अधिक
Which part of Bihar remained unaffected by the rebellion of 1857 AD
1. Danapur
2. Patna
3. Ara
4. Muzaffarpur
5.Munger
Select your answer from the following codes
(a) 4 and 5
(b) Only 5
(c) only 4
(d) 3 and 5
(e) None of the above/More than one of the above

41ST BPSC (Pre) 1996

Ans. (b)
1857 ई. के विद्रोह से बिहार का मुंगेर अप्रभावित था।

59. बायोग्राफी ऑफ कुंवर सिंह ऐन्ड अमर सिंह के लेखक कौन है?
(a) एम. एन. रॉय
(b) कालिकिंकर दत्त
(c) जवाहरलाल नेहरू
(d) उपर्युक्त में से एक से अधिक
(e) उपर्युक्त में से कोई नहीं
Who is the author of Biography of Kunwar Singh and Amar Singh?
(a) M.N. Roy
(b) Kalikinkar Dutt
(c) Jawaharlal Nehru
(d) More than one of the above
(e) None of the above

BPSC School Teacher 2023(Paper-II) Shift-2

Ans. (b)
बायोग्राफी ऑफ कुँवर सिंह एण्ड अमर सिंह के लेखक कालीकिंकर दत्त हैं। कुंवर सिंह तथा उनके भाई अमर सिंह ने वर्ष 1857 के विद्रोह का नेतृत्व किया था।

60. Who led the Revolt in Jagdishpur in 1857? 1857 की क्रांति में किसने जगदीशपुर में विद्रोह का नेतृत्व किया?
(a) Begum Hazrat Mahal/बेगम हजरत महल
(b) Kunwar Singh/कुंवर सिंह
(c) Tatya Tope/तात्या टोपे
(d) More than one of the above / उपर्युक्त में से एक से अधिक
(e) None of the above / उपर्युक्त में से कोई नहीं

BPSC TRE2.0 SST 6th to 8th (9 Dec, 2023)

Ans. (b):
1857 की क्रान्ति में कुंवर सिंह ने जगदीशपुर में विद्रोह का नेतृत्व किया था।

61. Where was Kunwar Singh, a leader of the 7 Revolt of 1857, related to? / 1857 के विद्रोह के नेता कुँवर सिंह किस स्थान से संबंधित थे?
(a) Gwalior /ग्वालियर
(b) Meerut/मेरठ
(c) Jagdishpur /जगदीशपुर
(d) More than one of the above /उपर्युक्त में से एक से अधिक
(e) None of the above / उपर्युक्त में से कोई नहीं

BPSC TRE 2.0 14/12/2023 Paper-1

Ans. (c)

1857 के विद्रोह के नेता	केन्द्र
कुंवर सिंह	जगदीशपुर (बिहार)

62. With which of the following places is Babu Kunwar Singh associated? / बाबू कुंवर सिंह निम्नलिखित में से किस स्थान से सम्बन्धित हैं?
(a) Arrah /आरा
(b) Bhagalpur / भागलपुर
(c) Patna /पटना
(d) More than one of the above उपर्युक्त में से एक से अधिक

(e) None of the above/उपर्युक्त में से कोई नहीं

BPSC TRE 2.0 18/12/2023 (Paper-III)

Ans. (d)

जगदीशपुर (आरा) के जमींदार वीर कुवँर सिंह ने बिहार के आरा एवं भागलपुर में 1857 के प्रथम स्वतंत्रता संग्राम विद्रोह का नेतृत्व किया था।

63. Who provided leadership in the districts of Patna, Ara and Shahabad during the Revolt of 1857 in Bihar? / बिहार में 1857 की क्रान्ति के दौरान पटना, आरा और शाहाबाद जिलों में किसने नेतृत्व प्रदान किया?

(a) Raj Kumar Shukla/राजकुमार शुक्ला
(b) Namdar Khan/नामदार खाँ
(c) Kunwar Singh/कुंवर सिंह
(d) More than one of the above /उपर्युक्त में से एक से अधिक
(e) None of the above/उपर्युक्त में से कोई नहीं

BPSC TRE 2.0 15/12/2023 (Paper-IV)

Ans.(c)

बिहार में 1857 की क्रांति के दौरान पटना, आरा और शाहाबाद जिलों में इसका नेतृत्व कुँवर सिंह ने किया था।

64. Jubba Sahni, a freedom fighter belonged to which district of Bihar?/जुब्बा साहनी, बिहार के किस जिले से सम्बन्ध रखते थे, जो स्वतंत्रता सग्राम सेनानी के रूप में ख्यातिप्राप्त थे?

(a) Muzaffarpur/मुजफ्फरपुर
(b) Bhagalpur/भागलपुर
(c) Patna/पटना
(d) More than one of the above /उपर्युक्त में से एक से अधिक
(e) None of the above/उपर्युक्त में से कोई नहीं

BPSC TRE 2.0 7/12/2023 Shift-II (Paper-li!)

Ans.(a)

जुब्बा साहनी का सम्बन्ध बिहार के मुजफ्फरपुर से हैं।

65. Who was the commander of the British army sent against Kunwar Singh during the 1857 Revolt? / 1857 के विद्रोह के दौरान ब्रिटिश सेना के किस सेनापति को कुँवर सिंह के विरुद्ध भेजा गया था?

(a) General Hewitt /जनरल हेविट
(b) Sir Colin Campbell /सर कॉलिन कैम्पबेल
(c) Sir Hugh Rose / सर सू रोज़
(d) More than one of the above /उपर्युक्त में से एक से अधिक
(e) None of the above/उपर्युक्त में से कोई नहीं

BPSC TRE 2.0 7/12/2023 Shift-II (Paper-III)

Ans. (e)

कुँवर सिंह के साथ 23 अप्रैल को जगदीशपुर के पास एक सफल लड़ाई में कैप्टन 'ले ग्रांड' के नेतृत्व में अंग्रेज युद्ध में हार गये, कुँवर सिंह बुरी तरह घायल और 26 अप्रैल को उनकी मृत्यु. इसके अतिरिक्त कैप्टन डनवर व बिसेन्ट आयर को भिन्न-भिन्न अभियानों में बाबू कुँवर सिंह में विरुद्ध भेजा गया था।

66. Who led the 1857 Revolt in Bihar? 1857 के विद्रोह में बिहार का नेतृत्व किसने किया?

(a) Mir Bakhsh/मीर बक्श
(b) Babu Kunwar Singh/बाबू कुँवर सिंह
(c) Birbhan Singh/बीरभान सिंह
(d) More than one of the above/उपर्युक्त में से एक से अधिक
(e) None of the above/उपर्युक्त में से कोई नहीं

BPSC TRE 2.0 09/12/2023 (Paper-II)

Ans.(b)

1857 के विद्रोह में बिहार के नेतृत्व बाबू कुँवर सिंह ने किया था।

67. Who was the leader of the Revolt of 1857 at Patna?/पटना में 1857 के विद्रोह की अगुवाई किसने की?

(a) Maulvi Pir Ali Khan /मौलवी पीर अली खान
(b) Maulvi Ahmadullah Shah /मौलवी अहमदुल्लाह शाहि
(c) Maulvi Fazl-e Haq/मौलवी फ़ज़ल-ए-हक़
(d) More than one of the above / उपर्युक्त में से एक से अधिक
(e) None of the above / उपर्युक्त में से कोई नही

BPSC TRE 2.0 18/12/2023 (Paper-II)

Ans. (a)

पटना में 1857 के विद्रोह की अगुवाई मौलवी पीर - अली खान ने की थी।

68. बिहार के महान स्वतंत्रता सेनानी वीर कुंवर सिंह का संबंध है-
(a) 1857 के विद्रोह से
(b) भारत की स्वतंत्रता से
(c) 1905 के बंगाल विभाजन से
(d) 1865 के आन्दोलन से
Veer Kunwar Singh, the great freedom fighter of Bihar, is related to-
(a) From the rebellion of 1857
(b) Since the independence of India
(c) From the partition of Bengal in 1905
(d) From the movement of 1865

DRDA Panchayat Rojgar Sevak (Group-5) Exam 10.06.2007

Ans. (a):
बिहार के महान स्वतंत्रता सेनानी वीर कुंवर सिंह का सम्बन्ध वर्ष 1857 के विद्रोह से है।

69. कुंवर सिंह, 1857 में विद्रोह के एक प्रमुख नायक थे। वह निम्नलिखित में से किससे सम्बद्ध थे?
(a) झाँसी
(b) जगदीशपुर
(c) चित्तौड़
(d) लखनऊ
Kunwar Singh was a prominent leader of the rebellion of 1857. He was associated with which of the following?
(a) Jhansi
(b) Jagdishpur
(c) Chittor
(d) Lucknow

BSSC Netra Sahayak 19.08.2007

Ans. (b) :
कुंवर सिंह का जन्म नवम्बर, 1777 ई. में जगदीशपुर में हुआ था। जगदीशपुर बिहार राज्य के भोजपुर जिले में स्थित है।

70. Who was the leader of the Revolt of 1857 from Bihar?/1857 की क्रांति में बिहार के नेता थे
(a) Maulvi Ahmadullah /मौलवी अहमदुल्लाह
(b) Tantia Topi /ताँत्या टोपे
(c) Nana Sahib / नाना साहिब
(d) More than one of the above उपर्युक्त में से एक से अधिक
(e) None of the above/उपर्युक्त में से कोई नहीं

BPSC TRE2.0 SST 9th to 10th (26 Aug, 2023)

Ans. (e):
1857 के विद्रोह के समय जगदीशपुर (पश्चिमी बिहार) के नेता कुँवर सिंह थे।

71. दरभंगा राज क्षेत्र में किस ने किसान आंदोलन का नेतृत्व किया?
(a) स्वामी सहजानंद
(b) स्वामी विद्यानंद
(c) बाबा रामचंद्र
(d) विनोबा भावे
(e) उपर्युक्त में से कोई नहीं या उपर्युक्त में से एक से अधिक
Who led the farmers movement in Darbhanga Raj area??
(a) Swami Sahajanand
(b) Swami Vidyananda
(c) Baba Ramchandra
(d) Vinoba Bhave
(e) None of the above or more than one of the above

BPSC AAO 2021

Ans. (b):
दरभंगा राज शासन के विरुद्ध जून 1919 में स्वामी विद्यानंद (मूल नाम - विभूषशरण प्रसाद) था, ने किसानों को संगठित करके आंदोलन किया था।

72. किस वर्ष 'बिहार किसान सभा' की स्थापना की गई?
(a) 1918
(b) 1929
(c) 1932
(d) 1936
(e) उपर्युक्त में से कोई नहीं है उपर्युक्त में से एक से अधिक
In which year was 'Bihar Kisan Sabha' established?
(a) 1918
(b) 1929
(c) 1932
(d) 1936

(e) None of the above More than one of the above

BPSC Auditor (Pre) 2021

उत्तर-(b)

बिहार किसान सभा की स्थापना नवम्बर, 1929 ई. में सोनपुर मेला के अवसर पर एक सभा में प्रांतीय किसान सभा के दौरान हुई और स्वामी सहजानंद इसके प्रथम अध्यक्ष बने।

1936 में अखिल भारतीय किसान सभा का गठन जिसके अध्यक्ष स्वामी सहजानंद सरस्वती और महासचिव प्रोफेसर एन.जी. रंगा थे।

73. बिहार की किस जनजाति ने कांग्रेस के गया अधिवेशन में भाग लिया था?

(a) उराँव
(b) संथाल
(c) संन्यासी
(d) उपर्युक्त में से एक से अधिक
(e) उपर्युक्त में से कोई नहीं

Which tribe of Bihar participated in the Gaya session of Congress?

(a) Oraon
(b) Santhal
(c) Sanyasi
(d) More than one of the above
(e) None of the above

BPSC School Teacher 2023 (Paper II) Shift-1

Ans. (a):

चितरंजन दास की अध्यक्षता में 1922 के कांग्रेस के गया अधिवेशन में उराँव जनजाति ने भाग लिया था।

74. बाबा ठाकुरदास ने पटना में किस सोसाइटी की स्थापना की थी?

(a) सर्वेंट ऑफ़ इंडिया सोसाइटी
(b) रामकृष्ण मिशन सोसायटी
(c) सेवा समिति
(d) सोशल सर्विस लीग
(e) उपर्युक्त में से कोई नहीं या उपयुक्त में से एक से अधिक

Which society was established by Baba Thakurdas in Patna?

(a) Servant of India Society
(b) Ramakrishna Mission Society
(c) Service Committee
(d) Social Service League
(e) None of the above or more than one of the above as appropriate

66th BPSC (Pre) (Re-Exam) 2020

Ans - (b)

पटना (बिहार) में बाबा ठाकुर दास ने रामकृष्ण मिशन समाज की स्थापना की।

75. When was the Patna Women's College founded?

पटना महिला महाविद्यालय कब स्थापति हुआ?

(a) 1938
(b) 1940
(c) 1941
(d) More than one of the above / उपर्युक्त में से एक से अधिक
(e) None of the above / उपर्युक्त में से कोई नहीं

BPSC TRE 2.0 14/12/2023 Paper-I

Ans. (b)

पटना महिला महाविद्यालय 1940 में हुआ। 1952 में यह पटना विश्वविद्यालय का एक शाखा कॉलेज बना गया।

76. When was the Patna College established? पटना कॉलेज कब स्थापित हुआ?

(a) 1859
(b) 1861
(c) 1863
(d) More than one of the above/उपर्युक्त में से एक से अधिक
(e) None of the above/उपर्युक्त में से कोई नहीं

BPSC TRE 2.0 7/12/2023 Shift-II (Paper-III)

Ans.(c)

9 जनवरी, 1863 को पटना कॉलेज की स्थापना हुई थी।

77. Who among the following influential Wahabis of Patna was arrested on the suspicion of conspiracy against the British?/निम्नलिखित में से पटना के किस प्रभावकारी वहाबी को ब्रिटिशों के खिलाफ षड्यंत्र करने के आरोप में गिरफ्तार किया गया था?

(a) Maulvi Mohammad Hussain/मौलवी मोहम्मद

हुसैन
(b) Maulvi Ahmadullah/मौलवी अहमदुल्लाह
(c) M. Waizul Haque /एम. वैजुल हक
(d) More than one of the above /उपर्युक्त में से एक से अधिक
(e) None of the above / उपर्युक्त में से कोई नहीं

BPSC TRE 2.0 18/12/2023 (Paper-II)

Ans. (d)
पटना के मौलवी मुहम्मद हुसैन और एम. वैजुल हक को ब्रिटिश के खिलाफ षड़यंत्र करने के आरोप में गिरफ्तार किया गया था।

78. बिहार कांग्रेस कमेटी के पहले अध्यक्ष कौन थे?
(a) हसन इमाम
(b) मजहरूल हक
(c) अब्दुल बारी
(d) सरफराज हुसैन खान
(e) उपर्युक्त में से कोई नहीं या उपर्युक्त में से एक से अधिक
Who was the first president of Bihar Congress Committee??
(a) Hasan Imam
(b) Mazharul Haq
(c) Abdul Bari
(d) Sarfaraz Hussain Khan
(e) None of the above or more than one of the above

BPSC Audito (Pre) 2021

उत्तर-(a)
1909 ई. में बिहार प्रदेश काँग्रेस कमेटी की स्थापना सोनपुर में की गई थी। इसका पहला संस्थापक अध्यक्ष हसन इमाम को बनाया गया था।

79. नमक सत्याग्रह के दौरान बिहार के लोगों ने नमक बनाने के साथ-साथ सरकार के विरुद्ध किस तरह का विरोध करने का विकल्प चुना?
(a) मलबा
(b) हाथी
(c) विकास
(d) उपर्युक्त में से कोई नहीं
(e) उपर्युक्त में से एक से अधिक
During the Salt Satyagraha, what kind of protest did the people of Bihar choose against the government along with making salt??
(a) debris
(b) elephant
(c) development
(d) None of the above
(e) More than one of the above

68 BPSC (Pre)-2022 (12-02-2023)

Ans. (e):
नमक सत्याग्रह के दौरान बिहार के लोगों ने नमक बनाने के साथ-साथ सरकार के विरुद्ध चौकीदारी कर का विरोध करने का विकल्प चुना था।

80. सविनय अवज्ञा आंदोलन के 'नो टैक्स अभियान' के अंतर्गत 'चौकीदार कर' का भुगतान करने से इंकार निम्नलिखित राज्यों में से कहां शुरू हुआ?
(a) संयुक्त प्रांत
(b) बंगाल
(c) बिहार
(d) पंजाब
(e) उपर्युक्त में से कोई नहीं या उपर्युक्त में से एक से अधिक
Refusal to pay 'Chowkidar Tax' under the 'No Tax Campaign' of the Civil Disobedience Movement started in which of the following states?
(a) United Province
(b) Bengal
(c) Bihar
(d) Punjab
(e) None of the above or more than one of the above

BPSC DACO 2021

Ans. (c)
सविनय अवज्ञा आन्दोलन के दौरान बिहार के लोगों ने 'चौकीदारी कर' का भुगतान करने से इनकार कर दिया।

81. भागलपुर में नमक सत्याग्रह का नेतृत्व किसने किया था?
(a) श्रीकृष्ण सिंह
(b) महादेव लाल सर्राफ
(c) कुमार मिश्रा
(d) सत्यनारायण

(e) उपर्युक्त में से कोई नहीं या उपर्युक्त में से एक से अधिक

Who led the Salt Satyagraha in Bhagalpur??

(a) Shri Krishna Singh
(b) Mahadev Lal Saraf
(c) Kumar Mishra
(d) Satyanarayan
(e) None of the above or more than one of the above

65 BPSC (Pre) 2019

Ans - (b)

भागलपुर में नमक सत्याग्रह का नेतृत्व महादेव लाल सर्राफ ने 1930 ई. में किया था।

82. प्रथम अखिल भारतीय काँग्रेस समाजवादी सम्मेलन कहाँ हुआ था?

(a) पटना
(b) भागलपुर
(c) मुजफ्फरपुर
(e) उपर्युक्त में से कोई नहीं
(d) उपर्युक्त में से एक से अधिक

Where was the first All India Congress Socialist Conference held?

(a) Patna
(b) Bhagalpur
(c) Muzaffarpur
(e) None of the above
(d) More than one of the above

BPSC School Teacher 2023 (Paper-II) Shift-2

Ans. (a)

प्रथम अखिल भारतीय काँग्रेस समाजवादी सम्मेलन पटना में 1934 में आचार्य नरेंद्र देव की अध्यक्षता में हुआ था।

83. Who among the following ladies actively participated in the Salt Satyagraha in Bihar?
इनमें से किस महिला ने बिहार में 'नमक सत्याग्रह' में सक्रिय भाग लिया?

(a) Shrimati Mira Devi / श्रीमती मीरा देवी
(b) Mrs. Hasan Imam/श्रीमती हसन इमाम
(c) Miss Gauri Das/कु० गौरी दास
(d) More than one of the above /उपर्युक्त में से एक से अधिक
(e) None of the above / उपर्युक्त में से कोई नहीं

BPSC TRE 2.0 10/12/2023 (Paper-III)

Ans. (d)

बिहार में सारण और चंपारण जिले नमक सत्याग्रह शुरू करने वाले प्रथम दो जिले थे। श्रीमती हसन इमाम, श्रीमती चंद्रावती देवी, श्रीमती कमलेश्वरी देवी, कुमारी गौरीदास, ने महत्वपूर्ण भूमिका निभाई थी।

84. When was the Salt Movement started in Bihar?
बिहार में 'नमक आंदोलन' कब प्रारम्भ हुआ?

(a) April 1930/अप्रैल 1930
(b) April 1932/अप्रैल 1932
(c) March 1930/मार्च 1930
(d) More than one of the above /उपर्युक्त में से एक से अधिक
(e) None of the above / उपर्युक्त में से कोई नहीं

BPSC TRE 2.0 10/12/2023 (Paper-III)

Ans. (a)

बिहार में नमक आंदोलन अप्रैल 1930 को प्रारंभ हुआ था।

85. With the influence of which movement, the people of Bihar forbade to give Chaukidari Tax?/किस आन्दोलन के प्रभाव में आकर बिहार के लोगों ने 'चौकीदारी कर' चुकाने से मना कर दिया?

(a) Non-Cooperation आन्दोलन Movement / असहयोग
(b) Civil Disobedience Movement/सविनय अवज्ञा आन्दोलन
(c) Quit India Movement/भारत छोड़ो आन्दोलन
(d) More than one of the above / उपर्युक्त में से एक से अधिक
(e) None of the above / उपर्युक्त में से कोई नही

BPSC TRE 2.0 18/12/2023 (Paper-II)

Ans. (b)

सविनय अवज्ञा आन्दोलन के प्रभाव में आकर बिहार के लोगों ने चौकीदार कर चुकाने से मना कर दिया। चौकीदार अभियान भागलपुर और सारण क्षेत्र में सफल रहा।

86. किस आन्दोलन के प्रभात में आकर, बिहार के लोगों ने 'चौकीदारी कर' देने से इंकार कर दिया था?

(a) असहयोग आन्दोलन

(b) सविनय अवज्ञा आन्दोलन
(c) भारत छोड़ो आन्दोलन
(d) उपर्युक्त में से एक से अधिक
(e) उपर्युक्त में से कोई नहीं

Under the influence of which movement, the people of Bihar refused to pay 'Chowkidari Tax'?

(a) Non-cooperation movement
(b) Civil Disobedience Movement
(c) Quit India Movement
(d) More than one of the above
(e) None of the above

BPSC School Teacher 2023 (Paper II) Shift-1

Ans. (b):

अप्रैल 1930 में गाँधी जी द्वारा चलाए गए 'सविनय अवज्ञा आन्दोलन' के प्रभाव व समर्थन में बिहार के लोगों ने 'चौकीदारी कर' देने से इंकार कर दिया था।

87. भारत छोड़ो आंदोलन के दौरान पटना के सात शहीद कहे जाने वाले व्यक्तियों में से कौन बीएन कॉलेज का विद्यार्थी था?

(a) उमाकांत प्रसाद सिन्हा
(b) रामानंद सिंह
(c) सतीश प्रसाद झा
(d) जगतपति कुमार
(e) उपर्युक्त में से कोई नहीं या उपर्युक्त में से एक से अधिक

Who among the seven martyrs of Patna during the Quit India Movement was a student of BN College??

(a) Umakant Prasad Sinha
(b) Ramanand Singh
(c) Satish Prasad Jha
(d) Jagatpati Kumar
(e) None of the above or more than one of the above

BPSC CDPO 2021

Ans. (d):

भारत छोड़ो आंदोलन के दौरान पटना के सात शहीद कहे जाने वाले व्यक्तियों में से जगतपति कुमार, बी.एन. कालेज के विद्यार्थी थे।

88. 1942 के आंदोलन में डॉक्टर राजेंद्र प्रसाद को किस जेल में कैद रखा गया?

(a) बांकीपुर जेल
(b) हजारीबाग जेल
(c) कैंप जेल
(d) भागलपुर जेल
(e) उपर्युक्त में से कोई नहीं है उपर्युक्त में से एक से अधिक

In which jail was Dr. Rajendra Prasad imprisoned during the 1942 movement??

(a) Bankipur Jail
(b) Hazaribagh Jail
(c) Camp Jail
(d) Bhagalpur Jail
(e) None of the above More than one of the above

48th-52d BPSC (Pre) 2007-08

उत्तर-(a)

1942 के आंदोलन में डा. राजेंद्र प्रसाद बांकीपुर (पटना) जेल में रखा गया था।

गांधी को गिरफ्तार कर (सरोजनी नायडू सहित) आगा खाँ पैलेस में रखा गया।

हजारीबाग जेल में जय प्रकाश नारायण को रखा गया।

89. महात्मा गांधी तथा उनके सहयोगियों की 1942 में हुई धरपकड़ से बिहार में दंगे हुए. इसमें रेल सेवा पूर्ण रूप से ठप हो गई. उसमें अधिकतम प्रभावित जिला था -

(a) मुंगेर
(b) गया
(c) पटना
(d) शाहाबाद
(e) उपर्युक्त में से कोई नहीं है उपर्युक्त में से एक से अधिक

The arrest of Mahatma Gandhi and his associates in 1942 led to riots in Bihar. Due to this the railway service came to a complete halt. The maximum affected district was -

(a) Munger
(b) Gaya
(c) Patna
(d) Shahabad
(e) None of the above More than one of the above

43rd BPSC (Pre) 1999

Ans - (c)

महात्मा गांधी द्वारा 1942 में शुरू किया गया भारत छोड़ो आन्दोलन बिहार में भी अपनी चरम सीमा पर था। इस आन्दोलन ने पटना में सर्वाधिक प्रभाव छोड़ा। यहां रेलगाड़ियों को रोका गया तथा पटरियों को उखाड़ फेंका गया।

90. बिहार सोशलिस्ट पार्टी के प्रथम अध्यक्ष कौन थे?
(a) आचार्य कृपलानी
(b) जय प्रकाश नारायण
(c) आचार्य नरेन्द्र देव
(d) स्वामी सहजानंद सरस्वती
Who was the first president of Bihar Socialist Party?
(a) Acharya Kripalani
(b) Jai Prakash Narayan
(c) Acharya Narendra Dev
(d) Swami Sahajanand Saraswati

BSSC Third Graduate Level (Pre) Exam 24.12.2022 Shift-I

Ans.(c):

जयप्रकाश नारायण द्वारा 17 मई, 1934 को पटना में बिहार सोशलिस्ट पार्टी की बैठक बुलाई गई, जिसमें बिहार कांग्रेस सोशलिस्ट पार्टी की स्थापना की गई। जयप्रकाश नारायण इस पार्टी के सचिव तथा आचार्य नरेन्द्र देव को इसका अध्यक्ष चुना गया था।

91. जगदीशपुर (बिहार) में 1857 की क्रान्ति का नेतृत्वकर्ता कौन थे?
(a) नाना साहिब
(b) कुँवर सिंह
(c) ठाकुर कुशाल सिंह
(d) रानी लक्ष्मीबाई
Who was the leader of the revolution of 1857 in Jagdishpur (Bihar)?
(a) Nana Sahib
(b) Kunwar Singh
(c) Thakur Kushal Singh
(d) Rani Laxmibai

BSSC Third Graduate Level (Pre) Exam 23.12.2022 Shift-1

Ans.(b):

जगदीशपुर (बिहार) में 1857 की क्रान्ति का नेतृत्वकर्ता कुंवर सिंह थे। 26 अप्रैल, 1858 को जगदीशपुर बिहार में युद्ध के मैदान में उनकी मृत्यु हो गई।

92. बिहार में 1857 ई. की क्रांति का नेतृत्व किसने किया था?
(a) अमर सिंह
(b) कुंवर सिंह
(c) बिरसा मुंडा
(d) शरीयतुल्ला
Who led the revolution of 1857 in Bihar?
(a) Amar Singh
(b) Kunwar Singh
(c) Birsa Munda
(d) Shariatullah

Bihar Police Forest Range Office Exam 17/01/2020

Ans. (b)

बिहार में 1857 की क्रान्ति का नेतृत्व कुंवर सिंह ने किया था।

93. किस तारीख को उड़ीसा को बिहार से पृथक् कर प्रान्त का दर्जा दिया गया था?
(a) 2 जनवरी, 1939
(b) 1 अप्रैल, 1936
(c) 1 अप्रैल, 1937
(d) 8 नवम्बर, 1938
On which date was Orissa separated from Bihar and given the status of province?
(a) January 2, 1939
(b) April 1, 1936
(c) April 1, 1937
(d) 8 November, 1938

BPSC LDC (Mains) Exam 20-11-2022

Ans. (b)

1 अप्रैल, 1936 ओडिशा को बिहार प्रांत से पृथक कर एक अलग प्रांत का दर्जा दिया गया।

94. बिहार समाजवादी पार्टी (1931 ई.) का गठन किन्होंने किया था?
(a) फूलनचंद तिवारी और राजेन्द्र प्रसाद

(b) फूलनप्रसाद वर्मा और जयप्रकाश नारायण
(c) राजकुमार शुक्ल और स्वामी अग्निवेश
(d) स्वामी सहजानंद और स्वामी योगानंद
(e) उपर्युक्त में से कोई नहीं/उपर्युक्त में से एक से अधिक

Who formed Bihar Samajwadi Party (1931 AD)?
(a) Phoolanchand Tiwari and Rajendra Prasad
(b) Phoolanprasad Verma and Jaiprakash Narayan
(c) Rajkumar Shukla and Swami Agnivesh
(d) Swami Sahajanand and Swami Yogananda
(e) None of the above/More than one of the above

67th BPSC (Pre) (Nirast) 2021

Ans. (b)
1931 ई में 'बिहार समाजवादी पार्टी' का गठन फूलन प्रसाद वर्मा और जयप्रकाश नारायण ने मिलकर किया था। 1934 ई. में पटना के अंजुमन इस्लामिया हॉल में बिहार समाजवादी पार्टी की औपचारिक स्थापना हुई। इसके अध्यक्ष आचार्य नरेन्द्र देव और महासचिव जयप्रकाश नारायण थे।

95. 1942 ई. में जयप्रकाश नारायण को किस नगर के जेल में रखा गया था?
(a) पटना
(b) राँची
(c) हजारीबाग
(d) भागलपुर

In which city's jail was Jaiprakash Narayan kept in 1942?
(a) Patna
(b) Ranchi
(c) Hazaribagh
(d) Bhagalpur

BPSC LDC Prelims Exam Date 26-02-2022

Ans.(c):
1942 में भारत छोड़ों आन्दोलन के समय जयप्रकाश नारायण को हजारीबाग सेंट्रल जेल में रखा गया था।

96. बिहार के निम्नलिखित नेताओं में से किसे 'भारत रत्न' मरणोपरांत मिला और उन्हें मैग्सेसे पुस्कार से भी पुरस्कृत किया गया?
(a) जयप्रकाश नारायण
(b) कार्यानन्द शर्मा
(c) बैकुन्ठ शुक्ला
(d) यदुनन्दन शर्मा

Who among the following leaders of Bihar received 'Bharat Ratna' posthumously and was also awarded the Magsaysay Award?
(a) Jaiprakash Narayan
(b) Karyanand Sharma
(c) Baikunth Shukla
(d) Yadunandan Sharma

Bihar Vidhansabha Sahayak Eaxm:24-12-2018 Shift-II

Ans (a)
जयप्रकाश नारायण को समाज सेवा हेतु वर्ष 1965 में मैग्सेसे पुरस्कार से और 1998 में मरणोपरान्त इन्हें भारत सरकार द्वारा भारत के सर्वोच्च सम्मान 'भारत रत्न' से सम्मानित किया गया।

97. निम्नलिखित में कौन बिहार के किसान नेता थे?
(a) शंकर गुहा नियोगी
(b) जयनारायण व्यास
(c) कार्यानंद शर्मा
(d) नरोत्तम लाल जोशी

Who among the following was a farmer leader of Bihar?
(a) Shankar Guha Niyogi
(b) Jayanarayan Vyas
(c) Karyanand Sharma
(d) Narottam Lal Joshi

Bihar Vidhansabha Sahayak Eaxm:24-12-2018 Shift-II

Ans (c)
कार्यानन्द शर्मा का जन्म बिहार के लखीसराय जिले में हुआ था। ये एक राष्ट्रवादी किसान नेता थे इन्होंने जमींदारों और अंग्रेजों के खिलाफ आंदोलन का नेतृत्व किया।

98. सूची-11 में दिए गए "संबंधित तथ्यों" के साथ सूची-1 में दिए गए "बिहार के कला और शिल्प" का मिलान करें।

सूची-1 (बिहार के कला और शिल्प)	सूची-II (संबंधित तथ्य)
A. मधुबनी चित्रकारी	i. कारीगर काले पत्थर पर काम करते हैं
B मंजूषा कला	ii. कारीगर पिघले कांच का उपयोग करते हैं
C. पत्थरकट्टी	iii. मिथिला की महिला कलाकार
D. टिकुली कला	iv. यह अंग प्रदेश की लोक कला है

(a) A-iv, B-iii, C-ii, D-i
(b) A-i, B-ii, C-iii, D-iv
(c) A-iii, B-iv, C-i, D-ii
(d) A-ii, B-i, C-iv, D-iii

Match the "Arts and Crafts of Bihar" given in List-I with the "Related Facts" given in List-II.

List-I (Arts and Crafts of Bihar)	List-II (Related Facts)
A. Madhubani Painting	i. artisans work on black stone
B Manjusha Art	ii. artisans use molten glass
C. Patharkatti	iii. female artist of mithila
D. Tikuli art	iv. This is the folk art of Anga region

(a) A-iv, B-iii, C-ii, D-i
(b) A-i, B-ii, C-iii, D-iv
(c) A-iii, B-iv, C-i, D-ii
(d) A-ii, B-i, C-iv, D-iii

Bihar Vidhansabha Sahayak Eaxm:24-12-2018 Shift-II

Ans.(c):

पत्थरकट्टी - कारीगर काले पत्थर पर काम

मधुबनी चित्रकारी - मिथिला की महिला कलाकार

टिकुली कला - कारीगर पिघले काँच का उपयोग

मंजूषा कला - यह अंग प्रदेश की लोक कला

99. 1913 ई. में पटना में अनुशीलन समिति की एक शाखा की स्थापना किसने की थी?
(a) रामानन्द सिन्हा
(b) सचिन्द्रनाथ सान्याल
(c) सतीश झा
(d) बिपिन झा
(e) उपर्युक्त में से कोई नहीं/ उपर्युक्त में से एक से अधिक

Who established a branch of Anushilan Samiti in Patna in 1913 AD?
(a) Ramanand Sinha
(b) Sachindranath Sanyal
(c) Satish Jha
(d) Bipin Jha
(e) None of the above/More than one of the above

67th BPSC (Pre) (Nirast) 2021

Ans. (b):
1913 ई. में पटना में अनुशीलन समिति की एक शाखा की स्थापना सचिन्द्रनाथ सान्याल ने की थी।

100. 1919-20 के दौरान दरभंगा राज में किसान आन्दोलन का नेता कौन था?
(a) बाबा रामचन्द्र
(b) स्वामी विद्यानंद
(c) स्वामी सहजानंद
(d) बाबू राजेन्द्र प्रसाद

Who was the leader of the peasant movement in the Darbhanga Raj during 1919-20?
(a) Baba Ramchandra
(b) Swami Vidyananda
(c) Swami Sahajanand
(d) Babu Rajendra Prasad

Bihar Police Constable Exam 08/03/2020 (Shift-II)
Bihar Police Forest Guard Exam 16/06/2013

Ans. (b):
1919-20 के दौरान बिहार के दरभंगा में किसान आन्दोलन के नेता स्वामी विद्यानन्द थे।

101. 'बिहार दिवस' मनाया जाता है-
(a) 22 जनवरी को
(b) 22 फरवरी को
(c) 22 मार्च को
(d) 22 अप्रैल को
'Bihar Day' is celebrated on-
(a) On 22 January
(b) On 22 February
(c) On 22 March
(d) On 22 April

Bihar Police Constable 29/12/2019

Ans.(c):
बिहार राज्य की स्थापना 22 मार्च, 1912 को किया गया था।

102. बिहार में पहला कांग्रेस अधिवेशन कहाँ हुआ?
(a) भागलपुर
(b) बांकीपुर
(c) मोतीहारी
(d) गया
Where was the first Congress session held in Bihar?
(a) Bhagalpur
(b) Bankipur
(c) Motihari
(d) Gaya

BSSC Pratham Inter Level (re-exam) 09-12-2018 (Shift-1)

Ans. (b):
बिहार में तीन कांग्रेस अधिवेशन हुए - पहला अधिवेशन 1912 को बांकीपुर, पटना में R. N. मुधोलकर की अध्यक्षता में, दूसरा अधिवेशन 1922 को गया में C. R. दास की अध्यक्षता में और तीसरा अधिवेशन 1940 को रामगढ़ (वर्तमान झारखण्ड) में मौलाना अबुल कलाम आजाद की अध्यक्षता में हुआ था।

103. बिहार में भारत छोड़ो आन्दोलन के दौरान सचिवालय गोलीबारी की घटना कब हुई थी?
(a) 14 अगस्त, 1942
(b) 11 अगस्त, 1942
(c) 9 अगस्त, 1942
(d) 15 अगस्त, 1942
When did the Secretariat firing incident take place during the Quit India Movement in Bihar?
(a) August 14, 1942
(b) August 11, 1942
(c) August 9, 1942
(d) August 15, 1942

BSSC First Inter Level Exam 9.12.2018 Shift-II

Ans - (b)
बिहार में भारत छोड़ो आन्दोलन के दौरान सचिवालय गोलीबारी की घटना 11 अगस्त, 1942 को घटित हुयी थी।

104. किस वर्ष उड़ीसा को बिहार से पृथक किया गया?
(a) 1912
(b) 1936
(c) 1956
(d) 2000
(e) उपर्युक्त में से कोई नहीं/उपर्युक्त में से एक से अधिक
In which year was Orissa separated from Bihar?
(a) 1912
(b) 1936
(c) 1956
(d) 2000
(e) None of the above/More than one of the above

67th BPSC (Pre)(Re-exam) 2021

Ans. (b)
1 अप्रैल, 1936 को ओडिशा प्रांत को बिहार प्रांत से अलग करके नया राज्य बनां दिया गया।

105. बिहार में चौकीदारी कर न देने का अभियान कब शुरू किया गया था?
(a) 1917 ई.
(b) 1920 ई.
(c) 1942 ई.
(d) 1930 ई.
When was the campaign of not paying chowkidari tax started in Bihar?
(a) 1917 AD

(b) 1920 AD
(c) 1942 AD
(d) 1930 AD

BSSC First Inter Level Exam 9.12.2018 Shift-II

Ans.(d):
बिहार में चौकीदारी कर न देने का अभियान 1930 में सविनय अवज्ञा आंदोलन के दौरान शुरू किया गया था।

106. नील सत्याग्रह बिहार में कहाँ आरंभ किया गया?
(a) दरभंगा
(b) पटना
(c) चंपारण
(d) कैमूर
Where was the Indigo Satyagraha started in Bihar?
(a) Darbhanga
(b) Patna
(c) Champaran
(d) Kaimur

BSSC Pratham Inter Level (re-exam) 09-12-2018 (Shift-1)

Ans. (c)
गांधी जी के नेतृत्व में बिहार के चम्पारण जिले में सन् 1917 में एक सत्याग्रह हुआ, जिसे चम्पारण सत्याग्रह के नाम से जाना जाता है।

107. निम्नलिखित में से कौन सा बिहार का पहला अंग्रेजी समाचार पत्र था?
(a) द बिहार हेराल्ड
(b) द टाइम्स ऑफ इंडिया
(c) द बिहार टाइम्स
(d) द बिहार पेट्रीअट
Which of the following was the first English newspaper of Bihar?
(a) The Bihar Herald
(b) The Times of India
(c) The Bihar Times
(d) The Bihar Patriot

Bihar Vidhansabha Sahayak Eaxm: 24-12-2018 Shift-II

Ans.(a):
'द बिहार हेराल्ड' पटना से प्रकाशित होने वाला पुराना साप्ताहिक अंग्रेजी अखबार है।

108. बिहार राज्य में, मुजफ्फरपुर में बिहार साइंटिफिक सोसाइटी किसने शुरू किया था?
(a) खुदा बख्श खान
(b) सर सैयद अहमद खान
(c) सैयद इमदाद अली
(d) उरीस अली खान
Who started the Bihar Scientific Society in Muzaffarpur, in the state of Bihar?
(a) Khuda Baksh Khan
(b) Sir Syed Ahmed Khan
(c) Syed Imdad Ali
(d) Uris Ali Khan

Bihar Vidhansabha Sahayak Eaxm: 24-12-2018 Shift-II

Ans.(c):
बिहार राज्य के मुजफ्फरपुर में बिहार साइंटिफिक सोसाइटी सैयद इमदाद अली ने शुरू किया था।

109. एक भारतीय राज्य के रूप में बिहार बना-
(a) 1911 में
(b) 1912 में
(c) 1936 में
(d) 2000 में
Bihar became an Indian state-
(a) in 1911
(b) in 1912
(c) in 1936
(d) in 2000

Ashu Avar Nirikshak (PT) 26-08-2018

Ans.(b):
बिहार राज्य का गठन 22 मार्च, 1912 ई. को हुआ था।

110. यह लेखक/लेखिका का जन्म बिहार में हुआ था-
(a) महादेवी वर्मा
(b) फणीश्वरनाथ 'रेणु'
(c) प्रेमचन्द
(d) रामकुमार वर्मा
This author was born in Bihar-

(a) Mahadevi Verma
(b) Phanishwarnath 'Renu'
(c) Premchand
(d) Ramkumar Verma

BSSC First Inter Level Exam 05-02-2017

Ans. (b):
फणीश्वरनाथ 'रेणु' का जन्म 4 मार्च, 1921 को बिहार के अररिया जिले में हुआ था। इनकी प्रमुख रचनाएँ- मैला आँचल, जुलुस, दीर्घतपा, कितने चौराहे, कलंक मुक्ति आदि हैं।

111. बिहार का 'चौरी विद्रोह' किस वर्ष हुआ?
(a) 1832
(b) 1842
(c) 1798
(d) 1784
(e) उपर्युक्त में से कोई नहीं/ उपर्युक्त में से एक से अधिक
In which year did 'Chauri Revolt' of Bihar take place?
(a) 1832
(b) 1842
(c) 1798
(d) 1784
(e) None of the above/More than one of the above

67th BPSC (Pre)(Re-exam) 2021

Ans. (c)
बिहार का 'चौरी विद्रोह' वर्ष 1798 (1795-1800 ई) ई. में हुआ था।

112. बिहार में पहला कॉंग्रेस अधिवेशन कहाँ हुआ?
(a) भागलपुर
(b) मोतीहारी
(c) बांकीपुर
(d) गया
Where was the first Congress session held in Bihar?
(a) Bhagalpur
(b) Motihari
(c) Bankipur
(d) Gaya

Police Avar Nirikshak Exam 11/03/2018 (Shift-II)

Ans.(c):
बिहार राज्य में आयोजित होने वाला पहला अधिवेशन भारतीय राष्ट्रीय कांग्रेस का 27वाँ अधिवेशन बांकीपुर (पटना) में वर्ष 1912 में हुआ था। इसकी अध्यक्षता R. N. मुधोलकर ने की थी।

113. ब्रिटिश भारत में बिहार राज्य के प्रथम प्रधानमंत्री कौन थे?
(a) मोहम्मद यूनुस
(b) माधव श्रीहरि अणे
(c) जगन्नाथा कौशल
(d) जाकिर हुसैन
Who was the first Prime Minister of Bihar state in British India?
(a) Mohammad Yunus
(b) Madhav Srihari Ane
(c) Jagannatha Kaushal
(d) Zakir Hussain

Police Avar Nirikshak Exam 10/12/2018

Ans. (a)
ब्रिटिश भारत में बिहार राज्य के प्रथम प्रधानमंत्री मोहम्मद यूनुस थे। 1937 में हुए प्रांतीय चुनाव में कांग्रेस ने बिहार में बहुमत से जीत हासिल की और बिहार प्रांत में मो० यूनुस ने सरकार बनाई थी।

114. बिहार में भारत छोड़ो आन्दोलन के दौरान किस जिला को अपराधी जिला घोषित किया गया था?
(a) सारण
(b) गया
(c) नवादा
(d) भोजपुर
Which district was declared a criminal district during the Quit India Movement in Bihar?
(a) Saran
(b) Gaya
(c) Nawada
(d) Bhojpur

Police Avar Nirikshak Exam 10/12/2018

Ans.(a):
बिहार में भारत छोड़ो आंदोलन के दौरान सारण जिले को अपराधी जिला घोषित किया गया था।

115. बिहार में स्वदेशी आन्दोलन के दौरान राखी बन्धन दिवस कहाँ मनाया गया था?
(a) सारण
(b) पटना
(c) मुंगेर
(d) दरभंगा
Where was Rakhi Bandhan Day celebrated during the Swadeshi movement in Bihar?
(a) Saran
(b) Patna
(c) Munger
(d) Darbhanga

Police Avar Nirikshak Exam 10/12/2018

Ans.(d):
बिहार में स्वदेशी आन्दोलन के दौरान राखी बन्धन दिवस दरभंगा जिले में मनाया गया था।

116. 1943 ई. में भारत के किस प्रांत में भयानक अकाल पड़ा?
(a) बिहार
(b) उड़ीसा
(c) बंगाल
(d) राजस्थान
In which province of India there was a terrible famine in 1943 AD?
(a) Bihar
(b) Orissa
(c) Bengal
(d) Rajasthan

Bihar Madhyamic Sikshak Mulyankan (Dakshata) 18.07.2010

Ans.(c):
1943 में बंगाल (वर्तमान बांग्लादेश, भारत का पश्चिम बंगाल, बिहार और उड़ीसा) में एक भयानक अकाल पड़ा था।

117. बिहार में किसान सभा की स्थापना किनके द्वारा की गई?
(a) डॉ. राजेन्द्र प्रसाद
(b) सहजानंद सरस्वती
(c) जय प्रकाश नारायण
(d) स्वामी अग्निवेश
By whom was the Kisan Sabha established in Bihar?
(a) Dr. Rajendra Prasad
(b) Sahajanand Saraswati
(c) Jai Prakash Narayan
(d) Swami Agnivesh

BSSC Second Graduate Level (Pre) Exam 16.02.2015

Ans. (b)
बिहार में किसान सभा की स्थापना 1929 में स्वामी सहजानन्द सरस्वती ने की।

118. बिहार में जमींदारी प्रथा कब समाप्त हुई?
(a) 1961 ई.
(b) 1950 ई.
(c) 1956 ई.
(d) 1959 ई.
When did the Zamindari system end in Bihar?
(a) 1961 AD
(b) 1950 AD
(c) 1956 AD
(d) 1959 AD

Bihar Madhyamic Sikshak Mulyankan (Dakshata) 18.07.2010

Ans.(c):
Bihar Land Reform Act-1950 के द्वारा बिहार में जमींदारी प्रथा 1956 में समाप्त का श्रेय सरदार बल्लभ भाई पटेल को जाता है।

119. 1930 में बिहार में किसान आंदोलन का नेतृत्व किसने किया था?
(a) सी आर दास
(b) स्वामी सहजानन्द
(c) मुजफ्फर अहमद
(d) राजेन्द्र प्रसाद
Who led the farmers' movement in Bihar in 1930?
(a) C.R. Das
(b) Swami Sahajanand
(c) Muzaffar Ahmed
(d) Rajendra Prasad

Police Avar Nirikshak Exam 19/10/2014 (Shift-1)

Ans (b)

1930 में बिहार में किसान आंदोलन का नेतृत्व स्वामी सहजानन्द 'सरस्वती' ने किया था।

120. बिहार का 'चौरी विद्रोह' किस वर्ष हुआ?
(a) 1832
(b) 1842
(c) 1798
(d) 1784
(e) उपर्युक्त में से कोई नहीं/ उपर्युक्त में से एक से अधिक
In which year did 'Chauri Revolt' of Bihar take place?
(a) 1832
(b) 1842
(c) 1798
(d) 1784
(e) None of the above/More than one of the above

67th BPSC (Pre) (Re-exam) 2021

Ans. (c)

बिहार का 'चौरी विद्रोह' वर्ष 1798 (1795-1800 ई) ई. में हुआ था।

121. भारत के निम्नलिखित राष्ट्रपतियों में से किसको जन्म बिहार में जन्म हुआ था?
(a) जाकिर हुसैन
(b) डॉ. राजेन्द्र प्रसाद
(c) नीलम संजीव रेड्डी
(d) के. आर नारायणन
Who among the following Presidents of India was born in Bihar?
(a) Zakir Hussain
(b) Dr. Rajendra Prasad
(c) Neelam Sanjeev Reddy
(d) K. R Narayanan

BSSC Kara Mishrak (Kara Vibhag) 23-11-2013

Ans (b)

डॉ. राजेन्द्र प्रसाद का जन्म 3 दिसम्बर, 1884 में बिहार के जीरादेई गाँव में हुआ था।

122. उस राज्य का वर्तमान नाम क्या है जहाँ नालन्दा नाम का प्राचीन शैक्षिक स्थल था?
(a) बिहार
(b) महाराष्ट्र
(c) दिल्ली
(d) उत्तर प्रदेश
What is the present name of the state where there was an ancient educational site named Nalanda?
(a) Bihar
(b) Maharashtra
(c) Delhi
(d) Uttar Pradesh

BSSC Second Graduate Level (Mains) Exam 27.01.2013

Ans (a)

नालंदा विषविद्यालय की स्थापना गुप्त वंश के शासक कुमार गुप्त द्वारा बिहार में करायी गई।

123. उस राज्य का नाम बताएँ जहाँ से भारत का प्रथम राष्ट्रपति चुना गया?
(a) उत्तर प्रदेश
(b) पश्चिम बंगाल
(c) मध्य प्रदेश
(d) बिहार
Name the state from where the first President of India was elected?
(a) Uttar Pradesh
(b) West Bengal
(c) Madhya Pradesh
(d) Bihar

BSSC Second Graduate Level (Pre) Exam 18.12.2011

Ans. (d)

डॉ. राजेन्द्र प्रसाद भारत के पहले राष्ट्रपति थे, जो कि बिहार राज्य से संबंधित थे।

124. उड़ीसा राज्य बिहार से कब पृथक किया गया और नया प्रान्त बनाया गया था?
(a) 1912 ई.
(b) 1926 ई.
(c) 1936 ई.
(d) 1956 ई.

When was Orissa state separated from Bihar and a new province was created?
(a) 1912 AD
(b) 1926 AD
(c) 1936 AD
(d) 1956 AD

BSSC Prakhand Sankhyki Parvekshak 16.05.2010

Ans. (c)
1 अप्रैल 1936 को बिहार से अलग कर उड़ीसा को नया प्रांत बनाया गया।

125. बिहार में 'किसान सभा गठन' की औपचारिक घोषणा कब हुई थी?
(a) 4 मार्च, 1927 को
(b) 4 मार्च, 1928 को
(c) 4 मार्च, 1929 को
(d) 4 मार्च, 1930 को
When was the formal announcement of 'Kisan Sabha formation' made in Bihar?
(a) On March 4, 1927
(b) On March 4, 1928
(c) March 4, 1929
(d) On March 4, 1930

BSSC Ashulipik sahTankar 27.08.2006

Ans (b)
बिहार में 'किसान सभा के गठन' की औपचारिक घोषणा 4 मार्च 1928 को हुई थी। बिहार प्रान्तीय किसान सभा का गठन सहजानन्द सरस्वती ने 1929 में किया था।

126. बिहार के प्रथम भारतीय गवर्नर कौन थे?
(a) सत्येन्द्र प्रसन्न सिन्हा
(b) ब्रजकिशोर प्रसाद
(c) डॉ. श्रीकृष्ण सिंह
(d) बी.पी. मंडल
(e) उपर्युक्त में से कोई नहीं/उपर्युक्त में से एक से अधिक
Who was the first Indian Governor of Bihar?
(a) Satyendra Prasanna Sinha
(b) Brajkishore Prasad
(c) Dr. Shri Krishna Singh
(d) B.P. Board
(e) None of the above/More than one of the above

67th BPSC (Pre) (Re-exam) 2021

Ans. (a):
बिहार के प्रथम भारतीय गवर्नर सत्येन्द्र प्रसन्न सिंहा थे।

127. बिहार में 1857 के प्रथम स्वतंत्रता संग्राम के सेनानायक वीर कुंवर सिंह का स्वर्गारोहण निम्नलिखित तिथि को हुआ था-
(a) 26 अप्रैल, 1858 को
(b) 9 मई, 1858 को
(c) 17 जून, 1858 को
(d) 20 जून, 1858 को
The ascension of Veer Kunwar Singh, the commander of the first freedom struggle of 1857 in Bihar, took place on the following date-
(a) On April 26, 1858
(b) On May 9, 1858
(c) June 17, 1858
(d) On June 20, 1858

DRDA Clerk-Computer operator (Group-3) Exam 15-03-2007

Ans. (a)
1857 के प्रथम स्वतंत्रता संग्राम में बिहार के वीर कुंवर सिंह की 26 अप्रैल, 1858 को मृत्यु हो गई।

128. फणीश्वरनाथ रेणु का जन्म कहाँ हुआ था?
(a) पटना में
(b) भागलपुर में
(c) पूर्णिया में
(d) मुंगेर में
Where was Phanishwarnath Renu born?
(a) in Patna
(b) in Bhagalpur
(c) in Purnia
(d) in Munger

Bihar Daroga (Police Avar Nirikshak) Exam 23/04/2008

Ans.(c):
फणीश्वरनाथ 'रेणु' का जन्म 4 मार्च, 1921 को बिहार के पूर्णिया जिला (वर्तमान में अररिया) के औराही हिंगना गाँव में हुआ था।

129. 'आज़ाद दस्ता' बिहार में किस आन्दोलन के दौरान सक्रिय रहा?

(a) चंपारण सत्याग्रह
(b) असहयोग आन्दोलन
(c) सविनय अवज्ञा आन्दोलन
(d) भारत छोड़ो आन्दोलन
(e) उपर्युक्त में से कोई नहीं/उपर्युक्त में से एक से अधिक

'Azad Dasta' was active during which movement in Bihar?

(a) Champaran Satyagraha
(b) Non-cooperation movement
(c) Civil Disobedience Movement
(d) Quit India Movement
(e) None of the above/More than one of the above

67th BPSC (Pre)(Re-exam) 2021

Ans. (d) :

भारत छोड़ो आंदोलन के समय जयप्रकाश नारायण के नेतृत्व में नेपाल के राजविलास जंगल में "आजाद दस्ता" नामक संगठन का कार्यालय खोला गया

130. गाँधीजी को चंपारण आने का आमंत्रण किसने दिया था?

(a) राजकुमार शुक्ल
(b) जयप्रकाश नारायण
(c) राजेन्द्र प्रसाद
(d) कृष्ण सहाय
(e) उपर्युक्त में से कोई नहीं/उपर्युक्त में से एक से अधिक

Who invited Gandhiji to come to Champaran?

(a) Rajkumar Shukla
(b) Jaiprakash Narayan
(c) Rajendra Prasad
(d) Krishna Sahay
(e) None of the above/More than one of the above

67th BPSC (Pre) (Nirast) 2021 64th BPSC (Pre) 2018-19

Ans. (a)

चम्पारण के किसान राजकुमार शुक्ल ने गांधी जी से लखनऊ में भेंट की और उनसे चम्पारण आने का आग्रह किया।

131. बिहार में 1857 के विद्रोह का नेतृत्व किसने किया था?

(a) बाबू अमर सिंह
(b) हरे कृष्ण सिंह
(c) कुंवर सिंह
(d) राजा शहजादा सिंह
(e) उपर्युक्त में से कोई नहीं/उपर्युक्त में से एक से अधिक

Who led the rebellion of 1857 in Bihar?

(a) Babu Amar Singh
(b) Hare Krishna Singh
(c) Kunwar Singh
(d) Raja Shahzada Singh
(e) None of the above/More than one of the above

65th BPSC (Pre) 2019

Ans. (c)

बिहार में 1857 के विद्रोह का नेतृत्व शाहाबाद जिले के जगदीशपुर के जमींदार बाबू कुँवर सिंह ने किया था। कुँवर सिंह की 26 अप्रैल, 1858 को मृत्यु हो गई, तत्पश्चात इनके भाई अमर सिंह ने आंदोलन का नेतृत्व संभाला।

131. असहयोग आन्दोलन के दौरान बिहार मे कृषकों का नेतृत्व किसने किया?

(a) स्वामी विद्यानन्द
(b) राजकुमार शुक्ल
(c) श्रीकृष्ण
(d) जे.बी. सेन
(e) उपर्युक्त में से कोई नहीं/उपर्युक्त में से एक से अधिक

Who led the farmers in Bihar during the non-cooperation movement?

(a) Swami Vidyanand
(b) Rajkumar Shukla
(c) Shri Krishna
(d) J.B. Sen
(e) None of the above/More than one of the above

65th BPSC (Pre) 2019

Ans. (a)

असहयोग आन्दोलन के दौरान स्वामी विद्यानंद के नेतृत्व में बिहार के कृषकों ने जमींदारों के खिलाफ आन्दोलन किया था।

132. आधुनिक बिहार का निर्माता किसे माना जाता है?
(a) सच्चिदानन्द सिन्हां
(b) कुमार कालिका प्रसाद सिन्हा
(c) सर गणेश सिंह
(d) आचार्य नरेन्द्र देव
(e) उपर्युक्त में से कोई नहीं/उपर्युक्त में से एक से अधिक
Who is considered the creator of modern Bihar?
(a) Sachchidanand Sinha
(b) Kumar Kalika Prasad Sinha
(c) Sir Ganesh Singh
(d) Acharya Narendra Dev
(e) None of the above/More than one of the above

65th BPSC (Pre) 2019

Ans. (a)
सच्चिदानन्द सिन्हा को आधुनिक बिहार का निर्माता कहा जाता है। बिहार को बंगाल से पृथक राज्य के रूप में स्थापित करने वाले लोगों में सच्चिदानन्द सिन्हा का नाम सर्वोपरि है। वे पटना विश्वविद्यालय के प्रथम कुलपति रहे हैं।

133. बिहार में स्वराज दल का गठन किसने किया?
(a) श्रीकृष्ण सिंह
(b) राम लाल शाह
(c) बंकिम चन्द्र मित्र
(d) शचीन्द्र नाथ सान्याल
(e) उपर्युक्त में से कोई नहीं/उपर्युक्त में से एक से अधिक
Who formed Swaraj Dal in Bihar?
(a) Shri Krishna Singh
(b) Ram Lal Shah
(c) Bankim Chandra Mitra
(d) Sachindra Nath Sanyal
(e) None of the above/More than one of the above

65th BPSC (Pre) 2019

Ans. (a)
श्रीकृष्ण के नेतृत्व में 1923 ई. में स्वराज दल की शाखा का पटना में गठन किया है।

134. सन् 1931 में 'बिहार समाजवादी पार्टी' का गठन किसने किया?
(a) फूलन प्रसाद वर्मा
(b) नरहरि पारीख
(c) स्वामी योगानंद
(d) दादाभाई नौरोजी
(e) उपर्युक्त में से कोई नहीं/ उपर्युक्त में से एक से अधिक
Who formed 'Bihar Samajwadi Party' in 1931?
(a) Phoolan Prasad Verma
(b) Narhari Parikh
(c) Swami Yogananda
(d) Dadabhai Naoroji
(e) None of the above/More than one of the above

65th BPSC (Pre) 2019

Ans. (a)
जुलाई, 1931 में बिहार समाजवादी पार्टी की स्थापना जय प्रकाश नारायण, फूलन प्रसाद वर्मा एवं कुछ अन्य लोगों ने मिलकर किया था।

135. 'बिहार दिवस' का क्या महत्व है, जो हर साल 22 मार्च को मनाया जाता है?
(a) इस दिन राज्य पुनर्गठन आयोग ने बिहार का निर्माण किया।
(b) बिहार को 1973 में इस दिन संयुक्त प्रांत से बाहर किया गया था।
(c) 1912 में बिहार के बंगाल प्रेसीडेंसी से अलग होने को याद करने के लिए
(d) 12वीं शताब्दी में मुस्लिम शासकों द्वारा बिहार के नामकरण का जश्न मनाने के लिए
(e) उपर्युक्त में से कोई नहीं/उपर्युक्त में से एक से अधिक
What is the significance of 'Bihar Day', which is celebrated every year on 22 March?
(a) On this day the State Reorganization Commission created Bihar.
(b) Bihar was carved out of the United Province on this day in 1973.
(c) To commemorate the separation of Bihar from Bengal Presidency in 1912
(d) To celebrate the naming of Bihar by Muslim rulers in the 12th century
(e) None of the above/More than one of the above

65th BPSC (Pre) 2019

Ans. (c)

22 मार्च, 1912 में बंगाल प्रेसिडेंसी से अलग बिहार प्रान्त बनाया गया।

136. भागलपुर में नमक सत्याग्रह का नेतृत्व किसने किया था?
(a) श्रीकृष्ण सिंह
(b) महादेवलाल सराफ
(c) कुमार मिश्रा
(d) सत्यानारायण
(e) उपर्युक्त में से कोई नहीं/उपर्युक्त में से एक से अधिक

Who led the Salt Satyagraha in Bhagalpur?
(a) Shri Krishna Singh
(b) Mahadevlal Saraf
(c) Kumar Mishra
(d) Satyanarayan
(e) None of the above/More than one of the above

65th BPSC (Pre) 2019

Ans. (b)
भागलपुर में नमक सत्याग्रह का नेतृत्व महादेवलाल सराफ ने किया था।

137. सन् 1939 में बिहार में 'अम्बारी सत्याग्रह' का नेतृत्व किसने किया था?
(a) राहुल सांकृत्यायन
(b) यदुनंदन शर्मा
(c) स्वामी सहजानंद
(d) स्वामी योगानंद
(e) उपर्युक्त में से कोई नहीं/ उपर्युक्त में से एक से अधिक

Who led the 'Ambari Satyagraha' in Bihar in 1939?
(a) Rahul Sankrityayan
(b) Yadunandan Sharma
(c) Swami Sahajanand
(d) Swami Yogananda
(e) None of the above/More than one of the above

65th BPSC (Pre) 2019

Ans. (a)
महापंडित राहुल सांकृत्यायन हिन्दी के एक प्रमुख साहित्यकार ने बिहार में अम्बारी सत्याग्रह (1939) का नेतृत्व किया था।

138. 1917 के चम्पारण सत्याग्रह से कौन संबंधित नहीं है?
(a) जे.बी. कृपलानी
(b) राजेन्द्र प्रसाद
(c) राजकुमार शुक्ल
(d) राम मनोहर लोहिया
(e) उपर्युक्त में से कोई नहीं/ उपर्युक्त में से एक से अधिक

Who is not associated with the Champaran Satyagraha of 1917?
(a) J.B. Kripalani
(b) Rajendra Prasad
(c) Rajkumar Shukla
(d) Ram Manohar Lohia
(e) None of the above/More than one of the above

67th BPSC (Pre)(Nirast) 2021

Ans. (d)
चम्पारण सत्याग्रह में महात्मा गांधी के सहयोगी के रूप में राजेन्द्र प्रसाद, जे बी. कृपलानी, महादेव देसाई, मजहरूल हक ने भाग लिया था। राजकुमार शुक्ल के आमंत्रण पर ही महात्मा गांधी चंपारण, बिहार आए थे।

139. 1857 ई. के विद्रोह के एक नेता कुँवर सिंह किस स्थान से संबंधित थे?
(a) ग्वालियर
(b) जगदीशपुर
(c) झाँसी
(d) मेरठ
(e) उपर्युक्त में से कोई नहीं/उपर्युक्त में से एक से अधिक

Kunwar Singh, a leader of the rebellion of 1857 AD, belonged to which place?
(a) Gwalior
(b) Jagdishpur
(c) Jhansi
(d) Meerut
(e) None of the above/More than one of the above

67th BPSC (Pre)(Nirast) 2021

Ans. (b)
1857 ई. के विद्रोह के प्रसिद्ध नेता कुँअर सिंह बिहार के तत्कालीन शाहाबाद जिले (वर्तमान भोजपुर जिले) के जगदीशपुर से संबंधित थे।

140. भारत छोड़ो आन्दोलन के दौरान इनमें से कौन हजारीबाग जेल से फरार हुए?
(a) सच्चिदानन्द सिन्हा
(b) जगजीवन राम
(c) जयप्रकाश नारायण
(d) रफी अहमद किदवई
(e) उपर्युक्त में से कोई नहीं/उपर्युक्त में से एक से अधिक
Who among the following escaped from Hazaribagh jail during the Quit India Movement?
(a) Sachchidanand Sinha
(b) Jagjivan Ram
(c) Jaiprakash Narayan
(d) Rafi Ahmed Kidwai
(e) None of the above/More than one of the above

67th BPSC (Pre) (Nirast) 2021

Ans. (c)
भारत छोड़ो आन्दोलन के दौरान जयप्रकाश नारायण को गिरफ्तार कर हजारी बाग सेन्ट्रल जेल में रखा गया। परन्तु कुछ ही दिनों में वे जेल की दीवार को फांदकर फरार हो गये तथा भूमिगत होकर आजाद दस्ता का गठन किया।

141. भारतीय राष्ट्रीय काँग्रेस के 1922 ई. में आयोजित गया अधिवेशन के अध्यक्ष कौन थे?
(a) चित्तरंजन दास
(b) हकीम अजमल खाँ
(c) महात्मा गाँधी
(d) मौलाना अबुल कलाम आज़ाद
(e) उपर्युक्त में से कोई नहीं/उपर्युक्त में से एक से अधिक
Who was the President of the Gaya session of the Indian National Congress held in 1922?
(a) Chittaranjan Das
(b) Hakim Ajmal Khan
(c) Mahatma Gandhi
(d) Maulana Abul Kalam Azad
(e) None of the above/More than one of the above

67th BPSC (Pre)(Nirast) 2021

Ans. (a):
भारतीय राष्ट्रीय कांग्रेस के 1922 ई में आयोजित गया अधिवेशन की अध्यक्षता चितरंजन दास ने किया था।

142. बिहारी छात्र सम्मेलन का सोलहवाँ अधिवेशन कहाँ, हुआ था?
(a) हजारीबाग
(b) पटना
(c) आरा
(d) छपरा
(e) उपर्युक्त में से कोई नहीं/उपर्युक्त में से एक से अधिक
Where was the sixteenth session of Bihari Student Conference held?
(a) Hazaribagh
(b) Patna
(c) Ara
(d) Chhapra
(e) None of the above/More than one of the above

66th BPSC (Pre)(Re-exam) 2020

Ans. (a):
बिहार स्टूडेंट्स कॉन्फ्रेंस का 16वाँ अधिवेशन 1921 को हजारीबाग में हुआ था। इस अधिवेशन की अध्यक्षता श्रीमती सरला देवी ने की।

142. पटना युवक संघ की स्थापना हुई थी?
(a) 1917 में
(b) 1927 में
(c) 1925 में
(d) 1930 में
(e) उपर्युक्त में से कोई नहीं/उपर्युक्त में से एक से अधिक
When was Patna Yuvak Sangh established?
(a) in 1917
(b) in 1927
(c) in 1925
(d) in 1930
(e) None of the above/More than one of the above

65th BPSC (Pre)(Re-exam) 2019

Ans. (b)
पटना युवक संघ की स्थापना 1927 में हुई थी। इस संघ की स्थापना मणिन्द्र नारायण राय ने की थी।

144. बिहार के किसानों ने किस आदोलन में 'चोकीदारी कर' देने से इनकार कर दिया था?

(a) चंपारण सत्याग्रह
(b) असहयोग आंदोलन
(c) स्वदेशी आंदोलन
(d) सविनय अवज्ञा आंदोलन
(e) उपर्युक्त में से कोई नहीं/उपर्युक्त में से एक से अधिक

In which movement did the farmers of Bihar refuse to pay 'chowkidari tax'?
(a) Champaran Satyagraha
(b) Non-cooperation movement
(c) Swadeshi movement
(d) Civil Disobedience Movement
(e) None of the above/More than one of the above

65th BPSC (Pre)(Re-exam) 2019

Ans. (d)
बिहार के किसानों ने सविनय अवज्ञा आंदोलन में 'चौकीदारी कर' देने से इनकार कर दिया था।

145. 'किसान क्या करें' किसने लिखी?
(a) स्वामी सहजानंद सरस्वती
(b) कार्यानंद शर्मा
(c) बाबा रामचन्द्र
(d) उपर्युक्त सभी
(e) उपर्युक्त में से कोई नहीं/उपर्युक्त में से एक से अधिक

Who wrote 'What should farmers do'?
(a) Swami Sahajanand Saraswati
(b) Karyanand Sharma
(c) Baba Ramchandra
(d) All of the above
(e) None of the above/More than one of the above

65th BPSC (Pre) (Re-exam) 2019

Ans. (a)
स्वामी सहजानन्द सरस्वती भारत में किसान आंदोलन के जनक थे। इन्होंने आल इंडिया किसान सभा की स्थापना किया था। इनके द्वारा लिखित पुस्तकों में कर्म-कलाप, गीता-हृदय, क्रान्ति और संयुक्त मोर्चा, किसान कैसे लड़ते हैं, किसान क्या करें, झारखण्ड के किसान, मेरा जीवन संघर्ष प्रमुख हैं।

146. भारतीय राष्ट्रीय कांग्रेस के 27वें सम्मेलन की अध्यक्षता किसने की?
(a) एस.एन. सिन्हा
(b) मजरूल हक
(c) आर.एन. मुधोलकर
(d) राजेन्द्र प्रसाद
(e) उपर्युक्त में से कोई नहीं/उपर्युक्त में से एक से अधिक

Who presided over the 27th conference of the Indian National Congress?
(a) S.N. Sinha
(b) Majrul Haq
(c) R.N. Mudholkar
(d) Rajendra Prasad
(e) None of the above/More than one of the above

65th BPSC (Pre)(Re-exam) 2019

Ans. (c)
भारतीय राष्ट्रीय कांग्रेस के 27वें सम्मेलन की अध्यक्षता आर.एन. मुधोलकर ने की थी। भारतीय राष्ट्रीय कांग्रेस का 27वां सम्मेलन बांकीपुर (पटना) में हुआ था।

147. भारतीय राष्ट्रीय काँग्रेस के 1916 के लखनऊ अधिवेशन में किसने बिहार के नील उगाने वालों का प्रश्न प्रस्तुत किया था?
(a) राजकुमार शुक्ला
(b) डॉ. राजेन्द्र प्रसाद
(c) जे.बी. कृपलानी
(d) संपूर्णानंद सिन्हा
(e) उपर्युक्त में से कोई नहीं/उपर्युक्त में से एक से अधिक

Who presented the question of indigo growers of Bihar in the 1916 Lucknow session of the Indian National Congress?
(a) Rajkumar Shukla
(b) Dr. Rajendra Prasad
(c) J. B. Kripalani
(d) Sampurnanand Sinha
(e) None of the above/More than one of the above

65th BPSC (Pre)(Re-exam) 2019

Ans. (a)
भारतीय राष्ट्रीय काँग्रेस के 1916 के लखनऊ अधिवेशन में राजकुमार शुक्ला ने बिहार के नील उगाने वालों किसानों का प्रश्न प्रस्तुत किया था।

148. बाबा ठाकुर दास ने पटना में किस सोसाइटी की स्थापना की थी?
(a) सर्वेन्ट्स ऑफ इंडिया सोसाइटी
(b) रामकृष्ण मिशन सोसाइटी
(c) सेवा समिति
(d) सोशल सर्विस लीग
(e) उपर्युक्त में से कोई नहीं/उपर्युक्त में से एक से अधिक
Which society was founded by Baba Thakur Das in Patna?
(a) Servants of India Society
(b) Ramakrishna Mission Society
(c) Service Committee
(d) Social Service League
(e) None of the above/More than one of the above

66th BPSC (Pre)(Re-exam) 2020

Ans. (b)
1906-07 में बिहार के पटना में बाबा ठाकुर ने रामकृष्ण मिशन समाज की स्थापना की।

149. चम्पारण आन्दोलन मुख्यतः किसके विरोध में था?
(a) भू-राजस्व
(b) नकदी फसल
(c) ब्रिटिश सरकार की कृषि नीति
(d) भू-अनुदान
(e) उपर्युक्त में से कोई नहीं/उपर्युक्त में से एक से अधिक
Champaran movement was mainly against whom?
(a) Land revenue
(b) cash crop
(c) Agricultural policy of the British government
(d) Land grant
(e) None of the above/More than one of the above

66th BPSC (Pre)(Re-exam) 2020

Ans. (b)
चम्पारण में भूमिहीन मजदूर एवं गरीब किसान खाद्यान्न के बजाय नील और अन्य नकदी फसलों की खेती करने के लिए बाध्य हो गये थे। वहाँ पर नील की खेती करने वाले किसानों पर बहुत अत्याचार हो रहा था।

150. कुँवर सिंह जगदीशपुर में कब प्रविष्ट हुए?
(a) 22 अप्रैल, 1858 ई.
(b) 23 अप्रैल, 1858 ई.
(c) 20 अप्रैल, 1858 ई.
(d) 25 अप्रैल, 1858 ई.
(e) उपर्युक्त में से कोई नहीं/उपर्युक्त में से एक से अधिक
When did Kunwar Singh enter Jagdishpur?
(a) April 22, 1858 AD
(b) April 23, 1858 AD
(c) April 20, 1858 AD
(d) 25 April, 1858 AD
(e) None of the above/More than one of the above

66th BPSC (Pre)(Re-exam) 2020

Ans. (a)
कुँवर सिंह सन् 1857 के प्रथम भारतीय स्वतंत्रता संग्राम में 22 अप्रैल 1858 को जगदीशपुर से आंदोलन में शामिल हुए। इन्होंने 23 अप्रैल 1858 को जगदीशपुर के पास अंतिम लड़ाई लड़ी। 26 अप्रैल 1858 को इन्होंने वीरगति प्राप्त की।

151. बिहार की स्थापना कब की गई थी?
(a) 1911
(b) 1913
(c) 1912
(d) 1914
(e) उपर्युक्त में से कोई नहीं/ उपर्युक्त में से एक से अधिक
When was Bihar established?
(a) 1911
(b) 1913
(c) 1912
(d) 1914
(e) None of the above/More than one of the above

66th BPSC (Pre) 2020

Ans. (c)
बंगाल से बिहार व ओडिशा के क्षेत्र को अलग कर बिहार की स्थापना 1912 में गयी थी।

152. बिहार में कांग्रेस का प्रथम अधिनेशन कहाँ रखा गया था?
(a) पटना

(b) गया
(c) मुजफ्फरपुर
(d) दरभंगा
(e) उपर्युक्त में से कोई नहीं/उपर्युक्त में से एक से अधिक

Where was the first session of Congress held in Bihar?
(a) Patna
(b) Gaya
(c) Muzaffarpur
(d) Darbhanga
(e) None of the above/More than one of the above

66th BPSC (Pre) 2020

Ans. (b)
भारतीय राष्ट्रीय काग्रेस का बिहार में प्रथम अधिवेशन 1912 ई में बांकीपुर पटना में हुआ था।

153. बिहार में तीनकठिया पद्धति में नील की खेती के लिए भूमि का कितना भाग अमानत रखा जाता था?
(a) 1/10
(b) 3/20
(c) 1/3
(d) 3/25
(e) उपर्युक्त में से कोई नहीं/ उपर्युक्त में से एक से अधिक

In Bihar, how much part of the land was kept in trust for the cultivation of indigo in the Tinkathiya system?
(a) 1/10
(b) 3/20
(c) 1/3
(d) 3/25
(e) None of the above/More than one of the above

66th BPSC (Pre) 2020

Ans. (b)
तीन कठिया के अंतर्गत 3/20 भाग पर नील की खेती करना अनिवार्य था।

154. चम्पारण में इंडिगों के किसानों की दशा की ओर गांधीजी का ध्यान किसने आकर्षित किया?
(a) राजेन्द्र प्रसाद
(b) अनुग्रह नारायण सिन्हा
(c) आचार्य कृपलानी
(d) राजकुमार शुक्ल
(e) उपर्युक्त में से कोई नहीं/उपर्युक्त में से एक से अधिक

Who drew Gandhiji's attention towards the condition of Indigo farmers in Champaran?
(a) Rajendra Prasad
(b) Anugrah Narayan Sinha
(c) Acharya Kripalani
(d) Rajkumar Shukla
(e) None of the above/More than one of the above

66th BPSC (Pre) 2020

Ans. (d)
महात्मा गांधी किसानों की समस्या दूर करने 10 अप्रैल 1917 को राजकुमार शुक्ल के निमंत्रण पर बिहार के पटना पहुँचे थे। चंपारन आंदोलन में गांधीजी के नेतृत्व में किसानों की एकजुटता को देखते हुए सरकार ने जुलाई 1917 में एक आयोग बनाया। आयोग की सलाह पर सरकार ने 'तिनकठिया पद्धति' को समाप्त घोषित करते हुए किसानों से अवैध से वसूले गये धन का 25% भाग वापस कर दिया गया।

155. स्वामी सहजानंद निम्न में से किससे संबंधित थे?
(a) बिहार में जनजातीय आंदोलन
(b) बिहार में मजदूर आंदोलन
(c) बिहार में किसान आंदोलन
(d) बिहार में जाति आंदोलन
(e) उपर्युक्त में से कोई नहीं/उपर्युक्त में से एक से अधिक

Swami Sahajanand was related to which of the following?
(a) Tribal movement in Bihar
(b) Labor movement in Bihar
(c) Farmer movement in Bihar
(d) Caste movement in Bihar
(e) None of the above/More than one of the above

66th BPSC (Pre) 2020

Ans. (c)
स्वामी सहजानंद ने बिहार प्रांतीय किसान सभा की स्थापना की थी और वे अखिल भारतीय किसान सभा (1936) के अध्यक्ष भी बने थे।

156. वर्ष 1632 में बिहार के पटना शहर में कौन-सी कम्पनी ने अपनी फैक्टरी स्थापित की?
(a) ब्रिटिश ईस्ट इंडिया कम्पनी
(b) डच ईस्ट इंडिया कम्पनी
(c) पुर्तगाली ईस्ट इंडिया कम्पनी
(d) फ्रेंच ईस्ट इंडिया कम्पनी
(e) उपर्युक्त में से कोई नहीं/ उपर्युक्त में से एक से अधिक
Which company established its factory in Patna city of Bihar in the year 1632?
(a) British East India Company
(b) Dutch East India Company
(c) Portuguese East India Company
(d) French East India Company
(e) None of the above/More than one of the above

66th BPSC (Pre) 2020

Ans. (b)
डच ईस्ट इंडिया कम्पनी ने 1632 में बिहार के पटना शहर में अपनी फैक्टरी स्थापित की थी।

157. ब्रिटिश भारत में बिहार राज्य के प्रथम प्रधानमंत्री कौन थे?
(a) मुहम्मद यूनुस
(b) जगन्नाथा कौशल
(c) माधव श्रीहरि अणे
(d) जाकिर हुसैन
Who was the first Prime Minister of Bihar state in British India?
(a) Muhammad Yunus
(b) Jagannatha Kaushal
(c) Madhav Srihari Ane
(d) Zakir Hussain

Bihar SI Exam-10.12.2018 Shift-1

Ans. (a):
ब्रिटिश राज्य में, बिहार राज्य के प्रथम प्रधानमंत्री मुहम्मद यूनुस थे।

158. बिहार में स्वदेशी आन्दोलन के दौरान राखी बन्धन दिवस कहाँ मनाया गया था?
(a) सारण
(b) मुंगेर
(c) पटना
(d) दरभंगा
Where was Rakhi Bandhan Day celebrated during the Swadeshi movement in Bihar?
(a) Saran
(b) Munger
(c) Patna
(d) Darbhanga

Bihar SI Exam-10.12.2018 Shift-I

Ans. (d)
बिहार में स्वदेशी आन्दोलन के दौरान राखी बन्धन दिवस दरभंगा में मनाया गया था।

159. बिहार में भारत छोड़ो आन्दोलन के दौरान किस जिले को अपराधी जिला घोषत किया गया था?
(a) सारण
(b) गया
(c) नवादा
(d) भोजपुर
Which district was declared a criminal district during the Quit India Movement in Bihar?
(a) Saran
(b) Gaya
(c) Nawada
(d) Bhojpur

Bihar SI Exam-10.12.2018 Shift-I

Ans (a)
बिहार में भारत छोड़ो आंदोलन के दारान सारण जिले को अपराधी जिला घोषित किया गया था।

160. जयप्रकाश नारायण भारतीय राष्ट्रीय कांग्रेस में कब शामिल हुए थे?
(a) 1939
(b) 1930
(c) 1920
(d) 1929
When did Jayaprakash Narayan join the Indian National Congress?
(a) 1939
(b) 1930
(c) 1920
(d) 1929

Bihar Vidhansabha Asst. Exam-24.12.2018 Shift-II

Ans. (d):

जयप्रकाश नारायण ने 1929 में जवाहर लाल नहेरू के आह्वान पर भारतीय राष्ट्रीय कांग्रेस की सदस्यता ग्रहण की।

161. बिहार राज्य में, मुजफ्फरपुर में बिहार साइंटिफिक सोसाइटी किसने शुरू किया था?
(a) खुदा बख्श खान
(b) सर सैयद अहमद खान
(c) सैयद इमदाद अली
(d) उरीस अली खान
Who started the Bihar Scientific Society in Muzaffarpur, in the state of Bihar?
(a) Khuda Baksh Khan
(b) Sir Syed Ahmed Khan
(c) Syed Imdad Ali
(d) Uris Ali Khan

Bihar Vidhansabha Asst. Exam-24.12.2018 Shift-II

Ans. (c):

बिहार राज्य के मुजफ्फरपुर में बिहार साइंटिफिक सोसाइटी सैयद इमदाद अली ने शुरू किया था।

162. पटना लॉन का गाँधी मैदान के रूप में नामकरण कब किया गया?
(a) भारत छोड़ो आन्दोलन के दौरान
(b) साइमन आयोग-विरोधी रैली के दौरान
(c) चम्पारण सत्याग्रह के दौरान
(d) भारत के स्वतंत्रता के अवसर पर
(e) उपर्युक्त में से कोई नहीं/उपर्युक्त में से एक से अधिक
When was Patna Lawn renamed as Gandhi Maidan?
(a) During the Quit India Movement
(b) During the anti-Simon Commission rally
(c) During Champaran Satyagraha
(d) On the occasion of India's independence
(e) None of the above/More than one of the above

63th BPSC (Pre) 2017-18

Ans - (e)

गाँधी जी की हत्या के बाद 1948 में पटना लॉन का नाम बदलकर गाँधी मैदान कर दिया गया।

163. 1922-23 में मुंगेर में किसान सभा का गठन किसने किया?
(a) स्वामी सहजानन्द सरस्वती
(b) श्रीकृष्ण सिंह
(c) मोहम्मद जुबैर
(d) के. एन. सिंह
(e) उपर्युक्त में से कोई नहीं/उपर्युक्त में से एक से अधिक
Who formed the Kisan Sabha in Munger in 1922-23?
(a) Swami Sahajanand Saraswati
(b) Shri Krishna Singh
(c) Mohammad Zubair
(d) K. N. Lion
(e) None of the above/More than one of the above

63th BPSC (Pre) 2017-18

Ans - (e)

1922-23 मुंगेर में किसान सभा का गठन मोहम्मद जुबैर एवं श्रीकृष्ण सिंह द्वारा किया गया।

164. 1934 में बनी बिहार सोशलिस्ट पार्टी के सचिव थे
(a) आचार्य नरेन्द्र देव
(b) जयप्रकाश नारायण
(c) रामवृक्ष बेनीपुरी
(d) कर्पूरी ठाकुर
(e) उपर्युक्त में से कोई नहीं/ उपर्युक्त में से एक से अधिक
Was the secretary of Bihar Socialist Party formed in 1934
(a) Acharya Narendra Dev
(b) Jaiprakash Narayan
(c) Ramvriksha Benipuri
(d) Karpoori Thakur
(e) None of the above/More than one of the above

63th BPSC (Pre) 2017-18

Ans - (b)

1934 में बिहार सोशलिस्ट पार्टी के अध्यक्ष आचार्य नरेन्द्र देव व सचिव जय प्रकाश नारायण थे।

165. गाँधी जी के चम्पारण पधारने की 100वीं वर्षगांठ 2017 के किस महीने में थी?
(a) मार्च

(b) जुलाई
(c) अप्रैल
(d) अगस्त

In which month of 2017 was the 100th anniversary of Gandhiji's visit to Champaran?
(a) March
(b) July
(c) April
(d) August

Ashu ASI (P.T.) Exam-26.08.2018

Ans : (c)
15 अप्रैल, 1917 ई. को बिहार के चम्पारण में महात्मा गाँधी पहली बार आये थे। 2017 में गाँधी जी के चम्पारण पधारने की 100वीं वर्षगांठ अप्रैल महीने में थी।

166. बंगाल और बिहार में भूमि पर किरायेदारों के अधिकार को बंगाल किरायादारी अधिनियम द्वारा कब स्वीकार किया गया?
(a) 1868
(b) 1885
(c) 1881
(d) 1893
(e) उपर्युक्त में से कोई नहीं/उपर्युक्त में से एक से अधिक

When was the right of tenants on land recognized by the Bengal Tenancy Act in Bengal and Bihar?
(a) 1868
(b) 1885
(c) 1881
(d) 1893
(e) None of the above/More than one of the above

64th BPSC (Pre) 2018-19

Ans. (b)
बंगाल काश्तकारी अधिनियम सन् 1885 में लागू हुआ। इसे Landlord-tenant law भी कहा जाता है।

167. किस स्थान पर आदिवासियों ने अंग्रेजों के खिलाफ विद्रोह किया?
(a) बिहार
(b) पंजाब
(c) सिंघ
(d) काठीयावाड़
(e) उपर्युक्त में से कोई नहीं/उपर्युक्त में से एक से अधिक

At which place did the tribals revolt against the British?
(a) Bihar
(b) Punjab
(c) Singh
(d) Kathiyawad
(e) None of the above/More than one of the above

64th BPSC (Pre) 2018-19

Ans. (e):
आदिवासियों ने बिहार में भागलपुर से राजमहल के बीच संथाल बहुल क्षेत्र 'दामन ए कोह' में विद्रोह किया था। इस विद्रोह के नेता सिद्धू और कान्हू नामक दो भाई थे। सिंघ के जनजातियों ने भी अंग्रेजो के खिलाफ विद्रोह किया था। भील विद्रोह भी काडियावाड़ क्षेत्र में हुआ था।

168. नमक सत्याग्रह के दौरान बिहार में लोगों ने नमक बनाने के साथ-साथ किस कर के विरोध के द्वारा सरकार का विरोध किया?
(a) चौकीदारी
(b) डेवलपमेंट
(c) हाथी
(d) मलबा
(e) उपर्युक्त में से कोई नहीं/उपर्युक्त में से एक से अधिक

During the Salt Satyagraha, people in Bihar protested against the government by protesting against which tax along with making salt?
(a) Chowkidari
(b) Development
(c) elephant
(d) debris
(e) None of the above/More than one of the above

64th BPSC (Pre) 2018-19

Ans. (a)
सविनय अवज्ञा आन्दोलन के दौरान बिहार में कर न अदायगी का आन्दोलन चला। भागलपुर, मुंगेर तथा सारण जिले में चौकीदारी कर न अदा करने का आन्दोलन चला।

169. फरवरी 1938 में बिहार की चुनी हुई सरकार ने किस कारणवश इस्तीफा दिया?
(a) भारत का युद्ध में शरीक होना
(b) गाँधी के आह्वान पर अंग्रेज़ों के खिलाफ सत्याग्रह
(c) अंग्रेज़ों द्वारा लगाया गया भारी कर
(d) राजनैतिक बंदियों को छोड़ना
(e) उपर्युक्त में से कोई नहीं/उपर्युक्त में से एक से अधिक
For what reason did the elected government of Bihar resign in February 1938?
(a) India's participation in the war
(b) Satyagraha against the British on Gandhi's call
(c) Heavy taxes imposed by the British
(d) Release of political prisoners
(e) None of the above/More than one of the above

64th BPSC (Pre) 2018-19

Ans. (d)
फरवरी 1938 में बिहार की चुनी हुई सरकार ने राजनैतिक बंदियों को छोड़ने के कारण इस्तीफा दे दिया था।

170. मुजफ्फरपुर में किंग्स फोर्ड की हत्या का प्रयास कब किया गया?
(a) 1908
(b) 1907
(c) 1909
(d) 1911
When was the attempt to assassinate King's Ford in Muzaffarpur?
(a) 1908
(b) 1907
(c) 1909
(d) 1911

48th-52th BPSC (Pre) 2007-2008-

उत्तर-(a)
मुजफ्फरपुर में किंग्स फोर्ड की हत्या का प्रयास 30 अप्रैल, 1908 को प्रफुल्ल चाकी और खुदीराम बोस ने किया।

171. 1942 के आन्दोलन में डॉ. राजेन्द्र प्रसाद को किस जेल में कैद रखा गया था?
(a) बांकीपुर जेल
(b) हजारीबाग जेल
(c) कैम्प जेल
(d) भागलपुर जेल
In which jail was Dr. Rajendra Prasad imprisoned during the 1942 movement?
(a) Bankipur Jail
(b) Hazaribagh Jail
(c) Camp Jail
(d) Bhagalpur Jail

48th-52th BPSC (Pre) 2007-2008

Ans - (a)
1942 के आंदोलन में डा. राजेंद्र प्रसाद बांकीपुर (पटना) जेल में रखा गया था। हजारीबाग जेल में जय प्रकाश नारायण को रखा गया।

172. जय प्रकाश नारायण इस पार्टी से जुड़े थे-
(a) कांग्रेस पार्टी
(b) सोशलिस्ट पार्टी
(c) कम्यूनिस्ट पार्टी
(d) किसान सभा
Jai Prakash Narayan was associated with this party-
(a) Congress Party
(b) Socialist Party
(c) Communist Party
(d) Kisan Sabha

48th-52th BPSC (Pre) 2007-2008

उत्तर-(b)
जय प्रकाश नारायण काँग्रेस सोशलिस्ट पार्टी से जुड़े थे।

173. सम्राट शाहआलम द्वितीय ने ईस्ट इण्डिया कम्पनी को बंगाल, बिहार तथा उड़ीसा की दीवानी प्रदान की-
(a) 12 अगस्त, 1765
(b) 18 अगस्त, 1765
(c) 29 अगस्त, 1765
(d) 21 अगस्त, 1765
Emperor Shah Alam II granted Diwani of Bengal, Bihar and Orissa to the East India Company.
(a) August 12, 1765

(b) August 18, 1765
(c) August 29, 1765
(d) August 21, 1765

48th-52th BPSC (Pre) 2007-2008

Ans - (a)

शाह आलम ने 12 अगस्त, 1765 के फरमान द्वारा बंगाल, बिहार तथा उड़ीसा की दीवानी स्थायी रूप से अंग्रेजों को दे दी।

174. अकबर ने बंगाल तथा बिहार को मुगल साम्राज्य में मिलाया-
(a) 1590 ई.
(b) 1576 ई.
(c) 1575 ई.
(d) 1572 ई.

Akbar merged Bengal and Bihar into the Mughal Empire-
(a) 1590 AD
(b) 1576 AD
(c) 1575 AD
(d) 1572 AD

48th-52th BPSC (Pre) 2007-2008

Ans - (b)

12 मार्च, 1576 को टोडरमल, मुजफ्फर खाँ एवं हुसैन अली खाँ ने मिलकर दाऊद को पराजित कर दिया तथा बंगाल एवं बिहार को पूर्णतः मुगल साम्राज्य में मिला लिया।

175. बिहार में 'किसान सभा गठन' की औपचारिक घोषणा कब हुई थी ?
(a) 4 मार्च, 1927 को
(b) 4 मार्च, 1929 को
(c) 4 मार्च, 1928 को
(d) 4 मार्च, 1930 को

When was the formal announcement of 'Kisan Sabha formation' made in Bihar?
(a) On March 4, 1927
(b) On March 4, 1929
(c) On March 4, 1928
(d) On March 4, 1930

Bihar SSC Stenographer Exam-27.08.2006

Ans. (c):

बिहार में 'किसान सभा गठन' की औपचारिक घोषणा 4 मार्च 1928 को हुई थी। बिहार प्रान्तीय किसान सभा का गठन सहजानन्द सरस्वती ने 1929 में किया था।

176. मोहम्मद गोरी के किस दास ने बंगाल एवं बिहार पर विजय प्राप्त की थी?
(a) कुतुबुद्दीन ऐबक
(b) इल्तुतमिश
(c) बख्तियार खिलजी
(d) याल्दोज

Which slave of Mohammad Ghori conquered Bengal and Bihar?
(a) Qutubuddin Aibak
(b) Iltutmish
(c) Bakhtiyar Khilji
(d) Yaldoz

Bihar SSC Stenographer Exam-27.08.2006

Ans. (c) :

बख्तियार खिलजी मोहम्मद गोरी का दास था। इसने बंगाल एवं बिहार को तहस-नहस कर दिया था। प्रसिद्ध नालन्दा विश्वविद्यालय को भी उसने नष्ट कर दिया था।

177. भारत में प्रथम सत्याग्रह गाँधी जी ने कहाँ शुरू किया था?
(a) हजारीबाग
(b) साबरमती
(c) चम्पारण
(d) बम्बई

Where did Gandhiji start the first Satyagraha in India?
(a) Hazaribagh
(b) Sabarmati
(c) Champaran
(d) Bombay

Bihar SI Exam-23.04.2008

Ans : (c)

भारत में 'सत्याग्रह' का पहला प्रयोग वर्ष 1917 में चम्पारण (बिहार) में वहाँ के एक स्थानीय नेता राजकुमार शुक्ल के आग्रह पर महात्मा गाँधी के कुशल नेतृत्व में किया गया।

178. मुंगेर निम्नलिखित में से किसकी राजधानी थी?
(a) मीर कासिम

(b) सिराजुद्दौला
(c) कुँवर सिंह
(d) विरसा मुण्डा

Munger was the capital of which of the following?
(a) Mir Qasim
(b) Siraj-ud-Daula
(c) Kunwar Singh
(d) Virsa Munda

Bihar SI Exam-23.04.2008

Ans: (a)
मीर कासिम ने अपनी राजधानी मुर्शिदाबाद से मुंगेर स्थानान्तरित की।

179. इनमें से कौन बिहार का/के किसान नेता था/थे?
1. स्वामी विद्यानंद
2. स्वामी सहजानंद
3. सरदार वल्लभभाई पटेल
निम्नलिखित में से सही विकल्प का चयन कीजिए-
(a) 1 तथा 2
(b) 2 तथा 3
(c) 1 तथा 3
(d) केवल 2

Who among the following was/were the farmer leaders of Bihar?
1. Swami Vidyananda
2. Swami Sahajanand
3. Sardar Vallabhbhai Patel
Select the correct option from the following-
(a) 1 and 2
(b) 2 and 3
(c) 1 and 3
(d) only 2

56th-59th BPSC (Pre) 2015

Ans - (d)
स्वामी सहजानन्द का जन्म 22 फरवरी 1889 को गाजीपुर जिले में हुआ था।

180. किसके प्रयास से बिहार प्रान्तीय काँग्रेस का दूसरा अधिवेशन हुआ?
(a) जी. के. गोखले
(b) श्रीकृष्ण
(c) श्री दीपनारायण सिंह
(d) सुरेन्द्रनाथ बनर्जी

Due to whose efforts was the second session of Bihar Provincial Congress held?
(a) G. K. Gokhale
(b) Shri Krishna
(c) Shri Deepnarayan Singh
(d) Surendranath Banerjee

53th-55th BPSC (Pre) 2011

Ans - (c)
बिहार प्रान्तीय कांग्रेस का दूसरा अधिवेशन श्री दीप नारायण सिंह के प्रयत्नों के फलस्वरूप आयोजित किया गया था।

181. हजारीबाग में बिहारी स्टूडेण्ट्स कॉन्फ्रेंस का सोलहवाँ अधिवेशन हुआ -
(a) 1921 में
(b) 1922 में
(c) 1923 में
(d) 1924 में

The sixteenth session of Bihari Students Conference was held in Hazaribagh -
(a) in 1921
(b) in 1922
(c) in 1923
(d) in 1924

53th-55th BPSC (Pre) 2011

Ans - (a)
हजारीबाग (बिहार) में बिहारी स्टूडेण्ट्स कान्फ्रेंस का सोलहवां अधिवेशन वर्ष 1921 में सम्पन्न हुआ था।

182. बिहार में जमींदारी प्रथा कब समाप्त हुई?
(a) 1961 ई.
(b) 1956 ई.
(c) 1950 ई.
(d) 1959 ई.

When did the Zamindari system end in Bihar?
(a) 1961 AD
(b) 1956 AD
(c) 1950 AD

(d) 1959 AD

Bihar Madhyamic Sikshak Mulyankan (Dakshata) Exam 18.07.2010

Ans. (c)

जमींदारी उन्मूलन के सबसे पहले बिहार में जमींदारी उन्मूलन अधिनियम 1950 पारित किया गया था जिसके माध्यम से भूमि सुधार का प्रयास किया गया।

183. 1908 के छोटा नागपुर काश्तकारी अधिनियम ने रोक लगाई-

(a) वन उत्पाद के स्वतंत्र उपयोग पर

(b) वनों को जलाने पर

(c) बैठ बेगारी पर

(d) खूंटकट्टी भूमि व्यवस्था पर

Chhota Nagpur Tenancy Act of 1908 prohibited-

(a) On independent use of forest produce

(b) On burning forests

(c) sitting in forced labor

(d) On Khunkatti land system

42th BPSC (Pre) 1997-98

Ans - (c)

बिरसा मुण्डा आंदोलन के पश्चात वर्ष 1908 ई. में छोटा नागपुर काश्तकारी अधिनियम द्वारा बैठ बेगार प्रथा पर रोक लगाई गयी। आदिवासियों खूंटकट्टी भूमि व्यवस्था को मान्यता प्रदान की गयी।

184. गौरक्षा के मुद्दे पर बिहार के शाहाबाद, गया एवं पटना जिलों में भयानक हिन्दू-मुस्लिम दंगे हुए, वर्ष-

(a) 1917 में

(b) 1919 में

(c) 1939 में

(d) 1946 में

Horrible Hindu-Muslim riots took place in Shahabad, Gaya and Patna districts of Bihar on the issue of cow protection, year-

(a) in 1917

(b) in 1919

(c) in 1939

(d) in 1946

42th BPSC (Pre) 1997-98

Ans - (a)

गौरक्षा के मुद्दे पर बिहार के शाहाबाद, गया एवं पटना जिलों में 1917-18 में भयंकर दंगे हुए थे।

185. बेगूसराय में चौकीदार कर के विरुद्ध आंदोलन, एक हिस्सा था-

(a) असहयोग आंदोलन का

(b) सविनय अवज्ञा आंदोलन का

(c) भारत छोड़ो आंदोलन का

(d) खिलाफत आंदोलन का

The movement against Chowkidar Tax in Begusarai was a part of-

(a) Non-cooperation movement

(b) Civil disobedience movement

(c) Quit India Movement

(d) Khilafat movement

42th BPSC (Pre) 1997-98

Ans - (b)

सविनय अवज्ञा आंदोलन 6 अप्रैल, 1930 को गाँधी जी द्वारा नमक कानून के उल्लंघन के साथ शुरू हुआ तो बिहार के लोगों ने अपना विरोध व्यक्त करने के लिए चौकीदारों को कर देना बंद कर दिया। सारण, चम्पारण, शाहाबाद, पूर्णिया, मुंगेर, पटना तथा अन्य जिलों के लोगों ने चौकीदारी कर देना बंद कर दिया।

186. चम्पारण आंदोलन से कौन सम्बन्धित नहीं था?

(a) राजेन्द्र प्रसाद

(b) जे.बी. कृपलानी

(c) अनुग्रह नारायण सिन्हा

(d) जय प्रकाश नारायण

Who was not related to the Champaran movement?

(a) Rajendra Prasad

(b) J.B. Kripalani

(c) Anugrah Narayan Sinha

(d) Jai Prakash Narayan

42th BPSC (Pre) 1997-98

Ans - (d)

जय प्रकाश नारायण चम्पारण आंदोलन से संबंधित नहीं थे। इनका सम्बन्ध भारत छोड़ो आंदोलन (1942) से है। चम्पारण आंदोलन में राजेन्द्र प्रसाद, अनुग्रह नारायण

सिन्हा तथा जे.बी. कृपलानी गाँधी जी के साथ थे।

187. स्वामी सहजानन्द का सम्बन्ध था-
(a) बिहार के जनजातीय आंदोलनों के साथ
(b) बिहार के जातीय आंदोलनों के साथ
(c) बिहार के किसान आंदोलनों के साथ
(d) बिहार के मजदूर आंदोलनों के साथ
Swami Sahajanand was related to-
(a) With the tribal movements of Bihar
(b) With the caste movements of Bihar
(c) With the farmer movements of Bihar
(d) With the labor movements of Bihar

42th BPSC (Pre) 1997-98

Ans. (c)
बिहार के किसान आंदोलन के नेता स्वामी सहजानंद थे। 1936 ई. में स्थापित अखिल भारतीय किसान सभा के अध्यक्ष स्वामी सहजानन्द एवं महासचिव एन.जी. रंगा थे।

188. बिहार के किस नेता ने महात्मा गाँधी के साथ किसान आंदोलन का नेतृत्व किया?
(a) बाबा रामचन्द्र
(b) राजकुमार शुक्ल
(c) डा. राजेन्द्र प्रसाद
(d) रफी अहमद किदवई
Which leader of Bihar led the farmers' movement along with Mahatma Gandhi?
(a) Baba Ramchandra
(b) Rajkumar Shukla
(c) Dr. Rajendra Prasad
(d) Rafi Ahmed Kidwai

42th BPSC (Pre) 1997-98

Ans - (b)
1917 ई. में राजकुमार शुक्ल के आमंत्रण पर महात्मा गाँधी ने चम्पारण के किसानों की समस्याओं पर ध्यान दिया और इस आन्दोलन में डा. राजेंद्र प्रसाद, महादेव देसाई, अनुग्रह नारायण सिन्हा, जे. बी. कृपलानी आदि गाँधी जी के साथ थे।

189. पटना के 1857 के स्वतंत्रता संग्राम के नेता थे-
(a) हैदरअली खान
(b) जुधार सिंह
(c) राजपूत कुंवर सिंह
(d) कुशल सिंह
The leader of Patna's freedom struggle of 1857 was-
(a) Hyder Ali Khan
(b) Judhar Singh
(c) Rajput Kunwar Singh
(d) Kushal Singh

43th BPSC (Pre) 1999

Ans - (a)
1857 ई. का स्वतंत्रता संग्राम मेरठ से प्रारम्भ होकर दिल्ली, उत्तर प्रदेश, मध्य प्रदेश, बिहार तक फैल गया। पटना में इसका नेतृत्व हैदर पीर अली खान ने किया।

190. डॉ. राजेन्द्र प्रसाद को 9 अगस्त, 1942 को गिरफ्तार करके भेजा गया-
(a) कैम्प जेल
(b) भागलपुर जेल
(c) हजारीबाग जेल
(d) बांकीपुर जेल
Dr. Rajendra Prasad was arrested on August 9, 1942 and sent to-
(a) Camp Jail
(b) Bhagalpur Jail
(c) Hazaribagh Jail
(d) Bankipur Jail

43th BPSC (Pre) 1999

Ans - (d)
वर्ष 1942 के भारत छोड़ो आन्दोलन के दौरान 9 अगस्त 1942 डॉ. राजेन्द्र प्रसाद को गिरफ्तार करके बांकीपुर जेल में रखा गया था।

191. हो-मुंडा विद्रोह हुआ-
(a) 1620-21 के दौरान
(b) 1720-21 के दौरान
(c) 1820-21 के दौरान
(d) 1920-21 के दौरान
Ho-Munda rebellion took place-
(a) During 1620-21
(b) During 1720-21
(c) During 1820-21

(d) During 1920-21

43th BPSC (Pre) 1999

Ans - (c)
अनेक आर्थिक कारणों से छोटा नागपुर तथा सिंहभूम जिले के हो तथा मुण्डा लोगों ने कम्पनी के विरुद्ध 1820-21 के दौरान विद्रोह कर दिया।

192. महात्मा गांधी तथा उनके सहयोगियों की 1942 में हुई धरपकड़ से बिहार में दंगे हुए। इसमें रेल सेवा पूर्ण रूप से ठप हो गई। उसमें अधिकतम प्रभावित जिला था
(a) मुंगेर
(b) पटना
(c) गया
(d) शाहाबाद
The arrest of Mahatma Gandhi and his associates in 1942 led to riots in Bihar. Due to this the railway service came to a complete halt. The maximum affected district was
(a) Munger
(b) Patna
(c) went
(d) Shahabad

43th BPSC (Pre) 1999

Ans - (b)
भारत छोड़ो आन्दोलन बिहार का पटना में सर्वाधिक प्रभाव पड़ा। यहां रेलगाड़ियों को रोका गया तथा पटरियों को उखाड़ फेंका गया।

193. बिरसा मुण्डा किसके पक्ष में थे?
(a) झारखण्ड
(b) छत्तीसगढ़
(c) उत्तरांचल
(d) इनमें कोई नहीं
In whose favor was Birsa Munda?
(a) Jharkhand
(b) Chhattisgarh
(c) Uttaranchal
(d) none of these

44th BPSC (Pre) 2000-2001

Ans - (a)
बिरसा मुण्डा झारखण्ड के पक्षधर थे। झारखंड का गठन बिरसा मुंडा की जयंती पर 15 नवंबर, 2000 को हुआ था।

194. निम्नलिखित में से किस अखबार का प्रकाशन पटना से होता था?
(a) इण्डियन नेशन
(b) प्रभाकर
(c) पंजाब केसरी
(d) डॉन
Which of the following newspapers was published from Patna?
(a) Indian Nation
(b) Prabhakar
(c) Punjab Kesari
(d) Don

45th BPSC (Pre) 2002

Ans - (a)
1931 ई. में महाराज का।मेश्वर सिंह ने 'दि इण्डियन नेशन' पत्र की स्थापना की, जो पटना से प्रकाशित होता था।

195. जगत नारायण लाल को किस जेल में भेजा गया?
(a) बांकीपुर जेल
(b) कैम्प जेल
(c) भागलपुर जेल
(d) हजारीबाग जेल
Jagat Narayan Lal was sent to which jail?
(a) Bankipur Jail
(b) Camp Jail
(c) Bhagalpur Jail
(d) Hazaribagh Jail

45th BPSC (Pre) 2002

Ans - (d)
जगत नारायण लाल को 13 सितम्बर, 1942 को गिरफ्तार कर लिया गया तथा तीन साल की कारावास की सजा देकर उन्हें हजारीबाग जेल में भेज दिया गया।

196. बिहार में महात्मा गांधी के पूर्व सापेक्ष राष्ट्रीय सक्रियता की अनुपस्थिति इसके अभाव में देखी जा सकती है-
(a) एकीकृत समुदाय
(b) रचनात्मक क्षेत्रीय अभिजन
(c) चरमपंथी समूह
(d) वर्चस्वशाली मध्यवर्ग

The absence of national activism in Bihar relative to Mahatma Gandhi before can be seen in the absence of-
(a) integrated community
(b) Creative regional elite
(c) extremist group
(d) Dominant middle class

46th BPSC (Pre) 2003-2004

Ans - (a)

बिहार में महात्मा गांधी के पूर्व सापेक्ष राष्ट्रीय सक्रियता की अनुपस्थिति एकीकृत समुदाय के अभाव में देखी जाती थी।

197. स्वतंत्रतापूर्व बिहार में निम्नलिखित में से एक वर्चस्वशाली जाति (Dominant Caste) नहीं थी-
(a) भूमिहार
(b) राजपूत
(c) कायस्थ
(d) कुर्मी

In pre-independence Bihar, there was not one of the following dominant castes –
(a) Bhumihar
(b) Rajput
(c) Kayastha
(d) Kurmi

46th BPSC (Pre) 2003-2004

Ans - (d)

स्वतंत्रता पूर्व बिहार में भूमिहार, राजपूत और कायस्थ जातियों का बोलबाला था।

198. स्वतंत्रतापूर्व बिहार में बड़े जमींदारों की राजनीतिक शक्ति बचाने का माध्यम था-
(a) राजकीय संसाधन को
(b) आर्थिक स्थिति को
(c) सामाजिक स्थिति को
(d) संस्कृति को

In pre-independence Bihar, the means of saving the political power of big landlords was-
(a) Government resources
(b) economic situation
(c) social status
(d) culture

46th BPSC (Pre) 2003-2004

Ans - (b)

स्वतंत्रता पूर्व बिहार में बड़े जमींदारों को अपनी राजनीतिक शक्ति बचाने के लिए अपनी आर्थिक स्थिति को बहाल करना अति आवश्यक था।

199. स्वतंत्रतापूर्व बिहार में समाजवादी विचारधारा के प्रसार का श्रेय जाता है-
(a) अंतर्राष्ट्रीय समाजवादी आंदोलन को
(b) जयप्रकाश नारायण एवं बी. पी. सिन्हा की पाश्चात्य शिक्षा को
(c) कांग्रेसी कार्यकर्ताओं की क्रांतिकारिता को
(d) ब्रिटेन की लेबर पार्टी को

The credit for the spread of socialist ideology in pre-independence Bihar goes to-
(a) International Socialist Movement
(b) Jaiprakash Narayan and B. P. Sinha's western education
(c) The revolutionaries of Congress workers
(d) Britain's Labor Party

46th BPSC (Pre) 2003-2004

Ans - (c)

1932-34 के दौरान युवा कांग्रेस जनों के एक वर्ग ने कांग्रेस के भीतर ही रहकर संगठन को वामपंथ की ओर प्रेरित करने के लिए समाजवादी पार्टी बनायी, जिसके प्रमुख सदस्य- जयप्रकाश नारायण, अच्युतं पटवर्धन, युसुफ मेहर अली, अशोक मेहता और मीनू-मसानी थे।

200. भारतीय राष्ट्रीय कांग्रेस का 1937 का अधिवेशन किस शहर में हुआ-
(a) हरिपुरा
(b) रांची
(c) पटना
(d) फैजपुर

In which city was the 1937 session of the Indian National Congress held?
(a) Haripura
(b) Ranchi
(c) Patna
(d) Faizpur

46th BPSC (Pre) 2003-2004

Ans - (d)

भारतीय राष्ट्रीय कांग्रेस का 1937 में 50वाँ अधिवेशन फैजपुर (महाराष्ट्र) में पं. जवाहरलाल नेहरू की अध्यक्षता में हुआ था। इस अधिवेशन में नेहरू ने पहली बार 'वैज्ञानिक एवं आर्थिक' अर्थ में 'साम्यवाद' की व्याख्या की।

201. सन् 1930 में कांग्रेस का सविनय अवज्ञा आंदोलन इतना सफल हुआ कि निम्नलिखित शहरों में से एक में अंग्रेजी राज के चिह्न कई महीनों तक गायब से हो गए थे-

(a) पटना
(b) बढ़ही
(c) साहिबगंज
(d) मुजफ्फरपुर

In 1930, the Civil Disobedience Movement of the Congress was so successful that the signs of British rule disappeared for several months in one of the following cities -

(a) Patna
(b) Carpenter
(c) Sahibganj
(d) Muzaffarpur

46th BPSC (Pre) 2003-2004

Ans - (b)

सविनय अवज्ञा आंदोलन (वर्ष 1930) के दौरान बिहार के बढ़ही शहर में आंदोलनकारियों का कब्जा हो जाने से वहाँ कई महीनों तक ब्रिटिश राज का नियंत्रण समाप्त हो गया था।

202. बिहार के उस क्रान्तिकारी का नाम बताइए जिसने सितम्बर, 1928 में हिन्दुस्तान सोशलिस्ट रिपब्लिकन आर्मी की बैठक में भाग लिया था?

(a) फणीन्द्र नाथ घोष
(b) ज्योतिन्द्र नाथ
(c) अजय घोष
(d) भगत सिंह

Name the revolutionary from Bihar who participated in the meeting of Hindustan Socialist Republican Army in September 1928?

(a) Phanindra Nath Ghosh
(b) Jyotindra Nath
(c) Ajay Ghosh
(d) Bhagat Singh

47th BPSC (Pre) 2004-2005

Ans - (a)

चन्द्रशेखर आजाद, शचीन्द्र नाथ सान्याल, जोगेश चन्द्र चटर्जी, राम प्रसाद बिस्मिल, फणीन्द्रनाथ घोष आदि क्रान्तिकारियों ने 1924 में हिन्दुस्तान रिपब्लिकन एसोसिएशन की स्थापना की। 8 सितम्बर, 1928 को दिल्ली के फिरोजशाह कोटला मैदान में आयोजित सभा में इस संगठन का नाम बदलकर हिन्दुस्तान सोशलिस्ट रिपब्लिकन एसोसिएशन रख लिया।

203. बिहार में गो-हत्या रोकने के लिए गोरक्षिणी सभाओं की स्थापना किस वर्ष में हुई थी?

(a) 1877 ई. में
(b) 1882 ई. में
(c) 1893 ई. में
(d) 1897 ई. में

In which year were Gorakshini Sabhas established to stop cow slaughter in Bihar?

(a) In 1877 AD
(b) In 1882 AD
(c) In 1893 AD
(d) In 1897 AD

41th BPSC (Pre) 1996

Ans - (b)

बिहार में गो-हत्या रोकने के लिए गोरक्षिणी सभाओं की स्थापना 1882 ई. में हुई थी। महर्षि दयानंद सरस्वती ने गोरक्षिणी सभा की स्थापना की थी।

204. पटना को प्रान्तीय राजधानी बनाया था -

(a) शेरशाह ने
(b) इब्राहीम लोदी ने
(c) अलाऊद्दीन हुसैन शाह ने
(d) राजकुमार अजीम ने

Patna was made the provincial capital -

(a) Shershah
(b) Ibrahim Lodi
(c) Alauddin Hussain Shah
(d) Prince Azim

41th BPSC (Pre) 1996

Ans - (a)

शेरशाह ने 1541 ई. में पाटलिपुत्र को पटना के नाम से पुनः स्थापित किया तथा इसे बिहार की राजधानी बनाया।

205. भारत छोड़ो आन्दोलन से उत्पन्न दंगे किस क्षेत्र में सबसे अधिक व्यापक रहे?

1. बिहार
2. बंगाल
3. गुजरात
4. संयुक्त प्रान्त

अपना उत्तर निम्नांकित कूटों से चुने -

(a) 1 एवं 2
(b) केवल 1
(c) 2 एवं 3
(d) 1 एवं 4

In which area were the riots arising from the Quit India Movement most widespread?

1. Bihar
2. Bengal
3. Gujarat
4. United Provinces

Select your answer from the following codes -

(a) 1 and 2
(b) Only 1
(c) 2 and 3
(d) 1 and 4

41th BPSC (Pre) 1996

Ans - (d)

भारत छोड़ो आन्दोलन, 1942 ई. के समय संयुक्त प्रांत और बिहार में उग्र हो उठा था।

206. 1857 ई. के विद्रोह से बिहार का कौन-सा भाग अप्रभावित रहा?

1. दानापुर
2 पटना
3. आरा
4 मुजफ्फरपुर
5. मुंगेर

अपना उत्तर निम्नांकित कूटों में चुने -

(a) 4 एवं 5
(b) केवल 5
(c) केवल 4
(d) 4 एवं 5

Which part of Bihar remained unaffected by the rebellion of 1857 AD?

1. Danapur
2 Patna
3. Aara
4 Muzaffarpur
5. Munger

Select your answer from the following codes -

(a) 4 and 5
(b) Only 5
(c) only 4
(d) 4 and 5

41th BPSC (Pre) 1996

Ans - (b)

1857 ई. के प्रथम स्वतंत्रता संग्राम में विद्रोह से बिहार का मुंगेर अप्रभावित था।

प्रथम स्वतंत्रता संग्राम में बिहार में जगदीशपुर के कुंवर सिंह और पटना के मीर अली का नाम हमेशा अमर रहेगा। 1857 ई. के विद्रोह में प्रभावित स्थान पटना, आरा, दानापुर, गया और मुजफ्फरपुर था।

INM

INM

BPSC TRE 3.0
PRT (1st to 5th) EXAM

Held on : 15 March, 2024 (Canceled)

1. पटना कॉलेज कब स्थापित हुआ?
(A) 1863
(B) 1865
(C) 1861
(D) उपर्युक्त में से एक से अधिक
(E) उपर्युक्त में से कोई नहीं
When was Patna College established?
(A) 1863
(B) 1865
(C) 1861
(D) More than one of the above
(E) None of the above

BPSC TRE 3.0 PRT(1st to 5th) 15 March, 2024
Canceled Exam

Answer – (a)
पटना कॉलेज की स्थापना 9 जनवरी 1863 को ब्रिटिश राज के दौरान हुई थी. 2 जनवरी 1952 को पटना विश्वविद्यालय, पटना विश्वविद्यालय और बिहार विश्वविद्यालय में विभाजित हो गया.

2. इनमें से कौन 'वन्दे मातरम्' समाचार-पत्र के संपादक थे?
(A) अरविन्द घोष
(B) विपिन चन्द्र पाल
(C) बंकिम चन्द्र चटर्जी
(D) उपर्युक्त में से एक से अधिक
(E) उपर्युक्त में से कोई नहीं
Who among the following was the editor of 'Vande Mataram' newspaper?
(A) Arvind Ghosh
(B) Vipin Chandra Pal
(C) Bankim Chandra Chatterjee
(D) More than one of the above
(E) None of the above

BPSC TRE 3.0 PRT(1st to 5th) 15 March, 2024
Canceled Exam

Answer – (a)
अंग्रेजी समाचार पत्र 'वन्दे मातरम्' के संस्थापक विपिन चन्द्र पाल तथा संपादक अरविन्द घोष थे.

3. 'ऑल इंडिया हरिजन संघ' की स्थापना 1932 में किसके द्वारा की गई थी?
(A) जगजीवन राम
(B) महात्मा गाँधी
(C) डॉ० बी० आर० अम्बेदकर
(D) उपर्युक्त में से एक से अधिक
(E) उपर्युक्त में से कोई नहीं
By whom was 'All India Harijan Sangh' founded in 1932?
(A) Jagjivan Ram
(B) Mahatma Gandhi
(C) Dr. B.R. Ambedkar
(D) More than one of the above
(E) None of the above

BPSC TRE 3.0 PRT(1st to 5th) 15 March, 2024
Canceled Exam

Answer – (b)
अखिल भारतीय हरिजन सेवक संघ की स्थापना महात्मा गाँधी ने वर्ष 1932 में दिल्ली में की थी.

4. कौन-सी घटना सबसे पहले हुई?
(A) क्रिप्स मिशन का आगमन
(B) गवर्नर जनरल पद पर लॉर्ड वेवेल का आगमन
(C) भारत छोड़ो आन्दोलन का प्रस्ताव
(D) उपर्युक्त में से एक से अधिक
(E) उपर्युक्त में से कोई नहीं
Which event happened first?
(A) Arrival of Cripps Mission
(B) Arrival of Lord Wavell to the post of Governor General.
(C) Proposal for Quit India Movement
(D) More than one of the above

(E) None of the above

BPSC TRE 3.0 PRT(1st to 5th) 15 March, 2024
Canceled Exam

Answer – (a)

क्रिप्श मिशन – मार्च, 1942

भारत छोड़ों आन्दोलन प्रस्ताव – 14 जुलाई, 1942 / 8 अगस्त, 1942 भारत छोड़ो आन्दोलन की शुरुआत हुई।

लार्ड वेवेल का आगमन – 1943

5. इनमें से किसने यह कहते हुए भारतीय राष्ट्रीय काँग्रेस की हँसी उड़ाई कि "यह एक बहुत सूक्ष्म भाग (अल्पसंख्यक) का प्रतिनिधित्व करता है"?

(A) कर्जन
(B) मिन्टो
(C) डफरिन
(D) उपर्युक्त में से एक से अधिक
(E) उपर्युक्त में से कोई नहीं

Who among the following ridiculed the Indian National Congress by saying that "it represents a very small section (minority)"?

(A) Curzon
(B) Minto
(C) Dufferin
(D) More than one of the above
(E) None of the above

BPSC TRE 3.0 PRT(1st to 5th) 15 March, 2024
Canceled Exam

Answer – (c)

लार्ड रिपन के बाद 1884 में वायसराय बनकर आये लार्ड डफरिन ने कांग्रेस को अल्पसंख्यक वर्ग का प्रतिनिधित्व करने वाली सूक्ष्मदर्शी संस्था कहा.

6. मुजफ्फरपुर बम काण्ड में किसको फाँसी की सजा दी गई थी?

(A) खुदीराम बोस
(B) रासबिहारी बोस
(C) प्रफुल्ल चाकी
(D) उपर्युक्त में से एक से अधिक
(E) उपर्युक्त में से कोई नहीं

Who was given death sentence in the Muzaffarpur bomb case?

(A) Khudiram Bose
(B) Rash Bihari Bose
(C) Prafulla Chaki
(D) More than one of the above
(E) None of the above

BPSC TRE 3.0 PRT(1st to 5th) 15 March, 2024
Canceled Exam

Answer – (a)

30 April, 1908 को खुदी राम बोस और प्रफुल चाकी ने मुजफ्फरपुर के जिला न्यायाधीश डी. एच. किंग्स्फोर्ड पर बम मारकर हत्या करने का प्रयास किया परन्तु गलती से प्रिन्गाले केनेडी और उनकी बेटी की मृत्यु हो गई. 11 August, 1908 को खुदी बोस को फाँसी दी गई

7. इनमें से कौन एक 'अहरार आन्दोलन' से सम्बन्धित नहीं थे?

(A) मौलाना जफर अली खाँ
(B) मौलाना अल्ताफ हुसैन हाली
(C) मौलाना मज़हरुल हक़
(D) उपर्युक्त में से एक से अधिक
(E) उपर्युक्त में से कोई नहीं

Which one of the following was not related to 'Ahrar Movement'?

(A) Maulana Zafar Ali Khan
(B) Maulana Altaf Hussain Hali
(C) Maulana Mazharul Haq
(D) More than one of the above
(E) None of the above

BPSC TRE 3.0 PRT(1st to 5th) 15 March, 2024
Canceled Exam

Answer – (b)

अहरार आंदोलन की स्थापना 1910 में मौलाना मुहम्मद अली और हकीम अजमल खान के नेतृत्व में की गई थी। अन्य संस्थापक हसन इमाम, मौलाना जफर अली खान और मजहर-उल-हक थे। यह आंदोलन एक अलीगढ़ विरोधी आंदोलन के रूप में शुरू किया गया था और अहरार आंदोलन के संस्थापकों ने अलीगढ़ आंदोलन की वफादार नीतियों पर आपत्ति जताई थी।

8. 1832-33 के मध्य 'कोल विद्रोह' का नेतृत्व किसने किया था?

(A) सिधू और कान्हू

(B) देजे नारायण
(C) नारायण राव
(D) उपर्युक्त में से एक से अधिक
(E) उपर्युक्त में से कोई नहीं
Who led the 'Kol Rebellion' between 1832-33?
(A) Sidhu and Kanhu
(B) Deje Narayan
(C) Narayan Rao
(D) More than one of the above
(E) None of the above

BPSC TRE 3.0 PRT(1st to 5th) 15 March, 2024 Canceled Exam

Answer – (e)
छोटा नागपुर के कोल आदिवासी, जो ईस्ट इंडिया कंपनी (E.I.C.) के एजेंटों द्वारा शोषण से परेशान थे , ने EIC के खिलाफ विद्रोह कर दिया। कोलों ने बुधु भगत , जोआ भगत, झिंदराई मानकी और अन्य के नेतृत्व में विद्रोह किया।

9. किस वर्ष बाबू कुँवर सिंह का देहान्त हुआ?
(A) 1858
(B) 1859
(C) 1857
(D) उपर्युक्त में से एक से अधिक
(E) उपर्युक्त में से कोई नहीं
In which year did Babu Kunwar Singh die?
(A) 1858
(B) 1859
(C) 1857
(D) More than one of the above
(E) None of the above

BPSC TRE 3.0 PRT(1st to 5th) 15 March, 2024 Canceled Exam

Answer – (a)
बिहार के शेर कुँवर सिंह का निधन 26 April, 1858 में हुआ.

10. 'युवा बंगाल आन्दोलन' की स्थापना का श्रेय किसे है?
(A) ईश्वरचन्द्र विद्यासागर
(B) राजा राममोहन राय
(C) हेनरी विवियन डेरोजियो
(D) उपर्युक्त में से एक से अधिक
(E) उपर्युक्त में से कोई नहीं
Who has the credit for the establishment of 'Youth Bengal Movement'?
(A) Ishwarchandra Vidyasagar
(B) Raja Rammohan Roy
(C) Henry Vivian Derozio
(D) More than one of the above
(E) None of the above

BPSC TRE 3.0 PRT(1st to 5th) 15 March, 2024 Canceled Exam

Answer – (c)
हेनरी विवियन डेरोजियो ने यंग बंगाल आन्दोलन की स्थापना की थी. वह पुर्तगाली मूल के एक भारतीय कवि और हिन्दू कॉलेज, कोलकाता के सहायक अध्यापक थे. 26 दिसंबर, 1831 को कलकत्ता में 22 साल की उम्र में हैजे से मृत्यु हो गई. 'द फकीरा ऑफ़ जुंघिरा' उनकी एक लम्बी कविता है.

11. किस तिथि को क्लीमेन्ट एटली ने घोषणा की, कि जून 1948 तक ब्रिटिश भारत को छोड़ देगा?
(A) 20 फरवरी, 1947
(B) 10 जनवरी, 1947
(C) 20 जनवरी, 1947
(D) उपर्युक्त में से एक से अधिक
(E) उपर्युक्त में से कोई नहीं
On which date did Clement Attlee announce that the British would leave India by June 1948?
(A) February 20, 1947
(B) January 10, 1947
(C) January 20, 1947
(D) More than one of the above
(E) None of the above

BPSC TRE 3.0 PRT(1st to 5th) 15 March, 2024 Canceled Exam

Answer – (a)
20 February, 1947 को ब्रिटेन के प्रधानमंत्री क्लीमेंट एटली ने घोषणा की कि जून 1948 तक हम भारत को छोड़ देंगे.

12. किस वर्ष बिहार को बंगाल से अलग किया गया था?

(A) 1907
(B) 1909
(C) 1905
(D) उपर्युक्त में से एक से अधिक
(E) उपर्युक्त में से कोई नहीं

In which year was Bihar separated from Bengal?
(A) 1907
(B) 1909
(C) 1905
(D) More than one of the above
(E) None of the above

BPSC TRE 3.0 PRT(1st to 5th) 15 March, 2024 Canceled Exam

Answer – (e)

तृतीय दिल्ली दरबार,1911 में बंगाल विभाजन को रद्द कर बिहार और ओड़िसा को बंगाल से अलग प्रान्त बनाने के घोषणा हुई जबकि अलग प्रान्त 22 मार्च, 1912 बना.

13. निम्नलिखित में से भारत छोड़ो आन्दोलन, 1942 का मुख्य कारण क्या था?
(A) द्वितीय विश्वयुद्ध के हानिकारक प्रभाव
(B) गाँधी-इरविन समझौता ।
(C) क्रिप्स मिशन की असफलता
(D) उपर्युक्त में से एक से अधिक
(E) उपर्युक्त में से कोई नहीं

Which of the following was the main reason for the Quit India Movement, 1942?
(A) Harmful effects of Second World War
(B) Gandhi-Irwin Pact.
(C) Failure of Cripps Mission
(D) More than one of the above
(E) None of the above

BPSC TRE 3.0 PRT(1st to 5th) 15 March, 2024 Canceled Exam

Answer – (d)

भारत छोड़ो आन्दोलन, 1942 का मुख्य कारण - द्वितीय विश्वयुद्ध के प्रभाव, क्रिप्स मिशन की असफलता आदि थे.

14. ब्रिटिश शासन के दौरान, दिल्ली राजधानी की नींव किसने रखी ?
(A) किंग जॉर्ज पंचम
(B) महारानी विक्टोरिया
(C) महारानी एलिजाबेथ
(D) उपर्युक्त में से एक से अधिक
(E) उपर्युक्त में से कोई नहीं

Who laid the foundation of the capital Delhi during British rule?
(A) King George V
(B) Queen Victoria
(C) Queen Elizabeth
(D) More than one of the above
(E) None of the above

BPSC TRE 3.0 PRT(1st to 5th) 15 March, 2024 Canceled Exam

Answer – (a)

लार्ड हार्डिंग II के वायसराय के काल में तृतीय दिल्ली दरबार – 1911 का आयोजन ब्रिटिश सम्राट जॉर्ज पंचम तथा महारानी विलियम मेरी के स्वागत में किया गया. इसी में बंगाल विभाजन को रद्द करने तथा कलकत्ता के स्थान पर दिल्ली को राजधानी बनाने की घोषणा की गई. दिल्ली राजधानी के रूप में 1912 से कार्य कर रही है।

INM

BPSC TRE 3.0

SST (6th to 8th) EXAM

Held on : 15 March, 2024 (Canceled)

1. 1857 के विद्रोह के मध्य, नाना साहेब ने अपने आप को मुगल सम्राट का क्या घोषित किया?
(A) वज़ीर
(B) नाइब (उप)
(C) पेशवा
(D) उपर्युक्त में से एक से अधिक
(E) उपर्युक्त में से कोई नहीं
In the midst of the rebellion of 1857, what did Nana Saheb declare himself the Mughal Emperor?
(A) Wazir
(B) Deputy
(C) Peshwa
(D) More than one of the above
(E) None of the above

BPSC TRE 3.0 SST (6th to 8th) 15 March, 2024 Canceled Exam

Ans – (c)
पेशवा बाजीराव के दत्तक पुत्र नाना साहब को 5 जून, 1857 को कानपुर का पेशवा घोषित किया गया.

2. किसने/किन्होंने गलती से लेफ्टिनेन्ट आयर्स्ट की हत्या कर दी?
(A) खुदीराम बोस एवं प्रफुल्ल चाकी
(B) दामोदर एवं बालकृष्ण
(C) मदन लाल ढींगरा
(D) उपर्युक्त में से एक से अधिक
(E) उपर्युक्त में से कोई नहीं
Who/who accidentally killed Lieutenant Ayerst?
(A) Khudiram Bose and Prafulla Chaki
(B) Damodar and Balkrishna
(C) Madan Lal Dhingra
(D) More than one of the above
(E) None of the above

BPSC TRE 3.0 SST (6th to 8th) 15 March, 2024 Canceled Exam

Ans (B)
चापेकर बंधुओं, दामोदर और बालकृष्ण ने 1897 में पूना के प्लेग कमिश्नर रैंड और एक लेफ्टिनेंट आयर्स्ट की हत्या कर दी.

3. किस मुस्लिम स्वतंत्रता सेनानी को भाईचारा एवं एकता दर्शाने हेतु गोल्डन टेम्पल की चाबियाँ सौंपी गई थीं?
(A) बदरुद्दीन तैयबजी
(B) हकीम अजमल खान
(C) सैफुद्दीन किचलू
(D) उपर्युक्त में से एक से अधिक
(E) उपर्युक्त में से कोई नहीं
Which Muslim freedom fighter was handed over the keys of the Golden Temple to show brotherhood and unity?
(A) Badruddin Tyabji
(B) Hakim Ajmal Khan
(C) Saifuddin Kitchlu
(D) More than one of the above
(E) None of the above

BPSC TRE 3.0 SST (6th to 8th) 15 March, 2024 Canceled Exam

Ans – (c)
रोलेक्ट एक्ट के विरोध और जलियांवालाबाग घटना के दौरान ही सौफुद्दीन किचलू की हिन्दू - मुस्लिम भाईचारा एवं एकता दर्शाने हेतु गोल्डन टेम्पल की चाबियाँ सौंपी गई थीं.

4. 21 अक्तूबर, 1943 को किस स्थान पर एस० सी० बोस ने स्वतंत्र भारत की अनंतिम सरकार का गठन किया था?
(A) बर्लिन
(B) मलाया
(C) सिंगापुर
(D) उपर्युक्त में से एक से अधिक
(E) उपर्युक्त में से कोई नहीं

At which place on October 21, 1943, did S.C. Bose form the provisional government of independent India?
(A) Berlin
(B) Malaya
(C) Singapore
(D) More than one of the above
(E) None of the above

BPSC TRE 3.0 SST (6th to 8th) 15 March, 2024
Canceled Exam

Ans – (c)

21 अक्टूबर 1943 को सुभाष चन्द्र बोस ने सिंगापुर में स्वतन्त्र भारत की अनंतिम सरकार के गठन की घोषणा की.

5. 1930 में बिहार क्षेत्र की राजस्व वसूली में धरना (प्रदर्शन) के कारण कितनी कमी हुई?
(A) 10 लाख
(B) 20 लाख
(C) 30 लाख
(D) उपर्युक्त में से एक से अधिक
(E) उपर्युक्त में से कोई नहीं

How much was the decrease in revenue collection of Bihar region in 1930 due to dharna (demonstration)?
(A) 10 lakhs
(B) 20 lakhs
(C) 30 lakhs
(D) More than one of the above
(E) None of the above

BPSC TRE 3.0 SST (6th to 8th) 15 March, 2024
Canceled Exam

Ans (a)

1930 में बिहार क्षेत्र की राजस्व वसूली में धरना (प्रदर्शन) के कारण 10 लाख की कमी हुई?

6. दक्षिण अफ्रीका में, महात्मा गाँधी किस स्थान से कार्यकर्ताओं की मार्च (यात्रा) का नेतृत्व कर रहे थे?
(A) न्यूकैसल से ट्रांसवाल तक
(B) डरबन से ट्रांसवाल तक
(C) न्यूकैसल से डरबन तक
(D) उपर्युक्त में से एक से अधिक
(E) उपर्युक्त में से कोई नहीं

From which place in South Africa, Mahatma Gandhi was leading the march of workers?
(A) Newcastle to Transvaal
(B) From Durban to Transvaal
(C) Newcastle to Durban
(D) More than one of the above
(E) None of the above

BPSC TRE 3.0 SST (6th to 8th) 15 March, 2024
Canceled Exam

Ans – (a)

6 नवम्बर 1913 में न्यूकैसल से ट्रांसवाल की ओर बढ़ रहे जुलूस में महात्मा गाँधी मजदूरों का नेतृत्व कर रहे थे.

7. 1859 के भारतीय उत्प्रवास अधिनियम ने निर्धारित किया था कि
(A) बागान श्रमिकों को शादी करने की अनुमति नहीं थी
(B)बागान श्रमिकों को बिना अनुमति के चाय बागान छोड़ने की अनुमति नहीं थी
(C) बागान श्रमिकों को बिना अनुमति के जंगल छोड़ने की अनुमति नहीं थी
(D) उपर्युक्त में से एक से अधिक
(E) उपर्युक्त में से कोई नहीं

The Indian Emigration Act of 1859 stipulated that
(A) Plantation workers were not allowed to marry
(B)Plantation workers were not allowed to leave the tea gardens without permission
(C)Plantation workers were not allowed to leave the forest without permission
(D) More than one of the above
(E) None of the above

BPSC TRE 3.0 SST (6th to 8th) 15 March, 2024
Canceled Exam

Ans – (b)

1859 के भारतीय उत्प्रवास अधिनियम (इनलैंड इमीग्रेशन एक्ट) के अनुसार - बागान श्रमिकों को बिना अनुमति के चाय बागान छोड़ने की अनुमति नहीं थी

8. देहरादून में इंपीरियल फॉरेस्ट रिसर्च इंस्टीट्यूट की स्थापना किस वर्ष की गई थी?

(A) 1904
(B) 1905
(C) 1906
(D) उपर्युक्त में से एक से अधिक
(E) उपर्युक्त में से कोई नहीं

In which year was the Imperial Forest Research Institute established in Dehradun?

(A) 1904
(B) 1905
(C) 1906
(D) More than one of the above
(E) None of the above

BPSC TRE 3.0 SST (6th to 8th) 15 March, 2024
Canceled Exam

Ans (c)

1906 में देहरादून में इम्पीरियल फॉरेस्ट रिसर्च इंस्टीट्यूट की स्थापना की गई.

9. इनमें से कौन ब्रिटिश के विरुद्ध लड़ने वाला जनजातीय नायक नहीं था?

(A) तिलका मांझी
(B) कान्हू मुर्मू
(C) सी० आर० दास
(D) उपर्युक्त में से एक से अधिक
(E) उपर्युक्त में से कोई नहीं

Who among the following was not a tribal hero who fought against the British?

(A) Tilka Manjhi
(B) Kanhu Murmu
(C) C.R. Das
(D) More than one of the above
(E) None of the above

BPSC TRE 3.0 SST (6th to 8th) 15 March, 2024
Canceled Exam

Ans – (c)

सिद्धू मुर्मू और कान्हू मुर्मू सगे भाई थे जिन्होने 1855–1856 के सन्थाल विद्रोह का नेतृत्व किया था। सन्थाल विद्रोह ब्रिटिश शासन और भ्रष्ट जमींदारी प्रथा दोनों के विरुद्ध था।

जबरा पहाड़िया (तिलका मांझी) भारत में ब्रिटिश सत्ता को चुनौती देने वाले पहाड़िया समुदाय के वीर आदिवासी थे।

10. प्रसिद्ध क्रान्तिकारी नेता चन्द्रशेखर आजाद के अनुरोध पर किसने द फिलॉसफी ऑफ बॉम्ब (बम का दर्शन) नामक पुस्तक लिखी?

(A) दुर्गा देवी
(B) भगवती चरण वोहरा
(C) सचिन्द्रनाथ सान्याल
(D) उपर्युक्त में से एक से अधिक
(E) उपर्युक्त में से कोई नहीं

Who wrote the book The Philosophy of Bomb on the request of the famous revolutionary leader Chandrashekhar Azad?

(A) Durga Devi
(B) Bhagwati Charan Vohra
(C) Sachindranath Sanyal
(D) More than one of the above
(E) None of the above

BPSC TRE 3.0 SST (6th to 8th) 15 March, 2024
Canceled Exam

Ans – (b)

क्रांतिकारी स्वतंत्रता सेनानी भगवती चरण वोहरा की 28 मई, 1930 को एक बम का परीक्षण करते समय विस्फोट के परिणामस्वरूप मृत्यु हो गई। वोहरा 'द फिलॉसफी ऑफ बम' नामक प्रसिद्ध लेख के लेखक थे।

11. 'कामागाटामारू' क्या था?

(A) एक जहाज
(B) एक संगठन
(C) एक आन्दोलन
(D) उपर्युक्त में से एक से अधिक
(E) उपर्युक्त में से कोई नहीं

What was 'Kamagatamaru'?

(A) a ship
(B) an organization
(C) a movement
(D) More than one of the above
(E) None of the above

BPSC TRE 3.0 SST (6th to 8th) 15 March, 2024
Canceled Exam

Ans – (a)

कामागातामारू (Komagata Maru) भापशक्ति से चलने वाला एक जापानी समुद्री जहाज था, जिसे हॉन्ग कॉन्ग में रहने वाले बाबा गुरदित्त सिंह ने खरीदा था। जहाज में पंजाब के 376 लोगों को बैठाकर बाबा 4 अप्रैल 1914 को वेंकूवर (ब्रिटिश कोलम्बिया, कनाडा) के लिए रवाना हुए।

12. कौन-सा वर्ष और स्थान, अखिल भारतीय राष्ट्रीय कांग्रेस कमेटी के बैठक को दर्शाता है, जहाँ 'संसदीय बोर्ड' के गठन का फैसला लिया गया था?

(A) 1934, पटना
(B) 1920, नागपुर
(C) 1925, कानपुर
(D) उपर्युक्त में से एक से अधिक
(E) उपर्युक्त में से कोई नहीं

Which year and place represents the meeting of the All India National Congress Committee, where the decision to constitute the 'Parliamentary Board' was taken?

(A) 1934, Patna
(B) 1920, Nagpur
(C) 1925, Kanpur
(D) More than one of the above
(E) None of the above

BPSC TRE 3.0 SST (6th to 8th) 15 March, 2024 Canceled Exam

Ans – (a)

अखिल भारतीय राष्ट्रीय कांग्रेस कमेटी की 18-19 मई 1934 को पटना बैठक में 'संसदीय बोर्ड' (Maximum 25 members) के गठन का फैसला लिया गया था

13. 'आत्मसम्मान आन्दोलन' के पुरोधा कौन थे?

(A) सी० पी० अय्यर
(B) श्री नारायण गुरु
(C) ई० वी० रामास्वामी नाइकर
(D) उपर्युक्त में से एक से अधिक
(E) उपर्युक्त में से कोई नहीं

Who was the founder of 'Self-Respect Movement'?

(A) C.P. Iyer
(B) Shri Narayan Guru
(C) E.V. Ramaswami Naicker
(D) More than one of the above
(E) None of the above

BPSC TRE 3.0 SST (6th to 8th) 15 March, 2024 Canceled Exam

Ans – (c)

आत्म-सम्मान आंदोलन एक गतिशील सामाजिक आंदोलन था जिसका उद्देश्य समकालीन हिंदू सामाजिक व्यवस्था को जाति, धर्म और ईश्वरीय आस्था के बिना एक नए समग्र एवं तर्कसंगत समाज में परिवर्तित करना था।

ई.वी. रामास्वामी नाइकर द्वारा वर्ष 1925 में आत्म-सम्मान आंदोलन की शुरुआत तमिलनाडु में की गई। यह एक समतावादी आंदोलन था जिसने ब्राह्मणवादी आधिपत्य को तोड़ने का कार्य किया। समाज में पिछड़े वर्गों और महिलाओं के लिये समान अधिकारों तथा तेलुगू, तमिल, कन्नड़ और मलयालम आदि द्रविड़ भाषाओं के पुनरुत्थान पर ज़ोर दिया।

14. सेंसस रिपोर्ट ऑफ सेन्ट्रल प्रोविंसेज पुस्तक के लेखक कौन हैं?

(A) सुमित गुहा
(B) रंजीत गुहा
(C) रामचन्द्र गुहा
(D) उपर्युक्त में से एक से अधिक
(E) उपर्युक्त में से कोई नहीं

Who is the author of the book Census Report of Central Provinces?

(A) Sumit Guha
(B) Ranjit Guha
(C) Ramachandra Guha
(D) More than one of the above
(E) None of the above

BPSC TRE 3.0 SST (6th to 8th) 15 March, 2024 Canceled Exam

Ans – (a)

सुमित गुहा की book – The Handloom Industry in Central India, 1825 -1950 में Census Report of Central Provinces, 1872 का वर्णन किया गया है.

15. 1873 में रचित पुस्तक गुलामगिरी किस धारणा को निष्प्रभावी करती है?

(A) निम्नजातीय विभेद
(B) धार्मिक असमानता

(C) सामाजिक ताने-बाने की जटिलता
(D) उपर्युक्त में से एक से अधिक
(E) उपर्युक्त में से कोई नहीं

Which concept does the book Gulamgiri, written in 1873, neutralize?
(A) Lower caste discrimination
(B) Religious inequality
(C) Complexity of social fabric
(D) More than one of the above
(E) None of the above

BPSC TRE 3.0 SST (6th to 8th) 15 March, 2024
Canceled Exam

Ans – (d)
महात्मा ज्योतिबा फुले ने 1873 में समाज के दलित वर्ग के लिए "गुलामगिरी" लिखा, ताकि उन्हें जाति व्यवस्था के भेदभाव और उत्पीड़न का एहसास हो सके। गुलामगिरी भारतीय समाज की सामाजिक संरचना में ब्राह्मणवादी वर्चस्व और पाखंड के बारे में बात करता है। इसने जाति व्यवस्था की प्रथा की आलोचना की।

16. 'हिन्दुस्तान स्टैंडर्ड' किसका समाचार-पत्र है?
(A) सच्चिदानन्द सिन्हा
(B) मोतीलाल नेहरू
(C) के० एम० पणिक्कर
(D) उपर्युक्त में से एक से अधिक
(E) उपर्युक्त में से कोई नहीं

Whose newspaper is 'Hindustan Standard'?
(A) Sachchidanand Sinha
(B) Motilal Nehru
(C) K.M.Panikkar
(D) More than one of the above
(E) None of the above

BPSC TRE 3.0 SST (6th to 8th) 15 March, 2024
Canceled Exam

Ans – (a)
'हिन्दुस्तान स्टैंडर्ड' मासिक अंग्रेजी समाचार-पत्र सच्चिदानंद सिन्हा का है.

17. औपनिवेशिक काल में कौन-सा प्रमुख उद्योग क्षेत्र भारतीयों के हाथ में था?
(A) लौह
(B) खनन
(C) वस्त्र/कपास
(D) उपर्युक्त में से एक से अधिक
(E) उपर्युक्त में से कोई नहीं

Which major industrial sector was in the hands of Indians during the colonial period?
(A) Iron
(B) Mining
(C) Textile/Cotton
(D) More than one of the above
(E) None of the above

BPSC TRE 3.0 SST (6th to 8th) 15 March, 2024
Canceled Exam

Ans – (c)
औपनिवेशिक काल में फ़ैक्टरी रोज़गार पर कपड़ा उद्योग का प्रभुत्व था । कपड़ा उद्योग में कपास और जूट की कताई और बुनाई की मिलें, कपास की ढलाई और जूट प्रेस शामिल थीं, जो मुख्य रूप से मौसमी गतिविधियाँ थीं, और ऊन और रेशम की कताई और बुनाई की कुछ अलग-अलग बड़ी कंपनियाँ थीं।

18. महात्मा गाँधी ने चम्पारण यात्रा किस वर्ष में की थी?
(A) 1915
(B) 1916
(C) 1917
(D) उपर्युक्त में से एक से अधिक
(E) उपर्युक्त में से कोई नहीं

In which year did Mahatma Gandhi undertake the Champaran Yatra?
(A) 1915
(B) 1916
(C) 1917
(D) More than one of the above
(E) None of the above

BPSC TRE 3.0 SST (6th to 8th) 15 March, 2024
Canceled Exam

Ans – (c)
महात्मा गाँधी ने अप्रैल 1917 में गणेशशंकर विद्यार्थी के कहने पर राजकुमार शुक्ल के निमंत्रण पर बिहार के चम्पारण के नील कृषकों की स्थिति का जायजा लेने वहाँ पहुँचे।

19. भारत में प्रथम छापाखाना किस वर्ष तथा किसके द्वारा स्थापित किया गया?
(A) 1557 ई०, पुर्तगाली
(B) 1612 ई०, ब्रिटिश
(C) 1650 ई०, डच
(D) उपर्युक्त में से एक से अधिक
(E) उपर्युक्त में से कोई नहीं
In which year and by whom was the first printing press established in India?
(A) 1557 AD, Portuguese
(B) 1612 AD, British
(C) 1650 AD, Dutch
(D) More than one of the above
(E) None of the above

BPSC TRE 3.0 SST (6th to 8th) 15 March, 2024
Canceled Exam

Ans (e)
भारत में First Printing Press 1556 में पुर्तगालियों द्वारा सेंट पॉल कॉलेज, गोवा में स्थापित की गई.

20. किस वर्ष लॉर्ड लिटन ने भाषाई आधार पर प्रेस की स्वतन्त्रता को प्रतिबन्धित कर दिया ?
(A) 1878 ई०
(B) 1872 ई०
(C) 1877 ई०
(D) उपर्युक्त में से एक से अधिक
(E) उपर्युक्त में से कोई नहीं।
In which year Lord Lytton restricted the freedom of the press on linguistic grounds?
(A) 1878 AD
(B) 1872 AD
(C) 1877 AD
(D) More than one of the above
(E) None of the above.

BPSC TRE 3.0 SST (6th to 8th) 15 March, 2024
Canceled Exam

Ans – (a)
वर्नाक्युलर प्रेस अधिनियम, 1878 को गैगिंग एक्ट के रूप में जाना जाता है क्योंकि यह अंग्रेजी और वर्नाक्युलर प्रेस के बीच भेदभाव करता था। वर्नाक्यूलर प्रेस एक्ट, ब्रिटिश भारत में भारतीय-भाषा (यानी, गैर-अंग्रेजी) प्रेस की स्वतंत्रता को कम करने के लिए 1878 में बनाया गया कानून था।

21. जालियाँवाला बाग नृशंस हत्याकाण्ड किस दिन हुआ?
(A) लोहड़ी
(B) वैशाखी
(C) होली
(D) उपर्युक्त में से एक से अधिक
(E) उपर्युक्त में से कोई नहीं
On which day did the Jallianwala Bagh brutal massacre take place?
(A) Lohri
(B) Vaisakhi
(C) Holi
(D) More than one of the above
(E) None of the above

BPSC TRE 3.0 SST (6th to 8th) 15 March, 2024
Canceled Exam

Ans – (b)
जालियाँवाला बाग हत्याकांड भारत के पंजाब प्रान्त के अमृतसर में स्वर्ण मन्दिर के निकट जलियाँवाला बाग में 13 अप्रैल 1919 (बैसाखी के दिन) हुआ था। रौलेट एक्ट का विरोध करने के लिए एक सभा हो रही थी जिसमें जनरल डायर नामक एक अँग्रेज ऑफिसर ने उस सभा में उपस्थित भीड़ पर गोलियाँ चलवा दीं

22. 1942 में किसने भारत छोड़ो आन्दोलन का आह्वान किया?
(A) सुभाष चन्द्र बोस
(B) महात्मा गाँधी
(C) जवाहरलाल नेहरू
(D) उपर्युक्त में से एक से अधिक
(E) उपर्युक्त में से कोई नहीं
Who called for Quit India Movement in 1942?
(A) Subhash Chandra Bose
(B) Mahatma Gandhi
(C) Jawaharlal Nehru
(D) More than one of the above
(E) None of the above

BPSC TRE 3.0 SST (6th to 8th) 15 March, 2024
Canceled Exam

Ans – (B)

क्रिप्स मिशन के साथ ब्रिटिश युद्ध प्रयासों के लिए भारतीय समर्थन हासिल करने में ब्रिटिश विफल होने के बाद, गांधी ने 8 अगस्त 1942 को बॉम्बे में गोवालिया टैंक मैदान में दिए गए अपने भारत छोड़ो भाषण में करो या मरो का आह्वान किया। वायसराय लिनलिथगो ने इस आंदोलन को "1857 के बाद अब तक का सबसे गंभीर विद्रोह" बताया।

23. किसने भारत में आधुनिक छपाई तकनीक प्रारम्भ की?
(A) अंग्रेज
(B) फ्रांसीसी
(C) पुर्तगाली
(D) उपर्युक्त में से एक से अधिक
(E) उपर्युक्त में से कोई नहीं

Who introduced modern printing technology in India?
(A) English
(B) French
(C) Portuguese
(D) More than one of the above
(E) None of the above

BPSC TRE 3.0 SST (6th to 8th) 15 March, 2024 Canceled Exam

Ans – (c)

पुर्तगालियों ने भारत में आधुनिक छपाई तकनीक प्रारम्भ की?

24. जालियाँवाला बाग नरसंहार की जाँच हेतु गठित बॉर्डर इंक्काइरि कमेटी (हण्टर कमेटी) में किस भारतीय को स्थान मिला था?
(A) सर चिमनलाल हरिलाल सीतलवाड
(B) पंडित जगत नारायण
(C) सुल्तान अहमद खान
(D) उपर्युक्त में से एक से अधिक
(E) उपर्युक्त में से कोई नहीं

Which Indian got a place in the Border Inquiry Committee (Hunter Committee) formed to investigate the Jallianwala Bagh massacre?
(A) Sir Chimanlal Harilal Setalvad
(B) Pandit Jagat Narayan
(C) Sultan Ahmed Khan
(D) More than one of the above
(E) None of the above

BPSC TRE 3.0 SST (6th to 8th) 15 March, 2024 Canceled Exam

Ans – (d)

14 अक्तूबर, 1919 को भारत सरकार ने डिसऑर्डर इन्क्वायरी कमेटी (Disorders Inquiry Committee) के गठन की घोषणा की। यह समिति लॉर्ड विलियम हंटर की अध्यक्षता के चलते उनके नाम पर हंटर कमीशन (Hunter Commission) के नाम से जानी जाती है। इसमें भारतीय भी सदस्य थे।

आठ सदस्यों वाली इस समिति में पांच अंग्रेज़ लॉर्ड हन्टर, जस्टिस सर जॉर्ज रैंकिग, डब्ल्यू एफ़. राइस, मेजर जनरल सर जॉर्ज बैरो एवं सर टॉम्स स्मिथ, तीन भारतीय सदस्य सर चिमन सीतलवाड़, साहबजादा सुल्तान अहमद एवं जगत नारायण थे।

INNM भारत में यूरोपियों का आगमन

(Arrival of the Europeans in India)

1. पूर्वी द्वीप समूह की खोज किस पुर्तगाली नाविक ने की?
(a) अमेरिगो (b) वास्को-डि-गामा
(c) मार्कोपोलो (d) कोलम्बस
Which Portuguese sailor discovered the Eastern Islands?
(a) Amerigo (b) Vasco-da-Gama
(c) Marco Polo (d) Columbus

Bihar Daroga 17-12-2023 shift -2

Ans. (b):
पूर्वी दीप समूह की खोज पुर्तगाली नाविक वास्कोडिगामा ने किया था।

2. वास्को डी गामा भारत में कब आया?
(a) 1492 ई. (b) 1494 ई.
(c) 1498 ई. (d) 1506 ई.

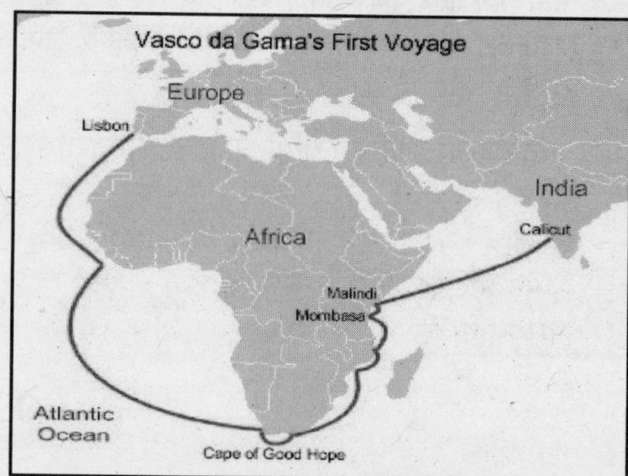

When did Vasco da Gama come to India?
(a) 1492 AD (b) 1494 AD
(c) 1498 AD (d) 1506 AD

Bihar Daroga 17-12-2023 Shift 1st

Ans. (c) :
वास्कोडिगामा पुर्तगाली यात्री था जिसने 1498 ई. में भारत एवं यूरोप के बीच नए समुद्री मार्ग की खोज की थी। वास्कोडिगामा पुर्तगाल से अफ्रीका के केप आफ गुड होप के रास्ते भारत के कालीकट स्थान पर 1498 में पहुँचा था।

3. सर्व प्रथम यूरोपियन व्यापारी जो हिंद-चीन आये थे :
(a) अंग्रेज (b) फ्रांसीसी
(c) पुर्तगाली (d) डच
The first European traders who came to Indo-China were:
(a) English (b) French
(c) Portuguese (d) Dutch

Bihar Police Fireman Constable Exam 27/03/2022 (Shift-II)

Ans. (c)
हिंद-चीन क्षेत्र (वियतनाम, लाओस, म्यांमार, थाईलैंड और कम्बोडिया) में व्यापार करने के उद्देश्य से सर्वप्रथम पुर्तगाली व्यापारी 16 वीं शताब्दी में आए।

4. वास्को-डि-गामा ने भारत की खोज कब की थी?
(a) 1496 (b) 1497
(c) 1498 (d) 1499
When did Vasco-da-Gama discover India?
(a) 1496 (b) 1497
(c) 1498 (d) 1499

Bihar Police Constable Exam 12/01/2020 (Shift-I)

Ans. (c)
वास्को डि गामा ने एक पुर्तगाली यात्री था, जो अफ्रीका के केप ऑफ गुड होप से होकर 20 मई, 1498 ई. को भारत के कालीकट बंदरगाह पहुँचा।

5. निम्न में से कौन-सा भारत आने वाला पहला अंग्रेज जहाज है?
(a) एलिजाबेथ (b) बंगाल
(c) रेड ड्रैगन (d) मेफ्लावर
Which of the following is the first British ship to reach India?
(a) Elizabeth (b) Bengal
(c) Red Dragon (d) Mayflower

Police Avar Nirikshak Exam 11/03/2018 (Shift-II)

Ans : (c)

भारत आने वाला प्रथम अंग्रेज जहाज रेड ड्रैगन था। हेक्टर एक अन्य अग्रेंजी जहाज था जो 1600 इस्वी में भारत आया।

6. गोवा से पूर्व, पुर्तगालियों की भारत में कौन-सी राजधानी थी

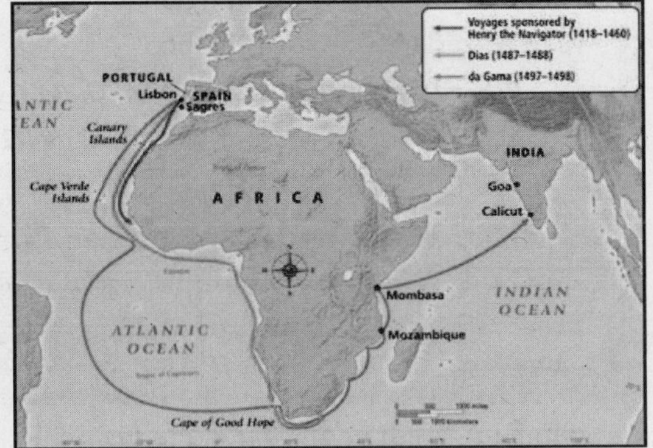

(a) कोचीन (b) मद्रास
(c) बम्बई (d) पटना

Before Goa, which was the capital of the Portuguese in India?
(a) Cochin (b) Madras
(c) Bombay (d) Patna

BSSC First Inter Level Exam 29-01-2017

Ans. (a)
गोवा से पूर्व पुर्तगालियों की भारत में राजधानी कोचीन थी। अलफांसो द अल्बुकर्क (भारत में पुर्तगालियों का वायसराय) ने 1510 ई. में बीजापुर के युसुफ आदिल शाह से गोवा को जीता।

7. भारत में पुर्तगालियों का पहला गवर्नर था-
(a) अल्बुकर्क (b) डी-अल्मीडा
(c) वास्को-डि-गामा (d) बारथोलोमूयू दिआज्
The first governor of Portuguese in India was-
(a) Albuquerque (b) D-Almeida
(c) Vasco-da-Gama (d) Bartholomew Diaz

Police Avar Nirikshak Exam 18/09/2016

Ans. (b)
भारत में पुर्तगालियों का पहला गवर्नर फ्रांसिस्को-डी-अल्मीडा (1505 ई.) था। इसने 'ब्लू वाटर पॉलिसी' अपनायी। अल्बुकर्क को भारत में पुर्तगाली शक्ति का वास्तविक संस्थापक माना जाता है।

8. निम्नलिखित में से किस घटना ने ब्रिटिश ईस्ट इंडिया कंपनी को बंगाल सूबे का वैध स्वामी बना दिया?
(a) बक्सर का युद्ध, 1764
(b) प्लासी का युद्ध, 1757
(c) फर्रुखसियार का फरमान, 1717
(d) इब्राहिम खान का फरमान, 1690
Which of the following events made the British East India Company the legal owner of the Bengal province?
(a) Battle of Buxar, 1764
(b) Battle of Plassey, 1757
(c) Farrukhsiyar's decree, 1717
(d) Ibrahim Khan's decree, 1690

Patna (High Court Assistant) Exam: 24.05.2016

Ans : (a)
बक्सर का युद्ध 22 अक्टूबर 1764 को बंगाल के नवाब मीर कासिम, अवध के नवाब शुजाउद्दौला तथा मुगल बादशाह शाह आलम द्वितीय की संयुक्त सेना एवं अंग्रेजी कम्पनी के सेना (नेतृत्व हेक्टर मुनरो) के बीच लड़ा गया। युद्ध में अंग्रेजों की जीत हुई।

9. भारत आने वाले प्रथम यूरोपीय थे-
(a) ब्रिटिश (b) फ्रांसीसी
(c) डच (d) पुर्तगाली
The first European to come to India was-
(a) British (b) French
(c) Dutch (d) Portuguese

BSSC Auditor 07.10.2012

Ans. (d):
भारत में सर्वप्रथम आने वाले यूरोपीय पुर्तगाली थे। 20 मई, 1498 को जलमार्ग से सर्वप्रथम पुर्तगाली नाविक वास्को-डि- गामा एक गुजराती पथ परदर्शक अब्दुल मजीद की सहायता से भारत के पश्चिमी तट पर स्थित कालीकट नामक स्थान पर आया। वहाँ तत्कालीन हिन्दू शासक जमोरिन ने वास्को-डि-गामा का स्वागत किया।

10. वास्कोडीगामा यात्री था -
(a) स्पेन का (b) पुर्तगाल का
(c) इंग्लैण्ड का (d) अमेरिका का
Vasco da Gama was a traveler -
(a) Spain (b) Portugal

(c) England (d) America's

Bihar Police Constable 09/12/2012 (Shift-II)

Ans. (b):

सर्वप्रथम पुर्तगाली नाविक वास्को-डि- गामा एक गुजराती पथ परदर्शक अब्दुल मजीद की सहायता से भारत के पश्चिमी तट पर स्थित कालीकट नामक स्थान पर आया।

11. भारत में पुर्तगाल उपनिवेश की राजधानी गोवा को बनाने वाले व्यक्ति थे -

(a) फ्रांसिस्को डी अलमीडा
(b) वास्कोडीगामा
(c) अलफ्रांसो डी अल्बुकर्क
(d) वास्को अल्मीडा

The person who made Goa the capital of the Portuguese colony in India was -

(a) Francisco de Almeida
(b) Vasco da Gama
(c) Alfonso de Albuquerque
(d) Vasco Almeida

Bihar Police Constable 09/12/2012 (Shift-II)

Ans. (c).

अलफांसो द अल्बुकर्क (भारत में पुर्तगालियों का वायसराय) ने 1510 ई. में बीजापुर के युसुफ आदिल शाह से गोवा को जीता और कोचीन के स्थान पर गोवा को अपनी राजधानी बनाया

12. गोवा पुर्तगालियों से कब मुक्त हुआ?

(a) 1961 ई. में (b) 1861 ई. में
(c) 1856 ई. में (d) 1971 ई. में

When did Goa become free from the Portuguese?

(a) In 1961 AD (b) In 1861 AD
(c) In 1856 AD (d) In 1971 AD

Patna High Court Steno & Cleark (10-04-2011)

Ans (a):

19 दिसम्बर 1961 को सैन्य कार्यवाही द्वारा गोवा एवं दमन-दीव को पुर्तगालियों से मुक्त करा लिया गया। प्रतिवर्ष 19 दिसम्बर को गोवा मुक्ति दिवस मनाया जाता है।

13. भारत के व्यापारिक सम्बन्ध सबसे पहले किस यूरोपीय देश से स्थापित हुए?

(a) पुर्तगाल (b) इंग्लैंड
(c) स्विट्जरलैण्ड (d) फ्रांस

India's trade relations were first established with which European country?

(a) Portugal (b) England
(c) Switzerland (d) France

Bihar Daroga (Police Avar Nirikshak) Exam 23/04/2008

Ans : (a)

यूरोपवासियों में सर्वप्रथम पुर्तगाली भारत आए जिन्होंने भारत के साथ सबसे पहले व्यापारिक संबंध स्थापित किए। उन्होंने 1503 ई० में कोचीन में अपनी पहली फैक्ट्री स्थापित की।

14. पुर्तगालियों ने गोवा पर अधिकार कब किया?

(a) 1500 ई० में (b) 1510 ई० में
(c) 1508 ई० में (d) 1512 ई० में

When did the Portuguese take over Goa?

(a) In 1500 AD (b) In 1510 AD
(c) In 1508 AD (d) In 1512 AD

Bihar Daroga (Police Avar Nirikshak) Exam 23/04/2008

Ans : (b)

सन् 1510ई. में अल्फांसो-डी-अल्बुकर्क ने बीजापुर के आदिलशाही सुल्तान युसूफ आदिलशाह से गोवा को जीत लिया।

15. भारत के साथ व्यापार करने वाले प्रथम यूरोपीय थे-

(a) हॉलैण्ड वासी (b) ब्रिटिश
(c) फ्रांसीसी (d) पुर्तगाली

The first European to trade with India was-

(a) Dutchman (b) British
(c) French (d) Portuguese

BSSC Nimnvargiy Lipik Exam-29.12.2005
BSSC Nimnvargiy Lipik Exam 21.08.2005

Ans. (d)

यूरोपीय शक्तियों में पुर्तगाली कंपनी ने भारत के साथ सर्वप्रथम व्यापारिक सम्बन्ध स्थापित किए।

16. किस युद्ध में ब्रिटिश ने फ्रांस को भारत में अंतिम रूप से पराजित किया

(a) वांडीवाश का युद्ध (b) प्रथम कर्नाटक युद्ध
(c) प्लासी का युद्ध (d) बक्सर का युद्ध
(e) उपयुक्त में से कोई नहीं/उपयुक्त में से एक से अधिक

In which war did the British finally defeat France in India?
(a) Battle of Wandiwash
(b) First Karnataka War
(c) Battle of Plassey
(d) Battle of Buxar
(e) None of the above/More than one of the above

BPSC LDC (Mains) -2022

ANSWER – A

वांडीवाश का युद्ध 1760 में तीसरे कर्नाटक युद्ध (1758-63) का हिस्सा था जो 1763 ई. में पेरिस संधि पर हस्ताक्षर के साथ समाप्त हुआ। वांडीवाश के युद्ध में अंग्रेजी सेना का नेतृत्व आयरकूट एवं फ्रांसीसी सेना का नेतृत्व काउंट द लाली ने किया था।

ब्रिटिश ने फ्रांस को भारत में अंतिम रूप से पराजित किया।

प्रथम कर्नाटक युद्ध 1746-48 ई.

द्वितीय कर्नाटक युद्ध -1749-54 ई.।

17. 1760 का प्रसिद्ध वांडीवाश का युद्ध अंग्रेजों द्वारा किसके खिलाफ लड़ा गया?
(a) फ्रांसीसी (b) स्पेन
(c) मैसूर (d) कार्नेटिक
(e) उपयुक्त में से कोई नहीं/उपयुक्त में से एक से अधिक

Against whom was the famous Battle of Wandiwash fought by the British in 1760?
(a) French (b) Spain
(c) Mysore (d) Carnatic
(e) None of the above/More than one of the above

66th BPSC (Pre) 2020

ANSWER – A

वांडीवाश का युद्ध अंग्रेजो और फ्रांसीसियों के बीच वर्ष 1760 में हुआ था।

18. कोलकाता में फोर्ट विलियम कॉलेज की स्थापना की थी-
(a) वारेन हेस्टिंग्स ने (b) लार्ड वेलेजली ने
(c) लॉर्ड कॉर्नवालिस ने (d) उपयुक्त में से कोई नहीं
(e) उपयुक्त में से एक से अधिक

Fort William College was established in Kolkata by-
(a) Warren Hastings (b) Lord Wellesley
(c) Lord Cornwallis (d) None of the above
(e) more than one of the appropriate

Bihar CDPO (प्रा.) परीक्षा-1998

ANSWER – B

फोर्ट विलियम कॉलेज की स्थापना टीपू सुल्तान पर ब्रिटेन की निर्णायक विजय की याद में मार्केस ऑफ वेलेजली ने 1800 ई. में कोलकाता में की थी।

19. पुर्तगालियों की प्रथम फैक्ट्री भारत में कहां स्थापित की गई थी?
(a) सूरत (b) गोवा
(c) कालीकट (d) चंदननगर
(e) उपयुक्त में से कोई नहीं/उपयुक्त में से एक से अधिक

Where was the first Portuguese factory established in India?
(a) Surat (b) Goa
(c) Calicut (d) Chandannagar
(e) None of the above/More than one of the above

65th BPSC (Pre) Re-exam 2019

ANSWER –E

पुर्तगालियों ने भारत में प्रथम फैक्टरी कोचीन में 1503 ई. में स्थापित किया था

20. अंग्रेजों का फोर्ट विलियम कहां स्थित है?
(a) कोलकाता (b) चेन्नई
(c) हैदराबाद (d) दिल्ली
(e) उपयुक्त में से कोई नहीं/उपयुक्त में से एक से अधिक

Where is the British Fort William located?
(a) Kolkata (b) Chennai
(c) Hyderabad (d) Delhi
(e) None of the above/More than one of the above

30th Bihar (J) GS-2018

ANSWER – A

बंगाल के सूबेदार अजीम-उस-शान ने 1698 ई. में अंग्रेजो को सूतानती, कलिकाता और गोविन्दपुर नामक तीन गाँवों की जमींदारी प्रदान की। इंग्लैण्ड के सम्राट के सम्मान में

कालीघाट में किलाबन्द व्यावसायिक प्रतिष्ठान का नाम फोर्ट विलियम रखा गया। 1700 ई. में यह पहला प्रेसीडेन्सी नगर घोषित किया गया। जिसका प्रथम प्रेसीडेन्ट चार्ल्स आयर था।

21. बंगाल की खाड़ी में समुद्री डकैती हेतु हुगली का उपयोग कौन करता है?
(a) डच (b) फ्रांसीसी
(c) पुर्तगाल (d) अंग्रेज
(e) उपयुक्त में से कोई नहीं/उपयुक्त में से एक से अधिक
Who uses Hugli for piracy in the Bay of Bengal?
(a) Dutch (b) French
(c) Portugal (d) English
(e) None of the above/More than one of the above

65th BPSC (Pre) Re-exam 2019

ANSWER – C

पुर्तगीज बंगाल की खाड़ी में समुद्री डकैती हेतु हुगली का उपयोग करते थे।

22. मुंबई पुर्तगाली राजकुमारी से विवाह के उपलक्ष्य में इंग्लैंड के राजकुमार को दे दिया था. उस राजकुमार का क्या नाम था?
(a) चार्ल्स II (b) चार्ल्स I
(c) जेम्स II (d) हेनरी VII
(e) उपयुक्त में से कोई नहीं/उपयुक्त में से एक से अधिक
Mumbai was given to the Prince of England on the occasion of his marriage to a Portuguese princess. What was the name of that prince?
(a) Charles II (b) Charles I
(c) James II (d) Henry VII
(e) None of the above/More than one of the above

Bihar APO GS-2022

ANSWER – A

1661 ई. में पुर्तगालियों ने अपनी राजकुमारी कैथरीन ब्रेगांजा का विवाह ब्रिटेन के चार्ल्स द्वितीय से करके बम्बई को दहेज के रूप में दिया। 1668 ई. में चार्ल्स द्वितीय ने बम्बई को दस पौंड वार्षिक किराये पर कम्पनी को दे दिया।

23. निम्नलिखित में से भारत में पुर्तगाली शक्ति स्थापित करने का श्रेय किसको है?
(a) जमोरिन
(b) अलमीडा
(c) अल्फांसो डी अल्बुकर्क
(d) उपयुक्त में से कोई नहीं
(e) उपयुक्त में से एक से अधिक
Who among the following has the credit for establishing Portuguese power in India?
(a) Zamorin
(b) Almeida
(c) Alfonso de Albuquerque
(d) None of the above
(e) more than one of the appropriate

Bihar APO GS- 2011

ANSWER – C

अलफांसो डी अल्बुकर्क को भारत में पुर्तगाली साम्राज्य का प्रथम वास्तविक संस्थापक माना जाता हैं।

24. पुर्तगाली उपनिवेश का प्रथम वायसराय भारत में कौन हुआ?
(a) डियाज (b) वास्कोडिगामा
(c) अल्मीडा (d) अल्बूकर्क
(e) उपयुक्त में से कोई नहीं/उपयुक्त में से एक से अधिक
Who was the first Viceroy of the Portuguese colony in India?
(a) Diaz (b) Vasco da Gama
(c) Almeida (d) Albuquerque
(e) None of the above/More than one of the above

45th BPSC (Pre) 2002

ANSWER – C

'फ्रांसिस्कों द अल्मीडा' भारत में प्रथम पुर्तगाली वायसराय बनकर आया।

25. निम्नलिखित में से प्रथम कर्नाटक युद्ध का कौन सा तात्कालिक कारण था?
(a) अंग्रेज और फ्रांसीसियोंके बीच प्रतिद्वंदिता
(b) ऑस्ट्रिया की राजगद्दी की जंग
(c) कर्नाटक की राजगद्दी की जंग
(d) अंग्रेजों द्वारा फ्रांसीसी जहाजों का अधिग्रहण
(e) उपयुक्त में से कोई नहीं/उपयुक्त में से एक से अधिक

Which of the following was the immediate cause of the First Carnatic War?
(a) Rivalry between the English and the French
(b) War for the throne of Austria
(c) War for the throne of Karnataka
(d) Acquisition of French ships by the British
(e) None of the above/More than one of the above

44th BPSC (Pre) 2000-01

ANSWER – D

प्रथम कर्नाटक युद्ध का तत्कालिक कारण अंग्रेजी सेना द्वारा कुछ फ्रांसीसी जहाजों पर अधिकार कर लेना था।

26. निम्नलिखित में से किस अंग्रेज अधिकारी ने पुर्तगालियों को स्वाल्ली (Sowlley) के स्थान पर हराया था?
(a) विलियम हॉकिंस (b) थॉमस बेस्ट
(c) थॉमस रो (d) जोशिया चाइल्ड
(e) उपयुक्त में से कोई नहीं/उपयुक्त में से एक से अधिक
Which of the following British officers defeated the Portuguese at Sowley's place?
(a) William Hawkins (b) Thomas Best
(c) Thomas Roe (d) Josiah Child
(e) None of the above/More than one of the above

44th BPSC (Pre) 2000-01

ANSWER – B

थॉमस बेस्ट ने सौली/ स्वाल्ली (Sowlley) नामक स्थान पर पुर्तगाली नौसेना को पराजित किया था।

27. भारत में 1612 ईसवी में अंग्रेजों ने अपनी पहली फैक्ट्री कहां स्थापित की थी?
(a) गोवा (b) बंगाल में हुगली
(c) आरकोट (d) सूरत
(e) उपयुक्त में से कोई नहीं/उपयुक्त में से एक से अधिक
Where in India did the British establish their first factory in 1612 AD?
(a) Goa (b) Hooghly in Bengal
(c) Arcot (d) Surat
(e) None of the above/More than one of the above

39th BPSC (Pre) 1994

ANSWER –D

1613 ई. में अंग्रेजों ने अपनी पहली फैक्ट्री सूरत में स्थापित की थी। दक्षिण भारत में अंग्रेजो की पहली फैक्ट्री मछलीपट्टनम (1611 ई.) थी।

मराठों का उदय एवं विकास

INM

(Rise and Development of Marathas)

1. शिवाजी और जयसिंह के मध्य पुरन्दर की सन्धि किस वर्ष में हुई?
(a) 1665 ईस्वी में (b) 1675 ईस्वी में
(c) 1775 ईस्वी में (d) 1660 ईस्वी में

In which year was the Treaty of Purandar signed between Shivaji and Jai Singh?
(a) In 1665 AD (b) In 1675 AD
(c) In 1775 AD (d) in 1660 AD

BSSC Third Graduate Level (Pre) Exam 23 Dec, 2022 Shift-1

Ans. (a)

छत्रपति शिवाजी महाराज और आम्बेर के राजा जयसिंह (औरंगजेब का प्रतिनिधि) के मध्य पुरन्दर की सन्धि 11 जून, 1665 ई. को हुई।

2. औरंगजेब की मृत्यु के समय मराठा साम्राज्य का नेतृत्व किसके पास था?
(a) संभाजी (b) जीजाबाई
(c) राजाराम (d) ताराबाई

Who was leading the Maratha Empire at the time of Aurangzeb's death?
(a) Sambhaji (b) Jijabai
(c) Rajaram (d) Tarabai

Police Avar Nirikshak Exam 26/12/2021 (Shift-II)

Ans. (d)

औरंगजेब की मृत्यु के समय मराठा साम्राजय का नेतृत्व ताराबाई के पास था।

3. मराठा शासक छत्रपति शिवाजी की राजधानी का नाम-
(a) रायगढ़ (b) कोंकण
(c) पुणे (d) सताय

Name of the capital of Maratha ruler Chhatrapati Shivaji-
(a) Raigarh (b) Konkan
(c) Pune (d) Persecution

Police Avar Nirikshak Exam 26/12/2021 (Shift-1)

Ans. (a)

मराठा शासक छत्रपति शिवाजी की राजधानी रायगढ़ थी। रायगढ़ जिला मुंबई के दक्षिण में स्थित है।

4. शिवाजी से संबंधित निम्नलिखित घटनाओं का सही क्रम क्या है?
(1) राज्याभिषेक
(2) सूरत की पहली लूटमार
(3) कर्नाटक का आक्रमण
(4) पुरंदर दुर्ग का विजय

कूट :
(a) 4, 2, 3, 1 (b) 4, 2, 1, 3
(c) 2, 1, 4, 3 (d) 3, 4, 2, 1

What is the correct sequence of the following events related to Shivaji?
(1) Coronation
(2) First robbery of Surat
(3) Attack of Karnataka
(4) Conquest of Purandar Fort

Code :
(a) 4, 2, 3, 1 (b) 4, 2, 1, 3
(c) 2, 1, 4, 3 (d) 3, 4, 2, 1

Police Avar Nirikshak Exam 29/11/2020

Ans. (b)

20 अप्रैल 1627 ई. को पूना के निकट शिवनेर के दुर्ग में शिवाजी का जन्म, पिता का नाम शाहजी भोंसले और माता का नाम जीजा बाई था।

कर्नाटक का आक्रमण	- 1677
राज्याभिषेक	- 14 जून, 1674
सूरत की पहली लूटमार	- 1664
पुरंदर दुर्ग पर विजय	- 1647

5. पानीपत का तीसरी लड़ाई कब लड़ी गई?

(a) 1752 (b) 1760
(c) 1761 (d) 1763

When was the third battle of Panipat fought?
(a) 1752 (b) 1760
(c) 1761 (d) 1763

BSSC Pratham Inter Level (re-exam) 09-12-2018 (Shift-1)

Ans. (c)

पानीपत का तीसरा युद्ध अफगान शासक अहमद शाह अब्दाली और मराठा सेनापति सदाशिव राव भाऊ के बीच 14 जनवरी 1761ई. को पानीपत (हरियाणा) के मैदान में हुआ। पानीपत के तीसरे युद्ध में मराठाओं को किसने हराया ?

(a) अफगानों (b) अंग्रेजों
(c) मुगलों (d) फ्रांसीसियों

Who defeated the Marathas in the third battle of Panipat?
(a) Afghans (b) British
(c) Mughals (d) French

Patna (High Court Assistant) Exam: 24.05.2016

Ans : (a)

14 जनवरी 1761ई. को पानीपत के तीसरे युद्ध में अफगान शासक अहमद शाह अब्दाली और मराठा सेनापति सदाशिव राव भाऊ को हराया।

6. निम्नलिखित पेशवाओं में से 'नाना साहिब' के रूप में कौन लोकप्रिय था?
(a) बालाजी विश्वनाथ
(b) बाजीराव
(c) बालाजी बाजीराव
(d) माधव राव-I

Who among the following Peshwas was popular as 'Nana Sahib'?
(a) Balaji Vishwanath
(b) Bajirao
(c) Balaji Bajirao
(d) Madhav Rao-I

Bihar Police Constable 31/07/2016

Ans. (c):

बालाजी बाजीराव (1740-61ई.) नाना साहिब के रूप में लोकप्रिय थे।

7. शिवाजी के प्रशासन में 'पेशवा' किसे कहा जाता था?
(a) धार्मिक मामलों का मंत्री
(b) रक्षा मंत्री
(c) मुख्यमंत्री
(d) न्याय मंत्री

Who was called 'Peshwa' in Shivaji's administration?
(a) Minister of Religious Affairs
(b) Defense Minister
(c) Chief Minister
(d) Justice Minister

Patna High Court Steno & Cleark (10-04-2011)

Ans. (c):

शिवाजी के प्रशासन में मुख्यमंत्री को पेशवा कहा जाता था। शिवाजी के प्रशासन में 8 सदस्यों की एक परिषद् थी जिसे 'अष्टप्रधान' कहा जाता था।

पेशवा - प्रधानमंत्री या मुख्यमंत्री
सर-ए-नौबत - सेनापति
अमात्य - वित्त विभाग
वाकयानवीस - सूचना एवं गुप्तचर विभाग
सुमन्त - विदेश मंत्री
शुरूनवीस या चिटनिस - राजकीय पत्राचार
पंडितराव - धार्मिक मामलों का प्रमुख
न्यायाधीश - न्याय विभाग का प्रमुख

8. शिवाजी को किसने कैद कर लिया था?
(a) शाइस्ता खाँ
(b) जय सिंह
(c) औरंगजेब
(d) अफजल खाँ

Who imprisoned Shivaji?
(a) Shaista Khan
(b) Jai Singh
(c) Aurangzeb
(d) Afzal Khan

Bihar Daroga (Police Avar Nirikshak) Exam 23/04/2008

Ans : (c)

आगरा दरबार में 5000 के मनसब में बैठाने के कारण शिवाजी ने नाराज ------- औरंगजेब के आदेश पर शिवाजी को जयपुर महल (आगरा) में बन्दी बना ------ जहाँ से वे 16 अगस्त 1666 को भाग निकले।

9. 'अष्ट प्रधान मंत्रिपरिषद्' किसके शासन काल में थी?

(a) शिवाजी (b) कृष्णदेव राय
(c) पेशवा (d) अकबर

During whose rule was the 'Council of Eight Prime Ministers'?

(a) Shivaji (b) Krishnadev Rai
(c) Peshwa (d) Akbar

BSSC Ashulipik sahTankar 27.08.2006

Ans. (a) :

पुरंदर की संधि के बाद 1666 ई० में शिवाजी अपने बेटे संभा जी के साथ मुगल बादशाह औरंगजेब के बुलावे पर आगरा पहुंचे। जहाँ पर औरंगजेब ने शिवाजी को धोखे से कैद कर लिया।

10. लॉर्ड वेलेजली की सहायक संधि को स्वीकार करने वाला पहला मराठा सरदार था-

(a) पेशवा बाजीराव द्वितीय
(b) रघु जी भोसले
(c) दौलतराव सिंधिया
(d) उपरोक्त में से कोई नहीं
(e) उपर्युक्त में से एक से अधिक

The first Maratha chieftain to accept the subsidiary treaty of Lord Wellesley was-

(a) Peshwa Bajirao II
(b) Raghu ji Bhosale
(c) Daulatrao Scindia
(d) None of the above
(e) More than one of the above

41st BPSC (Pre) 1996

उत्तर-(a)

सहायक सन्धि लार्ड वेलेजली (1798-1805) के द्वारा शुरू की गयी। पेशवा बाजीराव द्वितीय (1802 में) सहायक संधि स्वीकार करने वाला प्रथम मराठा सरदार था।

स्वतंत्र राष्ट्र (मैसूर/बंगाल / पंजाब/ अवध)

INM

Independent States (Mysore/Bengal/ Punjab/Awadh)

1. निम्नलिखित में से किसने बंगाल में द्वैध शासन प्रणाली को समाप्त किया?
(a) रॉबर्ट क्लाइव
(b) लॉर्ड कार्नवालिस
(c) वारेन हेस्टिंग्स
(d) उपरोक्त में से कोई नहीं
(e) उपर्युक्त में से एक से अधिक
Who among the following abolished the system of diarchy in Bengal?
(a) Robert Clive
(b) Lord Cornwallis
(c) Warren Hastings
(d) None of the above
(e) More than one of the above

41st BPSC (Pre) 1996

Ans - (c)

क्लाइव द्वारा बक्सर के युद्ध के पश्चात 1765 ई. में बंगाल में द्वैध शासन प्रणाली लागू किया गया। जिसे 1772 ई. में बंगाल के गवर्नर वारेन हेस्टिंग्स ने समाप्त कर दिया।

2. भारत में ब्रिटिश साम्राज्य का संस्थापक कौन था?
(a) सी स्लीमैन (b) लॉर्ड मिंटो
(c) लॉर्ड क्लाइव (d) लॉर्ड मेयो
(e) उपयुक्त में से कोई नहीं/उपयुक्त में से एक से अधिक
Who was the founder of the British Empire in India?
(a) C Sleeman (b) Lord Minto
(c) Lord Clive (d) Lord Mayo
(e) None of the above/More than one of the above

66th BPSC (Pre) Re-exam 2020

ANSWER – C

भारत में ब्रिटिश साम्राज्य का संस्थापक राबर्ट क्लाइव को माना जाता है।

3. बक्सर के युद्ध में अंग्रेजी सेना किसके नेतृत्व में लड़ी थी?
(a) मुनरो (b) क्लाइव
(c) आयरकूट (d) वान्सीटार्ट
(e) उपयुक्त में से कोई नहीं/उपयुक्त में से एक से अधिक
Under whose leadership did the British army fight in the battle of Buxar?
(a) Munro (b) Clive
(c) Ayrkoot (d) Vansittart
(e) None of the above/More than one of the above

BPSC AAO 2021
BPSC DACO2021

ANSWER - A

बक्सर का युद्ध अंग्रेजों (नेतृत्व कैप्टन मुनरो) और मुगल बादशाह(शाह आलम II), अवध (शुजाउद्दौला) तथा बंगाल के नवाबों (मीर कासिम) की संयुक्त सेनाओं के बीच 22 october, 1764 में लड़ा गया था।

4. बंगाल में एक नए भू अभिजात-वर्ग की स्थापना किसने की थी?
(a) मुर्शिद कुली खां
(b) मीर जाफर
(c) मीर कासिम
(d) शाह आलम
(e) उपयुक्त में से कोई नहीं/उपयुक्त में से एक से अधिक
Who established a new landed aristocracy in Bengal?
(a) Murshid Kuli Khan
(b) Mir Jafar
(c) Mir Qasim
(d) Shah Alam
(e) None of the above/More than one of the above

BPSC Auditor (Pre) 2021

ANSWER - A

बंगाल में एक नए भू अभिजात वर्ग की स्थापना 'मुर्शीद कुली ख़ाँ' द्वारा की गई थी। मुर्शीद कुली खाँ ने बंगाल में 'इजारेदारी प्रणाली' की शुरूआत की। धनी महाजनों, साहूकारों तथा वणिकजनों की स्थापना बंगाल में एक नवीन भू-अभिजात वर्ग के रूप में हुआ।

5. सबसे पहले कौन सी घटना हुई?
(a) नादिरशाह का आक्रमण
(b) प्लासी का युद्ध
(c) पानीपत का तृतीय युद्ध
(d) बक्सर का युद्ध
Which event happened first?
(a) Attack of Nadir Shah
(b) Battle of Plassey
(c) Third Battle of Panipat
(d) Battle of Buxar

BPSC LDC (Pre) 2021

ANSWER – A

नादिरशाह का भारत पर आक्रमण	- 1739 ई. में
प्लासी का युद्ध	- 17567 ई.
पानीपत का तृतीय युद्ध	- 1761 ई.
बक्सर का युद्ध	- 1764 ई.

6. निम्नलिखित बंगाल के नवाबों में से प्लासी के युद्ध में अंग्रेजो से कौन पराजित हुआ?
(a) अलीवर्दी खां
(b) मीर जाफर
(c) सिराजुद्दौला
(d) मुर्शीद कुली जाफर खा
(e) उपयुक्त में से कोई नहीं/उपयुक्त में से एक से अधिक
Who among the following Nawabs of Bengal was defeated by the British in the Battle of Plassey?
(a) Alivardi Khan
(b) Mir Jafar
(c) Sirajuddaula
(d) Murshid Quli Jafar Khan
(e) None of the above/More than one of the above

Bihar APO GS-2011

ANSWER –C

प्लासी के युद्ध में 23 June, 1757 में गंगा नदी के किनारे 'प्लासी' नामक स्थान पर ब्रिटिश ईस्ट इंडिया कंपनी (रॉबर्ट क्लाइव) की सेना ने बंगाल के नवाब की सेना (सिराजुदौला) को हरा दिया था।

7. सम्राट शाह आलम द्वितीय ने ईस्ट इंडिया कंपनी को बंगाल, बिहार तथा उड़ीसा की दीवानी प्रदान की-
(a) 12 अगस्त,1765
(b) 18 अगस्त,1765
(c) 29 अगस्त,1765
(d) 21 अगस्त,1765
(e) उपयुक्त में से कोई नहीं/उपयुक्त में से एक से अधिक
Emperor Shah Alam II granted the Diwani of Bengal, Bihar and Orissa to the East India Company.
(a) August 12, 1765
(b) August 18, 1765
(c) August 29, 1765
(d) August 21, 1765
(e) None of the above/More than one of the above

48th 52nd BPSC (Pre) 2007-08

ANSWER – A

12 अगस्त, 1765 को इलाहबाद की प्रथम सन्धि robert clive और मुगल शासक शाह आलम II के बीच हुई जिसके तहत बंगाल, बिहार तथा उड़ीसा की दीवानी (Revenue) अंग्रेजों को दे दी जिसके बदले सम्राट को 26 लाख रुपये देगी तथा निजामत (Administration) के व्यय के लिए 53 लाख रुपया देगी।

8. इलाहाबाद की संधि के बाद राबर्ट क्लाइव ने मुर्शिदाबाद का उप दीवान किसे बनाया था?
(a) मुहम्मद रजा खान
(b) सिताब राय
(c) राय दुर्लभ
(d) सैय्यद गुलाम हुसैन
(e) उपयुक्त में से कोई नहीं/उपयुक्त में से एक से अधिक
Who was made the Deputy Diwan of Murshidabad by Robert Clive after the Treaty of Allahabad?

(a) Muhammad Raza Khan
(b) Sitab Rai
(c) opinion rare
(d) Syed Ghulam Hussain
(e) None of the above/More than one of the above

45th BPSC (Pre) 2002

ANSWER – A

इलाहाबाद की संधि (1765) के बाद राबर्ट क्लाइव ने मुहम्मद रजा खाँ को 'बंगाल के लिए' नायब दीवान बनाया, जो मुर्शिदाबाद में रहकर कार्य करता था तथा राजा शिताब राय को बिहार का नायब दीवान बनाया, जो पटना में रहकर कार्य करता था।

9. बक्सर का युद्ध लड़ा गया था –
(a) 6 अक्टूबर 1764 को
(b) 10 अक्टूबर 1764 को
(c) 18 अक्टूबर 1764 को
(d) 22 अक्टूबर 1764 को
(e) उपयुक्त में से कोई नहीं/उपयुक्त में से एक से अधिक

The battle of Buxar was fought in –
(a) On 6 October 1764
(b) On 10 October 1764
(c) On 18 October 1764
(d) On 22 October 1764
(e) None of the above/More than one of the above

BPSC सांख्यिकी अधिकारी (प्री.) परीक्षा-2016

ANSWER – D

22 October, 1764 को बक्सर का युद्ध प्रारम्भ हुआ।

10. Who was the Mughal ruler at the time of the Battle of Plassey?
प्लासी युद्ध के समय मुगल शासक कौन था?
(a) Shah Alam II/ शाह आलम द्वितीय
(b) Akbar II/अकबर द्वितीय
(c) Alamgir II/आलमगीर द्वितीय
(d) More than one of the above /उपर्युक्त में से एक से अधिक
(e) None of the above/उपर्युक्त में से कोई नहीं

Ans.(c):

23 जून, 1757 को बंगाल के नवाब सिराजुद्दौला एवं अंग्रेज क्लाइव के बीच प्लासी (बंगाल) में गंगा की सहायक भागीरथी नदी के किनारे हुए प्लासी के युद्ध के समय मुगल शासक आलमगीर द्वितीय (1754-59 ई.) था।

11. At the time of the Battle of Buxar, who was the Governor of Bengal? बक्सर के युद्ध के समय बंगाल का गवर्नर कौन था?
(a) Holwell/हॉलवेल
(b) Vansittart/वेंसिटार्ट
(c) Clive/क्लाइव
(d) More than one of the above/उपर्युक्त में से एक से अधिक
(e) None of the above/उपर्युक्त में से कोई नहीं

Ans.(b):

बक्सर के युद्ध (22 अक्टूबर, 1764) के समय बंगाल का गर्वनर वेंसिटार्ट था।

12. इनमें से किस ने अंग्रेजी ईस्ट इंडिया कंपनी के कंट्रोल के खिलाफ बगावत नहीं की?
(a) विजयनगरम का राजा
(b) हैदराबाद का निजाम
(c) तमिलनाडु के पोलिगार
(d) त्रावणकोर के दीवान वेलूथंपी
(e) उपयुक्त में से कोई नहीं/उपयुक्त में से एक से अधिक

Who among the following did not rebel against the control of the English East India Company?
(a) King of Vizianagaram
(b) Nizam of Hyderabad
(c) Poligar of Tamil Nadu
(d) Dewan Veluthampi of Travancore
(e) None of the above/More than one of the above

64th BPSC (Pre) 2018-19

ANSWER – B

हैदरबाद का निजाम सदैव ब्रिटिश ईस्ट इंडिया कम्पनी का सहायक बना रहा, उसने कभी उनके विरूद्ध विद्रोह नहीं किया।

13. पंजाब का ब्रिटिश साम्राज्य में विलय किस वर्ष हुआ?
(a) 1856 ई. (b) 1848 ई.
(c) 1849 ई. (d) 1846 ई.

In which year did Punjab merge with the British Empire?
(a) 1856 AD (b) 1848 AD
(c) 1849 AD (d) 1846 AD

Bihar Daroga 17-12-2023 shift -2

Ans. (c):
पंजाब राज्य का ब्रिटिश सम्राज्य में विलय 2 अप्रैल, 1849 को द्वितीय आंग्ल सिख युद्ध में सिखों की हार के बाद हुआ था।

14. अलीनगर की संधि किसके बीच हुई थी?
(a) ब्रिटिश ओर मीरजाफर
(b) ब्रिटिश और सिराजुद्दौला
(c) ब्रिटिश और मीरकासिम
(d) ब्रिटिश और शुजाऊद्दौला

Between whom was the Treaty of Alinagar signed?
(a) British and Mir Jafar
(b) British and Siraj-ud-Daula
(c) British and Mir Qasim
(d) British and Shuja-ud-Daula

Bihar Daroga 17-12-2023 Shift 1st

Ans. (b):
अलीनगर (कलकत्ता) की संधि ब्रिटिश ईस्ट इंडिया कंपनी के राबर्ट क्लाइव और बंगाल के नवाब सिराजुद्दौला के बीच 9 फरवरी, 1757 को को हुई थी

15. किस युद्ध में ब्रिटिश ने फ्रांस को भारत में अंतिम रूप से पराजित किया?
(a) वांडीवाश का युद्ध (b) प्रथम कर्नाटक युद्ध
(c) प्लासी का युद्ध (d) बक्सर का युद्ध

In which war did the British finally defeat France in India?
(a) Battle of Wandiwash
(b) First Karnataka War
(c) Battle of Plassey
(d) Battle of Buxar

BPSC LDC (Mains) Exam 20-11-2022

Ans. (a):
वांडिवास के युद्ध (जनवरी, 1760) में कर्नाटक के तृतीय युद्ध (1756 से 1763 ई.) का ही एक भाग है जिसमें आयरकूट के नेतृत्व में अंग्रेजी सेना ने काउंट - डी - लाली के नेतृत्व वाली फ्रांसीसी सेना को अंतिम रूप से पराजित किया।

16. 1799 में टीपू सुल्तान की मृत्यु के उपरान्त मैसूर का राजा किसे बनाया गया?
(a) बसालत खान (b) कृष्णराज III
(c) प्रताप सिंह I (d) नन्दराज

Who was made the king of Mysore after the death of Tipu Sultan in 1799?
(a) Basalat Khan (b) Krishnaraja III
(c) Pratap Singh I (d) Nandraj

Police Avar Nirikshak Exam 24/04/2022

Ans. (b)
लार्ड वेलेजली के समय चतुर्थ आंग्ल मैसूर युद्ध (1798-99 ई.) के दौरान टीपू मारा गया। टीपू की मौत के बाद अंग्रेजों ने कृष्णराज III को मैसूर का राजा बनाया और उस पर सहायक सन्धि आरोपित कर दी।

17. मीर कासिम ने अपनी राजधानी मुर्शिदाबाद से कहाँ स्थानान्तरित की?
(a) मुंगेर (b) लखनौती
(c) बर्दवान (d) मीदनापुर

Where did Mir Qasim shift his capital from Murshidabad?
(a) Munger (b) Lakhnauti
(c) Burdwan (d) Midnapore

Bihar Forest Guard Exam 16/12/2020 (Shift-1)

Ans. (a)
मीर कासिम (1760 -1763 ई०) ने अपनी राजधानी मुर्शिदाबाद से मुंगेर स्थानान्तरित की।

18. मुंगेर निम्नलिखित में से किसकी राजधानी थी?
(a) मीर कासिम (b) कुँवर सिंह
(c) सिराजुद्दौला (d) विरसा मुण्डा

Munger was the capital of which of the following?
(a) Mir Qasim (b) Kunwar Singh
(c) Siraj-ud-Daula (d) Virsa Munda

Bihar Daroga (Police Avar Nirikshak) Exam 23/04/2008

Utpad Avar Nirikshak Exam 25/08/2019

Ans. (a):
मीर कासिम (1760 -1763 ई०) ने अपनी राजधानी मुर्शिदाबाद से मुंगेर स्थानान्तरित की।

19. किस ऑग्ल मैसूर युद्ध में अंग्रेजी फौज ने टीपू सुल्तान को मारा?
(a) चौथा (b) पहला
(c) दूसरा (d) तीसरा
In which Anglo-Mysore war did the British army kill Tipu Sultan?
(a) fourth (b) first
(c) second (d) third

Pravartan Avar Nirikshak (Pre.) Exam

Ans. (a):
चौथे आंग्ल मैसूर युद्ध - 1799 ई में अंग्रेजों ने मराठों तथा हैदराबाद के निजाम की सहायता से टीपू को हराकर मार दिया।

20. बंगाल में द्वैध शासन की स्थापना किसने की?
(a) वाटसन (b) डूप्ले
(c) मुनरो (d) क्लाइव
Who established diarchy in Bengal?
(a) Watson (b) Duple
(c) Munro (d) Clive

Bihar Police Forest Range Office Exam 17/01/2020

Ans. (d):
बंगाल में द्वैधशासन प्रणाली की शुरूआत 1765 में राबर्ट क्लाइव ने की थी तथा 1772 में वारेन हेस्टिंग्स ने इसे समाप्त किया

21. अलीनगर की संधि का सम्बन्ध किससे है ?
(a) मीर कासिम तथा मुहम्मदशाह
(b) ईस्ट इंडिया कम्पनी तथा सिराजुउद्दौला
(c) लॉर्ड क्लाइव तथा मीर जाफर
(d) इनमें से कोई नहीं
What is the Treaty of Alinagar related to?
(a) Mir Qasim and Muhammad Shah
(b) East India Company and Siraj-ud-Daula
(c) Lord Clive and Mir Jafar
(d) none of these

Utpad Avar Nirikshak Exam 25/08/2019

Ans : (b)
अलीनगर की संधि 9 फरवरी, 1757 ई. को बंगाल के नवाब 'सिराजुद्दौला और ईस्ट इंडिया कम्पनी" के बीच हुयी थी। सिराजुद्दौला ने कलकत्ता का नाम अलीनगर किया था

22. अवध के ब्रिटिश साम्राज्य में मिलने के समय अवध के नवाब कौन थे?
(a) वाजिद अली शाह (b) अमजद अली शाह
(c) मोहम्मद अली शाह (d) हैदर सुलेमान शाह
Who was the Nawab of Awadh at the time of its accession to the British Empire?
(a) Wajid Ali Shah
(b) Amjad Ali Shah
(c) Mohammad Ali Shah
(d) Haider Suleman Shah

Bihar Police Forest Gaurd Bharti Exam 16/06/2019

Ans. (a)
अवध के नवाब वाजिद अली शाह (1847-1856) के शासन के दौरान जेम्स आउट्रम की रिपोर्ट के आधार पर कुशासन का आरोप लगाकर अवध को अंग्रेजी साम्राज्य में 1856 में मिला लिया गया।

23. प्लासी का युद्ध निम्न से किस जगह लड़ा गया?
(a) बंगाल
(b) महाराष्ट्र
(c) कर्नाटक
(d) उपर्युक्त में से कोई नही
At which of the following places was the Battle of Plassey fought?
(a) Bengal
(b) Maharashtra
(c) Karnataka
(d) None of the above

Bihar Police Constable 29/12/2019

Ans. (a):
प्लासी का युद्ध 23 जून, 1757 ई० को बंगाल में गंगा की सहायक भागीरथी नदी के किनारे प्लासी नामक स्थान पर ईस्ट इंडिया कम्पनी (रॉबर्ट क्लाइव) और बंगाल के नवाब के सिराजुदौला के बीच हुआ था।

24. टीपू सुल्तान की राजधानी कहाँ थी?
(a) मंगलौर (b) श्रीरंगपटनम्
(c) मद्रास (d) पुणे
Where was the capital of Tipu Sultan?
(a) Mangalore (b) Srirangapatna
(c) Madras (d) Pune

Utpad Avar Nirikshak Exam 09/06/2019

Ans : (b)
मैसूर के शासक टीपू सुल्तान (1782 - 1799) की राजधानी श्रीरंगपट्टनम् थी।

25. किसकी सहायता से हैदर अली ने 1755 में डिंडीगुल में एक आधुनिक शस्त्रागार की स्थापना की थी?
(a) डच विशेषज्ञ (b) ब्रिटिश विशेषज्ञ
(c) स्पेनिश विशेषज्ञ (d) फ्रेंच विशेषज्ञ
(e) उपयुक्त में से कोई नहीं/उपयुक्त में से एक से अधिक
With whose help did Hyder Ali establish a modern armory at Dindigul in 1755?
(a) Dutch expert (b) British expert
(c) Spanish expert (d) French expert
(e) None of the above/More than one of the above

65th BPSC (Pre) Re-exam 2019

ANSWER – D
हैदर अली ने 1755 ई. में डिंडीगुल में एक आधुनिक शस्त्रागार फ्रेंच विशेषज्ञों की सहायता से स्थापित किया था।

26. निम्नलिखित में से कौन सा स्थान टीपू सुल्तान की राजधानी के रूप में प्रसिद्ध था?
(a) श्रीरंगपट्टनंम (b) गुलबर्ग
(c) हंपी (d) हैदराबाद
(e) उपयुक्त में से कोई नहीं/उपयुक्त में से एक से अधिक
Which of the following places was famous as the capital of Tipu Sultan?
(a) Srirangapatnam (b) Gulbarga
(c) Hampi (d) Hyderabad
(e) None of the above/More than one of the above

Bihar CDPO (प्रा.) परीक्षा-2018
38th BPSC (Pre) 1992-93

ANSWER – A
टीपू सुल्तान राजधानी श्रीरंगपट्टनम् थी। टीपू ने अपनी राजधानी श्रीरंगपट्टनम् में फ्रांसीसियों से प्रेरित होकर 'जैकोबिन क्लब' की स्थापना की तथा 'स्वतंत्रता के वृक्ष को लगाया'।

27. अंग्रेजों ने श्रीरंगपट्टनम की संधि किसके साथ की थी?
(a) हैदर अली (b) डूप्ले
(c) टीपू सुल्तान (d) नंदराज
(e) उपयुक्त में से कोई नहीं/उपयुक्त में से एक से अधिक
With whom did the British sign the Treaty of Srirangapatna?
(a) Haider Ali (b) Duple
(c) Tipu Sultan (d) Nandraj
(e) None of the above/More than one of the above

42th BPSC (Pre) 1997-98

ANSWER – C
लार्ड कार्नवालिस ने तृतीय आंग्ल-मैसूर युद्ध की समाप्ति टीपू सुल्तान के साथ मार्च, 1792 ई. में 'श्रीरंगपट्टनम' की संधि से की थी कार्नवालिस ने संधि के बाद कहा था 'हमने शत्रु (टीपू) को प्रभावशाली ढंग से पंगु बना दिया और मित्र (हैदराबाद और निजाम) को भी शक्तिशाली नहीं बनने दिया'।

28. श्रीरंगपट्टनम् की संधि कब हुई थी ?
(a) 1790 ई० (b) 1792 ई०
(c) 1799 ई० (d) 1797 ई०
When was the Treaty of Srirangapatna?
(a) 1790 AD (b) 1792 AD
(c) 1799 AD (d) 1797 AD

Utpad Avar Nirikshak Exam 09/06/2019

Ans : (b)

श्रीरंगपट्टनम् की संधि अंग्रेजों ने टीपू सुल्तान के साथ तृतीय आंग्ल-मैसूर युद्ध के बाद 18 मार्च 1792 ई. को की

29. हम्पी में विजयनगर के भग्नावशेष किसके द्वारा 1800 ई० में प्रकाश में लाए गए?

(a) कर्नल कोलिन मेकेंजी (b) एण्ड्र्यू फ्रेजर
(c) सर जॉन शोर (d) जॉन मार्शल

By whom were the ruins of Vijayanagara in Hampi brought to light in 1800 AD?

(a) Colonel Colin McGee
(b) Andrew Fraser
(c) Sir John Shore
(d) John Marshall

Ashu Avar Nirikshak (PT) 26-08-2018

Ans : (b)

हाम्पी में विजय नगर के भग्नावशेष 'एण्ड्रयू फ्रेजर' द्वारा 1800 ई0 में प्रकाश में लाए गए थे।

30. किस ब्रिटिश जनरल ने पोर्टो नोवो में हैदर अली को हराया था?

(a) कैप्टन पोफेन (b) कैप्टन हैक्टर मुनरो
(c) सर आयरकूट (d) जनरल गोडार्ड

Which British general defeated Hyder Ali at Porto Novo?

(a) Captain Poffen
(b) Captain Hector Munro
(c) Sir Ayrekoot
(d) General Goddard

Bihar Police Constable 31/07/2016

Ans. (c)

पोर्टो नोवो का युद्ध वर्ष 1781 में मैसूर के हैदर अली और सर आयरकूट के नेतृत्व में कंपनी फौजों के बीच हुआ जिसमें हैदर अली पराजित हुआ।

31. जंतर मंतर का निर्माण किया था –

(a) अकबर ने (b) शाहजहां ने
(c) शिवाजी ने (d) महाराजा जयसिंह ने
(e) उपयुक्त में से कोई नहीं/उपयुक्त में से एक से अधिक

Jantar Mantar was built by –

(a) Akbar
(b) Shahjahan
(c) Shivaji
(d) Maharaja Jai Singh
(e) None of the above/More than one of the above

38th BPSC (Pre) 1992-93

ANSWER – D

दिल्ली, बनारस, जयपुर, उज्जैन तथा मथुरा जन्तर-मन्तर का निर्माण जयपुर के राजा सवाई जयसिंह ने कराया था।

32. रुहेलखण्ड किस मुगल शासक की मृत्यु पश्चात् स्वतंत्र राज्य बना था?

(a) औरंगजेब (b) शाहजहाँ
(c) जहाँगीर (d) अकबर

Rohilkhand became an independent state after the death of which Mughal ruler?

(a) Aurangzeb (b) Shahjahan
(c) Jahangir (d) Akbar

Bihar Police Constable Exam 19/10/2014

Ans. (a)

रुहेला पठान नवाब अली मोहम्मद खान बहादुर 'रुहेला' ने औरंगजेब की मृत्यु के बाद स्वतंत्र राज्य के रूप में रुहेलखण्ड की स्थापना की.

33. बक्सर का युद्ध किस-किस के बीच हुआ था?

(a) मीर कासिम और अंग्रेज
(b) अंग्रेज और सिराजुद्दौला
(c) अंग्रेज और कुंवर सिंह
(d) इनमें से कोई नहीं

Between whom was the battle of Buxar fought?

(a) Mir Qasim and the British
(b) British and Siraj-ud-Daula
(c) English and Kunwar Singh
(d) none of these

Bihar Daroga (Police Avar Nirikshak) Exam 23/04/2008

Ans : (a)

बक्सर का युद्ध 22 अक्टूबर, 1764 ई० को अवध के नवाब शुजाउद्दौला, मुगल सम्राट् शाह आलम द्वितीय एवं बंगाल के नवाब मीर कासिम की संयुक्त सेनाओं तथा हेक्टर मुनरो के नेतृत्व में अंग्रेजी सेना के मध्य पटना के निकट बक्सर में हुआ।

34. अंग्रेजो को 'सुनहरा फरमान' कब प्रदान किया गया था?

(a) 1611 ई० में (b) 1717 ई० में
(c) 1632 ई० में (d) 1765 ई० में

When was the 'Golden Edict' granted to the British?

(a) In 1611 AD (b) In 1717 AD
(c) In 1632 AD (d) In 1765 AD

Bihar Daroga (Police Avar Nirikshak) Exam 23/04/2008

Ans: (c)

1632 ई0 में गोलकुण्डा के सुल्तान ने अंग्रेजों को एक 'सुनहरा फरमान जारी किया जिसके मुताबिक 500 पैगोडा सलाना कर देने पर उन्हें गोलकुण्डा राज्य के बन्दरगाहों में स्वतंत्रतापूर्वक व्यापार करने की अनुमति मिल गयी।

35. रणजीत सिंह ने सुप्रसिद्ध कोहिनूर हीरा प्राप्त किया था?

(a) शाह सूजा से
(b) जमान शाह से
(c) दोस्त मोहम्मद से
(d) शेर अली से
(e) उपयुक्त में से कोई नहीं/उपयुक्त में से एक से अधिक

Where did Ranjit Singh obtain the famous Kohinoor diamond?

(a) From Shah Souza
(b) From Zaman Shah
(c) Dost Mohammad
(d) Sher Ali
(e) None of the above/More than one of the above

41st BPSC (Pre) 2016

ANSWER – A

रणजीत सिंह को राजा की उपाधि जमान शाह तथा कोहिनूर हीरा अफगान अमीर शाहशुजा से प्राप्त हुआ था।

36. निम्नलिखित में से किस मुगल बादशाह को वजीर गाजीउद्दीन ने दिल्ली में दाखिल नहीं होने दिया था?

(a) आलमगीर द्वितीय
(b) शाह आलम द्वितीय
(c) अकबर द्वितीय
(d) बहादुर शाह द्वितीय
(e) उपयुक्त में से कोई नहीं/उपयुक्त में से एक से अधिक

Which of the following Mughal emperors was not allowed by Wazir Ghaziuddin to enter Delhi?

(a) Alamgir II
(b) Shah Alam II
(c) Akbar II
(d) Bahadur Shah II
(e) None of the above/More than one of the above

44th BPSC (Pre) 2000-01

ANSWER – B

मुगल बादशाह शाह आलम द्वितीय (अली गौहर) को वजीर गाजीउद्दीन ने दिल्ली में दाखिल नहीं होने दिया था परन्तु 1772 में मराठों (महादर्जी सिन्धिया) के संरक्षण में शाह आलम द्वितीय वापस दिल्ली लौटा

INM औपनिवेशिक अर्थव्यवस्था

(Colonial Economy)

1. बंगाल में द्विशासन प्रणाली किसके द्वारा लागू की गई?
   (a) वारेन हेस्टिंग्स
   (b) विलियम बेंटिक
   (c) रॉबर्ट क्लाइव
   (d) लॉर्ड कर्जन
   (e) उपर्युक्त में से कोई नहीं है / उपर्युक्त में से एक से अधिक

   By whom was the system of dual governance implemented in Bengal??
   (a) Warren Hastings
   (b) William Bentinck
   (c) Robert Clive
   (d) Lord Curzon
   (e) None of the above / More than one of the above

   66th BPSC (Pre) 2020

उत्तर-(c)

बंगाल में द्वैध शासन की शुरुआत राबर्ट क्लाइव ने 1765 ई. में की थी जिसे 1772 ई. में वारेन हेस्टिंग्स ने समाप्त किया था. द्वैध शासन के जनक लियो कार्टिस थे।

2. निम्नलिखित में से कौन रैयतवाड़ी व्यवस्था का प्रतिपादक था?
   (a) लार्ड कार्नवालिस
   (b) थॉमस मुनरो
   (c) सर जॉन शोर
   (d) वारेन हेस्टिंग्स

   Who among the following was the proponent of Ryotwari system?
   (a) Lord Cornwallis (b) Thomas Munro
   (c) Sir John Shore (d) Warren Hastings

   Bihar Daroga 17-12-2023 shift -2

Ans. (b)

रैय्गतनाड़ी व्यवस्था के प्रतिपादक थामस मुनरो ने इसे मद्रास में लागू किया था इसके अन्तर्गत रैयत (किसानों) को भूमि का स्वामी माना गया.

3. आर. एम. बर्ड और जेम्स थॉमसन, कौन-सी भू- राजस्व व्यवस्था से संबंधित हैं?
   (a) स्थायी बंदोबस्त
   (b) महालवाड़ी व्यवस्था
   (c) रैयतवाडी व्यवस्था
   (d) विशेष समझौता

   R. M. Bird and James Thomson are related to which land revenue system?
   (a) Permanent settlement
   (b) Mahalwadi system
   (c) Ryotwari system
   (d) special agreement

   Bihar Police Constable Exam 08/03/2020 (Shift-II)

Ans. (b):

आर एम. बर्ड तथा जेम्स थामसन का संबंध महालवाड़ी व्यवस्था से संबंधित है। इस व्यवस्था के तहत भू-राजस्व की वसूली 'महाल' (गांवों के समूह) से की जाती थी। भू-राजस्व की जिम्मेदारी गाँव के मुखिया/जमींदार को दी गई. यह व्यवस्था उत्तर प्रदेश, मध्य प्रान्त तथा पंजाब में लागू थी।

4. ब्रिटिश ईस्ट इंडिया कम्पनी की स्थापना कब हुई?
   (a) 1600 में
   (b) 1628 में
   (c) 1602 में
   (d) 1664 में

   When was the British East India Company established?
   (a) in 1600
   (b) in 1628
   (c) in 1602
   (d) in 1664

   Bihar Police Constable 09/12/2012 (Shift-1)
   Bihar Forest Guard Exam 16/12/2020 (Shift-1)

Ans. (a)

मुगल बादशाह अकबर के शासनकाल के दौरान ब्रिटिश ईस्ट इंडिया कम्पनी की स्थापना 31 दिसम्बर, 1600 ई. में द गवर्नर एण्ड कम्पनी आफ मर्चेण्ट्स ऑफ लंदन ट्रेडिंग इन द ईस्ट इण्डीज के नाम से हुई थी। ईस्ट इंडिया कम्पनी का प्रारम्भिक उद्देश्य केवल व्यापार था.

5. 'सर्वेन्ट ऑफ इण्डिया सोसाइटी' की स्थापना किसने की थी?
(a) गोपाल कृष्ण गोखले
(b) बाल गंगाधर तिलक
(c) दादा भाई नौरोजी
(d) एनी बेसेंट
Who founded the 'Servant of India Society'?
(a) Gopal Krishna Gokhale
(b) Bal Gangadhar Tilak
(c) Dada Bhai Naoroji
(d) Annie Besant

BSSC Second Graduate Level (Pre) Exam 23.02.2015

Ans. (a)
सर्वेन्ट ऑफ इण्डिया सोसाइटी की स्थापना गोपाल कृष्ण गोखले ने 1905 में पुणे महाराष्ट्र में की थी। गोपाल कृष्ण गोखले ने 1905 ई. के बनारस कांग्रेस अधिवेशन की अध्यक्षता की थी तथा वे गाँधी जी के राजनीतिक गुरु थे.

6. ईस्ट इंडिया कम्पनी का निम्नलिखित में से आरम्भिक नारा क्या था?
(a) केवल भू-भाग
(b) व्यापार और भू-भाग
(c) भू-भाग नहीं, व्यापार
(d) इनमें से कोई नहीं
Which of the following was the initial slogan of the East India Company?
(a) Only land area
(b) Trade and territory
(c) Trade, not territory
(d) none of these

Bihar Police Constable Exam 09/12/2012

Ans. (c)
दिसम्बर, 1600 ई. में ब्रिटेन की महारानी 'एलिजाबेथ' प्रथम ने एक व्यापारिक कम्पनी 'दि गवर्नर एण्ड कम्पनी ऑफ मर्चेन्ट्स ऑफ लंदन ट्रेडिंग इन टू दी ईस्ट इंडीज' की स्थापना की तथा 15 वर्षों के लिए पूर्वी क्षेत्रों में व्यापार करने का अधिकार प्रदान किया। ईस्ट इंडिया कम्पनी का आरम्भिक नारा-'भू-भाग नहीं, केवल व्यापार' था।

7. अंग्रेजी सरकार द्वारा किस ई. में सूती वस्त्रों पर आयात कर हटा लिया गया ?
(a) 1880
(b) 1881
(c) 1882
(d) 1889
In which AD was the import tax on cotton clothes removed by the British government?
(a) 1880
(b) 1881
(c) 1882
(d) 1889

Bihar Police Constable 09/12/2012 (Shift-II)

Ans. (b)
अंग्रेजी सरकार द्वारा सूती वस्त्रों पर आयात कर 1881 ई. में हटा लिया गया था।

8. किसने बंगाल में महालवारी बंदोबस्त प्रणाली की शुरुआत की?
(a) लॉर्ड हेस्टिंग्स
(b) लॉर्ड कार्नवालिस
(c) होल्टमैकेंजी
(d) उपयुक्त में से एक से अधिक
(e) उपयुक्त में से कोई नहीं
Who introduced the Mahalwari settlement system in Bengal?
(a) Lord Hastings
(b) Lord Cornwallis
(c) Holt McKenzie
(d) More than one of the appropriate
(e) None of the above

68th BPSC (Pre) -2022 (12-02-2023)

ANSWER –C
महालवाड़ी का प्रस्ताव-सर्वप्रथम (1819 में) 'हाल्ट मैकेंजी' द्वारा लाया गया था। यह व्यवस्था उत्तर-प्रदेश, मध्य प्रदेश तथा पंजाब में सर्वप्रथम लागू की गई थी।

ब्रिटिश भारत के 30 % भाग – महालवाड़ी, 51% भाग पर – रैय्यतवाड़ी बंदोबस्त, 19% भाग पर स्थायी बंदोबस्त.

9. निम्नलिखित में से किसके द्वारा किसानों को उनकी खेती की जमीन से अलग कर दिया गया?
(a) वार्षिक बंदोबस्त
(b) महालवाडी बंदोबस्त
(c) स्थाई बंदोबस्त
(d) रैयतवाड़ी बंदोबस्त
(e) उपयुक्त में से कोई नहीं/उपयुक्त में से एक से अधिक

By which of the following the farmers were separated from their farming land?
(a) Annual settlement
(b) Mahalwadi settlement
(c) permanent settlement
(d) Ryotwari settlement
(e) None of the above/More than one of the above

BPSC Assistant 28.04.2023
BPSC Head Master 2022

ANSWER – C

लॉर्ड कार्नवालिस द्वारा 1793 में प्रारम्भ की गयी 'स्थायी बंदोबस्त' व्यवस्था में भूमि (जमीन) का स्वामित्व जमींदारों को दे दिया गया तथा किसान भूमिहीन हो गये।

10. 'रैय्यतवाड़ी व्यवस्था' प्रारंभिक रूप से प्रारंभ की गई थी?
(a) छत्तीसगढ़ में
(b) बिहार में
(c) उत्तर प्रदेश में
(d) तमिलनाडु में
(e) उपयुक्त में से कोई नहीं/उपयुक्त में से एक से अधिक

When was the 'Rayyatwadi system' initially started?
(a) In Chhattisgarh
(b) In Bihar
(c) in Uttar Pradesh
(d) in Tamil Nadu
(e) None of the above/More than one of the above

67th BPSC (Pre) NIRAST-2021
BPSC CDPO 2021

ANSWER –D

रैय्यतवाड़ी व्यवस्था प्रारम्भिक रूप से 1792 में आधुनिक तमिलनाडु के बारामहल जिले से प्रारम्भ की गई थी। यह व्यवस्था मूल रूप से वर्ष 1820 में मद्रास (तमिलनाडु) के तत्कालीन गवर्नर टॉमस मुनरो द्वारा प्रारम्भ की गयी थी। सर्वप्रथम यह मद्रास, बाम्बे प्रेसीडेंसियों तथा असम के कुछ भागों में शुरू की गयी थी। यह व्यवस्था लगभग 51 प्रतिशत भूमि पर फैली थी।

11. भारत में कपास की पैदावार के लिए कृषि विभाग की स्थापना की मांग किसने की थी?
(a) लंदन कॉटन सप्लाई एसोसिएशन
(b) ब्रिटिश चैंबर्स ऑफ कॉमर्स
(c) ब्रिटिश ईस्ट इंडिया एसोसिएशन
(d) मैनचेस्टर कॉटन सप्लाई एसोसिएशन
(d) उपयुक्त में से कोई नहीं
(e) उपयुक्त में से एक से अधिक

Who demanded the establishment of Agriculture Department for cotton production in India?
(a) London Cotton Supply Association
(b) British Chambers of Commerce
(c) British East India Association
(d) Manchester Cotton Supply Association
(d) None of the above
(e) more than one of the appropriate

BPSC Auditor (Pre) 2021

ANSWER – D

भारत में कपास की पैदावार के लिए कृषि विभाग की स्थापना की माँग ''मैन्चेस्टर कॉटन सप्लाई एसोसिएशन'' द्वारा की गई थी।

12. भारत में अंग्रेजी शासन काल का सबसे भयंकर अकाल निम्न में से किस दौरान पड़ा?
(a) 1860 - 1861
(b) 1876 - 1878
(c) 1896 - 1897
(d) 1899 – 1900
(e) उपयुक्त में से कोई नहीं/उपयुक्त में से एक से अधिक

During which of the following, the most severe famine of the British rule in India occurred?
(a) 1860 - 1861
(b) 1876 - 1878
(c) 1896 - 1897
(d) 1899 – 1900

(e) None of the above/More than one of the above

29th Bihar (J) GS-2017

ANSWER –B

भारत में अंग्रेजी शासन काल के दौरान सबसे बड़ा अकाल 1876-78 में पड़ा. इसमें 50 लाख व्यक्ति मारे गये। 1878 ई. में वायसराय लार्ड लिटन द्वारा ''रिचर्ड स्ट्रेची'' की अध्यक्षता में प्रथम अकाल आयोग गठित किया गया।

13. भारत के लिए अकाल संहिता की सिफारिश किस आयोग द्वारा की गई थी?

(a) मैक डोनल आयोग
(b) कैंपबेल आयोग
(c) ल्यालआयोग
(d) स्ट्रैची आयोग
(e) उपयुक्त में से कोई नहीं/उपयुक्त में से एक से अधिक

By which commission was the Famine Code recommended for India?

(a) McDonnell Commission
(b) Campbell Commission
(c) Lyall Commission
(d) Strachey Commission
(e) None of the above/More than one of the above

29th Bihar (J) GS -2017
28th Bihar (J) GS-2014

ANSWER – D

1878 ई. में वायसराय लार्ड लिटन द्वारा ''रिचर्ड स्ट्रेची'' की अध्यक्षता में गठित स्ट्रैची आयोग की सिफारिशों के आधार पर 1883 ई. में अकाल संहिता तैयार की गई।

14. होम चार्जेस या ब्रिटेन में भारतीय सरकार के खर्चे में समाहित थे

(a) ब्रिटिश भारतीय अधिकारियों के पेंशन
(b) भारत में खरीदे गए सैन्य एवं अन्य भंडार
(c) रेलवे में गारंटीड ब्याज
(d) उपयुक्त सभी
(e) उपयुक्त में से कोई नहीं/उपयुक्त में से एक से अधिक

Home charges or expenses of the Indian government in Britain were included in

(a) Pensions of British Indian officers
(b) Military and other stores purchased in India
(c) Guaranteed interest in Railways
(d) all suitable
(e) None of the above/More than one of the above

65th BPSC (Pre) Re-exam 2019

ANSWER - E

होम चार्जेस के तहत ब्रिटानी अफसरों और व्यापारियों द्वारा अपने घर में भेजी गई निजी रकम, भारतीय बाहरी कर्जे पर ब्याज और भारत में काम कर चुके ब्रिटेनी अफसरों के पेंशन, लंदन में स्थित भारत सचिव के office का खर्चा शामिल थे।

15. मद्रास में रैयतवाड़ी पद्धति को किसने प्रारंभ किया था?

(a) लार्ड कार्नवालिस
(b) थॉमस मुनरो
(c) लॉर्ड विलियम बेंटिक
(d) लॉर्ड वेलेजली
(e) उपयुक्त में से कोई नहीं/उपर्युक्त में से एक से अधिक

Who started the Ryotwari system in Madras?

(a) Lord Cornwallis
(b) Thomas Munro
(c) Lord William Bentinck
(d) Lord Wellesley
(e) None of the above/More than one of the above

65th BPSC (Pre) Re-exam 2019

ANSWER –B

मद्रास में रैय्यतवाड़ी पद्धति की शुरुआत थॉमस मुनरों ने की थी। इसके अन्तर्गत कुल ब्रिटिश भारत के भू –क्षेत्र का 51% हिस्सा शामिल था। इस पद्धति में सीधे किसानों से कर वसूला जाता था।

16. वह प्रथा जिसके तहत किसान स्वयं भूमि का मालिक होता है और सरकार को भू-राजस्व के भुगतान के लिए जिम्मेदार मानता है /हैं

(a) जमीदारी प्रथा
(b) रैयतवाड़ी प्रथा
(c) महालवाड़ी प्रथा
(d) दहसाला प्रथा
(e) उपयुक्त में से कोई नहीं/उपर्युक्त में से एक से अधिक

The practice under which the farmer himself

owns the land and is responsible for the payment of land revenue to the government
(a) Zamindari system
(b) Ryotwari system
(c) Mahalwadi system
(d) Dahsala customs
(e) None of the above/More than one of the above

65th BPSC (Pre) 2019

ANSWER – B

रैय्यतवाड़ी व्यवस्था में भू-स्वामी किसान होता था। रैयतवाड़ी व्यवस्था के जन्मदाता थॉमस मुनरो तथा कैप्टन रीड को माना जाता है। इस व्यवस्था को सर्वप्रथम तमिलनाडु के 'बारामहल' जिले में लागू किया गया। इस व्यवस्था के अन्तर्गत कुल ब्रिटिश-भारत के भू-क्षेत्र का 51 प्रतिशत हिस्सा शामिल था।

17. ब्रिटिश काल में कृषक - वर्ग को किसने प्रताड़ित किया?
(a) जमींदार
(b) सरकार
(c) साहूकार
(d) व्यापारी / बिचौलिया
(e) उपयुक्त में से कोई नहीं/उपयुक्त में से एक से अधिक

Who oppressed the farming class during the British period?
(a) Landlord
(b) Government
(c) Moneylender
(d) Trader/middleman
(e) None of the above/More than one of the above

27th Bihar (J) GS-2013

ANSWER – E

ब्रिटिश कालीन कृषक वर्ग को जमीदार, सरकार, साहूकार, बिचौलिया सभी ने प्रताड़ित किया था।

18. निम्नलिखित में से किसके द्वारा भारत में प्रथम रेलवे लाइन स्थापित की गई?
(a) लॉर्ड विलियम बेंटिक
(b) लॉर्ड ऑकलैंड
(c) लॉर्ड हार्डिंग
(d) लॉर्ड डलहौजी
(e) उपयुक्त में से कोई नहीं/उपयुक्त में से एक से अधिक

By whom among the following was the first railway line established in India?
(a) Lord William Bentinck
(b) Lord Auckland
(c) Lord Hardinge
(d) Lord Dalhousie
(e) None of the above/More than one of the above

Bihar APO GS-2011

42th -52nd BPSC (Pre) 2007-08

ANSWER –D

भारत में प्रथम रेलवे लाइन गवर्नर जनरल लार्ड डलहौजी के समय बिछाई गई। बम्बई से थाणे तक 34 km की दूरी में 16 April, 1853 में प्रथम रेल चली। रेलवे लाइन बिछाने का सर्वाधिक कार्य कर्जन के समय में हुआ।

19. "अतः सदैव सहमति के साथ और अक्सर वाणिज्य मंडल के निर्देशों पर भारत सरकार चलती है और इसे 'व्हाइट मेंस बर्डेन' कहा जाता है" यह कथन किसने कहा था?
(a) बंकिम चंद्र चटर्जी
(b) महात्मा गांधी
(c) सच्चिदानंद सिन्हा
(d) राजेंद्र प्रसाद
(e) उपर्युक्त में से कोई नहीं/उपर्युक्त में से एक से अधिक

"Therefore, the Government of India is always run with the consent and often on the instructions of the Chamber of Commerce and this is called 'White Man's Burden'" Who said this?
(a) Bankim Chandra Chatterjee
(b) Mahatma Gandhi
(c) Sachchidanand Sinha
(d) Rajendra Prasad
(e) None of the above/More than one of the above

64TH BPSC (Pre) 2018-19

ANSWER – C

सच्चिदानंद सिन्हा ने कहा कि ब्रिटिश शोषणकारी नीतियों द्वारा अपने लाभ को अधिकतम करने का प्रयास करते हैं जिसे वे 'व्हाइट मैन वर्डेन' कहते हैं। कथन - ''अत: सदैव

सहमति के साथ और अक्सर वाणिज्य मंडल के निर्देशों पर भारत सकार चलती है और इसे व्हाइट मैन्स बर्डेन कहा जाता हैं।''

20. स्थाई बंदोबस्त (Permanent Settlement) किसके साथ किया गया?
(a) जमींदारों के साथ
(b) ग्रामीण समुदायों के साथ
(c) मुकद्दमों के साथ
(d) किसानों के साथ
(e) उपयुक्त में से कोई नहीं/उपयुक्त में से एक से अधिक
With whom was the Permanent Settlement made?
(a) With the landlords
(b) with rural communities
(c) With lawsuits
(d) with the farmers
(e) None of the above/More than one of the above

53th – 55th BPSC (Pre) 2011

ANSWER – A

स्थायी बन्दोबस्त ब्रिटिश कंपनी के गवर्नर जनरल लार्ड कार्नवालिस ने 1793 में शुरू किया था। इस बंदोबस्त में राजस्व का अनुबंध किसानों के बजाय जमींदारो के साथ किया जाता था। इसके बंदोबस्त के अंतर्गत भारत का 19% क्षेत्र आता था।

21. 18 वीं सदी में बंगाल में वस्त्र उद्योग के पतन के लिए उत्तरदाई कारण था–
(a) उत्पादन की गुणवत्ता में कमी
(b) कच्चे माल की अनुपलब्धता
(c) ब्रिटेन को निर्यात करने वाले माल पर उच्च तट कर
(d) कारीगरों की अनुपलब्धता
(e) उपयुक्त में से कोई नहीं/उपयुक्त में से एक से अधिक
The reason responsible for the decline of the textile industry in Bengal in the 18th century was –
(a) Decrease in the quality of production
(b) Non-availability of raw materials
(c) Higher coast tax on goods exported to Britain
(d) Non-availability of artisans
(e) None of the above/More than one of the above

46th BPSC (Pre) 2003-04

ANSWER –C

18वीं सदी में बंगाल वस्त्र-उद्योग के पतन के कई कारण निम्न है - ब्रिटेन को निर्यात करने वाले माल पर उच्च तटकर, भारत पर मुक्त व्यापार प्रणाली को थोपना, भारत से कच्चे माल का निर्यात, भारतीय माल पर आते-जाते समय कर, भारतीय शिल्पियों को अपने रहस्य देने पर बाध्य करना, लंकाशायर व मानचेस्टर के सूती माल की प्रतिस्पर्धा

22. निम्नलिखित में से किसके द्वारा किसानों को उनकी खेती की जमीन से अलग कर दिया गया?
(a) वार्षिक बंदोबस्त
(b) महलवारी बंदोबस्त
(c) स्थाई बंदोबस्त
(d) रैयतवाड़ी बंदोबस्त
(e) उपर्युक्त में से कोई नहीं है उपर्युक्त में से एक से अधिक
By which of the following the farmers were separated from their farming land?
(a) Annual settlement
(b) Mahalwari settlement
(c) permanent settlement
(d) Ryotwari settlement
(e) None of the above More than one of the above

BPSC Head Master 2022

Ans. (c)

लार्ड कार्नवालिस द्वारा 1793 में प्रारम्भ 'स्थायी बंदोबस्त व्यवस्था में भूमि (जमीन) का स्वामित्व जमींदारों को दे दिया गया तथा किसान भूमिहीन हो गये।

23. The reason for decline of the handicraft industries in India under the British rule was
ब्रिटिश काल में भारतीय हस्तशिल्प उद्योग के पतन का कारण था
(a) Competition with machine made goods मशीन-निर्मित वस्तुओं से प्रतिस्पर्धा
(b) Exploitative policies of the British Government in India भारत में ब्रिटिश सरकार की दमनकारी नीतियाँ

(a) Bankim Chandra Chatterjee
(b) Sachin Sanyal
(c) Deenbandhu Mitra
(d) Krishna Kumar Mitra
(e) None of the above or more than one of the above

BPSC DACO 2021

Ans. (c):
नील खेतिहारों की दुदर्शा को दर्शाने वाली पुस्तक 'नीलदर्पण' की रचना दीनबंधु मित्र ने की थी।

12. 'बहिष्कृत भारत' जर्नल किसने शुरू किया था?
(a) ज्योतिबा फुले
(b) करसनदास मुलजी
(c) बाल गंगाधर तिलक
(d) बाबासाहेब आंबेडकर
(e) उपर्युक्त में से कोई नहीं या उपर्युक्त में से एक से अधिक

Who started the journal 'Bahishkrit Bharat'?
(a) Jyotiba Phule
(b) Karsandas Mulji
(c) Bal Gangadhar Tilak
(d) Babasaheb Ambedkar
(e) None of the above or more than one of the above

67th BPSC(Pre) Nirast 2021
28th Bihar(J) GS-2014

Ans. (d):
डॉ. बाबा साहेब अम्बेडकर - बहिष्कृत भारत, मूकनायक, समता, जनता, Pakistan and The Partition of India
जन्म 14 अप्रैल, 1891 - महू (मध्य प्रदेश)
मृत्यु – 6 दिसम्बर, 1956 – दिल्ली
जाति - महार
1990 में सम्मान भारत रत्न से सम्मानित

13. 'अनहैप्पी इंडिया' पुस्तक के लेखक कौन है?
(a) बाल गंगाधर तिलक
(b) एनी बेसेंट
(c) लाला लाजपत राय
(d) ए ओ ह्यूम उपयुक्त
(e) उपर्युक्त में से कोई नहीं या उपर्युक्त में से एक से अधिक

Who is the author of the book 'Unhappy India'?
(a) Bal Gangadhar Tilak
(b) Annie Besant
(c) Lala Lajpat Rai
(d) AO Hume Suitable
(e) None of the above or more than one of the above

67th BPSC(Pre) Nirast 2021

Ans. (c) :
'अनहैप्पी इंडिया' पुस्तक के लेखक - लाला लाजपत राय थे।
लाला लाजपत राय (पंजाब केसरी) 1928 में साइमन कमीशन का विरोध करते समय लाठी चार्ज के कारण घायल हो गए तथा 17 नवम्बर, 1928 को उनकी मृत्यु हो गयी।

14. अबुल कलाम आजाद के द्वारा किस पत्रिका को संपादित किया गया था?
(a) जमींदार
(b) द कॉमरेड
(c) अल हिलाल
(d) उपयुक्त में से एक से अधिक
(e) उपयुक्त में से कोईनहीं

Which magazine was edited by Abul Kalam Azad?
(a) Landlord
(b) The Comrade
(c) Al Hilal
(d) More than one of the appropriate
(e) Any one of the following No

68th BPSC (Pre)-2022 (12-02-2023)

Ans. (c) :
'अल-हिलाल' और 'अल-बिलाग' पत्रिका - अबुल कलाम आजाद
जमींदार पत्रिका - मौलाना जफर अली खाँ
कामरेड पत्रिका - मौलाना मोहम्मद अली जिन्ना

15. निम्नलिखित में से कौन-सा एक सही सुमेलित नहीं है
(a) सच्चिदानंद सिन्हा - इंडियन पीपल
(b) एस. ए. डांगे - नवयुग
(c) मोहम्मद अली - कॉमरेड
(d) डॉ राजेंद्र प्रसाद - इंडिया डिवाइडेड

(e) उपर्युक्त में से कोई नहीं या उपर्युक्त में से एक से अधिक

Which one of the following is not correctly matched?

(a) Sachchidanand Sinha – Indian People
(b) S. A. Dange - New Age
(c) Mohammad Ali - Comrade
(d) Dr. Rajendra Prasad – India Divided
(e) None of the above or more than one of the above

BPSC Auditor (Pre) 2021

उत्तर-(b)

Founder	Newspaper
सच्चिदानंद सिन्हा -	इंडियन पीपुल्स
मुहम्मद अली -	कॉमरेड (अंग्रेजी)
डॉ. राजेन्द्र प्रसाद -	इंडिया डिवाइडेड
एस.ए. डांगे -	द सोशलिस्ट (अंग्रेजी)
मुजफ्फर अहमद -	नवयुग

16. 'मराठा' और 'केसरी' समाचार पत्र किसने प्रारंभ किए

(a) चितरंजन दास
(b) बाल गंगाधर तिलक
(c) लाला लाजपत राय
(d) गोपाल कृष्ण गोखले
(e) उपर्युक्त में से कोई नहीं या उपर्युक्त में से एक से अधिक

Who started 'Maratha' and 'Kesari' newspapers?

(a) Chittaranjan Das
(b) Bal Gangadhar Tilak
(c) Lala Lajpat Rai
(d) Gopal Krishna Gokhale
(e) None of the above or more than one of the above

31st Bihar J (Pre) 2020

उत्तर-(b)

मराठा (in english) और केसरी (In Marathi) समाचार पत्र 1881 ई. बम्बई में बालगंगाधर तिलक ने प्रारम्भ किया। प्रारम्भ में केसरी के सम्पादक केलकर तथा मराठा के सम्पादक आगरकर थे

17. भारत में प्रकाशित होने वाला पहला समाचार पत्र कौन सा था?

(a) बंगाल गजट
(b) कोलकाता गजट
(c) मुंबई हेराल्ड
(d) बंगाल जर्नल
(e) उपर्युक्त में से कोई नहीं या उपर्युक्त में से एक से अधिक

Which was the first newspaper published in India?

(a) Bengal Gazette
(b) Kolkata Gazette
(c) Mumbai Herald
(d) Bengal Journal
(e) None of the above or more than one of the above

29th Bihar (J) GS-2017

उत्तर-(a)

1780 ई. में जेम्स ऑगस्टस हिक्की ने प्रथम समाचार पत्र 'द बंगाल गजट' प्रकाशित किया था।

18. 'मूकनायक' समाचार पत्र से कौन संबंध था?

(a) ज्योतिबा फुले
(b) बी. आर. अंबेडकर
(c) एम. एन. राय
(d) एनी बेसेंट
(e) उपर्युक्त में से कोई नहीं या उपर्युक्त में से एक से अधिक

Who was related to 'Mooknayak' newspaper?

(a) Jyotiba Phule
(b) b. R.S. Ambedkar
(c) M.N. Opinion
(d) Annie Besant
(e) None of the above or more than one of the above

29th Bihar (J) GS-2017

उत्तर-(b)

बाबा साहेब भीमराव अम्बेडकर ने 31 जनवरी, 1920 को मराठी पाक्षिक समाचार पत्र 'मूकनायक' का प्रकाशन प्रारम्भ किया था।

19. राजा राममोहन राय संपादक थे -

(a) संवाद कौमुदीके
(b) नव शक्ति के
(c) युगांतर के
(d) वंदे मातरम के
(e) उपर्युक्त में से कोई नहीं या उपर्युक्त में से एक से अधिक

Raja Rammohan Roy was the editor of –
(a) Dialogue of Kaumudi
(b) Nav Shakti
(c) of the era
(d) Vande Mataram
(e) None of the above or more than one of the above

28th Bihar (J) GS-2014

उत्तर-(a)
राजा राममोहन राय -भारतीय पत्रकारिता का अग्रदूत
1821 ई. में बंगाली पत्रिका - संवाद कौमुदी का
1822 ई. में - मिरात-उल अखबार

20. 'इंडिया विंस फ्रीडम' किसने लिखी?
(a) सुभाष चंद्र बोस
(b) मौलाना अबुल कलाम आजाद
(c) जवाहरलाल नेहरू
(d) डॉ एपीजे अब्दुल कलाम
(e) उपर्युक्त में से कोई नहीं या उपर्युक्त में से एक से अधिक
Who wrote 'India Wins Freedom'?
(a) Subhash Chandra Bose
(b) Maulana Abul Kalam Azad
(c) Jawaharlal Nehru
(d) Dr. APJ Abdul Kalam
(e) None of the above or more than one of the above

27th Bihar (J) GS-2013

उत्तर-(b)
इण्डिया विन्स फ्रीडम - मौलाना अबुल कलाम आजाद

21. 'बंगाली' जो कोलकाता का एक प्रसिद्ध समाचार पत्र था किसने प्रारंभ किया था?
(a) डब्ल्यू सी बनर्जी
(b) सुरेंद्रनाथ बैनर्जी
(c) आर. डी. बनर्जी
(d) बी. सी. पाल
(e) उपर्युक्त में से कोई नहीं या उपर्युक्त में से एक से अधिक
Who started 'Bengali', a famous newspaper of Kolkata?
(a) WC Banerjee
(b) Surendranath Banerjee
(c) R. D. Banerjee
(d) B. C. Pal
(e) None of the above or more than one of the above

27th Bihar (J) GS-2013

उत्तर-(b)
बांग्ला भाषा में संपादित साप्ताहिक समाचार पत्र 'बंगाली' - सुरेन्द्र नाथ बनर्जी

22. दो पत्रिकाओं 'नवजीवन' तथा 'यंग इंडिया' का संपादन किसने किया था?
(a) महात्मा गांधी
(b) अरविंद घोष
(c) सुभाष चंद्र बोस
(d) मोतीलाल नेहरू
(e) उपर्युक्त में से कोई नहीं या उपर्युक्त में से एक से अधिक
Who edited two magazines 'Navjeevan' and 'Young India'?
(a) Mahatma Gandhi
(b) Arvind Ghosh
(c) Subhash Chandra Bose
(d) Motilal Nehru
(e) None of the above or more than one of the above

Bihar APO GS-2013

उत्तर-(a)
'नवजीवन' (in gujrati) तथा 'यंग इंडिया' (in english) का संपादन महात्मा गांधी द्वारा किया गया था।

23. रविंद्र नाथ टैगोर को किस के लिए नोबेल पुरस्कार प्राप्त हुआ?
(a) गोरा
(b) नौकाडूबी
(c) गीतांजलि
(d) काबुलीवाला
(e) उपर्युक्त में से कोई नहीं या उपर्युक्त में से एक से अधिक
For what did Rabindranath Tagore receive the Nobel Prize?
(a) Gaura
(b) Naukadubi
(c) Gitanjali
(d) Kabuliwala

(e) None of the above or more than one of the above

Bihar APO GS-2013

उत्तर-(c)

गुरूदेव रवीन्द्रनाथ टैगोर को 1913 में 'गीतांजलि' के लिए साहित्य का नोबेल पुरस्कार प्रदान किया गया था। साहित्य का नॉबेल पुरस्कार जीतने वाले प्रथम भारतीय ही नही अपितु प्रथम एशियाई भी थे।

24. 'संवाद कौमुदी' समाचार पत्र किस भाषा में प्रकाशित होता था?
(a) बांग्ला में
(b) अंग्रेजी में
(c) बांग्ला एवं अंग्रेजी दोनों में
(d) हिंदी में
(e) उपर्युक्त में से कोई नहीं या उपर्युक्त में से एक से अधिक

In which language was the newspaper 'Samvad Kaumudi' published?
(a) in Bengali
(b) in English
(c) Both in Bengali and English
(d) in Hindi
(e) None of the above or more than one of the above

Bihar APO GS-2012

उत्तर-(a)

राजा राममोहन राय - बंगाली भाषा में संवाद कौमुदी का प्रकाशन

फारसी भाषा में - -मिरात-उल-अख़बार'

25. 'आनंदमठ' का लेखक कौन था?
(a) शरद चंद्र चट्टोपाध्याय
(b) रविंद्र नाथ टैगोर
(c) बंकिम चंद्र चटर्जी
(d) ईश्वर चंद्र विद्यासागर
(e) उपर्युक्त में से कोई नहीं या उपर्युक्त में से एक से अधिक

Who was the author of 'Anandmath'?
(a) Sharad Chandra Chattopadhyay
(b) Ravindra Nath Tagore
(c) Bankim Chandra Chatterjee
(d) Ishwar Chandra Vidyasagar
(e) None of the above or more than one of the above

Bihar APO GS-2011

उत्तर-(c)

बंकिम चन्द्र चटर्जी द्वारा 1882 में रचित आनन्द मठ, बांग्ला भाषा का एक राजनीतिक उपन्यास है। भारत का राष्ट्रीय गीत वन्देमातरम इसी उपन्यास से लिया गया है।

26. निम्न में से कौन सा एक 'राष्ट्रवादी' समाचार पत्र नहीं था?
(a) दा हिंदू
(b) बंगाली
(c) दि मराठा
(d) द टाइम्स ऑफ इंडिया
(e) उपर्युक्त में से कोई नहीं या उपर्युक्त में से एक से अधिक

Which of the following was not a 'nationalist' newspaper?
(a) The Hindu
(b) Bengali
(c) The Maratha
(d) The Times of India
(e) None of the above or more than one of the above

64 BPSC (Pre) 2018-19

उत्तर-(d)

टाइम्स ऑफ इण्डिया एक राष्ट्रवादी समाचार पत्र नहीं था। इसको ब्रिटिश राज के दौरान 3 नवम्बर, 1838 को बम्बई टाइम्स और जर्नल ऑफ कामर्स के रूप में स्थापित किया गया। 1861 में इसका नाम टाइम्स ऑफ इण्डिया हो गया।

27. नीचे दिए गए विकल्पों में से राष्ट्रीय वादी समाचार पत्रों का संपादकों के नामों का सही संयोजन ज्ञात कीजिए
द हिंदू, केसरी, बंगाली, हिंदुस्तानी, सुधारक
(a) सुरेंद्रनाथ बनर्जी, जी सुब्रमण्यम अय्यर, बाल गंगाधर तिलक, गंगा प्रसाद वर्मा, गोपाल कृष्ण गोखले
(b) बाल गंगाधर तिलक, जी सुब्रमण्यम अय्यर, सुरेंद्रनाथ बनर्जी, गंगा प्रसाद वर्मा, गोपाल कृष्ण गोखले
(c) जी सुब्रमण्यम अय्यर, बाल गंगाधर तिलक, गंगा प्रसाद वर्मा, गोपाल कृष्ण गोखले, सुरेंद्रनाथ बनर्जी
(d) जी सुब्रमण्यम अय्यर, बाल गंगाधर तिलक, सुरेंद्रनाथ बनर्जी, गंगा प्रसाद वर्मा, गोपाल कृष्ण गोखले
(e) उपर्युक्त में से कोई नहीं या उपर्युक्त में से एक से अधिक

Find the correct combination of names of editors of national newspapers from the options given below.

The Hindu, Kesari, Bengali, Hindustani, Sudharak from the options given below.
(a) Surendranath Banerjee, G. Subramaniam Iyer, Bal Gangadhar Tilak, Ganga Prasad Verma, Gopal Krishna Gokhale
(b) Bal Gangadhar Tilak, G. Subramaniam Iyer, Surendranath Banerjee, Ganga Prasad Verma, Gopal Krishna Gokhale
(c) G. Subramaniam Iyer, Bal Gangadhar Tilak, Ganga Prasad Verma, Gopal Krishna Gokhale, Surendranath Banerjee
(d) G. Subramaniam Iyer, Bal Gangadhar Tilak, Surendranath Banerjee, Ganga Prasad Verma, Gopal Krishna Gokhale
(e) None of the above or more than one of the above

64th BPSC (Pre) 2018-19

Ans - (d)

संपादक		पत्र/पत्रिकाएं
जी. सुब्रमह्मण्यम अय्यर	-	द हिन्दू
बाल गंगाधर तिलक	-	केसरी
सुरेन्द्र नाथ बनर्जी	-	बंगाली
गंगा प्रसाद वर्मा	-	हिन्दुस्तानी
गोपाल कृष्ण गोखले	-	सुधारक

28. स्वामी सहजानंद सरस्वती ने एक पत्रिका का प्रकाशन किया, जिसका नाम था-
(a) जनक्रांति
(b) हुंकार
(c) कृषक समाचार
(d) विद्रोही
(e) उपर्युक्त में से कोई नहीं या उपर्युक्त में से एक से अधिक

Swami Sahajanand Saraswati published a magazine, whose name was-
(a) Jan Kranti
(b) Hunkar
(c) Krishak samachar
(d) Vidrohi
(e) None of the above or more than one of the above

63rd BPSC (Pre) 2017-18

Ans - (b)

स्वामी सहजानन्द सरस्वती - हुंकार नामक पत्रिका का प्रकाशन, किसान आन्दोलन के जनक, 1929 में बिहार किसान सभा की स्थापना, 936 को लखनऊ में अखिल भारतीय किसान सभा की स्थापना, प्रथम अखिल भारतीय किसान सभा की अध्यक्षता स्वामी जी ने ही की थी।

29. 'नाउ ओर नेवर' पंपलेट किसने लिखा?
(a) मोहम्मद जिन्ना
(b) मोहम्मद इकबाल
(c) रहमत अली खान
(d) उपर्युक्त में से कोई नहीं
(e) उपर्युक्त में से एक से अधिक

Who wrote the pamphlet 'Now or Never'?
(a) Mohammad Jinnah
(b) Mohammad Iqbal
(c) Rahmat Ali Khan
(d) None of the above
(e) More than one of the above

63rd BPSC (Pre) 2017-18

Ans - (c)

'नाउ और नेवर' पैम्फलेट कैम्ब्रिज विश्वविद्यालय के छात्र चौधरी रहमत अली ने 1933 ई. में लिखा था। इसी पैम्फलेट में 'पाकिस्तान' शब्द का जिक्र पहली बार किया।

30. क्रांतिकारी गतिविधियों के साथ कौन सी पत्रिका जुड़ी हुई नहीं थी?
(a) संध्या
(b) युगांतर
(c) गदर
(d) यंग इंडिया
(e) उपर्युक्त में से कोई नहीं या उपर्युक्त में से एक से अधिक

Which magazine was not associated with revolutionary activities?
(a) evening
(b) Era
(c) Gadar
(d) Young India
(e) None of the above or more than one of the above

60-62nd BPSC (Pre) 2016-17

Ans - (d)

यंग इंडिया (महात्मा गांधी) पत्रिका अहिंसक आन्दोलन का समर्थन करती थी जबकि संध्या, युगान्तर और गदर पत्रिकाएं क्रांतिकारी गतिविधियों से संलग्न थी।

31. निम्न अखबारों में से कौन सा मुख्यतः उदार वादियों की नीतियों का प्रचारक था?

(a) न्यू इंडिया
(b) लीडर
(c) यंग इंडिया
(d) फ्री प्रेस जनरल
(e) उपर्युक्त में से कोई नहीं या उपर्युक्त में से एक से अधिक

Which of the following newspapers mainly propagated the policies of the liberals?

(a) New India
(b) Leader
(c) Young India
(d) Free Press General
(e) None of the above or more than one of the above

47th BPSC (Pre) 2004-05

Ans - (b)

'लीडर' (पं. मदनमोहन मालवीय) समाचार-पत्र मुख्यतया उदारवादियों की नीतियों का प्रचारक था।

'न्यू इण्डिया' एवं 'कॉमनवील' - एनी बेसेन्ट द्वारा सम्पादित समाचार पत्र

32. अमेरिका में 'फ्री हिंदुस्तान' अखबार किसने शुरू किया था?

(a) रामनाथपुरी
(b) जी. डी. कुमार
(c) लाला हरदयाल
(d) तारकनाथदास
(e) उपर्युक्त में से कोई नहीं या उपर्युक्त में से एक से अधिक

Who started the newspaper 'Free Hindustan' in America?

(a) Ramnath Puri
(b) G. D. Kumar
(c) Lala Hardayal
(d) Taraknath Das
(e) None of the above or more than one of the above

39th BPSC (Pre) 1994

Ans - (d)

तारकनाथ दास ने बैंकुवर में 'फ्री हिन्दुस्तान' अंग्रेजी मासिक अखबार शुरू किया था।

33. 'अल-हिलाल' नामक अखबार की स्थापना किसने की थी?

(a) जफर अली खान
(b) इकबाल
(c) अली बन्धू
(d) अबुल कलाम आजाद

Who founded the newspaper 'Al-Hilal'?

(a) Zafar Ali Khan
(b) Iqbal
(c) Ali brothers
(d) Abul Kalam Azad

Bihar Daroga 17-12-2023 Shift 1st

Ans. (d)

'अल-हिलाल' नामक समाचार पत्र का प्रकाशन 'अबुल कलाम आजाद' द्वारा सन् 1912 में कोलकाता में प्रारम्भ किया गया था।

34. पुस्तक 'हिन्द स्वराज' निम्नलिखित में से किसके द्वारा लिखी गयी है?

(a) महात्मा गाँधी
(b) सरोजिनी नायडू
(c) तिलक
(d) राजेन्द्र प्रसाद

The book 'Hind Swaraj' has been written by which of the following?

(a) Mahatma Gandhi
(b) Sarojini Naidu
(c) Tilak
(d) Rajendra Prasad

Bihar Police SI (Pre) Exam 16-07-2023

Ans. (a)

गांधी जी ने 1909 ई. में अपनी इंग्लैण्ड से दक्षिण अफ्रीका की यात्रा के समय पानी के जहाज पर 'हिन्द स्वराज' (गुजराती भाषा) पुस्तक गांधी जी लिखी।

35. 1809 ई. में फारसी में 'गिफ्ट टू मोनोथीस्ट' किसने लिखी?
(a) दयानन्द सरस्वती
(b) केशव चन्द्र सेन
(c) राम मोहन राय
(d) ईश्वरचन्द्र विद्यासागर
Who wrote 'Gift to Monotheist' in Persian in 1809 AD?
(a) Dayanand Saraswati
(b) Keshav Chandra Sen
(c) Ram Mohan Roy
(d) Ishwarchandra Vidyasagar

Bihar Police SI (Pre) Exam 16-07-2023

Ans. (c)
'गिफ्ट टू मोनोथीस्ट' (फारसी में) पुस्तक 1809 ई. में राजा राम मोहन राय द्वारा लिखी गयी थी।

36. दक्षिण अफ्रीका में प्रवास के दौरान महात्मा गांधी ने कौन सी पत्रिका का प्रकाशन किया?
(a) नवजीवन
(b) इंडियन ओपिनियन
(c) इंडियन रिफार्मर
(d) न्यू इंडिया
Which magazine did Mahatma Gandhi publish during his stay in South Africa?
(a) new life
(b) Indian Opinion
(c) Indian Reformer
(d) New India

Bihar Police Constable Exam 14/04/2010
Police Avar Nirikshak Exam 26/12/2021 (Shift-li)

Ans. (b)
दक्षिण अफ्रीका में प्रवास के दौरान 1904 में महात्मा गांधी द्वारा शुरू किया गया 'इंडियन ओपिनियन' एक समाचार पत्र था। इसके प्रथम संपादक मनसुखलाल नजर थे।

37. निम्नलिखित में से कौन-सा युग्म (संपादक और समाचार-पत्र) सुमेलित नहीं है?
(a) राजा राममोहन राय - संवाद कौमुदी
(b) ईश्वरचंद्र विद्यासागर - सोम प्रकाश
(c) मोतीलाल घोष - अमृत बाजार पत्रिका
(d) एनी बेसेंट - सर्वेन्ट्स ऑफ इंडिया सोसायटी
Which of the following pairs (editor and newspaper) is not matched?
(a) Raja Rammohan Roy - Samvad Kaumudi
(b) Ishwarchandra Vidyasagar - Som Prakash
(c) Motilal Ghosh - Amrit Bazaar Patrika
(d) Annie Besant - Servants of India Society

Police Avar Nirikshak Exam 29/11/2020

Ans. (d):

समाचार-पत्र	संपादक
संवाद कौमुदी	राजाराम मोहन राय
सोमप्रकाश	ईश्वर चंद्र विद्यासागर
अमृत बाजार पत्रिका	मोतीलाल घोष
सर्वेन्ट्स ऑफ इंडिया सोसायटी	गोपाल कृष्ण गोखले
न्यू इंडिया, कॉमन वील	एनीबेसेंट

38. निम्नलिखित में से किराने 'इण्डियन ओपिनियन' नामक समाचार पत्र आरम्भ किया?
(a) लाला हरदयाल
(b) महात्मा गांधी
(c) सुभाषचंद्र बोस
(d) एनी बेसेन्ट
Who among the following started a newspaper named 'Indian Opinion'?
(a) Lala Hardayal
(b) Mahatma Gandhi
(c) Subhash Chandra Bose
(d) Annie Besant

Police Avar Nirikshak Exam 22/12/2019 (Shift-1)

Ans. (b)
इंडियन ओपीनियन समाचार पत्र 1904 में गुजराती, हिन्दी, तमिल और अंग्रेजी में महात्मा गांधी द्वारा आरम्भ किया गया।

39. समाचार पत्र रस्त-गोफ्तार (सच बताने वाला) का संबंध निम्नलिखित में से किस धर्म के सुधारों से था?
(a) हिन्दू
(b) मुस्लिम
(c) सिख
(d) पारसी
The newspaper Rast-Goftar (The Truth Teller)

was related to the reforms of which of the following religions?
(a) Hindu
(b) Muslim
(c) Sikh
(d) Parsi

Police Avar Nirikshak Exam 22/12/2019 (Shift-II)

Ans. (d):
समाचार पत्र रास्त गोफ्तार बाम्बे से 1854 ई में दादा भाई नौरोजी द्वारा शुरू किया गया था।

40. पुस्तक 'पॉवर्टी एण्ड अन-ब्रिटिश रूल इन इण्डिया' किसने लिखी ?
(a) आर सी. दत्त
(b) दादाभाई नौरोजी
(c) बिपिन चन्द्र पाल
(d) लाजपत राय
Who wrote the book 'Poverty and Un-British Rule in India'?
(a) R.C. Dutt
(b) Dadabhai Naoroji
(c) Bipin Chandra Pal
(d) Lajpat Rai

Ashu Avar Nirikshak (PT) 26-08-2018

Ans : (b)
1901 ई० में प्रकाशित 'पावर्टी एण्ड अन-ब्रिटिश रूल इन इण्डिया' दादाभाई नौरोजी द्वारा लिखी एक पुस्तक है।

41. नेशनल हेराल्ड समाचार-पत्र किसने प्रारम्भ किया?
(a) मोतीलाल नेहरु
(b) जवाहरलाल नेहरु
(c) इन्दिरा गांधी
(d) राहुल गांधी
Who started the National Herald newspaper?
(a) Motilal Nehru
(b) Jawaharlal Nehru
(c) Indira Gandhi
(d) Rahul Gandhi

BSSC First Inter Level Exam 29-01-2017

Ans. (b):
नेशनल हेराल्ड समाचार पत्र जवाहर लाल नेहरू द्वारा वर्ष 1938 में अंग्रेजी भाषा में शुरु किया गया था।

42. 'आनन्द मठ' के लेखक थे-
(a) तिलक
(b) बंकिम चंद्र
(c) शरत चन्द्र
(d) टैगोर
The author of 'Anand Math' was-
(a) Tilak
(b) Bankim Chandra
(c) Sharat Chandra
(d) Tagore

BSSC First Inter Level Exam 29-01-2017

Ans. (b):
बांग्ला भाषा के उपन्यास आनन्द मठ की रचना बंकिम चन्द्र चट्टोपाध्याय ने 1882 में की थी।

43. "इंडिया विस फ्रीडम" किसकी आत्मकथा है?
(a) सैय्यद अहमद खान
(b) मुहम्मद अली
(c) अबुल कलाम आजाद
(d) जाकिर हुसैन
"India without Freedom" is whose autobiography?
(a) Syed Ahmed Khan
(b) Muhammad Ali
(c) Abul Kalam Azad
(d) Zakir Hussain

Patna (District Court) Steno Exam: 17.07.2016

Ans (c):
'इंडिया विंस फ्रीडम' अबुल कलाम आजाद की आत्मकथा है।

मौलाना अबुल कलाम आजाद – स्वतन्त्र भारत के पहले शिक्षा मंत्री, कांग्रेस अधिवेशन के सबसे कम उम्र एवं सबसे अधिक वार (1940 से 1945)) अध्यक्ष रहे है।

44. 'वंदे मातरम' बंकिम चंद्र चटर्जी के कौन से उपन्यास का भाग था जिसने लाखों भारतीयों को देश भक्ति के लिए प्रोत्साहित किया?

(a) स्वराज
(b) शकुंतला
(c) आनंदमठ
(d) गीता रहस्य
(e) उपर्युक्त में से कोई नहीं या उपर्युक्त में से एक से अधिक

'Vande Mataram' was a part of which novel by Bankim Chandra Chatterjee which encouraged millions of Indians for patriotism?
(a) Swaraj
(b) Shakuntala
(c) Anandmath
(d) Gita Mystery
(e) None of the above or more than one of the above

31" Bihar J (Pre) 2020

Ans - (c)

Bihar CDPO (प्रा.) परीक्षा-2005

'वन्दे मातरम' बंकिमचन्द्र चट्टोपाध्याय द्वारा संस्कृत - बांग्ला मिश्रित भाषा में रचित इस गीत का प्रकाशन 1882 में उनके उपन्यास आनंद मठ में अन्तर्निहित गीत के रूप में हुआ था।

45. 'देशेर कथा' पुस्तक किसने लिखी थी?
(a) सखाराम गणेश देवास्कर
(b) राजेंद्र प्रसाद
(c) निवारण चंद्र
(d) मुरली मोहन प्रसाद
(e) उपर्युक्त में से कोई नहीं या उपर्युक्त में से एक से अधिक

Who wrote the book 'Desher Katha'?
(a) Sakharam Ganesh Devaskar
(b) Rajendra Prasad
(c) Nivaran Chandra
(d) Murali Mohan Prasad
(e) None of the above or more than one of the above

65th BPSC (Pre) 2019

Ans - (a)

'देशेर कथा' - बांग्ला पुस्तक - सखाराम गणेश देवस्कर ने लिखी

46. 'इंडिया फॉर इंडियंस' किताब किसने लिखी?
(a) सी आर दास
(b) एम. जी. रानाडे
(c) वी. डी. सावरकर
(d) एस. एन. बैनर्जी
(e) उपर्युक्त में से कोई नहीं या उपर्युक्त में से एक से अधिक

Who wrote the book 'India for Indians'?
(a) C. R. Das
(b) M.G. Ranade
(c) V. D. Savarkar
(d) S. N. Banerjee
(e) None of the above or more than one of the above

65th BPSC (Pre) 2019

Ans - (a)

"इण्डिया फॉर इण्डियन्स" के लेखक चितरंजन दास (Nation Friend) है।

47. 'हिस्ट्री ऑफ ब्रिटिश इंडिया' के लेखक कौन थे?
(a) जेम्स मिल
(b) वी. ए. स्मिथ
(c) वी. डी. सावरकर
(d) आर. सी. मजूमदार
(e) उपर्युक्त में से कोई नहीं या उपर्युक्त में से एक से अधिक

Who was the author of 'History of British India'?
(a) James Mill
(b) V.A. smith
(c) V. D. Savarkar
(d) R. C. Majumdar
(e) None of the above or more than one of the above

29th Bihar (J) GS-2017

Ans - (a)

'हिस्ट्री ऑफ ब्रिटिश इण्डिया' के लेखक जेम्स मिल हैं, जिसमें उन्होंने भारतीय इतिहास को तीन भागों- हिन्दू काल, मुस्लिम काल, ब्रिटिश काल में विभाजित किया है।

48. 'इकोनामिक हिस्ट्री ऑफ इंडिया'(1901)का लेखक कौन था?
(a) आर. सी. दत्त
(b) एम विश्वेश्वैरैया
(c) एन. जी. रंगा
(d) डी. आर. गाडगिल

(e) उपर्युक्त में से कोई नहीं या उपर्युक्त में से एक से अधिक

Who was the author of 'Economic History of India' (1901)?

(a) R. C. Dutt
(b) M Visvesvaraya
(c) N. G. Ranga
(d) D.R. Gadgil
(e) None of the above or more than one of the above

28th Bihar (J) GS-2014

Ans-(a)

इकोनॉमिक हिस्ट्री ऑफ इन्डिया के लेखक रोमेश चन्द्र दत्त (R. C. Dutt) थे।

49. 'गांधी बनाम लेनिन' किसने लिखा है?

(a) एम. जी.रंगा
(b) श्रीपद डांगे
(c) मुजफ्फर मोहम्मद
(d) एम. एन. राय
(e) उपर्युक्त में से कोई नहीं या उपर्युक्त में से एक से अधिक

Who has written 'Gandhi vs Lenin'?

(a) M.G. painted
(b) Shripad Dange
(c) Muzaffar Mohammad
(d) M.N. Opinion
(e) None of the above or more than one of the above

Bihar APO GS-2012

Ans-(b)

गाँधी बनाम लेनिन, श्रीपद अमृत डांगे का लेख है। उन्होंने द सोशलिस्ट नामक पत्रिका भी निकाली।

50. निम्नलिखित में से कौन सी पुस्तक तिलक ने लिखी है?

(a) इंडिया इन ट्रांजिशन
(b) गीता रहस्य
(c) गोखले माय पॉलीटिकल गुरु
(d) डिस्कवरी ऑफ इंडिया
(e) उपर्युक्त में से कोई नहीं या उपर्युक्त में से एक से अधिक

Which of the following books has been written by Tilak?

(a) India in transition
(b) The Gita Mystery
(c) Gokhale my political guru
(d) Discovery of India
(e) None of the above or more than one of the above

53-55 BPSC (Pre) 2011

Ans - (b)

बाल गंगाधर तिलक ने मांडले जेल में 'गीता रहस्य' नामक पुस्तक लिखा था। उन्होंने भारतीयों में राष्ट्रीय चेतना जगाने के लिये गणेश और शिवाजी महोत्सव का प्रारम्भ किया था।

51. पुस्तक 'नाइनटीन एट्टी फॉर',किसके द्वारा लिखी गई है?

(a) आर के नारायण
(b) खुशवंत सिंह
(c) जॉर्ज ऑरवेल
(d) उपर्युक्त में से कोई नहीं
(e) उपर्युक्त में से एक से अधिक

By whom has the book 'Nineteen Eighty Four' been written?

(a) R. K. Narayan
(b) Khushwant Singh
(c) George Orwell
(d) None of the above
(e) More than one of the above

48th-52nd BPSC (Pre) 2007-08

Ans - (c)

Book		Writer
नाइंटीन एट्टी फोर'	-	जार्ज ओरवेल
मालगुड़ी डेज	-	आर. के. नारायण हैं
ट्रेन टू पाकिस्तान	-	खुशवंत सिंह

52. झंडा गीत किसने लिखा है?

(a) रविन्द्रनाथ टैगोर
(b) बंकिम चंद्र चटर्जी
(c) मैथिलीशरण गुप्त
(d) श्यामलाल पार्षद
(e) उपर्युक्त में से कोई नहीं या उपर्युक्त में से एक से अधिक

Who has written the flag song?

(a) Rabindranath Tagore

(b) Bankim Chandra Chatterjee
(c) Maithili Sharan Gupta
(d) Shyamlal councilor
(e) None of the above or more than one of the above

46th BPSC (Pre) 2003-04

Ans - (d)

- 'झण्डा गीत' श्यामलाल पार्षद द्वारा लिखा गया था।
- रवीन्द्रनाथ टैगोर द्वारा लिखे गये 'राष्टीय गान' को सर्वप्रथम 27 दिसम्बर, 1911 को भारतीय राष्ट्रीय कांग्रेस के कलकत्ता अधिवेशन में गाया गया था।
- इस गीत का प्रकाशन सर्वप्रथम सन् 1912 ई. में तत्वबोधिनी पत्रिका में 'भारत भाग्य विधाता' शीर्षक से हुआ।
- संविधान सभा ने इस गीत को 24 जनवरी, 1950 को राष्ट्रगान के रूप में अपनाया।

53. 'वंदे मातरम' गीत लिखा था-
(a) जयप्रकाश नारायण
(b) राजेंद्र प्रसाद
(c) बिरसा मुंडा
(d) उपर्युक्त में से कोई नहीं
(e) उपर्युक्त में से एक से अधिक
The song 'Vande Mataram' was written by-
(a) Jaiprakash Narayan
(b) Rajendra Prasad
(c) Birsa Munda
(d) None of the above
(e) More than one of the above

44 BPSC (Pre) 2000-01
42d BPSC (Pre) 1997-98
38th BPSC (Pre) 1992-93

Ans - (d)

बंकिम चन्द्र चटर्जी ने अपनी कृति आनन्दमठ में 'वंदे मातरम' आंदोलन गीत लिखा है। 1905 के स्वदेशी तथा भारतीय स्वतंत्रता आंदोलन के दौरान यह क्रान्तिकारियों का आस्था गीत था जिसे राष्ट्र गीत के रूप में स्वीकार किया गया है। इसे 1896 ई. में सर्वप्रथम भारतीय राष्ट्रीय कांग्रेस के कलकत्ता अधिवेशन में गाया गया। संविधान सभा ने 24 जनवरी, 1950 को इसे राष्ट्रीय गीत के रूप में अंगीकृत किया।

54. उपन्यास 'दुर्गेश नंदिनी' के लेखक हैं-
(a) रविन्द्रनाथ टैगोर
(b) तारक नाथ गंगोपाध्याय
(c) स्वर्णकुमारी
(d) बंकिम चंद्र चटर्जी
(e) उपर्युक्त में से कोई नहीं या उपर्युक्त में से एक से अधिक
The author of the novel 'Durgesh Nandini' is-
(a) Rabindranath Tagore
(b) Tarak Nath Gangopadhyay
(c) Golden Kumari
(d) Bankim Chandra Chatterjee
(e) None of the above or more than one of the above

43rd BPSC (Pre) 1999

Ans-(d)

प्रसिद्ध उपन्यास 'दुर्गेश नन्दिनी' के लेखक बंकिम चन्द्र चटर्जी हैं।

55. सूची I में अंकित पुस्तकों का सूची II में अंकित लेखक से सुमेल करें –

सूची – I (पुस्तकें)	सूची – II (लेखक)
A. हिस्ट्री ऑफ़ द फ्रीडम मूवमेंट इन इंडिया	1. ताराचंद
B. हिस्ट्री ऑफ़ द फ्रीडम मूवमेंट इन बिहार	2. w. w. हंटर
C. आनंदमठ	3. राजा राममोहन राय
D. प्रीसेप्ट्स ऑफ़ जीसस	4. फादर बुल्के
E. अवर इंडियन मुसलमान	5. के. के. दत्ता
	6. बंकिम चन्द्र चटर्जी

कूट: ABCDE
(a) 1 4 5 3 2
(b) 2 4 5 2 3
(c) 1 5 6 3 2
(d) 5 1 3 2 6
(e) उपर्युत में रो कोई नहीं गा उपर्युक्त में से एक से अधिक
Match the books listed in List 1 with the authors listed in List 2 –

List – I (Books)	List – II (Authors)
A.History of the Freedom Movement in India	1. Tarachand
B.History of the Freedom Movement in Bihar	2. w. w. Hunter
C. Anand Math	3. Raja Rammohan Roy
D. Precepts of Jesus	4. Father Bulke
E. Our Indian Muslims	5. K. K. Dutta
	6.Bankim Chandra Chatterjee

Code: ABCDE
(a) 1 4 5 3 2
(b) 2 4 5 2 3
(c) 1 5 6 3 2
(d) 5 1 3 2 6
(e) None of the above or more than one of the above

41 BPSC (Pre) 1996

Ans - (c)

हिस्ट्री ऑफ द फ्रीडम मूवमेन्ट इन इण्डिया - तारा चन्द्र
हिस्ट्री ऑफ द फ्रीडम मूवमेन्ट इन बिहार - के, के, दत्ता
आनन्द मठ - बंकिम चन्द्र चटर्जी
प्रेसेप्ट्स ऑफ जीसस - राजा राममोहन राय
अवर इण्डियन मुसलमान्स - डब्ल्यू डब्ल्यू. हण्टर।

56. प्रसिद्ध नाटक 'नील दर्पण', जिसमें इंडिगो की खेती करने वाले किसानों के दमन का चित्रण किया गया, की रचना किसने की?
(a) शरत चंद्र चटर्जी
(b) रविंद्र नाथ टैगोर
(c) बारीन्द्रघोष
(d) दीनबंधु मित्र
(e) उपर्युक्त में से कोई नहीं या उपर्युक्त में से एक से अधिक
Who composed the famous play 'Neel Darpan', which depicted the oppression of farmers cultivating indigo??
(a) Sharat Chandra Chatterjee
(b) Ravindra Nath Tagore
(c) Barindra Ghosh
(d) Deenbandhu Mitra
(e) None of the above or more than one of the above

BPSC DACO 2021
66 BPSC (Pre) 2020
60-62d BPSC (Pre) 2016-17
Bihar CDPO (Pre) Exam-1998
42 BPSC (Pre) 1997-98

Ans - (d)

नील दर्पण बंगला भाषा का प्रसिद्ध नाटक है, जिसके रचयिता दीनबंधु मित्र है। इस नाटक में बंगाल में नील की खेती करने वालों पर अंग्रेजो द्वारा शोषण तथा किसानों पर अमानवीय व्यवहार एवं अत्याचारों का वर्णन किया है।

57. 'इंडियन अनरेस्ट' का लेखक कौन था?
(a) दादा भाई नौरोजी
(b) एनी बेसेंट
(c) लाला लाजपत राय
(d) वैलेंटाइन शिरोल
(e) उपर्युक्त में से कोई नहीं या उपर्युक्त में से एक से अधिक
Who was the author of 'Indian Unrest'?
(a) Dada Bhai Naoroji
(b) Annie Besant
(c) Lala Lajpat Rai
(d) Valentine Shirol
(e) None of the above or more than one of the above

39th BPSC (Pre) 1994

Ans - (d)

इंडियन अनरेस्ट' का लेखक वेलेन्टाइन शिरोल था। इसने अपनी पुस्तक में तिलक को भारतीय अशान्ति का जन्मदाता की संज्ञा दी है।

58. बांग्ला नाटक 'नील दर्पण' का अंग्रेजी अनुवाद किसने किया था?
(a) दीनबंधु मित्रा

(b) जेम्स लॉग
(c) एंटोनियो ग्रामस्की
(d) माइकल मधुसूदन दत्त
(e) उपर्युक्त में से कोई नहीं या उपर्युक्त में से एक से अधिक

Who did the English translation of the Bengali play 'Neel Darpan'?
(a) Deenbandhu Mitra
(b) James Logue
(c) Antonio Gramsci
(d) Michael Madhusudan Dutt
(e) None of the above or more than one of the above

Bihar CDPO (प्रा.) परीक्षा-2018

Ans - (d)

दीनबंधु मित्रा द्वारा बांग्ला भाषा में रचित 'नील दर्पण' नामक नाटक का अंग्रेजी अनुवाद मधुसूदन दत्त ने किया था।

59. 'न्यू इंडिया' व 'कॉमनवील' समाचार पत्रों का संबंध था-
(a) आरसी दत्त से
(b) महात्मा गांधी से
(c) राजा राममोहन राय से
(d) एनी बेसेंट से
(e) उपर्युक्त में से कोई नहीं या उपर्युक्त में से एक से अधिक

The newspapers 'New India' and 'Commonweal' were related to –
(a) From R C Dutt
(b) From Mahatma Gandhi
(c) Raja Ram Mohan Roy
(d) Annie Besant
(e) None of the above or more than one of the above

29th Bihar (J) GS-2017

Ans - (d)

'न्यू इन्डिया' (दैनिक पत्र) व 'कॉमनवील' (साप्ताहिक पत्रिका) समाचार पत्रों का सम्बन्ध एनी बेसेंट से था।

60. निम्नलिखित में से कौन सी पुस्तक तिलक ने लिखी?
(a) इंडिया इन ट्रांजिशन
(b) गीता रहस्य
(c) गोखले : माई पॉलीटिकल गुरु
(d) डिस्कवरी ऑफ इंडिया
(e) उपर्युक्त में से कोई नहीं या उपर्युक्त में से एक से अधिक

Which of the following books was written by Tilak?
(a) India in transition
(b) The Gita Mystery
(c) Gokhale: My Political Guru
(d) Discovery of India
(e) None of the above or more than one of the above

Bihar CDPO (प्रा.) परीक्षा-2005

Ans - (b)

गीता रहस्य' नामक पुस्तक की रचना लोकमान्य बाल गंगाधर तिलक ने माण्डले जेल में की थी।

61. 'सत्यार्थ प्रकाश' किस से संबंधित है?
(a) आर्य समाज
(b) ब्रह्मसमाज
(c) प्रार्थना समाज
(d) रामकृष्ण मिशन
(e) उपर्युक्त में से कोई नहीं या उपर्युक्त में से एक से अधिक

'Satyarth Prakash' is related to?
(a) Arya Samaj
(b) Brahmo Samaj
(c) Prayer Society
(d) Ramakrishna Mission
(e) None of the above or more than one of the above

31st Bihar J (Pre) 2020

Ans - (a)

सत्यार्थ प्रकाश की रचना 1875 ई. में स्वामी दयानन्द सरस्वती ने केशव चन्द्र सेन की प्रेरणा से हिन्दी में की। सत्यार्थ प्रकाश की रचना का प्रमुख उद्देश्य आर्य समाज के सिद्धन्तों का प्रचार-प्रसार करना था।

62. 1809 में प्रकाशित राजा राममोहन राय की पहली पुस्तक का नाम क्या था?
(a) वेदांत ग्रंथ
(b) तुहफत-उल-मुवाहहीदीन
(c) भारतीय विलास
(d) शाकुंतलम्
(e) उपर्युक्त में से कोई नहीं या उपर्युक्त में से एक से अधिक

What was the name of Raja Rammohan Roy's first book published in 1809?
(a) Vedanta texts
(b) Tuhfat-ul-Muwahhideen
(c) Indian luxury
(d) Shakuntala
(e) None of the above or more than one of the above

Bihar CDPO (प्रा.) परीक्षा-2018

Ans - (b)
1809 में राममोहन की फारसी भाषा की पुस्तक 'तुहफात उल मुवाहहीदीन' का प्रकाशन हुआ जो इनकी प्रथम पुस्तक थी।

63. 'वेदों की ओर लौटो' यह नारा किसने दिया?
(a) राजा राममोहन राय
(b) केशव चंद्र सेन
(c) ईश्वर चंद्र
(d) स्वामी दयानंद सरस्वती
(e) उपर्युक्त में से कोई नहीं या उपर्युक्त में से एक से अधिक
Who gave the slogan 'Return to the Vedas'?
(a) Raja Rammohan Roy
(b) Keshav Chandra Sen
(c) Ishwar Chandra
(d) Swami Dayanand Saraswati
(e) None of the above or more than one of the above

29th Bihar (J) GS-2017

Ans - (d)
आर्य समाज की स्थापना 1875 ई. में बम्बई में स्वामी दयानन्द सरस्वती ने किया था। 1877 ई. में आर्य समाज का मुख्यालय लाहौर में बनाया. इन्होंने ही 'वेदों की ओर लौटो' का नारा दिया था। स्वामी दयानन्द सरस्वती को "भारत का मार्टिन लूथर किंग" कहा जाता है। 1883 ई. में अजमेर में उनकी मृत्यु हो गई।

64. हिंदू पेट्रियट का संपादक कौन था?
(a) हरीश चंद्र मुखर्जी
(b) दीनबंधु मणि
(c) बाबुल मणि
(d) नवीन चंद्र सेन
(e) उपर्युक्त में से कोई नहीं या उपर्युक्त में से एक से अधिक
Who was the editor of Hindu Patriot?
(a) Harish Chandra Mukherjee
(b) Deenbandhu Mani
(c) Babul Mani
(d) Naveen Chandra Sen
(e) None of the above or more than one of the above

65th BPSC (Pre) Re-exam 2019

Ans - (a)
हिंदू पेट्रियाट कलकत्ता से प्रकाशित एक अंग्रेजी साप्ताहिक अखबार था। इसके संपादक हरिश्चन्द्र मुखर्जी थे। इन्होंने बंगाल के नील किसानों की समस्याओं और उनके दुःख-दर्द को अपने अखबार के माध्यम से उजागर किया।

65. 'सत्यार्थ प्रकाश' की रचना की गईथी-
(a) राजामोहन राय द्वारा
(b) महात्मा गांधी द्वारा
(c) स्वामी विवेकानंद द्वारा
(d) दयानंद सरस्वती द्वारा
(e) उपर्युक्त में से कोई नहीं या उपर्युक्त में से एक से अधिक
'Satyarth Prakash' was composed Was-
(a) By Raja Mohan Roy
(b) By Mahatma Gandhi
(c) By Swami Vivekananda
(d) By Dayanand Saraswati
(e) None of the above or more than one of the above

47th BPSC (Pre) 2004-05

Ans - (d)
स्वामी दयानन्द सरस्वती ने 'सत्यार्थ प्रकाश' हिन्दी भाषा में लिखा।

66. 'किसान क्या करें' किसने लिखी?
(a) स्वामी सहजानंद सरस्वती
(b) कार्यानंद शर्मा
(c) बाबा रामचंद्र
(d) उपर्युक्त सभी
(e) उपर्युक्त में से कोई नहीं या उपर्युक्त में से एक से अधिक
Who wrote 'What should farmers do'??
(a) Swami Sahajanand Saraswati

(b) Karyanand Sharma
(c) Baba Ramchandra
(d) All of the above
(e) None of the above or more than one of the above

65th BPSC (Pre) Re-exam 2019

Ans - (a)

स्वामी सहजानन्द सरस्वती का जन्म 1889 में गाजीपुर जिले में तथा मृत्यु 1950 पटना में हुआ था। इनके द्वारा लिखित पुस्तकों में कर्म-कलाप, गीता-हृदय, क्रान्ति और संयुक्त मोर्चा, किसान कैसे लड़ते हैं, किसान क्या करें, झारखण्ड के किसान, मेरा जीवन संघर्ष प्रमुख हैं।

67. "स्वराज मेरा जन्मसिद्ध अधिकार है और मैं इसे लेकर ही रहूंगा" किसने कहा था?
(a) बिपिन चंद्र पाल
(b) अरविंद घोष बाल
(c) गंगाधर तिलक
(d) सुभाष चंद्र बोस
(e) उपर्युक्त में से कोई नहीं या उपर्युक्त में से एक से अधिक

Who said, "Swaraj is my birthright and I will have it"?
(a) Bipin Chandra Pal
(b) Arvind Ghosh Bal
(c) Gangadhar Tilak
(d) Subhash Chandra Bose
(e) None of the above or more than one of the above

53d-55th BPSC (Pre) 2011
65 BPSC (Pre) 2019
Bihar APO GS-2013
46th BPSC (Pre) 2003-04
42th BPSC (Pre) 1997-98

Ans - (c)

बाल गंगाधर तिलक ने कहा, "स्वराज्य मेरा जन्म सिद्ध अधिकार है और मैं इसे लेकर रहूंगा।"

68. प्रसिद्ध गीत 'सरफरोशी की तमन्ना अब हमारे दिल में है',के रचयिता कौन है?
(a) सूर्य सेन
(b) चंद्रशेखर आजाद
(c) सरदार भगत सिंह
(d) रामप्रसाद बिस्मिल
(e) उपर्युक्त में से कोई नहीं या उपर्युक्त में से एक से अधिक

Who is the creator of the famous song 'Sarfaroshi ki tamanna ab hamare dil mein hai'?
(a) Surya Sen
(b) Chandrashekhar Azad
(c) Sardar Bhagat Singh
(d) Ramprasad Bismil
(e) None of the above or more than one of the above

66th BPSC (Pre) 2020
56th-59th BPSC (Pre) 2015

Ans - (e)

"सरफरोशी की तमन्ना अब हमारे दिल में है" कि रचनाकार बिस्मिल अजिमाबादी है। यह कविता प्रसिद्ध क्रांतिकारी और देशभक्त रामप्रसाद बिस्मिल द्वारा मुकदमे के दौरान अदालत में पढ़ी गई थी।

69. 'इंकलाब जिंदाबाद' का नारा किसने दिया
(a) इकबाल
(b) एम. के. गांधी
(c) भगत सिंह
(d) एस. सी. बोस
(e) उपर्युक्त में से कोई नहीं या उपर्युक्त में से एक से अधिक

Who gave the slogan 'Inquilab Zindabad'
(a) Iqbal
(b) M.K. Gandhi
(c) Bhagat Singh
(d) S. C. Bose
(e) None of the above or more than one of the above

45th BPSC (Pre) 2002

Ans - (c)

'इन्कलाब जिन्दाबाद' - भगत सिंह

'सारे जहाँ से अच्छा हिन्दोस्ता हमारा' - मोहम्मद इकबाल

'अंग्रेजों भारत छोड़ो' तथा 'करो या मरो' - महात्मा गांधी

'जय हिंद', 'दिल्ली चलो' (सिंगापुर से) 'तुम मुझे खून दो हम तुम्हें आजादी दूंगा' - सुभाष चन्द्र बोरा

70. 'शेर-ए-पंजाब' के नाम से इनमें से कौन मशहूर थे?
(a) राजगुरु
(b) भगत सिंह
(c) लाला लाजपत राय
(d) उधम सिंह
(e) उपर्युक्त में से कोई नहीं या उपर्युक्त में से एक से अधिक
Who among these was famous as 'Shere-e-Punjab'?
(a) Rajguru
(b) Bhagat Singh
(c) Lala Lajpat Rai
(d) Udham Singh
(e) None of the above or more than one of the above

53-55th BPSC (Pre) 2011

Ans - (c)
लाला लाजपत राय (शेर-ए- पंजाब) गरम दल के नेता थे। इन्होंने कांग्रेस के 1920 के कलकत्ता के विशेष अधिवेशन की अध्यक्षता की थी। अखिल भारतीय ट्रेड यूनियन कांग्रेस (AITUC) की स्थापना 1920 में बम्बई में एन.एम. जोशी ने की थी. इसका पहला अधिवेशन 1920 में बंबई में हुआ जिसकी अध्यक्षता लाला लाजपत राय ने की।

71. 'सीमांत गांधी' के नाम से कौन जाने जाते हैं?
(a) एम ए जिन्नाह
(b) शौकत अली
(c) अबुल कलाम आजाद
(d) अब्दुल गफ्फार खान
(e) उपर्युक्त में से कोई नहीं या उपर्युक्त में से एक से अधिक
Who is known as 'Seemant Gandhi'?
(a) M. A. Jinnah
(b) Shaukat Ali
(c) Abul Kalam Azad
(d) Abdul Ghaffar Khan
(e) None of the above or more than one of the above

67th BPSC (Pre) 2022
Bihar APO G.S. 2013
43 BPSC (Pre) 1999
38th BPSC (Pre) 1992-93

Ans. (d):
खान खान अब्दुल गफ्फार खान को बच्चा खान, सीमान्त गाँधी" के नाम से जाना जाता था।

72. 'बांटो और छोड़ो' का नारा किसने दिया
(a) एम . ए.जिन्नाह
(b) मुहम्मद इकबाल
(c) एम. ए. अंसारी
(d) मौलाना अब्दुल कलाम आजाद
(e) उपर्युक्त में से कोई नहीं या उपर्युक्त में से एक से अधिक
Who gave the slogan 'Divide and Leave'
(a) M A. Jinnah
(b) Muhammad Iqbal
(c) M.Sc. A. Ansari
(d) Maulana Abdul Kalam Azad
(e) None of the above or more than one of the above

BPSC Head Master 2022

Ans. (a)
मुहम्मद अली जिन्ना ने मुस्लिम लीग के कराची अधिवेशन-1943 में बाँटो और छोड़ो का नारा दिया था।

73. 'लोक नायक' के नाम से किसे जाना जाता है
(a) गांधी
(b) सुभाष चंद्र बोस
(c) जयप्रकाश नारायण
(d) बाल गंगाधर तिलक
(e) उपर्युक्त में से कोई नहीं है उपर्युक्त में से एक से अधिक
Who is known as 'Lok Nayak'
(a) Gandhi
(b) Subhash Chandra Bose
(c) Jaiprakash Narayan
(d) Bal Gangadhar Tilak
(e) None of the above More than one of the above

66th BPSC (Pre) 2020
46th BPSC (Pre) 2003-04

Ans - (c)
लोकनायक के नाम से जयप्रकाश नारायण को जाना जाता है। भारत छोड़ो आंदोलन के दौरान जयप्रकाश नारायण को हजारीबाग सेन्ट्रल जेल में रखा गया था परन्तु जेल से भागकर भूमिगत रूप से आंदोलन का नेतृत्व किया।

74. 'दिल्ली चलो' का नारा संबंधित है-
(a) इंडियन नेशनल आर्मी से
(b) नेशनल रिपब्लिकन आर्मी से
(c) हिंदुस्तान रिपब्लिकन आर्मी से
(d) इनमें सेकोई नहीं
(e) उपर्युक्त में से एक से अधिक
The slogan 'Dilli Chalo' is related to-
(a) From the Indian National Army
(b) From the National Republican Army
(c) From Hindustan Republican Army
(d) none of these
(e) More than one of the above

Bihar CDPO (प्रा.) परीक्षा-1998

Ans - (a)
आजाद हिन्द फौज (इंडियन नेशनल आर्मी) की स्थापना 21 अक्टूबर 1943 को सिंगापुर में की गयी। इसका गठन सुभाष चन्द्र बोस द्वारा जापान के सहयोग से किया गया। सुभाष चन्द्र बोस ने द्वितीय विश्व युद्ध के दौरान जुलाई 1943 को सिंगापुर के टाउन हाल के सामने सुप्रीम कमाण्डर के रूप में में सेना का सम्बोधित करते हुए 'दिल्ली चलो' का नारा दिया।

75. मदरलैंड को किसने प्रकाशित किया?
(a) राजेंद्र प्रसाद
(b) मुहम्मद शफी
(c) मजरुल हक
(d) ब्रजकिशोर प्रसाद
(e) उपर्युक्त में से कोई नहीं या उपर्युक्त में से एक से अधिक
Who published Motherland?
(a) Rajendra Prasad
(b) Muhammad Shafi
(c) Majrul Haq
(d) Brajkishore Prasad
(e) None of the above or more than one of the above

65th BPSC (Pre) Re-exam 2019

Ans - (c)
मदरलैंड नामक समाचार पत्र का प्रकाशन मौलाना मजहरुल हक ने किया था।

76. 'अर्थशास्त्र' की हस्तलिखित प्रति की खोज की थी?
(a) सर विलियम जोंस ने
(b) श्याम शास्त्री ने
(c) रामगोपाल भंडारकर ने
(d) जेम्स मिल ने
(e) उपर्युक्त में से कोई नहीं है / उपर्युक्त में से एक से अधिक
Where was the handwritten copy of 'Arthashastra' discovered?
(a) Sir William Jones
(b) Shyam Shastri
(c) Ramgopal Bhandarkar
(d) James Mill
(e) None of the above / More than one of the above

29th Bihar (J) GS-2017

Ans - (b)
चाणक्य/कौटिल्य/विष्णु गुप्त द्वारा लिखित अर्थशास्त्र की Hand written Copy की खोज श्याम शास्त्री ने की थी जिसमें 15 अधिकरण/भाग और 180 प्रकरण/उपभाग एवं 6000 श्लोक हैं.

77. "इतिहास अतीत एवं वर्तमान के बीच अनंत वार्ता है", यह किसने कहा था?
(a) ई.एच.कार
(b) चार्ल्स फर्थ
(c) कार्ल मार्क्स
(d) वी. ए.स्मिथ
(e) उपर्युक्त में से कोई नहीं है / उपर्युक्त में से एक से अधिक
Who said, "History is an infinite dialogue between the past and the present"?
(a) E. H. Car
(b) Charles Firth
(c) Karl Marx
(d) V. A. smith
(e) None of the above / More than one of the above

29th Bihar (J) GS-2017

Ans - (a)
E. H. Car का कथन - "इतिहास अतीत एवं वर्तमान के बीच अनन्त वार्ता है।"

78. 'निष्क्रिय विरोध' के सिद्धांत का प्रतिपादन किसने किया?
(a) महात्मा गांधी
(b) बिपिन चंद्र पाल
(c) बाल गंगाधर तिलक
(d) अरविंद घोष
(e) उपर्युक्त में से कोई नहीं है / उपर्युक्त में से एक से अधिक
Who propounded the principle of 'passive protest'?
(a) Mahatma Gandhi
(b) Bipin Chandra Pal
(c) Bal Gangadhar Tilak
(d) Arvind Ghosh
(e) None of the above / More than one of the above

47th BPSC (Pre) 2004-05

Ans - (d)
निष्क्रिय विरोध के सिद्धान्त का प्रतिपादन अरविन्द घोष ने किया था। उन्होंने 'युगान्तर' नामक पत्रिका तथा अंग्रेजी में वंदेमातरम् पत्र भी निकाला थी।

79. डॉ. बी. आर. अम्बेडकर के विषय में, निम्नलिखित में से क्या सत्य है ?
(a) उन्होंने मूकनायक का प्रकाशन किया।
(b) उन्होंने 'बहिष्कृत हितकारिणी सभा' की स्थापना की।
(c) उनका 1956 में देहांत हो गया।
(d) उपर्युक्त में से एक से अधिक
(e) उपर्युक्त में से कोई नहीं
Dr. B. R. Which of the following is true about Ambedkar?
(a) He published Mooknayak.
(b) He established 'Bahishkrit Hitkarini Sabha'.
(c) He died in 1956.
(d) More than one of the above
(e) None of the above

BPSC School Teacher 2023(Paper-II) Shift-2

Ans. (d)
डॉ. बी.आर. अम्बेडकर का जन्म - 14 अप्रैल, 1891 को महू (मध्य प्रदेश)
पिता - रामजी मालोजी सकपाल
माता - भीमाबाई
अम्बेडकर ने 'मूकनायक' का प्रकाशन किया था। उन्होंने 'बहिष्कृत हितकारिणी सभा' की स्थापना की। बी. आर. अम्बेडकर का देहांत 1956 में नई दिल्ली में हुआ था।

80. From which place Subhas Chandra Bose issued his famous declaration, 'Delhi Chalo'? सुभाष चन्द्र बोस ने किस स्थान से 'दिल्ली चलो' का अपना प्रसिद्ध उद्घोष किया?
(a) Calcutta/कलकत्ता
(b) Patna/पटना
(c) Singapore/सिंगापुर
(d) More than one of the above उपर्युक्त में से एक से अधिक
(e) None of the above/उपर्युक्त में से कोई नहीं

BPSC TRE2.0 SST 6th to 8th (9 Dec, 2023)

Ans. (c) :
सुभाष चन्द्र बोस ने जुलाई 1943 में सिंगापुर से दिल्ली चलो का अपना प्रसिद्ध उद्घोष किया। 21 अक्टूबर 1943 को सिंगापुर में एक विशाल जनसभा में सुभाष चन्द्र बोस ने आजाद हिन्द की अस्थाई सरकार बनाने की घोषणा की थी।

81. Who coined the phrase, 'Swaraj is my birthright'? / किसने वाक्यांश 'स्वराज हमारा जन्मसिद्ध अधिकार है' की रचना की?
(a) Bal Gangadhar Tilak/बाल गंगाधर तिलक
(b) Lala Lajpat Rai/लाला लाजपत राय
(c) Mahatma Gandhi/महात्मा गाँधी
(d) More than one of the above / उपर्युक्त में से एक से अधिक
(e) None of the above /उपर्युक्त में से कोई नहीं

BPSC TRE2.0 SST 6th to 8th (9 Dec, 2023)

Ans. (a):
बाल गंगाधर तिलक ने कहा - स्वराज हमारा जन्मसिद्ध अधिकार है।

82. Who authored Anandamath? 'आनन्दमठ' की रचना किसने की थी?
(a) Dinabandhu Mitra/दीनबन्धु मित्र
(b) Rabindranath Tagore/रवीन्द्रनाथ टैगोर
(c) Bankim Chandra Chattopadhyay बंकिम चन्द्र चट्टोपाध्याय

(d) More than one of the above उपर्युक्त में से एक से अधिक
(e) None of the above/उपर्युक्त में से कोई नहीं

BPSC TRE2.0 SST 6th to 8th (9 Dec, 2023)

Ans. (c) :
'आनन्दमठ' की रचना बंकिम चन्द्र चट्टोपाध्याय ने की थी। इनकी अन्य रचनाएँ दुर्गेशनंदिनी, कपाल कुण्डला, मृणालिनी, राधारानी, देवी चौधरानी आदि हैं।

83. Gandhi in His Time and Ours has been written by whom? 'गाँधी इन हिज टाइम एंड आवर्स' लिखी गयी है
(a) David Hardiman/डेविड हार्डीमैन द्वारा
(b) Sumit Sarkar/सुमित सरकार द्वारा
(c) Sekher Bandyopadhyay/शेखर बंद्योपाध्याय द्वारा
(d) More than one of the above उपर्युक्त में से एक से अधिक
(e) None of the above/उपर्युक्त में से कोई नहीं

BPSC TRE2.0 SST 6th to 8th (9 Dec, 2023)

Ans. (a):
'गाँधी इन हिज टाइम एंड आवर्स' डेविड हार्डीमैन द्वारा लिखी गयी है। इनकी अन्य रचना 'द नॉन वायलेंट स्ट्रगल फॉर इंडियन फ्रीडम 1905-19 है।

84. 'ज्ञान दीपक' नामक पुस्तक की रचना किस महान संत ने की थी?
(a) सालार मसूद ग़ाज़ी
(b) दरिया साहेब
(c) इमाम शाह फक़ीह
(d) उपर्युक्त में से एक से अधिक
(e) उपर्युक्त में से कोई नहीं
Which great saint wrote the book named Gyan Deepak?
(a) Salar Masood Ghazi
(b) Darya Saheb
(c) Imam Shah Faqih
(d) More than one of the above
(e) None of the above

BPSC School Teacher 2023 (Paper-IV)

Ans. (b)
महान संत दरिया साहेब (कबीर का अवतार) की प्रमुख पुस्तकें "ज्ञान दीपक" और "दरिया साहेब' (आत्मकथा) है।

85. Who wrote Vande Mataram? वंदे मातरम् के रचनाकार थे
(a) Bankim Chandra Chatterjee /बंकिमचन्द्र चटर्जी
(b) Sarojini Naidu / सरोजिनी नायडू
(c) Rabindranath Tagore / रवीन्द्रनाथ टैगोर
(d) More than one of the above / उपर्युक्त में से एक से अधिक
(e) None of the above/उपर्युक्त में से कोई नहीं

BPSC TRE2.0 SST 9th to 10th (26 Aug, 2023)

Ans. (a):
भारत का राष्ट्रीय गीत वंदे मातरम् के रचनाकार बंकिमचन्द्र चटर्जी थे। बंकिमचन्द्र चटर्जी के उपन्यास आनन्दमठ में इस गीत का वर्णन मिलता है

86. 'सर्वोदय' शब्द का प्रयोग सर्वप्रथम किसने किया था?
(a) महात्मा गांधी
(b) पंडित नेहरू
(c) विनोबा भावे
(d) जयप्रकाश नारायण
(e) उपर्युक्त में से कोई नहीं है / उपर्युक्त में से एक से अधिक
Who was the first to use the word 'Sarvodaya'??
(a) Mahatma Gandhi
(b) Pandit Nehru
(c) Vinoba Bhave
(d) Jaiprakash Narayan
(e) None of the above / More than one of the above

46th BPSC (Pre) 2003-04

Ans - (a)
सर्वोदय (सब का उदय) शब्द का सर्वप्रथम प्रयोग महात्मा गांधी द्वारा किया गया था। गाँधी जी द्वारा सर्वोदय की संकल्पना को जॉन रस्किन की 'अन टू द लास्ट' नामक कृति से लिया गया था।

87. 'इंडियन अनरेस्ट' का लेखक कौन था?
(a) दादाभाई नौरोजी
(b) एनी बेसेंट
(c) लाला लाजपत राय
(d) वैलेंटाइन शिरोल
(e) उपर्युक्त में से कोई नहीं है / उपर्युक्त में से एक से अधिक
Who was the author of 'Indian Unrest'?

(a) Dadabhai Naoroji
(b) Annie Besant
(c) Lala Lajpat Rai
(d) Valentine Shirol
(e) None of the above / More than one of the above

39th BPSC (Pre) 1994

Ans - (d)

व्याख्या- इंडियन अनरेस्ट' का लेखक वेलेन्टाइन शिरोल था।

88. भारत में कागज का प्रयोग कब से प्रारंभ हुआ?
(a) 12 वीं शताब्दी
(b) 13वीं शताब्दी
(c) 14वीं शताब्दी
(d) 15 वीं शताब्दी
(e) उपर्युक्त में से कोई नहीं है / उपर्युक्त में से एक से अधिक

When did the use of paper start in India?
(a) 12th century
(b) 13th century
(c) 14th century
(d) 15th century
(e) None of the above / More than one of the above

63 BPSC (Pre) 2017-18

Ans - (a)

कागज के आविष्कार का श्रेय चीन को है। भारत में कागज का प्रयोग 12वीं सदी में प्रारम्भ माना जाता है।

89. The book named The Wheels of History was written by whom? द व्हील्स ऑफ हिस्ट्री (इतिहास के पहिए) नामक पुस्तक किसके द्वारा रचित थी?
(a) Lokmanya Bal Gangadhar Tilak/लोकमान्य बाल गंगाधर तिलक
(b) Ram Manohar Lohia / राम मनोहर लोहिया
(c) Jayaprakash Narayan / जयप्रकाश नारायण
(d) More than one of the above /उपर्युक्त में से एक से अधिक
(e) None of the above / उपर्युक्त में से कोई नहीं

BPSC TRE 2.0 14/12/2023 Paper-I

Ans. (b)

पुस्तक	लेखक
द व्हील्स ऑफ हिस्ट्री	राम मनोहर लोहिया
गीता रहस्य	लोकमान्य बाल गंगाधर तिलक
प्रिजन डायरी, 1975	जयप्रकाश नारायण

90. Which paper was edited by Abul Kalam Azad? अबुल कलाम आजाद के द्वारा किस पत्रिका को संपादित किया गया था?
(a) Zamindar / जमींदार
(b) Comrade /कॉमरेड
(c) Al-Hilal /अल-हिलाल
(d) More than one of the above /उपर्युक्त में से एक से अधिक
(e) None of the above / उपर्युक्त में से कोई नहीं

BPSC TRE 2.0 14/12/2023 Paper-I

Ans. (c)

पत्रिका	सम्पादक
अल-हिलाल	अबुल कलाम
कॉमरेड	मोहम्मद अली जौहर
जमींदार	मौलाना जफर अली खान
बंगाल गजट	गंगाधार भट्टाचार्य

91. The nationalist daily newspaper, The Indian Nation started its publication in राष्ट्रवादियों के दैनिक समाचार पत्र दि इंडियन नेशन का प्रकाशन कब प्रारम्भ हुआ?
(a) 1930
(b) 1931
(c) 1940
(d) More than one of the above /उपर्युक्त में से एक से अधिक
(e) None of the above / उपर्युक्त में से कोई नहीं

BPSC TRE 2.0 10/12/2023 (Paper-III)

Ans. (b)

'दि इंडियन नेशन' का प्रकाशन 1931 में पटना से प्रारंभ हुआ था।

92. Who wrote the play Neel Darpan describing the plight of the Indigo cultivators of Bengal and Bihar? बंगाल व बिहार के नील कृषकों की दशा का वर्णन करते हुए 'नील दर्पण' नाटक किसके द्वारा लिखा गया?

(a) Mahatma Gandhi/महात्मा गाँधी
(b) Acharya Kripalani/आचार्य कृपलानी
(c) Dinabandhu Mitra/दीनबंधु मित्र
(d) More than one of the above /उपर्युक्त में से एक से अधिक
(e) None of the above / उपर्युक्त में से कोई नहीं

BPSC TRE 2.0 10/12/2023 (Paper-III)

Ans. (c)

1860 में प्रकाशित नील दर्पण दीनबन्धु मित्र की रचना है।

93. Who wrote the book India Divided? 'इंडिया डिवाइडेड' पुस्तक किसने लिखी?
(a) B. G. Tilak/बी.जी. तिलक
(b) Rajendra Prasad/राजेन्द्र प्रसाद
(c) Penderel Moon/पेंडेरेल मून
(d) More than one of the above / उपर्युक्त में से एक से अधिक
(e) None of the above / उपर्युक्त में से कोई नहीं

BPSC TRE 2.0 10/12/2023 (Paper-III)

Ans. (b)

'इंडिया डिवाइडेड' भारत के प्रथम राष्ट्रपति डॉ. राजेंद्र प्रसाद के द्वारा लिखी गयी है

94. Who edited the magazine Young India?/यंग इंडिया पत्रिका का सम्पादन किसने किया?
(a) Mrs. Annie Besant / श्रीमती एनी बेसेन्ट
(b) Mahatma Gandhi /महात्मा गाँधी
(c) Motilal Nehru /मोतीलाल नेहरू
(d) More than one of the above / उपर्युक्त में से एक से अधिक
(e) None of the above / उपर्युक्त में से कोई नहीं

BPSC TRE 2.0 18/12/2023 (Paper-II)

Ans. (b)

साप्ताहिक पत्रिका यंग इंडिया पत्रिका का सम्पादन महात्मा गांधी ने किया था।

95. हुंकार हिंदी साप्ताहिक पत्रिका के प्रकाशन से कौन संबंधित थे?
(a) यमुना कारजी
(b) राहुल सांकृत्यायन
(c) सहजानंद सरस्वती
(d) उपर्युक्त में से एक से अधिक
(e) उपर्युक्त में से कोई नहीं

Who was associated with the publication of Hunkar Hindi weekly magazine?
(a) Yamuna Karji
(b) Rahul Sankrityayan
(c) Sahajanand Saraswati
(d) More than one of the above
(e) None of the above

BPSC School Teacher 2023 (Paper II) Shift-1

Ans. (d)

वर्ष 1940 में 'हुंकार' नामक साप्ताहिक पत्रिका के प्रकाशन से यमुना कारजी, राहुल सांकृत्यायन और स्वामी सहजानन्द सरस्वती सम्बंधित थे।

96. पाकिस्तान ऑर दि पार्टिशन ऑफ इण्डिया किसने लिखा था?
(a) मुहम्मद इकबाल
(b) मुहम्मद अली जिन्नाह
(c) डॉ. भीमराव रामजी अम्बेडकर
(d) उपर्युक्त में से एक से अधिक
(e) उपर्युक्त में से कोई नहीं

Who wrote Pakistan or the Partition of India?
(a) Muhammad Iqbal
(b) Muhammad Ali Jinnah
(c) Dr. Bhimrao Ramji Ambedkar
(d) More than one of the above
(e) None of the above

BPSC School Teacher 2023 (Paper- II) Shift-2

Ans. (c)

'पाकिस्तान और दि पार्टिशन ऑफ इण्डिया' पुस्तक के लेखक डॉ. भीमराव अम्बेडकर हैं।

97. इनमें से कौन न्यू इंडिया, समाचार पत्र से संबन्धित थे/थी?
(a) महात्मा गाँधी
(b) एनी बेसेन्ट
(c) सुरेन्द्रनाथ बनर्जी
(d) उपर्युक्त में से एक से अधिक
(e) उपर्युक्त में से कोई नहीं

Who among the following was/were associated with the newspaper New India?
(a) Mahatma Gandhi

(b) Annie Besant
(c) Surendranath Banerjee
(d) More than one of the above
(e) None of the above

BPSC School Teacher 2023(Paper-II) Shift-2

Ans. (b)
'न्यू इंडिया' समाचार पत्र एनी बेसेंट द्वारा प्रकाशित दैनिक समाचार पत्र था।

98. पुस्तक, दि ब्यूटिफुल ट्री: इन्डिजेनस इंडियन एजुकेशन इन द एटीन्थ सेन्चुरी किसने लिखी?
(a) धर्मपाल
(b) तिलक
(c) गाँधी
(d) उपर्युक्त में से एक से अधिक
(e) उपर्युक्त में से कोई नहीं

Who wrote the book, The Beautiful Tree: Indigenous Indian Education in the Eighteenth Century?
(a) Dharampal
(b) Tilak
(c) Gandhi
(d) More than one of the above
(e) None of the above

BPSC School Teacher 2023 (Paper II) Shift-1

Ans. (a)
"वि ब्यूटीफुल ट्री: इन्डिजेनस इंडियन एजुकेशन इन द एटीन्थ सेन्चुरी" पुस्तक को धर्मपाल ने लिखा है।

99. मॉन्टेस्क्यू ने सरकार के अन्तर्गत विधायिका, कार्यपालिका और न्यायपालिका के मध्य शक्तियों का विभाजन निम्नलिखित में से अपनी किस पुस्तक में प्रस्तावित किया था?
(a) दि स्पिरिट ऑफ दि लॉज
(b) माई थॉट्स
(c) लेटर्स परसेनेज
(d) उपर्युक्त में से एक से अधिक
(e) उपर्युक्त में से कोई नहीं

In which of the following books did Montesquieu propose the division of powers between the legislature, executive and judiciary under the government?
(a) The Spirit of the Laws
(b) My Thoughts
(c) Letters Parsonage
(d) More than one of the above
(e) None of the above

BPSC School Teacher 2023 (Paper II) Shift-1

Ans. (a)
फ्रांस के दार्शनिक मॉन्टेस्क्यू द्वारा लिखित पुस्तक 'द स्पिरिट ऑफ द लॉज' राजनीतिक सिद्धान्त पर आधारित एक पुस्तक है। इस पुस्तक में मॉन्टेस्क्यू ने सरकार के अंतर्गत विधायिका, कार्यपालिका और न्यायपालिका के मध्य शक्तियों का विभाजन प्रस्तावित किया है।

मॉन्टेस्क्यू की अन्य पुस्तकें – My Thoughts, Letters Parsonage

100. निम्नलिखित युग्मों में से कौन-सा सही सुमेलित नहीं है?
(a) एडवोकेट ऑफ इंडिया - दादाभाई नौरोजी
(b) यंग इंडिया - महात्मा गाँधी
(c) इंडियन स्पेक्टेटर - सुरेन्द्रनाथ बनर्जी
(d) उपर्युक्त में से एक से अधिक
(e) उपर्युक्त में से कोई नहीं

Which of the following pairs is not correctly matched?
(a) Advocate of India – Dadabhai Naoroji
(b) Young India – Mahatma Gandhi
(c) Indian Spectator – Surendranath Banerjee
(d) More than one of the above
(e) None of the above

BPSC School Teacher 2023 (Paper II) Shift-1

Ans. (d)

Book		Writer
एडवोकेट ऑफ इंडिया	-	दुर्गा दास बसु
यंग इंडिया	-	गाँधी जी
इंडियन स्पेक्टेटर	-	बी. एम. मालाबारी

101. निम्नलिखित कथनों में से कौन-सा सही है?
(a) ए बंच ऑफ ओल्ड लेटर्स का लेखन डॉ. राजेंद्र प्रसाद ने किया था।
(b) व्यक्तिगत सत्याग्रह में ब्रह्मदत्त दूसरे सत्याग्रही थे।
(c) सुभाष चन्द्र बोस ने द इंडियन स्ट्रगल का लेखन किया था।

(d) उपर्युक्त में से एक से अधिक
(e) उपर्युक्त में से कोई नहीं

Which of the following statements is correct?
(a) A Bunch of Old Letters was written by Dr. Rajendra Prasad.
(b) Brahmadutta was the second Satyagrahi in Individual Satyagraha.
(c) Subhash Chandra Bose wrote The Indian Struggle.
(d) More than one of the above
(e) None of the above

BPSC School Teacher 2023 (Paper II) Shift-1

Ans. (c)
द इंडियन स्ट्रगल - सुभाष चन्द्र बोस
ए बंच ऑफ ओल्ड लेटर्स - जवाहरलाल नेहरू
व्यक्तिगत सत्याग्रह में प्रथम सत्याग्रही विनोवा भावे, दूसरे सत्याग्रही जवाहरलाल नेहरू तीसरे सत्याग्रही ब्रह्मदत्त थे।

102. 'भारत एक खोज' पुस्तक अहमदनगर किला जेल में कारावास के दौरान लिखी गई थी। 'भारत एक खोज' के लेखक कौन थे?
(a) स्वामी विवेकानंद
(b) सुभाष चन्द्र बोस
(c) महात्मा गांधी
(d) जवाहरलाल नेहरू

The book 'Bharat Ek Khoj' was written during his imprisonment in Ahmednagar Fort Jail. Who was the author of 'Bharat Ek Khoj'?
(a) Swami Vivekananda
(b) Subhash Chandra Bose
(c) Mahatma Gandhi
(d) Jawaharlal Nehru

BSSC Second Graduate Level (Pre) Exam 16.02.2015

Ans. (d):
जवाहरलाल नेहरू ने 1944 में अहमदनगर की जेल में 'भारत एक खोज' पुस्तक रचना की।

103. 1860 में प्रकाशित 'नील दर्पण' नील की खेती करने वालों की दुर्दशा चित्रित करता है। नील दर्पण के रचनाकार कौन थे?
(a) माइकल मुधसूदन दत्त
(b) दीनबंधु मित्र
(c) जेम्स लांग
(d) बंकिम चन्द्र

'Neel Darpan' published in 1860 portrays the plight of indigo cultivators. Who was the creator of Neel Darpan?
(a) Michael Mudhusudan Dutt
(b) Deenbandhu Mitra
(c) James Long
(d) Bankim Chandra

BSSC Second Graduate Level (Pre) Exam 16.02.2015

Ans. (b):
नील विद्रोह की पहली घटना बंगाल के नदिया जिले में स्थित गोविंदपुर गांव में सितंबर 1859 में हुई। स्थानीय नेता दिगंबर विश्वास और विष्णु विश्वास के नेतृत्व में किसानों ने नील की खेती बंद कर दी। नील बागान मालिकों के अत्याचार का खुला चित्रण दीनबंधु मित्र ने अपने नाटक 'नील दर्पण' में किया तथा समाचार पत्रों के स्तर से इस आंदोलन का सहयोग हिंदू पैट्रियाट (हरिशचंद्र मुखर्जी) ने किया।

104. गांधी जी द्वारा निम्न में से कौन-सा समाचार पत्र शुरू किया गया था?
(a) यंग इण्डिया
(b) पीपुल
(c) नेशनल हेराल्ड
(d) सैनिक

Which of the following newspapers was started by Gandhiji?
(a) Young India
(b) People
(c) National Herald
(d) soldier

Pravartan Avar Nirikshak Exam 26/08/2012

Ans: (a)
महात्मा गांधी ने 'यंग इण्डिया' समाचार पत्र का प्रारम्भ किया था। गांधी जी की अन्य पुस्तकें हरिजन, नवजीवन, हिन्द स्वराज, माई एक्सपेरीमेंट विथ टूथ आदि हैं।

105. भारत में प्रथम अंग्रेजी समाचार पत्र प्रारंभ किया था-
(a) दादाभाई नौरोजी ने
(b) जे०ए० हिक्की ने
(c) लॉर्ड विलियम बेटिक ने
(d) रवीन्द्रनाथ टैगोर ने

The first English newspaper was started in India by-
(a) Dadabhai Naoroji
(b) J.A. Hickey
(c) Lord William Bettick
(d) Rabindranath Tagore

Utpat Avar Nirikshak Exam 01/09/2012

Ans : (b)
भारत में प्रथम अंग्रेजी समाचार पत्र बंगाल गजट (The Bengal Gazette) अथवा द कलकत्ता जनरल एडवरटाइजर (The Calcutta General Advertiser) 1780 ई० में जेम्स ऑगस्टस हिक्की द्वारा प्रकाशित किया गया।

106. महात्मा गांधी ने कौन-सी पत्रिका शुरू की?
(a) केसरी
(b) नेशनल हेराल्ड
(c) हरिजन
(d) द हिंदू

Which magazine was started by Mahatma Gandhi?
(a) Kesri
(b) National Herald
(c) Harijan
(d) The Hindu

Bihar Police Constable 09/12/2012 (Shift-I)

Ans. (c):
महात्मा गाँधी ने 1933 ई0 में हरिजन' नामक साप्ताहिक पत्रिका की शुरूआत की थी।

हरिजन अंग्रेजी में, हरिजन बंधू गुजराती में तथा हरिजन सेवक हिन्दी में शुरू हुई.

107. हिंदी समाचार पत्र 'हिन्दुस्तान' के सम्पादक हैं-
(a) शशि शेखर
(b) मृणाल पांडे
(c) जी. चौधरी
(d) हरिमोहन

The editor of Hindi newspaper 'Hindustan' is-
(a) Shashi Shekhar
(b) Mrinal Pandey
(c) G. Chowdhary
(d) Harimohan

BSSC Prakhand Sankhyki Parvekshak 16.05.2010

Ans. (a):
हिंदी समाचार पत्र 'हिन्दुस्तान' की स्थापना 12 अप्रैल 1936 को मदन मोहन मालवीय द्वारा की गयी थी। इसके प्रकाशक अजय कुमार जैन और मुख्य संपादक शशि शेखर हैं।

108. 'बहिष्कृत भारत' पत्रिका से संबंधित थे-
(a) आत्माराम पांडुरंग
(b) ज्योतिबा फूले
(c) बाल गंगाधर तिलक
(d) बी.आर. अम्बेडकर

'Bahishkrit Bharat' magazine was related to-
(a) Atmaram Pandurang
(b) Jyotiba Phule
(c) Bal Gangadhar Tilak
(d) B.R. Ambedkar

BSSC Ashulipik sah Tankar 27.08.2006

Ans. (d):
'बहिष्कृत भारत' पत्रिका डॉ. भीमराव अम्बेडकर द्वारा प्रकाशित की जाती थी

109. Which social reformer was called Lokhitwadi?
किस समाज सुधारक को 'लोकहितवादी' के नाम से पुकारते थे?
(a) M. G. Ranade/एम. जी. रानाडे
(b) G. K. Gokhale/जी. के. गोखले
(c) G. H. Deshmukh/जी. एच. देशमुख
(d) More than one of the above उपर्युक्त में से एक से अधिक
(e) None of the above/उपर्युक्त में से कोई नहीं

BPSC TRE 2.0 7/12/2023 Shift-II (Paper-III) 1

Ans.(c)
महाराष्ट्र के एक समाज सुधारक, गोपाल हरि देशमुख को लोकहितवादी के नाम से जाना जाता है।

110. Who formulated the powerful slogan 'India for Indians'? / 'इंडिया फॉर इंडियन्स' प्रसिद्ध नारा किसने दिया था?

(a) Raja Ram Mohan Roy / राजा राम मोहन राय
(b) Swami Dayananda Saraswati / स्वामी दयानंद सरस्वती
(c) Swami Vivekananda / स्वामी विवेकानन्द
(d) More than one of the above उपर्युक्त में से एक से अधिक
(e) None of the above/उपर्युक्त में से कोई नहीं

BPSC TRE 2.0 18/12/2023 (Paper-III)

Ans. (b)
इंडिया फॉर इंडियन्स का प्रसिद्ध नारा स्वामी दयानंद सरस्वती ने दिया था। 'इंडिया फॉर इंडियन्स' book पूछे तो C. R. Das उत्तर होगा.

111. "मैं समाजवादी और गणतन्त्रवादी हूँ" यह काँग्रेस के एक अधिवेशन में अपने अध्यक्षीय भाषण में किसने की?

(a) जवाहरलाल नेहरू
(b) सुभाषचन्द्र बोस
(c) गोपाल कृष्ण गोखले
(d) राजेन्द्र प्रसाद

Who said this in his presidential speech at a Congress session, "I am a socialist and a republican"?

(a) Jawaharlal Nehru
(b) Subhash Chandra Bose
(c) Gopal Krishna Gokhale
(d) Rajendra Prasad

Bihar Police Constable Exam 14/03/2021 (Shift-II)

Ans. (a)
1929 के लौहार अधिवेशन में जवाहरलाल नेहरू ने अपने अध्यक्षीय भाषण में कहा था "मैं स्वभाव से समाजवादी और गणतंत्रवादी हूँ और मेरी राजा महाराजाओं में कोई निष्ठा नहीं है।"

112. "स्वराज मेरा जन्म सिद्ध अधिकार है और मैं इसे लेकर रहूँगा", यह कथन किसका है?

(a) लाला लाजपत राय
(b) लोकमान्य बाल गंगाधर तिलक
(c) महात्मा गाँधी
(d) सरदार पटेल

Whose statement is "Swaraj is my birthright and I will have it"?

(a) Lala Lajpat Rai
(b) Lokmanya Bal Gangadhar Tilak
(c) Mahatma Gandhi
(d) Sardar Patel

Bihar Police Constable 29/12/2019
Police Avar Nirikshak Exam 19/10/2014 (Shift-1)
DRDA Panchayat Rojgar Sevak (Group-5) Exam 10.06.2007

Ans.(b)
'स्वराज मेरा जन्म सिद्ध अधिकार है और मैं इसे लेकर रहूँगा' यह कथन लोकमान्य बाल गंगाधर तिलक से संबंधित है।

113. 'फ्रन्टियर गाँधी' किसे कहा जाता था?

(a) राजीव गाँधी
(b) खान अब्दुल गफ्फार खान
(c) लियाकत अली खान
(d) राम मनोहर लोहिया

Who was called 'Frontier Gandhi'?

(a) Rajiv Gandhi
(b) Khan Abdul Ghaffar Khan
(c) Liaqat Ali Khan
(d) Ram Manohar Lohia

Police Avar Nirikshak Exam 11/03/2018 (Shift-1)
Bihar Police Constable Fireman Exam 25/11/2018
BSSC Second Graduate Level (Mains) Exam 27.01.2013
Bihar Police Constable 09/12/2012 (Shift-1)

Ans : (b)
खान अब्दुल गफ्फार खान ने पशतो भाषा में 'पख्तून' नामक पत्रिका का प्रकाशन किया।

- अब्दुल गफ्फार खान को सीमान्त गाँधी, फ्रन्टियर गाँधी, बादशाह खाँ और फख-ए-अफगान आदि नामों से जाना जाता है।
- 'ख़ुदाई खिदमतगार' (लाल कुर्ती) नामक संगठन की स्थापना 1929 ई० में खान अब्दुल गफ्फार खान द्वारा की गयी।

114. Who was the writer of 'Banglar Mati, Banglar Jal', which was originally a protest song against the Partition of Bengal in 1905 by Lord Curzon, and for which the West Bengal Assembly passed a resolution as the new State Anthem recently?

'बांग्लार माटी, बांग्लार जल' के लेखक कौन थे, जो मूल रूप से 1905 में लॉर्ड कर्जन द्वारा बंगाल के विभाजन के खिलाफ एक विरोध-गीत था, और जिसके लिए पश्चिम बंगाल विधान सभा ने हाल ही में नए राज्य गान के रूप में प्रस्ताव पारित किया है?

(a) Kazi Nazrul Islam/काजी नजरूल इस्लाम
(b) Rabindranath Tagore/ रवीन्द्रनाथ टैगोर
(c) Sukanta Bhattacharya/सुकांत भट्टाचार्य
(d) More than one of the above/उपर्युक्त में से एक से अधिक
(e) None of the above /उपर्युक्त में से कोई नहीं

BPSC TRE 2.0 8/12/2023 (Paper-III)

Ans. (b)

'बांग्लार माटी, बांग्लार जल' के लेखक रवीन्द्रनाथ टैगोर थे, जो बंगाल के विभाजन के खिलाफ एक विरोधगीत था। इसके लिए पश्चिम बंगाल विधान सभा ने हाल ही में नए राज्य गान के रूप में एक प्रस्ताव पारित किया है।

115. Who gave the famous slogan 'Inquilab Zindabad'? मशहूर नारा 'इंकलाब जिंदाबाद' किसने दिया?

(a) Hakim Ajmal Khan/हकीम अजमल खान
(b) Chandra Shekhar Azad/चंद्रशेखर आजाद
(c) Hasrat Mohani/हसरत मोहानी
(d) More than one of the above/उपर्युक्त में से एक से अधिक
(e) None of the above/उपर्युक्त में से कोई नहीं

BPSC TRE 2.0 09/12/2023 (Paper-II)

Ans.(c)

वर्ष 1921 में मशहूर नारा 'इंकलाब जिंदाबाद' हसरत मोहानी ने दिया था। "इंकलाब जिंदाबाद" हिन्दुस्तान रिपब्लिक सोशलिस्ट एसोशिएशन का आधिकारिक नारा था। वर्ष 1929 में केंद्रीय असेम्बली में बम फेंकते समय भगत सिंह और बी. के. दत्त द्वारा 'इंकलाब जिंदाबाद' का नारा लगाया गया था।

116. भारत के सर्वोदय नेता 'लोकनायक' जयप्रकाश नारायण का जीवन काल है-

(a) 1900-79 ई0
(b) 1902-79 ई0
(c) 1902-77 ई0
(d) 1901-78 ई०

The life span of India's Sarvodaya leader 'Loknayak' Jayaprakash Narayan is-

(a) 1900-79 AD
(b) 1902-79 AD
(c) 1902-77 AD
(d) 1901-78 AD

Police Avar Nirikshak Exam 12/07/2017

Ans: (b)

जय प्रकाश नारायण (लोकनायक) का जन्म 1902 (सारण) में जबकि मृत्यु 8 अक्टूबर, 1979 को पटना में हुई। 1999 में इन्हें मरणोपरान्त 'भारत रत्न' से सम्मानित किया गया।

प्रसिद्ध book – समाजवाद क्यों? (Why Sociolism)

117. "राजनीति कभी धर्म से अलग नहीं हो सकती।"

(a) नेहरू
(b) जाकिर हुसैन
(c) महात्मा गाँधी
(d) इन्दिरा गाँधी

"Politics can never be separated from religion."

(a) Nehru
(b) Zakir Hussain
(c) Mahatma Gandhi
(d) Indira Gandhi

Bihar Police Constable Exam 22/10/2017

Ans. (c) :

महात्मा गाँधी का कथन - राजनीति कभी धर्म से अलग नहीं हो सकती।

118. "बहुउद्देश्यीय नदी घाटी परियोजनाएँ आधुनिक भारत के मंदिर हैं।" यह किसने कहा था?

(a) महात्मा गाँधी
(b) इन्दिरा गाँधी
(c) पण्डित जवाहरलाल नेहरू
(d) इनमें से कोई नहीं

"Multi-purpose river valley projects are temples of modern India." Who said this?
(a) Mahatma Gandhi
(b) Indira Gandhi
(c) Pandit Jawaharlal Nehru
(d) none of these

Bihar Police Constable Exam 22/10/2017

Ans. (c) :
बहुउद्देशीय नदी घाटी परियोजनाओं को पण्डित जवाहरलाल नेहरु ने 'आधुनिक भारत के मन्दिर' की संज्ञा दी थी।

119. 'जय हिंद' का नारा किसने दिया?
(a) सुभाष चंद्र बोस
(b) जवाहरलाल नेहरू
(c) मोतीलाल नेहरू
(d) महात्मा गाँधी
Who gave the slogan 'Jai Hind'?
(a) Subhash Chandra Bose
(b) Jawaharlal Nehru
(c) Motilal Nehru
(d) Mahatma Gandhi

BSSC Kakshpal (Jail Warden) Exam 23.11.2013

Ans. (a):
'जय हिंद' का नारा सुभाष चन्द्र बोस ने दिया था।

120. किसने कहा था कि "तुम मुझे खून दो और मैं तुम्हें। आजादी दूंगा"?
(a) सुभाष चंद्र बोस
(b) भगत सिंह
(c) अरविंद घोष
(d) चंद्रशेखर आजाद
Who said that "Give me blood and I will give you freedom"?
(a) Subhash Chandra Bose
(b) Bhagat Singh
(c) Arvind Ghosh
(d) Chandrashekhar Azad

BSSC Kakshpal (Jail Warden) Exam 23.11.2013

Ans. (a):
नेता जी सुभाष चन्द्र बोस ने 5 जुलाई 1943 ई. को सिंगापुर के टाउन हाल के सामने सुप्रीम कमाण्डर के रूप में सेना को सम्बोधित करते हुए 'दिल्ली चलो' का नारा दिया एवं उन्होंने कहा कि "हमारी मातृभूमि स्वतन्त्रता की खोज में है।" "तुम मुझे खून दो, मैं तुम्हे आजादी दूंगा।

121. 'जय जवान, जय किसान' का नारा किसने दिया ?
(a) पं. जवाहरलाल नेहरू
(b) लाल बहादुर शास्त्री
(c) इंदिरा गांधी
(d) सुभाष चंद्र बोस
Who gave the slogan 'Jai Jawan, Jai Kisan'?
(a) Pt. Jawaharlal Nehru
(b) Lal Bahadur Shastri
(c) Indira Gandhi
(d) Subhash Chandra Bose

Bihar Police Constable 15/12/2013

Ans. (b)
जय जवान जय किसान का नारा लाल बहादुर शास्त्री ने दिया था।

122. निम्नलिखित आंदोलनों में से किस आंदोलन में 'वन्दे मातरम्' का नारा अपनाया गया था?
(a) 1857 की क्रांति
(b) 1905 में बंगाल के विभाजन
(c) 1922 में असहयोग आंदोलन
(d) 1942 में भारत छोड़ो आंदोलन
In which of the following movements was the slogan 'Vande Mataram' adopted?
(a) Revolution of 1857
(b) Partition of Bengal in 1905
(c) Non-cooperation movement in 1922
(d) Quit India Movement in 1942

BSSC Auditor 07.10.2012

Ans. (b) :
बंकिमचन्द्र की पुस्तक आनंद मठ के वंदे मातरम गीत से लिया वंदे मातरम नारा 1905 में बंगाल के विभाजन से अपनाया गया

123. 'महामना' के नाम से किसे जाना जाता था?
(a) मदन मोहन मालवीय
(b) लाला लाजपत राय
(c) लाल बहादुर शास्त्री
(d) बाल गंगाधर तिलक

Who was known as 'Mahamana'?
(a) Madan Mohan Malviya
(b) Lala Lajpat Rai
(c) Lal Bahadur Shastri
(d) Bal Gangadhar Tilak

Pravartan Avar Nirikshak Exam 26/08/2012

Ans: (a)
महामना मदन मोहन मालवीय को 'महामना' की उपाधि से सम्मानित किया गया। मदन मोहन मालवीय जी ने काशी हिन्दू विश्वविद्यालय की स्थापना की। भारत सरकार ने 2014 को इन्हें 'भारत रत्न' से अलंकृत किया।

124. सूची-1 एवं सूची-II को सुमेलित कीजिए तथा नीचे दिए कूट से सही उत्तर का चयन कीजिए-

सूची-1	सूची-II
(A) देशबन्धु चित्तरंजन	1. कस्तूरबा गांधी
(B) लाला लाजपत राय	2. स्वरूप रानी
(C) महात्मा गांधी	3. राधा देवी
(D) मोतीलाल नेहरू	4. बसन्ती देवी

कूट:

	(A)	(B)	(C)	(D)
(a)	2	1	4	3
(b)	4	3	1	2
(c)	1	4	3	2
(d)	2	4	3	1

Match List-I and List-II and select the correct answer from the code given below:

List-I	List-II
(A) Deshbandhu Chittaranjan	1. Kasturba Gandhi
(B) Lala Lajpat Rai	2. Swaroop Rani
(C) Mahatma Gandhi	3. Radha Devi
(D) Motilal Nehru	4. Basanti Devi

Code:

	(A)	(B)	(C)	(D)
(a)	2	1	4	3
(b)	4	3	1	2
(c)	1	4	3	2
(d)	2	4	3	1

Bihar Police Constable Exam 09/12/2012

Ans. (b)

सूची-I (Husband)	सूची-II (Wife)
(A) देशबन्धु चित्तरंजन	बसन्ती देवी
(B) लाला लाजपत राय	राधा देवी
(C) महात्मा गांधी	कस्तूरबा गांधी
(D) मोतीलाल नेहरू	स्वरूप रानी

125. वर्ष 1946 में निम्नलिखित में से कौन वित्त विभाग लेकर वायसराय को कार्यकारिणी परिषद में सम्मिलित हुआ था?
(a) मुहम्मद अली जिन्ना
(b) नवाब सलीमुल्ला
(c) लियाकत अली खान
(d) शौकत अली

In the year 1946, who among the following joined the Viceroy's Executive Council with the Finance Department?
(a) Muhammad Ali Jinnah
(b) Nawab Salimullah
(c) Liaqat Ali Khan
(d) Shaukat Ali

Bihar Police Constable Exam 14/04/2010

Ans : (c)
जवाहर लाल नेहरू के नेतृत्व में 2 सितम्बर 1946 को अन्तरिम सरकार गठित की गई। जिसमें 26 अक्टूबर 1946 को मुस्लिम लीग ने भी शामिल होने का निर्णय लिया। अन्तरिम सरकार में

वायसराय वेवेल – अध्यक्ष

जवाहर लाल नेहरू – उपाध्यक्ष

वल्लभ भाई पटेल - गृह, सूचना तथा प्रसारण मंत्रालय

लियाकत अली खाँ (मुस्लिम लीग) - वित्त मंत्रालय

126. निम्नलिखित में से किसे 'आधुनिक मनु' कहा जाता है?
(a) राजेन्द्र प्रसाद को
(b) बी. एन. राव को
(c) महात्मा गाँधी को
(d) बी. आर. अम्बेडकर को

Who among the following is called 'Modern Manu'?

(a) Rajendra Prasad
(b) B. N. to Rao
(c) Mahatma Gandhi
(d) B. R. to Ambedkar

Bihar Police Constable Exam 14/04/2010

Ans : (d)

बी. आर. अम्बेडकर (Father of Constitution) को अधुनिक मनु की संज्ञा दी जाती है क्योंकि उन्होंने हिन्दू कोड बिल का मसौदा तैयार किया था।

127. वल्लभमाई पटेल को 'सरदार' की उपाधि किस आंदोलन में दी गई ?
(a) खेड़ा आंदोलन
(b) बारदोली आंदोलन
(c) नील आंदोलन
(d) मोपला विद्रोह

In which movement was Vallabhmai Patel given the title of 'Sardar'?
(a) Kheda movement
(b) Bardoli Movement
(c) Indigo Movement
(d) Moplah rebellion

Bihar Police Constable 19/10/2010 (Shift-II)

Ans. (b)

गुजरात के बारदोली सत्याग्रह की शुरूआत 1928 में हुई थी, जिसका नेतृत्व सरदार वल्लभ भाई पटेल द्वारा किया गया था। इस आन्दोलन के सफलता के उपरान्त गुजरात की महिलाओं द्वारा इन्हें सरदार की उपाधि प्रदान की गई।

भारत सरकार द्वारा 31 अक्टूबर को 'राष्ट्रीय एकता दिवस' के रूप में मनाया जाता है।

128. 'इन्कलाब जिन्दाबाद' का नारा किसने दिया था?
(a) सुभाषचन्द्र बोस
(b) चन्द्रशेखर आजाद
(c) महात्मा गाँधी
(d) भगत सिंह

Who gave the slogan 'Inquilab Zindabad'?
(a) Subhash Chandra Bose
(b) Chandrashekhar Azad
(c) Mahatma Gandhi
(d) Bhagat Singh

Bihar Daroga (Police Avar Nirikshak) Exam 23.04.2008

DRDA Clerk-Computer Operator (GR-3) Exam 15.03.2007

BSSC Amin (Amanat) Exam Date-01.05.2005

Ans : (d)

'इंकलाब जिन्दाबाद' का नारा उर्दू के प्रसिद्ध शायर एवं इस्लामी विद्वान हसरत मोहानी के द्वारा सन् 1921 ई. में दिया था। भगत सिंह और उनके क्रांतिकारी साथियों ने दिल्ली की असेम्बली में 8 अप्रैल 1929 को बम फेंकते वक्त इस नारे (इंकलाब जिंदाबाद) को बुलन्द किया था।

129. निम्नलिखित में से किसे 'लोकनायक' कहा गया है?
(a) महात्मा गाँधी
(b) राममनोहर लोहिया
(c) बालगंगाधर तिलक
(d) जयप्रकाश नारायण

Who among the following has been called 'Loknayak'?
(a) Mahatma Gandhi
(b) Ram Manohar Lohia
(c) Balgangadhar Tilak
(d) Jaiprakash Narayan

Bihar Daroga (Police Avar Nirikshak) Exam 23/04/2008

Ans : (d)

जयप्रकाश नारायण (लोकनायक) को वर्ष 1965 में समाज सेवा के लिए 'रेमन मैग्सेसे पुरस्कार' एवं 1999 में मरणोपरान्त 'भारत रत्न' से सम्मानित किया गया।

130. 'करो या मरो' का नारा किसने दिया था?
(a) महात्मा गाँधी
(b) जवाहरलाल नेहरू
(c) लालबहादुर शास्त्री
(d) लाला लाजपत राय

Who gave the slogan of 'Do or Die'?
(a) Mahatma Gandhi
(b) Jawaharlal Nehru
(c) Lal Bahadur Shastri
(d) Lala Lajpat Rai

DRDA Panchayat Rojgar Sevak (Gr-5) Exam

10.06.2007

Ans. (a):

'करो या मरो' का नारा - राष्ट्रपिता महात्मा गाँधी

'आराम हराम' है का नारा - जवाहर लाल नेहरू

'जय जवान, जय किसान' का नारा - लाल बहादुर शास्त्री

131. 'नेहरू राष्ट्र भक्त हैं, जबकि जिन्ना राजनीतिज्ञ' कथन किसका था?

(a) सरदार पटेल
(b) महात्मा गाँधी
(c) मोहम्मद इकबाल
(d) मौलाना आजाद

Whose statement was 'Nehru is a patriot, while Jinnah is a politician'?

(a) Sardar Patel
(b) Mahatma Gandhi
(c) Mohammad Iqbal
(d) Maulana Azad

DRDA Clerk-Computer operator (Gr-3) Exam 15.03.2007

BSSC Ashulipik sahTankar 27.08.2006

Ans. (c) :

नेहरु ने अपनी पुस्तक Discovery of india में लिखा है कि मोहम्मद इकबाल ने उनसे कहा था कि 'नेहरू राष्ट्रभक्त हैं, जबकि जिन्ना राजनीतिज्ञ' ।

132. महात्मा गाँधी के 'राम राज्य' के युगल सिद्धान्त कौन से थे?

(a) सही साधन व सही लक्ष्य
(b) खादी व चरखा
(c) अस्पृश्यता व मद्य निषेध
(d) सत्य व अहिंसा

What were the couplet principles of Mahatma Gandhi's 'Ram Rajya'?

(a) Right means and right goal
(b) Khadi and Charkha
(c) Untouchability and prohibition of alcohol
(d) Truth and non-violence

BSSC Ashulipik sahTankar 27.08.2006

Ans. (d) :

सत्य व अहिंसा महात्मा गाँधी के 'राम-राज्य' के युगल सिद्धान्त थे।

INM

1857 का विद्रोह

(Revolt of 1857)

1. मार्च 1857 में मंगल पांडे ने विद्रोह का प्रारंभ कहां पर किया?
   (a) दिल्ली
   (b) बैरकपुर
   (c) मेरठ
   (d) कानपुर
   (e) उपयुक्त में से कोई नहीं/उपयुक्त में से एक से अधिक
   Where did Mangal Pandey start the rebellion in March 1857?
   (a) Delhi
   (b) Barrackpur
   (c) Meerut
   (d) Kanpur
   (e) None of the above/More than one of the above

31 BPSC (J)-2022

Ans. (b):
29 मार्च, 1857 को भारतीय स्वतंत्रता सेनानी में मंगल पाण्डे ने बैरकपुर छावनी (west बंगाल) में दो ब्रिटिश अधिकारियों ह्यूसन और बाग के खिलाफ विद्रोह किया था। 8 अप्रैल, 1857 को उन्हें फाँसी हो गयी.

2. झांसी की रानी लक्ष्मीबाई की मृत्यु कहां पर हुई थी?
   (a) लखनऊ
   (b) कानपुर
   (c) ग्वालियर
   (d) झांसी
   (e) उपर्युक्त में से कोई नहीं है/उपर्युक्त में से एक से अधिक
   Where did Rani Laxmibai of Jhansi die?
   (a) Lucknow
   (b) Kanpur
   (c) Gwalior
   (d) Jhansi
   (e) None of the above/More than one of the above

67th BPSC (Pre)2022

Ans. (c):
18 जून, 1858 को ग्वालियर के पास कोटा की सराय में ब्रितानी सेना से लड़ते-लड़ते रानी लक्ष्मी बाई की मृत्यु हुई.

3. 1857 के विद्रोह को किसके द्वारा 'प्रथम भारतीय स्वतंत्रता संग्राम' के रूप में वर्णित किया गया था?
   (a) वी. डी. सावरकर
   (b) बाल गंगाधर तिलक
   (c) आर. सी. मजूमदार
   (d) दादाभाई नौरोजी
   (e) उपर्युक्त में से कोई नहीं/उपर्युक्त में से एक से अधिक
   By whom was the Revolt of 1857 described as the 'First Indian War of Independence'?
   (a) V. D. Savarkar
   (b) Bal Gangadhar Tilak
   (c) R. C. Majumdar
   (d) Dadabhai Naoroji
   (e) None of the above/More than one of the above

67th BPSC(Pre) Nirast 2021
29 Bihar (J) G.S. 2017
28 Bihar (J) G.S. 2014

Ans. (a):
विनायक दामोदर सावरकर ने अपनी पुस्तक 'द इंडियन बार ऑफ इंडिपेंडेस 1857' में 1857 के विद्रोह को प्रथम भारतीय स्वतंत्रता संग्राम कहा था।
आर.सी. मजूमदार ने अपनी पुस्तक "The sepoy mutiny und The Revolt of 1857" में 1857 विद्रोह को 'न तो प्रथम, न ही राष्ट्रीय तथा न ही स्वतंत्रता संग्राम' कहा है।

4. 1857 के विद्रोह के समय दिल्ली का प्रभारी अंग्रेज अधिकारी कौन था?
   (a) जनरल हेविट
   (b) लेफ्टिनेंट हडसन
   (c) लेफ्टिनेंट विलोगबाई

(d) जॉन निकोलसन
(e) उपर्युक्त में से कोई नहीं/उपर्युक्त में से एक से अधिक
Who was the British officer in charge of Delhi at the time of the rebellion of 1857?
(a) General Hewitt
(b) Lieutenant Hudson
(c) Lieutenant Vilogbai
(d) John Nicholson
(e) None of the above/More than one of the above

BPSC Auditor (Pre) 2021

Ans.(e)

1857 के क्रांति की औपचारिक शुरूआत 10 मई 1857 को मेरठ से हुई। क्रांतिकारियों ने 12 मई को दिल्ली पर अधिकार कर लिया और बहादुरशाह जफर को सम्राट घोषित किया। उस समय दिल्ली के प्रभारी ब्रिटिश अधिकारी लेफ्टिनेंट हडसन और जॉन निकोलसन थे।

5. इनमें से किसने 1857 में विद्रोहियों को धोखा दिया था?
(a) गणपत पांडे
(b) ठाकुर विश्वनाथ शाहदेव
(c) जमादार माधो सिंह
(d) विश्वनाथ दुबे
(e) उपर्युक्त में से कोई नहीं/उपर्युक्त में से एक से अधिक
Who among the following betrayed the rebels in 1857?
(a) Ganpat Pandey
(b) Thakur Vishwanath Shahdev
(c) Jamadar Madho Singh
(d) Vishwanath Dubey
(e) None of the above/More than one of the above

BPSC DACO 2021

Ans. (d):

विश्वनाथ दुबे ने विद्रोहियो को धोखा देकर उनको गिरफ्तार करवा दिया , ठाकुर विश्वनाथ शाहदेव को पकड़वाने में विश्वनाथ दूबे तथा विश्वनाथ शाहदेव के सेनापति पाण्डेय गनपतराय को जमींदार महेश नारायण शाही ने धोखा देकर अंग्रेजों से गिरफ्तार करवा दिया था।

6. 1857 की क्रांति सर्वप्रथम कहां से प्रारंभ हुई?
(a) लखनऊ
(b) इलाहाबाद
(c) झांसी
(d) मेरठ
(e) उपर्युक्त में से कोई नहीं /उपर्युक्त में से एक से अधिक
Where did the revolution of 1857 first start?
(a) Lucknow
(b) Allahabad
(c) Jhansi
(d) Meerut
(e) None of the above / More than one of the above

66th BPSC (Pre) (Re-Exam) 2020

BPSC AE-2001

ANSWER – D

1857 की क्रान्ति की शुरूआत 10 मई 1857 ई. को मेरठ से हुई. विद्रोहियों ने 12 मई को सुबह दिल्ली पर अधिकार कर लिया तथा मुगल बादशाह बहादुर शाह को भारत का सम्राट घोषित कर दिया।

7. इनमें से किसने 1857 के विद्रोह में सक्रिय भाग लिया था?
(a) नानासाहेब (कानपुर)
(b) बेगम हजरत महल (लखनऊ)
(c) मौलवी अहमदुल्लाह (फैजाबाद)
(d) बेगम जीनत महल (दिल्ली)
(e) उपर्युक्त में से कोई नहीं / उपर्युक्तमें से एक से अधिक
Who among the following took an active part in the rebellion of 1857?
(a) Nanasaheb (Kanpur)
(b) Begum Hazrat Mahal (Lucknow)
(c) Maulvi Ahmadullah (Faizabad)
(d) Begum Zeenat Mahal (Delhi)
(e) None of the above / More than one of the above

66th BPSC (Pre) 2020

ANSWER – E

1857 की क्रांति
नाना साहेब (धोंधूपंत) - कानपुर
बेगम हजरत महल (अवध के नवाब वाजिद अली शाह की पत्नी) - लखनऊ
मौलवी अहमदुल्लाह – फ़ैजाबाद (अवध)
बेगम जीनत महल (बहादुर शाह जफर की पत्नी) – दिल्ली

8. मार्च 1857 में मंगल पांडे ने विद्रोह का प्रारंभ कहां पर किया?
(a) दिल्ली
(b) बैरकपुर
(c) मेरठ
(d) कानपुर
(e) उपयुक्त में से कोई नहीं/उपयुक्त में से एक से अधिक
Where did Mangal Pandey start the rebellion in March 1857?
(a) Delhi
(b) Barrackpur
(c) Meerut
(d) Kanpur
(e) None of the above/More than one of the above

31st Bihar J (Pre) 2020
Bihar CDPO (Pre) Exam-2005

ANSWER – B
29 मार्च, 1857 ई. को 34वीं रेजीमेण्ट बैरकपुर (पश्चिम बंगाल) के सिपाही मंगल पाण्डेय ने एडजुटेण्ट लेफ्टिनेंट बाग की हत्या कर दी और मेजर सार्जेण्ट ह्यूसन को गोली मारी।

9. निम्नलिखित वर्गों में किसने 1857 की विद्रोह में भाग नहीं लिया?
1. खेतिहर 2. मजदूर
3. साहूकार 4. कृषक
5. जमींदार
निम्नलिखित कूटों से अपना उत्तर चुने –
(a) केवल 1
(b) 1 और 2
(c) केवल 2
(d) 2और 4
(e) उपयुक्त में से कोई नहीं/उपयुक्त में से एक से अधिक
Who among the following classes did not participate in the Revolt of 1857?
1. Farmer 2. laborer
3. Moneylender 4. Farmer
5. Landlord
Select your answer from the following codes –
(a) only 1
(b) 1 and 2
(c) only 2
(d) 2 and 4
(e) None of the above/More than one of the above

40th BPSC (Pre) 1995

ANSWER – D
साहूकार वर्ग और कुछ जमींदारों ने 1857 ई. के विद्रोह में भाग नहीं लिया था।

10. किसने कहा था कि "1857 की घटना का प्रारंभ धर्म के संघर्ष के रूप में हुआ था और उस घटना का अंत स्वतंत्रता संग्राम के रूप में हुआ"?
(a) डॉक्टर एस. एन. सेन
(b) अशोक मेहता
(c) वी डी सावरकर
(d) डॉ आर सी मजूमदार
(e) उपर्युक्त में से कोई नहीं/उपर्युक्त में से एक से अधिक
Who said that "The incident of 1857 started as a conflict of religion and ended as a struggle for freedom"?
(a) Doctor S. N. Sen
(b) Ashok Mehta
(c) V D Savarkar
(d) Dr. R.C. Majumdar
(e) None of the above / More than one of the above

65th BPSC (Pre) (Re-Exam) 2019

ANSWER – A
1957 में प्रकाशित हुई डॉ. सुरेन्द्र नाथ सेन ने अपनी कृति 'एट्टीन फिक्टी सेवन' में कहा था कि ''1857 की घटना का प्रारंभ धर्म के संघर्ष के रूप में हुआ था और उस घटना का अंत स्वतंत्रता संग्राम के रूप में हुआ।

11. द इंडियन वॉर ऑफ इंडिपेंडेंस,1857 के लेखक कौन है?
(a) राजा राममोहन राय
(b) वी डी सावरकर
(c) सरोजनी नायडू
(d) बाल गंगाधर तिलक
(e) उपयुक्त में से कोई नहीं/उपयुक्त में से एक से अधिक

Who is the author of The Indian War of Independence, 1857?
(a) Raja Rammohan Roy
(b) V D Savarkar
(c) Sarojini Naidu
(d) Bal Gangadhar Tilak
(e) None of the above/More than one of the above

30st Bihar J GS- 2018

ANSWER – B

दि इण्डियन वार ऑफ इन्डिपेन्डेन्स, 1857 पुस्तक के लेखक वी.डी.सावरकर थे जिसमें उन्होंने 1857 के विद्रोह को भारत का प्रथम स्वतंत्रता संग्राम कहा।

12. महारानी विक्टोरिया का घोषणा पत्र किस वर्ष आया?
(a) 1856
(b) 1858
(c) 1859
(d) 1860
(e) उपयुक्त में से कोई नहीं/उपयुक्त में से एक से अधिक

In which year did Queen Victoria's proclamation come out?
(a) 1856
(b) 1858
(c) 1859
(d) 1860
(e) None of the above/More than one of the above

29 Bihar (J) GS-2017

ANSWER - B

महारानी विक्टोरिया के घोषणापत्र को 1 नवंबर, 1858 को तत्कालीन वायसराय लार्ड कैनिंग ने इलाहबाद के मिन्टो पार्क में पढ़ा था।

13. निम्नलिखित में से किस वर्ष को भारतीय स्वतंत्रता के प्रथम युद्ध की तिथि माना जाता है?
(a) 1757
(b) 1857
(c) 1930
(d) 1942
(e) उपयुक्त में से कोई नहीं/उपयुक्त में से एक से अधिक

Which of the following years is considered to be the date of the first war of Indian independence?
(a) 1757
(b) 1857
(c) 1930
(d) 1942
(e) None of the above/More than one of the above

Bihar APO GS-2013

ANSWER - B

10 मई 1857 को मेरठ से शुरू हुई क्रांति को भारतीय स्वतंत्रता का प्रथम संग्राम माना जाता है।

14. निम्न में से कौन सा ईस्ट इंडिया कंपनी के सिपाहियों को विद्रोही बनाने का कारण नहीं था?
(a) ईसाई धर्म फैलाने के लिए कंपनी के अधिकारियों के प्रयास
(b) जहाज पर यात्रा करने के लिए सिपाहियों को आदेश
(c) भत्ते की रोकथाम
(d) अधिकारियों की अक्षमता
(e) उपर्युक्तमें से कोई नहीं / उपर्युक्त में से एक से अधिक

Which of the following was not the reason for the East India Company's soldiers to rebel?
(a) Efforts of the Company officials to spread Christianity
(b) Orders to soldiers to travel on ships
(c) Withholding of allowance
(d) Incompetence of officials
(e) None of the above / More than one of the above

64 BPSC (Pre) 2018-19

ANSWER - D

1857 विद्रोह के प्रमुख कारण थे –

- चर्बीयुक्त कारतूसों के प्रयोग और सैनिकों से संबंधित मुद्दे विद्रोह का मुख्य कारण
- ब्रिटिश शासन द्वारा भारतीय सामाजिक धार्मिक मामलों में हस्तक्षेप यथा - सती प्रथा उन्मूलन, हिन्दू विधवा पुनर्विवाह अधिनियम, धार्मिक निर्योग्यता अधिनियम आदि के कारण जनसामान्य में असन्तोष व्याप्त हुआ।

- इससे यह धारणा बनी कि कंपनी के अधिकारी भारत में ईसाई धर्म फैलाने का प्रयास कर रहे हैं।
- सैनिकों को बिना किसी अतिरिक्त भत्ते के भुगतान के अपने घरों से दूर नियुक्तियाँ प्रदान की गई।
- जनरल सर्विस एन्लिस्टमेट, 1856 के अन्तर्गत आवश्यकता पड़ने पर समुद्र पार कार्य करना अनिवार्य बना दिया गया।
- सिपाहियों को मिलने वाली मुफ्त डाक सुविधा भी वापस ले ली गई।

15. मुगल बादशाह बहादुर शाह जफर के बारे में कहा जाता था कि उसके साम्राज्य की सीमा थी?

(a) चांदनी चौक से पालम
(b) दिल्ली से बिहार
(c) पेशावर से बिहार
(d) पेशावर से वाराणसी
(e) उपर्युक्त में से कोई नहीं /उपर्युक्त में से एक से अधिक

It was said about the Mughal emperor Bahadur Shah Zafar that the extent of his empire was?

(a) Palm from Chandni Chowk
(b) Delhi to Bihar
(c) Peshawar to Bihar
(d) Peshawar to Varanasi
(e) None of the above / More than one of the above

64 BPSC (Pre) 2018-19

ANSWER – A

बहादुरशाह द्वितीय का शासन मात्र लाल किले के अन्दर ही सीमित रह गया।

16. 1857 में भारत का गवर्नर जनरल कौन था?

(a) वेलेजली
(b) डलहौजी
(c) कैनिंग
(d) मिन्टों
(e) उपयुक्त में से कोई नहीं/उपयुक्त में से एक से अधिक

Who was the Governor General of India in 1857?

(a) Wellesley
(b) Dalhousie
(c) canning
(d) minutes
(e) None of the above/More than one of the above

56th- 59th BPSC (Pre) 2015

ANSWER – C

गवर्नर जनरल के पद पर कैनिंग की नियुक्ति 1856 ई. में हुई थी। 1857 के विद्रोह के बाद 1858 अधिनियम से गवर्नर जनरल का पदनाम बदलकर वायसराय कर दिया गया। वायसराय के पद पर कैनिंग 1858 से 1862 ई. तक रहा।

17. 1857 के विद्रोह के बाद ब्रिटिश सरकार ने सिपाहियों का इन प्रांतों से चयन किया

(a) उत्तर प्रदेश एवं बिहार के ब्राह्मण
(b) पूर्व से बंगाली एवं गुड़िया
(c) गोरखा, सिख एवं पंजाबी उत्तर प्रांत से
(d) मद्रास प्रेसिडेंसी एवं मराठा
(e) उपयुक्त में से कोई नहीं/उपयुक्त में से एक से अधिक

After the rebellion of 1857, the British government selected soldiers from these provinces.

(a) Brahmins of Uttar Pradesh and Bihar
(b) Bengali and Gudiya from the East
(c) Gorkha, Sikh and Punjabi from Northern Province
(d) Madras Presidency and Maratha
(e) None of the above/More than one of the above

48-52 BPSC (Pre) 2007-08

ANSWER – C

गोरखा, सिख एवं पंजाब क्षेत्र के सैनिकों ने 1857 के विद्रोह को दबाने में अहम् भूमिका निभाने के कारण ब्रिटिश सरकार ने उत्तर प्रान्त के इन क्षेत्रों से सैनिकों की भर्ती की।

18. 1857 का विद्रोह लखनऊ में किसके नेतृत्व में आगे बढ़ा–

(a) बेगम ऑफ अवध
(b) तात्या टोपे
(c) रानी लक्ष्मीबाई
(d) नाना साहब
(e) उपयुक्त में से कोई नहीं/उपयुक्त में से एक से अधिक

Under whose leadership did the rebellion of 1857 proceed in Lucknow?

(a) Begum of Awadh
(b) Tatya Tope
(c) Rani Laxmibai
(d) Nana Saheb
(e) None of the above/More than one of the above

48-52 BPSC (Pre) 2007-08

ANSWER – A

बेगम हजरत महल ने अपने पुत्र बिरजिस कादिर को नवाब घोषित कर लखनऊ में 4 जून, 1857 के विद्रोह की शुरुआत की तथा लखनऊ के बाद बेगम हजरत महल ने मौलवी अहमदुल्ला के साथ शाहजहाँपुर में भी विद्रोह को नेतृत्व प्रदान किया। पराजित होकर भाग कर नेपाल चली गई।

19. अंग्रेजी भारतीय सेना में चर्बी वाले कारतूसों से चलने वाली एनफील्ड राइफल कब शामिल की गई?
(a) नवंबर,1856
(b) दिसंबर,1856
(c) जनवरी,1857
(d) फरवरी,1857
(e) उपयुक्त में से कोई नहीं/उपयुक्त में से एक से अधिक

When was the Enfield rifle fired with greased cartridges included in the British Indian Army?
(a) November, 1856
(b) December, 1856
(c) January, 1857
(d) February, 1857
(e) None of the above/More than one of the above

47th BPSC (Pre) 2004-05

ANSWER – B

दिसम्बर 1856 में सरकार ने पुराने लोहे वाली बन्दूक ब्राउन ब्रैस के स्थान पर नयी एनफील्ड राइफल को शामिल किया। प्रशिक्षण दम-दम, अम्बाला, स्यालकोट में दिया जाना था।

20. 1857 के विद्रोह को किस उर्दू कवि ने देखा था?
(a) मीर तकी मीर
(b) जौंक
(c) गालिब
(d) इकबाल
(e) उपयुक्त में से कोई नहीं/उपयुक्त में से एक से अधिक

Which Urdu poet witnessed the rebellion of 1857?
(a) Mir Taqi Mir
(b) Jaunk
(c) Ghalib
(d) Iqbal
(e) None of the above/More than one of the above

45th BPSC (Pre) 2002

ANSWER – C

1857 के विद्रोह को उर्दू के प्रमख शायर मिर्जा गालिब ने देखा था।

अहमद शाह अब्दाली और नादिरशाह के हमलों से कटी-फटी दिल्ली को मीर तकी मीर ने अपनी आंखों से देखा था।

21. निम्नलिखित में से कौन 1857 के विद्रोह में अंग्रेजों का सबसे कट्टर दुश्मन था?
(a) मौलवी अहमदुल्लाह शाह
(b) मौलवी इंदादुल्लाह
(c) मौलाना फजलेहक खैराबादी
(d) नवाब लियाकत अली
(e) उपयुक्त में से कोई नहीं/उपयुक्त में से एक से अधिक

Who among the following was the staunchest enemy of the British in the Revolt of 1857?
(a) Maulvi Ahmadullah Shah
(b) Maulvi Indadullah
(c) Maulana Fazlehaq Khairabadi
(d) Nawab Liaqat Ali
(e) None of the above/More than one of the above

45th BPSC (Pre) 2002

ANSWER – A

फैजाबाद में मौलवी अहमदुल्लाह शाह ने 1857 के विद्रोह में अंग्रेजो के विरुद्ध 'जिहाद' का नारा दिया था। अंग्रेजों ने इन्हें पकड़ने के लिए 50 हजार का इनाम घोषित किया थे।

22. निम्नलिखित में से कौन सा आयोग 1857 के विद्रोह के दमन के बाद भारतीय फौज के नव संगठन से संबंधित है?
(a) पब्लिक सर्विस कमीशन

(b) पील आयोग
(c) हंटर आयोग
(d) साइमन कमीशन
(e) उपयुक्त में से कोई नहीं/उपयुक्त में से एक से अधिक

Which of the following commissions is related to the new organization of the Indian Army after the suppression of the rebellion of 1857?
(a) Public Service Commission
(b) Peel Commission
(c) Hunter Commission
(d) Simon Commission
(e) None of the above/More than one of the above

45th BPSC (Pre) 2002

ANSWER – B

1857 के विद्रोह के दमन के बाद भारतीय फौज के नव संगठन हेतु पील आयोग (1859) में गठित किया गया था जिसने भारतीय सैनिकों की संख्या कम करने तथा यूरोपीय सैनिकों की संख्या बढ़ाने की सिफारिश की।

23. मंगल पांडे किस सेना के रेजिमेंट से संबंधित थे?
(a) 20 N.I.
(b) 34 N.I.
(c) 38 N.I.
(d) 24 N.I.

Mangal Pandey belonged to which army regiment?
(a) 20 N.I.
(b) 34 N.I.
(c) 38 N.I.
(d) 24 N.I.

Bihar Daroga 17-12-2023 Shift Ist

Ans. (b):
मंगल पाण्डे बंगाल की बैरकपुर छावनी की 34 वीं नेटिव इन्फैंट्री के सिपाही थे।

24. 1857 की क्रान्ति के समय भारत के गवर्नर जनरल कौन थे-
(a) लार्ड रिपन
(b) लार्ड डलहौजी
(c) लार्ड कैनिंग
(d) लार्ड मेयो

Who was the Governor General of India at the time of the Revolution of 1857?
(a) Lord Ripon
(b) Lord Dalhousie
(c) Lord Canning
(d) Lord Mayo

Bihar Police Constable Exam 12/01/2020 (Shift-II)
Bihar Police Madya Nishedh Constable Exam 16/10/2022

Ans. (c):
वर्ष 1857 की क्रान्ति के समय भारत का ब्रिटिश गवर्नर जनरल लार्ड कैनिंग थे।

25. दिल्ली में 1857 के विद्रोह की असफलता के बाद बहादुरशाह जफर को कहाँ निर्वासित किया गया?
(a) पोर्ट ब्लेयर
(b) रंगून
(c) काबुल
(d) इलाहाबाद

Where was Bahadur Shah Zafar exiled after the failure of the 1857 rebellion in Delhi?
(a) Port Blair
(b) Rangoon
(c) Kabul
(d) Allahabad

Bihar Police Constable Exam 21/03/2021 (Shift-II)

Ans. (b)
भारत में मुगल साम्राज्य के अन्तिम शासक बहादुरशाह जफर को 1857 के विद्रोह की असफलता के बाद अंग्रेजों ने बर्मा (रंगून) भेज दिया, जहाँ उसकी मौत हो गई।

26. निम्न में से किस जोड़े का मिलान गलत है?
(a) रानी लक्ष्मीबाई - झाँसी
(b) नाना साहब - कानपुर
(c) हजरत महल - लखनऊ
(d) कुँवर सिंह - मेरठ

Which of the following pairs is wrongly matched?
(a) Rani Lakshmibai – Jhansi
(b) Nana Saheb - Kanpur
(c) Hazrat Mahal – Lucknow

(d) Kunwar Singh – Meerut

Forest Range Officer (Pre.) Exam 17/01/2020

Ans. (d)

दिये गय कूट का सही मिलान निम्नलिखित है-

रानी लक्ष्मीबाइ - झाँसी

नाना साहब - कानपुर

हजरत महल - लखनऊ

कुँवर सिंह - जगदीशपुर

27. 1857 के विद्रोह में क्रांतिकारियों के निशाने पर प्रमुख रूप से कौन थे?

(a) किसान
(b) शिक्षित वर्ग
(c) जमींदार
(d) उद्योगपति

Who were the main targets of the revolutionaries in the Revolt of 1857?

(a) farmer
(b) educated class
(c) Landlord
(d) Industrialist

Forest Range Officer (Pre.) Exam 17/01/2020

Ans. (c)

1857 के विद्रोह में क्रान्तिकारियों के निशाने पर प्रमुख रूप से जमींदार थे, क्योंकि ब्रिटिश शासन की भू-राजस्व नीतियों से किसानों से भारी कर वसूला जाता है।

28. निम्न में से कौन-सा युग्म सही नहीं है-

(a) कुँवर सिंह - बिहार
(b) लक्ष्मीबाई - झाँसी
(c) नाना साहेब - अवध
(d) मौलवी अहमदुल्ला – फैजाबाद

Which of the following pairs is not correct-

(a) Kunwar Singh - Bihar
(b) Lakshmibai – Jhansi
(c) Nana Saheb - Awadh
(d) Maulvi Ahmadullah – Faizabad

Bihar Police Constable Exam 12/01/2020 (Shift-1)

Ans. (c)

कुँवर सिंह - बिहार

लक्ष्मी बाई - झाँसी

नाना साहब - कानपुर

मौलवी अहमदुल्ला - फैजाबाद

29. निम्नलिखित में से किसने 1857 की क्रांति को राष्ट्रीय क्रांति घोषित किया?

(a) बेंजामिन डिजरैली
(b) सी.टी. मेटकॉक
(c) अर्ल रॉबर्ट्स
(d) जी.बी. मैलेसन

Who among the following declared the Revolution of 1857 as a National Revolt?

(a) Benjamin Disraeli
(b) C.T. metcock
(c) Earl Roberts
(d) G.B. Malleson

Bihar Forest Guard Exam 20/12/2020

Ans. (a):

1857 की क्रांति को विद्धानों ने अलग-अलग संज्ञा दी है –

- बेंजामिन डिजरौली ने इसे राष्ट्रीय विद्रोह बताया है।
- अशोक मेहता ने अपनी पुस्तक 'ग्रेट रिबेलियन' में भी इसे राष्ट्रीय विद्रोह बताया है।
- सर जेम्स आउट्रम और डब्ल्यू टेलर तथा जी.बी. मालेसन ने हिन्दु मुस्लिम षड़यंत्र माना है।
- वी.डी. सावरकर ने अपनी पुस्तक 'इंडियन वॉर ऑफ इंडिपेंडेस 1857' में प्रथम स्वतंत्रता स्वतंत्रता संग्राम की संज्ञा दी है।

30. मंगल पांडे का सम्बन्ध किस इन्फैन्ट्री से था?

(a) 20 N.I.
(b) 34 N.I.
(c) 27 N.I.
(d) 28 N.I.

Mangal Pandey belonged to which infantry?

(a) 20 N.I.
(b) 34 N.I.
(c) 27 N.I.
(d) 28 N.I.

Utpad Avar Nirikshak Exam 25/08/2019

Ans: (b)

मंगल पांडे कंपनी के 34वीं बंगाल नेटिव इंफेन्ट्री (34 N.I.) के पैदल सिपाही थे। मंगल पाण्डे उत्तर प्रदेश राज्य के बलिया जिले के मूल निवासी थे। 29 मार्च, 1857 ई. को मंगल पांडे ने विद्रोह प्रारंभ ------- 8 अप्रैल, 1857 ई. को फाँसी दे दी गई।

31. '1857-1859 का प्रथम स्वतंत्रता संग्राम' पुस्तक के लेखक कौन हैं?

(a) कार्ल मार्क्स और एफ. एंगल्स

(b) आर. सी. मजूमदार

(c) वी.डी. सावरकर

(d) बिपिन चंद्रा

Who is the author of the book 'First War of Independence 1857-1859'?

(a) Karl Marx and F. Angles

(b) R. C. Majumdar

(c) V.D. Savarkar

(d) Bipin Chandra

BSSC Pratham Inter Level (re-exam) 09-12-2018 (Shift-1)

Ans. (a)

1857-1859 का "प्रथम स्वतंत्रता संग्राम" पुस्तक के लेखक कार्ल मार्क्स और एफ. एंगल्स है।

32. मंगल पांडे के विद्रोह शुरू करने से लगभग 100 वर्ष पहले, 1784 में ब्रिटिशों के खिलाफ विद्रोह करने वाले पहले संथाल (आदिवासी) नेता कौन थे?

(a) विष्णु मानकी

(b) बाबा तिलका मांझी

(c) रुग्देव मुंडा

(d) धुख्कान मानकी

Who was the first Santhal (tribal) leader to rebel against the British in 1784, almost 100 years before Mangal Pandey started the rebellion?

(a) Vishnu Manaki

(b) Baba Tilka Manjhi

(c) Rugdev Munda

(d) Dhukkan Manki

Bihar Vidhansabha Sahayak Eaxm: 24-12-2018 Shift-II

Ans. (b)

1784 ई. में ब्रिटिशों के खिलाफ विद्रोह करने वाले पहले संथाल (आदिवासी) नेता बाबा तिलका मांझी थे।

33. 1857 ई. का विद्रोह मुख्यतः किस कारण से असफल रहा?

(a) हिंदू - मुस्लिम एकता की कमी

(b) किसी सामान्य योजना और केंद्रीय संगठन की कमी

(c) इसके प्रभाव का सीमितक्षेत्र

(d) जमींदारों की असहभागिता

(e) उपयुक्त में से कोई नहीं/उपयुक्त में से एक से अधिक

For what reason was the rebellion of 1857 mainly unsuccessful?

(a) Lack of Hindu-Muslim unity

(b) Lack of any general planning and central organization

(c) Limited area of its influence

(d) Non-participation of landlords

(e) None of the above/More than one of the above

41st BPSC (Pre) 1996

ANSWER – B

1857 का विद्रोह किसी सुनियोजित योजना एवं केंन्द्रीय संगठन का अभाव उनकी असफलता का मूल कारण बना। राजाओं, जमींदारों और शिक्षित मध्यम वर्ग ने विद्रोह में भाग नहीं लिया।

34. निम्नलिखित में से किसने 1857 ई.विद्रोह को एक षड्यंत्र की संज्ञा दी?

(a) सर जेम्स आउटराम एंड डब्ल्यू. टेलर

(b) सर जॉन के.

(c) सर जॉन लॉरेंस

(d) टी. आर. होम्स

(e) उपयुक्त में से कोई नहीं/उपयुक्त में से एक से अधिक

Who among the following termed the 1857 rebellion as a conspiracy?

(a) Sir James Outram and W. Tailor

(b) Sir John K.

(c) Sir John Lawrence

(d) T.R. Holmes

(e) None of the above/More than one of the above

40th BPSC (Pre) 1995

ANSWER – A

आउट्रम एण्ड टेलर ने 1857 के विद्रोह को अंग्रेजो के विरुद्ध 'हिन्दू–मुस्लिम षड्यंत्र' कहा है।

35. निम्नलिखित में से किसका नाम 1857 के आंदोलन से जुड़ा है?
(a) भगत सिंह
(b) तात्या टोपे
(c) बी. जी. तिलक
(d) जी. के. गोखले
(e) उपयुक्त में से कोई नहीं/उपयुक्त में से एक से अधिक
Whose name among the following is associated with the movement of 1857?
(a) Bhagat Singh
(b) Tatya Tope
(c) B. Yes. Tilak
(d) G.S. K.S. Gokhale
(e) None of the above/More than one of the above

Bihar CDPO (प्रा.) परीक्षा-2005

ANSWER – B

तात्या टोपे (रामचन्द्र पांडुरंग) कानपुर विद्रोह के नेता नाना साहब के सहायक थे। ग्वालियर के पतन के बाद 1859 में वे नेपाल चले गए। अप्रैल, 1859 में सिधिंया के सांमत मानसिंह ने उन्हें अंग्रेजों को सौंप दिया और 18 अप्रैल, 1859 को इन्हें फाँसी पर लटका दिया गया।

36. Which of the following assisted Rani Laxmi Bai to capture Gwalior?
निम्नलिखित में से किसने रानी लक्ष्मीबाई को ग्वालियर पर अधिकार करने में सहायता की?
(a) Afghans/अफगान
(b) Iranians/ईरानी
(c) Mughals/मुगल
(d) More than one of the above/उपर्युक्त में से एक से अधिक
(e) None of the above/उपर्युक्त में से कोई नहीं B

PSC TRE 2.0 7/12/2023 Shift-II (Paper-III)

Ans.(a)

रानी लक्ष्मीबाई को ग्वालियर पर अधिकार करने में अफगानों ने सहायता की थी। लक्ष्मी बाई ने बांदा नवाब अली बहादुर द्वितीय को, "जिन्हें वे अपना भाई मानती थीं' को पत्र के साथ राखी भेजकर मांगी। बांदा नवाब 10 हजार सैनिकों के साथ झांसी लड़ने पहुँच गये थे।

37. Who first described the Revolt of 1857 as the 'First Indian War of Independence'?/1857 के विद्रोह को किसके द्वारा पहली बार 'प्रथम भारतीय स्वतंत्रता संग्राम' के रूप में वर्णित किया गया था?
(a) V.D. Savarkar/वी.डी. सावरकर
(b) Bal Gangadhar Tilak/बाल गंगाधर तिलक
(c) R. C. Majumdar/आर.सी. मजूमदार
(d) More than one of the above/उपर्युक्त में से एक से अधिक
(e) None of the above/उपर्युक्त में से कोई नहीं

BPSC TRE 2.0 8/12/2023 (Paper-III)

Ans.(a)

1857 के विद्रोह को वी.डी. सावरकर ने अपनी पुस्तक 'द इंडियन वॉर ऑफ इंडिपेंडेंस 1857' में 'प्रथम भारतीय स्वंतत्रात संग्राम' के रूप में वर्णित किया गया था।

38. 1857 के विद्रोह की विफलता के निम्नलिखित में से कौन-से कारण थे?
1. अंग्रेजों की सैन्य श्रेष्ठता
2. विद्रोहियों के पास कोई एकीकृत कार्यक्रम एवं विचारधारा नहीं थी
3. समाज के सभी वर्गों से समर्थन का अभाव था
नीचे दिए गए कूट का प्रयोग कर सही उत्तर चुनिए।
(a) केवल 1 और 2
(b) केवल 2 और 3
(c) केवल 1 और 3
(d) उपर्युक्त सभी
(e) उपर्युक्त में से कोई नहीं
Which of the following were the reasons for the failure of the Revolt of 1857?
1. Military superiority of the British
2. The rebels had no unified program and ideology.
3. There was lack of support from all sections of the society
Select the correct answer using the code given below.

(a) 1 and 2 only
(b) 2 and 3 only
(c) only 1 and 3
(d) All of the above
(e) None of the above

69th BPSC (Pre) 2023

Ans. (c)
1857 के विद्रोह की विफलता के मुख्य कारण थे-
अंग्रेजों की सैन्य श्रेष्ठता, विद्रोहियों के पास कोई एकीकृत कार्यक्रम एवं विचारधारा नहीं, समाज के सभी वर्गों से समर्थन का अभाव, साधनों का अभाव, क्रान्ति का देशव्यापी प्रसार नहीं, आपसी फूट आदि

39. 1857 के विद्रोह को किसके द्वारा 'प्रथम भारतीय स्वतंत्रता संग्राम' के रूप में वर्णित किया गया था? / By whom was the Revolt of 1857 described as the 'First Indian War of Independence'?
(a) वी. डी. सावरकर / V.D. Savarkar
(b) बाल गंगाधर तिलक / Bal Gangadhar Tilak
(c) बिपिन चन्द्र पाल / Bipin Chandra Pal
(d) उपर्युक्त में से एक से अधिक / More than one of the above
(e) उपर्युक्त में से कोई नहीं / None of the above

BPSC School Teacher 2023 (Paper-III)

Ans. (a)
वी.डी. सावरकर ने अपनी पुस्तक 'फर्स्ट वॉर ऑफ इंडियन इंडिपेंडेंस 1857' में विद्रोह को 'प्रथम भारतीय स्वतंत्रता संग्राम' कहा है।

40. किस अंग्रेज सैन्य अधिकारी (जनरल) ने झाँसी की रानी को यह कहते हुए श्रद्धांजलि दी थी कि "यहाँ वह औरत सोई हुई है, जो विद्रोहियों में एकमात्र मर्द थी"? / Which British military officer (General) paid tribute to the Queen of Jhansi by saying, "Here lies sleeping the woman who was the only man among the rebels"?
(a) ह्यूरोज / Heros
(b) कैम्पबेल / Campbell
(c) हडसन / Hudson
(d) उपर्युक्त में से एक से अधिक / More than one of the above
(e) उपर्युक्त में से कोई नहीं / None of the above

BPSC School Teacher 2023 (Paper II) Shift-1

Ans. (a)
अंग्रेज सैन्य अधिकारी (जनरल) ह्यूरोज ने झाँसी की रानी लक्ष्मीबाई को यह कहते हुए श्रद्धांजलि दी थी कि "यहाँ वह औरत सोई हुई है, जो विद्रोहियों में एकमात्र मर्द थी।" ज्ञात हो कि 17 जून, 1858 को ग्वालियर के पास कोटा की सराय में अंग्रेजों से लड़ते हुए रानी लक्ष्मीबाई की मृत्यु हुई थी।

41. Queen Victoria's Proclamation was issued on which of the following dates?/ निम्नलिखित में से किस तिथि को रानी विक्टोरिया की उद्घोषणा जारी हुई?
(a) 1 November, 1857/1 नवम्बर, 1857
(b) 27 March, 1858/27 मार्च, 1858
(c) 1 November, 1858/1 नवम्बर, 1858
(d) More than one of the above/उपर्युक्त में से एक से अधिक
(e) None of the above / उपर्युक्त में से कोई नहीं

BPSC TRE 2.0 15/12/2023 (Paper-IV)

Ans.(c)
1 नवम्बर, 1858 में इलाहाबाद के मिन्टो पार्क में लॉर्ड कैनिंग ने महारानी विक्टोरिया की उद्घोषण को पढ़ा।

42. अंग्रेजों ने बहादुर शाह-II को देश से निकाल कर कहाँ भेज दिया?
(a) रंगून
(b) काला पानी
(c) श्रीलंका
(d) नेपाल
Where did the British send Bahadur Shah-II out of the country?
(a) Rangoon
(b) Kala Paani
(c) Sri Lanka
(d) Nepal

BSSC First Inter Level Exam 29-01-2017

Ans. (a):
1857 की क्रांति में भाग लेने के कारण अंग्रेजों द्वारा बहादुर शाह-II (जफर) को बंदी बना लिया गया और रंगून भेज दिया गया।

43. 1857 ई. में प्रथम भारतीय विश्वविद्यालय खोला गया था-
(a) मद्रास
(b) बनारस
(c) कलकत्ता
(d) बम्बई
The first Indian University was opened in 1857 AD-
(a) Madras
(b) Banaras
(c) Calcutta
(d) Bombay

BSSC Auditor 07.10.2012

Ans. (c):
1857 ई. में कलकत्ता विश्वविद्यालय की स्थापना हुई थी। इसके बाद 1857 में ही बंबई व मद्रास विश्वविद्यालय की भी स्थापना की।

44. 1857 के भारतीय स्वतंत्रता संग्राम में किसने लड़ते हुए वीरगति प्राप्त की ?
(a) तांत्या टोपे
(b) बहादुर शाह जफर
(c) मंगल पांडे
(d) झाँसी की रानी
Who attained martyrdom while fighting in the Indian Independence War of 1857?
(a) Tantya Tope
(b) Bahadur Shah Zafar
(c) Mangal Pandey
(d) Rani of Jhansi

Pravartan Avar Nirikshak Exam 26/08/2012

Ans: (d)
रानी लक्ष्मीबाई ने 1857 के भारतीय स्वतंत्रता संग्राम में लड़ते हुए वीरगति प्राप्त की।

45. निम्नलिखित में से कौन-सा एक युग्म सुमेलित नहीं है?
(a) कानपुर - नाना साहब
(b) झाँसी - लक्ष्मीबाई
(c) ग्वालियर - ताँत्या टोपे
(d) इलाहाबाद - कुँवरसिंह
Which one of the following pairs is not matched?
(a) Kanpur – Nana Saheb
(b) Jhansi - Laxmibai
(c) Gwalior – Tantya Tope
(d) Allahabad - Kunwar Singh

Bihar Police Constable Exam 14/04/2010

Ans: (d)
कुँवर सिंह ने 1857 की क्रांति में बिहार के जगदीशपुर में नेतृत्व किया था.

46. सन् 1857 की क्रांति की शुरूआत हुई-
(a) पटना से
(b) बक्सर से
(c) मेरठ से
(d) झांसी से
The revolution of 1857 started-
(a) From Patna
(b) From Buxar
(c) From Meerut
(d) from Jhansi

Bihar Police Constable 09/12/2012 (Shift-II)

Ans, (c):
1857 की क्रांति 10 मई 1857 को मेरठ से शुरू हुई।

47. 1857 की क्रांति में निम्नलिखित में से किसे एक मित्र द्वारा धोखा मिला, ब्रिटिश द्वारा पकड़ा गया तथा मार दिया गया?
(a) नाना साहिब
(b) कुँवर सिंह
(c) खान बहादुर खान
(d) तांत्या टोपे
Who among the following was betrayed by a friend, captured by the British and killed in the Revolution of 1857?
(a) Nana Sahib
(b) Kunwar Singh
(c) Khan Bahadur Khan
(d) Tantya Tope

BSSC Second Graduate Level (Pre) Exam 18.12.2011

Ans. (d):
1857 की क्रांति में तांत्या टोपे को उनके मित्र मान सिंह द्वारा धोखा मिला।

48. 1857 के विद्रोह के समय भारत का गवर्नर जनरल कौन था?
(a) डलहौजी
(b) विलियम बैटिक
(c) कैनिंग
(d) लिटन
Who was the Governor General of India at the time of the rebellion of 1857?
(a) Dalhousie
(b) William Battick
(c) canning
(d) Liton
BSSC Prakhand Sankhyki Parvekshak 16.05.2010

Ans. (c):
1857 के विद्रोह के समय गवर्नर जनरल लार्ड कैनिंग तथा ब्रिटिश प्रधानमंत्री पामर्स्टन था.

49. वर्ष 1857 में मेरठ में प्रथम सिपाही विद्रोह की आग किस दिन भड़की?
(a) 10 मई
(b) 18 जून
(c) 25 अगस्त
(d) 11 मई
On which day did the first Sepoy Mutiny break out in Meerut in the year 1857?
(a) 10 May
(b) 18th June
(c) 25 August
(d) 11 May
Bihar Daroga (Police Avar Nirikshak) Exam 23/04/2008

Ans: (a)
मेरठ में प्रथम सिपाही विद्रोह की आग 10 मई को भड़की, के विद्रोही 11 मई को दिल्ली पहुँचे और 12 मई, 1857 ई० को उन्होंने दिल्ली पर अधिकार कर लिया।

50. मंगल पांडे किस राज्य के थे?
(a) बिहार
(b) पश्चिम बंगाल
(c) उत्तर प्रदेश
(d) पंजाब
Mangal Pandey belonged to which state?
(a) Bihar
(b) West Bengal
(c) Uttar Pradesh
(d) Punjab
DRDA Panchayat Rojgar Sevak (Group-5) Exam 10.06.2007

Ans. (c):
मंगल पांडे उत्तर प्रदेश राज्य के बलिया जिले के थे।

51. निम्न में से किसने 1857 के विद्रोह को भारत का प्रथम स्वतंत्रता संग्राम कहा है?
(a) लेनिन
(b) वी. डी. सावरकर
(c) लाला लाजपत राय
(d) कार्ल मार्क्स
Who among the following has called the rebellion of 1857 as India's first freedom struggle?
(a) Lenin
(b) V.D. Savarkar
(c) Lala Lajpat Rai
(d) Karl Marx
DRDA Panchayat Rojgar Sevak (Group-5) Exam 10.06.2007

Ans. (b):
1857 के विद्रोह को भारत का प्रथम स्वतंत्रता संग्राम वी.डी. सावरकर ने अपनी पुस्तक 'The First War of India Independence, 1857' में कहा था।

52. निम्न में से कौन सा एक क्षेत्र 1857 के विद्रोह से प्रभावित नहीं था?
(a) झाँसी
(b) जगदीशपुर
(c) चित्तौड़
(d) लखनऊ
Which one of the following areas was not affected by the Revolt of 1857?
(a) Jhansi
(b) Jagdishpur
(c) Chittor
(d) Lucknow

BSSC Netra Sahayak 19.08.2007

Ans. (c) :
चित्तौड़ (राजस्थान) 1857 की क्रांति से प्रभावित नहीं था।

53. 1857 के विद्रोह के समय ब्रिटिश प्रधानमंत्री कौन थे?
(a) चर्चिल (b) बार स्टली
(c) पामर्स्टन (d) ग्लेडस्टोन
Who was the British Prime Minister at the time of the rebellion of 1857?
(a) Churchill (b) Bar Stuli
(c) Palmerston (d) Gladstone

BSSC Ashulipik sahl ankar 27.08.2006

Ans. (c):
1857 के विद्रोह के समय ब्रिटिश प्रधानमंत्री पामर्स्टन थे।

54. स्वतंत्रता की पहली लड़ाई लड़ी गई-
(a) दिल्ली में (b) लखनऊ में
(c) झाँसी में (d) मेरठ में
The first war of independence was fought in-
(a) in Delhi (b) in Lucknow
(c) in Jhansi (d) in Meerut

BSSC Nimnvargiy Lipik Exam-29.12.2005

Ans. (d):
मेरठ क्रांति के नाम से प्रसिद्द स्वतंत्रता की पहली लड़ाई 10 May, 1857 ई. में मेरठ से शुरू हुई।

55. कानपुर में 1857 की क्रांति का नेता कौन था?
(a) नाना साहिब (b) तॉत्या टोपे
(c) कुंवर सिंह (d) लक्ष्मीबाई
Who was the leader of the revolution of 1857 in Kanpur?
(a) Nana Sahib (b) Tatya Tope
(c) Kunwar Singh (d) Laxmibai

BSSC Nimnvargiy Lipik Exam-29.12.2005

Ans. (a)
1857 का विद्रोह का नेतृत्व कानपुर में नाना साहिब, ग्वालियर में तात्या टोपे, झाँसी में लक्ष्मीबाई तथा बिहार में कुँवर सिंह ने किया था।

56. Who led the Revolt of 1857 at Faizabad (Ayodhya)? फैज़ाबाद (अयोध्या) में 1857 के विद्रोह का नेतृत्व किसने किया?
(a) Khan Bahadur/खान बहादुर
(b) Liaquat Ali/लियाकत अली
(c) Maulvi Ahmadullah/मौलवी अहमदुल्ला
(d) More than one of the above/उपर्युक्त में से एक से अधिक
(e) None of the above / उपर्युक्त में से कोई नहीं

Ans.(c):
फैजाबाद (अयोध्या) में 1857 के विद्रोह का नेतृत्व मौलवी अहमदुल्ला ने किया। अहमदुल्ला पर अग्रेजों ने 50000 रुपये का इनाम घोषित किया था।

57. महारानी विक्टोरिया ने भारतीय प्रशासन को ब्रिटिश ताज के नियंत्रण में लेने की घोषणा कब की थी?
(a) 1 नवंबर 1858 (b) 31 दिसंबर 1857
(c) 6 जनवरी 1958 (d) 17 नवंबर 1859
(e) उपर्युक्त में से कोई नहीं है / उपर्युक्त में से एक से अधिक
When did Queen Victoria announce the taking over of the Indian administration under the control of the British Crown?
(a) 1 November 1858
(b) 31 December 1857
(c) 6 January 1958
(d) 17 November 1859
(e) None of the above / More than one of the above

48th-52 BPSC (Pre) 2007-08

Ans – (a)
1 November, 1858 को ब्रिटेन की महारानी विक्टोरिया ने भारत के प्रशासन को East India Company के हाथों से लेकर ब्रिटिश क्राउन को सौंपने की घोषणा की.

INM

किसान विद्रोह व किसान आंदोलन

(Peasant Revolt and Peasant Movement)

1. 1917 के चंपारण सत्याग्रह से कौन संबंधित नहीं है?
(a) जे बी कृपलानी
(b) राजकुमार शुक्ला
(c) राजेंद्र प्रसाद
(d) राम मनोहर लोहिया
(e) उपर्युक्त में से कोई नहीं या उपर्युक्त में से एक से अधिक
Who is not associated with the Champaran Satyagraha of 1917?
(a) J. B. Kriplani
(b) Rajkumar Shukla
(c) Rajendra Prasad
(d) Ram Manohar Lohia
(e) None of the above or more than one of the above

67th BPSC(Pre) Nirast 2021

Ans. (d):
चम्पारण सत्याग्रह में महात्मा गाँधी के सहयोगी के रूप में राजेन्द्र प्रसाद, जे.बी. कृपलानी, नरहरि पारेख, महादेव देसाई, मजहरूल हक ने भाग लिया था। राजकुमार शुक्ल के आमंत्रण पर ही महात्मा गाँधी चंपारण, बिहार आए थे।
राममनोहर लोहिया का संबंद्ध कांग्रेस सोशलिस्ट पार्टी से था तथा 'व्हील ऑफ हिस्ट्री', 'गिल्टी मैन ऑफ़ इंडियाज पार्टीशन, 'चौखबा राज' आदि उनकी प्रमुख पुस्तकें हैं।

2. "एक सन्यासी जो फिजी में एक गिरमिटिया मजदूर के रूप में काम करने के बाद उस जिले में अपनी पीठ पर तुलसीदास रामायण की एक प्रति लेकर आया था जिससे वह ग्रामीण श्रोताओं को छंद सुनाता था" यहां जिस नेता का जिक्र है वह है-
(a) बाबा रामचंद्र
(b) झीन्गुरीसिंह
(c) यदुनंदन शर्मा
(e) उपर्युक्त में से कोई नहीं या उपर्युक्त गें से एक से अधिक
"A monk who, after working as an indentured laborer in Fiji, brought a copy of Tulsidas Ramayana on his back to that district from which he used to recite verses to rural audiences" The leader referred to here is-
(a) Baba Ramchandra
(b) Jhinguri Singh
(c) Yadunandan Sharma
(e) None of the above or more than one of the above

68 BPSC (Pre)-2022 (12-02-2023)

Ans. (a):
बाबा रामचन्द्र ने फिजी में गिरमिटिया मजदूर के रूप में कुछ समय तक काम किया था। ये ग्रामीण श्रोताओं को तुलसीदास के रामायण की पंक्तियाँ भी सुनाते थे।

3. इनमें से कौन 1917 के चंपारण किसान आंदोलन से प्रत्यक्ष रूप से संबंधित नहीं थे?
(a) महादेव देसाई
(b) नरहरि पारेख
(c) डॉ राजेंद्र प्रसाद
(d) गौरी शंकर मिश्रा
(e) उपर्युक्त में से कोई नहीं या उपर्युक्त में से एक से अधिक
Who among the following was not directly related to the Champaran peasant movement of 1917?
(a) Mahadev Desai
(b) Narahari Parekh
(c) Dr. Rajendra Prasad
(d) Gauri Shankar Mishra
(e) None of the above or more than one of the above

BPSC AAO 2021

Ans. (d)
चंपारण आन्दोलन में महात्मा गाँधी के साथ राजेन्द्र प्रसाद, जे.बी. कृपलानी, नरहरि पारेख, महादेव देसाई, मजहरूल हक आदि नेताओं ने भाग लिया था जबकि गौरी शंकर मिश्रा यू.पी. किसान सभा से सम्बन्धित थे।

4. किसे चंपारण सत्याग्रह का एक महत्वपूर्ण पहलू सही मायने में कहा जा सकता है?
(a) राष्ट्रीय आंदोलन में वकीलों, छात्रों और महिलाओं की सक्रिय अखिल भारतीय भागीदारी
(b) राष्ट्रीय आंदोलन में भारत के दलित और आदिवासी समुदायों की सक्रिय भागीदारी
(c) भारत के राष्ट्रीय आंदोलन में किसान आंदोलन का शामिल होना
(d) रोपण फसलों एवं व्यवसायिक फसलों की खेती में भारी कमी
(e) उपर्युक्त में से कोई नहीं या उपर्युक्त में से एक से अधिक
Which can rightly be called an important aspect of Champaran Satyagraha??
(a) Active all-India participation of lawyers, students and women in the national movement
(b) Active participation of Dalit and tribal communities of India in the national movement
(c) Involvement of farmers movement in the national movement of India
(d) Huge reduction in the cultivation of plantation crops and commercial crops.
(e) None of the above or more than one of the above

BPSC CDPO 2021

Ans. (c):
भारत के राष्ट्रीय आन्दोलन में किसान आंदोलन का शामिल होना चम्पारण सत्याग्रह का एक बहुत महत्वपूर्ण पहलू कहा जाता है।

5. निम्नलिखित में से कौन 'एका आंदोलन' के लिए जिम्मेदार थे?
(a) अवध में हरदोई, बहराइच आदि के किसान
(b) अवध के नवाब
(c) बंगाल के क्रांतिकारी
(d) महाराष्ट्र के किसान
(e) उपर्युक्त में से कोई नहीं उपर्युक्त में से एक से अधिक
Who among the following was responsible for 'Eka Movement'?
(a) Farmers of Hardoi, Bahraich, etc., in Awadh
(b) Nawab of Awadh
(c) Revolutionaries of Bengal
(d) Farmers of Maharashtra
(e) None of the above More than one of the above

BPSC CDPO 2021

Bihar CDPO (PRE) Exam, 2018

Ans. (a):
1921-22 ई. में एक आन्दोलन, अवध के किसानों द्वारा चलाया गया आन्दोलन था जो हरदोई, बहराइच, सुल्तानपुर, बाराबंकी और सीतापुर क्षेत्र में केन्द्रित था जिसके प्रमुख नेता मदारी पासी और सहरेब थे।

6. 'बारदोली सत्याग्रह' का सफल नेतृत्व किसने किया?
(a) बल्लभ भाई पटेल
(b) मोतीलाल नेहरू
(c) जे. बी. कृपलानी
(d) जवाहरलाल नेहरू
(e) उपर्युक्त में से कोई नहीं या उपर्युक्त में से एक से अधिक
Who successfully led the 'Bardoli Satyagraha'?
(a) Vallabh Bhai Patel
(b) Motilal Nehru
(c) J.S. also. Kriplani
(d) Jawaharlal Nehru
(e) None of the above or more than one of the above

67th BPSC (Pre)2022

Ans. (a):
भू- राजस्व की दरों में 30 प्रतिशत वृद्धि की घोषणा पर वल्लभभाई पटेल के नेतृत्व में स्थानीय लोगों ने तीव्र विरोध किया। फरवरी, 1928 में वल्लभभाई पटेल को आन्दोलन की महिलाओं ने 'सरदार' की उपाधि से विभूषित किया।

7. चंपारण में इंडिगो के किसानों की दशा की ओर गांधी जी का ध्यान किसने आकर्षित किया?
(a) राजेंद्र प्रसाद
(b) अनुग्रह नारायण सिन्हा
(c) आचार्य कृपलानी
(d) राजकुमार शुक्ला
(e) उपर्युक्त में से कोई नहीं या उपर्युक्त में से एक या दो
Who drew Gandhiji's attention to the plight of indigo farmers in Champaran?

(a) Rajendra Prasad
(b) Anugrah Narayan Sinha
(c) Acharya Kripalani
(d) Rajkumar Shukla
(e) None of the above or one or two of the above

67 BPSC (Pre) Nirast 2021
66 BPSC (Pre) 2020
42 BPSC (Pre) 1997-98

उत्तर-(d)
महात्मा गांधी किसानों की समस्या दूर करने 10 अप्रैल 1917 को राजकुमार शुक्ल के निमंत्रण पर चम्पारण पहुँचे थे।

8. चंपारण आंदोलन मुख्यतः किस के विरोध में था?
(a) भू राजस्व
(b) नकदी फसल
(c) ब्रिटिश सरकार की कृषि नीति
(d) भू-अनुदान
(e) उपर्युक्त में से कोई नहीं या उपर्युक्त में से एक से अधिक

Champaran movement was mainly against whom??
(a) Land revenue
(b) cash crop
(c) Agricultural policy of the British government
(d) Land grant
(e) None of the above or more than one of the above

66th BPSC (Pre) (Re-Exam) 2020

उत्तर-(b)
भूमिहीन मजदूर एवं गरीब किसान खाद्यान के बजाए अपनी जोतयुक्त भूमि के 3/20 भाग पर नील और अन्य नकदी फसलों की खेती करने के लिए बाध्य हो गये थे। महात्मा गांधी ने अप्रैल 1917 में राजकुमार शुक्ल के निमंत्रण पर बिहार के चम्पारण के नील कृषकों की स्थिति का जायजा लेने वहाँ पहुंचे थे।

9. 'तेभागा आंदोलन' सन 1946 में बंगाल में आरंभ हुआ-
(a) मुस्लिम लीग के नेतृत्व में
(b) किसान सभा के नेतृत्व में
(c) भारतीय राष्ट्रीग कांग्रेस के नेतृत्व में
(d) श्रमिक संघ के नेतृत्व में
(e) उपर्युक्त में से कोई नहीं आ उपर्युक्त में से एक से अधिक

'Tebhaga Movement' started in Bengal in 1946-
(a) Under the leadership of Muslim League
(b) Under the leadership of Kisan Sabha
(c) Under the leadership of Indian National Congress
(d) Under the leadership of labor union
(e) None of the above or more than one of the above

66th BPSC (Pre) (Re-Exam) 2020
Bihar APO (PRE) 2020

उत्तर-(b)
किसान आंदोलनों में 1946 ई. का बंगाल का तेभागा आन्दोलन सर्वाधिक सशक्त आन्दालन था । तिभागा आन्दोलन' फसल का दो तिहाई हिस्सा उत्पीडित बटाईदार किसानों को दिला।ने का आन्दोलन था। इस आन्दोलन के महत्वपूर्ण नेता कम्पाराम सिंह एवं भवन सिंह थे।

10. 'दक्कन कृषि राहत अधिनियम' किस वर्ष पारित हुआथा?
(a) 1879 में
(b) 1895
(c) 1902
(d) 1905
(e) उपर्युक्त में से कोई नहीं आ उपर्युक्त में से एक से अधिक

In which year was the 'Deccan Agricultural Relief Act' passed? Was?
(a) in 1879
(b) 1895
(c) 1902
(d) 1905
(e) None of the above or more than one of the above

Bihar APO (Pre) 2020

उत्तर-(a)
'दक्कन कृषि राहत अधिनियम 1879 ई. में बेदखल किए गए खतिहारों बतिहारों को जमीन वापस लौटाने के उद्देश्य से पारित किया गया।

11. किसान नेता मोतीलाल तेजावत संबंधित है?
(a) बिजोलिया आंदोलन से
(b) मेवाड़ के भील आदिवासी आंदोलन से

(c) मारवाड़ के किसान आंदोलन से
(d) यूपी के किसान आंदोलन से
(e) उपर्युक्त में से कोई नहीं या उपर्युक्त में से एक से अधिक

Farmer leader Motilal Tejawat is related to?
(a) From Bijolia movement
(b) From the Bhil tribal movement of Mewar
(c) From the peasant movement of Marwar
(d) From the farmers movement of UP
(e) None of the above or more than one of the above

65th BPSC (Pre) Re-exam 2019

Ans - (b)

1921-22 में किसान नेता मोतीलाल तेजावत ने मेवाड के भील विद्रोह का नेतृत्व किया

12. 1921 का मोपला विद्रोह कहां हुआ था?
(a) असम
(b) केरल
(c) पंजाब
(d) बंगाल
(e) उपर्युक्त में से कोई नहीं या उपर्युक्त में से एक से अधिक

Where did the Moplah rebellion of 1921 take place??
(a) Assam
(b) Kerala
(c) Punjab
(d) Bengal
(e) None of the above or more than one of the above

63 BPSC (Pre) 2017-18
48-52 BPSC (Pre) 2007-08

उत्तर-(b)

1921 का मोपला विद्रोह का संबंध केरल से है। खिलाफत आन्दोलन के नेता शौकत अली, महात्मा गांधी और अबुल कलाम आजाद ने मोपला विद्रोहियों का समर्थन किया था।

13. 'अखिल भारतीय किसान कांग्रेस' का गठन किया गया था
(a) 1936 में
(b) 1939में
(c) 1942 में
(d) 1945 में
(e) उपर्युक्त में से कोई नहीं या उपर्युक्त में से एक से अधिक

'All India Kisan Congress' was formed in
(a) In 1936
(b) in 1939
(c) in 1942
(d) in 1945
(e) None of the above or more than one of the above

60-62 BPSC (Pre) 2016-17
27th Bihar (J) G.S. 2013

उत्तर-(a)

अखिल भारतीय किसान कांग्रेस (बाद में नाम अखिल भारतीय किसान सभा) का गठन 1936 में लखनऊ में किया गया था। इसके प्रथम अधिवेशन की अध्यक्षता स्वामी सहजानंद ने की थी।

14. 1936 में लखनऊ में अखिल भारतीय किसान सभा का प्रथम अध्यक्ष किसे चुना गया?
(a) एन. जी. रंगा
(b) एम एस नंबूरी पाद
(c) स्वामी सहजानंद सरस्वती
(d) आचार्य नरेंद्र देव
(e) उपर्युक्त में से कोई नहीं या उपर्युक्त में से एक से अधिक

Who was elected the first president of All India Kisan Sabha in Lucknow in 1936??
(a) N. G. Ranga
(b) M S Namboori Pad
(c) Swami Sahajanand Saraswati
(d) Acharya Narendra Dev
(e) None of the above or more than one of the above

47 BPSC (Pre) 2004-05
60-62 BPSC (Pre) 2016-17

उत्तर-(c)

1936 में लखनऊ में हुए अखिल भारतीय किसान सभा के प्रथम अधिवेशन की अध्यक्षता स्वामी सहजानंद ने तथा एन. जी. रंगा इसके महासचिव थे।

15. स्वामी सहजानंद सरस्वती ने 'भूमि और जलमार्ग के राष्ट्रीयकरण' की मांग के साथ अखिल भारतीय संयुक्त

किसान सभा का गठन किया-
(a) उनकी मृत्यु से ठीक पहले
(b) बहुत कम उम्र में
(c) 1930 के दशक में
(d) 1920 के दशक में
(e) उपर्युक्त में से कोई नहीं या उपर्युक्त में से एक से अधिक
Swami Sahajanand Saraswati formed the All India United Kisan Sabha with the demand for 'nationalization of land and waterways'-
(a) just before his death
(b) at a very young age
(c) in the 1930s
(d) in the 1920s
(e) None of the above or more than one of the above

56-59th BPSC (Pre) 2015

उत्तर-(c)
सविनय अवज्ञा आन्दोलन की समाप्ति के बाद स्वामी सहजानंद सरस्वती एवं एन.जी. रंगा ने 11 अप्रैल, 1936 को लखनऊ में अखिल भारतीय किसान सभा की स्थापना की थी। स्वामी सहजानंद द्वारा ही 1930 के दशक में भूमि और जलमार्गों के राष्ट्रीयकरण की मांग की थी।

16. किसने 'दुखी', 'दुखी आत्मा', 'दुखी हृदय' जैसे छद्मनामों के तहत लिखकर चंपारण के किसानों की दुर्दशा पर प्रकाश डाला?
(a) पीर मोहम्मद मुनीस
(b) राजेंद्र प्रसाद
(c) सहजानंद सरस्वती
(d) एस. एन सिन्हा
(e) उपर्युक्त में से कोई नहीं या उपर्युक्त में से एक से अधिक
Who threw light on the plight of the farmers of Champaran by writing under pseudonyms like 'Dukhi', 'Dukhi Atma', 'Dukhi Hridaya'?
(a) Peer Mohammad Munis
(b) Rajendra Prasad
(c) Sahajanand Saraswati
(d) S. N Sinha
(e) None of the above or more than one of the above

56-59th BPSC (Pre) 2015

ANSWER – A
हिन्दी के प्रसिद्ध लेखक एवं पत्रकार पीर मुहम्मद ने चम्पारण क्षेत्र में यूरोपीय बागान मालिकों द्वारा किसानों के शोषण एवं अनकी दुर्दशा का मार्मिक वर्णन प्रस्तुत किया था।

17. अखिल भारतीय किसान महासभा सर्वप्रथम कहां आयोजित की गई?
(a) कोलकाता
(b) मद्रास
(c) लखनऊ
(d) पटना
(e) उपर्युक्त में से कोई नहीं या उपर्युक्त में से एक से अधिक
Where was the All India Kisan Mahasabha organized for the first time?
(a) Kolkata
(b) Madras
(c) Lucknow
(d) Patna
(e) None of the above or more than one of the above

48th-52nd BPSC (Pre) 2007-08

उत्तर-(c)
अखिल भारतीय किसान सभा का प्रथम सम्मेलन वर्ष 1936 में लखनऊ (उत्तर प्रदेश) में स्वामी सहजानन्द की अध्यक्षता में आयोजित किया गया था।

18. महात्मा गांधी ने सर्वप्रथम किस किसान आंदोलन में भाग लिया?
(a) खेड़ा
(b) चंपारण
(c) बारदोली
(d) बरोड़ा
(e) उपर्युक्त में से कोई नहीं या उपर्युक्त में से एक से अधिक
In which farmers movement did Mahatma Gandhi first participate??
(a) Kheda
(b) Champaran
(c) Bardoli
(d) Baroda
(e) None of the above or more than one of the above

42 BPSC (Pre) 1997-98

उत्तर-(b)

गाँधी जी के प्रारम्भिक आन्दोलन का क्रम – चंपारण किसान आन्दोलन (1917), अहमदाबाद मिल आन्दोलन (1918) तथा खेड़ा किसान आन्दोलन (1918) थे.

19. महाराष्ट्र में रामोसी कृषक जत्था किसने स्थापित किया था?
(a) न्यायमूर्ति रानाडे
(b) गोपाल कृष्ण गोखले
(c) वासुदेव बलवंत फड़के
(d) ज्योतिबा फुले
(e) उपर्युक्त में से कोई नहीं या उपर्युक्त में से एक से अधिक
Who established Ramosi Krishak Jatha in Maharashtra??
(a) Justice Ranade
(b) Gopal Krishna Gokhale
(c) Vasudev Balwant Phadke
(d) Jyotiba Phule
(e) None of the above or more than one of the above

39th BPSC(Pre) 1994

उत्तर-(c)

महाराष्ट्र में रामोसी कृषक जत्था को वासुदेव बलवन्त फड़के ने 1879 ई. में स्थापित किया।

20. अवध के 'एका आंदोलन' का उद्देश्य क्या था?
(a) सरकार को लगान देना बंद करना
(b) जमींदारों के अधिकारों की रक्षा करना
(c) सत्याग्रह की समाप्ति
(d) खरीफ और रबी के समय सरकार को लगान बराबर देना
(e) उपर्युक्त में से कोई नहीं या उपर्युक्त में से एक से अधिक
What was the objective of 'Eka Movement' of Awadh??
(a) To stop paying taxes to the government
(b) To protect the rights of landlords
(c) End of Satyagraha
(d) Paying equal revenue to the government during Kharif and Rabi.
(e) None of the above or more than one of the above

39th BPSC (Pre) 1994

उत्तर-(a)

एका आन्दोलन 1920 ई. में मदारी पासी के नेतृत्व में अवध के बाराबंकी, हरदोई, बहराइच, सीतापुर इत्यादि क्षेत्रों में लगान में बढ़ोत्तरी के विरुद्ध था। इस आन्दोलन का नेतृत्व पिछड़ी जाति के मदारी पासी ने किया।

21. 'नाई धोबी बंद' सामाजिक बाय काट का एक स्वरूप था जो सन 1919 में -
(a) किसानों द्वारा प्रतापगढ़ जिले में चलाया गया था
(b) साधुओं द्वारा चलाया गया आंदोलन जिससे निम्न जाति के लोगों का उद्धार हो सके
(c) जमींदारों द्वारा गांव की निम्न जाति के विरुद्ध चलाया गया कदम
(d) निम्न जाति द्वारा ठेकेदारों के विरुद्ध चलाया गया आंदोलन
(e) उपर्युक्त में से कोई नहीं या उपर्युक्त में से एक से अधिक
'Nai Dhobi Bandh' was a form of social boycott which was started in 1919 -
(a) was run by farmers in Pratapgarh district
(b) The movement launched by the sadhus to liberate the lower caste people.
(c) The action launched by the landlords against the lower caste of the village.
(d) Movement launched by lower castes against contractors
(e) None of the above or more than one of the above

39th BPSC (Pre) 1994

उत्तर-(a)

गौरी शंकर मिश्र, इन्द्र नारायण द्विवेदी तथा मदन मोहन मालवीय के प्रयत्नों से फरवरी, 1918 में अवध में उत्तर प्रदेश किसान सभा का गठन किया गया। इस सभा ने किसानों को जमीदारों तथा तालुकेदारों के शोषण के विरूद्ध संगठित करने का प्रयास किया। इसी क्रम में प्रतापगढ़ में 'नाई-धोबी बंद' नामक आन्दोलन चलाया गया।

22. महात्मा गांधी पर चंपारण सत्याग्रह के लिए कब अभियोग चलाया गया था?
(a) 1916
(b) 1917
(c) 1918
(d) 1919

(e) उपर्युक्त में से कोई नहीं या उपर्युक्त में से एक से अधिक

When was Mahatma Gandhi prosecuted for the Champaran Satyagraha?

(a) 1916
(b) 1917
(c) 1918
(d) 1919
(e) None of the above or more than one of the above

उत्तर-(b)

Bihar CDPO (प्रा.) परीक्षा-2018

गाँधीजी ने 1917 में चंपारण प्रत्याग्रह शुरू किया। चंपारण सत्याग्रह के सफल नेतृत्व के बाद ही रविन्द्रनाथ टैगोर ने गांधीजी को पहली बार महात्मा कहा।

23. चंपारण नील आंदोलन का राष्ट्रीय नेता कौन थे?

(a) महात्मा गांधी
(b) बिरसा मुंडा
(c) बाबा रामचंद्र
(d) राम सिंह
(e) उपर्युक्त में से कोई नहीं या उपर्युक्त में से एक से अधिक

Who was the national leader of Champaran Indigo Movement?

(a) Mahatma Gandhi
(b) Birsa Munda
(c) Baba Ramchandra
(d) Ram Singh
(e) None of the above or more than one of the above

48th-52nd BPSC (Pre) 2007-08

उत्तर-(a)

चम्पारण नील आंदोलन के राष्ट्रीय नेता महात्मा गाँधी थे।

24. जमींदारों द्वारा कृषक से मांगे गए बेगार या अवैध उपकरण को किस नाम से भी जाना जाता था?

(a) वेथी
(b) मेथी
(c) साथी
(d) बिति
(e) उपर्युक्त में से कोई नहीं या उपर्युक्त में से एक से अधिक

By what name was the forced labor or illegal labor demanded from the farmers by the landlords also known??

(a) Vethi
(b) methi
(c) sathi
(d) Biti
(e) None of the above or more than one of the above

Bihar CDPO (प्रा.) परीक्षा-2018

उत्तर-(a)

वथी' अवैध उपकरण की एक प्रचलित प्रणाली थी जिसके माध्यम से भूस्वामी किसानों को बिना किसी परिश्रम के काम करने के लिए मजबूर करते थे।

25. साराबंदी आंदोलन, 1922 किसके नेतृत्व में प्रारंभ हुआ?

(a) चितरंजन दास
(b) सरदार वल्लभभाई पटेल
(c) राजेंद्र प्रसाद
(d) लाला लाजपत राय
(e) उपर्युक्त में से कोई नहीं या उपर्युक्त में से एक से अधिक

Under whose leadership did the Sarabandi Movement, 1922 start?

(a) Chittaranjan Das
(b) Sardar Vallabhbhai Patel
(c) Rajendra Prasad
(d) Lala Lajpat Rai
(e) None of the above or more than one of the above

65 BPSC (Pre) 2019

उत्तर-(b)

साराबन्दी आन्दोलन का नेतृत्व 1922 में सरदार बल्लभ भाई पटेल के नेतृत्व में किया गया था। किसानों द्वारा करों का भुगतान नहीं करने का निर्णय लिया गया था।

26. महात्मा गांधी द्वारा भारत में आरंभ किया गया प्रथम 'सत्याग्रह' था -

(a) खेड़ा सत्याग्रह
(b) चंपारण सत्याग्रह
(c) नमक सत्याग्रह
(d) उपर्युक्त मे से कोई नही
(e) उपर्युक्त में से एक से अधिक

The first 'Satyagraha' started in India by Mahatma Gandhi was -
(a) Kheda Satyagraha
(b) Champaran Satyagraha
(c) Salt Satyagraha
(d) None of the above
(e) More than one of the above

BPSC AE-1995
BPSC Motor Vehicle Insp. 2022

Ans. (b):
वर्ष 1917 में चम्पारण सत्याग्रह महात्मा गांधी द्वारा भारत में आरम्भ किया गया प्रथम 'सत्याग्रह' था।

27. निम्न में से कौन-सा भारत में गांधीजी का प्रथम सत्याग्रह आंदोलन था, जिसमें उन्होंने सविनय अवज्ञा का प्रयोग किया?
(a) चंपारण
(b) खेड़ा
(c) अहमदाबाद
(d) रौलेट सत्याग्रह
(e) उपर्युक्त में से कोई नहीं या उपर्युक्त में से एक से अधिक
Which of the following was Gandhiji's first Satyagraha movement in India, in which he used civil disobedience?
(a) Champaran
(b) Kheda
(c) Ahmedabad
(d) Roulette Satyagraha
(e) None of the above or more than one of the above

66th BPSC (Pre) 2020

उत्तर-(a)
1917 ई. में गांधी जी द्वारा प्रारम्भ किया गया चंपारण आन्दोलन प्रथम सत्याग्रह आंदोलन था, जिसमें उन्होंने सविनय अवज्ञा का प्रयोग किया था।

28. चंपारण में गांधी जी को आमंत्रण किसने दिया?
(a) राजेंद्र प्रसाद
(b) राजकुमार शुक्ल
(c) मजहरूल हक
(d) कृष्ण साहब
(e) उपर्युक्त में से कोई नहीं या उपर्युक्त में से एक से अधिक
Who invited Gandhiji to Champaran?
(a) Rajendra Prasad
(b) Rajkumar Shukla
(c) Mazharul Haq
(d) Krishna Saheb
(e) None of the above or more than one of the above

64th BPSC (Pre) 2018-19

Ans - (b)
1916 में राजकुमार शुक्ल ने लखनऊ जाकर महात्मा गाँधी से मुलाकात की और चंपारण के किसानों को नील की खेती में तीनकठिया करार से मुक्त कराने के लिए आंदोलन का नेतृत्व करने का अनुरोध किया

29. महात्मा गांधी ने अपनी सत्याग्रह की तकनीकी का प्रथम प्रयोग कहां पर किया?
(a) चंपारण (बिहार)
(b) खेड़ा (गुजरात)
(c) अहमदाबाद मिल हड़ताल
(d) रॉलेक्ट एक्ट
(e) उपर्युक्त में से कोई नहीं या उपर्युक्त में से एक से अधिक
Where did Mahatma Gandhi first use his technique of Satyagraha?
(a) Champaran (Bihar)
(b) Kheda (Gujarat)
(c) Ahmedabad Mill Strike
(d) Rowlatt Act
(e) None of the above or more than one of the above

64th BPSC (Pre) 2018-19
28 Bihar (J) GS-2014

उत्तर-(a)
गांधी जी ने सत्याग्रह तकनीकि का पहला प्रयोग 1917 ई. में बिहार के चम्पारण जिले में नील की खेती में प्रचलित तिनकठिया पद्धति के खिलाफ किया।

30. चंपारण आंदोलन से कौन संबंधित नहीं था?
(a) राजेंद्र प्रसाद
(b) अनुग्रह नारायण सिन्हा
(c) जे बी कृपलानी

(d) जयप्रकाश नारायण
(e) उपर्युक्त में से कोई नहीं या उपर्युक्त में से एक से अधिक
Who was not related to Champaran movement??
(a) Rajendra Prasad
(b) Anugrah Narayan Sinha
(c) J. B. Kriplani
(d) Jaiprakash Narayan
(e) None of the above or more than one of the above

42 BPSC (Pre) 1997-98

उत्तर-(d)
जय प्रकाश नारायण का सम्बन्ध भारत छोड़ो आंदोलन (1942) से था।

31. 1917-18 में अहमदाबाद में गांधी जी द्वारा चलाए गए सत्याग्रह में किसने हिस्सा लिया था?
(a) कृषक वर्ग
(b) औद्योगिक कर्मी
(c) जनता
(d) मजदूर
(e) उपर्युक्त में से कोई नहीं या उपर्युक्त में से एक से अधिक
Who took part in the Satyagraha run by Gandhiji in Ahmedabad in 1917-18??
(a) Farmer class
(b) Industrial workers
(c) public
(d) laborer
(e) None of the above or more than one of the above

39th BPSC (Pre) 1994

Ans. - (d)
1918 ई. में अहमदाबाद के मिल मजदूरों की प्लेग बोनस की समस्या को सुलझाने का प्रयास किया। बाद में मिल मालिकों ने गांधी जी द्वारा सुझाये गये 35 प्रतिशत बोनस की मांग को स्वीकार कर लिया।

32. वर्ष 1918 की अहमदाबाद मजदूर हड़ताल का नेतृत्व किसने किया था?
(a) सरदार वल्लभभाई पटेल
(b) एम. के. गांधी
(c) बाल गंगाधर तिलक
(d) गोपाल कृष्ण गोखले
(e) उपर्युक्त में से कोई नहीं या उपर्युक्त में से एक से अधिक
Who led the Ahmedabad labor strike of 1918??
(a) Sardar Vallabhbhai Patel
(b) M.K. Gandhi
(c) Bal Gangadhar Tilak
(d) Gopal Krishna Gokhale
(e) None of the above or more than one of the above

BPSCसांख्यिकी अधिकारी (प्री.) परीक्षा-2016

उत्तर-(b)
अहमदाबाद के मिल मजदूरों और मिल मालिकों के बीच 1918 में प्लेग बोनस को लेकर आरम्भ आंदोलन का नेतृत्व एम. के. गाँधी ने किया था।

33. महात्मा गांधी की दक्षिण अफ्रीका वापसी पर इनमें से किस घटना के कारण उनकी प्रसिद्धि मिली?
(a) चंपारण सत्याग्रह
(b) दांडी यात्रा
(c) नंगा साधु कहे जाने पर
(d) बारदोली सत्याग्रह
(e) उपर्युक्त में से कोई नहीं या उपर्युक्त में से एक से अधिक
Which of the following incidents brought fame to Mahatma Gandhi on his return to South Africa?
(a) Champaran Satyagraha
(b) Dandi March
(c) On being called a naked saint
(d) Bardoli Satyagraha
(e) None of the above or more than one of the above

Bihar CDPO (प्रा.) परीक्षा-2005

उत्तर-(a)
चम्पारण सत्याग्रह (1917) में सफलता के कारण ही टैगोर ने गाँधीजी को 'महात्मा' कहा। इसी आंदोलन से गाँधीजी जननेता बन गए।

34. गांधीजी ने भारतीय राजनीति में प्रवेश किया-
(a) चंपारण आंदोलन से
(b) खेड़ा आंदोलन से
(c) असहयोग आंदोलन से

(d) रॉलेक्ट एक्ट आंदोलनसे
(e) उपर्युक्त में से कोई नहीं या उपर्युक्त में से एक से अधिक
Gandhiji entered Indian politics-
(a) Champaran movement
(b) Kheda movement
(c) Non-cooperation movement
(d) Rowlatt Act Movement From
(e) None of the above or more than one of the above

Bihar CDPO (प्रा.) परीक्षा-2005

उत्तर-(a)

9 January, 1915 में दक्षिण अफ्रीका से भारत लौटने के बाद गांधीजी ने भारतीय राजनीति में प्रवेश 1917 के चम्पारण सत्याग्रह से किया।

35. 'पंजाब भूमि हस्तांतरण अधिनियम' कब पारित किया गया?
(a) 1850
(b) 1895
(c) 1900
(d) 1905
(e) उपर्युक्त में से कोई नहीं है / उपर्युक्त में से एक से अधिक
When was the 'Punjab Land Transfer Act' passed??
(a) 1850
(b) 1895
(c) 1900
(d) 1905
(e) None of the above / More than one of the above

63rd BPSC (Pre) 2017-18

उत्तर-(c)

पंजाब भूमि हस्तान्तरण अधिनियम, 1900 में कर्जन के द्वारा लाया गया।

36. Who presided over the first Session of the All India Kisan Sabha? ऑल इंडिया किसान सभा के पहले अधिवेशन में कौन अध्यक्ष थे?
(a) Narendra Dev /नरेन्द्र देव
(b) Sahajanand Saraswati / सहजानन्द सरस्वती
(c) Sampurnanand / सम्पूर्णानन्द
(d) More than one of the above / उपर्युक्त में से एक से अधिक
(e) None of the above / उपर्युक्त में से कोई नहीं

BPSC TRE 2.0 14/12/2023 Paper-I

Ans. (b)

1936 में कांग्रेस के लखनऊ अधिवेशन में अखिल भारतीय किसान सभा (All Indian Kisan Sabha) का गठन किया गया जिसके पहले अध्यक्ष सहजानंद सरस्वती थे।

37. चम्पारण आन्दोलन के जन आन्दोलन की प्रतिक्रिया में ब्रिटिश सरकार ने इस मुद्दे के समाधान के लिए कौन- सा कदम उठाया?
(a) महात्मा गाँधी को चम्पारण का राज्यपाल नियुक्त किया
(b) क्षेत्र में सख्त कर्फ्यू लागू किया और मार्शल लॉ लगाया
(c) चम्पारण कृषि समिति की स्थापना की
(d) चम्पारण को एक स्वतंत्र राज्य घोषित किया
(e) उपर्युक्त में से कोई नहीं / उपर्युक्त में से एक से अधिक
In response to the mass movement of Champaran movement, which step was taken by the British government to resolve this issue?
(a) Mahatma Gandhi was appointed the Governor of Champaran.
(b) Enacted strict curfew and martial law in the area
(c) Champaran Agricultural Committee was established
(d) Champaran was declared an independent state
(e) None of the above / More than one of the above

69th BPSC (Pre) 2023

Ans. (c)

चम्पारण आन्दोलन में ब्रिटिश सरकार ने तिनकठिया मुद्दे के समाधान के लिए चम्पारण कृषि जाँच समिति की स्थापना की थी। जिसमें महात्मा गांधी को भी सदस्य बनाया गया।

38. निम्नलिखित में से किस आन्दोलन में महात्मा गाँधी ने भूख हड़ताल को हथियार के रूप में सर्वप्रथम प्रयोग किया था?
(a) असहयोग आन्दोलन
(b) बरदोली सत्याग्रह
(c) अहमदाबाद हड़ताल
(d) रौलट सत्याग्रह
(e) उपर्युक्त में से कोई नहीं / उपर्युक्त में से एक से अधिक

In which of the following movements did Mahatma Gandhi first use hunger strike as a weapon?

(a) Non-cooperation movement
(b) Bardoli Satyagraha
(c) Ahmedabad strike
(d) Rowlatt Satyagraha
(e) None of the above / More than one of the above

69th BPSC (Pre) 2023

Ans. (c)

अहमदाबाद हड़ताल (15 मार्च, 1918) आंदोलन के दौरान महात्मा गाँधी ने भूख हड़ताल को हथियार के रूप में सर्वप्रथम प्रयोग किया था।

39. गांधी जी को विशेष रूप से चम्पारण आने और वहाँ के कृषकों की दयनीय स्थिति को देखने हेतु किसने अनुग्रह किया था?

(a) बृजकिशोर प्रसाद
(b) राजकुमार शुक्ल
(c) सुखराम गणेश
(d) उपर्युक्त में से एक से अधिक
(e) उपर्युक्त में से कोई नहीं

Who especially favored Gandhiji to come to Champaran and see the miserable condition of the farmers there?

(a) Brijkishore Prasad
(b) Rajkumar Shukla
(c) Sukhram Ganesh
(d) More than one of the above
(e) None of the above

BPSC School Teacher 2023 (Paper-III)
BPSC TRE 2.0, 2023 (Paper I)
BPSC TRE 2.0, 2023

Ans. (b)

गांधी जी को विशेष रूप से चम्पारण आने और वहाँ के कृषकों की दयनीय स्थिति को देखने हेतु राजकुमार शुक्ल ने अनुग्रह किया था।

40. भारतीय किसानों के इतिहास में संगठित असहयोग का प्रथम उदाहरण कहाँ घटित हुआ था?

(a) बिहार एवं बंगाल
(b) मद्रास प्रेसीडेंसी
(c) पंजाब प्रॉविन्स
(d) उपर्युक्त में से एक से अधिक
(e) उपर्युक्त में से कोई नहीं

Where in the history of Indian farmers did the first example of organized non-cooperation take place?

(a) Bihar and Bengal
(b) Madras Presidency
(c) Punjab Province
(d) More than one of the above
(e) None of the above

BPSC School Teacher 2023 (Paper-III)

Ans. (a)

बिहारी विद्रोह या बंगाल के किसान विद्रोह में भारतीय किसानों का संगठित असहयोग का प्रथम उदाहरण 1781 में बिहार (बंगाल प्रेसीडेंसी) में घटित हुआ था।

41. सूची-1 को सूची-II से सुमेलित कीजिए और सूचियों के नीचे दिए गए कूट से सही उत्तर का चयन कीजिए :

सूची-1 (आन्दोलनों के नाम)	सूची-II (महत्त्वपूर्ण केन्द्र)
a. नील के पौधे लगाने वालों का आन्दोलन	1. अहमदाबाद
b. खेतिहर सत्याग्रह	2. चम्पारण
c. कपास मिल मजदूरों का सत्याग्रह	3. खेड़ा
d. असहयोग आन्दोलन को बंद करने के लिए आन्दोलन	4. चौरी चौरा

कूट: a b c d

(a) 1 2 3 4
(b) 3 4 2 1
(c) 2 3 1 4
(d) उपर्युक्त में से एक से अधिक
(e) उपर्युक्त में से कोई नहीं

Match List-I with List-II and select the correct answer from the codes given below the lists:

List-I (Names of movements)	List-II (Important centers)
a. Movement of indigo planters	1. Ahmedabad
b. Agricultural Satyagraha	2. Champaran
c. Satyagraha of cotton mill workers	3. Kheda
d. Movement to stop non-cooperation movement	4. Chauri Chaura

Code:

a b c d

(a) 1 2 3 4

(b) 3 4 2 1

(c) 2 3 1 4

(d) More than one of the above

(e) None of the above

BPSC School Teacher 2023(Paper-II) Shift-2

Ans. (c):

सूची-1 (आन्दोलनों)	सूची-II (महत्त्वपूर्ण केन्द्र)
नील के पौधे लगाने वालों का आन्दोलन	चम्पारण
खेतिहर सत्याग्रह	खेड़ा
कपास मिल मजदूरों का सत्याग्रह	अहमदाबाद
असहयोग आन्दोलन को बंद करने के लिए आन्दोलन	चौरी चौरा

42. चम्पारण नील आन्दोलन के दौरान महात्मा गाँधी के साथ कौन थे?

(a) नरहरि पारीख

(b) महादेव देसाई

(c) अब्दुल बारी

(d) उपर्युक्त में से एक से अधिक

(e) उपर्युक्त में से कोई नहीं

Who was with Mahatma Gandhi during the Champaran Indigo Movement?

(a) Narhari Parikh

(b) Mahadev Desai

(c) Abdul Bari

(d) More than one of the above

(e) None of the above

BPSC School Teacher 2023 (Paper-II) Shift-2

Ans. (d):

1917 में चम्पारण सत्याग्रह में महात्मा गाँधी के साथ अनुग्रह सिंह, राजेन्द्र प्रसाद, बृज किशोर, महादेव देसाई, जे.बी. कृपलानी, नरहरि पारीख, मजहर-उल-हक आदि थे।

43. निम्नलिखित आन्दोलनों में से किसका सरदार वल्लभभाई पटेल द्वारा नेतृत्व किया गया और वह सफल रहा था?

(a) खादी खेतिहरों के समर्थन में सत्याग्रह, गुजरात

(b) कपास मिलों के कर्मचारियों का सत्याग्रह, अहमदाबाद, गुजरात

(c) बारदोली सत्याग्रह, गुजरात

(d) उपर्युक्त में से एक से अधिक

(e) उपर्युक्त में से कोई नहीं

Which of the following movements was led by Sardar Vallabhbhai Patel and was successful?

(a) Satyagraha in support of Khadi farmers, Gujarat

(b) Satyagraha of cotton mill employees, Ahmedabad, Gujarat

(c) Bardoli Satyagraha, Gujarat

(d) More than one of the above

(e) None of the above

BPSC School Teacher 2023 (Paper II) Shift-1

Ans. (c)

किसानों के लगान में 30 प्रतिशत की वृद्धि के कारण सरदार वल्लभभाई पटेल ने 1928 ई. में गुजरात के बारदोली में हुए किसान आन्दोलन का नेतृत्व किया था।

इसी आन्दोलन के पश्चात बारदौली की महिलाओं ने उन्हें 'सरदार' की उपाधि प्रदान की गयी।

44. 1918 के किस महीने में 'चम्पारण कृषि कानून (चम्पारण एग्रेरियन एक्ट)' यूरोपीय नील बागान के स्वामी के विरुद्ध पारित हुआ था?

(a) फरवरी

(b) मई

(c) नवम्बर
(d) उपर्युक्त में से एक से अधिक
(e) उपर्युक्त में से कोई नहीं
In which month of 1918 was the 'Champaran Agrarian Act' passed against the European indigo plantation owners?
(a) February
(b) May
(c) November
(d) More than one of the above
(e) None of the above

BPSC School Teacher 2023 (Paper II) Shift-1

Ans. (e)
नील सत्याग्रह/नील आंदोलन के बाद 4 मार्च, 1918 को यूरोपीय नील बागान मालिकों के विरूद्ध सरकार ने चम्पारण कृषि कानून (चम्पारण एग्रेरियन एक्ट) पारित किया गया। इसी कानून के तहत बिहार, ओडिशा व बंगाल के कुछ प्रांतों में प्रचलित तिनकठिया पद्धति समाप्त कर दी गई और बागन मालिकों को अवैध वसूली का 25% वापिस करने को कहा.

45. 1917 में चंपारण सत्याग्रह के दौरान भारत में गाँधी के जीवन पर पहले ज्ञात प्रयास के पीछे कौन था?
(a) डॉ. ग्रांट
(b) एच. एस. पोलक
(c) इरविन
(d) उपर्युक्त में से एक से अधिक
(e) उपर्युक्त में से कोई नहीं
Who was behind the first known attempt on Gandhi's life in India during the Champaran Satyagraha in 1917?
(a) Dr. Grant
(b) H.S. Pollock
(c) Irwin
(d) More than one of the above
(e) None of the above

BPSC School Teacher 2023 (Paper II) Shift-1

Ans. (c)
चम्पारन सत्याग्रह के दौरान गाँधी जी को रोकने के लिए एक ब्रिटिश बागान प्रबंधक 'इरविन' ने कार्यवाही करने का निर्णय लिया। उसने रात्रि भोज का निमंत्रण देकर गाँधी जी की हत्या का षड़यंत्र रचा परन्तु रसोईया बतख मियाँ ने गाँधी जी की जान बचाई थी।

46. At which of the following Sessions of the Indian National Congress did the Champaran trouble come up for discussion? / भारतीय राष्ट्रीय काँग्रेस के किस अधिवेशन में चंपारण समस्या, चर्चा का विषय बना?
(a) Calcutta, 1911/कलकत्ता, 1911
(b) Patna, 1912/पटना, 1919
(c) Ramgarh, 1940/रामगढ़ 1940
(d) More than one of the above/उपर्युक्त में से एक से अधिक
(e) None of the above/उपर्युक्त में से कोई नहीं

BPSC TRE 2.0 09/12/2023 (Paper-II)

Ans.(e)
काँग्रेस के लखनऊ अधिवेशन (1916) में चंपारण के राज कुमार शुक्ल ने गाँधीजी से मुलाकात की और नील उत्पादकों की शिकायतें रखी। लखनऊ अधिवेश में ही कृषि संकट की जाँच के संबंध में ब्रजकिशोर प्रसाद द्वारा एक प्रस्ताव पेश किया गया था।

47. Who set up the Awadh Kisan Sabha? किसने अवध किसान सभा की स्थापना की थी?
(a) Baba Ramchandra Das/बाबा रामचन्द्र दास
(b) Dayananda Saraswati / दयानन्द सरस्वती
(c) Birsa Munda/बिरसा मुण्डा
(d) More than one of the above / उपर्युक्त में से एक से अधिक
(e) None of the above/उपर्युक्त में से कोई नहीं

BPSC TRE2.0 SST 6th to 8th (9 Dec, 2023)

Ans. (a):
बाबा रामचन्द्र दास ने अवध किसान सभा की स्थापना 1920 में की थी।

48. Who opened first India Jute Mill in Calcutta in 19172/1917 में कलकत्ता में प्रथम भारतीय जूट मिल की स्थापना किसने की थी?
(a) Seth Hukumchand/सेठ हुकुमचन्द
(b) Dwarkanath Tagore/द्वारकानाथ टैगोर
(c) Jamsetjee Jejeebhoy/जमशेदजी जीजीभॉय

(d) More than one of the above उपर्युक्त में से एक से अधिक
(e) None of the above / उपर्युक्त में से कोई नहीं

BPSC TRE2.0 SST 6th to 8th (9 Dec, 2023)

Ans. (a)

1917 में सेठ हुकुमचन्द ने कलकत्ता में पहली भारतीय जूट मिल की स्थापना की थी।

49. Raj Kumar Shukla persuaded which leader to come to Bihar and lead their movement?
राजकुमार शुक्ला ने किस नेता को बिहार आने और उनके आंदोलन को नेतृत्व प्रदान करने के के लिए राजी किया?
(a) Jawaharlal Nehru/जवाहर लाल नेहरू
(b) J. B. Kripalani/जे. बी. कृपलानी
(c) Rajendra Prasad/राजेन्द्र प्रसार
(d) More than one of the above /उपर्युक्त में से एक से अधिक
(e) None of the above / उपर्युक्त में से कोई नहीं

BPSC TRE 2.0 10/12/2023 (Paper-III)

Ans. (e)

राजकुमार शुक्ल पहली बार 1916 में गांधी जी से लखनऊ में मिले और गांधी जी को चंपारण आने के लिए राजी किया। गांधी जी 1917 में चंपारण सत्याग्रह आरंभ किया और तिकठिया प्रणाली को समाप्त किया।

50. स्वामी सहजानंद निम्न में से किससे संबंधित है?
(a) बिहार में जनजाति आंदोलन
(b) बिहार में मजदूर आंदोलन
(c) बिहार में किसान आंदोलन
(d) बिहार में जाति आंदोलन
(e) उपर्युक्त में से कोई नहीं या उपर्युक्त में से एक से अधिक
Swami Sahajanand is related to which of the following?
(a) Tribal movement in Bihar
(b) Labor movement in Bihar
(c) Farmer movement in Bihar
(d) Caste movement in Bihar
(e) None of the above or more than one of the above

66th BPSC (Pre) 2020
42 BPSC (Pre) 1997-98

उत्तर-(c)

स्वामी सहजानंद (किसान प्राण) ने बिहार प्रांतीय किसान सभा की स्थापना की थी और वे अखिल भारतीय किसान सभा के अध्यक्ष भी बने थे।

51. बिहार में तीनकठिया पद्धति में नील की खेती के लिए भूमि का कितना भाग अमानत रखा जाता था?
(a) 1/10
(b) 1/03
(c) 3/20
(d) 3/25
(e) उपर्युक्त में से कोई नहीं या उपर्युक्त में से एक से अधिक
In Bihar, how much part of the land was kept in trust for the cultivation of indigo in the Tinkathia system??
(a) 1/10
(b) 1/03
(c) 3/20
(d) 3/25
(e) None of the above or more than one of the above

66th BPSC (Pre) 2020

उत्तर-(c)

तिनकठिया प्रथा के अंतर्गत अंग्रेज मालिकों द्वारा बिहार के चम्पारण जिले के किसान को 3/20 भाग पर नील की खेती के लिए मजबूर किया जाता था।

52. 1922-23 में मुंगेर में किसान सभा का गठन किसने किया?
(a) स्वामी सहजानंद सरस्वती
(b) श्री कृष्ण सिंह
(c) मौहम्मद जुबैर
(d) के. एन. सिंह
(e) उपर्युक्त में से कोई नहीं या उपर्युक्त में से एक से अधिक
1922-23 Who formed the Kisan Sabha in Munger?
(a) Swami Sahajanand Saraswati
(b) Shri Krishna Singh
(c) Mohammad Zubair
(d) K. N. Singh
(e) None of the above or more than one of the above

63 BPSC (Pre) 2017-18

Ans. - (e)

1922-23 में मुंगेर में किसान सभा का गठन मोहम्मद ज़ुबैर और श्री कृष्ण सिंह ने की।

53. बिहार के कौन से स्थान में गांधी जी ने अपना प्रथम सत्याग्रह किया था?
(a) चंपारण
(b) छपरा
(c) बेतिया
(d) पटना
(e) उपर्युक्त में से कोई नहीं या उपर्युक्त में से एक से अधिक
In which place of Bihar did Gandhiji conduct his first Satyagraha?
(a) Champaran
(b) Chhapra
(c) Bettiah
(d) Patna
(e) None of the above or more than one of the above

56th-59nd BPSC (Pre) 2015
48th-52nd BPSC (Pre) 2007-08

उत्तर-(a)

तिनकठिया प्रथा के विरुद्ध भारत में सत्याग्रह का प्रथम प्रयोग गाँधीजी द्वारा वर्ष 1917 में बिहार के चम्पारण में किया गया।

54. Which place is famous for a sweet 'khajha'? कौन-सा स्थान 'खाजा' नामक मिष्ठान के लिए प्रसिद्ध है?
(a) Silao/सिलाव
(b) Bihar Sharif/बिहार शरीफ
(c) Chandi/चण्डी
(d) More than one of the above / उपर्युक्त में से एक से अधिक
(e) None of the above/उपर्युक्त में से कोई नहीं

BPSC TRE2.0 SST 6th to 8th (9 Dec, 2023)

Ans. (a):

बिहार प्रांत में स्थित सिलाव नामक स्थान खाजा मिष्ठान के लिए प्रसिद्ध है। इसे हाल ही में भौगोलिक संकेत (GI) दिया गया है।

55. Bhagalpur region is famous for भागलपुर क्षेत्र प्रसिद्ध है
(a) Cotton and silk industries कॉटन एवं सिल्क उद्योग के लिए
(b) Iron industres/लौह उद्योग के लिए
(c) Railways/रेलवे के लिए
(d) More than one of the above उपर्युक्त में से एक से अधिक
(e) None of the above / उपर्युक्त में से कोई नहीं

BPSC TRE2.0 SST 6th to 8th (9 Dec, 2023)

Ans. (a):

बिहार का भागलपुर क्षेत्र कॉटन एवं सिल्क उद्योग के लिए प्रसिद्ध है। भागलपुर में ही सिल्क इंस्टीटयूट और कृषि विश्वविद्यालय स्थित है।

56. Which one of the following pairs is correct? निम्न में से कौन-सा युग्म सही है?
(a) Litchi - Muzaffarpur/लीची-मुजफ्फरपुर
(b) Banana - Vaishali/केला-वैशाली
(c) Makhana - Madhubani/मखाना-मधुबनी
(d) More than one of the above उपर्युक्त में से एक से अधिक
(e) None of the above /उपर्युक्त में से कोई नहीं

BPSC TRE2.0 SST 6th to 8th (9 Dec, 2023)

Ans. (d) :

लीची - मुजफ्फरपुर
केला - वैशाली
मखाना - मधुबनी

57. 1937-1938 के दौरान, बिहार में बकाश्त आन्दोलन किसके द्वारा आयोजित किया गया था?
(a) स्वामी दयानन्द सरस्वती
(b) जय प्रकाश नारायण
(c) स्वामी सहजानन्द सरस्वती
(d) पीर अली खान
(e) उपर्युक्त में से कोई नहीं / उपर्युक्त में से एक से अधिक
During 1937-1938, the Bakasht Movement was organized in Bihar by?
(a) Swami Dayanand Saraswati
(b) Jai Prakash Narayan
(c) Swami Sahajanand Saraswati
(d) Peer Ali Khan

(e) None of the above / More than one of the above

69th BPSC (Pre) 2023

Ans. (c):
जमीदारों द्वारा बकाश्त भूमि से किरायेदारों को बेदखल करने के खिलाफ 1937-38 में, बिहार में बकाश्त आंदोलन स्वामी सहजानन्द सरस्वती के द्वारा आयोजित किया गया था।

58. बिहार का वह रसोइया, जिसने 1917 में महात्मा गाँधी की हत्या के प्रयास को विफल कर उनके भोजन में मिले जहर से उनकी जान बचाई थी, था
(a) मुजफ्फर अहमद
(b) बटक मियाँ
(c) मीर बकवाल
(d) इनमें से कोई नहीं
(e) उपर्युक्त में से कोई नहीं / उपर्युक्त में से एक से अधिक

The cook from Bihar, who foiled an assassination attempt on Mahatma Gandhi in 1917 and saved his life from poison mixed in his food, was
(a) Muzaffar Ahmed
(b) Batak Miyan
(c) Mir Bakwal
(d) none of these
(e) None of the above / More than one of the above

69th BPSC (Pre) 2023

Ans. (b)
बिहार के बतक मियां नामक रसोइया ने 1917 में महात्मा गाँधी की हत्या के प्रयास को विफल कर उनके भोजन में मिले जहर से उनकी जान बचाई थी।

59. प्रथम बार संघर्ष के तरीकों के रूप में स्वदेशी एवं बहिष्कार किसके दौरान अपनाए गए थे?
(a) होमरूल आंदोलन
(b) साइमन कमीशन के भारत आगमन
(c) बंगाल विभाजन
(d) उपर्युक्त में से कोई नहीं
(e) उपर्युक्त में से एक से अधिक

During which period were Swadeshi and boycott adopted as methods of struggle for the first time?
(a) Home Rule Movement
(b) Simon Commission's arrival in India
(c) Partition of Bengal
(d) None of the above
(e) More than one of the above

68 BPSC (Pre)-2022 (12-02-2023)

Ans. (c):
स्वदेशी एवं बहिष्कार बंगाल विभाजन, 1905 के दौरान अपनाए गये थे।

60. स्वतंत्रता आंदोलन के प्रथम चरण में अतिवादी भारतीय नेतृत्व द्वारा निम्नलिखित में से किस को समझा और संगठित किया गया?
(a) आर्य समाज
(b) भारतीय विश्वविद्यालय अधिनियम,1904
(c) बहिष्कार और स्वदेशी आंदोलन
(d) असहयोग आंदोलन
(e) उपर्युक्त में से कोई नहीं या उपर्युक्त में से एक से अधिक

Which of the following was understood and organized by the extremist Indian leadership in the first phase of the independence movement?
(a) Arya Samaj
(b) Indian Universities Act, 1904
(c) Boycott and Swadeshi movement
(d) Non-cooperation movement
(e) None of the above or more than one of the above

BPSC Head Master 2022

Ans. (c)
स्वतंत्रता आंदोलन के प्रथम चरण 1885 से 1905 ई. में अतिवादी/गरमदल भारतीय नेतृत्व द्वारा बहिष्कार व स्वदेशी आंदोलन को समझा और संगठित किया गया था जो बंगाल विभाजन, 1905 के विरोध में शुरू किए गए.

61. बारदौली सत्याग्रह में मुख्य भूमिका किसने निभाई थी?
(a) वल्लभभाई पटेल
(b) जवाहरलाल नेहरू
(c) महात्मा गांधी ज़ी
(d) बाल गंगाधर तिलक

Who played the main role in Bardauli Satyagraha?
(a) Vallabhbhai Patel
(b) Jawaharlal Nehru
(c) Mahatma Gandhiji
(d) Bal Gangadhar Tilak

Bihar Police Fireman Constable Exam 27/03/2022 (Shift-I)

Ans. (a)

1928 में गुजरात में किसान आन्दोलन (बारदौली सत्याग्रह) का नेतृत्व सरदार पटेल ने किया उस समय प्रांतीय- सरकार ने किसानों के लगान में 30% तक की वृद्धि कर दी थी। पटेल ने इस लगान का जमकर विरोध किया। इस आन्दोलन की सफलता के बाद वहाँ की महिलाओं के कहने पर महात्मा गांधी ने वल्लभभाई पटेल को सरदार की उपाधि प्रदान की।

62. निम्नलिखित में से कौन सा विद्रोह बंकिम चन्द्र चटर्जी के उपन्यास आनंदमठ के द्वारा प्रसिद्ध हुआ?
(a) भील विद्रोह
(b) रंगपुर तथा दीनापुर विद्रोह
(c) विष्णुपुर तथा बीरभूम विद्रोह
(d) संन्यासी विद्रोह

Which of the following rebellions became famous through Bankim Chandra Chatterjee's novel Anandamath?
(a) Bhil rebellion
(b) Rangpur and Dinapur rebellion
(c) Vishnupur and Birbhum rebellion
(d) Sanyasi rebellion

BSSC Second Graduate Level (Pre) Exam 18.12.2011

Ans. (d) :

बंकिम चन्द्र चटर्जी के उपन्यास आनंदमठ के द्वारा संन्यासी विद्रोह प्रसिद्ध हुआ।

संन्यासी विद्रोह बंगाल में वर्ष 1763- 1800 के बीच हुआ था।

INM

जनजातीय/अन्य प्रमुख आंदोलन

(Tribal/Other Major Movements)

1. 1855 ई. में संथाल विद्रोह का नेतृत्व किसने किया?
(a) सिद्धू और कान्हू
(b) बुधु भगत और तेजा भगत
(c) मुलु मानेक और जोधा मानेक
(d) मदारी पासी और सहदेव
(e) उपर्युक्त में से कोई नहीं / उपर्युक्त में से एक से अधिक
Who led the Santhal rebellion in 1855 AD?
(a) Sidhu and Kanhu
(b) Budhu Bhagat and Teja Bhagat
(c) Mulu Manek and Jodha Manek
(d) Madari Pasi and Sahadev
(e) None of the above / More than one of the above

67th BPSC (Pre) 2022
67TH BPSC (Pre) Nirast 2021
28TH Bihar (J) G.S. 2014

ANSWER – A

1855 ई. में संथाल विद्रोह का नेतृत्व सिद्धों और कान्हू ने किया था।

2. बंकिम चंद्र चटर्जी चटर्जी के आनंद मठ में किस विद्रोह का उल्लेख है?
(a) सन्यासी
(b) कूका
(c) संथाल
(d) नील
(e) उपर्युक्त में से कोई नहीं /उपर्युक्त में से एक से अधिक
Which rebellion is mentioned in Bankim Chandra Chatterjee Chatterjee's Anand Math?
(a) The hermit
(b) Kuka
(c) Santhal
(d) Neel
(e) None of the above / More than one of the above

67TH BPSC (Pre) Nirast 2021

ANSWER – A

बंकिम चन्द्र चटर्जी के प्रसिद्ध उपन्यास 'आनन्द मठ' में संन्यासी विद्रोह का उल्लेख मिलता है। यह विद्रोह 1770 ई. में बंगाल में आरंभ हुआ था तथा जिसका मुख्य कारण बंगाल में पडें भीषण अकाल तथा तीर्थस्थलों की यात्रा पर लगे प्रतिबंध से उत्पन्न असंतोष था।

3. मुंडा विद्रोह का नेता कौन था?
(a) सिद्धू
(b) बिरसा
(c) कान्हू
(d) तिलक मांझी
(e) उपर्युक्त में से कोई नहीं /उपर्युक्त में से एक से अधिक
Who was the leader of Munda rebellion?
(a) Sidhu
(b) Birsa
(c) Kanhu
(d) Tilak Manjhi
(e) None of the above / More than one of the above

66TH BPSC (Pre) (Re-Exam) 2020

ANSWER – B

बिरसा मुंडा के नेतृत्व में 19वीं सदी के आखिरी दशक में किया गया मुंडा विद्रोह उन्नींसवी सदी के सर्वाधिक महत्वपूर्ण जनजातीय आन्दोलनों में से एक था। इसे उलगुलान (महान हलचल) नाम से भी जाना जाता है।

4. 1831 में बुद्धो भगत के नेतृत्व में कोल विद्रोह किस क्षेत्र में हुआ?
(a) कच्छ
(b) सिंहभूम
(c) पश्चिमी घाट
(d) सातारा
(e) उपर्युक्तमें से कोई नहीं /उपर्युक्त में से एक से अधिक
In which area did the Kol rebellion take place under the leadership of Buddho Bhagat in 1831?

(a) Kutch
(b) Singhbhum
(c) Western Ghats
(d) Satara
(e) None of the above / More than one of the above

66th BPSC (Pre) 2020

ANSWER – B

कोल विद्रोह कोल जनजाति द्वारा अंग्रेजी सरकार के अत्याचार के खिलाफ 1931 ई. में झारखण्ड के सिंहभूमि, पलामू, हजारीबाग आदि क्षेत्रों में किया गया था।

5. किस स्थान पर आदिवासियों ने अंग्रेजो के खिलाफ विद्रोह किया?
(a) बिहार
(b) पंजाब
(c) सिंध
(d) काठियावाड़
(e) उपर्युक्त में से कोई नहीं / उपर्युक्त में से एक से अधिक

At which place did the tribals revolt against the British?
(a) Bihar
(b) Punjab
(c) Sindh
(d) Kathiawar
(e) None of the above / More than one of the above

64th BPSC (Pre)2018-19

ANSWER – E

आदिवासियों ने बिहार में भागलपुर से राजमहल के बीच एक संथाल बहुल क्षेत्र 'दामिन-ए-कोह' में विद्रोह किया था। इस विद्रोह के नेता सिद्ध और कान्हू नामक दो भाई थे। वर्तमान में यह क्षेत्र झारखण्ड में है.

6. 1875 के 'दक्कन के दंगों' का तत्कालीन कारण था –
(a) अकाल की छाया
(b) महाजनों के द्वारा ऊंची ब्याज दर
(c) ऊंची भू राजस्व दर
(d) जबरदस्ती किए गए धार्मिक सुधार का विरोध
(e) उपर्युक्त में से कोई नहीं / उपर्युक्त में से एक से अधिक

The immediate reason for the 'Deccan Riots' of 1875 was –
(a) Shadow of famine
(b) High interest rates charged by moneylenders
(c) High land revenue rate
(d) Opposition to forced religious reform
(e) None of the above / More than one of the above

64th BPSC (Pre)2018-19

ANSWER – B

दक्कन विद्रोह 1873 में प्रारंभ हुआ। दक्कन विद्रोह का कारण रैय्यतवाड़ी व्यवस्था में ज्यादा भू-राजस्व दर थी थी।

किसानों की स्थिति में सुधार हेतु 1879 ई. में दक्कन कृषक राहत अधिनियम पारित किया गया।

7. निम्न में से संथाल विद्रोह कब हुआ था?
(a) 1831 -32 ई.
(b) 1844 -46 ई.
(c) 1951 -52 ई.
(d) 1855 -56 ई.
(e) उपरोक्त में से कोई नहीं / उपरोक्त में से एक से अधिक

When among the following did the Santhal rebellion take place?
(a) 1831 - 32 AD
(b) 1844 - 46 AD
(c) 1951 - 52 AD.
(d) 1855 - 56 AD
(e) None of the above / More than one of the above

60th to 62nd BPSC (Pre) 2016-17

ANSWER – D

सिद्ध और कान्हू के नेतृत्व में संथाल विद्रोह शासको और जमींदारों का शोषण के खिलाफ 1855-56 ई. में भागलपुर से राजमहल के क्षेत्रों के मध्य हुआ था।

8. कूका आंदोलन को किसने संगठित किया?
(a) गुरु रामदास
(b) गुरु नानक
(c) गुरु राम सिंह
(d) गुरु गोविंद सिंह
(e) उपयुक्त में से कोई नहीं/उपयुक्त में से एक से अधिक

Who organized the Kuka movement?
(a) Guru Ramdas
(b) Guru Nanak

(c) Guru Ram Singh
(d) Guru Gobind Singh
(e) None of the above/More than one of the above

45th BPSC (Pre) 2002

ANSWER – C

कूका आन्दोलन की शुरूआत 1840 में पश्चिमी पंजाब में भगत जवाहरमल ने की। इसका उद्देश्य सिक्ख धर्म में आई कुरीतियों को दूर कर उसे पवित्र बनाना था। बाद में

पंजाब से अंग्रेजो को निकाल बाहर करना भी कूकाओं का प्रमुख लक्ष्य बन गया। इसके प्रमुख नेता रामसिंह कूका को रंगून निर्वासित तथा 1885 ई. में रंगून में मृत्यु हुई।

9. मुंडाओं ने विद्रोह खड़ा किया-
(a) 1885 में
(b) 1888 में
(c) 1890 में
(d) 1895 में
(e) उपयुक्त में से कोई नहीं/उपयुक्त में से एक से अधिक
Mundas raised a rebellion-
(a) in 1885
(b) in 1888
(c) in 1890
(d) in 1895
(e) None of the above/More than one of the above

45th BPSC (Pre) 2002

ANSWER –D

मुंडा आदिवासियों का विद्रोह 1895-1900 के बीच हुआ। इसका नेतृत्व बिरसा मुंडा ने किया था। मुंडा सरदार 30 वर्षों में सामूहिक खेती के लिए लड़ते रहें। 1895 में बिरसा मुंडा ने अपने आपको भगवान का दूत घोषित कर दिया। इसे उल्गुलान (महान हलचल) विद्रोह के नाम से भी जाना जाता है।

10. हो - मुंडा विद्रोह हुआ-
(a) 1620 - 21 के दौरान
(b) 1720 -21 के दौरान
(c) 1820 -21 के दौरान
(d) 1920 -21 के दौरान
(e) उपयुक्त में से कोई नहीं/उपयुक्त में से एक से अधिक
Ho - Munda rebellion took place -
(a) During 1620-21
(b) During 1720-21
(c) During 1820-21
(d) During 1920-21
(e) None of the above/More than one of the above

43th BPSC (Pre) 1999

ANSWER – C

छोटा नागपुर तथा सिंहभूम जिले के हो तथा मुण्डा लोगों ने कम्पनी के विरुद्ध 1820-21 के दौरान विद्रोह कर दिया।

11. बिरसा मुंडा के गुरु कौन थे?
(a) स्वामी सहजानंद
(b) आनंद पांड
(c) जात्रा भगत
(d) एम. एन. रॉय
(e) उपयुक्त में से कोई नहीं/उपयुक्त में से एक से अधिक
Who was the guru of Birsa Munda?
(a) Swami Sahajanand
(b) Anand Pand
(c) Jatra Bhagat
(d) M.N. Roy
(e) None of the above/More than one of the above

40th BPSC (Pre) 1995

ANSWER – B

आनन्द पाण्ड (आनंद स्वांसी), बिरसा मुंडा के गुरू थे।

12. मानव बलि प्रथा का निषेध करने के कारण अंग्रेजों के विरुद्ध विद्रोह करने वाली जनजाति का नाम बताएं-
(a) कूकी
(b) खोंड
(c) उरांव
(d) नागदा
(e) उपयुक्त में से कोई नहीं / उपयुक्त में से एक से अधिक
Name the tribe that rebelled against the British because of the prohibition of human sacrifice.
(a) cookie
(b) Trunk
(c) Oraon

(d) Nagda
(e) None of the above / More than one of the above

40th BPSC (Pre) 1995

ANSWER – B

खोंड जनजाति में प्रचलित मानव-बलि की प्रथा (मारिया) को अंग्रेजो द्वारा समाप्त करने के कारण इन्होंने अंग्रेजो के विरुद्ध विद्रोह कर दिया था

13. इनमें से किसने 'उल्गुलान' आंदोलन प्रारंभ किया था?
(a) कान्हू मुर्मू
(b) बिरसा मुंडा
(c) रूपा नाईक
(d) जोरिया भगत
(e) उपर्युक्त में से कोई नहीं या उपर्युक्त में से एक से अधिक

Who among the following started the 'Ulgulan' movement??
(a) Kanhu Murmu
(b) Birsa Munda
(c) Rupa Naik
(d) Joria Bhagat
(e) None of the above or more than one of the above

BPSC CDPO 2021
47th BPSC (PRE) 2004-05

Ans. (c) :

उलगुलान या मुण्डा विद्रोह का प्रारम्भ बिरसा मुण्डा ने किया था। इनमें सामूहिक खेती (खुटकट्टी) का प्रचलन था, लेकिन जमींदारों, ठेकेदारों एवं महाजनों ने सामूहिक खेती की परम्परा पर हमला बोला। मुण्डा आदिवासियों का विद्रोह 1874 ई. में प्रारम्भ हुआ, परन्तु 1895 ई. के बाद इनका नेतृत्व बिरसा मुण्डा ने किया।

14. बिरसा मुंडा का कार्य क्षेत्र कौन सा था?
(a) चंपारण
(b) रांची
(c) बलिया
(d) अलीपुर
(e) उपर्युक्त में से कोई नहीं या उपर्युक्त में से एक से अधिक

Which was the field of work of Birsa Munda?
(a) Champaran
(b) Ranchi
(c) Ballia
(d) Alipore
(e) None of the above or more than one of the above

48-52nd BPSC (Pre) 2007-08

Ans. - (b)

मुण्डा विद्रोह का नेतृत्व बिरसा मुण्डा (1895 - 1900) ने किया। बिरसा मुण्डा को 3 फरवरी 1900 ई. को सिंहभूमि में गिरफ्तार कर रांची जेल में डाल दिया गया। यहीं जून 1900 ई. में हैजा से इनकी मृत्यु हो गई।

15. 1855 में संथालों ने किस अंग्रेज कमांडर को हराया?
(a) कैप्टन नेक फेविले
(b) लेफ्टिनेंट बास्टीन
(c) मेजर बारो
(d) कर्नलव्हाईट
(e) उपर्युक्त में से कोई नहीं या उपर्युक्त में से एक से अधिक

Which British commander did the Santhals defeat in 1855?
(a) Captain Neck Faville
(b) Lieutenant Bastin
(c) Major Baro
(d) Colonel White
(e) None of the above or more than one of the above

47th BPSC (Pre) 2004-05

Ans. - (c)

1855-56 का संथाल विद्रोह भागलपुर से राजमहल के बीच के क्षेत्र (दामन-ए-कोह) में सिद्धू एवं कान्हू के नेतृत्व में हुआ। संथाल विद्रोह के दमन के लिए भेजे गए मेजर जनरल बारो के नेतृत्व में सेना को संथालों ने पराजित कर दिया।

16. नील विद्रोह कहां हुआ था?
(a) उड़ीसा
(b) उत्तर प्रदेश
(c) बंगाल
(d) महाराष्ट्र
(e) उपर्युक्त में से कोई नहीं या उपर्युक्त में से एक से अधिक

Where did the Neel rebellion take place??
(a) Orissa
(b) Uttar Pradesh
(c) Bengal
(d) Maharashtra
(e) None of the above or more than one of the above

29th Bihar (J) GS-2017

Ans - (c)
1859-60 ई. में बंगाल के नादिया जिले के गोविन्दपुर में दिगम्बर विश्वास और विष्णु विश्वास के नेतृत्व में किसानों ने नील की खेती बन्द करने का निर्णय लिया इसी को नील विद्रोह की संज्ञा दी गयी। दीनबन्धु नित्र के नाटक 'नील दर्पण' में किसानों की दुर्दशा का चित्रण किया गया है।

17. नील विद्रोह किस के बारे में था?
(a) रैयत नील की खेती नहीं करना चाह रहे थे पर जबरदस्ती करवाई जा रही थी
(b) नील की खेती करना चाह रहे थे पर उन्हें जबरदस्ती रोका जा रहा था
(c) रैयत नील की खेती नहीं करना चाह रहे थे पर उनसे एक अमान्य मूल्य पर जबरदस्ती करवाई जा रही थी
(d) नीले रंग के झंडे वाला एक विद्रोही आंदोलन
(e) उपर्युक्त में से कोई नहीं या उपर्युक्त में से एक से अधिक

What was the indigo rebellion about??
(a) The Rayats did not want to cultivate indigo but were forced to do so.
(b) They wanted to cultivate indigo but they were forcibly stopped.
(c) The ryots did not want to cultivate indigo but they were being forced to do so at an unacceptable price.
(d) A rebel movement with a blue flag
(e) None of the above or more than one of the above

64 BPSC (Pre) 2018-19

Ans - (c)
नील की खेती करने से इनकार करने वाले किसानों को बगान मालिक प्रताड़ित करते थे। नील आन्दोलन की शुरुआत 1859 में बंगाल के नदिया जिले के गोविन्दपुर गाँव में विष्णु विश्वास तसा दिगम्बर विश्वास के नेतृत्व में हुई।

18. Which revolt is mentioned in Bankim Chandra Chatterjee's novel, Anandamath? / बंकिम चन्द्र चटर्जी का उपन्यास, आनन्दमठ में किस विद्रोह का उल्लेख है?
(a) Sannyasi/संन्यासी
(b) Pagalpanthi/पागलपंथी
(c) Indigo/नील
(d) More than one of the above /उपर्युक्त में से एक से अधिक
(e) None of the above/उपर्युक्त में से कोई नहीं

BPSC TRE 2.0 8/12/2023 (Paper-III)

Ans.(a)
बंकिम चन्द्र चटर्जी के उपन्यास, आनन्दमठ में संन्यासी विद्रोह का उल्लेख है।

19. Which of the following events happened first? निम्नलिखित में से कौन-सी घटना सबसे पहले हुई?
(a) Santhal Rebellion/संथाल विद्रोह
(b) Rebellion of Birsa Munda/बिरसा मुंडा का विद्रोह
(c) Tana Bhagat Movement/ताना भगत आन्दोलन
(d) More than one of the above/उपर्युक्त में से एक से अधिक
(e) None of the above/उपर्युक्त में से कोई नहीं

BPSC TRE 2.0 8/12/2023 (Paper-III)

Ans.(a)
संथाल विद्रोह – 1855 - नेता सिद्धू और कान्हू
मुंडा विद्रोह - 1899-1900 – नेता बिरसा मुंडा
ताना भगत आन्दोलन - 1914-20 - नेता जतरा उरांव

20. Tana Bhagat Movement' was related to 'ताना भगत आन्दोलन' सम्बन्धित है
(a) Dalit Movement/ दलित आन्दोलन से
(b) Tribal Movement/आदिवासी आन्दोलन से
(c) Peasant Movement/किसान आन्दोलन से
(d) More than one of the above/उपर्युक्त में से एक से अधिक
(e) None of the above/उपर्युक्त में से कोई नहीं

BPSC TRE 2.0 8/12/2023 (Paper-III)

Ans.(b)
आदिवासी आन्दोलन - ताना भगत आन्दोलन (1914 -

20) बिहार (वर्तमान - झारखण्ड) राज्य के छोटा नागपुर पठार में जतरा भगत और तुसिया भगत द्वारा किया गया था। इसे उरांव ताना भगत आन्दोलन के नाम से जाना जाता है।

21. किसके नेतृत्व में सन्थाल विद्रोह, 1855-1856 हुआ?
(a) राजकुमार शुक्ल
(b) एस.एन. सिन्हा
(c) सहजानंद सरस्वती
(d) उपर्युक्त में से एक से अधिक
(e) उपर्युक्त में से कोई नहीं

Under whose leadership did the Santhal Rebellion of 1855-1856 take place?
(a) Raj Kumar Shukla
(b) S.N. Sinha
(c) Sahajanand Saraswati
(d) More than one of the above
(e) None of the above

BPSC TRE 2.0 09/12/2023 (Paper-II)

Ans.(e)

सिद्ध और कान्हू के नेतृत्व में सन्थाल विद्रोह 1855-56 में अंग्रेजों और जमीदारों के खिलाफ बिहार (अब झारखण्ड) के राजमहल पहाड़ियों में हुआ था।

22. पंजाब में 'कूका आन्दोलन' का प्रारम्भिक उद्देश्य क्या था?
(a) सिक्ख धर्म को परिष्कृत करना
(b) पंजाब में राजनीतिक शक्ति प्राप्त करना
(c) कृषक आन्दोलन का संगठन
(d) उपर्युक्त में से एक से अधिक
(e) उपर्युक्त में से कोई नहीं

What was the initial objective of 'Kuka Movement' in Punjab?
(a) To refine Sikhism
(b) To gain political power in Punjab
(c) Organization of farmers movement
(d) More than one of the above
(e) None of the above

BPSC School Teacher 2023 (Paper-III)

Ans. (a)

कूका आन्दोलन का प्रारम्भिक उद्देश्य सिक्ख धर्म को परिष्कृत करना था।

23. बंकिम चन्द्र चट्टोपाध्याय के आनन्दमठ में किस विद्रोह का उल्लेख है?
(a) संन्यासी
(b) सन्थाल
(c) नील
(d) उपर्युक्त में से एक से अधिक
(e) उपर्युक्त में से कोई नहीं

Which rebellion is mentioned in Bankim Chandra Chattopadhyay's Anandamath?
(a) Sanyasi
(b) Santhal
(c) Neel
(d) More than one of the above
(e) None of the above

BPSC School Teacher 2023 (Paper-IV)

Ans. (a)

बंकिम चन्द्र चट्टोपाध्याय के आनन्दमठ में संन्यासी विद्रोह का उल्लेख है। बंगाल में वर्ष 1770 के भीषण अकाल के बाद संन्यासी विद्रोह बंगाल में वर्ष 1770-1820 में हुआ था।

24. झारखण्ड क्षेत्र में उलगुलान विद्रोह के नायक थे
(a) बिरसा मुण्डा
(b) सिद्ध
(c) कान्हू
(d) उपर्युक्त में से एक से अधिक
(e) उपर्युक्त में से कोई नहीं

The Ulgulan Revolt in Jharkhand region was led by
(a) Birsa Munda
(b) Sidhu
(c) Kanhu
(d) More than one of the above
(e) None of the above

BPSC TRE2.0 SST 6th to 8th (9 Dec, 2023)

Ans. (a) :

झारखण्ड क्षेत्र में उलगुलान विद्रोह के नायक बिरसा मुण्डा थे।

25. Sapha-Har Movement led by Bhagirath Manjhi was linked to which tribal community? भगीरथ माँझी के नेतृत्व में सफा-हर आन्दोलन किस जनजाति रो सम्बन्धित था?

(a) Chuar/चुवार
(b) Santhal /सन्थाल
(c) Munda/मुण्डा
(d) More than one of the above उपर्युक्त में से एक से अधिक
(e) None of the above/उपर्युक्त में से कोई नहीं

BPSC TRE2.0 SST 6th to 8th (9 Dec, 2023)

Ans. (b):
भागीरथ माँझी के नेतृत्व में सफा-हर आन्दोलन सन्थाल जनजाति से सम्बन्धित था।

26. बिरसा मुण्डा द्वारा किसको 'कामंडर इन चीफ' नियुक्त किया गया था?
(a) देमका मुण्डा
(b) गया मुण्डा
(c) सुन्दर मुण्डा
(d) उपर्युक्त में से एक से अधिक
(e) उपर्युक्त में से कोई नहीं
Who was appointed 'Commander in Chief' by Birsa Munda?
(a) Demka Munda
(b) Gaya Munda
(c) Sundar Munda
(d) More than one of the above
(e) None of the above

BPSC School Teacher 2023 (Paper-IV)

Ans. (e)
बिरसा मुंडा के नेतृत्व में 1895 में मुंडा विद्रोह / उलगुलान / महाविद्रोह /सरदारी विद्रोह शुरू हुआ। विद्रोह में बिरसा मुण्डा द्वारा डोंका मुंडा को राजनीतिक मामलों का प्रमुख, सोमा मुंडा को धार्मिक एवं सामाजिक मामलों का प्रमुख तथा गया मुंडा को कमांडर इन चीफ नियुक्त किया गया था. बिरसा आन्दोलन का मुख्यालय खुटी था.

27. बिहार में 1781 के विद्रोह के बारे में, निम्नलिखित में से कौन-सा कथन सही है ?
(a) यह जमींदारों द्वारा किया गया विद्रोह था।
(b) यह किसानों द्वारा किया गया विद्रोह था।
(c) अंग्रेज बिना किसी परेशानी के विद्रोह को कुचलने में सफल रहे।
(d) उपर्युक्त में से एक से अधिक
(e) उपर्युक्त में से कोई नहीं
Which of the following statements is correct about the rebellion of 1781 in Bihar?
(a) It was a rebellion by the landlords.
(b) It was a revolt by the farmers.
(c) The British were successful in suppressing the rebellion without any problem.
(d) More than one of the above
(e) None of the above

BPSC School Teacher 2023(Paper- II) Shift-2

Ans. (d):
बिहार में 1781 का विद्रोह जमीदारों तथा सरदारों द्वारा ब्रिटिश ईस्ट इंडिया कंपनी के खिलाफ किया गया। विद्रोह का मुख्य कारण राजस्व संग्रह में बाधा उत्पन्न करना था। अंग्रेजों ने विद्रोहियों के असंगठित होने के कारण बिना किसी परेशानी के विद्रोह को दबाने में सक्षम रहे।

28. छोटा नागपुर क्षेत्र के मुंडा और संथाल निम्नलिखीत में से किस पेड़ की पूजा करते हैं?
(a) इमली
(b) आम
(c) कदम्ब
(d) उपर्युक्त में से एक से अधिक
(e) उपर्युक्त में से कोई नहीं
Which of the following trees is worshiped by the Mundas and Santhals of Chhota Nagpur region?
(a) Tamarind
(b) Mango
(c) Kadamba
(d) More than one of the above
(e) None of the above

BPSC School Teacher 2023 (Paper II) Shift-1

Ans. (c) :
छोटा नागपुर के पठारी क्षेत्रों में निवास करने वाली मुंडा और संथाल जनजाति के लोग कदम्ब और महुआ वृक्षों की पूजा करते हैं। संथाल जनजाति का प्रमुख त्योहार सरहुल है।

29. Where was the field area of Birsa Munda? बिरसा मुण्डा का कार्यक्षेत्र कौन-सा था?

(a) Champaran / चम्पारण
(b) Ranchi /रांची
(c) Ballia /बलिया
(d) More than one of the above उपर्युक्त में से एक से अधिक
(e) None of the above/उपर्युक्त में से कोई नहीं

BPSC TRE2.0 SST 9th to 10th (26 Aug, 2023)

Ans. (b):
1895-1900 के बीच बिरसा मुण्डा के नेतृत्व में छोटानागपुर एवं रांची में आदिवासी विद्रोह हुआ था। बिरसा मुण्डा ने अपने आप को 1895 ई. में 'भगवान का दूत' घोषित किया।

30. बॉक्सर विद्रोह संबंधित था-
(a) श्रीलंका से
(b) चीन से
(c) बांग्लादेश से
(d) पाकिस्तान से
The Boxer Rebellion was related to-
(a) From Sri Lanka
(b) From China
(c) From Bangladesh
(d) from Pakistan

BSSC Third Graduate Level (Pre) Exam 24.12.2022 Shift-I

Ans. (b)
बॉक्सर विद्रोह का संबंध चीन से है। यह विद्रोह 1899 ई. में विदेशी विरोधी अभियान के रूप में प्रारम्भ हुआ था, जिसमें ईसाई धर्म प्रचारकों एवं देशी ईसाईयों की सामूहिक हत्याएँ की गई तथा गिरजाघरों को जला दिया गया था।

31. बस्तर आंदोलन में किसकी भूमिका प्रमुख थी ?
(a) गुंडाधुर
(b) मंगल पांडे
(c) जतरा भगत
(d) बिरसा मुंडा
Whose role was important in Bastar movement?
(a) Gundadhur
(b) Mangal Pandey
(c) Jatra Bhagat
(d) Birsa Munda

Bihar Police Fireman Constable Exam 27/03/2022 (Shift-I)

Ans. (a):
1910 में मध्य भारत में बस्तर में अंग्रेजी राज के खिलाफ बस्तर आन्दोलन आदिवासी नेता गुंडाधुर के नेतृत्व में किया गया था।

32. बंगाल में पागलपंथी आन्दोलन का संस्थापक नेता कौन था?
(a) बीर सिंह
(b) कीरत सिंह
(c) कान्हू
(d) कर्मशाह
Who was the founding leader of the Pagalpanthi movement in Bengal?
(a) Bir Singh
(b) Kirat Singh
(c) Kanhu
(d) Karmashah

BSSC Third Graduate Level (Pre) Exam 24.12.2022 Shift-I

Ans. (d):
पागलपंथी एक प्रकार का अर्ध-धार्मिक सम्प्रदाय था. जिसे उत्तरी बंगाल में कर्मशाह द्वारा चलाया गया था। जमींदारों एवं साहूकारों के अत्याचारों के खिलाफ पागल पंथी विद्रोह की शुरुआत 1813 में कर्मशाह के पुत्र 'टीपू मीर' ने की थी।

33. मालाबार में मोपला विद्रोह किस वर्ष हुआ था?
(a) 1928
(b) 1926
(c) 1921
(d) 1930
In which year did the Moplah rebellion take place in Malabar?
(a) 1928
(b) 1926
(c) 1921
(d) 1930

BPSC LDC (Mains) Exam 20-11-2022

Ans. (c)
मोपला विद्रोह की शुरुआत केरल के मोपला किसानों ने

20 अगस्त 1921 में की जो काश्तकारों का जमींदारों के खिलाफ कर न देने का विरोध था।

34. कूका आंदोलन कहाँ से संबंधित है?
(a) पंजाब
(b) मालाबार
(c) बंगाल
(d) बिहार
Kuka movement is related to?
(a) Punjab
(b) Malabar
(c) Bengal
(d) Bihar

BSSC Prakhand Sankhyki Parvekshak 16.05.2010

Ans. (a)

कूका विद्रोह की शुरूआत पश्चिमी पंजाब में 1840 ई. में हुई थी। जिसका उद्देश्य सिख धर्म में व्याप्त अंध विश्वासों एवं बुराइयों को दूर करना था। बाद में यह राजनीतिक विद्रोह के रूप में परिवर्तित हो गया, जिसका सामान्य उद्देश्य अंग्रेजों को देश से बाहर निकालना था। पश्चिमी पंजाब में कूका आन्दोलन की शुरूआत भगत जवाहर मल ने की थी। विद्रोह के समय कूका आन्दोलन का नेतृत्व रामसिंह कर रहे थे।

35. 'वन्दे मातरम्' गीत में किस विद्रोह का चित्रण किया गया है?
(a) संन्यासी विद्रोह
(b) अहोम विद्रोह
(c) मुण्डा विद्रोह
(d) सिपाही विद्रोह
Which rebellion has been depicted in the song 'Vande Mataram'?
(a) Sanyasi rebellion
(b) Ahom rebellion
(c) Munda rebellion
(d) Sepoy Mutiny

BSSC Prakhand Sankhyki Parvekshak 16.05.2010

Ans. (a):

अंग्रेजी शासन के विरूद्ध बंगाल में 1770 के अकाल एवं तीर्थ यात्रा पर प्रतिबन्ध के कारण संन्यासी विद्रोह किए गए थे। इस विद्रोह का चित्रण वन्दे मातरम् गीत में किया गया है जो बंकिमचन्द्र चट्टोपाध्याय द्वारा रचित उपन्यास 'आनंद मठ' से लिया गया है।

36. निम्नलिखित में से कौन-सा व्यक्ति 'चिपको आन्दोलन' से जुड़ा हुआ है?
(a) मेधा पाटेकर
(b) राजेन्द्र बाबू
(c) सुन्दरलाल बहुगुणा
(d) इनमें से कोई नहीं
Which of the following persons is associated with 'Chipko Movement'?
(a) Medha Patekar
(b) Rajendra Babu
(c) Sunderlal Bahuguna
(d) none of these

DRDA Clerk-Computer operator (Gr-3) Exam 15-03-2007

Ans. (c):

चिपको आंदोलन - चण्डी प्रसाद भट्ट व गौरा देवी, सुन्दरलाल बहुगुणा

नर्मदा बचाओ आंदोलन - मेधा पाटेकर

जल पुरुष - राजेन्द्र सिंह

INM सामाजिक एवं धार्मिक आंदोलन

(Social and Religious Movement)

1. हाथ-कती खादी के वस्त्रों में 1877 में शाही दरबार में कौन सम्मिलित हुआ?
(a) मदन मोहन मालवीय
(b) गणेश वासुदेव जोशी
(c) बाल गंगाधर तिलक
(d) एन. सी. केलकर
(e) उपर्युक्त में से कोई नहीं है / उपर्युक्त में से एक से अधिक
Who attended the royal court in 1877 wearing hand-spun Khadi clothes??
(a) Madan Mohan Malviya
(b) Ganesh Vasudev Joshi
(c) Bal Gangadhar Tilak
(d) N. C. Kelkar
(e) None of the above / More than one of the above

BPSC AAO 2021

Ans. (b):
लार्ड लिटन के वायसराय काल में 1877 में दिल्ली दरबार (शाही दरबार) का आयोजन किया गया, जिसमें 'गणेश वासुदेव जोशी' ने स्वयं हाथ से बुने सूती के खादी वस्त्र पहनकर उपस्थित हुए। इसी दरबार में ब्रिटिश महारानी को 'कैसर-ए-हिन्द' की उपाधि दी गई।

2. सन 1902 ईस्वी में लॉर्ड कर्जन ने दो भारतीय सदस्यों को सम्मिलित करते हुए एक विश्वविद्यालय आयोग गठित किया, वह कौन थे?
(a) बाल गंगाधर तिलक और सुरेंद्रनाथ बनर्जी
(b) गोपाल कृष्ण गोखले और रासबिहारी बोस
(c) सैयद हुसैन बिलग्रामी और सुरेंद्रनाथ बनर्जी
(d) सैयद हुसैन बिलग्रामी और न्यायमूर्ति गुरूदास बैनर्जी
(e) उपर्युक्त में से कोई नहीं या उपयुक्त में से एक से अधिक
In 1902 AD, Lord Curzon constituted a University Commission including two Indian members, who were they?
(a) Bal Gangadhar Tilak and Surendranath Banerjee
(b) Gopal Krishna Gokhale and Rasbihari Bose
(c) Syed Hussain Bilgrami and Surendranath Banerjee
(d) Syed Hussain Bilgrami and Justice Gurudas Banerjee
(e) None of the above or more than one of the above as appropriate

66th BPSC (Pre) (Re-Exam) 2020

Answer - (d)
1902 में लार्ड कर्जन ने भारतीय विश्वविद्यालयों की स्थिति का निरीक्षण करने और उनकी कार्यक्षमता में सुधार हेतु सुझाव देने के लिए सर टॉमस रैले की अध्यक्षता में एक आयोग की नियुक्ति की। इसमें दो भारतीय सदस्य सैय्यद हुसैन बिलग्रामी और न्यायमूर्ति गुरुदास बनर्जी थे।

3. स्वतंत्र भारत का पहला राष्ट्रपति कौन था?
(a) जवाहरलाल नेहरू
(b) राजेंद्र प्रसाद
(c) सरदार पटेल
(d) लाल बहादुर शास्त्री
(e) उपर्युक्त में से कोई नहीं है / उपर्युक्त में से एक से अधिक
Who was the first President of independent India?
(a) Jawaharlal Nehru
(b) Rajendra Prasad
(c) Sardar Patel
(d) Lal Bahadur Shastri
(e) None of the above / More than one of the above

30th Bihar (J) GS-2018

Ans - (b)
स्वतन्त्र भारत के प्रथम राष्ट्रपति डॉ राजेन्द्र प्रसाद थे जो 1950 से 1962 तक लगातार दो बार राष्ट्रपति रहने वाले एकमात्र राष्ट्रपति हैं.

4. वुड के 1854 के प्रेषण के संबंध में, निम्नलिखित कथनों पर विचार कीजिए / Regarding Wood's dispatch of 1854, consider the following statements:

1. इसने उच्च अध्ययन के लिए शिक्षा के माध्यम के रूप में अंग्रेजी की सिफारिश की। / It recommended English as the medium of instruction for higher studies.
2. इसने महिला शिक्षा और व्यावसायिक प्रशिक्षण पर जोर दिया। / It laid emphasis on women's education and vocational training.

उपर्युक्त में से कौन-सा/से कथन सही है/हैं? / Which of the above statements is/are correct?

(a) केवल 1 / only 1
(b) केवल 2 / only 2
(c) 1 और 2 दोनों / Both 1 and 2
(d) न तो 1 और न ही / Neither 1 nor 2
(e) उपर्युक्त में से कोई नहीं / उपर्युक्त में से एक से अधिक / None of the above /

69th BPSC (Pre) 2023

Ans. (c)

वुड के 1854 के प्रेषण के सम्बन्ध में सिफारिशें निम्न थी-
Megnacarta of Indian Education

- इसने उच्च अध्ययन के लिए शिक्षा के माध्यम के रूप में अंग्रेजी की सिफारिश की
- इसने महिला शिक्षा और व्यावसायिक शिक्षा की आवश्यकता पर बल दिया

5. वर्नाक्युलर प्रेस ऐक्ट के बारे में, निम्नलिखित में से कौन-सा/से कथन सही है/हैं?

1. इसे लॉर्ड लिटन द्वारा अधिनियमित किया गया था
2. इसे 'गैगिंग अधिनियम' के रूप में जाना जाने लगा
3. इस अधिनियम को लॉर्ड रिपन ने निरस्त कर दिया था

नीच दिए गए कूट का प्रयोग कर सही उत्तर चुनिए।

(a) केवल 1 और 2
(b) केवल 2 और 3
(c) केवल 1
(d) 1, 2 और 3
(e) उपर्युक्त में से कोई नहीं / उपर्युक्त में से एक से अधिक

Regarding the Vernacular Press Act, which of the following statements is/are correct?

1. It was enacted by Lord Lytton
2. It became known as the 'Gagging Act'
3. This Act was repealed by Lord Ripon

Select the correct answer using the code given below.

(a) 1 and 2 only
(b) 2 and 3 only
(c) Only 1
(d) 1, 2 and 3
(e) None of the above / More than one of the above

69th BPSC (Pre) 2023

Ans. (d)

वर्नाक्युलर प्रेस ऐक्ट, 1878 में लॉर्ड लिटन द्वारा अधिनियमित किया गया था।

इसे 'गैगिंग अधिनियम' के रूप में जाना जाता है

इस अधिनियम को लॉर्ड रिपन ने वर्ष 1882 में रद्द कर दिया।

6. इनमें से कौन देवबंद स्कूल से जुड़े नहीं थे?

(a) मोहम्मद कासिम नानोतवी
(b) अब्दुल रशीद गंगोही
(c) अल्ताफ हुसैन हाली
(d) महमूद उल हसन
(e) उपयुक्त में से कोई नहीं / उपयुक्त में से एक से अधिक

Who among the following was not associated with the Deoband school?

(a) Mohammad Qasim Nanotvi
(b) Abdul Rashid Gangohi
(c) Altaf Hussain Hali
(d) Mahmood ul Hasan
(e) None of the above / More than one of the above

BPSC AAO 2021

ANSWER – C

सहारनपुर के देवबंद नामक स्थान पर 1866 मेंदेवबंद स्कूल की स्थापना मोहम्मद कासिम नाना देवी के नेतृत्व में अब्दुल रशीद गांगुली मदनी सैयद हुसैन वह मोहम्मद अल हसन ने मिलकर की थी।

7. बनारस काशी हिंदू विश्वविद्यालय किसके द्वारा प्रारंभ किया गया?
(a) स्वामी दयानंद
(b) पंडित मदन मोहन मालवीय
(c) गोपाल कृष्ण गोखले
(d) सुचेता कृपलानी
(e) उपयुक्त में से कोई नहीं / उपयुक्त में से एक से अधिक

By whom was Banaras Kashi Hindu University started?
(a) Swami Dayanand
(b) Pandit Madan Mohan Malviya
(c) Gopal Krishna Gokhale
(d) Sucheta Kripalani
(e) None of the above / More than one of the above

30th Bihar (J) GS-2014

ANSWER – B

काशी हिंदू विश्वविद्यालय की स्थापना पंडित मदन मोहन मालवीय द्वारा सन 1916 में बसंत पंचमी के दिन की गई थी।

8. 1885 में पुणे की प्रसिद्ध फर्ग्युसन कॉलेज शुरू करने वाले थे?
(a) सर्वेंट ऑफ़ इंडिया सोसाइटी
(b) थियोसॉफिकल सोसायटी
(c) डेक्कन एजुकेशन सोसायटी
(d) सोशल सर्विस लीग
(e) उपयुक्त में से कोई नहीं / उपयुक्त में से एक से अधिक

Who was going to start the famous Fergusson College of Pune in 1885?
(a) Servant of India Society
(b) Theosophical Society
(c) Deccan Education Society
(d) Social Service League
(e) None of the above / More than one of the above

28th Bihar (J) GS-2014

ANSWER –C

पुणे में फर्ग्यूसन कॉलेज की स्थापना 1885 में ढक्कन एजुकेशन सोसाइटी के द्वारा की गई थी. प्रोफेसर वामनशिवराम आप्टे इसके पहले प्रिंसिपल थे।

9. अंग्रेजी भाषा को शिक्षा का माध्यम किसने बनाया?
(a) लॉर्ड मेकाले,1835
(b) लॉर्ड चार्ल्स वुड,1854
(c) लॉर्ड क्लाइव,1857
(d) लॉर्ड कर्जन,1899
(e) उपयुक्त में से कोई नहीं / उपयुक्त में से एक से अधिक

Who made English language the medium of instruction?
(a) Lord Macaulay, 1835
(b) Lord Charles Wood, 1854
(c) Lord Clive, 1857
(d) Lord Curzon, 1899
(e) None of the above / More than one of the above

28th Bihar (J) GS-2014

ANSWER –A

लॉर्ड मैकाले की सिफारिश पर भारत के तत्कालीन गवर्नर जनरल लार्ड विलियम बेंटिक ने 1835 में अंग्रेजी भाषा को शिक्षा का माध्यम बनाया गया।

10. हिंदू कॉलेज कोलकाता के संस्थापक कौन थे?
(a) राजा राममोहन राय
(b) केशव चंद्र सेन
(c) हेनरी विवियन डिरोजियो
(d) आशुतोष चौधरी
(e) उपयुक्त में से कोई नहीं / उपयुक्त में से एक से अधिक

Who was the founder of Hindu College Kolkata?
(a) Raja Rammohan Roy
(b) Keshav Chandra Sen
(c) Henry Vivian Dirozio
(d) Ashutosh Chaudhary
(e) None of the above / More than one of the above

28th Bihar (J) GS-2014

ANSWER –A

1817 में राजा राममोहन राय ने कलकत्ता में डेविड हेयर और अलेक्जेंडर डफ की सहायता से हिन्दू कॉलेज की स्थापना की.

11. गुरुकुल कांगड़ी विश्वविद्यालय किसने प्रारंभ किया था?
(a) स्वामी दयानंद
(b) लाला लाजपत राय
(c) महात्मा हंसराज
(d)उपयुक्त में से कोई नहीं
(e) उपयुक्त में से एक से अधिक
Who started Gurukul Kangri University?
(a) Swami Dayanand
(b) Lala Lajpat Rai
(c) Mahatma Hansraj
(d) None of the above
(e) more than one of the appropriate

27th Bihar (J) GS-2013

ANSWER –D

गुरूकुल कांगड़ी विश्वविद्यालय की स्थापना स्वामी श्रद्धानन्द सरस्वती ने हरिद्वार में 1901 में की। जो स्वामी दयानन्द सरस्वती के अनुयायी थे।

12. भारत में प्रथम महिला विश्वविद्यालय की स्थापना किसने की थी?
(a) डी. के.कर्वे
(b) एम. जी. रानाडे
(c) ईश्वर चंद्र विद्यासागर
(d) गणेश शंकर विद्यार्थी
(e) उपयुक्त में से कोई नहीं / उपयुक्त में से एक से अधिक
Who established the first women's university in India?
(a) D.K. Karve
(b) M.G. Ranade
(c) Ishwar Chandra Vidyasagar
(d) Ganesh Shankar Vidyarthi
(e) None of the above / More than one of the above

Bihar APO GS-2013

ANSWER –A

भारत में महिलाओं के लिए बनाया गया सबसे पहला विश्वविद्यालय श्रीमती नाथीबाई दामोदार ठाकरसी (S.N.D.T.) विश्वविद्यालय था, जो वर्ष 1916 को डॉ धोंडो केशव कर्वे (D. K. Curvey) के प्रयासों से स्थापित हुआ था।

13. स्वतंत्र भारत के प्रथम शिक्षा सुधार आयोग का नाम था-
(a) वर्धा शिक्षा आयोग
(b) राधाकृष्णन आयोग
(c) कोठारी शिक्षा आयोग
(d) विश्वविद्यालय अनुदान आयोग
(e) उपयुक्त में से कोई नहीं / उपयुक्त में से एक से अधिक
The name of the first Education Reform Commission of independent India was-
(a) Wardha Education Commission
(b) Radhakrishnan Commission
(c) Kothari Education Commission
(d) University Grants Commission
(e) None of the above / More than one of the above

Bihar APO GS-2013

ANSWER – B

वर्धा शिक्षा आयोग - 1937 ई.
राधाकृष्णन आयोग - 1948-49 ई.
कोठारी शिक्षा आयोग - 1964-66 ई.
विश्वविद्यालय अनुदान आयोग - 1953

14. निम्नलिखित में से किसने भारतीयों के लिए पाश्चात्य संस्कृति को लागू करने की वकालत की थी?
(a) लॉर्ड मैकाले
(b) रॉबर्ट क्लाइव
(c) वारेन हेस्टिंग्स
(d) लार्ड कार्नवालिस
(e) उपयुक्त में से कोई नहीं / उपयुक्त में से एक से अधिक
Who among the following advocated the introduction of western culture to Indians?
(a) Lord Macaulay
(b) Robert Clive
(c) Warren Hastings
(d) Lord Cornwallis
(e) None of the above / More than one of the above

Bihar APO GS-2011

ANSWER –A

लॉर्ड मैकाले ने अंग्रेजी भाषा को भारत की सरकारी भाषा तथा शिक्षा का माध्यम 1835 में बनाया।

15. नेशनल काउंसिल ऑफ एजुकेशन की स्थापना कब हुई?
(a) 15 अगस्त 1903
(b) 15 अगस्त 1904
(c) 15 अगस्त 1905
(d) 15 अगस्त 1906
(e) उपयुक्त में से कोई नहीं / उपयुक्त में से एक से अधिक
When was the National Council of Education established?
(a) 15 August 1903
(b) 15 August 1904
(c) 15 August 1905
(d) 15 August 1906
(e) None of the above / More than one of the above

53-55 BPSC (Pre) 2011

ANSWER –D

15 अगस्त 1906 में राष्ट्रीय शिक्षा परिषद (National Council of Education) की स्थापना हुई।

16. एक अच्छे यूरोपीय पुस्तकालय की एक अलमारी भारत तथा अरब के संपूर्ण साहित्य से अधिक मूल्यवान है यह किसने कहा था?
(a) टी. वी. मैकाले
(b) डॉ विलियम कैरी
(c) लॉर्ड मिंटो
(d) चार्ल्स ग्रांट
(e) उपरोक्त में से कोई नहीं या उपयुक्त में से एक से अधिक
Who said that one shelf of a good European library is more valuable than the entire literature of India and Arabia?
(a) T.V. Macaulay
(b) Dr. William Carey
(c) Lord Minto
(d) Charles Grant
(e) None of the above or more than one of the above as appropriate

Bihar CDPO (प्रा.) परीक्षा-2018

ANSWER –A

आंग्ल–प्राच्य विवाद के दौरान लार्ड विलियम बैंटिक मैकाले को लोक शिक्षा समिति का अध्यक्ष नियुक्त किया। मैकाले आंग्ल भाषा का समर्थक था और भारतीय भाषाओं के बारे में कहा - 'यूरोप के एक अच्छे पुस्ताकलय की आलमारी का एक भाग भारत तथा अरब के सम्पूर्ण साहित्य से मूल्यवान हैं।'

17. 1873 में किसने सत्यशोधक समाज स्थापित किया?
(a) नारायण गुरु
(b) बी. आर. अंबेडकर
(c) ज्योति राव फूले
(d) रामास्वामी नैकर
(e) उपयुक्त में से कोई नहीं / उपयुक्त में से एक से अधिक
Who established Satyashodhak Samaj in 1873?
(a) Narayan Guru
(b) b. R.S. Ambedkar
(c) Jyoti Rao Phule
(d) Ramaswamy Naicker
(e) None of the above / More than one of the above

31th BPSC (J)-2022

Ans. (c):

1873 में सत्यशोधक समाज की स्थापना ज्योतिराव फुले द्वारा की गई थी। ज्योतिराव फुले की प्रसिद्ध पुस्तक 'गुलामगिरी' है।

18. 'बौद्ध धर्म, हिंदू धर्म के अंदर एक सुधार आंदोलन था' - इन शब्दों को किसने कहा?
(a) बी. सी. लॉ
(b) ए. बी. गीत
(c) बी. पी. वर्मा
(d) बी. ए. स्मिथ
(e) उपयुक्त में से कोई नहीं / उपयुक्त में से एक से अधिक
'Buddhism was a reform movement within Hinduism' – who said these words?
(a) B. C. Law
(b) A. also. song
(c) B. P. Verma
(d) B. A. smith
(e) None of the above / More than one of the above

BPSC Head Master 2022

Ans. (d)

ब्रिटिश इतिहासकार बी.ए. स्मिथ ने कहा है कि बौद्ध धर्म, हिन्दू-धर्म के अन्दर एक सुधार आंदोलन था।

19. 1893 में किसने ब्राह्मण विधवा से शादी की थी?
(a) बी. एम. मालाबारी
(b) दयाराम गिडूमल
(c) ज्योतिबा फुले
(d) डी. के.कर्वे
(e) उपर्युक्त में से कोई नहीं या उपर्युक्त में से एक से अधिक

Who married a Brahmin widow in 1893??
(a) B. M. Malabari
(b) Dayaram Gidumal
(c) Jyotiba Phule
(d) D.K. Karve
(e) None of the above or more than one of the above

BPSC Head Master 2022

Ans. (d)

डी.के. कर्वे (धोंदो केशव कर्वे) ने अपनी पत्नी राधाबाई की मृत्यु के बाद एक विधवा ब्राह्मणी गोड़बाई से 1893 में विवाह किया तथा विधवा विवाह संगठन की स्थापना की।

20. मद्रास में जस्टिस पार्टी ने उनकी/उनके ---------- की वजह से द्वैध शासन के प्रयोग को प्रति में सफल बना दिया
(a) शैक्षिक स्थिति
(b) अंग्रेजों के प्रति वफादार रवैया
(c) गरीब समर्थक रवैया
(d) ब्राह्मण विरोधी रुख
(e) उपर्युक्त में से कोई नहीं या उपर्युक्त में से एक से अधिक

The Justice Party in Madras made the experiment of dyarchy a success because of his/her ______.
(a) Educational status
(b) Loyal attitude towards the British
(c) Pro-poor attitude
(d) Anti-Brahmin stance
(e) None of the above or more than one of the above

BPSC CDPO 2021

Ans. (d):

मद्रास में जस्टिस पार्टी (1916) ने और उनकी ब्राह्मण-विरोधी रूख की वजह से द्वैध शासन के प्रयोग को प्रांत में सफल बना दिया।

21. इनमें से किसने 'दी हिंदू एसोसिएशन' की स्थापना की?
(a) श्रीमती एनी बेसेंट
(b) एमजी रानाडे
(c) डी.के कर्वे
(d) आर. जी. भंडारकर
(e) उपर्युक्त में से कोई नहीं या उपर्युक्त में से एक से अधिक

Who among the following founded 'The Hindu Association'?
(a) Mrs. Annie Besant
(b) MG Ranade
(c) DK Curve
(d) R. Yes. Bhandarkar
(e) None of the above or more than one of the above

BPSC Auditor (Pre) 2021

Ans.(a)

दि हिन्दू एसोसिएशन" की स्थापना 1904 ई० में श्रीमती ऐनी बेसेन्ट ने की थी।

22. 'सत्यशोधक समाज' की स्थापना किसके द्वारा की गई?
(a) दयानंद सरस्वती
(b) डॉ बी आर अंबेडकर
(c) ज्योतिबा राव फूले
(d) केशव चंद्र सेन
(e) उपर्युक्त में से कोई नहीं या उपर्युक्त में से एक से अधिक

By whom was 'Satya Shodhak Samaj' established?
(a) Dayanand Saraswati
(b) Dr. B. R. Ambedkar
(c) Jyotiba Rao Phule
(d) Keshav Chandra Sen
(e) None of the above or more than one of the above

BPSC LDC (Pre) 2021
31 Bihar J (Pre)-2020
65th BPSC (Pre)-2019
28th Bihar (J) GS-2014
Bihar APO Gs-2013

40th BPSC (Pre)-1995

Ans. (c):
'सत्य शोधक समाज' की स्थापना 'ज्योतिबा गोविन्द राव फुले' द्वारा 1873 ई. में की गई थी।

23. निम्नलिखित में से किस एक की निंदा ब्रह्मसमाज ने नहीं की थी?
(a) अवतारवाद
(b) जातिवाद
(c) बहु विवाह
(d) पर्दा प्रथा
(e) उपर्युक्त में से कोई नहीं या उपर्युक्त में से एक से अधिक
Which one of the following was not condemned by the Brahmo Samaj?
(a) Avatarism
(b) casteism
(c) polygamy
(d) purdah system
(e) None of the above or more than one of the above

BPSC AAO 2021

Ans. (e) :
ब्रह्म समाज ने बहुत सी सामाजिक बुराईयों एवं कुरीतियो जैसे – बहुदेववाद, अवतारवाद, सती प्रथा, जाति प्रथा, रुढ़ियों व बाल विवाह इत्यादि के विरुद्ध आवाज उठाई।

24. किसने दासता की संस्था की आलोचना की और इसको गैर - इस्लामी वर्णित किया?
(a) सैयद अहमद खान बरेलवी
(b) मौलवी चिराग अली
(c) मिर्जा गुलाम अहमद
(d) सैयद अहमद खान
(e) उपर्युक्त में से कोई नहीं या उपर्युक्त में से एक से अधिक
Who criticized the institution of slavery and described it as un-Islamic??
(a) Syed Ahmed Khan Barelvi
(b) Maulvi Chirag Ali
(c) Mirza Ghulam Ahmed
(d) Syed Ahmed Khan
(e) None of the above or more than one of the above

BPSC Auditor (Pre) 2021

Ans. (d):
सैय्यद अहमद खाँ ने पीरीमुरीदी तथा दास प्रथा को इस्लाम के विरूद्ध बताया था। इन्होंने 1864 ई. में कलकाता में साइंटिफिक सोसायटी तथा 1875 ई. में अलीगढ़ में मुस्लिम एंग्लो ओरिएंटल कालेज की स्थापना की।

25. पुणे सार्वजनिक सभा की स्थापना की थी-
(a) 1858 ईस्वी में महादेव गोविंद रानाडे ने
(b) 1870 ईस्वी में महादेव गोविंद रानाडे ने
(c) 1870 ईस्वी में पंडिता रमाबाई रानाडे ने
(d) 1870 ईस्वी में सुरेंद्रनाथ बनर्जी ने
(e) उपर्युक्त में से कोई नहीं या उपर्युक्त में से एक से अधिक
Pune Sarvajanik Sabha was established by-
(a) Mahadev Govind Ranade in 1858 AD
(b) Mahadev Govind Ranade in 1870 AD
(c) Pandita Ramabai Ranade in 1870 AD
(d) Surendranath Banerjee in 1870 AD
(e) None of the above or more than one of the above

66th BPSC (Pre) (Re-Exam) 2020

Ans - (b)
पूना सार्वजनिक सभा की स्थापना 2 अप्रैल 1870 को महादेव गोविंद रानाडे द्वारा की गयी।

26. आर्य समाज की स्थापना किसने की?
(a) रानाडे
(b) दयानंद
(c) दयानंद सरस्वती
(d) स्वामी विवेकानंद
(e) उपर्युक्त में से कोई नहीं या उपर्युक्त में से एक से अधिक
Who founded Arya Samaj?
(a) Ranade
(b) Dayanand
(c) Dayanand Saraswati
(d) Swami Vivekananda
(e) None of the above or more than one of the above

66th BPSC (Pre) (Re-Exam) 2020

उत्तर-(c)
आर्य समाज की स्थापना दयानंद सरस्वती द्वारा 1875 में

बंबई में की गई थी तथा 1877 में इसका मुख्यालय लाहौर बनाया गया

27. 'यूनाइटेड पैट्रियोटिक एसोसिएशन' की स्थापना किसने की थी?
(a) सर सैयद अहमद
(b) गोपाल कृष्ण गोखले
(c) बाल गंगाधर तिलक
(d) दादाभाई नौरोजी
(e) उपर्युक्त में से कोई नहीं या उपर्युक्त में से एक से अधिक
Who founded the 'United Patriotic Association'?
(a) Sir Syed Ahmed
(b) Gopal Krishna Gokhale
(c) Bal Gangadhar Tilak
(d) Dadabhai Naoroji
(e) None of the above or more than one of the above

Bihar APO (Pre) 2020

उत्तर-(a)
'यूनाइटेड पेट्रियोटिक एसोसिएशन' की स्थापना 1888 ई. में सर सैय्यद अहमद खाँ एवं बनारस के राजा शिवप्रसाद सिंह ने की थी।

28. इनमें से किसने 1893 में शिकागो में आयोजित धर्म संसद में भाग लिया गया?
(a) दयानंद सरस्वती
(b) स्वामी विवेकानंद
(c) महात्मा गांधी
(d) राजा राममोहन राय
(e) उपर्युक्त में से कोई नहीं या उपर्युक्त में से एक से अधिक
Who among the following participated in the Parliament of Religions held in Chicago in 1893?
(a) Dayanand Saraswati
(b) Swami Vivekananda
(c) Mahatma Gandhi
(d) Raja Rammohan Roy
(e) None of the above or more than one of the above

66th BPSC (Pre) 2020

उत्तर-(b)
11 सितम्बर, 1893 ई. को शिकागो (USA) में धर्म संसद में भारत का प्रतिनिधित्व स्वामी विवेकानंद ने किया था।

29. सती प्रथा को बंद कराने में किसने लॉर्ड विलियम बेंटिक का सहयोग किया?
(a) केशव चंद्र सेन
(b) दयानंद सरस्वती
(c) ईश्वरचंद्र विद्यासागर
(d) राजा राममोहन राय
(e) उपर्युक्त में से कोई नहीं या उपर्युक्त में से एक से अधिक
Who helped Lord William Bentinck in stopping the practice of Sati?
(a) Keshav Chandra Sen
(b) Dayanand Saraswati
(c) Iswarchandra Vidyasagar
(d) Raja Rammohan Roy
(e) None of the above or more than one of the above

31st Bihar J (Pre) 2020

उत्तर-(d)
राजा राममोहन राय के सहयोग से गर्वनर जनरल लार्ड विलियम बैंटिक के समय में 1829 में सती प्रथा को बन्द कर दिया।

30. निम्नलिखित में से किसने 'गैर-ब्राह्मण घोषणा पत्र' निर्गत किया था?
(a) द्रविड़ एसोसिएशन
(b) साउथ इंडियन लिबरल फेडरेशन
(c) सत्यशोधक समाज
(d) उपयुक्त में से कोई नहीं
(e) उपर्युक्त में से कोई नहीं या उपर्युक्त में से एक से अधिक
Who among the following had issued the 'Non-Brahmin Manifesto'?
(a) Dravidian Association
(b) South Indian Liberal Federation
(c) Truth Seeking Society
(d) None of the above
(e) None of the above or more than one of the above

Bihar APO (Pre) 2020

Ans - (b)
गैर-ब्राह्मण घोषणा-पत्र' 'साउथ इण्डियन लिबरल फेडरेशन' (जस्टिस पार्टी) द्वारा निर्गत किया गया था। 'साउथ इण्डियन

लिबरल फेडरेशन' था इसकी स्थापना टी.एम. नायर, सी.एन. मुदलियार, पी. त्याग राज चेट्टी ने की थी।

31. किस घटना को 'राष्ट्रीय स्वतंत्रता के मुस्लिम युद्ध' के रूप में जाना जाता था?
(a) अलीगढ़ आंदोलन
(b) वहाबी आंदोलन
(c) मोपला विद्रोह
(d) खिलाफत आंदोलन
(e) उपर्युक्त में से कोई नहीं या उपर्युक्त में से एक से अधिक
Which event was known as 'Muslim War of National Independence'?
(a) Aligarh Movement
(b) Wahabi movement
(c) Moplah rebellion
(d) Khilafat Movement
(e) None of the above or more than one of the above

BPSC सांख्यिकी अधिकारी (प्री.) परीक्षा-2016

Ans - (b)
वहाबी आंदोलन को 'मुस्लिम स्वतंत्रता संग्राम' या 'राष्ट्रीय स्वतंत्रता के मुस्लिम युद्ध के रूप में जाना जाता है। भारत में इस आंदोलन को सैय्यद अहमद बरेलवी के कारण लोकप्रियता प्राप्त हुई।

32. देवबंद के उस विद्वान का नाम बताइए जिन्होंने स्वतंत्रता आंदोलन में महत्वपूर्ण भूमिका निभाई?
(a) अब्दुल कलाम आजाद
(b) मोहम्मद अली जिन्ना
(c) बदरुद्दीन तैयब जी
(d) चिराग अली
(e) उपर्युक्त में से कोई नहीं या उपर्युक्त में से एक से अधिक
Name the scholar of Deoband who played an important role in the freedom movement.?
(a) Abdul Kalam Azad
(b) Mohammad Ali Jinnah
(c) Badruddin Tayyab ji
(d) Chirag Ali
(e) None of the above or more than one of the above

47th BPSC (Pre) 2004-05

Ans - (a)
देवबन्द आन्दोलन (दार-उल-उलूम) की स्थापना 1866 में देवबन्द (उ.प्र.) में हुई थी। थे। मौलाना अबुल कलाम आजाद इससे सम्बद्ध थे।

33. फराजी आंदोलन के विरोध में 1893 में ढाका में ताईयूनी आंदोलन किसने चलाया था?
(a) कोलकाता के सैयद अमीर अली
(b) अलीगढ़ के सर सैयद अहमद
(c) पटना के इमाम
(d) जौनपुर के करामत अली
(e) उपर्युक्त में से कोई नहीं या उपर्युक्त में से एक से अधिक
Who launched the Taiyuni movement in Dhaka in 1893 in protest against the Faraji movement??
(a) Syed Amir Ali of Kolkata
(b) Sir Syed Ahmed of Aligarh
(c) The Imam of Patna
(d) Karamat Ali of Jaunpur
(e) None of the above or more than one of the above

Bihar CDPO (प्रा.) परीक्षा-2018

उत्तर-(d)
मुस्लिमों के बीच आधुनिक विचार को बढ़ाने वाले फराजी आंदोलन के विरोध में 1893 में ढाका में जौनपुर के करामत अली ने नाईसुनी आंदोलन चलाया।

34. पंजाब हिंदू सभा की स्थापना किस वर्ष हुई थी?
(a) 1905
(b) 1909
(c) 1915
(d) 1917
(e) उपर्युक्त में से कोई नहीं या उपर्युक्त में से एक से अधिक
In which year was the Punjab Hindu Sabha established?
(a) 1905
(b) 1909
(c) 1915
(d) 1917
(e) None of the above or more than one of the above

Bihar CDPO (प्रा.) परीक्षा-2018

Ans.(b)

1909 ई. में आर्यसमाजी नेता लाला लाजपत राय, लालचन्द्र और शादी के प्रयास में पंजाब हिंदू सभा की स्थापना हुई। लाहौर में इसका प्रथम अधिवेशन मदल मोहन मालवीय की अध्यक्षता में हुआ।

35. 'फरैजी आंदोलन' की शुरुआत किसने की?
(a) हाजी शरीयातुल्लाह
(b) सैयद अहमद
(c) सलीमुल्लाह
(d) एम. ए. जिन्ना
(e) उपर्युक्त में से कोई नहीं या उपर्युक्त में से एक से अधिक
Who started the 'Faraji Movement'?
(a) Haji Shariatullah
(b) Syed Ahmed
(c) Salimullah
(d) M. A. Jinnah
(e) None of the above or more than one of the above

64 BPSC (Pre) 2018-19

उत्तर-(a)

इस्लाम धर्म में सुधार के उद्देश्य से फरैजी आंदोलन' की शुरुआत 1838 ई. में हाजी शरिया तुल्लाह ने की थी। उनकी मृत्यु के बाद 1840 ई. में इस आन्दोलन का नेतृत्व दादू मीर ने किया।

36. दक्कन एजुकेशन सोसाइटी के संस्थापक कौन थे?
(a) ज्योतिबा फुले
(b) फिरोजशाह मेहता
(c) एम. जी. रानाडे
(d) बाल गंगाधर तिलक
(e) उपर्युक्त में से कोई नहीं या उपर्युक्त में से एक से अधिक
Who was the founder of Deccan Education Society?
(a) Jyotiba Phule
(b) Firozshah Mehta
(c) M.G. Ranade
(d) Bal Gangadhar Tilak
(e) None of the above or more than one of the above

29th Bihar (J) GS-2017

Ans - (d)

दक्कन एजूकेशनल सोसायटी की स्थापना 24 अक्टूबर 1884 ई. में बालगंगाधर तिलक, विष्णुशास्त्री चिपणुलकर, गोपाल, गणेश आगरकर, महादेव बल्लाल नामजोशी एवं वामन शिवराम आप्टे द्वारा की गई थी। इसका मुख्यालय पुणे में है।

37. आर्य समाज की स्थापना हुई थी-
(a) 1870
(b) 1872
(c) 1873
(d) 1875
(e) उपर्युक्त में से कोई नहीं या उपर्युक्त में से एक से अधिक
Arya Samaj was established-
(a) 1870
(b) 1872
(c) 1873
(d) 1875
(e) None of the above or more than one of the above

29th Bihar (J) GS-2017
DDPO (Pre) Exam 2005

Ans - (d)

आर्य समाज की स्थापना 1875 AD में दयानंद सरस्वती ने बॉम्बे में की थी.

38. इनमें से किस महिला समाज सुधारक को 'पंडित' कहा गया था?
(a) गंगाबाई
(b) रमाबाई
(c) एनी बेसेंट
(d) सिस्टर सुब्बालक्ष्मी
(e) उपर्युक्त में से कोई नहीं या उपर्युक्त में से एक से अधिक
Which of these women social reformers was called 'Pandit'?
(a) Gangabai
(b) Ramabai
(c) Annie Besant
(d) Sister Subbalakshmi
(e) None of the above or more than one of the above

29th Bihar (J) GS-2017

Ans - (b)

संस्कृत के ज्ञान के कारण रमाबाई को पंडिता रमाबाई के नाम से जाना जाता है। 1882 ई. में इन्होंने 'आर्य महिला सभा' की स्थापना की थी।

39. बंगाल की एशियाटिक सोसाइटी की स्थापना किसने की थी?

(a) राजा राममोहन राय
(b) सर विलियम जॉन्स
(c) डब्ल्यू डब्ल्यू हंटर
(d) विलियम बेंटिक
(e) उपर्युक्त में से कोई नहीं या उपर्युक्त में से एक से अधिक

Who founded the Asiatic Society of Bengal?

(a) Raja Rammohan Roy
(b) Sir William Johns
(c) W.W. Hunter
(d) William Bentinck
(e) None of the above or more than one of the above

28th Bihar (J) GS-2014

उत्तर-(b)

सर विलियम जोन्स ने 1784 ई. में 'बंगाल एशियाटिक सोसाइटी' की स्थापना की

40. भारतीयों का कौन सा वर्ग पाश्चात्य संस्कृति से प्रभावित था?

(a) हिंदू कुलीन तंत्र
(b) मुस्लिम कुलीन तंत्र
(c) शिक्षित हिंदू मध्यमवर्ग
(d) शिक्षित मुस्लिम मध्यमवर्ग
(e) उपर्युक्त में से कोई नहीं या उपर्युक्त में से एक से अधिक

Which section of Indians was influenced by western culture?

(a) Hindu oligarchy
(b) Muslim oligarchy
(c) Educated Hindu middle class
(d) Educated Muslim middle class
(e) None of the above or more than one of the above

27th Bihar (J) GS-2013

Ans - (c)

शिक्षित हिन्दू मध्यम वर्ग पाश्चात्य संस्कृति से प्रभावित था।

41. ब्रिटिश काल में भारत में हिंदू विधवा पुनर्विवाह कानून के लिए किसे श्रेय दिया जाता है?

(a) ईश्वर चंद्र विद्यासागर
(b) राजा राममोहन राय
(c) सी आर दास
(d) मोतीलाल नेहरू
(e) उपर्युक्त में से कोई नहीं या उपर्युक्त में से एक से अधिक

Who is given credit for the Hindu Widow Remarriage Law in India during the British period?

(a) Ishwar Chandra Vidyasagar
(b) Raja Rammohan Roy
(c) C.R. Das
(d) Motilal Nehru
(e) None of the above or more than one of the above

Bihar APO GS-2013

उत्तर-(a)

जुलाई 1856 को ईश्वर चंद्र विद्यासागर तथा अक्षय कुमार दत्ता के प्रयासों से हिंदू विधवा पुनर्विवाह अधिनियम, 1856 लागू हुआ था। इस अधिनियम का ड्राफ्ट लार्ड डलहौजी द्वारा तैयार किया गया था। इस अधिनियम को कैनिंग के समय में पारित किया गया था।

42. हिंदू विधवा पुनर्विवाह अधिनियम कब बनाया गया था

(a) 1850
(b) 1835
(c) 1856
(d) 1862
(e) उपर्युक्त में से कोई नहीं या उपर्युक्त में से एक से अधिक

When was the Hindu Widow Remarriage Act enacted?

(a) 1850
(b) 1835
(c) 1856
(d) 1862
(e) None of the above or more than one of the above

Bihar APO GS-2012

उत्तर-(c)

हिन्दू विधवा पुनर्विवाह अधिनियम का ड्राफ्ट 1855 में

बनाया गया था तथा लार्ड कैनिंग के समय 26 जुलाई, 1856 को पारित हुआ।

43. राजा राममोहन राय द्वारा निम्नलिखित में से कौन से सामाजिक धार्मिक आंदोलन की स्थापना की गई थी-
(a) प्रार्थना समाज
(b) आर्य समाज
(c) थियोसॉफिकल सोसायटी
(d) ब्रह्म समाज
(e) उपर्युक्त में से कोई नहीं या उपर्युक्त में से एक से अधिक
Which of the following socio-religious movements was founded by Raja Rammohan Roy?
(a) prayer society
(b) Arya Samaj
(c) Theosophical Society
(d) Brahmo Samaj
(e) None of the above or more than one of the above

Bihar APO GS-2011

उत्तर-(d)

राजा राममोहन राय ने 1828 में ब्रह्म समाज की स्थापना की.

44. निम्नलिखित में से सती प्रथा का उन्मूलन किसने किया?
(a) लॉर्ड विलियम बेंटिक
(b) लॉर्ड डलहौजी
(c) सर चार्ल्स मेटकाफ
(d) लॉर्ड ऑकलैंड
(e) उपर्युक्त में से कोई नहीं या उपर्युक्त में से एक से अधिक
Who among the following abolished the practice of Sati?
(a) Lord William Bentinck
(b) Lord Dalhousie
(c) Sir Charles Metcalfe
(d) Lord Auckland
(e) None of the above or more than one of the above

Bihar APO GS-2011

उत्तर-(a)

सती प्रथा के खिलाफ राजा राममोहन राय के समर्थन से लार्ड विलियम बेंटिक ने 1829 में कानून बनाया।

45. निम्नलिखित में से किसने भारत में 'थियोसोफिकल सोसायटी' की स्थापना की?
(a) एनी बेसेंट
(b) मैडम ब्लावट्स्की तथा कर्नल आलकॉट
(c) केशव चंद्र सेन
(d) स्वामी विवेकानंद
(e) उपर्युक्त में से कोई नहीं या उपर्युक्त में से एक से अधिक
Who among the following founded the 'Theosophical Society' in India?
(a) Annie Besant
(b) Madame Blavatsky and Colonel Alcott
(c) Keshav Chandra Sen
(d) Swami Vivekananda
(e) None of the above or more than one of the above

Bihar APO GS-2011
53rd-55th BPSC (Pre) 2011
Bihar CDPO (Pre) Exam 2005

उत्तर-(b)

थियोसाफिकल सोसाइटी की स्थापना 1875 में मैडम एच.पी. ब्लावाट्स्की और कर्नल एच.एल. आल्कॉट ने न्यूयार्क, अमेरिका में की थी। 1882 में अड्यार (चेन्नई) में इसका मुख्यालय बनाया गया।

46. रामकृष्ण मिशन के संस्थापक कौन थे?
(a) रामकृष्ण
(b) राजा राममोहन राय
(c) विवेकानंद
(d) दयानंद
(e) उपर्युक्त में से कोई नहीं या उपर्युक्त में से एक से अधिक
Who was the founder of Ramakrishna Mission?
(a) Ramakrishna
(b) Raja Rammohan Roy
(c) Vivekananda
(d) Dayanand
(e) None of the above or more than one of the above

Bihar APO GS-2009

Ans - (c)

अपने गुरु रामकृष्ण परमहंस की याद में रामकृष्ण मिशन

की स्थापना स्वामी विवेकानन्द ने मई 1897 में पश्चिम बंगाल के बेलूर मठ में की थी।

47. प्रार्थना समाज, यंग इंडिया, लोकहितवादी, सत्यशोधक समाज, रहनुमाई माजदायसन सभा के लिए निम्न विकल्पों में से सही संयोजन पहचानिए

(a) गोपाल हरि देशमुख, आत्माराम पांडुरंग, मोहनदास करमचंद गांधी, ज्योतिबा फुले, नौरोजी फरदोनजी

(b) आत्माराम पांडुरंग, मोहनदास करमचंद गांधी, गोपाल हरि देशमुख, ज्योतिबा फुले, नौरोजी फरदोनजी

(c) आत्माराम पांडुरंग, ज्योतिबा फुले, मोहनदास करमचंद गांधी, गोपाल हरि देशमुख, नौरोजी फरदोनजी

(d) नौरोजीफरदोनजी, आत्माराम पांडुरंग, मोहनदास करमचंद गांधी, गोपाल हरि देशमुख, ज्योतिबा फुले

(e) उपर्युक्त में से कोई नहीं या उपर्युक्त में से एक से अधिक

Identify the correct combination from the following options for Prarthana Samaj, Young India, Lokhitwadi, Satyashodhak Samaj, Rahnumai Majdaisan Sabha.

(a) Gopal Hari Deshmukh, Atmaram Pandurang, Mohandas Karamchand Gandhi, Jyotiba Phule, Naoroji Fardonji

(b) Atmaram Pandurang, Mohandas Karamchand Gandhi, Gopal Hari Deshmukh, Jyotiba Phule, Naoroji Fardonji

(c) Atmaram Pandurang, Jyotiba Phule, Mohandas Karamchand Gandhi, Gopal Hari Deshmukh, Naoroji Fardonji

(d) Naoroji Fardonji, Atmaram Pandurang, Mohandas Karamchand Gandhi, Gopal Hari Deshmukh, Jyotiba Phule

(e) None of the above or more than one of the above

64 BPSC (Pre) 2018-19

Ans - (b)

प्रार्थना समाज - आत्मारंग पांडुरंग

यंग इंडिया - मोहनदास करमचंद गाँधी

लोकहितवादी - गोपाल हरि देशमुख

सत्यशोधक समाज - ज्योतिबा फुले

रहनुमाई माजदायसन सभी - नौरोजी फरदोनजी

48. भारतीय पुनर्जागरण (Renaissance) आंदोलन के पिता कौन थे?

(a) बालगंगाधर तिलक

(b) दयानंद सरस्वती

(c) श्रद्धानंद

(d) राजा राममोहन राय

(e) उपर्युक्त में से कोई नहीं या उपर्युक्त में से एक से अधिक

Who was the father of the Indian Renaissance movement?

(a) Balgangadhar Tilak

(b) Dayanand Saraswati

(c) Shraddhanand

(d) Raja Rammohan Roy

(e) None of the above or more than one of the above

53-55 BPSC (Pre) 2011

Ans - (d)

भारतीय पुनर्जागरण आंदोलन के पिता राजा राममोहन राय थे।

49. प्रार्थना समाज के संस्थापक कौन थे?

(a) आत्माराम पांडुरंग

(b) तिलक

(c) एनी बेसेंट

(d) रासबिहारी बोस

(e) उपर्युक्त में से कोई नहीं या उपर्युक्त में से एक से अधिक

Who was the founder of Prarthana Samaj?

(a) Atmaram Pandurang

(b) Tilak

(c) Annie Besant

(d) Rash Bihari Bose

(e) None of the above or more than one of the above

53-55 BPSC (Pre) 2011

Ans - (a)

1867 में आत्माराम पाण्डुरंग ने बम्बई में प्रार्थना समाज की स्थापना की थी। महादेव गोविन्द रानाडे भी प्रार्थना समाज से जुड़े थे।

50. भारत में नारी आंदोलन इनकी प्रेरणा से प्रारंभ हुआ

(a) पदमा बाई रानाडे

(b) एनी बेसेंट

(c) सरोजिनी नायडू
(d) ज्योतिबा फुले
(e) उपर्युक्त में से कोई नहीं या उपर्युक्त में से एक से अधिक

Women's movement in India started with her inspiration.
(a) Padma Bai Ranade
(b) Annie Besant
(c) Sarojini Naidu
(d) Jyotiba Phule
(e) None of the above or more than one of the above

48th-52nd BPSC (Pre) 2007-08

Ans - (d)

ज्योतिबा फुले स्त्री शिक्षा के प्रबल समर्थक थे। उन्होंने अपनी पत्नी सावित्री देवी के सहयोग से बालिका शिक्षा हेतु 1848 में पूना में विद्यालय स्थापित किया।

51. राजा राम मोहन राय द्वारा ब्रह्मसमाज की स्थापना की गई
(a) 1816 ईसवी में
(b) 1820 ईस्वी में
(c) 1828 ईसवी में
(d) 1830 ईस्वी में
(e) उपर्युक्त में से कोई नहीं या उपर्युक्त में से एक से अधिक

Brahmo Samaj was founded by Raja Ram Mohan Roy.
(a) In 1816 AD
(b) In 1820 AD
(c) In 1828 AD
(d) In 1830 AD
(e) None of the above or more than one of the above

47 BPSC (Pre) 2004-05

Ans - (c)

ब्रह्म समाज की स्थापना राजा राममोहन राय ने 1828 ई. में की थी। इनके बाद महर्षि देवेन्द्र नाथ टैगोर ने नेतृत्व किया। फिर केशव चन्द्र सेन ब्रह्म समाज के धर्म आचार्य नियुक्त हुए। 1865 में केशवचन्द्र सेन ने आदि ब्रह्म समाज की स्थापना की। 1878 ई. में केशव चन्द्र सेन द्वारा अपनी अल्पवयस्क पुत्री का विवाह कूच बिहार के राजा से करने के कारण उनके अधिकांश अनुयायियों ने एक नया ब्रह्म समाज 'साधारण ब्रह्म समाज' बना लिया।

52. दयानंद सरस्वती द्वारा स्थापित है-
(a) ब्रह्म समाज
(b) आर्य समाज
(c) प्रार्थना समाज
(d) बहुजन समाज
(e) उपर्युक्त में से कोई नहीं या उपर्युक्त में से एक से अधिक

Founded by Dayanand Saraswati-
(a) Brahmo Samaj
(b) Arya Samaj
(c) Prayer Society
(d) Bahujan Samaj
(e) None of the above or more than one of the above

43rd BPSC (Pre) 1999

उत्तर-(b)

स्वामी दयानन्द सरस्वती (मूलशंकर) ने 1875 ई. में बम्बई में आर्य समाज की स्थापना की।
ग्रंथ- 'सत्यार्थ प्रकाश'
नारा - 'वेदों की ओर लौटो'

53. ब्रह्मसमाज की स्थापना किस वर्ष हुई थी?
(a) 1816 ईसवी में
(b) 1820 ईस्वी में
(c) 1828 ईसवी में
(d)1830 ईस्वी में
(e) उपर्युक्त में से कोई नहीं या उपर्युक्त में से एक से अधिक

In which year was Brahmo Samaj established??
(a) In 1816 AD
(b) In 1820 AD
(c) In 1828 AD
(d) In 1830 AD
(e) None of the above or more than one of the above

41st BPSC (Pre) 1996

उत्तर-(c)

ब्रह्म समाज की स्थापना 1828 में राजा राममोहन राय ने कलकत्ता में की

54. निम्नलिखित में से कौन आत्मीय सभा के संस्थापक थे?
(a) राजा राममोहन राय
(b) स्वामी दयानंद सरस्वती

(c) स्वामी विवेकानंद
(d) अरविंद घोष
(e) उपर्युक्त में से कोई नहीं या उपर्युक्त में से एक से अधिक

Who among the following was the founder of Atmiya Sabha?
(a) Raja Rammohan Roy
(b) Swami Dayanand Saraswati
(c) Swami Vivekananda
(d) Arvind Ghosh
(e) None of the above or more than one of the above

41st BPSC (Pre) 1996

Ans - (a)

राजा राममोहन राय ने आत्मीय सभा की स्थापना 1815 में की।

55. स्वामी विवेकानंद ने रामकृष्ण मिशन की स्थापना की, वर्ष -
(a) 1861 में
(b) 1891 में
(c) 1893 में
(d) 1897 में
(e) उपर्युक्त में से कोई नहीं या उपर्युक्त में से एक से अधिक

Swami Vivekananda established Ramakrishna Mission, year -
(a) in 1861
(b) in 1891
(c) in 1893
(d) in 1897
(e) None of the above or more than one of the above

41st BPSC (Pre) 1996

Ans - (d)

स्वामी विवेकानन्द (नरेन्द्र नाथ दत्त) ने 1897 में रामकृष्ण मिशन की स्थापना वेल्लूर, कोलकाता में की थी।

56. 19वीं शताब्दी के उत्तरार्ध में नव-हिंदू वाद के सर्वश्रेष्ठ प्रतिनिधि थे-
(a) रामकृष्ण परमहंस
(b) स्वामी विवेकानंद
(c) बंकिम चंद्र चटर्जी
(d) राजा राममोहन राय
(e) उपर्युक्त में से कोई नहीं या उपर्युक्त में से एक से अधिक

The best representatives of Neo-Hinduism in the second half of the 19th century were-
(a) Ramakrishna Paramhansa
(b) Swami Vivekananda
(c) Bankim Chandra Chatterjee
(d) Raja Rammohan Roy
(e) None of the above or more than one of the above

41st BPSC (Pre) 1996

उत्तर-(b)

स्वामी विवेकानंद

1893 ई. में अमेरिका के शिकागों में आयोजित प्रथम विश्व धर्म सम्मेलन में भाग

फरवरी 1896 ई. में न्यूयार्क में वेदांत सोसाइटी का गठन

1897 ई. में 'रामकृष्ण मठ' की स्थापना

मूर्ति पूजा, बहुदेववाद आदि का समर्थन

19वीं शताब्दी के 'नव-हिन्दू जागरण' का संस्थापक

57. 19वीं शताब्दी के धर्म एवं समाज-सुधार आंदोलनों में जनसंख्या के किस वर्ग को मुख्यतः आकर्षित किया?
1. बुद्धिजीवी   2. नगरीय उच्च जातियां
3. निर्धन सर्वसाधारण वर्ग   4. उदार रजवाडे

अपने उत्तर का चयन निम्नांकित कूटो से करें-
(a) केवल 1
(b) 1 एवं 2
(c) 1, 2 एवं 3
(d) 1, 2 एवं 4
(e) उपर्युक्त में से कोई नहीं या उपर्युक्त में से एक से अधिक

Which section of the population was mainly attracted by the religious and social reform movements of the 19th century??
1. Intellectuals   2. Urban upper castes
3. Poor common class 4. Liberal princely states

Select your answer from the following codes-
(a) Only 1,
(b) 1 and 2
(c) 1, 2 and 3
(d) 1, 2 and 4
(e) None of the above or more than one of the above

40th BPSC (Pre) 1995

Ans - (d)

19वी सदी के धार्मिक एवं सामाजिक आन्दोलन ने बुद्धिजीवी वर्गों, नगरीय उच्च जातियों तथा उदार रजवाड़ों को मुख्य रूप से आकर्षित किया।

58. महाराष्ट्र के किस समाज सुधारक को लोकहितवादी कहा जाता था?

(a) एमजी रानाडे
(b) गोपाल कृष्ण गोखले
(c) पंडिता रमाबाई
(d) गोपाल हरि देशमुख
(e) उपर्युक्त में से कोई नहीं या उपर्युक्त में से एक से अधिक

Which social reformer of Maharashtra was called Lokhitwadi??

(a) MG Ranade
(b) Gopal Krishna Gokhale
(c) Pandita Ramabai
(d) Gopal Hari Deshmukh
(e) None of the above or more than one of the above

40th BPSC (Pre) 1995

उत्तर-(d)

गोपालहरि देशमुख को 'लोकहितवादी' कहा जाता था।

59. भारत में सती प्रथा प्रतिषेध कानून कब पास किया गया?

(a) 1828
(b) 1829
(c) 1831
(d) उपर्युक्त में से कोई नहीं
(e) उपर्युक्त में से एक से अधिक

When was the law prohibiting the practice of Sati passed in India?

(a) 1828
(b) 1829
(c) 1831
(d) None of the above
(e) More than one of the above

Bihar CDPO (प्रा.) परीक्षा-2018

उत्तर-(b)

राजा राममोहन राय के प्रयास से लार्ड विलियम बैंटिक के समय 1829 ई. सती प्रथा को बंगाल में प्रतिबंधित कर दिया और 1830 ई. से यह प्रतिबंध बम्बई व मद्रास में भी लागू हो गया।

60. स्वामी दयानंद सरस्वती का जन्म हुआ था

(a) पंजाब में
(b) गुजरात में
(c) दिल्ली में
(d) बंगाल में
(e) उपर्युक्त में से कोई नहीं या उपर्युक्त में से एक से अधिक

Swami Dayanand Saraswati was born

(a) in Punjab
(b) in Gujarat
(c) in Delhi
(d) in Bengal
(e) None of the above or more than one of the above

Bihar CDPO (प्रा.) परीक्षा-1998

Ans - (b)

स्वामी दयानंद सरस्वती का जन्म 12 फरवरी, 1824 को गुजरात के मोरबी में एक ब्राह्मण परिवार में हुआ था।

61. यंग बंगाल आंदोलन को प्रभावित किया था-

(a) राजा राममोहन राय
(b) ईश्वर चंद्र विद्यासागर
(c) डेविड हेयर
(d) हेनरी विवियन डेरेजियो
(e) उपर्युक्त में से कोई नहीं या उपर्युक्त में से एक से अधिक

Young Bengal movement was influenced by-

(a) Raja Rammohan Roy
(b) Ishwar Chandra Vidyasagar
(c) David Hare
(d) Henry Vivian Derezio
(e) None of the above or more than one of the above

27th Bihar (J) GS-2013

Ans - (d)

यंग बंगाल आन्दोलन के प्रवर्तक हिन्दू कालेज के शिक्षक हेनरी लुई विवियन डेरेजियो थे। सुरेन्द्रनाथ बनर्जी ने डेरेजियो को बंगाल में आधुनिक सभ्यता का अग्रदूत' कहा था।

62. 'भारत, भारतीयों के लिए' का नारा इनमें से किसने दिया था?
(a) स्वामी विवेकानंद
(b) स्वामी दयानंद सरस्वती
(c) पंडित ईश्वर चंद्र विद्यासागर
(d) एच एन कुंजरू
(e) उपर्युक्त मेंसे कोई नहीं या उपर्युक्त में से एक से अधिक
Who among the following gave the slogan 'India for Indians'?
(a) Swami Vivekananda
(b) Swami Dayanand Saraswati
(c) Pandit Ishwar Chandra Vidyasagar
(d) H N Kunzru
(e) None of the above or more than one of the above

BPSC AAO 2021

Ans. (b):
स्वामी दयानंद सरस्वती के प्रसिद्ध नारे थे - 'भारत, भारतीयों के लिए है' तथा 'वेदों की ओर लोटों'।

63. सर सैयद अहमद खान के सबसे कटु आलोचक कौन थे?
(a) जमाजुद्दी अफगानी
(b) सी. एफ. एंड्रयूज
(c) मौलवी अत्ताउल्लाह
(d) शिब्ली नोमानी
(e) उपर्युक्त में से कोई नहीं या उपर्युक्त में से एक से अधिक
Who was the harshest critic of Sir Syed Ahmed Khan??
(a) Jamajuddi Afghani
(b) C.F. andrews
(c) Maulvi Attaullah
(d) Shibli Nomani
(e) None of the above or more than one of the above

Bihar CDPO (प्रा.) परीक्षा-2018

Ans - (a)
जमाजुद्दीन अफगानी (1838-1897), सर सैय्यद अहमद खाँ के सबसे बड़े आलोचक थे।

64. इनमें से कौन 'अहरार आंदोलन' से संबंधित रहे थे?
(a) हसन इमाम
(b) मौलाना जफर अली खान
(c) मजहरुलहक
(d) हकीम अजमल खान
(e) उपर्युक्त में से कोई नहीं उपर्युक्त में से एक से अधिक
Who among these were related to 'Ahrar Movement'?
(a) Hasan Imam
(b) Maulana Zafar Ali Khan
(c) Mazharul Haq
(d) Hakim Ajmal Khan
(e) None of the above More than one of the above

BPSC Auditor (Pre) 2021

Ans.(e)
अहरार आंदोलन की शुरुआत 1910 में हसन इमाम, मौलाना जफ़र अली खाँ, मजहरूल हक, हकीम अजमल खाँ और मौलाना मोहम्मद अली के नेतृत्व में की गई थी।

यह आंदोलन अलीगढ़ आंदोलन की अंग्रेजों के प्रति वफादार राजनीति के विपरीत राष्ट्रीय आन्दोलन के समर्थक थे। इस आंदोलन के नेताओं ने 1916 के कांग्रेस लीग समझौते का विरोध किया था।

65. इनमें से कौन 'अहरार आंदोलन' से संबंधित नहीं थे?
(a) हसन इमाम
(b) मौलाना जफर अली खान
(c) मजहरूल हक
(d) हकीम अजमल खान
(e) उपर्युक्त में से कोई नहीं या उपर्युक्त में से एक से अधिक
Which of the following was not related to 'Ahrar Movement'?
(a) Hasan Imam
(b) Maulana Zafar Ali Khan
(c) Mazharul Haq
(d) Hakim Ajmal Khan
(e) None of the above or more than one of the above

BPSC Auditor (Pre) 2021

Ans - (e)
बंगाल के राष्ट्रवादी मुसलमानों मौलाना मुहम्मद अली, हकीम अजमल खाँ, हसन इमाम, मौलाना जफर अली खां एवं मजहरूल हक द्वारा अहरार आंदोलन की शुरूआत 1910 ई. में की गई थी।

66. मद्रास महाजन सभा की स्थापना की गई थी
(a) 1880 में
(b) 1881 मे
(c) 1882 में
(d) 1884में
(e) उपर्युक्त में से कोई नहीं या उपर्युक्त में से एक से अधिक
Madras Mahajan Sabha was established in
(a) in 1880
(b) in 1881
(c) in 1882
(d) in 1884
(e) None of the above or more than one of the above

53rd-55th BPSC (Pre) 2011

उत्तर-(d)
मद्रास महाजन सभा की स्थापना एम. वी. राधवाचारी, जी, सुब्रह्मण्यम् अय्यर तथा आनन्द चारलू द्वारा 1884 में की गयी।

67. सती प्रथा को बंद कराने में किसने लॉर्ड विलियम बेंटिक का सहयोग किया?
(a) केशव चंद्र सेन
(b) दयानंद सरस्वती
(c) ईश्वर चंद्र विद्यासागर
(d) राजा राममोहन राय
(e) उपर्युक्त में से कोई नहीं है / उपर्युक्त में से एक से अधिक
Who helped Lord William Bentinck in stopping the practice of Sati??
(a) Keshav Chandra Sen
(b) Dayanand Saraswati
(c) Ishwar Chandra Vidyasagar
(d) Raja Rammohan Roy
(e) None of the above / More than one of the above

31th BPSC (J)-2022

Ans. (d):
राजा राम मोहन राय के सहयोग से सती प्रथा को 1829 (Rule XVII) के तहत लार्ड विलियम बेंटिक ने समाप्त कर दिया।

68. निम्न में से कौन से सामाजिक सुधार विलियम बेंटिक ने प्रारंभ किए?
1. सती प्रथा का उन्मूलन
2. दास प्रथा का उन्मूलन
3. धर्म परिवर्तन के कारण अयोग्यता के प्रावधान को हटाना
4. ठगों के संगठित गिरोहों का दमन
नीचे दिए गए कूट से सही उत्तर का चयन कीजिए
(a) केवल 1 और 2
(b) केवल 1, 3 और 4
(c) केवल 1, 2 और 4
(d) सभी 1, 2, 3 और 4
(e) उपर्युक्त में से कोई नहीं है / उपर्युक्त में से एक से अधिक
Which of the following social reforms was started by William Bentinck?
1. Abolition of Sati
2. Abolition of the Slavery
3. Removal of provision of disqualification due to religious conversion
4. Suppression of organized gangs of thugs
Select the correct answer from the code given below
(a) 1 and 2 only
(b) 1, 3 and 4 only
(c) Only 1, 2 and 4
(d) All 1, 2, 3 and 4
(e) None of the above / More than one of the above

67th BPSC (Pre)2022

Ans. (b):
लॉर्ड विलियम बैंटिक के सामाजिक सुधार –
- सन् 1829 ई. में सती प्रथा पर रोक
- लॉर्ड विलियम बैटिक ने कर्नल स्लीमैन के सहयोग से ठगों के गिरोहों का दमन
- 1832 ई. में धर्म-परिवर्तन से होने वाली सभी अयोग्यताओं को समाप्त कर दिया था।
- लॉर्ड एलनबरो ने 1843 के एक्ट-V द्वारा भारत में दास प्रथा का उन्मूलन किया था

69. 1856 ईस्वी में निम्नलिखित कानून पारित हुआ
1. धार्मिक असुविधा कानून
2. सती निषेध रेगुलेशन
3. हिंदू विधवा पुनर्विवाह कानून
4. राज्य हड़पने का सिद्धांत
अपने उत्तर का चयन निम्नांकित कूटो से करें
(a) 1 एवम् 2
(b) 1 एवम् 4
(c) 3 एवम् 4
(d) 1, 2 एवम् 4
(e) उपर्युक्त में से कोई नहीं है / उपर्युक्त में से एक से अधिक
The following law was passed in 1856 AD
1. Religious Discomfort Law
2. Sati Prohibition Regulation
3. Hindu Widow Remarriage Law
4. Theory of state usurpation
Select your answer from the following codes
(a) 1 and 2
(b) 1 and 4
(c) 3 and 4
(d) 1, 2 and 4
(e) None of the above / More than one of the above

40th BPSC (Pre) 1995

Ans - (c)
धार्मिक असुविधा कानून - 1850
सती निषेध अधिनियम - 1829
हिन्दू विधवा पुनर्विवाह अधिनियम - 1856
राज्य हड़पने का सिद्धान्त - 1848

70. निम्नलिखित में से कौन-सा विद्रोह /आन्दोलन लम्बी दाढ़ी रखने पर कर लगाए जाने के कारण हुआ था ? / Which of the following rebellions/movements was caused by the imposition of tax on keeping long beards?
(a) फरैजी आन्दोलन / Faraji movement
(b) पागलपंथी विद्रोह / Pagalpanthi rebellion
(c) वहाबी आन्दोलन / Wahabi movement
(d) उपर्युक्त में से एक से अधिक / More than one of the above
(e) उपर्युक्त में से कोई नहीं / None of the above

BPSC School Teacher 2023(Paper-II) Shift-2

Ans. (c)
वहाबी आंदोलन/विद्रोह लम्बी दाढ़ी रखने पर कर लगाये जाने के कारण हुआ था। यह आंदोलन वर्ष 1831 में हुआ था। इससे संबंधित नेता सैय्यद अहमद थे।

71. Who founded Hindu College at Calcutta in 1817 / 1817 में, कलकत्ता में हिन्दू कॉलेज की स्थापना किसने की?
(a) Henry Vivian Derozio/हेनरी विवियन डेरोजियो
(b) David Hare/डेविड हेअर
(c) Jonathan Duncan/जोनाथन डंकन
(d) More than one of the above/उपर्युक्त में से एक से अधिक
(e) None of the above/उपर्युक्त में से कोई नहीं

BPSC TRE 2.0 8/12/2023 (Paper-III)

Ans. (b)
1817 में कलकत्ता में हिन्दू कॉलेज की स्थापना राममोहन राय ने अलेक्जेंडर डफ एवं डेविड हेअर ने की थी।

72. Who established the Arya Samaj? आर्य समाज की स्थापना किसने की थी?
(a) Swami Vivekananda / स्वामी विवेकानन्द
(b) Swami Dayananda Saraswati स्वामी दयानंद सरस्वती
(c) Aurobindo Ghose /अरबिन्द घोष
(d) More than one of the above उपर्युक्त में से एक से अधिक
(e) None of the above/उपर्युक्त में से कोई नहीं

BPSC TRE 2.0 18/12/2023 (Paper-III)

Ans. (b)
1875 में स्वामी दयानंद सरस्वती ने बम्बई में आर्य समाज की स्थापना की। 1877 में लाहौर में आर्य समाज का मुख्यालय स्थापित किया गया।

73. Who began the 'Self-Respect Movement' in India? भारत में 'सेल्फ-रिस्पेक्ट मूवमेन्ट' किसने प्रारम्भ किया था?
(a) Jyotiba Phule /ज्योतिबा फुले
(b) Narayan Swami /नारायण स्वामी
(c) B. R. Ambedkar /बी.आर. अम्बेडकर
(d) More than one of the above उपर्युक्त में से एक से अधिक

(e) None of the above/उपर्युक्त में से कोई नहीं

BPSC TRE 2.0 18/12/2023 (Paper-III)

Ans. (e)

1925 में ई. वी. रामास्वामी नायकर द्वारा तमिलनाडु में आत्म-सम्मान आंदोलन (Self-Respect movement) का शुरूआत किया गया था।

उद्देश्य - ब्राह्मणवादी अधिपत्य को तोड़ने, समाज में पिछड़े वर्गों एवं महिलाओं के समान अधिकार के लिए आवाज उठाना

74. Which of the following statements is/are correct?/निम्नलिखित में से कौन-सा कथन सही है?

(a) Raja Rammohan Roy was the pioneer of modern education. / राजा राममोहन राय नवीन शिक्षा के अग्रणी थे।

(b) Swami Dayanand proclaimed India for Indians. /स्वामी दयानन्द ने 'भारत भारतीयों के लिए' का नारा दिया।

(c) Vivekananda participated in the Parliament of World Religions./विवेकानन्द ने विश्व धर्म संसद में भाग लिया।

(d) More than one of the above /उपर्युक्त में से एक से अधिक

(e) None of the above/उपर्युक्त में से कोई नहीं

BPSC TRE 2.0 15/12/2023 (Paper-IV)

Ans.(d)

- राजा राम मोहन राय नवीन शिक्षा (Western Education) के अग्रदूत रहे हैं।
- स्वामी दयानंद सरस्वती का मानना था कि 'भारत भारतीयों के लिए है'।
- स्वामी विवेकानंद ने 1893 ई. में अमेरिका के शिकागो में आयोजित विश्व धर्म सम्मेलन में भारत का नेतृत्व किया था।

75. 'नवभारत का पैगम्बर' कौन कहलाता है?

(a) राजा राममोहन राय

(b) दयानन्द सरस्वती

(c) दादाभाई नौरोजी

(d) उपर्युक्त में से एक से अधिक

(e) उपर्युक्त में से कोई नहीं

Who is called the 'Prophet of New India'?

(a) Raja Rammohan Roy

(b) Dayanand Saraswati

(c) Dadabhai Naoroji

(d) More than one of the above

(e) None of the above

BPSC School Teacher 2023 (Paper-IV)

Ans. (a)

राजा राममोहन राय को 'नवभारत का पैगम्बर' कहा जाता है, क्योंकि ये भारतीयों में राजनीतिक चेतना उत्पन्न करने वाले पहले व्यक्ति थे।

76. In which year Mohammedan Anglo-Oriental College at Aligarh was established? किस वर्ष मोहम्मडन ऐंग्लो-ओरियंटल कॉलेज की स्थापना अलीगढ़ में की गई?

(a) 1870

(b) 1880

(c) 1890

(d) More than one of the above /उपर्युक्त में से एक से अधिक

(e) None of the above/उपर्युक्त में से कोई नहीं

BPSC TRE 2.0 7/12/2023 Shift-II (Paper-III)

Ans.(e)

1877 ई. में सर सैयद अहमद ने अलीगढ़ में मोहम्मडन ऐंग्लो-ओरियंटल कॉलेज की स्थापना की।

77. Which one of the following was associated with 'Ahrar Movement'? /इनमें से कौन 'अहरार आन्दोलन' से संबंधित थे?

(a) Hasan Iman / हसन इमाम

(b) Badruddin Tayabji /बदरुउद्दीन तैयबजी

(c) Mahmud-ul-Hasan /महमूद-उल-हसन

(d) More than one of the above / उपर्युक्त में से एक से अधिक

(e) None of the above / उपर्युक्त में से कोई नही

BPSC TRE 2.0 18/12/2023 (Paper-II)

Ans. (a)

अहरार आन्दोलन की स्थापना 1910 में की गई थी। इनका नेतृत्व मौलाना मुहम्मद अली, हकीम अजमल खान, हसन इमाम और मजहर-उल-हक ने किया था।

78. सूची-1 को सूची-II से सुमेलित कीजिए:

सूची-1	सूची-II
a. भारत सेवक समाज	1. देबेन्द्रनाथ टैगोर
b. तत्त्वबोधिनी सभा	2. गोपाल कृष्ण गोखले
c. आत्मीय सभा	3. राम मोहन रॉय

नीचे दिए गए कूट का प्रयोग कर सही उत्तर चुनिए।

a b c
(a) 2 1 3
(b) 1 2 3
(c) 3 2 1
(d) 1 3 2
(e) उपर्युक्त में से कोई नहीं / उपर्युक्त में से एक से अधिक

Match List-I with List-II:

List-I	List-II
a. Bharat Sevak Samaj	1. Debendranath Tagore
b. Tattvabodhini Sabha	2. Gopal Krishna Gokhale
c. Atmiya Sabha	3. Ram Mohan Roy

Select the correct answer using the code given below.

a b c
(a) 2 1 3
(b) 1 2 3
(c) 3 2 1
(d) 1 3 2
(e) None of the above / More than one of the above

69th BPSC (Pre) 2023

Ans. (a)

आत्मीय सभा	राजा राममोहन राय
तत्वबोधिनी सभा	देवेन्द्रनाथ टैगोर
भारतवर्षी ब्रह्म समाज	केशव चन्द्र सेन
भारत सेवक समाज	गोपाल कृष्ण गोखले

79. निम्नलिखित में से सत्यशोधक समाज के संस्थापक कौन थे?
(a) महात्मा गांधी
(b) राजा राममोहन राय
(c) दयानंद सरस्वती
(d) ज्योतिबा राव फूले

Who among the following was the founder of Satyashodhak Samaj?
(a) Mahatma Gandhi
(b) Raja Rammohan Roy
(c) Dayanand Saraswati
(d) Jyotiba Rao Phule

Police Avar Nirikshak Exam 26/12/2021 (Shift-II)
Pravartan Avar Nirikshak Exam 06/12/2022
BPSC LDC Prelims Exam Date 26-02-2022

Ans. (d)
सत्यशोधक समाज की स्थापना ज्योतिबा राव फूले ने 1873 में की थी। प्रसिद्ध पुस्तक 'गुलामगीरी' है।

80. इंडियन सोशल कॉन्फ्रेंस की स्थापना कब हुई?
(a) 1885
(b) 1887
(c) 1886
(d) 1888

When was the Indian Social Conference established?
(a) 1885
(b) 1887
(c) 1886
(d) 1888

Pravartan Avar Nirikshak Exam 29/08/2021

Ans. (b):
इंडियन सोशल कान्फ्रेंस (भारतीय राष्ट्रीय सामाजिक सम्मेलन) की स्थापना 1887 में मद्रास में महादेव गोविन्द रानाडे और रघुनाथ राव ने की थी।

81. 'आत्मीय सभा' की स्थापना किसने की?
(a) ज्योतिराव फुले
(b) राजा राममोहन राय
(c) दयानंद सरस्वती
(d) स्वामी विवेकानंद

Who founded 'Atmiya Sabha'?
(a) Jyotirao Phule
(b) Raja Rammohan Roy
(c) Dayanand Saraswati
(d) Swami Vivekananda

Bihar Forest Exam 16/12/2020 (Shift-I)
Police Avar Nirikshak Exam 29/11/2020

Ans. (b):
आत्मीय सभा की स्थापना 1815 में राजा राममोहन राय द्वारा कलकत्ता में की गयी थी।

82. 'परोपकारिणी सभा' के संस्थापक कौन थे?
(a) शिवानंद सरस्वती
(b) दयानंद सरस्वती
(c) स्वामी योगानंद
(d) स्वामी विवेकानंद
Who was the founder of 'Paropakarini Sabha'?
(a) Shivanand Saraswati
(b) Dayanand Saraswati
(c) Swami Yogananda
(d) Swami Vivekananda

Forest Range Officer (Pre.) Exam 17/01/2020

Ans. (b):
परोपकारिणी सभा (1883) स्वामी दयानन्द सरस्वती द्वारा स्थापित एक सभा है।

83. 'प्रार्थना समाज' को लोकप्रिय किया-
(a) महादेव गोविन्द रानाडे ने
(b) राजा राममोहन रॉय ने
(c) दयानंद सरस्वती ने
(d) राकृष्ण परमहंस ने
'Prarthana Samaj' was popularized by-
(a) Mahadev Govind Ranade
(b) Raja Rammohan Roy
(c) Dayanand Saraswati
(d) Rakrishna Paramahamsa

Forest Range Officer (Pre.) Exam 17/01/2020

Ans. (a):
प्रार्थना समाज की स्थापना केशव चन्द्र की प्रेरणा से 1867 में बाम्बे में आत्माराम पांडुरंग ने की जिसको आगे महादेव गोविन्द राणा डे ने लोकप्रिय बनाया

84. शिकागो में 1893 में विश्व धर्म संसद में किसने भाग लिया?
(a) राजा राममोहन राय
(b) विवेकानन्द
(c) दयानन्द सरस्वती
(d) रामकृष्ण परमहंस
Who participated in the Parliament of the World's Religions in Chicago in 1893?
(a) Raja Rammohan Roy
(b) Vivekananda
(c) Dayanand Saraswati
(d) Ramakrishna Paramhansa

Bihar Police Constable Exam 12/01/2020 (Shift-II)

Ans. (b) :
स्वामी विवेकानन्द (नरेन्द्रनाथ दत्त) ने शिकागो (USA) में वर्ष 1893 में आयोजित विश्व धर्म संसद में भाग लिया था।

85. आर्य समाज के संस्थापक कौन थे?
(a) रामकृष्ण परमहंस
(b) राजा राममोहन राय
(c) दयानंद सरस्वती
(d) विवेकानंद
Who was the founder of Arya Samaj?
(a) Ramakrishna Paramhansa
(b) Raja Rammohan Roy
(c) Dayanand Saraswati
(d) Vivekananda

Bihar Forest Guard Exam 16/12/2020 (Shift-II)

Ans. (c):
स्वामी दयानन्द सरस्वती ने वर्ष 1875 ई. में बम्बई में आर्य समाज की स्थापना की थी।

86. सती प्रथा का उन्मूलन किसके सहयोग से हुआ?
(a) राजा राममोहन राय
(b) दयानंद सरस्वती
(c) इश्वर चन्द विद्यासागर
(d) शिवनारायण
With whose help was the abolition of Sati?
(a) Raja Rammohan Roy
(b) Dayanand Saraswati
(c) Ishwar Chand Vidyasagar
(d) Shivnarayan

Utpad Avar Nirikshak Exam 25/08/2019

Ans: (a)
राममोहन राय के प्रयासों से लार्ड विलियम बेटिक ने 1829 ई० में नियम 17 के द्वारा बंगाल से सती प्रथा का अन्त कर दिया।

87. निम्नलिखित में से कौन ब्रह्म समाज के संस्थापक थे?
(a) स्वामी दयानन्द सरस्वती
(b) महादेव गोविन्द रानाडे
(c) केशवत्तन्द्र सेन
(d) राममोहन राय
Who among the following was the founder of Brahmo Samaj?
(a) Swami Dayanand Saraswati
(b) Mahadev Govind Ranade
(c) Keshavattandra Sen
(d) Rammohan Roy

Police Avar Nirikshak Exam 22/12/2019 (Shift-ii)

Ans. (d):
ब्रह्म समाज की स्थापना 1828 ई. में राजा राममोहन राय द्वारा की गई। राजा राममोहन राय को 'राजा' की उपाधि देकर मुगल बादशाह अकबर द्वितीय ने अपनी पेंशन बढ़ोत्तरी हेतु 1831 में ब्रिटिश सम्राट के पास लंदन भेजा, वहाँ 1833 में ब्रिस्टल में उनकी मृत्यु हो गई।

88. ब्रह्म समाज की स्थापना कब की गई?
(a) 1828
(b) 1928
(c) 1825
(d) 1829
When was Brahmo Samaj established?
(a) 1828
(b) 1928
(c) 1825
(d) 1829

BSSC Pratham Inter Level (re-exam) 09-12-2018 (Shift-1)

Ans. (a)
ब्रह्म समाज की स्थापना 1828 ई. में राजा राममोहन राय द्वारा की गई।

89. निम्न में से कौन-सी 'प्रार्थना समाज' की माँग नहीं थी?
(a) स्त्री शिक्षा
(b) विधवा पुनर्विवाह
(c) लड़के एवं लड़कियों की विवाह आयु में वृद्धि करना
(d) अस्पृश्यता की समाप्ति
Which of the following was not the demand of 'Prarthana Samaj'?
(a) Women's education
(b) Widow remarriage
(c) Increasing the marriage age of boys and girls
(d) abolition of untouchability

Police Avar Nirikshak Exam 11/03/2018 (Shift-1)

Ans: (d)
आचार्य केशवचन्द्र की महाराष्ट्र की यात्रा से प्रभावित होकर महादेव गोविन्द्र रानाडे और डॉ. आत्माराम पाण्डुरंग ने 1867 ई. में बम्बई 'प्रार्थना समाज' की स्थापना की। प्रार्थना समाज ने स्त्रियों की स्वतंत्रता, बिधवा पुनर्विवाह, बाल विवाह, स्त्रियों की शिक्षा आदि की तो बात की परन्तु अस्पृश्यता की समाप्ति की मांग नहीं थी।

90. उन्नीसवीं शताब्दी का एक महान समाज सुधारक ईश्वर चंद्र विद्यासागर ने किस सामाजिक कार्य के लिए संघर्ष किया ?
(a) पुरुष और महिलाओं को समान अधिकार के लिए
(b) विधवा पुनर्विवाह के लिए
(c) सती प्रथा के समापन के लिए
(d) नीची जाति के लोगों का मन्दिरों में प्रवेश के लिए
For which social cause did Ishwar Chandra Vidyasagar, a great social reformer of the nineteenth century, fight?
(a) For equal rights for men and women
(b) For widow remarriage
(c) To end the practice of Sati
(d) For entry of lower caste people into temples

Police Avar Nirikshak Exam 11/03/2018 (Shift-II)

Ans : (b)
ईश्वर चन्द्र विद्यासागर के प्रयासों से July, 1856 ई० में विधवा पुनर्विवाह कानून पारित हुआ।

91. प्रार्थना समाज के संस्थापक कौन थे?
(a) ईश्वरचन्द्र विद्यासागर
(b) महादेव गोविन्द रानाडे
(c) ज्योतिराव फुले
(d) राजा राममोहन राय
Who was the founder of the Prayer Society?
(a) Ishwar Chandra Vidyasagar
(b) Mahadev Govind Ranade

(c) Jyotirao Phule
(d) Raja Rammohan Roy

Bihar Police Constable Exam 31/07/2016
Police Avar Nirikshak Exam 22/07/2018

Ans: (b)
केशव चन्द्र सेन की प्रेरणा से 1867 ई० में बम्बई में प्रार्थना समाज की स्थापना आत्माराम पाण्डुरंग ने की। 1869 में महादेव गोविन्द रानाडे प्रार्थना समाज के सदस्य बने

92. दीनबन्धु सार्वजनिक सभा की स्थापना किसके द्वारा की गयी?
(a) बी आर अम्बेडकर
(b) महादेव गोविन्द रानाडे
(c) गोपाल कृष्ण गोखले
(d) ज्योतिबा फुले

By whom was Deenbandhu Sarvajanik Sabha established?
(a) B.R. Ambedkar
(b) Mahadev Govind Ranade
(c) Gopal Krishna Gokhale
(d) Jyotiba Phule

Police Avar Nirikshak Exam 10/12/2018

Ans. (d)
दीनबन्धु सार्वजनिक सभा की स्थापना वर्ष 1884 ई. में ज्योतिबा राव फुले ने की थी।

इन्होंने वर्ष 1873 में सत्यशोधक समाज का गठन किया तथा गुलामगिरी नामक पुस्तक लिखी जो अमेरिका के दासों को समर्पित थी।

93. पवनार आश्रम के संस्थापक कौन थे?
(a) बाबा रामदेव
(b) बाबा आमटे
(c) विनोबा भावे
(d) अन्ना हजारे

Who was the founder of Pavnar Ashram?
(a) Baba Ramdev
(b) Baba Amte
(c) Vinoba Bhave
(d) Anna Hazare

BSSC First Inter Level Exam 29-01-2017

Ans. (c)
पवनार आश्रम के संस्थापक विनोबा भावे थे।

94. देवबंद के उस विद्वान का नाम बताइए, जिन्होंने स्वतंत्रता आंदोलन में महत्वपूर्ण भूमिका निभाई-
(a) अबुल कलाम आजाद
(b) मोहम्मद अली जिन्ना
(c) बदरूद्दीन तैयबजी
(d) चिराग अली

Name the scholar of Deoband, who played an important role in the freedom movement-
(a) Abul Kalam Azad
(b) Mohammad Ali Jinnah
(c) Badruddin Tyabji
(d) Chirag Ali

Bihar Police Constable 15/12/2013

Ans. (a):
देवबन्द के विद्वान अबुल कलाम आजाद का जन्म 11 नवम्बर 1888 को मक्का सऊदी अरब में हुआ था। 11 November को National Education Day के रूप में मनाया जाता है. ये विभाजन के कट्टर विरोधी ये तथा हिंदू-मुस्लिम एकता के समर्थक थे। वह स्वतंत्र भारत के प्रथम शिक्षा मंत्री बने और वर्ष 1958 में उनकी मृत्यु हो गई। इनकी कुछ प्रमुख रचनाएँ- अल बिलाग, बेसिक कॉन्सेप्ट ऑफ कुरान, इन्डिया विन्स फ्रीडम, अल हिलाल आदि।

95. राजा राममोहन राय ने किस सामाजिक बुराईं को खत्म करने के लिए संघर्ष किया ?
(a) पर्दा प्रथा
(b) छुआछूत
(c) बहु-विवाह प्रथा
(d) सती प्रथा

Which social evil did Raja Rammohan Roy struggle to eliminate?
(a) Purdah system
(b) Untouchability
(c) practice of polygamy
(d) Sati practice

Bihar Police Constable 09/12/2012 (Shift-II)

Ans. (d):
राजा राम मोहन राय के प्रयास से सती प्रथा के विरुद्ध

कानून बनाया गया।

96. ईश्वरचंद्र विद्यासागर ने किस क्षेत्र में सहयोग दिया?
(a) बाल विवाह
(b) बहुबिवाह
(c) महिला सशक्तीकरण
(d) सती प्रथा
In which field did Ishwarchandra Vidyasagar contribute?
(a) Child marriage
(b) Polygamy
(c) Women empowerment
(d) Sati practice

Bihar Police Constable 09/12/2012 (Shift-1)

Ans. (c):
ईश्वरचंद्र विद्यासागर महिला सशक्तीकरण और नारी शिक्षा के समर्थक थे। इनके प्रयासों से बालिका विद्यालयों की स्थापना हुई। इन्हीं के प्रयासों से 1856 ई० में विधवा पुनर्विवाह कानून पारित हुआ।

97. 'थियोसोफिकल सोसायटी' की स्थापना किनके द्वारा की गई?
(a) मैडम ब्लावात्सकी
(b) गोविन्द रानाडे
(c) एनी बेसेन्ट
(d) राम कृष्ण भण्डारकर
By whom was 'Theosophical Society' founded?
(a) Madame Blavatsky
(b) Govind Ranade
(c) Annie Besant
(d) Ram Krishna Bhandarkar

Bihar Police Constable 09/12/2012 (Shift-I)
Bihar Police Constable Exam 01/05/2010

Ans : (a)
थियोसॉफिकल सोसाइटी की स्थापना 1875 में मैडम ब्लावात्सकी और कर्नल एच. एस. आल्कॉट न्यूयार्क, अमेरिका में की थी।

98. शारदा अधिनियम सम्बन्धित है-
(a) विधवा पुनर्विवाह से
(b) बाल मजदूरी से
(c) अंतर्जातीय विवाह से
(d) बाल विवाह से
Sharda Act is related to-
(a) Widow remarriage
(b) Child labor
(c) By inter-caste marriage
(d) from child marriage

Utpat Avar Nirikshak Exam 01/09/2012

Ans : (d)
गवर्नर जनरल लॉर्ड इरविन के समय 1929 ई० में अजमेर निवासी एवं प्रसिद्ध शिक्षाविद् डॉ० हरविलास शारदा के प्रयास से बाल विवाह निषेध कानून बना जिसे 'शारदा अधिनियम' कहा गया। लड़कियों के विवाह की न्यूनतम सीमा 14 वर्ष तथा लड़कों की 18 वर्ष निर्धारित की गई।

99. राजा राममोहन राय संस्थापक थे:
(a) आर्य समाज के
(b) ब्रह्म समाज के
(c) रामकृष्ण मिशन के
(d) प्रार्थना समाज के
Raja Rammohan Roy was the founder of:
(a) Arya Samaj
(b) Brahmo Samaj
(c) Ramakrishna Mission
(d) Prayer society

BSSC Second Graduate Level (Pre) Exam 18.12.2011

Ans. (b):
राजा राम मोहन राय ने वर्ष 1828 में ब्रह्म सभा की स्थापना की

100. ब्रह्म समाज के संस्थापक कौन थे?
(a) राजा राम मोहन राय
(b) अरबिन्द घोष
(c) विवेकानंद
(d) स्वामी दयानन्द सरस्वती
Who was the founder of Brahma Samaj?
(a) Raja Ram Mohan Roy
(b) Arvind Ghosh
(c) Vivekananda
(d) Swami Dayananda Saraswati

Patna High Court Steno & Cleark (10-04-2011)
Bihar Police Constable Exam 14/04/2010

Ans. (c):
राजा राम मोहन राय ने वर्ष 1828 में ब्रह्म सभा की स्थापना की

101. राजा राममोहन राय के द्वारा चलाया गया 'सुधार आन्दोलन' था-
(a) भक्ति आन्दोलन
(b) सूफी आन्दोलन
(c) आर्य समाज
(d) ब्रह्म समाज
The 'reform movement' launched by Raja Rammohan Roy was-
(a) Bhakti movement
(b) Sufi movement
(c) Arya Samaj
(d) Brahmo Samaj

Bihar Police Constable Exam 01/05/2010

Ans. (d):
राजा राम मोहन राय ने वर्ष 1828 में ब्रह्म सभा की स्थापना की

102. भारत में सती प्रथा के विरोध में आंदोलन का नेतृत्व किसने किया ?
(a) रवींद्रनाथ टैगोर
(b) राजा राममोहन राय
(c) महात्मा गांधी
(d) गोपाल कृष्ण गोखले
Who led the movement against the practice of Sati in India?
(a) Rabindranath Tagore
(b) Raja Rammohan Roy
(c) Mahatma Gandhi
(d) Gopal Krishna Gokhale

Bihar Police Constable 19/10/2010 (Shift-II)

Ans. (b):
राजा राम मोहन राय ने 1829 में तत्कालीन गवर्नर जनरल लार्ड विलियम बैंटिक की सहायता से सती प्रथा के विरूद्ध कानून बनाकर इस प्रथा का अन्त किया।

103. विश्व के प्रथम धर्म महासम्मेलन में किस भारतीय ने भाग लिया था?
(a) राजा राममोहन राय
(b) दयानंद सरस्वती
(c) स्वामी विवेकानन्द
(d) रामकृष्ण परमहंस
Which Indian participated in the world's first religious conference?
(a) Raja Rammohan Roy
(b) Dayanand Saraswati
(c) Swami Vivekananda
(d) Ramakrishna Paramhansa

DRDA Panchayat Rojgar Sevak (Group-5) Exam 10.06.2007

Ans. (c) :
1893 ई० में अमेरिका के शिकागो नगर में विश्व के प्रथम धर्म महासम्मेलन में स्वामी विवेकानन्द ने भाग लिया था।

104. निम्नलिखित में से कौन फेबियन आंदोलन का प्रस्तावक था?
(a) ऐनी बेसेंट
(b) ए.ओ. ह्यूम
(c) माइकल मधुसूदन दत्त
(d) आर.एम. दत्त
Who among the following was a proponent of the Fabian movement?
(a) Anne Besant
(b) A.O. Hume
(c) Michael Madhusudan Dutt
(d) R.M. Dutta

BSSC Netra Sahayak 19.08.2007

Ans. (a):
'एनी बेसेन्ट' को फेबियन आन्दोलन का प्रस्तावक माना जाता है। फेबियन समाजवाद ब्रिटेन की एक सुधारवादी विचारधारा है जिसका जन्म वैज्ञानिक समाजवाद के प्रतिलोम के रूप में हुआ.

105. ब्राह्मणों के अधिपत्य के विरुद्ध निम्न जातियों के हित के लिए किया गया सर्वप्रथम आंदोलन था-
(a) नायर सर्विस समाज
(b) सत्य शोधक समाज
(c) महाजन संगम
(d) भोक्कालिगा संघ
The first movement carried out for the benefit

of lower castes against the dominance of Brahmins was-
(a) Nair Service Society
(b) Satya Sodhak Society
(c) Mahajan Sangam
(d) Bhokkaliga Sangha

BSSC Amin (Amanat) Exam Date-01.05.2005

Ans. (b):
ब्राह्मणों के अधिपत्य के विरुद्ध निम्न जातियों के हित के लिए किया गया सर्वप्रथम आंदोलन सितम्बर 1873 में ज्योतिबा फुले द्वारा स्थापित सत्य शोधक समाज था।

106. आर्य समाजी निम्नलिखित में से किसकी जड़ तक पहुँचे?
(a) भूमिहीन श्रमिक
(b) नौकरशाही
(c) हरिजन
(d) व्यापारी समुदाय

Arya Samajis reached the roots of which of the following?
(a) Landless laborers
(b) Bureaucracy
(c) Harijan
(d) business community

BSSC Amin (Amanat) Exam Date-01.05.2005

Ans. (c):
आर्य समाज की स्थापना दयानन्द सरस्वती ने 10 अप्रैल 1875 को मुंबई में की थी। आर्य समाजी शुद्ध बौद्धिक परम्परा में विश्वास करते थे तथा मूर्ति पूजा, अवतारवाद, बलि, झूठे कर्मकाण्ड व अन्धविश्वासों, छुआछूत व जातिगत भेदभाव को अस्वीकार करते थे।

स्त्रियों व शूद्रों को भी यज्ञोपवीत धारण करने व वेद पढ़ने का अधिकार दिया।

INM

भारतीय राष्ट्रीय कांग्रेस

(Indian National Congress)

1. रजनी पाम दत्त ने कहा, 'वे साम्राज्यवाद से लड़ते भी थे और सहयोग भी करते' उन्होंने किस राजनीतिक गठबंधन के बारे में यह कहा?
(a) भारतीय राष्ट्रीय कांग्रेस
(b) भारतीय कम्युनिस्ट पार्टी
(c) स्वराज पार्टी
(d) हिंदुस्तान सोशलिस्ट रिपब्लिक एसोसिएशन
(e) उपर्युक्त में से कोई नहीं/उपर्युक्त में से एक से अधिक

Rajni Pam Dutt said, 'They both fought and cooperated with imperialism'. About which political alliance did she say this?
(a) Indian National Congress
(b) Communist Party of India
(c) Swaraj Party
(d) Hindustan Socialist Republic Association
(e) None of the above/More than one of the above

64th BPSC (Pre) 2018-19

ANSWER – A

रजनी पामदत्त ने अपनी पुस्तक 'इंडिया टुडे' में कांग्रेस के लिए कहा कि 'वे (नरमदल) साम्राज्यवाद से लड़ते भी थे ओर सहयोग भी करते'।

2. 1885 ईस्वी डब्ल्यू सी बनर्जी द्वारा इंगित भारतीय राष्ट्रीय कांग्रेस के निम्न उद्देश्यों में से कौन सा नहीं था?
(a) देश के हितों की रक्षा करने वाले भारतीयों के बीच संपर्क और मित्रता बढ़ाना
(b) देशवासियों के बीच जाति संप्रदाय तथा प्रांतीय पक्ष बातों की भावना को दूर करके उनमें राष्ट्रीय एकता की भावना को विकसित करना
(c) शिक्षित वर्ग की पूर्ण सम्मती से महत्वपूर्ण और आवश्यक सामाजिक विषयों पर विचार प्रकट करना
(d) यह निर्धारित करना कि आगामी वर्षों में भारतीय लोक हित के लिए किस दिशा में और किस आधार पर कार्य करें
(e) उपर्युक्त में से कोई नहीं या उपर्युक्त में से एक से अधिक

Which of the following objectives of the Indian National Congress indicated by WC Banerjee in 1885 AD was not?
(a) To increase contact and friendship among the Indians who protect the interests of the country
(b) To develop the feeling of national unity among the countrymen by removing the feelings of caste, sect and provincial bias among them.
(c) Expressing views on important and necessary social issues with the full consent of the educated class.
(d) To determine in which direction and on what basis to work for the Indian public interest in the coming years
(e) None of the above or more than one of the above

66th BPSC (Pre) (Re-Exam) 2020

Ans- (e)

कांग्रेस के प्रथम अध्यक्ष व्योमेश चन्द्र बनर्जी ने कांग्रेस के प्रथम अधिवेशन (1885) में निम्न उद्देश्य बताए हैं-

- साम्राज्य के विभिन्न भागों में राष्ट्र के हित के कार्यों में लगे सभी व्यक्तियों में परस्यर घनिष्ठता और मित्रता को बढ़ावा देना
- सभी राष्ट्र प्रेमियों में जाति, धर्म या प्रांतीयता के पूर्वाग्रहों को दूर करना और राष्ट्रीय एकता विकसित करना।
- तत्कालीन महत्वपूर्ण सामाजिक समस्याओं के बारे में शिक्षित वर्ग के व्यक्तियों के साथ पूरी तरह से विचार विमर्श करने के बाद इनका प्रामाणिक लेखा जोखा तैयार करना।
- जिन दिशाओं में और जिस तारीख से अगले बारह महीनों में देश के राजनीतिज्ञों को लोकहित के लिए कार्य करना चाहिए उनका निर्धारण करना।

3. भारतीय राष्ट्रीय कांग्रेस के द्वितीय मुस्लिम अध्यक्ष कौन थे?
(a) अबुल कलाम आजाद
(b) जाकिर हुसैन
(c) रहीमतुल्ला मोहम्मद सयानी
(d) बदरुद्दीन तैयब जी
(e) उपर्युक्त में से कोई नहीं या उपर्युक्त में से एक से अधिक
Who was the second Muslim President of the Indian National Congress??
(a) Abul Kalam Azad
(b) Zakir Hussain
(c) Rahimtullah Mohammad Sayani
(d) Badruddin Tayyab ji
(e) None of the above or more than one of the above

66th BPSC (Pre) (Re-Exam) 2020

Ans - (c)
मद्रास कांग्रेस सम्मेलन, 1887 ई. में कांग्रेस के प्रथम मुस्लिम अध्यक्ष बदरूद्दीन तैयबजी बने। कांग्रेस के द्वितीय मुस्लिम अध्यक्ष मोहम्मद रहीमतुल्लाह संयानी कलकत्ता कांग्रेस अधिवेशन -1896 ई. में बने थे।

4. इंडियन नेशनल काँग्रेस का प्रथम अध्यक्ष कौन था?
(a) ए.ओ. ह्यूम
(b) सुरेन्द्रनाथ बनर्जी
(c) व्योमेश चन्द्र बनर्जी
(d) दादाभाई नौरोजी
Who was the first President of the Indian National Congress?
(a) A.O. Hume
(b) Surendranath Banerjee
(c) Vyomesh Chandra Banerjee
(d) Dadabhai Naoroji

Bihar Police SI (Pre) Exam 16-07-2023
Pravartan Avar Nirikshak Exam 26/08/2012

Ans. (c)
भारतीय राष्ट्रीय कांग्रेस का प्रथम अधिवेशन 28 दिसम्बर, 1885 ई० में पूना में प्लेग फैल जाने के कारण बम्बई के गोकुलदास तेजपाल संस्कृत महाविद्यालय में हुआ था। इसके प्रथम अध्यक्ष डब्ल्यू.सी. बनर्जी तथा ए.ओ. ह्यूम महासचिव थे

5. निम्नलिखित कथनों पर विचार करें-
1. भारतीय राष्ट्रीय कांग्रेस की प्रथम महिला अध्यक्ष एनी बेसेंट थी।
2. भारतीय राष्ट्रीय कांग्रेस के प्रथम मुस्लिम अध्यक्ष बदरूद्दीन तैयबजी थे।
उपरोक्त में से सही कथन/कथनों का चयन कीजिए।
(a) केवल (2)
(b) न (1) और न ही (2)
(c) (1) और (2) दोनों
(d) केवल (1)
Consider the following statements-
1. The first woman president of the Indian National Congress was Annie Besant.
2. The first Muslim president of the Indian National Congress was Badruddin Tyabji.
Select the correct statement/statements from the above.
(a) only (2)
(b) (1) nor (2)
(c) Both (1) and (2)
(d) only (1)

BSSC Third Graduate Level (Pre) Exam 24.12.2022 Shift-i

Ans. (c)
भारतीय राष्ट्रीय कांग्रेस की पहली महिला अध्यक्ष 1917 में कांग्रेस के कलकत्ता अधिवेशन में एनी बेसेंट बनी जबकि पहली भारतीय महिला अध्यक्ष श्रीमती सरोजनी नायडू 1925 के कानपुर अधिवेशन में अध्यक्ष बनी. 1887 के मद्रास कांग्रेस में पहले मुस्लिम अध्यक्ष बदरूद्दीन बने थे.

6. काँग्रेस के 1929 ई. के लाहौर अधिवेशन में निर्णय लिया गया-
(a) सविनय अवज्ञा आंदोलन चलाया जाएगा
(b) आजादी के लिए संघर्ष
(c) पूर्ण स्वराज्य की प्राप्ति
(d) नस्लीय भेदभाव का अंत
In the Lahore session of Congress in 1929, the decision was taken-
(a) Civil disobedience movement will be launched
(b) Struggle for freedom
(c) Attainment of complete independence
(d) End of racial discrimination

Forest Range Officer (Pre.) Exam 17/01/2020

Ans. (c)

जवाहर लाल नेहरू की अध्यक्षता में होने वाले 1929 के लाहौर अधिवेशन में 'पूर्ण स्वराज' की घोषणा हुई तथा 31 दिसम्बर, 1929 को रावी नदी के किनारे भारतीय झंडा फहराया गया.

7. 'पूर्ण स्वराज' का लक्ष्य काँग्रेस के किस अधिवेशन में पारित किया गया था?
(a) कलकत्ता
(b) लाहौर
(c) बेलगांव
(d) बाँकीपुर

In which session of the Congress was the goal of 'Complete Swaraj' passed?
(a) Calcutta
(b) Lahore
(c) Belgaum
(d) Bankipur

Utpad Avar Nirikshak Exam 09/06/2019

Ans: (b)

जवाहर लाल नेहरू की अध्यक्षता में होने वाले 1929 के लाहौर अधिवेशन में 'पूर्ण स्वराज' की घोषणा हुई

8. स्वाधीनता आन्दोलन के दौरान पूर्ण स्वराज के लक्ष्य की घोषणा किस वर्ष की गई-
(a) 1919 ई०
(b) 1929 ई०
(c) 1935 ई०
(d) 1947 ई०

In which year was the goal of complete Swaraj announced during the independence movement?
(a) 1919 AD
(b) 1929 AD
(c) 1935 AD
(d) 1947 AD

Police Avar Nirikshak Exam 22/07/2018

Ans: (b)

जवाहर लाल नेहरू की अध्यक्षता में होने वाले 1929 के लाहौर अधिवेशन में 'पूर्ण स्वराज' की घोषणा हुई

9. सूरत विभाजन (फूट) कब हुआ था?
(a) 1905 ई०
(b) 1906 ई०
(c) 1907 ई०
(d) 1909 ई०

When did the partition of Surat take place?
(a) 1905 AD
(b) 1906 AD
(c) 1907 AD
(d) 1909 AD

Utpad Avar Nirikshak Exam 09/06/2019

Ans: (c)

रास बिहारी घोष की अध्यक्षता में सूरत अधिवेशन दिसम्बर, 1907 ई. को ताप्ती नदी के किनारे सूरत में सम्पन्न हुआ था। इस अधिवेशन में कांग्रेस नरमदल एवं गरमदल नामक दो दलों में विभाजित हो गयी।

10. निम्न में से कौन काँग्रेस के कभी अध्यक्ष नहीं बने हैं?
(a) सुरेन्द्रनाथ बनर्जी
(b) गोपाल कृष्ण गोखले
(c) बाल गंगाधर तिलक
(d) महात्मा गाँधी

Who among the following has never become the President of Congress?
(a) Surendranath Banerjee
(b) Gopal Krishna Gokhale
(c) Bal Gangadhar Tilak
(d) Mahatma Gandhi

Utpad Avar Nirikshak Exam 25/08/2019

Ans: (c)

बाल गंगाधर तिलक कभी भारतीय राष्ट्रीय कांग्रेस के अध्यक्ष नहीं बने।

11. काँग्रेस की स्थापना के समय भारत का वायसराय कौन था?
(a) लॉर्ड हार्डिंग
(b) लॉर्ड डफरिन
(c) लॉर्ड कैनिंग
(d) लॉर्ड कर्जन

Who was the Viceroy of India at the time of the establishment of Congress?
(a) Lord Hardinge

(b) Lord Dufferin
(c) Lord Canning
(d) Lord Curzon

Utpad Avar Nirikshak Exam 25/08/2019

Ans: (b)
लार्ड डफरिन(1884 – 1888) के वायसराय काल में 28 दिसम्बर 1885 ई० को मुम्बई में "भारतीय राष्ट्रीय काँग्रेस" की स्थापना ए ओ. ह्यूम ने की थी।

12. 26 जनवरी, 1930 को स्वतंत्रता दिवस के रूप में मनाने का निर्णय कांग्रेस के किस अधिवेशन में लिया गया?
(a) बम्बई
(b) लाहौर
(c) सूरत
(d) लखनऊ

In which session of the Congress was the decision taken to celebrate January 26, 1930 as Independence Day?
(a) Bombay
(b) Lahore
(c) Surat
(d) Lucknow

Bihar Police Constable 29/12/2019

Ans. (b)
कांग्रेस के लाहौर अधिवेशन (1929) में पूर्ण स्वराज' का प्रस्ताव पारित किया तथा 26 जनवरी 1930 को स्वतंत्रता दिवस के रुप में मनाने का निर्णय लिया गया था।

13. 1931 में इण्डियन नेशनल काँग्रेस का अधिवेशन कहाँ आयोजित हुआ था?
(a) पटना
(b) लाहौर
(c) दिल्ली
(d) कराची

Where was the session of the Indian National Congress held in 1931?
(a) Patna
(b) Lahore
(c) Delhi
(d) Karachi

Police Avar Nirikshak Exam 22/12/2019 (Shift-II)

Ans. (d):
गाँधी इरविन समझौते (5 March, 1931) को स्वीकृति प्रदान करने के लिए सरदार वल्लभ भाई पटेल की अध्यक्षता में कांग्रेस अधिवेशन 29 मार्च, 1931 को कराची में आयोजित किया गया था। इस अधिवेशन में मूल अधिकारों का प्रस्ताव पारित किया गया था।

14. भारतीय स्वतंत्रता संघर्ष के समय कांग्रेस का नरमपंथी काल किस अवधि को कहा जाता है?
(a) 1905-1915
(b) 1885-1915
(c) 1885-1905
(d) 1905-1910

Which period is called the moderate period of Congress during the Indian independence struggle?
(a) 1905-1915
(b) 1885-1915
(c) 1885-1905
(d) 1905-1910

BSSC First Inter Level Exam 9.12.2018 Shift-II

Ans. (c):
भारतीय स्वतंत्रता संघर्ष के समय कांग्रेस का नरमपंथी काल 1885-1905 के अवधि को कहा जाता है।

15. भारतीय राष्ट्रीय कांग्रेस के दूसरे अध्यक्ष कौन थे?
(a) दादाभाई नौरोजी
(b) व्योमेश चन्द्र बनर्जी
(c) बदरूद्दीन तैयबजी
(d) जॉर्ज यूले

Who was the second President of the Indian National Congress?
(a) Dadabhai Naoroji
(b) Vyomesh Chandra Banerjee
(c) Badruddin Tyabji
(d) George Yule

BSSC First Inter Level Exam 9.12.2018 Shift-II

Ans. (a):
भारतीय राष्ट्रीय कांग्रेस का दूसरा अधिवेशन दादाभाई नौरोजी की अध्यक्षता में कलकत्ता में 1886 में हुआ।

16. जयप्रकाश नारायण भारतीय राष्ट्रीय कांग्रेस में कब शामिल हुए थे?
(a) 1939
(b) 1920
(c) 1930
(d) 1929
When did Jayaprakash Narayan join the Indian National Congress?
(a) 1939
(b) 1920
(c) 1930
(d) 1929

Bihar Vidhansabha Sahayak Eaxm:24-12-2018 Shift-II

Ans. (d):
जयप्रकाश नारायण (लोकनायक) ने 1929 में जवाहर लाल नहेरू के आह्वान पर भारतीय राष्ट्रीय कांग्रेस की सदस्यता ग्रहण की।

17. अखिल भारतीय राष्ट्रीय कांग्रेस की प्रथम भारतीय महिला अध्यक्ष थी-
(a) विजयालक्ष्मी पंडित
(b) सरोजनी नायडू
(c) कस्तूरबा गाँधी
(d) अरूणा आसफ अली
The first Indian woman president of All India National Congress was-
(a) Vijayalakshmi Pandit
(b) Sarojini Naidu
(c) Kasturba Gandhi
(d) Aruna Asaf Ali

Police Avar Nirikshak Exam 22/07/2018
Patna High Court Steno & Cleark (10-04-2011)

Ans: (b)
कांग्रेस के कानपुर अधिवेशन, 1925 में सरोजनी नायडू को 'कांग्रेस की प्रथम भारतीय महिला अध्यक्ष' निर्वाचित किया गया।

18. 1925 के कानपुर कांग्रेस अधिवेशन के अध्यक्ष कौन हैं?
(a) लाला लाजपत राय
(b) सरदार वल्लभभाई पटेल
(c) सरोजिनी नायडू
(d) पं. मोतीलाल नेहरू
Who is the President of the Kanpur Congress session of 1925?
(a) Lala Lajpat Rai
(b) Sardar Vallabhbhai Patel
(c) Sarojini Naidu
(d) Pt. Motilal Nehru

Bihar Police Constable Exam 09/12/2012

Ans. (c):
कांग्रेस के कानपुर अधिवेशन, 1925 में सरोजनी नायडू को 'कांग्रेस की प्रथम भारतीय महिला अध्यक्ष' निर्वाचित किया गया।

19. भारतीय राष्ट्रीय काँग्रेस की प्रथम महिला अध्यक्ष कौन थीं?
(a) सरोजिनी नायडू
(b) एनी बेसेंट
(c) इंदिरा गाँधी
(d) अरुणा आसफ अली
Who was the first woman president of the Indian National Congress?
(a) Sarojini Naidu
(b) Annie Besant
(c) Indira Gandhi
(d) Aruna Asaf Ali

BSSC Second Graduate Level (Pre) Exam 23.02.2015

Ans. (b):
कांग्रेस के कलकत्ता अधिवेशन, 1917 में ऐनी बेसेंट को 'कांग्रेस की प्रथम महिला अध्यक्ष' निर्वाचित किया गया।

20. 1906 ई. के कांग्रेस के वार्षिक अधिवेशन की अध्यक्षता किसने की?
(a) बी.जी. तिलक
(b) लाला लाजपत राय
(c) दादाभाई नौरोजी
(d) अरबिन्द घोष
Who presided over the annual session of the Congress in 1906?
(a) B.G. Tilak (b) Lala Lajpat Rai
(c) Dadabhai Naoroji (d) Arabinda Ghosh

Bihar Police Constable & Fireman Exam 25/11/2018

Ans. (c)

1906 ई. के कांग्रेस अधिवेशन, कलकत्ता में नरम एवं गरम दल में काफी मतभेद - उदारवादियों ने दादा भाई नौरोजी को अध्यक्ष बना दिया। इस अधिवेशन में ही पहली बार 'स्वराज्य' की माँग प्रस्तुत की गई.

21. 'पूर्ण स्वराज्य' की घोषणा के बाद प्रथम स्वतंत्रता दिवस कब मनाया गया?
(a) 26 जनवरी, 1926
(b) 26 जनवरी, 1929
(c) 26 जनवरी, 1930
(d) 26 जनवरी, 1935
When was the first Independence Day celebrated after the declaration of 'Complete Swaraj'?
(a) January 26, 1926
(b) January 26, 1929
(c) January 26, 1930
(d) 26 January, 1935

Police Avar Nirikshak Exam 22/07/2018

Ans: (c)

जवाहर लाल नेहरू की अध्यक्षता में होने वाले 1929 के लाहौर अधिवेशन में 'पूर्ण स्वराज' की घोषणा हुई तथा 26 जनवरी 1930 का दिन पूरे राष्ट्र में प्रथम स्वतंत्रता दिवस के रूप में मनाने का निश्चय किया गया।

22. इण्डियन नेशनल कांग्रेस के 1931 ई0 के कराची अधिवेशन की अध्यक्षता निम्नलिखित में से किसने की थी?
(a) सरदार पटेल
(b) महात्मा गाँधी
(c) सी आर राव
(d) मौलाना आजाद
Who among the following presided over the 1931 Karachi session of the Indian National Congress?
(a) Sardar Patel
(b) Mahatma Gandhi
(c) C.R.Rao
(d) Maulana Azad

Ashu Avar Nirikshak (PT) 26-08-2018

Ans: (a)

भगत सिंह को फाँसी के बाद 29 मार्च, 1931 में कांग्रेस कराची में सरदार वल्लभ भाई पटेल की अध्यक्षता में हुए अधिवेशन में मौलिक अधिकार और राष्ट्रीय आर्थिक प्रोग्राम पर प्रस्ताव पारित किये गये थे।

23. किसे महामना कहा जाता है ?
(a) गांधीजी
(b) नेहरू
(c) मालवीय
(d) राजीव गांधी
Who is called Mahamana?
(a) Gandhiji
(b) Nehru
(c) Malviya
(d) Rajiv Gandhi

BSSC First Inter Level Exam 05-02-2017

Ans. (c):

मदन मोहन मालवीय जी को महामना कहा जाता है। 1916 के लखनऊ समझौते के तहत उन्होंने मुसलमानों के लिए अलग निर्वाचक मंडल (Seperate Electoral College) का विरोध किया था। मालवीय जी को 'महामना' की उपाधि गांधी जी ने दी थी।

24. भारतीय राष्ट्रीय कांग्रेस का प्रथम अधिवेशन दिसंबर 1885 में कहाँ हुआ था?
(a) कलकत्ता
(b) लाहौर
(c) बॉम्बे
(d) मद्रास
Where was the first session of the Indian National Congress held in December 1885?
(a) Calcutta
(b) Lahore
(c) Bombay
(d) Madras

BSSC Second Graduate Level (Pre) Exam 16.02.2015

Ans. (c)

कांग्रेस की स्थापना, एक रिटायर अंग्रेज आई.सी.एस. अधिकारी एलेन ओक्टेवियन ह्यूम ने 28 दिसंबर, 1885 में की । इसका प्रथम अधिपेशन 28 दिसंबर, 1885 को बम्बई के 'गोकुलदास तेजपाल संस्कृत कॉलेज' में ब्योमेश चंद्र बनर्जी की अध्यक्षता में हुआ।

25. भारतीय राष्ट्रीय काँग्रेस का प्रथम अधिवेशन हुआ था-
(a) पुणे में
(b) सूरत में
(c) बॉम्बे में
(d) लखनऊ में
The first session of the Indian National Congress was held in-
(a) in Pune
(b) in Surat
(c) in Bombay
(d) in Lucknow

Forest Range Officer (Pre.) Exam 17/01/2020

Ans. (c):
कांग्रेस का प्रथम अधिवेशन 28 दिसंबर, 1885 को बम्बई के 'गोकुलदास तेजपाल संस्कृत कॉलेज' में ब्योमेश चंद्र बनर्जी की अध्यक्षता में हुआ।

26. कौन-सा आई.सी.एस. अधिकारी भारतीय राष्ट्रीय कांग्रेस के 1885 में गठन में शामिल रहा?
(a) मैकाले
(b) लॉर्ड साइमन
(c) लॉर्ड इरविन
(d) ए.ओ. कांग्रेस की स्थापना, एक रिटायर अंग्रेज आई.सी.एस. अधिकारी एलेन ओक्टेवियन ह्यूम ने 28 दिसंबर, 1885 में की।
Which ICS officer was involved in the formation of the Indian National Congress in 1885?
(a) Macaulay
(b) Lord Simon
(c) Lord Irwin
(d) A.O. Hume

BSSC Second Graduate Level (Pre) Exam 16.02.2015

Ans. (d):
कांग्रेस की स्थापना, एक रिटायर अंग्रेज आई.सी.एस. अधिकारी एलेन ओक्टेवियन ह्यूम ने 28 दिसंबर, 1885 में की।

27. पूर्ण स्वराज का संकल्प कांग्रेस के द्वारा क़ब पारित किया गया?
(a) 26 फरवरी 1930, कराची
(b) 26 ज़नवरी 1930, लाहौर
(c) 26 नवंबर 1931, कलकत्ता
(d) 26 जनवरी 1930, बम्बई
When was the resolution for Complete Swaraj passed by the Congress?
(a) 26 February 1930, Karachi
(b) 26 January 1930, Lahore
(c) 26 November 1931, Calcutta
(d) 26 January 1930, Bombay

BSSC Second Graduate Level (Pre) Exam 16.02.2015

Ans. (b):
जवाहरलाल नेहरू की अध्यक्षता में कांग्रेस का लाहौर अधिवेशन दिसम्बर 1929 में हुआ। इस अधिवेशन में पारित 'पूर्ण स्वराज के प्रस्ताव' के अनुसार, कांग्रेस के संविधान में 'स्वराज' शब्द का अर्थ अब से पूर्ण स्वतंत्रता या पूर्ण स्वराज होगा तथा 26 जनवरी, 1930 का दिन पूर्ण स्वराज/पूर्ण स्वाधीनता दिवस के रूप में मनाया जाएगा।

28. 1916 का लखनऊ समझौता किसके बीच हुआ था?
(a) गाँधी जी और अंग्रेजों के बीच
(b) अखिल भारतीय काँग्रेस और मुस्लिम लीग के बीच
(c) अंग्रेजों और मुस्लिम लीग के बीच
(d) अली बन्धुओं और मौलाना आजाद के बीच
Between whom was the Lucknow Pact of 1916 signed?
(a) Between Gandhiji and the British
(b) Between All India Congress and Muslim League
(c) Between the British and the Muslim League
(d) Between Ali brothers and Maulana Azad

Bihar Police Constable Exam 19/10/2014

Ans. (b):
अम्बिका चरण मजूमदार की अध्यक्षता में 1916 का लखनऊ समझौता हुआ जिसमें कांग्रेस और मुस्लिम लीग के बीच समझौता हुआ तथा 1907 में अलग हुए गरम दल (अतिवादी) का कांग्रेस में पुनः प्रवेश हुआ था।

29. प्रथम बार जवाहरलाल नेहरू कांग्रेस पार्टी के अध्यक्ष इस वर्ष चुने गये थेः
(a) 1929
(b) 1939

(c) 1949
(d) 1959

For the first time, Jawaharlal Nehru was elected President of the Congress Party in this year:
(a) 1929
(b) 1939
(c) 1949
(d) 1959

BSSC Second Graduate Level (Mains) Exam 27.01.2013

Ans. (a):
प्रथम बार पं. जवाहर लाल नेहरू कांग्रेस पार्टी के अध्यक्ष सन् 1929 में बने।

30. निम्नलिखित में से किसने कांग्रेस के कराची अधिवेशन के लिए मौलिक अधिकारों पर 1931 में सकंल्प का मसौदा तैयार किया?
(a) डॉ. बी.आर. अंबेडकर
(b) पंडित जवाहरलाल नेहरू
(c) डॉ. राजेन्द्र प्रसाद
(d) सरदार वल्लभ भाई पटेल

Who among the following drafted the resolution on fundamental rights for the Karachi session of the Congress in 1931?
(a) Dr. B.R. Ambedkar
(b) Pandit Jawaharlal Nehru
(c) Dr. Rajendra Prasad
(d) Sardar Vallabhbhai Patel

BSSC Auditor 07.10.2012 BSSC Netra Sahayak 19.08.2007

Ans. (b):
1931 में कांग्रेस के कराची अधिवेशन की अध्यक्षता सरदार बल्लभ भाई पटेल ने की थी। इस अधिवेशन में मौलिक अधिकारों व आर्थिक कार्यक्रमों से सम्बन्धित प्रस्ताव पारित हुए। मौलिक अधिकारों पर मसौदा (Draft) प. जवाहर लाल नेहरू ने तैयार किया था।

31. भारतीय राष्ट्रीय कांग्रेस के कौन-से अधिवेशन के अध्यक्ष गांधी जी थे?
(a) बम्बई
(b) सूरत
(c) बेलगाँव
(d) नागपुर

Gandhiji was the president of which session of the Indian National Congress?
(a) Bombay
(b) Surat
(c) Belgaon
(d) Nagpur

Bihar Utpat Avar Nirikshak Exam 01/09/2012
Daroga (Police Avar Nirikshak) Exam 23/04/2008

Ans : (c)
महात्मा गाँधी ने एकमात्र अधिवेशन बेलगाँव अधिवेशन (कर्नाटक) - दिसम्बर, 1924 में अध्यक्षता की थी।

32. भारतीय राष्ट्रीय कांग्रेस के संस्थापक कौन थे?
(a) दादाभाई नौरोजी
(b) गोपालकृष्ण गोखले
(c) ऐनी बेसेंट
(d) ए.ओ. ह्यूम

Who was the founder of the Indian National Congress?
(a) Dadabhai Naoroji
(b) Gopalkrishna Gokhale
(c) Anne Besant
(d) A.O. Hume

Bihar Police Constable 09/12/2012 (Shift-11)
Patna High Court Steno & Cleark (10-04-2011)
Bihar Daroga (Police Avar Nirikshak) Exam 23/04/2008
DRDA Clerk-Computer operator (Group-3) Exam 15-03-2007

Ans. (d)
भारतीय राष्ट्रीय कांग्रेस की स्थापना 28 दिसंबर 1885 में ए.ओ. ह्यूम द्वारा की गई थी.

33. 1929 में किसकी अध्यक्षता में आयोजित हुये भारतीय राष्ट्रीय कांग्रेस के लाहौर अधिवेशन में ब्रिटिश शासन से पूर्ण स्वतंत्रता का प्रस्ताव पारित किया गया?
(a) बाल गंगाधर तिलक
(b) गोपाल कृष्ण गोखले
(c) जवाहरलाल नेहरू
(d) मोतीलाल नेहरू

In the Lahore session of the Indian National Congress held under whose chairmanship in 1929, the resolution for complete independence from British rule was passed?
(a) Bal Gangadhar Tilak
(b) Gopal Krishna Gokhale
(c) Jawaharlal Nehru
(d) Motilal Nehru

BSSC Second Graduate Level (Pre) Exam 18.12.2011

Ans. (c)
कांग्रेस का लाहौर अधिवेशन, 1929 जवाहर लाल नेहरू की अध्यक्षता में हुआ था।
कांग्रेस ने 31 दिसंबर 1929 को लाहौर अधिवेशन में 'पूर्ण स्वतंत्रता' का प्रस्ताव पारित किया।

34. कांग्रेस के किस अधिवेशन में यह संकल्प पारित किया गया कि "विधि के समक्ष, जाति, वंश या स्त्री-पुरुष का लिहाज किए बिना समानता होनी चाहिए-
(a) कलकत्ता अधिवेशन, 1906
(b) लखनऊ अधिवेशन, 1916
(c) लाहौर अधिवेशन, 1919
(d) कराँची अधिवेशन, 1931

In which session of the Congress was this resolution passed that "There should be equality before the law, irrespective of caste, race or gender-
(a) Calcutta Conference, 1906
(b) Lucknow session, 1916
(c) Lahore session, 1919
(d) Karachi Conference, 1931

Bihar Police Constable Exam 14/04/2010

Ans : (d)
कांग्रेस के कराची अधिवेशन 1931 में जिसकी अध्यक्षता सरदार वल्लभ भाई पटेल ने की थी। इसमें यह संकल्प पारित किया गया कि "विधि के समक्ष जाति, वंश, या स्त्री पुरुष का लिहाज किए बिना समानता होनी चाहिए अर्थात् मूल अधिकारों का प्रस्ताव पारित किया।

35. किस.कांग्रेस सत्र में कार्यकारी कमेटी को सविनय अवज्ञा आंदोलन प्रारंभ करने का अधिकार दिया गया था?
(a) बम्बई सत्र
(b) लखनऊ सत्र
(c) लाहौर सत्र
(d) त्रिपुरा सत्र

In which Congress session was the Executive Committee given the authority to start the Civil Disobedience Movement?
(a) Bombay session
(b) Lucknow session
(c) Lahore session
(d) Tripura session

BSSC Netra Sahayak 19.08.2007

Ans. (c):
भारतीय राष्ट्रीय कांग्रेस ने अपने लाहौर अधिवेशन, 1929 में सविनय अवज्ञा आंदोलन को शुरू करने की घोषणा कर दी।

36. निम्न में से किस एक प्रदेश में 1935 ई. के अधिनियम के अंतर्गत कांग्रेस की मंत्रिपरिषद् का गठन नहीं हुआ था?
(a) बिहार
(b) उड़ीसा
(c) मद्रास
(d) पंजाब

In which one of the following states was the Congress Council of Ministers not formed under the Act of 1935?
(a) Bihar
(b) Orissa
(c) Madras
(d) Punjab

BSSC Netra Sahayak 19.08.2007

Ans. (d):
1935 ई. के अधिनियम के आधार पर फरवरी 1937 में हुए 11 प्रान्तों के चुनाव में कांग्रेस को 5 प्रांतों मद्रास, बिहार, उड़ीसा, मध्य प्रान्त और संयुक्त प्रांत में पूर्ण बहुमत, मुम्बई में लगभग पूर्ण बहुमत, पश्चिमोत्तर प्रांत और असम में कांग्रेस सबसे बड़े दल के रूप में उभरा। कांग्रेस को केवल बंगाल, पंजाब और सिंध में बहुमत नहीं मिला।

37. निम्नलिखित में से कौन उग्रपंथी नहीं थे?
(a) बाल गंगाधर तिलक
(b) मदनलाल ढींगरा
(c) ऊधम सिंह
(d) गोपालकृष्ण गोखले
Who among the following were not extremists?
(a) Bal Gangadhar Tilak
(b) Madanlal Dhingra
(c) Udham Singh
(d) Gopalkrishna Gokhale

BSSC Netra Sahayak 19.08.2007

Ans. (d):
बाल गंगाधर तिलक, मदनलाल ढींगरा, उधम सिंह, लाला लाजपत राय आदि उग्रपंथी थे, जबकि गोपालकृष्ण गोखले, फिरोजशाह मेहता, दादाभाई नौरोजी आदि उदारवादी नेता थे।

38. भारतीय राष्ट्रीय कांग्रेस का लाहौर अधिवेशन कब हुआ
(a) 1931 ई. में
(b) 1929 ई. में
(c) 1921 ई. में
(d) 1930 ई. में
When was the Lahore session of the Indian National Congress held?
(a) In 1931 AD
(b) In 1929 AD
(c) In 1921 AD
(d) In 1930 AD

BSSC Ashulipik sahTankar 27.08.2006

Ans. (b):
जवाहर लाल नेहरू की अध्यक्षता में कांग्रेस का लाहौर अधिवेशन 1929 ई० में रावी नदी के तट पर हुआ था। इसी अधिवेशन में 'पूर्ण स्वराज' को लक्ष्य घोषित किया गया तथा 26 जनवरी को स्वतन्त्रता दिवस के रूप में मनाने का निर्णय लिया गया था।

39. भारतीय राष्ट्रीय कांग्रेस की स्थापना में किसने महत्वपूर्ण भूमिका का निर्वाह किया?
(a) डॉ. ए.ओ. ह्यूम
(b) सुरेन्द्रनाथ बनर्जी
(c) खान अब्दुल गफ्फार खान
(d) गोपालगकृष्ण गोखले
Who played an important role in the establishment of the Indian National Congress?
(a) Dr. A.O. hum
(b) Surendranath Banerjee
(c) Khan Abdul Ghaffar Khan
(d) Gopalakrishna Gokhale

BSSC Amin (Amanat) Exam Date-01.05.2005

Ans. (a)
ए.ओ. ह्यूम के प्रयास से भारतीय राष्ट्रीय कांग्रेस की स्थापना 28 दिसंबर 1885 को बम्बई में हुई है।

40. अगस्त, 1942 में अखिल भारतीय कांग्रेस पार्टी की मीटिंग में, बम्बई में कौन-सा प्रस्ताव पारित किया गया था?
(a) विदेशी वस्तुओं का बहिष्कार
(b) सरकार से असहयोग
(c) पूर्ण स्वतंत्रता
(d) भारत छोड़ो आन्दोलन
Which resolution was passed in the All India Congress Party meeting in Bombay in August, 1942?
(a) Boycott of foreign goods
(b) Non-cooperation from the government
(c) complete freedom
(d) Quit India Movement

Bihar Avar Nirikshak Utpad (Pre.) Exam 02/12/2001

Ans. (d)
भारत छोड़ो आन्दोलन 9 अगस्त, 1942 को आरम्भ किया गया था। 8 अगस्त 1942 ई को बम्बई के ग्वालिया टैंक मैदान में अबुल कलाम आजाद की अध्यक्षता में हुए कांग्रेस के अधिवेशन में भारत छोड़ो आन्दोलन प्रस्ताव को पारित किया गया।

41. 1942 में कांग्रेस के किस अधिवेशन में भारत छोड़ों प्रस्ताव पारित किया गया था?
(a) कलकत्ता अधिवेशन
(b) बम्बई अधिवेशन
(c) नागपुर अधिवेशन
(d) लाहौर अधिबेशन
In which session of Congress in 1942, Quit India Resolution was passed?

(a) Calcutta session
(b) Bombay session
(c) Nagpur session
(d) Lahore session

Bihar Avar Nirikshak Utpad (Pre.) Exam 02/12/2001

Ans. (b)

8 अगस्त 1942 ई को बम्बई के ग्वालिया टैंक मैदान में अबुल कलाम आजाद की अध्यक्षता में हुए कांग्रेस के अधिवेशन में भारत छोड़ो आन्दोलन प्रस्ताव को पारित किया गया।

42. भारतीय राष्ट्रीय कांग्रेस की पूर्ववर्ती थी-
(a) ब्रिटिश इंडियन एसोसिएशन
(b) इंडियन एसोसिएशन
(c) इंडियन नेशनल यूनियन
(d) इंडियन लीग
(e) उपर्युक्त में से कोई नहीं या उपर्युक्त में से एक से अधिक

The predecessor of the Indian National Congress was-
(a) British Indian Association
(b) Indian Association
(c) Indian National Union
(d) Indian League
(e) None of the above or more than one of the above

60th-62nd BPSC (Pre) 2016-17
48th-52 BPSC (Pre) 2007-08

उत्तर (b)

इंडियन एसोसिएशन, 1876 को भारतीय राष्ट्रीय कांग्रेस की पूर्ववर्ती संस्था माना जाता है जिसकी स्थापना सुरेन्द्र नाथ बनर्जी तथा आनंद मोहन बोस ने की थी.

43. बम्बई प्रेसिडेंसी एसोसिएशन की स्थापना किसने की?
(a) फिरोजशाह मेहता
(b) के.टी.तैलंग
(c) डब्ल्यू सी बनर्जी
(d) तैयब जी
(e) उपर्युक्त में से कोई नहीं या उपर्युक्त में से एक से अधिक

Who founded the Bombay Presidency Association??
(a) Firozshah Mehta
(b) K.T.Tailang
(c) WC Banerjee
(d) Tayyab ji
(e) None of the above or more than one of the above

63rd BPSC (Pre) 2017-18

उत्तर-(e)

बम्बई प्रेसीडेन्सी एसोसिएशन की स्थापना 1885 ई. में बम्बई के 4 बड़े नेताओं फिरोजशाह मेहता, बदरूद्दीन तैयब जी, के. टी. तैलंग और काशीनाथ त्रयम्बक के प्रयासो से हुई।

44. इंडियन एसोसिएशन ने किसका गठन करके राष्ट्रीय चेतना बढ़ाने में महत्वपूर्ण भूमिका अदा की?
(a) इंडियन नेशनल कांग्रेस
(b) बंगाल ब्रिटिश इंडियन सोसायटी
(c) इंडियन नेशनल कॉन्फ्रेंस
(d) ब्रिटिश इंडिया एसोसिएशन
(e) उपर्युक्त में से कोई नहीं या उपर्युक्त में से एक से अधिक

By forming whom did the Indian Association play an important role in increasing national consciousness?
(a) Indian National Congress
(b) Bengal British Indian Society
(c) Indian National Conference
(d) British India Association
(e) None of the above or more than one of the above

28th Bihar (J) GS-2014

उत्तर-(c)

जुलाई, 1876 ई. को सुरेन्द्र नाथ बनर्जी तथा आनंद मोहन बोस ने इण्डियन एसोसिएशन की स्थापना की थी। इण्डियन एसोसिएशन ने 1883 से इण्डियन नेशनल कॉन्फ्रेंस का आयोजन करके राष्ट्रीय चेतना जगाने का कार्य किया।

45. इंडियन एसोसिएशन का नेतृत्व किसने कियाथा?
(a) सुरेंद्रनाथ बनर्जी
(b) आनंद मोहन बोस
(c) द्वारकानाथ गांगुली
(d) आर. सी. दत्त
(e) उपर्युक्त में से कोई नहीं या उपर्युक्त में से एक से अधिक

Who led the Indian Association? Was?
(a) Surendranath Banerjee
(b) Anand Mohan Bose
(c) Dwarkanath Ganguly
(d) R. C. Dutt
(e) None of the above or more than one of the above

65th BPSC (Pre) Re-exam 2019
67th BPSC (Pre) Nirast 2021

उत्तर-(e)
इंडियन एसोसिएशन (भारत सभा) की स्थापना 1876 ई. में सुरेन्द्र नाथ बनर्जी एवं आनंद मोहन बोस ने की जो बाद में भारतीय राष्ट्रीय कांग्रेस में विलीन हो गयी थी।

46. 1906 में आयोजित भारतीय राष्ट्रीय कांग्रेस के कोलकाता अधिवेशन में भारत के लिए स्वराज का झंडा किसके द्वारा फहराया गया था?
(a) जी के गोखले
(b) ए ओ ह्यूम
(c) दादाभाई नौरोजी
(d) उपर्युक्त में से कोई नहीं
(e) उपर्युक्त में से एक से अधिक

By whom was the flag of Swaraj for India hoisted in the Kolkata session of the Indian National Congress held in 1906??
(a) G. K. Gokhale
(b) A. O. Hume
(c) Dadabhai Naoroji
(d) None of the above
(e) More than one of the above

68th BPSC (Pre)-2022 (12-02-2023)

Ans. (c):
1906 में आयोजित भारतीय राष्ट्रीय काँग्रेस (आई.एन.सी.) के कलकत्ता अधिवेशन में भारत के लिए स्वराज का झण्डा दादाभाई नौरोजी द्वारा फहराया गया था।

47. 1918 में मोंटफोर्ड सुधारों पर कांग्रेस ने एक महत्त्वपूर्ण रुख अपनाया, जिसके कारण पुराने उदारवादी अवशेष (सप्रू, जयकर और चिंतामणि) टूट गए जिन्होंने गठन किया-
(a) इंडियन नेशनल लिबरल फेडरेशन का
(b) भारत सेवक समाज का
(c) स्वराज पार्टी का
(e) उपर्युक्त में से कोई नहीं या उपर्युक्त में से एक से अधिक

In 1918 the Congress took a critical stand on the Montford reforms, which led to a break with the old liberal remnants (Sapru, Jayakar and Chintamani) who formed-
(a) Indian National Liberal Federation
(b) Bharat Sevak Samaj
(c) Swaraj Party
(e) None of the above or more than one of the above

68 BPSC (Pre)-2022 (12-02-2023)

Ans. (a):
8 जुलाई, 1918 ई. को माण्टेक्यू-चेम्सफोर्ड रिपोर्ट प्रकाशित हुई कांग्रेस ने इसे असंतोषजनक एवं निराशापूर्ण माना। सुरेन्द्रनाथ बनर्जी के नेतृत्व में नरमपंथी नेताओं (तेजबहादुर सप्रू, एम.आर.जयकर और चिन्तामणि) ने रिपोर्ट का स्वागत किया और कांग्रेस से अलग होकर 'राष्ट्रीय उदारवादी संघ' (नेशनल लिबरल लीग) का गठन किया।

48. कांग्रेस में उदारवादियों पर आक्षेप पर सुरक्षित वाल्व सिद्धांत का किसने प्रयोग किया?
(a) डब्ल्यू सी बनर्जी
(b) लाला लाजपतराय
(c) राजनीपाल्मे दत्त
(d) विलियम वेडरबर्न
(e) उपर्युक्त में से कोई नहीं या उपर्युक्त में से एक से अधिक

Who used the safe valve theory to attack liberals in Congress??
(a) WC Banerjee
(b) Lala Lajpat Rai
(c) Rajni Palme Dutt
(d) William Wedderburn
(e) None of the above or more than one of the above

BPSC Head Master 2022

Ans. (b)

लाला लाजपत राय ने यंग इंडिया में प्रकाशित एक लेख द्वारा कांग्रेस में उदारवादियों पर आरोप लगाते हुए कहा था कि ए.ओ. ह्यूम द्वारा 'कांग्रेस' की स्थापना सुरक्षा वाल्ब सिद्धांत (सेफ्टी वॉल्व थ्योरी) के तहत की गयी थी।

49. किसकी अध्यक्षता के अंतर्गत मार्च 1940 में रामगढ़ में भारतीय राष्ट्रीय कांग्रेस का 53 वां अधिवेशन हुआ?
(a) जवाहरलाल नेहरु
(b) राजेंद्र प्रसाद
(c) मौलाना अबुल कलाम आजाद
(d) सरदार पटेल
(e) उपर्युक्त में से कोई नहीं या उपर्युक्त में से एक से अधिक
Under whose chairmanship was the 53rd session of the Indian National Congress held in Ramgarh in March 1940??
(a) Jawaharlal Nehru
(b) Rajendra Prasad
(c) Maulana Abul Kalam Azad
(d) Sardar Patel
(e) None of the above or more than one of the above

BPSC Head Master 2022
BPSC DACO 2021

Ans.(c)
मौलाना अबुल कलाम आजाद की अध्यक्षता में कांग्रेस के 53वें अधिवेशन का आयोजन दामोदर नदी के तट पर रामगढ़ (रांची) में 1940 में किया गया।

50. भारतीय राष्ट्रीय कांग्रेस ने किस सत्र में पूर्ण स्वाधीनता का प्रस्ताव पारित किया था?
(a) 1920, नागपुर
(b) 1924, बेलगांव
(c) 1929, लाहौर
(d) 1931, कराची
(e) उपर्युक्त में से कोई नहीं या उपर्युक्त में से एक से अधिक
In which session did the Indian National Congress pass the resolution for complete independence?
(a) 1920, Nagpur
(b) 1924, Belgaum
(c) 1929, Lahore
(d) 1931, Karachi
(e) None of the above or more than one of the above

BPSC AE-1995
67th BPSC (Pre)2022
Bihar CDPO (Pre) 1998
42nd BPSC (Pre) 1997-98
38th BPSC (Pre) 1992-93

Ans. (c) :
जवाहर लाल नेहरू की अध्यक्षता में 1929 में, कांग्रेस अधिवेशन लाहौर में हुआ। कांग्रेस ने 'पूर्ण स्वराज' को मुख्य लक्ष्य घोषित किया गया।

51. Who was the Viceroy of India at the time of foundation of the Indian National Congress?
भारतीय राष्ट्रीय काँग्रेस की स्थापना के समय भारत का वायसराय कौन था?
(a) Dufferin/डफरिन
(b) Ripon/रिपन
(c) Curzon/कर्जन
(d) More than one of the above /उपर्युक्त में से एक से अधिक
(e) None of the above/उपर्युक्त में से कोई नहीं

Ans.(a):
भारतीय राष्ट्रीय कांग्रेस की स्थापना के समय के गर्वनर जनरल लाई डफरिन और ब्रिटेन के प्रधानमंत्री ग्लैडस्टोन थे।

52. 'ऑल इंडिया हरिजन संघ' की स्थापना 1932 में किसके द्वारा की गई थी?
(a) डॉ बी आर अंबेडकर
(b) जगजीवन राम
(c) महात्मा गांधी
(d) उपर्युक्त में से कोई नहीं
(e) उपर्युक्त में से एक से अधिक
By whom was the 'All India Harijan Sangh' established in 1932??
(a) Dr. B. R. Ambedkar
(b) Jagjivan Ram
(c) Mahatma Gandhi
(d) None of the above
(e) More than one of the above

68th BPSC (Pre)-2022 (12-02-2023)

Ans. (c) :
ऑल इंडिया हरिजन संघ की स्थापना वर्ष 1932 में महात्मा गाँधी जी द्वारा की गयी थी।

53. अस्पृश्यता जागरूकता अभियान गांधी जी ने कहां से आरंभ किया था?
(a) साबरमती
(b) काकीनाडा
(c) वर्धा
(d) पुणे
(e) उपर्युक्त में से कोई नहीं या उपर्युक्त में से एक से अधिक
Where did Gandhiji start the untouchability awareness campaign?
(a) Sabarmati
(b) Kakinada
(c) Wardha
(d) Pune
(e) None of the above or more than one of the above

Bihar APO GS-2012

Ans - (c)
7 नवम्बर, 1933 को वर्धा से गाँधीजी ने अपनी 'हरिजन यात्रा' प्रारंभ की और पूरे देश की यात्रा की। 1932 ई. में अखिल भारतीय 'अस्पृश्यता विरोधी लीग' का गठन किया।

54. रिक्त स्थानों की पूर्ति कीजिए -
नेहरू रिपोर्ट ....की अध्यक्षता में एक कमेटी द्वारा तैयार किया गया था और इसका विषय था.....
(a) मोतीलाल नेहरू जवाहरलाल नेहरू, ब्रिटिश साम्राज्य के साथ भारत का रिश्ता
(b) जवाहरलाल नेहरू, भारत में स्थानीय स्वशासन
(c) मोतीलाल नेहरू, भारत में संवैधानिक व्यवस्थाएं
(d) जवाहरलाल नेहरू, भारत में संवैधानिक व्यवस्थाएं
(e) उपर्युक्त में से कोई नहीं या उपर्युक्त में से एक से अधिक
Fill in the blanks -
The Nehru Report was prepared by a committee headed by ..... and its subject was.....
(a) Motilal Nehru Jawaharlal Nehru, India's relationship with the British Empire
(b) Jawaharlal Nehru, Local Self-Government in India
(c) Motilal Nehru, Constitutional arrangements in India
(d) Jawaharlal Nehru, Constitutional arrangements in India
(e) None of the above or more than one of the above

56th-59th BPSC (Pre) 2015

उत्तर-(c)
भारत सचिव लॉर्ड बर्केन हेड ने चुनौती दी कि भारतीय ऐसा संविधान बनाएं जो सभी राजनीतिक दलों को मान्य हो। भारतीय नेताओं ने इस चुनौती को स्वीकार करते हुए मई, 1928 में मोतीलाल नेहरू की अध्यक्षता में एक सात सदस्यीय समिति की स्थापना की जिसे भारत के संविधान के सिद्धान्तों का निर्धारण करना था। 10 अगस्त, 1928 को नेहरू रिपोर्ट प्रस्तुत की गई।

55. 1934 ईस्वी में कांग्रेस सोशलिस्ट पार्टी की स्थापना की गई थी-
(a) जवाहरलाल नेहरू और विनोबा
(b) जवाहरलाल नेहरू और जयप्रकाश नारायण द्वारा
(c) जयप्रकाश नारायण और आचार्य नरेंद्र देव द्वारा
(d) अशोक मेहता और डॉक्टर राजेंद्र प्रसाद द्वारा
(e) उपर्युक्त में से कोई नहीं या उपर्युक्त में से एक से अधिक
Congress Socialist Party was established in 1934 AD-
(a) Jawaharlal Nehru and Vinoba
(b) By Jawaharlal Nehru and Jayaprakash Narayan
(c) By Jaiprakash Narayan and Acharya Narendra Dev
(d) By Ashok Mehta and Dr. Rajendra Prasad
(e) None of the above or more than one of the above

66th BPSC (Pre) (Re-Exam) 2020

उत्तर-(c)
कांग्रेस समाजवादी दल की स्थापना 1934 में आचार्य नरेन्द्र देव, जय प्रकाश नारायण, मीनू मसानी और अशोक गेहता जैसे नेताओं ने की थी।

56. कांग्रेस सोशलिस्ट पार्टी की पहली बैठक पटना में हुई, वर्ष-
(a) 1921 में
(b) 1934में
(c) 1937में
(d) 1939 में
(e) उपर्युक्त में से कोई नहीं या उपर्युक्त में से एक से अधिक

The first meeting of the Congress Socialist Party was held in Patna, year-
(a) in 1921
(b) in 1934
(c) in 1937
(d) in 1939
(e) None of the above or more than one of the above

44th BPSC (Pre) 2000-01
42th BPSC (Pre) 1997-98

Ans - (b)

कांग्रेस सोशलिस्ट पार्टी की स्थापना 1934 ई. में जय प्रकाश नारायण, अशोक मेहता, आचार्य नरेन्द्रदेव एवं मीनू मसानी ने मिलकर की थी। इसकी प्रथम बैठक 1934 में ही पटना में हुई।

INM

बंगाल विभाजन एवं स्वदेशी आंदोलन

(Partition of Bengal & Swadeshi Movements)

1. इस घटना के दौरान वंदे मातरम गीत एक धार्मिक मंत्र बना -
(a) बंगाल विभाजन
(b) मुजफ्फरपुर बम घटना
(c) चंपारण आंदोलन
(d) होमरूल आंदोलन
(e) उपर्युक्त में से कोई नहीं या उपर्युक्त में से एक से अधिक
The song Vande Mataram became a religious mantra during this incident. -
(a) Partition of Bengal
(b) Muzaffarpur bomb incident
(c) Champaran Movement
(d) Home Rule Movement
(e) None of the above or more than one of the above

BPSC Head Master 2022

Ans. (a)

बंगाल विभाजन 1905 के दौरान बंकिम चन्द्र चटजी द्वारा लिखे गीत 'वन्दे मातरम्' को लोगों ने पूरे देश में एकता एवं बंधुत्व का मंत्र बना लिया।

2. बंगाल विभाजन के विषय में किसने कहा था 'विभाजन हमारे ऊपर बम की तरह गिरा'?
(a) सुरेंद्रनाथ बनर्जी
(b) गोपाल कृष्ण गोखले
(c) विपिन चंद्र पाल
(d) चितरंजन दास
(e) उपर्युक्त में से कोई नहीं या उपर्युक्त में से एक से अधिक
Who said about the partition of Bengal, 'Partition fell on us like a bomb'?
(a) Surendranath Banerjee
(b) Gopal Krishna Gokhale
(c) Vipin Chandra Pal
(d) Chittaranjan Das
(e) None of the above or more than one of the above

67th BPSC (Pre)2022

Ans. (a) :

बंगाल विभाजन के समय सुरेन्द्र नाथ बनर्जी ने कहा कि "विभाजन हमारे ऊपर बम की तरह गिरा" है।

3. स्वदेशी आंदोलन की सबसे बड़ी कमी यही रही कि वह आंदोलन के लिए निम्नलिखित में से किस समूह का समर्थन नहीं जुटा पाया?
(a) स्वर्ण हिंदू
(b) मुस्लिम समूह
(c) शिक्षित भारतीय
(d) कलाकार और लेखक
(e) उपर्युक्त में से कोई नहीं या उपर्युक्त में से एक से अधिक
The biggest shortcoming of the Swadeshi movement was that it could not garner the support of which of the following groups for the movement?
(a) Golden Hindu
(b) Muslim group
(c) Educated Indian
(d) Artists and writers
(e) None of the above or more than one of the above

BPSC DACO 2021

Ans. (b) :

स्वदेशी आन्दोलन समाज के कुछ मुसलमानों को ही अपने साथ ले सका जबकि बहुसंख्यक मुसलमानों ने साथ नहीं दिया, विशेषकर खेतिहार मुसलमानों ने।

4. बंगाल विभाजन के प्रत्याघात के रूप में कौन सा आंदोलन शुरू हुआ था?
(a) असहयोग आंदोलन
(b) सविनय अवज्ञा आंदोलन
(c) स्वदेशी आंदोलन
(d) पूर्ण स्वराज आंदोलन
(e) उपर्युक्त में से कोई नहीं या उपर्युक्त में से एक से अधिक

Which movement started as a reaction to the partition of Bengal??
(a) Non-cooperation movement
(b) Civil Disobedience Movement
(c) Swadeshi movement
(d) Purna Swaraj Movement
(e) None of the above or more than one of the above

66th BPSC (Pre) 2020

Bihar CSPO (Pre) Exam 1940

उत्तर-(c)

लॉर्ड कर्जन ने 19/20 जुलाई, 1905 में बंगाल विभाजन की घोषणा कर दिया, जिसके विरोध में स्वदेशी आंदोलन प्रारम्भ हुआ था। स्वदेशी आंदोलन का विचार सर्वप्रथम कृष्ण कुमार मित्र के समाचारपत्र संजीवनी में 1905 में प्रस्तुत किया गया था।

5. 1904 ईस्वी में देवघर में गोल्डन लीग की स्थापना, ब्रिटिश का बहिष्कार और स्वदेशी आंदोलन की प्रगति के लिए की गई -
(a) बंगाल में
(b) अवध में
(c) पंजाब में
(d) बिहार में
(e) उपर्युक्त में से कोई नहीं या उपर्युक्त में से एक से अधिक

The Golden League was established in Deoghar in 1904 AD to boycott the British and progress the Swadeshi movement -
(a) in Bengal
(b) in Awadh
(c) in Punjab
(d) in Bihar
(e) None of the above or more than one of the above

66th BPSC (Pre) (Re-Exam) 2020

Ans - (d)

1904 में देवघर (वर्तमान झारखण्ड) में गोल्डन लीग की स्थापना विदेशी वस्तुओं के बहिष्कार और स्वदेशी आन्दोलन को बढ़ाने के लिए की गयी थी।

6. 1905 ईस्वी में विभाजन के पश्चात बंगाल एक प्रांत के रूप में एकीकृत हुआ
(a) 1908 में
(b) 1910 में
(c) 1911 में
(d) 1912 में
(e) उपर्युक्त में से कोई नहीं या उपर्युक्त में से एक से अधिक

After partition in 1905 AD, Bengal was unified as a province.
(a) in 1908
(b) in 1910
(c) in 1911
(d) in 1912
(e) None of the above or more than one of the above

Bihar CDPO (प्रा.) परीक्षा-1998

Ans-(c)

16 अक्टूबर 1905 को लागू हुए बंगाल विभाजन को ब्रिटिश सम्राट जार्ज पंचम के स्वागत में आयोजित दिल्ली दरबार में 12 दिसम्बर 1911 को बंगाल विभाजन को रद्द घोषित कर दिया। बंगाल का एकीकरण 1912 में सम्पन्न हुआ।

7. 1905 ईस्वी में बंगाल के विभाजन के समय भारत का वायसराय कौन था?
(a) लॉर्ड कैनिंग
(b) जनरल डायर
(c) लॉर्ड वेलेजली
(d) लॉर्ड कर्जन
(e) उपर्युक्त में से कोई नहीं या उपर्युक्त में से एक से अधिक

Who was the Viceroy of India at the time of partition of Bengal in 1905 AD?
(a) Lord Canning
(b) General Dyer
(c) Lord Wellesley
(d) Lord Curzon
(e) None of the above or more than one of the above

Bihar CDPO (प्रा.) परीक्षा-2005

Ans - (d)

लार्ड कर्जन (1899 -1905) तक ब्रिटिश भारत के वायसराय रहे।

8. बंगाल का विभाजन हुआ
(a) 15 अगस्त, 1905
(b) 15 सितंबर,1905
(c) 16 अक्टूबर,1905
(d) 15 नवंबर,1905
(e) उपर्युक्त में से कोई नहीं या उपर्युक्त में से एक से अधिक
Bengal was divided
(a) August 15, 1905
(b) September 15, 1905
(c) October 16, 1905
(d) November 15, 1905
(e) None of the above or more than one of the above

45 BPSC (Pre) 2002

Ans - (c)
बंगाल विभाजन की घोषणा लाई कर्जन ने 19/20 जुलाई, 1905 को की जबकि विभाजन 16 अक्टूबर, 1905 को प्रभावी हुआ था।

9. बंगाल 1905 ई. में विभाजित हुआ, जिसके विरोध के फलस्वरुप यह दोबारा एकीकृत हुआ -
(a) 1906में
(b) 1916में
(c) 1911में
(d) 1909में
(e) उपर्युक्त में से कोई नहीं या उपर्युक्त में से एक से अधिक
Bengal was divided in 1905 AD, as a result of which it was unified again. -
(a) in 1906
(b) in 1916
(c) in 1911
(d) in 1909
(e) None of the above or more than one of the above

46 BPSC (Pre) 2003-04

Ans - (c)
16 अक्टूबर 1905 को लागू हुए बंगाल विभाजन को दिसम्बर, 1911 में ब्रिटिश सम्राट जार्ज पंचम और साम्राज्ञी मेरी के भारत आगमन के अवसर पर आयोजित दिल्ली दरबार में रद्द कर दिया गया।

10. कांग्रेस ने 'स्वराज प्रस्ताव' वर्ष 1905 में पारित किया प्रस्ताव का उद्देश्य था -
(a) अपने लिए संविधान बनाने का अधिकार, परंतु ऐसा नहीं हुआ
(b) स्वशासन सुनिश्चित करना
(c) उत्तरदाई सरकार
(d) स्वयं की सरकार
(e) उपर्युक्त में से कोई नहीं या उपर्युक्त में से एक से अधिक
Congress passed 'Swaraj Resolution' in the year 19The objective of the resolution was -
(a) The right to make a constitution for oneself, but this did not happen
(b) To ensure self-governance
(c) Responsible government
(d) own government
(e) None of the above or more than one of the above

53rd-55th BPSC (Pre) 2011

Ans - (b)
कांग्रेस ने 'स्वराज' प्रस्ताव वर्ष 1905 में गोपाल कृष्ण गोखले की अध्यक्षता में हुए कांग्रेस के बनारस अधिवेशन में पारित किया था, इस प्रस्ताव का प्रमुख उद्देश्य स्वशासन सुनिश्चित करना था।

11. बंग-भंग के बाद कौन सा आंदोलन शुरू हुआ था?
(a) सविनय अवज्ञा आंदोलन
(b) स्वदेशी आंदोलन
(c) भारत छोड़ो आंदोलन
(d) असहयोग आंदोलन
(e) उपर्युक्त में से कोई नहीं या उपर्युक्त में से एक से अधिक
Which movement started after the partition??
(a) Civil Disobedience Movement
(b) Swadeshi movement
(c) Quit India Movement
(d) Non-cooperation movement
(e) None of the above or more than one of the above

56th-59th BPSC (Pre) 2015

Ans - (b)
लार्ड कर्जन द्वारा 19/20 जुलाई, 1905 को बंगाल के विभाजन के निर्णय की घोषणा की गई जिसे 16 अक्टूबर,

1905 को लागू किया गया। इसके विरोध में काँग्रेस के बनारस अधिवेशन 1905 जिसकी अध्यक्षता गोपाल कृष्ण गोखले ने की, में स्वदेशी और बहिष्कार आंदोलन का अनुमोदन किया गया।

12. भारत में स्वदेशी आंदोलन किस दौरान हुआ?
(a) गांधीजी का चंपारण सत्याग्रह
(b) बंगाल विभाजन के विरुद्ध आंदोलन
(c) रौलट एक्ट के विरुद्ध विद्रोह
(d) असहयोग आंदोलन
(e) उपर्युक्त में से कोई नहीं या उपर्युक्त में से एक से अधिक
During which period did the Swadeshi movement take place in India??
(a) Gandhiji's Champaran Satyagraha
(b) Movement against the partition of Bengal
(c) Revolt against Rowlatt Act
(d) Non-cooperation movement
(e) None of the above or more than one of the above

63rd BPSC (Pre) 2017-18
Bihar CDPO (Pre) Exam 2005

Ans - (b)

- स्वदेशी आन्दोलन का जन्म बंगाल विभाजन के विरोध स्वरूप हुआ।
- 7 अगस्त 1905 ई. को कलकत्ता में 'टाउन हाल' में स्वदेशी आन्दोलन का जन्म और 'बहिष्कार प्रस्ताव स्वीकृत हुआ।
- 16 अक्टूबर, 1905 ई. को बंगाल विभाजन प्रभावी हो गया। इसे बंग-भंग विरोधी आन्दोलन के नाम से भी जाना जाता है।
- यह दिन 'शोक दिवस' के रूप में मनाया।
- रवीन्द्रनाथ टैगोर के सुझाव पर सम्पूर्ण बंगाल में इस दिन को 'राखी दिवस' के रूप में मनाया गया।

13. बंगाल विभाजन की घोषणा की गई -
(a) 19 जुलाई, 1905 में
(b) 7 अगस्त, 1905 में
(c) 15 अगस्त, 1905 में
(d) 16 अक्टूबर, 1905
(e) उपर्युक्त में से कोई नहीं या उपर्युक्त में से एक से अधिक
Partition of Bengal was announced -
(a) July 19, 1905
(b) 7 August, 1905
(c) August 15, 1905
(d) October 16, 1905
(e) None of the above or more than one of the above

63rd BPSC (Pre) 2017-18
44th BPSC (Pre) Exam 2000-01

Ans - (a)

बंगाल विभाजन की घोषणा 19/20 जुलाई 1905 ई. में की गई। 19 जुलाई को जनता में बोला गया जबकि 20 जुलाई को Newspaper में घोषणा कर दी गई.

14. निम्नलिखित वर्गों में कौन सन 1905 के स्वदेशी आंदोलन से मुख्यतः अप्रभावित रहा?
1. महिलाएं 2. कृषक
3. मुसलमान 4. बुद्धिजीवी
(a) 1 एवं 2 (b) 1, 2 एवं 3
(c) 2 एवं 3 (d) 1 एवं 2
(e) उपर्युक्त में से कोई नहीं या उपर्युक्त में से एक से अधिक
Which of the following classes remained mainly unaffected by the Swadeshi movement of 1905?
1. Women 2. Farmer
3. Muslim 4. Intellectual
(a) 1 and 2 (b) 1, 2 and 3
(c) 2 and 3 (d) 1 and 2
(e) None of the above or more than one of the above

40th BPSC (Pre) 1995

Ans-(c)

स्वदेशी आंदोलन में निचले तबके के किसानों और बहुसंख्यक मुसलमान विशेषकर खेतिहर मुसलमानों ने साथ नहीं दिया।

15. भारत की राजधानी कोलकाता से दिल्ली कब बदली गई?
(a) 1912 ईस्वी में
(b) 1916 ईस्वी में
(c) 1920 ईस्वी में
(d) 1908 ईस्वी में

(e) उपर्युक्त में से कोई नहीं या उपर्युक्त में से एक से अधिक

When was the capital of India changed from Kolkata to Delhi??

(a) In 1912 AD

(b) In 1916 AD

(c) In 1920 AD

(d) in 1908 AD

(e) None of the above or more than one of the above

Bihar CDPO (प्रा.) परीक्षा-2005

Ans-(a)

दिसम्बर 1911 ई. में ब्रिटिश सम्राट जार्ज पंचम और महारानी मेरी के दिल्ली आगमन पर दिल्ली दरबार का आयोजन हुआ जिसमें बंगाल विभाजन को रद्द करने और कलकत्ता की जगह दिल्ली को राजधानी बनाने की घोषणा हुई। 1 अप्रैल, 1912 को दिल्ली को भारत की राजधानी बनायी गयी।

16. बंगाल विभाजन से जुड़े भारत के वायसराय का नाम बताएं-

(a) लॉर्ड रिपन

(b) लॉर्ड कर्जन

(c) लॉर्ड लिटन

(d) लॉर्ड माउंटबेटन

(e) उपर्युक्त में से कोई नहीं है / उपर्युक्त में से एक से अधिक

Name the Viceroy of India associated with the partition of Bengal.-

(a) Lord Ripon

(b) Lord Curzon

(c) Lord Lytton

(d) Lord Mountbatten

(e) None of the above / More than one of the above

42d BPSC (Pre) 1997-98

Ans-(b)

लार्ड कर्जन ने 16 अक्टूबर, 1909 ई. को बंगाल के विभाजन को प्रभावी कर दिया जबकि बंगाल विभाजन को लार्ड हार्डिंग द्वितीय ने दिसम्बर 1911 में रद्द किया।

17. 'बंगाल विभाजन' को किसके समय उलट दिया गया था?

(a) लॉर्ड मिंटो

(b) लॉर्ड हार्डिंग

(c) लॉर्ड इरविन

(d) लॉर्ड माउंटबेटन

(e) उपर्युक्त में से कोई नहीं है / उपर्युक्त में से एक से अधिक

In whose time was the 'Partition of Bengal' reversed?

(a) Lord Minto

(b) Lord Hardinge

(c) Lord Irwin

(d) Lord Mountbatten

(e) None of the above / More than one of the above

BPSC सांख्यिकी अधिकारी (प्री.) परीक्षा-2016

उत्तर-(b)

12 दिसम्बर 1911 को दिल्ली दरबार का आयोजन तथा वायसराय लार्ड हार्डिंग ने दिल्ली दरबार में ही बंगाल विभाजन को रद्द किया गया और कलकत्ता से दिल्ली राजधानी स्थानान्तरण की गई थी।

18. बिहार में अलग प्रांत के लिए आंदोलन जिसके परिणाम स्वरुप वर्ष 1911 में बिहार एवं उड़ीसा के नए प्रांत का निर्माण हुआ, का नेतृत्व किया था-

(a) सच्चिदानंद सिन्हा ने

(b) अनुग्रह नारायण सिंह ने

(c) जेबी कृपलानी ने

(d) बिरसा मुंडा ने

(e) उपर्युक्त में से कोई नहीं है / उपर्युक्त में से एक से अधिक

The movement for a separate province in Bihar, which resulted in the creation of the new province of Bihar and Orissa in 1911, was led by-

(a) Sachchidanand Sinha

(b) Anugrah Narayan Singh

(c) JB Kripalani

(d) Birsa Munda

(e) None of the above / More than one of the above

42 BPSC (Pre) 1997-98

Ans - (a)

डॉ. सच्चिदानन्द सिन्हा के नेतृत्व में बिहार में अलग प्रांत के लिए आंदोलन चला था जिसके परिणामस्वरूप 1911 ई. में बंगाल से अलग कर बिहार एवं उड़ीसा प्रांत का निर्माण हुआ।

19. The day of Bengal Partition-16th October, 1905 was observed as the day of बंगाल विभाजन 16 अक्टूबर, 1905 को किस दिवस के रूप में मनाया गया था?
(a) Boycott /बाँयकाट
(b) Hartal (strike) /हड़ताल
(c) Shok (mourn) /शोक
(d) More than one of the above / उपर्युक्त में से एक से अधिक
(e) None of the above / उपर्युक्त में से कोई नहीं

BPSC TRE 2.0 14/12/2023 Paper-I

Ans. (c)
बंगाल विभाजन 16 अक्टूबर, 1905 को 'शोक दिवस' के रूप में मनाया गया था। जबकि रविन्द्र नाथ टैगोर ने हिंदू और मुस्लिमों एकता के लिए इसे राखी दिवस के रूप में मनाने की अपील की

20. The Partition of Bengal was made effective on/ बंगाल का विभाजन प्रभावी हुआ
(a) 14 October, 1905/14 अक्तूबर, 1905 को
(b) 15 October, 1905/15 अक्तूबर, 1905 को
(c) 16 October, 1905/16 अक्तूबर, 1905 को
(d) More than one of the above /उपर्युक्त में से एक से अधिक
(e) None of the above/उपर्युक्त में से कोई नहीं

BPSC TRE 2.0 15/12/2023 (Paper-IV)

Ans. (c)
लार्ड कर्जन द्वारा 19/20 जुलाई, 1905 को घोषित बंगाल विभाजन 16 अक्टूबर, 1905 को प्रभावी हुआ. बंगाल विभाजन 1911 में लॉर्ड हार्डिंग के शासन काल में रद्द कर दिया गया।

21. When were 'Swadeshi' and 'Boycott' first adopted as forms of struggle in India? प्रथम बार संघर्ष के तरीकों के रूप में 'स्वदेशी' एवं 'बहिष्कार' भारत में कब अपनाया गया?
(a) Partition of Bengal/बंगाल विभाजन
(b) Home Rule Movement/होम रूल आन्दोलन
(c) Non-Cooperation Movement / असहयोग आन्दोलन
(d) More than one of the above/उपर्युक्त में से एक से अधिक
(e) None of the above/उपर्युक्त में से कोई नहीं

BPSC TRE 2.0 8/12/2023 (Paper-III)

Ans.(a)
19/20 July, 1905 में कर्जन द्वारा बंगाल विभाजन की घोषणा के बाद इसके विरोध में 7 अगस्त, 1905 को कलकत्ता के टाउन हॉल में बैठक में स्वदेशी और बहिष्कार के प्रस्ताव स्वीकार किए गए.

22. Who painted the portrait of 'Bharat Mata' to encourage Swadeshi Movement? / किसने स्वदेशी आन्दोलन की प्रेरणा हेतु 'भारतमाता' की पेंटिंग चित्रित की थी?
(a) Abanindranath Tagore /अवनीन्द्रनाथ टैगोर
(b) Rabindranath Tagore/ रवीन्द्रनाथ टैगोर
(c) Debendranath Tagore/देवेन्द्रनाथ टैगोर
(d) More than one of the above उपर्युक्त में से एक से अधिक
(e) None of the above/उपर्युक्त में से कोई नहीं

BPSC TRE2.0 SST 6th to 8th (9 Dec, 2023)

Ans. (a):
अवनीन्द्रनाथ टैगोर ने स्वदेशी आन्दोलन की प्रेरणा हेतु 'भारतमाता' की पेंटिंग चित्रित की थी।

23. बंगाल के विभाजन के विरुद्ध निम्नलिखित में से कौन-सा आंदोलन आरंभ किया गया?
(a) स्वदेशी आंदोलन (b) गदर आंदोलन
(c) होमरूल आंदोलन (d) अनुशीलन आंदोलन
Which of the following movements was started against the partition of Bengal?
(a) Swadeshi movement
(b) Gadar movement
(c) Home Rule Movement
(d) Anushilan movement

Bihar Police Constable 29/12/2019

Ans. (a):
बंगाल विभाजन के विरूद्ध 1905 में स्वदेशी आंदोलन आरम्भ किया गया। इसका उद्देश्य देशी वस्तुओं को अपनाना तथा ब्रिटिश वस्तुओं का बहिष्कार करना था।

24. निम्नलिखित में से कौन 1905 में बंगाल के विभाजन के समय भारत के वायसराय थे?
(a) लॉर्ड डलहौजी (b) लॉर्ड एल्गिन-1
(c) लॉर्ड एल्गिन-II (d) लॉर्ड कर्जन

Which of the following movements was started against the partition of Bengal?
(a) Swadeshi movement
(b) Gadar movement
(c) Home Rule Movement
(d) Anushilan movement

Police Avar Nirikshak Exam 22/12/2019 (Shift-II)

Ans. (d)

1905 में बंगाल-विभाजन के समय भारत के वायसराय लॉर्ड कर्जन थे। जबकि बंगाल विभाजन के रद्द होने के समय वायसराय लार्ड हार्डिंग था.

25. बंगाल के विभाजन को रद्द किया गया-
(a) लॉर्ड चेम्सफोर्ड द्वारा
(b) लॉर्ड हार्डिंग द्वारा
(c) लॉर्ड कर्जन द्वारा
(d) लॉर्ड मिन्टो द्वारा

Partition of Bengal was cancelled-
(a) By Lord Chelmsford
(b) By Lord Hardinge
(c) By Lord Curzon
(d) By Lord Minto

Police Avar Nirikshak Exam 11/03/2018 (Shift-I)

Ans : (b)

सन् 1911 ई० में लॉर्ड हार्डिंग द्वितीय ने दिल्ली दरबार में बंगाल के विभाजन को रद्द किया।

प्रथम दिल्ली दरबार - 1877-78 - वायसराय लार्ड लिटन

द्वितीय दिल्ली दरबार - 1903 - वायसराय लार्ड कर्जन

तृतीय दिल्ली दरबार - 1911 - वायसराय लार्ड हार्डिंग द्वितीय

26. स्वदेशी, आन्दोलन कब प्रारम्भ हुआ था?
(a) सविनय अवज्ञा आन्दोलन के समय
(b) असहयोग आन्दोलन के समय
(c) बंगाल विभाजन के विरुद्ध छेड़े गए आन्दोलन के समय
(d) भारत छोड़ो आन्दोलन के समय

When did the Swadeshi movement start?
(a) During the Civil Disobedience Movement
(b) During the non-cooperation movement
(c) At the time of the movement launched against the partition of Bengal
(d) During the Quit India Movement

Bihar Police Constable Exam 19/10/2014

Ans. (c) :

स्वदेशी आन्दोलन का प्रारम्भ बंगाल विभाजन- 1905 के विरुद्ध छेड़े गए आन्दोलन के समय प्रारम्भ हुआ।

27. "सर्वेट्स ऑफ इंडिया सोसायटी' से संबंधित हैं-
(a) महात्मा गाँधी
(b) जवाहारलाल नेहरू
(c) गोपालकृष्ण गोखले
(d) इनमें से कोई नहीं

"Servants of India Society" is related to-
(a) Mahatma Gandhi
(b) Jawaharlal Nehru
(c) Gopalkrishna Gokhale
(d) none of these

BSSC Prakhand Sankhyki Parvekshak 16.05.2010

Ans. (c):

सर्वेन्ट्स ऑफ इंडिया सोसाइटी की स्थापना गोपाल कृष्ण गोखले ने महादेव गोविंद रानाडे के सहयोग से 12 जून 1905 को की थी।

28. बंगाल का विभाजन हुआ था-
(a) 1911 ई० में
(b) 1905 ई० में
(c) 1909 ई० में
(d) इनमें से कोई नहीं

Bengal was divided into-
(a) In 1911 AD
(b) In 1905 AD
(c) In 1909 AD
(d) none of these

Bihar Daroga (Police Avar Nirikshak) Exam 23/04/2008

Ans : (b)

बंगाल का विभाजन 1905 ई० में तात्कालिक वायसराय लॉर्ड कर्जन द्वारा 'प्रशासनिक असुविधा' को कारण बताकर किया गया। परन्तु वास्तविक कारण प्रशासनिक नहीं बल्कि राजनीतिक था, अंग्रेज बंगाल की एकता को तोड़कर राष्ट्रीय आन्दोलन को कमजोर करना चाहते थे.

INM

मुस्लिम लीग

(Muslim League)

1. इनमें से कौन अखिल भारतीय मुस्लिम के संस्थापक नहीं थे
(a) एम. ए. जिन्नाह
(b) आगा खान
(c) नवाब सलीमुल्लाह
(d) नवाब मोहसिन-उल-मुल्क
(e) उपर्युक्त में से कोई नहीं या उपर्युक्त में से एक से अधिक
Who among the following was not the founder of All India Muslim League?
(a) M. A. Jinnah
(b) Aga Khan
(c) Nawab Salimullah
(d) Nawab Mohsin-ul-Mulk
(e) None of the above or more than one of the above

BPSC AAO 2021

Ans. (a):
मुस्लिम लीग की स्थापना ढाका के नवाब सलीमुल्ला खान, वकार-उल-मुल्क, तथा मोहसिन-उल-मुल्क के द्वारा 30 दिसम्बर 1906 को ढाका में की गयी थी।

2. मुस्लिम लीग के पाकिस्तान प्रस्ताव के पहले दो-राष्ट्र के सिद्धांत को किसने प्रतिपादित किया?
(a) सर सैयद अहमद खान
(b) मोहम्मद इकबाल
(c) लियाकत अली खान
(d) एम. ए. जिन्नाह
(e) उपर्युक्त में से कोई नहीं या उपर्युक्त में से एक से अधिक
Who propounded the two-nation theory before the Muslim League's Pakistan resolution??
(a) Sir Syed Ahmed Khan
(b) Mohammad Iqbal
(c) Liaqat Ali Khan
(d) M. A. Jinnah
(e) None of the above or more than one of the above

BPSC AAO 2021

Ans. (a) :
मुस्लिम लीग ने मार्च 1940 में पाकिस्तान राष्ट्र की माँग की थी तथा मोहम्मद इकबाल ने 1930 में दो राष्ट्र का सिद्धांत दिया परन्तु सबसे पहले सर सैय्यद अहमद खाँ ने 1888 में, मेरठ में एक सम्बोधन के दौरान हिन्दुओं और मुसलमानों के लिए दो अलग-अलग राष्ट्र की बात कही थी।

3. मुस्लिम लीग ने अपना वार्षिक अधिवेशन नियमित रूप से आरंभ किया था -
(a) 1916 से
(b) 1919 से
(c) 1924 से
(d) 1925 से
(e) उपर्युक्त में से कोई नहीं या उपर्युक्त में से एक से अधिक
Muslim League started its annual session regularly -
(a) Since 1916
(b) Since 1919
(c) since 1924
(d) since 1925
(e) None of the above or more than one of the above

66th BPSC (Pre) (Re-Exam) 2020

Ans-(d)
मुस्लिम लीग की स्थापना 30 दिसम्बर, 1906 को ढाका में आगा खाँ और सलीमुल्ला खाँ के नेतृत्व में हुआ था जिसका पहला अधिवेशन 1907 ई. में हुआ था जबकि वार्षिक अधिवेशन नियामत रूप से 1925 ई. में आरम्भ हुआ।

4. 'भारतीय मुस्लिम लीग' की स्थापना किस वर्ष में हुई थी?
(a) 1885 ई०
(b) 1906 ई०
(c) 1905 ई०
(d) 1907 ई०
In which year was 'Indian Muslim League' established?

(a) 1885 AD
(b) 1906 AD
(c) 1905 AD
(d) 1907 AD

Police Avar Nirikshak Exam 22/07/2018

Ans : (b)
मुस्लिम लीग की स्थापना 30 दिसम्बर, 1906 को ढाका में आगा खाँ और सलीमुल्ला खाँ के नेतृत्व में हुआ था

5. मुस्लिम लीग ने भारत विभाजन की मांग सर्वप्रथम कब की थी?
(a) 1906 ई. में
(b) 1940 ई. में
(c) 1916 ई. में
(d) 1946 ई. में

When did the Muslim League first demand the partition of India?
(a) In 1906 AD
(b) In 1940 AD
(c) In 1916 AD
(d) In 1946 AD

BSSC Netra Sahayak 19.08.2007

Ans. (b):
23 मार्च, 1940 को मुस्लिम लीग ने लहौर अधिवेशन में 'पाकिस्तान' नाम से अलग मुस्लिम देश बनाने का प्रस्ताव रखा।

6. भारतीय स्वतंत्रता आन्दोलन के दौरान मुस्लिम लीग के द्वारा 'मुक्ति दिवस' कब मनाया गया?
(a) 22 अक्टूबर, 1940
(b) 22 अक्टूबर, 1939
(c) 22 दिसम्बर, 1939
(d) 22 दिसम्बर, 1931

When was 'Liberation Day' celebrated by the Muslim League during the Indian Independence Movement?
(a) 22 October, 1940
(b) October 22, 1939
(c) 22 December, 1939
(d) 22 December, 1931

Police Avar Nirikshak Exam 10/12/2018

Ans. (c)
प्रान्तीय सभा से कांग्रेस मंत्रिमंडल के इस्तीफा देने के अवसर पर मुस्लिम लीग ने 'मुक्ति दिवस' 22 दिसम्बर, 1939 ई. को मनाया था।

7. मुस्लिम लीग द्वारा पाकिस्तान की स्थापना की मांग करने वाला प्रस्ताव पारित किया गया, वर्ष -
(a) 1905 में
(b) 1917 में
(c) 1940 में
(d) 1946 में
(e) उपर्युक्त में से कोई नहीं या उपर्युक्त में से एक से अधिक

A resolution demanding the establishment of Pakistan was passed by the Muslim League, year -
(a) in 1905
(b) in 1917
(c) in 1940
(d) in 1946
(e) None of the above or more than one of the above

42nd BPSC (Pre) 1997-98

Ans-(c)
मुस्लिम लीग के लाहौर अधिवेशन में अध्यक्षता करते हुए मुहम्मद अली जिन्ना ने 22 मार्च, 1940 को भारत से अलग मुस्लिम राष्ट्र पाकिस्तान की माँग की।

8. निम्नलिखित में किसने ऑल इंडिया मुस्लिम लीग की स्थापना की थी?
(a) सर सैयद अहमद खान
(b) सर मोहम्मद इकबाल
(c) आगा खान
(d) नवाब सलीमुल्लाह खान
(e) उपर्युक्त में से कोई नहीं या उपर्युक्त में से एक से अधिक

Who among the following founded the All India Muslim League??
(a) Sir Syed Ahmed Khan
(b) Sir Mohammad Iqbal
(c) Aga Khan
(d) Nawab Salimullah Khan
(e) None of the above or more than one of the above

41 BPSC (Pre) 1996

Answer - (d)

मुस्लिम नेताओं आगा खां, वकार-उल-मुल्क आदि ने ढाका के नवाब सलीमुल्लाह के नेतृत्व में 30 दिसम्बर, 1906 को ढाका में मुस्लिम लीग' की स्थापना की।

9. साम्राज्य के अंतर्गत स्वशासन नामक उद्देश्य को मुस्लिम लीग ने कब स्वीकार किया?
(a) 1905
(b) 1913
(c) 1930
(d) 1946
(e) उपर्युक्त में से कोई नहीं या उपर्युक्त में से एक से अधिक

When did the Muslim League accept the objective of self-rule within the empire?
(a) 1905
(b) 1913
(c) 1930
(d) 1946
(e) None of the above or more than one of the above

65th BPSC (Pre) Re-exam 2019

Ans-(b)

ढाका, बंग्लादेश में 1906 में स्थापित हुई अखिल भारतीय मुस्लिम लीग ने स्वशासन के उद्देश्य को 1913 में स्वीकार किया था।

10. पाकिस्तान का अलग राज्य आंदोलन का नेतृत्व किसने किया?
(a) आगा खान ने
(b) नवाब सलीमुल्लाह ने
(c) लियाकत अली खान ने
(d) मोहम्मद अली जिन्ना ने
(e) उपर्युक्त में से कोई नहीं है उपर्युक्त में से एक से अधिक

Who led the separate state movement of Pakistan??
(a) Aga Khan
(b) Nawab Salimullah
(c) Liaqat Ali Khan
(d) Mohammad Ali Jinnah
(e) None of the above More than one of the above

38th BPSC (Pre) 1992-93

Ans-(d)

पाकिस्तान को अलग राज्य बनाये जाने का नेतृत्व मोहम्मद अली जिन्ना ने किया।

होमरूल आंदोलन

INM

(Homerule Movement)

1. बाल गंगाधर तिलक 'लोकमान्य तिलक' के नाम से जाने जाने लगे, जब
(a) वे एक लोकप्रिय शिक्षक बने
(b) उन्होंने एक लोकप्रिय अखबार शुरू किया
(c) सरकार ने उन्हें रैंडमर्डर केस में अभियुक्त बनाया
(d) उन्होंने शिवाजी और गणपति उत्सव शुरू किया
(e) उपर्युक्त में से कोई नहीं या उपर्युक्त में से एक से अधिक
Bal Gangadhar Tilak came to be known as 'Lokmanya Tilak', when
(a) He became a popular teacher
(b) He started a popular newspaper
(c) The government made him an accused in the Rand Murder case
(d) He started Shivaji and Ganpati festival
(e) None of the above or more than one of the above

64 BPSC (Pre) 2018-19

Ans-(e)

बाल गंगाधर तिलक को लोकमान्य की उपाधि किसी एक कारण से ना दी गई बल्कि उसके लिए बहुत से कारण जिम्मेवार थे।

2. 1908 में बाल गंगाधर तिलक को जेल हुई-
(a) 5 वर्ष की
(b) 6 वर्ष की
(c) 7 वर्ष की
(d) 8 वर्ष की
(e) उपर्युक्त में से कोई नहीं या उपर्युक्त में से एक से अधिक
Bal Gangadhar Tilak was jailed in 1908-
(a) 5 years old
(b) 6 years old
(c) 7 years old
(d) 8 years old
(e) None of the above or more than one of the above

43 BPSC (Pre) 1999

Ans-(b)

तिलक ने 1908 में क्रान्तिकारी प्रफुल्ल चाकी और खुदी राम बोस के बम हमलों का समर्थन किया था जिसकी वजह से इन्हें बर्मा (म्यांमार) स्थित मांडले जेल 6 वर्ष के लिए भेज दिया गया। जेल में रहने के दौरान ही उन्होंने अपनी प्रसिद्ध रचना 'गीता रहस्य' लिखी थी।

3. किस अधिवेशन में होमरूल समर्थक अपनी राजनीतिक शक्ति का सफलतापूर्वक प्रदर्शन कर सके?
(a) कांग्रेस के सन 1916 के लखनऊ अधिवेशन में
(b) सन 1920 के मुंबई में होने वाले ऑल इंडिया ट्रेड यूनियन अधिवेशन में
(c) सन 1918 में होने वाले प्रथम ए. यू. पी किसान सभा में
(d) सन 1938 में नागपुर की संयुक्त ए.आई.टी.यू.सी और ए. एफ. टी.यू सभा में
(e) उपर्युक्त में से कोई नहीं या उपर्युक्त में से एक से अधिक
In which session could the supporters of Home Rule successfully demonstrate their political power?
(a) In the Lucknow session of Congress in 1916
(b) In the All India Trade Union convention held in Mumbai in 1920
(c) The first A.A. held in 19You. P in Kisan Sabha
(d) In 1938, joint AITUC of Nagpur and A.I. F. in TU Sabha
(e) None of the above or more than one of the above

39th BPSC (Pre) 1994

Ans-(a)

व्याख्या - कांग्रेस के 1916 के लखनऊ अधिवेशन में होमरूल समर्थकों का बोलबाला रहा. लखनऊ पैक्ट में होमरूल नेताओं एनीबेसेंट एवं तिलक ने महत्त्वपूर्ण भूमिका रही।

4. होमरूल लीग आंदोलन किसने प्रारम्भ किया?
(a) ऐनी बेसेंट और जवाहरलाल नेहरू
(b) लोकमान्य तिलक और महात्मा गाँधी
(c) लोकमान्य तिलक और बिपिनचन्द्र पाल
(d) ऐनी बेसेंट और लोकमान्य तिलक
Who started the Home Rule League movement?
(a) Anne Besant and Jawaharlal Nehru
(b) Lokmanya Tilak and Mahatma Gandhi
(c) Lokmanya Tilak and Bipin Chandra Pal
(d) Anne Besant and Lokmanya Tilak

Bihar Police Constable 19/10/2010 (Shift-II)

Ans. (d):
होमरूल लीग आंदोलन ऐनीबेसेंट और लोकमान्य तिलक द्वारा शुरु किया गया था। तिलक ने होमरूल आंदोलन की शुरुआत अप्रैल 1916 में पुणे में तथा ऐनीबेसेंट ने होमरूल आंदोलन की शुरूआत सितम्बर 1916 में मद्रास में की थी।

5. 'होमरूल लीग' की स्थापना किसने की?
(a) श्रीमती एनी बेसेन्ट
(b) मोहम्मद अली जिन्ना
(c) गोपाल कृष्ण गोखले
(d) महात्मा गाँधी
Who founded 'Home Rule League'?
(a) Mrs. Annie Besant
(b) Mohammad Ali Jinnah
(c) Gopal Krishna Gokhale
(d) Mahatma Gandhi

Bihar Avar Nirikshak Utpad (Pre.) Exam 02/12/2001

Ans. (a)
बाल गंगाधर तिलक एवं एनी बेसेन्ट ने वर्ष 1916 में 'होमरूल लीग' की स्थापना पृथक रूप से की थी।

6. निम्नलिखित में किसका योगदान होमरूल लीग की स्थापना में नहीं था?
(a) बाल गंगाधर तिलक
(b) एनी बेसेंट
(c) एम सुब्रमण्यम अय्यर
(d) टीएस अलकोट
(e) उपर्युक्त में से कोई नहीं या उपर्युक्त में से एक से अधिक
Who among the following did not contribute to the establishment of the Home Rule League?
(a) Bal Gangadhar Tilak
(b) Annie Besant
(c) M Subramaniam Iyer
(d) T S Alcott
(e) None of the above or more than one of the above

40th BPSC (Pre) 1995

Ans - (d)
1875 में टी. एस. अल्कॉट और मैडम ब्लावाट्स्की ने थियोसोफिकल सोसायटी की स्थापना की थी।

7. होमरूल आंदोलन भारत के स्वतंत्रता संग्राम के एक नए चरण के आरंभ का द्योतक था क्योंकि?
(a) इसने देश के सामने स्वशासन की एक ठोस योजना रखी
(b) आंदोलन का नेतृत्व गांधीजी के हाथ में आ गया
(c) हिंदू और मुसलमानों ने एक संयुक्त संघर्ष प्रारंभ किया
(d) इसने आतिवादियों और उदारवादियों के बीच पुनर्मेल स्थापित किया
(e) उपर्युक्त में से कोई नहीं या उपर्युक्त में से एक से अधिक
The Home Rule Movement marked the beginning of a new phase of India's freedom struggle because?
(a) It placed before the country a concrete plan of self-governance
(b) The leadership of the movement came into the hands of Gandhiji.
(c) Hindus and Muslims started a joint struggle
(d) It brought about a rapprochement between extremists and moderates.
(e) None of the above or more than one of the above

41st BPSC (Pre) 1996

Ans - (a)
होमरूल आन्दोलन जिसका उद्देश्य था, ब्रिटिश साम्राज्य के अधीन रहते हुए संवैधानिक तरीके से स्वशासन को प्राप्त किया जाय।

8. होमरूल आंदोलन के नेताओं ने 'होमरूल' शब्द किस सदृश आंदोलन से ग्रहण किया था?
(a) आयरलैंड
(b) स्कॉटलैंड

(c) संयुक्त राज्य अमेरिका
(d) कनाडा
(e) उपर्युक्त में से कोई नहीं या उपर्युक्त में से एक से अधिक

From which similar movement did the leaders of the Home Rule movement adopt the word 'Home Rule'?
(a) Ireland
(b) Scotland
(c) United States
(d) Canada
(e) None of the above or more than one of the above

28th Bihar (J) GS-2014

Ans-(a)

होमरूल लीग की स्थापना की योजना मूलतः एनी बेसेंट के द्वारा बनायी गयी थी। आयरलैंड के आधार पर बाल गंगाधर तिलक ने अप्रैल 1916 में तथा एनी बेसेंट ने सितंबर 1916 में होमरूल लीग की स्थापना की।

9. इनमें से किसने तिलक को भारतीय असंतोष का जनक कहा है?
(a) महात्मा गांधी
(b) जवाहरलाल नेहरू
(c) पावेल प्राइस
(d) वैलेंटाइन चिरोल
(e) उपर्युक्त में से कोई नहीं या उपर्युक्त में से एक से अधिक

Who among the following has called Tilak the father of Indian discontent?
(a) Mahatma Gandhi
(b) Jawaharlal Nehru
(c) Powell Price
(d) Valentine Chirol
(e) None of the above or more than one of the above

29th Bihar (J) GS-2017

Ans-(d)

'इन्डियन अनरेस्ट' के लेखक वेलेंटाइन चिरोल ने बाल गंगाधर तिलक को "भारतीय अशान्ति का जन्मदाता" कहा।

10. 1916 में बाल गंगाधर तिलक के पक्ष में अदालत में पैरवी करने वाले वकीलों का नेतृत्व कर रहे थे-
(a) मोहम्मद अली जिन्ना
(b) पंडित जवाहरलाल नेहरू
(c) भूलाभाई देसाई
(d) मौलाना अबुल कलाम आजाद
(e) उपर्युक्त में से कोई नहीं या उपर्युक्त में से एक से अधिक

In 1916, Bal Gangadhar was leading the lawyers who argued in the court in favor of Tilak.-
(a) Mohammad Ali Jinnah
(b) Pandit Jawaharlal Nehru
(c) Bhulabhai Desai
(d) Maulana Abul Kalam Azad
(e) None of the above or more than one of the above

Bihar APO GS-2012

Ans-(a)

अंग्रेजों ने तिलक पर राजद्रोह का मुकदमा चलाया। तिलक की पैरवी मोहम्मद अली जिन्ना ने की।

INM क्रांतिकारी आंदोलन

(Revolutionary Movement)

1. 'अभिनव भारत' से कौन संबंधित है?
(a) वी डी सावरकर
(b) सी आर दास
(c) बी. जी. तिलक
(d) एस. सी. बोस
(e) उपर्युक्त में से कोई नहीं या उपर्युक्त में से एक से अधिक
Who is related to 'Innovative India'?
(a) V D Savarkar
(b) C. R. Das
(c) B. Yes. Tilak
(d) S. C. Bose
(e) None of the above or more than one of the above

53-55 BPSC (Pre) 2011

Ans - (a)
विनायक दामोदर सावरकर ने 1904 ई. में अभिनव भारत नामक संस्था स्थापित की।

2. ग़दर क्रांति छिड़ने का सबसे महत्वपूर्ण कारण क्या था?
(a) लाला हरदयाल की गिरफ्तारी
(b) कामागाटामारू घटना
(c) प्रथम महायुद्ध का शुरू होना
(d) करतार सिंह सराभा को फांसी
(e) उपर्युक्त में से कोई नहीं या उपर्युक्त में से एक से अधिक
What was the most important reason for the outbreak of Ghadar Revolution?
(a) Arrest of Lala Hardayal
(b) Kamagatamaru phenomenon
(c) Beginning of the First World War
(d) Kartar Singh Sarabha hanged
(e) None of the above or more than one of the above

39th BPSC (Pre) 1994

Ans - (b)
1914 ई. में घटित कामागाटामारू प्रकरण के अन्तर्गत कनाडा सरकार ने उन भारतीयों पर कनाडा में घुसने पर प्रतिबन्ध लगा दिया जो भारत से सीधे कनाडा न आया हो। भारत के गुरुदीत सिंह ने कामा गाटामारू नामक एक जहाज को किराये पर लेकर 376 यात्रियों को बैठा कर कनाडा के बन्दरगाह बैंकूवर की ओर प्रस्थान किया। तट पर पहुंचने के पश्चात् कनाडा की पुलिस ने भारतीयों की घेराबन्दी कर उन्हें देश में घुसने से मना किया। भारत की ब्रिटिश सरकार ने जहाज को सीधे कलकत्ता लाने का आदेश दिया। जहाज के बजबज पहुंचने पर यात्रियों एवं पुलिस के मध्य झड़पें हुई। 2014 में कनाडा के प्रधानमंत्री ने इस घटना के लिए अपनी संसद में माफ़ी मांगी थी.

3. निम्न में से किस आयोग में एक भी भारतीय शामिल न होने कारण उसका विरोध किया गया था?
(a) सैडलर आयोग
(b) साइमन आयोग
(c) हंटर आयोग
(d) बटलर आयोग
Which of the following commissions was opposed because it did not include even a single Indian?
(a) Sadler Commission
(b) Simon Commission
(c) Hunter Commission
(d) Butler Commission

Bihar Police SI (Mains) Exam 03-09-2023

Ans. (b):
1919 के एक्ट की समीक्षा के लिए 10 वर्ष बाद एक आयोग के गठन की बात की गई थी. 8 नवम्बर, 1927 में भारत में संवैधानिक सुधारों के अध्ययन के लिए सर जॉन साइमन के नेतृत्व में सात सदस्यीय साइमन कमीशन का गठन किया गया जिसमे एक भी भारतीय सदस्य नहीं था.

4. स्वदेश बांधव समिति का संस्थापक कौन था?
(a) अश्विनी कुमार दत्त
(b) पी. बी. दास

(c) प्रफुल चाकी
(d) वी डी सावरकर
(e) उपर्युक्त में से कोई नहीं या उपर्युक्त में से एक से अधिक

Who was the founder of Swadesh Bandhav Samiti?
(a) Ashwini Kumar Dutt
(b) P.B. Slave
(c) Praful Chaki
(d) V D Savarkar
(e) None of the above or more than one of the above

BPSC AAO 201

Ans. (a):
बंगाल विभाजन की घटना के दौरान बंगाल में अधिन कुमार दत्त ने 6 अगस्त 1905 को स्वदेश बांधव समिति की स्थापना की थी।

5. 1904 में किसने 'अभिनव भारत सोसायटी' को संगठित किया?
(a) एम. जी. रानाडे
(b) वी. डी. सावरकर
(c) बी. एम. वागले
(d) एसपी केलकर
(e) उपर्युक्त में से कोई नहीं या उपर्युक्त में से एक से अधिक

Who organized 'Abhinav Bharat Society' in 1904?
(a) M.G. Ranade
(b) V. D. Savarkar
(c) b. M.Sc. Wagle
(d) SP Kelkar
(e) None of the above or more than one of the above

BPSC Auditor (Pre) 2021

उत्तर-(b)
विनायक दामोदर सावरकर के द्वारा 1899 में स्थापित मित्र-मेला' ही 1904 ई. में एक गुप्त संस्था अभिनव भारत में परिवर्तित हो गयी।

6. नौजवान भारत सभा की स्थापना किसने की?
(a) भगत सिंह
(b) हरदयालसिंह
(c) सचिन सान्याल
(d) सुभाषचन्द्र बोस

Who founded Naujawan Bharat Sabha?
(a) Bhagat Singh
(b) Hardayal Singh
(c) Sachin Sanyal
(d) Subhash Chandra Bose

Bihar Police SI (Pre) Exam 16-07-2023
Police Avar Nirikshak Exam 29/11/2020
Police Avar Nirikshak Exam 11/03/2018 (Shift-1)

Ans. (a):
मजदूरों एवं किसान युवाओं को संगठित कर देश की आजादी के लिए वर्ष 1926 में भगत सिंह ने 'भारत नौजवान सभा' की स्थापना की थी।

7. भगत सिंह का जन्म कहाँ हुआ था?
(a) सूरजपुर में
(b) रहमपुर में
(c) सलोना गाँव में
(d) बंगा गाँव में

Where was Bhagat Singh born?
(a) In Surajpur
(b) In Rahmpur
(c) Salona village
(d) In Banga village

BSSC Third Graduate Level (Pre) Exam 23.12.2022 Shift-I

Ans. (d):
भगत सिंह का जन्म 27 सितम्बर, 1907 को वर्तमान पंजाब, पकिस्तान के लायलपुर जिले के बंगा गाँव में हुआ था। असेंबली में बम फेंकने के जुर्म में गिरफ्तार भगत सिंह और उनके साथी सुखदेव एवं राजगुरु को सांडर्स हत्याकांड में 23 मार्च 1931 को फाँसी दे दी गई थी।

8. 'हिन्दुस्तान सोशलिस्ट रिपब्लिकन आर्मी' का गठन किसने किया?
(a) हेमन्त सरकार
(b) राम प्रसाद बिस्मिल
(c) राजेन्द्रनाथ लाहिड़ी
(d) सचिन्द्र नाथ सान्याल

Who formed the 'Hindustan Socialist Republican Army'?
(a) Hemant Sarkar
(b) Ram Prasad Bismil
(c) Rajendranath Lahiri
(d) Sachindra Nath Sanyal

BPSC LDC (Mains) Exam 20-11-2022

Ans. (d) :

हिन्दुस्तान रिपब्लिकन एसोसिएशन की स्थापना अक्टूबर 1924 में शचीन्द्र नाथ सान्याल, जोगेश चन्द्र चटर्जी (सदस्य - राम प्रसाद बिस्मिल, चन्द्र शेखर आजाद) ने की थी जिसका पहला कार्य 1925 में काकोरी काण्ड था.

'हिन्दुस्तान सोशलिस्ट रिपब्लिकन आर्मी' का गठन चन्द्रशेखर आजाद के नेतृत्व में सितम्बर, 1928 में दिल्ली के फिरोजशाह कोटला मैदान में की थी। इस संगठन का उद्देश्य भारत में एक समाजवादी गणतंत्रवादी राज्य की स्थापना करना था।

पुलिस अधीक्षक (लाहौर) सॉन्डर्स की 30 अक्टूबर 1928 को भगतसिंह, चन्द्रशेखर आजाद और राजगुरू द्वारा की गई हत्या इस संगठन की पहली क्रांतिकारी घटना थी।

9. चटगाँव शास्त्रागार डकैती की योजना किसने तैयारी की थी?
(a) भगत सिंह
(b) मोहम्मद अली
(c) सूर्य सेन
(d) जतिन दास

Who had planned the Chittagong Library robbery?
(a) Bhagat Singh
(b) Mohammad Ali
(c) Surya Sen
(d) Jatin Das

Bihar Forest Guard Exam 16/12/2020 (Shift-1)

Ans. (c)

चटगाँव शस्त्रागार छापा 18 अप्रैल 1930 को सूर्यसेन के नेतृत्व में हुआ था।

इस क्रान्तिकारी समूह में दो महिलाएँ प्रीतिलता वाडेकर और कल्पना भी शामिल थी।

10. फिलिप स्प्रेट नामक अंग्रेज पर ------ मुकदमा चलाया गया।
(a) मेरठ षडयंत्र केस में
(b) लाहौर षडयंत्र केस में
(c) कानपुर षयडयंत्र केस में
(d) चटगाँव षडयंत्र केस में

An Englishman named Philip Spratt was prosecuted for -------.
(a) In Meerut conspiracy case
(b) In Lahore Conspiracy Case
(c) In Kanpur conspiracy case
(d) In Chittagong Conspiracy Case

Police Avar Nirikshak Exam 26/12/2021 (Shift-1)

Ans. (a)

1929 में मेरठ षडयंत्र केस के अन्तर्गत जिन पर मुकदमा चलाया गया उनमें तीन साम्यवादी ब्रिटिश नागरिक 'फिलिप स्प्रेट', बेन बैडले और लेस्टर हचिंसन भी शामिल थे।

11. निम्नलिखित में से किस क्रांतिकारी ने 'मैं अनीश्वरवादी क्यों हूं' ('Why I am an Atheist') शीर्षक लेख लिखा था?
(a) भगत सिंह
(b) राजगुरु
(c) चंद्रशेखर
(d) अशफाक उल्ला खान

Which of the following revolutionaries wrote an article titled 'Why I am an Atheist'?
(a) Bhagat Singh
(b) Rajguru
(c) Chandrashekhar
(d) Ashfaqullah Khan

Bihar Police Constable 29/12/2019

Ans. (a):

'मैं अनीश्वरवादी क्यों ह' शीर्षक लेख भगत सिंह द्वारा लिखा गया था।

12. सिंह सभा की स्थापना कहाँ की गई?
(a) हरियाणा
(b) गुजरात
(c) पंजाब
(d) मुम्बई

Where was Singh Sabha established?
(a) Haryana
(b) Gujarat
(c) Punjab
(d) Mumbai

Utpad Avar Nirikshak Exam 09/06/2019

Ans: (c)
सिक्खों के सुधारवादी संगठन के रूप में सिंह सभा की स्थापना 1873 ई० में अमृतसर (पंजाब) में हुई थी।

13. गदर पार्टी की स्थापना कब हुई थी?
(a) 1913
(b) 1912
(c) 1914
(d) 1910

When was the Gadar Party established?
(a) 1913
(b) 1912
(c) 1914
(d) 1910

BSSC First Inter Level Exam 9.12.2018 Shift-II
Bihar Police Constable Exam 01/05/2010

Ans. (a):
गदर पार्टी की स्थापना 1913 ई. में सैन फ्रांसिस्को में लाला हरदयाल के प्रयासों से हुई।

14. गदर पार्टी की स्थापना किसने की?
(a) लाला हरदयाल
(b) सरदार अजीत सिंह
(c) लाला लाजपत राय एवं सरदार अजीत सिंह
(d) खान अब्दुल गफ्फार खान

Who founded the Gadar Party?
(a) Lala Hardayal
(b) Sardar Ajit Singh
(c) Lala Lajpat Rai and Sardar Ajit Singh
(d) Khan Abdul Ghaffar Khan

Bihar Avar Nirikshak Utpad (Pre.) Exam 02/12/2001

Ans. (a)
गदर पार्टी की स्थापना 1913 ई. में सैन फ्रांसिस्को में लाला हरदयाल के प्रयासों से हुई।

15. रामप्रसाद बिस्मिल का नाम किससे सम्बद्ध है?
(a) कानपुर षडयंत्र केस
(b) अलीपुर षडयंत्र केस
(c) काकोरी षडयंत्र केस
(d) मेरठ षडयंत्र केस

What is the name of Ramprasad Bismil associated with?
(a) Kanpur Conspiracy Case
(b) Alipore Conspiracy Case
(c) Kakori Conspiracy Case
(d) Meerut Conspiracy Case

Ashu Avar Nirikshak (PT) 26-08-2018

Ans: (c)
9 अगस्त, 1925 ई0 को सहारनपुर से लखनऊ की ओर जा रही 8 डाउन ट्रेन से सरकारी खजाने को काकोरी नामक स्थान पर लूट लिया था। जिसे 'काकोरी षडयंत्र केस' या 'काकोरी कांड' कहा गया। सरकारी खजाना लूटने का विचार रामप्रसाद बिस्मिल का था।

16. भारत में क्रान्तिकारी आन्दोलन कहाँ से शुरू हुआ?
(a) गुजरात
(b) बिहार
(c) पंजाब
(d) महाराष्ट्र

Where did the revolutionary movement start in India?
(a) Gujarat
(b) Bihar
(c) Punjab
(d) Maharashtra

Police Avar Nirikshak Exam 10/12/2018

उत्तर (d)
भारत में क्रांतिकारी आंदोलन का प्रारम्भ महाराष्ट्र से प्रारम्भ हुआ था, व्यायाम मंडल, मित्र मेला व अभिनव भारत प्रमुख क्रांतिकारी संस्थाएं थी।

17. कामागाटामारू-
(a) एक राजनीतिक दल जो ताइवान आधारित था
(b) चीन का एक किसान साम्यवादी नेता था
(c) कनाडा की यात्रा पर निकला जलपोत था
(d) इनमें से कोई नहीं

Kamagatamaru-
(a) A political party which was based in Taiwan
(b) A Chinese farmer was a communist leader
(c) It was a ship that set out on a voyage to Canada.
(d) none of these

BSSC Netra Sahayak 19.08.2007

Ans. (c)
हांगकांग में रहने वाले भारतीय बाबा गुरदित्त सिंह ने भाप शक्ति से चलने वाली एक जापानी समुद्री जहाज को खरीदा था, जिसका नाम था 'कामागाटामारू'।

18. प्रथम विश्व युद्ध के दौरान सक्रिय होने वाले गदर क्रांतिकारियों का आधार स्थल था-
(a) मध्य अमेरिका
(b) उत्तरी अमेरिका
(c) पश्चिमी अमेरिका
(d) दक्षिणी अमेरिका
The base place of Gadar revolutionaries who were active during the First World War was-
(a) Central America
(b) North America
(c) Western America
(d) South America

BSSC Netra Sahayak 19.08.2007

Ans. (b):
गदर क्रांतिकारियों का आधार स्थल सैन फ्रांसिस्को (उत्तरी अमेरिका) था। यहीं से 'हिन्दुस्तान गदर' नामक पत्र का संपादन भी किया जाता था। गदर पार्टी की स्थापना 1 नवम्बर, 1913 में हुआ था। इस पार्टी के संस्थापक सदस्यों में लाला हरदयाल, सोहन सिंह भाकना प्रमुख थे।

19. 'हिन्दुस्तान सोशलिस्ट रिपब्लिकन एसोसिएशन' स्थापना की-
(a) वीर सावरकर ने
(b) ऊधम सिंह ने
(c) भगत सिंह ने
(d) चन्द्रशेखर आजाद ने
'Hindustan Socialist Republican Association' was established by-
(a) Veer Savarkar
(b) Udham Singh
(c) Bhagat Singh
(d) Chandrashekhar Azad

BSSC Ashulipik sahTankar 27.08.2006

Ans. (d)
वर्ष 1928 में चन्द्रशेखर आजाद के नेतृत्व में दिल्ली के फिरोजशाह कोटला मैदान में हिन्दुस्तान सोशलिस्ट रिपब्लिकन एसोसिएशन (HSRA) की स्थापना की गई थी।

20. 'हिंदुस्तान सोशलिस्ट रिपब्लिकन आर्मी' का गठन किसने किया?
(a) हेमंत सरकार
(b) रामप्रसाद बिस्मिल
(c) राजेंद्र नाथ लाहिड़ी
(d) सचिंद्र नाथ सान्याल
(e) उपर्युक्त में से कोई नहीं या उपर्युक्त में से एक से अधिक
Who formed 'Hindustan Socialist Republican Army'?
(a) Hemant Sarkar
(b) Ram Prasad Bismil
(c) Rajendra Nath Lahiri
(d) Sachindra Nath Sanyal
(e) None of the above or more than one of the above

BPSC LDC (Mains)-2022

Ans. (e):
हिन्दुस्तान रिपब्लिकन एसोसिएशन की स्थापना अक्टूबर 1924 में राम प्रसाद बिस्मिल, जोगेश चन्द्र चटर्जी, चन्द्रशेखर आजाद और शचीन्द्रनाथ सान्याल आदि ने कानपुर में की थी। सितम्बर 1928 को दिल्ली के फिरोजशाह कोटला मैदान में हिन्दुस्तान सोशलिस्ट रिपब्लिक एसोसिएशन की स्थापना चन्द्रशेखर आजाद के नेतृत्व में की गई।

21. 1931 में चंद्रशेखर आजाद की मृत्यु हुई थी -
(a) कानपुर में
(b) लखनऊ में
(c) इलाहाबाद में
(d) मुगलसराय में
(e) उपर्युक्त में से कोई नहीं या उपर्युक्त में से एक से अधिक

Chandrashekhar Azad died in 1931 -
(a) in Kanpur
(b) in Lucknow
(c) in Allahabad
(d) in Mughalsarai
(e) None of the above or more than one of the above

BPSC Motor Vehicle Insp. 2022

Ans. (c):
27 फरवरी, 1931 को इलाहाबाद (प्रयागराज) के अल्फ्रेड पार्क (आजाद पार्क) में चन्द्रशेखर आजाद की मृत्यु हुयी थी।

22. सुखदेव, भगत सिंह तथा राजगुरु को किस तारीख को फांसी दी गई थी?
(a) 12 नवंबर,1930
(b) 23 मार्च,1931
(c) 7 सितंबर,1931
(d) 4 मार्च,1931
(e) उपर्युक्त में से कोई नहीं या उपर्युक्त में से एक से अधिक
On which date were Sukhdev, Bhagat Singh and Rajguru hanged??
(a) November 12, 1930
(b) March 23, 1931
(c) September 7, 1931
(d) March 4, 1931
(e) None of the above or more than one of the above

67th BPSC (Pre)2022
45th BPSC (Pre) 2002
43 BPSC (Pre) 1999

Ans. (b):
अंग्रेज पुलिस अधिकारी जॉन सॉन्डर्स की गोली मारकर हत्या के षड्यंत्र में भगत सिंह, राजगुरु और सुखदेव को 23 मार्च 1931 को लाहौर के सेंट्रल जेल में फाँसी दे दी गई।

23. सरदार उधम सिंह ने किसे मारा था?
(a) जनरल डायर
(b) कर्जन वायली
(c) माइकल ओ डायर
(d) सांडर्स
(e) उपर्युक्त में से कोई नहीं या उपर्युक्त में से एक से अधिक
Whom was killed by Sardar Udham Singh??
(a) General Dyer
(b) Curzon Wylie
(c) Michael O'Dwyer
(d) Sanders
(e) None of the above or more than one of the above

67th BPSC (Pre)2022

Ans. (c):
सरदार उधमसिंह (राम मोहम्मद सिंह आजाद) लेफ्टिनेंट गवर्नर माइकल ओ डायर की ब्रिटेन में जाकर हत्या कर दी। इसके लिए उन्हें वर्ष 1940 ई. में फाँसी की सजा दी गई।

24. 'चटगांव शस्त्रागार थावे' से कौन संबंधित है?
(a) रासबिहारी बोस
(b) चंद्रशेखर आजाद
(c) बटुकेश्वर दत्त
(d) सूर्य सेन
(e) उपर्युक्त में से कोई नहीं या उपर्युक्त में से एक से अधिक
Who is related to 'Chittagong Arsenal Thawe'?
(a) Rash Bihari Bose
(b) Chandrashekhar Azad
(c) Batukeshwar Dutt
(d) Surya Sen
(e) None of the above or more than one of the above

BPSC AAO 2021
67th BPSC(Pre) Nirast 2021
60-62 BPSC(Pre) 2016-17

Ans. (d):
चटगाँव शस्वागार धावे से बंगाल के प्रसिद्ध क्रांतिकारी सूर्य सेन संबंधित थे, सूर्य सेन ने 'इण्डियन रिपब्लिकन आर्मी (IRA) की स्थापना की थी

25. मुख्य खालसा दीवान ने किसको 'गिरे हुए सिख' और अपराधी के रूप में घोषित किया था?
(a) अकाली नेता
(b) गदर पार्टी के क्रांतिकारी
(c) राष्ट्रवादी समाजवादी पार्टी के नेता
(d) स्वराजवादी
(e) उपर्युक्त में से कोई नहीं या उपर्युक्त में से एक से अधिक

Who was declared by the Chief Khalsa Diwan as a 'fallen Sikh' and a criminal??
(a) Akali leader
(b) Revolutionaries of Gadar Party
(c) Leader of Nationalist Samajwadi Party
(d) Autocratic
(e) None of the above or more than one of the above

BPSC CDPO 2021

Ans. (b) :
मुख्य खालसा दीवान ने गदर पार्टी के क्रांतिकारियों को गिरे हुए सिख और अपराधी के रूप में घोषित किया था।

26. इनमें से कौन 'काकोरी ट्रेन डकैती कांड' से संबंधित नहीं थे?
(a) रामप्रसाद बिस्मिल
(b) अशफाक उल्ला खान
(c) रोशन सिंह
(d) सुखदेव
(e) उपर्युक्त में से कोई नहीं या उपर्युक्त में से एक से अधिक
Which of the following was not related to the 'Kakori train robbery case'?
(a) Ramprasad Bismil
(b) Ashfaq Ullah Khan
(c) Roshan Singh
(d) Sukhdev
(e) None of the above or more than one of the above

BPSC Auditor (Pre) 2021

Ans.(d)
काकोरी ट्रेन डकैती की पटना 9 अगस्त 1925 को हिन्दुस्तान रिपब्लिकन एसोसिएशन के क्रांतिकारियों द्वारा घटित की गई थी, जिसमें रामप्रसाद बिस्मिल, अशफाकउल्ला खाँ, रोशन सिंह और राजेन्द्र लाहिड़ी सहित 10 क्रांतिकारी शामिल थे।

27. फणींद्र नाथ घोष, जिसकी गवाही से भगत सिंह, सुखदेव और राजगुरु की फांसी हुई थी, की हत्या किसने की थी?
(a) एस एन सिंह
(b) बैकुंठ शुक्ला
(c) कार्यानंद शर्मा
(d) खुदीराम बोस
(e) उपर्युक्त में से कोई नहीं या उपर्युक्त में से एक से अधिक
Who murdered Phanindra Nath Ghosh, whose testimony led to the hanging of Bhagat Singh, Sukhdev and Rajguru?
(a) S N Singh
(b) Baikunth Shukla
(c) Karyanand Sharma
(d) Khudiram Bose
(e) None of the above or more than one of the above

BPSC DACO 2021

Ans. (b) :
भगत सिंह, राजगुरु और सुखदेव की मुखबिरी कर (सरकारी गवाह) फाँसी दिलवाने वाले फणींद्रनाथ घोष की हत्या शहीद बैंकुठ शुक्ला ने की थी।

28. कॉमिला की दो स्कूली लड़कियों, शांति घोष और सुनीति चौधरी ने जिलाधीश की गोली मारकर हत्या कब की थी?
(a) अक्टूबर,1922
(b) अक्टूबर, 1932
(c) दिसंबर,1931
(d) फरवरी,1932
(e) उपर्युक्त में से कोई नहीं या उपर्युक्त में से एक से अधिक
When did two school girls of Comilla, Shanti Ghosh and Suniti Choudhary, shoot dead the District Magistrate??
(a) October, 1922
(b) October, 1932
(c) December, 1931
(d) February, 1932
(e) None of the above or more than one of the above

BPSC DACO 2021

Ans. (c) :
24 दिसम्बर, 1931 ई. को कॉमिला की दो स्कूली छात्राओं शांति घोष तथा सुनीति चौधरी ने वहाँ के जिला अधिकारी बी.जी स्टीबेसन की गोली मारकर हत्या कर दी।

29. लखनऊ और सहारनपुर के बीच चलने वाली नंबर 8 डाउन रेलगाड़ी को 9 अगस्त 1925 को किस जगह पर रोक कर लूटा गया था?

(a) चटगांव
(b) काकोरी
(c) हावड़ा
(d) अलीपुर
(e) उपर्युक्त में से कोई नहीं या उपर्युक्त में से एक से अधिक

At which place was the No. 8 Down train running between Lucknow and Saharanpur stopped and looted on 9 August 1925?
(a) Chittagong
(b) Kakori
(c) Howrah
(d) Alipore
(e) None of the above or more than one of the above

BPSC DACO 2021

Ans. (b):
उत्तर रेलवे के लखनऊ सहारनपुर संभाग के काकोरी नामक स्थान पर 9 अगस्त, 1925 को 8 डाउन सहारनपुर-लखनऊ पैसेन्जर ट्रेन पर डकैती डालकर सरकारी खजाने को लूट लिया गया। इस घटना को काकोरी कांड(वर्तमान नाम काकोरी ट्रेन एक्शन) की संज्ञा दी गई है।

30. इनमें से किस को मुजफ्फरपुर बम कांड के आरोप में फांसी दी गई?
(a) प्रफुल्ल चाकी
(b) बटुकेश्वर दत्त
(c) राजगुरु
(d) राजेंद्र लाहिड़ी
(e) उपर्युक्त में से कोई नहीं या उपर्युक्त में से एक से अधिक

Who among these was hanged on charges of Muzaffarpur bomb case??
(a) Inflated wheel
(b) Batukeshwar Dutt
(c) Rajguru
(d) Rajendra Lahiri
(e) None of the above or more than one of the above

BPSC AAO 2021

Ans. (e):
मुजफ्फरपुर बमकाण्ड की घटना को प्रफुल्ल चाकी तथा खुदीराम बोस ने 30 अप्रैल 1908 को अंजाम दिया था। जिसमें पुलिस से बचने में प्रफुल्ल चाकी ने आत्महत्या कर ली थी और खुदीराम बोस को पकड़ कर 11 अगस्त 1908 को फांसी पर चढ़ा दिया गया।

31. अभिनव भारत, क्रांतिकारियों के एक गुप्त संगठन का निर्माण 1904 में इन नेताओं में से किसने किया था?
(a) वीर सावरकर
(b) प्रफुल्ल चाकी
(c) खुदीराम बोस
(d) अरबिंदो घोष
(e) उपर्युक्त में से कोई नहीं या उपर्युक्त में से एक से अधिक

Abhinav Bharat, a secret organization of revolutionaries was formed by which of these leaders in 1904??
(a) Veer Savarkar
(b) Prafulla Chaki
(c) Khudiram Bose
(d) Aurobindo Ghosh
(e) None of the above or more than one of the above

BPSC DACO 2021
Bihar CDPO (Pre) Exam 2005

Ans. (a) :
अभिनव भारत संगठन का निर्माण 1904 ई. में वी.डी. सावरकर ने किया था।

32. मैडम कामा ने भारत की त्रिरंगी स्वतंत्रता ध्वज को कहां फहराया था?
(a) पेरिस
(b) लंदन
(c) स्टुटगार्ट
(d) जिनेवा
(e) उपर्युक्त में से कोई नहीं या उपर्युक्त में से एक से अधिक

Where did Madam Cama hoist the tricolor independence flag of India??
(a) Paris
(b) London
(c) Stuttgart
(d) Geneva
(e) None of the above or more than one of the above

66th BPSC (Pre) 2020

उत्तर-(c)

श्रीमती भीकाजी रुस्तम कामा (मैडम कामा) ने 22 अगस्त 1907 को जर्मनी (स्टुटगार्ट) में हुई इंटरनेशनल सोशलिस्ट कांग्रेस में भारतीय स्वतंत्रता के ध्वज 'तिरंगा' को बुलंद किया था।

33. जर्मनी के समर्थन से काबुल में राजा महेंद्र प्रताप सिंह के नेतृत्व में अंतरिम सरकार का गठन हुआ था -

(a) गदर आंदोलन के दौरान
(b) स्वदेशी आंदोलन के दौरान
(c) द्वितीय विश्व युद्ध के दौरान
(d) होमरूल आंदोलन के दौरान
(e) उपर्युक्त में से कोई नहीं या उपर्युक्त में से एक से अधिक

With the support of Germany, an interim government was formed in Kabul under the leadership of Raja Mahendra Pratap Singh. -

(a) During the Gadar movement
(b) During the Swadeshi movement
(c) During the Second World War
(d) During the Home Rule Movement
(e) None of the above or more than one of the above

66th BPSC (Pre) (Re-Exam) 2020

Ans - (a)

गदर पार्टी की स्थापना अमेरिका के सैन फ्रांसिस्को में 1913 ई. में हुई थी। गदर पार्टी के संस्थापक अध्यक्ष सरदार सोहन सिंह भाकना थे। इसी समय जर्मनी के समर्थन से काबुल में राजा महेन्द्र प्रताप सिंह के नेतृत्व में अंतरिम सरकार का गठन हुआ जिसमे महेंद्र प्रताप राष्ट्रपति तथा बरकतुल्ला प्रधानमंत्री थे.

34. सन 1906 ईस्वी में लंदन में अभिनव भारत सोसायटी की स्थापना किसने की थी?

(a) विनायक दामोदर सावरकर
(b) श्यामजी कृष्ण वर्मा
(c) सोहन सिंह
(d) पी. एन. बापट
(e) उपर्युक्त में से कोई नहीं या उपर्युक्त में से एक से अधिक

Who founded Abhinav Bharat Society in London in 1906 AD??

(a) Vinayak Damodar Savarkar
(b) Shyamji Krishna Verma
(c) Sohan Singh
(d) P.N. Bapat
(e) None of the above or more than one of the above

66th BPSC (Pre) (Re-Exam) 2020

Ans - (a)

9 जून, 1906 को वी.डी. सावरकर ने लंदन पहुँचने के बाद वी.डी. सावरकर ने फ्री इंडिया सोसाइटी नामक संस्था का गठन किया।

35. हरदयाल, बाबा हरनाम सिंह 'टूडीलाट', बाबा सोहन सिंह 'भाकना' और गुरमीत सिंह जुड़े थे -

(a) इंडियन इंडिपेंडेंस लीग से
(b) नवजवान भारत सभा से
(c) गदर आंदोलन से
(d) अकाली आंदोलन से
(e) उपर्युक्त में से कोई नहीं या उपर्युक्त में से एक से अधिक

Hardayal, Baba Harnam Singh 'Toodilat', Baba Sohan Singh 'Bhakna' and Gurmeet Singh were associated -

(a) From Indian Independence League
(b) From the Navjawan Bharat Sabha
(c) From Gadar movement
(d) From Akali movement
(e) None of the above or more than one of the above

BPSC सांख्यिकी अधिकारी (प्री.) परीक्षा- 2016

उत्तर-(c)

1913 में सैन फ्रांसिस्को (U.S.A.) में स्थापित गदर पार्टी के प्रमुख नेता हरदयाल, बाबा हरनाम, सोहन सिंह भाकना व गुरूदीत सिंह थे।

36. किस वर्ष 'हिंदुस्तान रिपब्लिकन एसोसिएशन' की स्थापना हुई थी?

(a) सन 1920 में
(b) सन 1924 में
(c) सन 1928 में
(d) सन 1930 में
(e) उपर्युक्त में से कोई नहीं या उपर्युक्त में से एक से अधिक

In which year was 'Hindustan Republican Association' established??
(a) In the year 1920
(b) In the year 1924
(c) In the year 1928
(d) In the year 1930
(e) None of the above or more than one of the above

40th BPSC (Pre) 1995

उत्तर-(b)
अक्टूबर 1924 में कानपुर में रामप्रसाद बिस्मिल, योगेश चटर्जी और सचींद्रनाथ सान्याल आदि ने हिन्दुस्तान रिपब्लिकन ऐसोसिएशन' का गठन किया गया। ।

37. गदर पार्टी की स्थापना हुई थी, वर्ष -
(a) 1907 में
(b) 1913 में
(c) 1917 में
(d) 1920 में
(e) उपर्युक्त में से कोई नहीं या उपर्युक्त में से एक से अधिक

Gadar Party was established, year -
(a) in 1907
(b) in 1913
(c) in 1917
(d) in 1920
(e) None of the above or more than one of the above

41st BPSC (Pre) 1996

Ans - (b)
'गदर पार्टी' की स्थापना 1 नवंबर, 1913 को अमेरिका के सैनफ्रांसिस्को में हुई। इसके संस्थापक लाला हरदयाल एवं अध्यक्ष सोहन सिंह थे। गदर पार्टी ने मासिक पत्रिका "गदर" का प्रकाशन भी किया। यह पत्रिका उर्दू, पंजाबी, मराठी, अंग्रेजी, हिन्दी, गुजराती में थी।

38. 1923-28 ई. के काल में भारतीय राजनीति में क्रांतिकारी कार्यविधि की पुनरावृत्ति का कारण था -
(a) हरदयाल और लाजपत राय जैसे नेताओं का बढ़ता हुआ प्रभाव
(b) गांधी द्वारा असहयोग आंदोलन का स्थगन
(c) विदेशी घटनाओं का प्रभाव
(d) भारतीयों की मांगों को अंग्रेजों द्वारा अस्वीकार किया जाना
(e) उपर्युक्त में से कोई नहीं या उपर्युक्त में से एक से अधिक

The reason for the recurrence of revolutionary methodology in Indian politics during the period 1923-28 AD was -
(a) Increasing influence of leaders like Hardayal and Lajpat Rai
(b) Suspension of non-cooperation movement by Gandhi
(c) Impact of foreign events
(d) Rejection of the demands of Indians by the British
(e) None of the above or more than one of the above

41st BPSC (Pre) 1996

Ans - (b)
1923-28 के दौरान भारतीय राजनीति में क्रांतिकारी कार्य विधियों की पुनरावृत्ति का प्रमुख कारण गांधी जी द्वारा असहयोग आंदोलन का स्थगन था।

39. हिंदुस्तान सोशलिस्ट रिपब्लिकन आर्मी के संस्थापक नेताओं में से एक थे-
(a) बी. आर. अंबेडकर
(b) भगत सिंह
(c) सुभाष चंद्र बोस
(d) जयप्रकाश नारायण
(e) उपर्युक्त में से कोई नहीं या उपर्युक्त में से एक से अधिक

Was one of the founding leaders of Hindustan Socialist Republican Army-
(a) b. R.S. Ambedkar
(b) Bhagat Singh
(c) Subhash Chandra Bose
(d) Jaiprakash Narayan
(e) None of the above or more than one of the above

42nd BPSC (Pre) 1997-98

Ans-(b)
अक्टूबर, 1921 में सचीन्द्र नाथ सान्याल, योगेश चटर्जी, रामप्रसाद बिस्मिल आदि के नेतृत्व में कानपुर में हिन्दुस्तान रिपब्लिक एसोसिएसन की स्थापना हुयी थी जबकि 1928

में दिल्ली के फिरोजशाह कोटला मैदान में चन्द्रशेखर आजाद एवं भगत सिंह के नेतृत्व में हिन्दुस्तान सोशलिस्ट रिपब्लिकन एसोसिएशन की स्थापना की गयी।

40. लंदन में जनरल डायर को किसने गोली मारी थी?
(a) बी. सी. पालने
(b) खुदीराम ने
(c) मदनलाल ने
(d) उधम सिंह ने
(e) उपर्युक्त में से कोई नहीं या उपर्युक्त में से एक से अधिक
Who shot General Dyer in London??
(a) b. C.S. Pal has
(b) Khudiram
(c) Madanlal
(d) Udham Singh
(e) None of the above or more than one of the above

45th BPSC (Pre) 2002
60-62th BPSC (Pre) 2016-17
43 BPSC (Pre) 1999

Ans-(d)
लन्दन में जनरल डायर की हत्या 13 मार्च 1940 ऊधम सिंह ने की।

41. 'अनुशीलन समिति' थी -
(a) नारी उत्थान के प्रति समर्पित
(b) विधवा विवाह को प्रोत्साहित करने वाली
(c) मजदूरों के कल्याण में रुचि रखने वाली
(d) एक क्रांतिकारी संगठन
(e) उपर्युक्त में से कोई नहीं या उपर्युक्त में से एक से अधिक
'Anushilan Committee' was -
(a) Dedicated to women's upliftment
(b) Encouraging widow remarriage
(c) Interested in the welfare of workers
(d) a revolutionary organization
(e) None of the above or more than one of the above

47th BPSC (Pre) 2004-05

उत्तर-(d)
अनुशीलन समिति की स्थापना मिदनापुर में 1902 ई. में ज्ञानेन्द्रनाथ बसु ने, कलकत्ता में इसका गठन पी. मित्रा ने किया। कलकत्ता की अनुशीलन समिति में जतीन्द्रनाथ बनर्जी एवं बारीन्द्र कुमार घोष जैसे प्रसिद्ध क्रांतिकारी इसके सदस्य थे।

42. मुजफ्फरपुर में किंग्स फोर्ड की हत्या का प्रयास कब किया गया?
(a) 1908 (b) 1909
(c) 1907 (d) 1911
(e) उपर्युक्त में से कोई नहीं या उपर्युक्त में से एक से अधिक
When was the attempt to murder King's Ford in Muzaffarpur??
(a) 1908 (b) 1909
(c) 1907 (d) 1911
(e) None of the above or more than one of the above

48th-52nd BPSC (Pre) 2007-08

उत्तर-(a)
मुजफ्फरपुर में किंग्स फोर्ड की हत्या का प्रयास 30 अप्रैल, 1908 को प्रफुल्ल चाकी और खुदीराम बोस ने किया। जिसमे केनेडी का परिवार मारा गया.

43. कर्जन वाइली की हत्या के आरोप में किसे मृत्युदंड दिया गया?
(a) मदनलाल धींगरा
(b) उधम सिंह
(c) भगत सिंह
(d) मन्मथ नाथ
(e) उपर्युक्त में से कोई नहीं या उपर्युक्त में से एक से अधिक
Who was given death sentence for the murder of Curzon Wylie?
(a) Madanlal Dhingra
(b) Udham Singh
(c) Bhagat Singh
(d) Manmath Nath
(e) None of the above or more than one of the above

63d BPSC (Pre) 2017-18

उत्तर-(a)
1 जुलाई, 1909 ई. को मदन लाल धींगरा ने इण्डिया आफिस के राजनीतिक सलाहकार कर्जन वायली की गोली मारकर हत्या कर दी। धींगरा को फाँसी दे दी गई।

44. सरकार के विरोध में असेंबली में बम फेंकने के समय भगत सिंह की उम्र क्या थी?
(a) 21 साल
(b) 21 साल से थोड़ा ज्यादा
(c) 25 साल
(d) 25 साल से थोड़ा ज्यादा उ
(e) उपर्युक्त में से कोई नहीं या उपर्युक्त में से एक से अधिक
What was the age of Bhagat Singh when he threw the bomb in the assembly in protest against the government?
(a) 21 years
(b) A little more than 21 years
(c) 25 years
(d) A little more than 25 years old
(e) None of the above or more than one of the above

64th BPSC (Pre) 2018-19

Ans - (b)
भगत सिंह का जन्म 28 सितम्ब1907 ई. को हुआ था और भगत सिंह ने असेम्बली में बम 8 अप्रैल, 1929 ई. को फेंका था। अत: शहीद भगत सिंह की उम्र 21 वर्ष से थोड़ा ज्यादा थी।

45. बंगाल में अनुशीलन समिति के संस्थापक थे-
(a) प्रमोद मित्रा
(b) अरविंद घोष
(c) प्रफुल्ल चाकी
(d) खुदीराम बोस
(e) उपर्युक्त में से कोई नहीं या उपर्युक्त में से एक से अधिक
The founder of Anushilan Samiti in Bengal was-
(a) Pramod Mitra
(b) Arvind Ghosh
(c) Prafulla Chaki
(d) Khudiram Bose
(e) None of the above or more than one of the above

28th Bihar (J) GS-2014

Ans - (a)
अनुशीलन समिति की स्थापना में 'प्रमथ नाथ मित्रा' और सतीश चन्द्र बोस का प्रमुख योगदान था।

46. 1904 में स्थापित 'अभिनव भारत' था
(a) क्रांतिकारी गतिविधियों से संबंध एक गुप्त संगठन
(b) एक समाचार पत्र
(c) एक सांस्कृतिक संगठन
(d) एक मजदूर संघ आंदोलन
(e) उपर्युक्त में से कोई नहीं या उपर्युक्त में से एक से अधिक
'Abhinav Bharat' established in 1904 was
(a) A secret organization related to revolutionary activities
(b) a newspaper
(c) a cultural organization
(d) a trade union movement
(e) None of the above or more than one of the above

29th Bihar (J) GS-2017
BPSC AE-1995

Ans - (a)
विनायक दामोदर सावरकर द्वारा 1899 ई. में स्थापित मित्र-मेला' ही एक गुप्त सभा 'अभिनव भारत' में परिवर्तित हो गयी। यह संगठन क्रांतिकारी गतिविधियों से सम्बद्ध एक गुप्त संगठन था।

47. इन महिलाओं में से कौन क्रांतिकारी आंदोलन से संबंधित थी?
(a) तोरूदत्त
(b) रमाबाई
(c) भीकाजी कामा
(d) गंगाबाई
(e) उपर्युक्त में से कोई नहीं या उपर्युक्त में से एक से अधिक
Who among these women was related to the revolutionary movement??
(a) Torudatta
(b) Ramabai
(c) Bhikaji Cama
(d) Gangabai
(e) None of the above or more than one of the above

29th Bihar (J) GS-2017

Ans - (c)
मैडम भीकाजी रुस्तम के. आर कामा ने 1902 ई. में भारत छोड़ दिया । उन्होंने भारतीय प्रतिनिधि के रूप में अगस्त

1907 ई. में स्टुटगार्ट (जर्मनी) में अन्तर्राष्ट्रीय समाजवादी कांग्रेस में भाग लिया और भारतीय तिरंगा फहराया। मैडम कामा को 'मदर ऑफ इण्डियन रिवोल्यूशन' कहा जाता है।

48. 'काकोरी ट्रेन डकैती कांड' में किन क्रांतिकारियों को फांसी की सजा दी गई थी?

(a) राम प्रसाद बिस्मिल और अशफाक उल्ला खां
(b) वीर सावरकर और वासुदेव चापेकर
(c) प्रफुलचंद्र चौकी और खुदीराम बोस
(d) सूर्य सेन और उधम सिंह
(e) उपर्युक्त में से कोई नहीं या उपर्युक्त में से एक से अधिक

Which revolutionaries were given death sentence in the 'Kakori train robbery case'?

(a) Ram Prasad Bismil and Ashfaqullah Khan
(b) Veer Savarkar and Vasudev Chapekar
(c) Prafulchandra Chowki and Khudiram Bose
(d) Surya Sen and Udham Singh
(e) None of the above or more than one of the above

65th BPSC (Pre) 2019

Ans - (a)

9 अगस्त 1925 को हिन्दुस्तान रिपब्लिकन एसोसिएशन के सदस्यों ने सहारनपुर लखनऊ लाइन पर 8 डाउन रेलगाड़ी को काकोरी नामक गाँव में रोककर खजाने को लूट लिया।

व्यक्ति	फाँसी स्थान
रामप्रसाद बिस्मिल	- गोरखपुर
अशफाक उल्ला खाँ	- फैजाबाद
ठाकुर रोशन सिंह	- इलाहाबाद
राजेन्द्र लाहड़ी	- गोण्डा

49. भारतीय क्रांति की जननी किसे कहा गयाहै?

(a) श्रीमती एनी बेसेंट
(b) स्नेहलता वाडेकर
(c) सरोजनी नायडू
(d) मैडम भीखाजी रुस्तम कामा
(e) उपर्युक्त में से कोई नहीं या उपर्युक्त में से एक से अधिक

Who was called the mother of Indian Revolution? Is?

(a) Mrs. Annie Besant
(b) Snehalata Wadekar
(c) Sarojini Naidu
(d) Madam Bhikhaji Rustam Cama
(e) None of the above or more than one of the above

60-62 BPSC (Pre) 2016-17

Ans - (d)

भारतीय क्रान्ति की जननी मैडम भीखाजी कामा को कहा जाता है।

50. मैडम कामा ने 1907 में प्रथम तिरंगा ध्वज कहां फहराया था?

(a) लंदन (b) पेरिस
(c) मास्को (d) स्टुटगार्ट
(e) उपर्युक्त में से कोई नहीं या उपर्युक्त में से एक से अधिक

Where did Madam Cama hoist the first tricolor flag in 1907??

(a) London (b) Paris
(c) Moscow (d) Stuttgart
(e) None of the above or more than one of the above

56th-59th BPSC (Pre) 2015

Ans - (d)

मैडम भीकाजी कामा ने 1907 में स्टुटगार्ड में हुए सोशलिस्ट कॉंग्रेस अधिवेशन में तिरंगा ध्वज लहराया था।

51. 1905 में, लन्दन में होमरूल सोसायटी की स्थापना किसने की?

(a) श्याम कृष्ण वर्मा
(b) सरदार अजीत सिंह
(c) लाला हरदयाल
(d) सरदार भगत सिंह

Who founded the Home Rule Society in London in 1905?

(a) Shyam Krishna Verma
(b) Sardar Ajit Singh
(c) Lala Hardayal
(d) Sardar Bhagat Singh

Bihar Avar Nirikshak Utpad (Pre.) Exam 02/12/2001

Ans. (a)

श्यामजी कृष्ण वर्मा ने लंदन में होमरुल सोसाइटी (1905) तथा इंडिया हाउस की स्थापना की।

INM

रॉलेट एक्ट/चार्टर एक्ट/ जलियाँवाला बाग हत्याकाण्ड

(Rowlatt Act/Charter Act/ Jallianwala Bagh Massacre)

1. निम्नलिखित में से किसने 'रॉलेट एक्ट' को 'काला कानून' कहा था?
(a) भगत सिंह
(b) एम के गाँधी
(c) मदनमोहन मालवीय
(d) जवाहरलाल नेहरू
Who among the following called 'Rowlett Act' as 'black law'?
(a) Bhagat Singh
(b) MK Gandhi
(c) Madanmohan Malviya
(d) Jawaharlal Nehru

Bihar Forest Guard Exam 16/12/2020 (Shift-II)

Ans. (b):
वर्ष 1918 में सर सिडनी रॉलेट की अध्यक्षता में भारत में बढ़ते राष्ट्रवादी भावना तथा क्रांतिकारी गतिविधियों और उभरते आंदोलनों को दबाने के लिए एक कमिटी का गठन किया गया। जिसकी सिफारिश के आधार पर ब्रिटिश सरकार द्वारा मार्च 1919 में रॉलेट एक्ट लागू किया गया। इस कानून को 'बिना अपील, बिना वकील, बिना दलील' वाला कानून कहा गया। महात्मा गाँधी ने इस कानून को 'काला कानून' कहा था।

2. रौलेट एक्ट कब पारित हुआ ?
(a) वर्ष 1920 में (b) वर्ष 1918 में
(c) वर्ष 1919 में (d) वर्ष 1917 में
When was the Rowlatt Act passed?
(a) In the year 1920
(b) In the year 1918
(c) In the year 1919
(d) In the year 1917

Bihar Police Constable 09/12/2012 (Shift-II)

Ans. (c):
रौलेट एक्ट मार्च 1919 में इम्पीरीयल लेजिस्लेटिव काउंसिल द्वारा पारित किया गया था। रॉलेट एक्ट 21 मार्च 1919 को लागू हुआ था।

3. द्वैध शासन का प्रावधान किस एक्ट में किया गया था?
(a) भारतीय परिषद एक्ट 1892
(b) भारतीय परिषद एक्ट 1909
(c) भारत शासन एक्ट 1919
(d) भारत शासन एक्ट 1935
In which Act was the provision for dyarchy made?
(a) Indian Council Act 1892
(b) Indian Council Act 1909
(c) Government of India Act 1919
(d) Government of India Act 1935

Bihar Police Constable Exam 09/12/2012

Ans. (c)
प्रान्तों में द्वैध शासन का प्रावधान भारतीय शासन एक्ट 1919 में तथा केन्द्र में द्वैध शासन 1935 के एक्ट द्वारा लागू किया गया.

4. पृथक निर्वाचन पद्धति की शुरूआत निम्न में से किसके द्वारा हुई?
(a) भारतीय संवैधानिक सुधारों पर रिपोर्ट
(b) मांटेग्यू-चेम्सफोर्ड सुधार
(c) मॉर्ले-मिन्टो सुधार
(d) 1935 ई. का भारतीय शासन अधिनियम
Who among the following started the separate electoral system?
(a) Report on Indian Constitutional Reforms,
(b) Montague-Chelmsford Reforms
(c) Morley-Minto Reforms
(d) Indian Government Act of 1935

Bihar Police Constable Exam 01/05/2010

Ans: (c)
1909 में भारत परिषद् अधिनियम (मार्ले मिंटो सुधार) द्वारा मुसलमानों के लिए अलग निर्वाचन मण्डल/पृथक निर्वाचन प्रणाली की शुरूआत की।

5. जलियाँवाला बाग की घटना किस वर्ष में घटित हुई थी?
(a) 1908 (b) 1909
(c) 1919 (d) 1935
In which year did the Jallianwala Bagh incident occur?
(a) 1908 (b) 1909
(c) 1919 (d) 1935

Police Avar Nirikshak Exam 24/04/2022
Patna High Court Steno & Cleark (10-04-2011)

Ans. (c)
जलियाँवाला बाग की घटना 13 अप्रैल, 1919 को वैशाखी के दिन पंजाब के अमृतसर में जलियाँवाला बाग में हुयी थी।

6. जलियाँवाला बाग हत्याकाण्ड की घटना कब घटी?
(a) 8 अप्रैल, 1919 (b) 11 अप्रैल, 1919
(c) 13 अप्रैल, 1919 (d) 10 अप्रैल, 1919
When did the Jallianwala Bagh massacre occur?
(a) April 8, 1919 (b) April 11, 1919
(c) April 13, 1919 (d) April 10, 1919

BSSC First Inter Level Exam 9.12.2018 Shift-II

Ans. (c)
जलियाँवाला बाग की घटना 13 अप्रैल, 1919 को वैशाखी के दिन पंजाब के अमृतसर में जलियाँवाला बाग में हुयी थी।

7. निम्नलिखित में से सन् 1919 में किस घटना की वजह से रवीन्द्र नाथ टैगोर ने अपनी नाइटहुड की उपाधि वापस लौटा दी थी?
(a) खिलाफत आन्दोलन
(b) असहयोग आन्दोलन
(c) जलियाँवाला बाग हत्याकाण्ड
(d) रॉलेट एक्ट
Due to which of the following events in 1919, Rabindranath Tagore returned his knighthood?
(a) Khilafat Movement
(b) Non-cooperation movement
(c) Jallianwala Bagh massacre
(d) Rowlatt Act

Police Avar Nirikshak Exam 22/12/2019 (Shift-I)

Ans. (c)
13 अप्रैल 1919 में हुए जलियाँवाला बाग हत्याकांड के विरोध में रवीन्द्र नाथ टैगोर ने नाइटहुड/सर की उपाधि ब्रिटिश सरकार को लौटा दी।

8. रवीन्द्रनाथ टैगोर ने 'सर' की उपाधि को क्यों लौटा दिया?
(a) गाँधी जी की रिहाई के लिए
(b) जलियाँवाला बाग हत्याकांड के विरोध में
(c) खिलाफत आन्दोलन के कारण
(d) असहयोग आन्दोलन के कारण
Why did Rabindranath Tagore return the title of 'Sir'?
(a) For the release of Gandhiji
(b) In protest against the Jallianwala Bagh massacre
(c) Due to Khilafat movement
(d) Due to non-cooperation movement

Police Avar Nirikshak Exam 22/07/2018

Ans : (b)
13 अप्रैल 1919 में हुए जलियाँवाला बाग हत्याकांड के विरोध में रवीन्द्र नाथ टैगोर ने नाइटहुड/सर की उपाधि ब्रिटिश सरकार को लौटा दी।

9. जलियाँवाला बाग कहाँ पर है?
(a) लुधियाना (b) रोहतक
(c) अमृतसर (d) दिल्ली
Where is Jallianwala Bagh?
(a) Ludhiana (b) Rohtak
(c) Amritsar (d) Delhi

BSSC First Inter Level Exam 29-01-2017

Ans. (c)
जलियावाला बाग पंजाब के अमृतसर में स्थित है।

10. किस अधिनियम के द्वारा अंग्रेजों ने घोषणा की कि भारत में अधिकारियों की नियुक्ति में राष्ट्रीयता और रंग के आधार पर भेदभाव नहीं होगा?
(a) 1813 का चार्टर अधिनियम
(b) 1833 का चार्टर अधिनियम
(c) 1833 का चार्टर अधिनियम
(d) 1861 का भारतीय परिषद अधिनियम
(e) उपयुक्त में से कोई नहीं/उपयुक्त में से एक से अधिक

By which Act did the British declare that there would be no discrimination on the basis of nationality and color in the appointment of officers in India? ?
(a) Charter Act of 1813
(b) Charter Act of 1833
(c) Charter Act of 1833
(d) Indian Council Act of 1861
(e) None of the above/More than one of the above

BPSC Auditor (Pre) 2021

ANSWER –B

चार्टर अधिनियम 1833 में यह प्रावधान किया गया कि 'भारत में अधिकारियों की नियुक्ति में राष्ट्रीयता और रंग के आधार पर भेदभाव नहीं होगा' अर्थात् जो व्यक्ति जिस पद के लिए योग्यता रखता है उसे बिना किसी भेदभाव के नियुक्ति प्रदान की जायेगी।

11. ब्रिटिश भारत में किस अधिनियम द्वारा मुसलमानों को पृथक निर्वाचन का अधिकार दिया गया था?
(a) भारतीय परिषद 1892
(b) मार्ले मिंटो सुधार 1909
(c) भारतीय परिषद अधिनियम 1961
(d) मोंटेग्यू चेम्सफोर्ड सुधार 1919
(e) उपर्युक्त में से कोई नहीं है / उपर्युक्त में से एक से अधिक

By which Act in British India, Muslims were given the right to separate elections??
(a) Indian Council 1892
(b) Marley Minto Reforms 1909
(c) Indian Council Act 1961
(d) Montagu Chelmsford Reforms 1919
(e) None of the above / More than one of the above

29th Bihar (J) GS-2017

Ans - (b)

ब्रिटिश भारत में 1909 के अधिनियम के द्वारा मुसलमानों को पृषक निर्वाचन का अधिकार प्रदान किया गया था।

12. किस अधिनियम के तहत भारत में हाई कमिश्नर पद की स्थापना हुई?
(a) 1892 का अधिनियम
(b) 1909 का अधिनियम
(c) 1919 का अधिनियम
(d) 1935 का अधिनियम
(e) उपर्युक्त में से कोई नहीं है / उपर्युक्त में से एक से अधिक

Under which Act was the post of High Commission established in India??
(a) Act of 1892
(b) Act of 1909
(c) Act of 1919
(d) Act of 1935
(e) None of the above / More than one of the above

Bihar APO GS-2012

Ans - (c)

1919 का अधिनियम (मांटेग्यू-चेम्सफोर्ड सुधार) के द्वारा भारत सचिव के कार्यभार को कम करने के लिए 'हाई कमीशन' की नियुक्ति की गयी।

13. 1919 में जब मोंटेग्यू चेम्सफोर्ड अधिनियम पास हुआ था, तब इंग्लैंड का प्रधानमंत्री कौन था?
(a) लॉर्ड जॉर्ज
(b) जॉर्ज हैमिल्टन
(c) सर सैमुअल होर
(d) लॉर्ड सेलेशबरी
(e) उपर्युक्त में से कोई नहीं है / उपर्युक्त में से एक से अधिक

Who was the Prime Minister of England when the Montague Chelmsford Act was passed in 1919??
(a) Lord George
(b) George Hamilton
(c) Sir Samuel Hore
(d) Lord Selesbury
(e) None of the above / More than one of the above

60th-62nd BPSC (Pre) 2016-17

Ans - (a)

1919 में जब मॉण्टेग्यू चेम्सफोर्ड अधिनियम पास हुआ था, तब इंग्लैंड के प्रधानमंत्री डेविड लॉयड जॉर्ज (1916-1922 ई.) थे।

14. किस साल रेगुलेटिंग एक्ट पारित किया गया था?
(a) 1757
(b) 1765
(c) 1773
(d) 1793
(e) उपर्युक्त में से कोई नहीं है / उपर्युक्त में से एक से अधिक
In which year the Regulating Act was passed?
(a) 1757
(b) 1765
(c) 1773
(d) 1793
(e) None of the above / More than one of the above

56th-59th BPSC (Pre) 2015

Ans-(c)
लार्ड नार्थ द्वारा प्रस्तुत गोपनीय समिति (Secret Committee) की रिपोर्ट पर रेग्यूलेटिंग ऐक्ट 1773 में पारित किया गया था।

15. मोंटेग्यू चेम्सफोर्ड की रिपोर्ट-
(a) भारतीय स्वतंत्रता अधिनियम 1947 का आधार बनी
(b) भारतीय परिषद अधिनियम 1909 का आधार बनी
(c) भारत सरकार अधिनियम 1919 का आधार बनी
(d) भारत सरकार अधिनियम 1935 का आधार बनी
(e) उपर्युक्त में से कोई नहीं है / उपर्युक्त में से एक से अधिक
Montagu Chelmsford Report-
(a) became the basis of the Indian Independence Act 1947
(b) became the basis of the Indian Council Act 1909
(c) became the basis of the Government of India Act 1919
(d) became the basis of the Government of India Act 1935
(e) None of the above / More than one of the above

53-55 BPSC (Pre) 2011

Ans - (c)
मॉण्टेग्यू-चेम्सफोर्ड रिपोर्ट भारत सरकार अधिनियम 1919 का आधार बनी।

16. 1906 में मिनटों से शिमला में मिले मुसलमानों के शिष्टमंडल ने प्रार्थना की-
(a) मुसलमानों के लिए पृथक निर्वाचन वर्ग
(b) संयुक्त निर्वाचक वर्ग
(c) हिंदुओं को अधिक प्रतिनिधित्व देने के लिए
(d) मुसलमानों को मनोनयन द्वारा विशेष प्रतिनिधित्व देने के लिए
(e) उपर्युक्त में से कोई नहीं है / उपर्युक्त में से एक से अधिक
In 1906, a delegation of Muslims met in Shimla in minutes and prayed-
(a) Separate constituency for Muslims
(b) Joint electorate
(c) To give more representation to Hindus
(d) To give special representation to Muslims through nomination.
(e) None of the above / More than one of the above

46th BPSC (Pre) 2003-04

Ans : (a)
अक्टूबर, 1906 को आगा खां के नेतृत्व में मुसलमानों का एक शिष्टमण्डल तत्कालीन वायसराय लार्ड मिण्टों से मिला तथा केन्द्रीय, प्रांतीय व स्थानीय निकायों में निर्वाचन हेतु मुसलमानों के लिए विशिष्ट स्थिति (पृथक् निर्वाचन वर्ग) की मांग की।

17. नागरिक सेवाओं के लिए प्रतियोगी परीक्षा प्रणाली को सिद्धांततः स्वीकार किया गया
(a) 1833 में
(b) 1853 में
(c) 1858 में
(d) 1882 में
(e) उपर्युक्त में से कोई नहीं है / उपर्युक्त में से एक से अधिक
Competitive examination system for civil services accepted in principle
(a) in 1833
(b) in 1853
(c) in 1858
(d) in 1882
(e) None of the above / More than one of the above

46th BPSC (Pre) 2003-04

Ans : (b)

1853 के चार्टर एक्ट द्वारा प्रतियोगात्मक परीक्षाओं के आधार पर सरकारी (नागरिक) सेवाओं में भर्ती को स्वीकार किया गया।

18. निम्नलिखित में से किस अधिनियम के तहत लॉर्ड कार्नवालिस को अपनी काउंसिल के फैसलों को रद्द करने का अधिकार मिला था?

(a) रेगुलेटिंग एक्ट
(b) 1786 का एक्ट
(c) 1793 का चार्टर एक्ट
(d) 1813 का चार्टर एक्ट
(e) उपर्युक्त में से कोई नहीं है / उपर्युक्त में से एक से अधिक

Under which of the following Acts did Lord Cornwallis get the right to cancel the decisions of his council??

(a) Regulating Act
(b) Act of 1786
(c) Charter Act of 1793
(d) Charter Act of 1813
(e) None of the above / More than one of the above

44th BPSC (Pre) 2000-01

Ans - (b)

1786 के अधिनियम के तहत लार्ड कार्नवालिस को अपनी कौसिंल के फैसले को रद्द करने का अधिकार मिला था।

19. भारत सरकार अधिनियम,1935 में समाप्त की-

(a) प्रांतीय स्वायत्तता
(b) प्रांतीय द्वैध शासन व्यवस्था
(c) भारत की संघीय संरचना
(d) जिम्मेदार केंद्रीय सरकार
(e) उपर्युक्त में से कोई नहीं है / उपर्युक्त में से एक से अधिक

Abolished in the Government of India Act, 1935-

(a) Provincial Autonomy
(b) Provincial dual governance system
(c) Federal structure of India
(d) Responsible central government
(c) None of the above / More than one of the above

42nd BPSC (Pre) 1997-98

Ans - (b)

1935 के भारत सरकार अधिनियम द्वारा प्रांतीय द्वैध शासन व्यवस्था समाप्त कर केंद्र में द्वैध शासन लागू किया गया।

20. रेगुलेटिंग एक्ट के प्रावधानों के अंतर्गत बिहार के लिए एक प्रांतीय सभा की स्थापना हुई-

(a) 1772 ईस्वी में
(b) 1774 ईस्वी में
(c) 1776 ईस्वी में
(d) 1778 ईस्वी में
(e) उपर्युक्त में से कोई नहीं है / उपर्युक्त में से एक से अधिक

Under the provisions of the Regulating Act, a Provincial Assembly was established for Bihar.-

(a) In 1772 AD
(b) In 1774 AD
(c) In 1776 AD
(d) in 1778 AD
(e) None of the above / More than one of the above

40th BPSC (Pre) 1995

Ans - (b)

रेग्युलेटिंग एक्ट 1773 ई. प्रावधानों के अन्तर्गत सन् 1774 में बिहार के लिए एक प्रान्तीय सभा की स्थापना हुई।

21. प्राचीन स्मारक संरक्षण अधिनियम,1904 किस गवर्नर जनरल के समय में पारित हुआ?

(a) लॉर्ड मिंटो
(b) लॉर्ड हार्डिंग
(c) लॉर्ड कर्जन
(d) लॉर्ड लिनलिथगो को
(e) उपर्युक्त में से कोई नहीं है / उपर्युक्त में से एक से अधिक

The Ancient Monuments Preservation Act, 1904 was passed during the time of which Governor General?

(a) Lord Minto
(b) Lord Hardinge
(c) Lord Curzon
(d) Lord Linlithgow
(e) None of the above / More than one of the above

29th Bihar (J) GS-2017

Ans - (c)

कर्जन ने प्राचीन स्मारकों की रक्षा हेतु 1904 ई. में प्राचीन संरक्षण अधिनियम पारित किया और भारत में प्राचीन स्मारकों की मरम्मत के लिए 50 हजार पौण्ड निश्चित किया।

22. पिट्स इंडिया एक्ट ब्रिटिश संसद द्वारा कब पारित हुआ था?
(a) 1783 ईस्वी में
(b) 1835 ईस्वी में
(c) 1784 इसवी में
(d) 1853 ईस्वी में
(e) उपर्युक्त में से कोई नहीं है / उपर्युक्त में से एक से अधिक

When was Pitt's India Act passed by the British Parliament?
(a) In 1783 AD
(b) In 1835 AD
(c) In 1784 AD
(d) in 1853 AD
(e) None of the above / More than one of the above

Bihar CDPO (प्रा.) परीक्षा-2005

Ans - (c)

1784 ई. में पिट्स इंडिया एक्ट पारित किया। इसमें दोहरी शासन प्रणाली का प्रावधान किया गया अर्थात् कंपनी के व्यापारिक एवं राजनीतिक मामलों को एक दूसरे से अलग कर दिया गया।

23. द्वैध शासन, जिसके अंतर्गत प्रांतीय कार्यपालिका का दो भागों में विभाजन हुआ, प्रतिफल था-
(a) भारत सरकार अधिनियम 1935 का
(b) मोंटेग्यू चेम्सफोर्ड सुधारो का
(c) मार्ले मिंटो सुधारो का
(d) साइमन आयोग का
(e) उपर्युक्त में से कोई नहीं है / उपर्युक्त में से एक से अधिक

Dyarchy, under which the provincial executive was divided into two parts, was the result of-
(a) Government of India Act 1935
(b) Montague Chelmsford Reforms
(c) Marley Minto of reforms
(d) Simon Commission
(e) None of the above / More than one of the above

Bihar CDPO (प्रा.) परीक्षा-1998

Ans - (b)

1919 ई. के अधिनियम (मांटेग्यू-चेम्सफोर्ड सुधार) द्वारा प्रांतों में उत्तरदायी सरकार की स्थापना के लिए द्वैध शासन की शुरूआत की गई

24. लॉर्ड कर्जन द्वारा किस वर्ष भारतीय विश्वविद्यालय एक्ट पारित किया गया था?
(a) 1899
(b) 1901
(c) 1904
(d) 1906
(e) उपर्युक्त में से कोई नहीं है / उपर्युक्त में से एक से अधिक

In which year the Indian Universities Act was passed by Lord Curzon?
(a) 1899
(b) 1901
(c) 1904
(d) 1906
(e) None of the above / More than one of the above

Bihar CDPO (प्रा.) परीक्षा-2018

Ans -(c)

लार्ड कर्जन ने 1902 में थामस रैले की अध्यक्षता में विश्वविद्यालय आयोग गठित किया, जिसकी सिफारिश पर 1904 में विश्वविद्यालय एक्ट पारित किया गया।

25. महारानी विक्टोरिया को भारत की साम्राज्ञी नियुक्त किया गया-
(a) 1858 में
(b) 1776 में
(c) 1877 में
(d) 1885 में
(e) उपर्युक्त में से कोई नहीं है / उपर्युक्त में से एक से अधिक

Queen Victoria was appointed the Empress of India-
(a) in 1858
(b) in 1776
(c) in 1877

(d) in 1885
(e) None of the above / More than one of the above

38th BPSC (Pre) 1992-93

Ans - (c)

1877 में लार्ड लिटन ने 'दिल्ली दरबार' का आयोजन किया जिसमें महारानी विक्टोरिया को 'कैसर-ए-हिन्द' की उपाधि व भारत की साम्राज्ञी घोषित किया गया।

26. ब्रिटिश शासन काल में संविधान के विकास में कौन सा कानून ऐतिहासिक नहीं था?
(a) रेगुलेटिंग एक्ट, 1773
(b) चार्टर एक्ट, 1833
(c) गवर्नमेंट ऑफ़ इंडिया एक्ट, 1919
(d) प्रोटेक्शन ऑफ़ सिविल राइट्स एक्ट ,1955
(e) उपर्युक्त में से कोई नहीं है / उपर्युक्त गें से एक से अधिक

Which law was not historic in the development of the Constitution during the British rule?
(a) Regulating Act, 1773
(b) Charter Act, 1833
(c) Government of India Act, 1919
(d) Protection of Civil Rights Act, 1955
(e) None of the above or more than one of the above

66th BPSC (Pre) 2020

Ans - (d)

ब्रिटिश शासन काल में संविधान के विकास में रेग्युलेटिंग ऐक्ट - 1773, चार्टर ऐक्ट-1833, गवर्नमेंट ऑफ इंडिया ऐक्ट -1919, गवर्नमेंट ऑफ इंडिया ऐक्ट -1935 आदि कानूनों ने योगदान दिया था।

INM

असहयोग/खिलाफत आंदोलन

(Non-cooperation/ Khilafat Movement)

1. निम्नलिखित में से कौन-सा एक सुमेलित नहीं है?
   (a) चौरी चौरा कांड,1920
   (b) गांधी जी की दांडी यात्रा,1930
   (c) गांधी इरविन समझौता,1931
   (d) पूना पैक्ट,1932
   (e) उपर्युक्त में से कोई नहीं या उपर्युक्त में से एक से अधिक
   Which one of the following is not matched?
   (a) Chauri Chaura incident, 1920
   (b) Gandhiji's Dandi March, 1930
   (c) Gandhi Irwin Pact, 1931
   (d) Poona Pact, 1932
   (e) None of the above or more than one of the above

BPSC Auditor (Pre) 2021

Ans.(a)

चौरी-चौरा कांड - 5 फरवरी 1922

गाँधी जी की दांडी यात्रा - 12 मार्च 1930 से 6 अप्रैल 1930

गाँधी इरविन समझौता - 05 मार्च 1931

पूना पैक्ट - 24 सितम्बर 1932।

2. महात्मा गांधी ने असहयोग आन्दोलन को कब वापस लिया था?
   (a) फरवरी 1922
   (b) मार्च 1921
   (c) फरवरी 1921
   (d) मार्च 1922
   When did Mahatma Gandhi withdraw the non-cooperation movement?
   (a) February 1922
   (b) March 1921
   (c) February 1921
   (d) March 1922

Police Avar Nirikshak Exam 24/04/2022

Ans. (a)

1 अगस्त, 1920 को शुरू हुआ असहयोग आन्दोलन 5 फरवरी, 1922 को उत्तर प्रदेश में गोरखपुर के चौरी-चौरा में हिंसा के कारण गांधी जी ने इस आंदोलन को वापस लेने का निर्णय 12 फरवरी, 1922 को बारदौली बैठक में लिया था।

3. असहयोग आंदोलन प्रारम्भ होने का कारण क्या था?
   (a) बंगाल विभाजन
   (b) रॉलेट एक्ट
   (c) जलियांवाला बाग
   (d) सूरत विभाजन
   What was the reason for starting the non-cooperation movement?
   (a) Partition of Bengal
   (b) Rowlatt Act
   (c) Jallianwala Bagh
   (d) Surat partition

Bihar Police Forest Gaurd Bharti Exam 16/06/2019

Ans. (c)

जलियांवाला बाग हत्याकांड, मांटेग्यू चेम्सफोर्ड सुधार-1919 के साथ असंतोष, खिलाफत आंदोलन आदि के कारण 1 अगस्त, 1920 को महात्मा गांधी के नेतृत्व में असहयोग आन्दोलन शुरू किया गया।

4. ब्रिटिश शासन के विरुद्ध कांग्रेस ने किस वर्ष असहयोग आंदोलन प्रारंभ किया?
   (a) 1920 (b) 1930
   (c) 1940 (d) 1910
   In which year did Congress start the non-cooperation movement against British rule?
   (a) 1920 (b) 1930
   (c) 1940 (d) 1910

BSSC Second Graduate Level (Mains) Exam 27.01.2013

BSSC Kara Mishrak (Kara Vibhag) 23-11-2013

Bihar Police Constable Exam 01/05/2010

Ans. (a)

असहयोग आंदोलन 1 अगस्त 1920 में औपचारिक रूप से शुरू हुआ था।

5. किस काण्ड के कारण असहयोग आन्दोलन बन्द करना पड़ा?

(a) चौरी-चौरा
(b) दाण्डी
(c) चम्पारण
(d) इनमें से कोई नहीं

Due to which incident the non-cooperation movement had to be stopped?

(a) Chauri-Chaura
(b) Dandi
(c) Champaran
(d) none of these

Patna High Court Steno & Cleark (10-04-2011)

Ans. (a)

चौरी-चौरा काण्ड (5 फरवरी 1922) के कारण गाँधी जी को असहयोग आन्दोलन बंद करना पड़ा।

6. गाँधीजी ने अपना प्रथम असहयोग आंदोलन निलम्बित किया, क्योंकि-

(a) यह एकाएक हिंसात्मक हो चुका था
(b) इसके अधिकांश नेता गिरफ्तार हो गए और जेल में बंद हो गए
(c) भारतव्यापी आंदोलन का उनका प्रयोग सफल हो गया
(d) उन्हें आंदोलन के सफल होने की कोई सम्भावना न दिखी

Gandhiji suspended his first non-cooperation movement because-

(a) It had suddenly become violent
(b) Most of its leaders were arrested and jailed
(c) His experiment of pan-India movement was successful
(d) He did not see any possibility of the movement being successful.

BSSC Amin (Amanat) Exam Date-01.05.2005

Ans. (a)

1 अगस्त 1920 को गांधी जी ने प्रथम असहयोग आंदोलन प्रारम्भ किया। 5 फरवरी 1922 को उत्तर प्रदेश के चौरी-चौरा स्थान पर भीड़ और पुलिसकर्मियों के मध्य हुए संघर्ष के बाद यह आन्दोलन अचानक हिंसात्मक हो गया। अतः गाँधी जी ने असहयोग आन्दोलन को निलम्बित कर दिया।

7. To which incident had Mahatma Gandhi called Himalayan Blunder'? / महात्मा गाँधी ने किस घटना को 'हिमालयी भूल' कहा था?

(a) Jallianwala Bagh massacre जलियाँवाला बाग हत्याकांड
(b) Chauri-chaura incident /चौरी-चौरा कांड
(c) Execution of Bhagat Singh/ भगत सिंह की फाँसी
(d) More than one of the above उपर्युक्त में से एक से अधिक
(e) None of the above/उपर्युक्त में से कोई नहीं

BPSC TRE2.0 SST 9th to 10th (26 Aug, 2023)

Ans. (b) :

महात्मा गाँधी ने चौरी-चौरा काण्ड 5 फरवरी 1922 को 'हिमालयी भूल' कहा है।

स्वराज पार्टी

(Swaraj Party)

1. स्वराज पार्टी का गठन किसने किया था-
(a) जवाहर लाल नेहरू व गाँधी
(b) चितरंजन दास व मोतीलाल नेहरू
(c) राजीव गाँधी व मुलायम सिंह
(d) इन्द्रा गाँधी व मोरारजी देसाई
Who formed the Swaraj Party?
(a) Jawaharlal Nehru and Gandhi
(b) Chittaranjan Das and Motilal Nehru
(c) Rajiv Gandhi and Mulayam Singh
(d) Indira Gandhi and Morarji Desai

Utpad Avar Nirikshak Exam 25/08/2019
Bihar Police Madya Nishedh Constable Exam 16/10/2022

Ans. (b)
असहयोग आन्दोलन के स्थगन के बाद 1922 में चितरंजन दास की अध्यक्षता में कांग्रेस के गया अधिवेशन विधान परिषदों के चुनाव में भाग लेने वाला प्रस्ताव पारित नहीं हुआ जिसके बाद चितरंजन दास ने अध्यक्ष पद से इस्तीफा और 1923 में इलाहाबाद में चितरन्जन दास व मोतीलाल नेहरू ने स्वराज पार्टी का गठन किया।

2. स्वराज पार्टी की स्थापना की गयी-
(a) 1919
(b) 1920
(c) 1933
(d) 1923
Swaraj Party was established-
(a) 1919
(b) 1920
(c) 1933
(d) 1923

Police Avar Nirikshak Exam 10/12/2018
BSSC First Inter Level Exam 05-02-2017

Ans. (d)
1 जनवरी, 1923 ई. को देशबन्धु चितरंजन दास, मोतीलाल नेहरू, विठ्ठलभाई पटेल ने इलाहाबाद में स्वराज पार्टी की स्थापना की, जिसके अध्यक्ष चितरंजन दास और मोतीलाल नेहरू को सचिव बनाया गया है।

3. कौन 1923 में बनी स्वराज पार्टी के संस्थापक नेता थे?
(a) जवाहरलाल नेहरू
(b) मोतीलाल नेहरू
(c) महात्मा गांधी
(d) अबुल कलाम आजाद
Who was the founding leader of the Swaraj Party formed in 1923?
(a) Jawaharlal Nehru
(b) Motilal Nehru
(c) Mahatma Gandhi
(d) Abul Kalam Azad

Pravartan Avar Nirikshak Exam 26/08/2012

Ans : (b)
1 जनवरी, 1923 ई. को देशबन्धु चितरंजन दास, मोतीलाल नेहरू, विठ्ठलभाई पटेल ने इलाहाबाद में स्वराज पार्टी की स्थापना की, जिसके अध्यक्ष चितरंजन दास और मोतीलाल नेहरू को सचिव बनाया गया है।

4. स्वराज पार्टी का प्रथम सम्मेलन कहां हुआ ?
(a) अहमदाबाद में
(b) इलाहाबाद में
(c) लाहौर में
(d) लखनऊ में
Where was the first conference of Swaraj Party held?
(a) in Ahmedabad
(b) in Allahabad
(c) in Lahore
(d) in Lucknow

Bihar Police Constable 09/12/2012 (Shift-1)

Ans. (b):
स्वराज पार्टी का गठन 1923 ई. में सी.आर. दास और पं०

मोती लाल नेहरू द्वारा इलाहाबाद में की गई थी। इसका प्रथम सम्मेलन इलाहाबाद में हुआ था।

5. निम्नलिखित में से कौन 'स्वराज दल' से संबंधित नहीं थे?
(a) मोतीलाल नेहरू
(b) सी. राजगोपालाचारी
(c) आयंगर
(d) विठ्ठलभाई पटेल
Who among the following did not belong to 'Swaraj Dal'?
(a) Motilal Nehru
(b) C. Rajagopalachari
(c) Iyengar
(d) Vitthalbhai Patel

BSSC Ashulipik sahl ankar 27.08.2006

Ans. (b)
स्वराज पार्टी का गठन 1923 में चितरंजन दास, मोतीलाल नेहरू, आयंगर, विठ्ठलभाई पटेल तथा हकीम अजमल आदि ने मिलकर किया था।

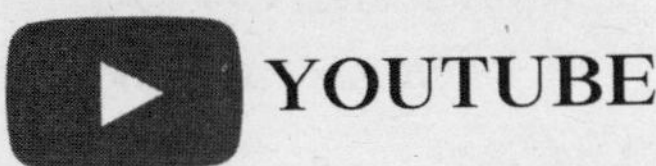

INM

महात्मा गाँधी एवं उनके प्रारम्भिक आंदोलन

(Mahatma Gandhi and his Initial Movements)

1. निम्न को सही सुमेलित करे-

(A) चंपारण सत्याग्रह	1. 15 मार्च, 1918
(B) अहमदाबाद मिल हड़ताल	2. 1 अगस्त, 1920
(C) खेड़ा विद्रोह	3. 22 मार्च, 1918
(D) असहयोग आंदोलन	4. 17 अप्रैल, 1917

(a) A-4, B-1, C-3, D-2
(b) A-4, B-1, C-2, D-3
(c) A-2, B-1, C-3, D-4
(d) A-3, B-2, C-4, D-1

Match the following correctly:

(A) Champaran Satyagraha	1. March 15, 1918
(B) Ahmedabad Mill Strike	2. August 1, 1920
(C) Kheda Revolt	3. March 22, 1918
(D) Non-cooperation Movement	4. April 17, 1917

(a) A-4, B-1, C-3, D-2
(b) A-4, B-1, C-2, D-3
(c) A-2, B-1, C-3, D-4
(d) A-3, B-2, C-4, D-1

Bihar Police SI (Mains) Exam 03-09-2023

Ans. (a) :

चम्पारण सत्याग्रह	17 अप्रैल, 1917
अहमदाबाद मिल हड़ताल	15 मार्च, 1918
खेड़ा विद्रोह	22 मार्च, 1918
असहयोग आन्दोलन	1 अगस्त, 1920

2. निम्न में से कौन-सी पुस्तक महात्मा गांधी द्वारा लिखी गयी है।
(a) गीताजंलि
(b) वेल्थ ऑफ नेशंस
(c) यंग इंडिया
(d) केसरी

Which of the following books has been written by Mahatma Gandhi?
(a) Geetanjali
(b) Wealth of Nations
(c) Young India
(d) Kesari

Bihar Police SI (Mains) Exam 03-09-2023

Ans. (c)

महात्मा गाँधी द्वारा लिखी गयी Book- यंग इंडिया, हिंद स्वराज, इंडिया ऑफ माय ड्रीम्स, माई एक्सपेरीमेंट विथ टूथ, हरिजन आदि।

3. 1915 में भारत लौटने के बाद गाँधीजी ने ------------ की तरह कपड़े पहने का निर्णय किया।
(a) अंग्रेज बैरिस्टर
(b) काठियावाड़ी किसान
(c) काठियावाड़ी बनिया
(d) हिन्दू संत

After returning to India in 1915, Gandhiji decided to dress like -----------.
(a) English barrister
(b) Kathiawadi farmer
(c) Kathiawadi tradesman
(d) Hindu saint

Bihar Police SI (Pre) Exam 16-07-2023

Ans. (b)

1915 ई० में भारत लौटने के बाद गाँधी जी ने काठियावाड़ी किसान के धोती-कुर्ता की तरह कपड़े पहने का निर्णय लिया।

4. 1932 में अखिल भारतीय हरिजन संघ की स्थापना किसने की?
(a) श्री नारायण गुरु
(b) जवाहर लाल नेहरू
(c) महात्मा गाँधी
(d) बी.आर. अम्बेडकर

Who founded the All India Harijan Sangh in 1932?
(a) Shri Narayan Guru
(b) Jawaharlal Nehru
(c) Mahatma Gandhi
(d) B.R. Ambedkar

BSSC Third Graduate Level (Pre) Exam 24.12.2022 Shift-I

Ans. (c):
30 सितम्बर, 1932 में अखिल भारतीय हरिजन संघ की स्थापना महात्मा गाँधी ने की थी। इसके संस्थापक अध्यक्ष उद्योगपति घनश्याम दास बिड़ला तथा सचिव अमृतलाल ठक्कर थे।

5. महात्मा गाँधी का जन्म किस वर्ष में हुआ था?
(a) 1868 ई.
(b) 1870 ई.
(c) 1869 ई.
(d) 1871 ई.
In which year was Mahatma Gandhi born?
(a) 1868 AD
(b) 1870 AD
(c) 1869 AD
(d) 1871 AD

BPSC LDC Prelims Exam Date 26-02-2022
Police Avar Nirikshak Exam 12/07/2017

Ans. (c):
महात्मा गाँधी का जन्म 02 अक्टूबर 1869 को गुजरात के पोरबन्दर में हुआ था।

6. गाँधीजी ने 1917 में चम्पारण सत्याग्रह क्यों संचालित किया-
(a) दमनकारी नील बागान व्यवस्था के खिलाफ
(b) नमक के खिलाफ
(c) आजादी के लिए
(d) फसलों के लिए
Why did Gandhiji conduct the Champaran Satyagraha in 1917?
(a) Against the oppressive indigo plantation system
(b) against salt
(c) for freedom
(d) for crops

Bihar Police Madya Nishedh Constable Exam 16/10/2022

Ans. (a)
गाँधी जी ने भारत में अपना प्रथम सत्याग्रह चम्पारण में वर्ष 1917 में नील के किसानों के लिए तीनकठिया पद्धति के खिलाफ किया था।

7. महात्मा गाँधी का चम्पारण आंदोलन सफल रहा-
(a) 1920 ई.
(b) 1915 ई.
(c) 1917 ई.
(d) इनमें से कोई नहीं
Mahatma Gandhi's Champaran movement was successful in-
(a) 1920 AD
(b) 1915 AD
(c) 1917 AD
(d) none of these

BSSC Prakhand Sankhyki Parvekshak 16.05.2010

Ans. (c):
गाँधी जी ने भारत में अपना प्रथम सत्याग्रह चम्पारण में वर्ष 1917 में नील के किसानों के लिए तीनकठिया पद्धति के खिलाफ किया था।

8. दक्षिण अफ्रीका से वापस लौटने पर महात्मा गाँधी द्वारा प्रारम्भ प्रथम सफल सत्याग्रह था।
(a) चम्पारण
(b) चौरी-चौरा
(c) दांडी
(d) बारदौली
The first successful Satyagraha was started by Mahatma Gandhi on his return from South Africa.
(a) Champaran
(b) Chauri-Chaura
(c) Dandi
(d) Bardauli

Bihar Forest Guard Exam 16/12/2020 (Shift-II)

Ans. (a):

1915 में दक्षिण अफ्रीका से वापस लौटने के बाद गाँधी जी द्वारा चलाया गया प्रथम सफल सत्याग्रह चम्पारण सत्याग्रह था, जो 1917 में चलाया गया था।

9. महात्मा गाँधी ने भारतवर्ष में पहला 'सत्याग्रह' कहाँ प्रारम्भ किया?
(a) खेड़ा
(b) अहमदाबाद
(c) बारदोली
(d) चम्पारण
Where did Mahatma Gandhi start the first 'Satyagraha' in India?
(a) Kheda
(b) Ahmedabad
(c) Bardoli
(d) Champaran

Bihar Police Constable Exam 01/05/2010
Pravartan Avar Nirikshak (Pre.) Exam 06/12/2020

Ans: (d)

गाँधी जी ने भारत में अपना प्रथम सत्याग्रह चम्पारण में वर्ष 1917 में नील के किसानों के लिए तीनकठिया पद्धति के खिलाफ किया था।

10. सुमेलित कीजिए-

घटना	वर्ष
A. अहमदाबाद मिल हड़ताल	1917
B. खेड़ा सत्याग्रह	1919
C. जलियांवाला बाग काण्ड	1918
D. चम्पारण सत्याग्रह	1918

(a) A-1, B-2, C-3, D-4
(b) A-2, B-1, C-3, D-4
(c) A-3, B-4, C-2, D-1
(d) A-4, B-3, C-2, D-1

Match-

event	year
A. Ahmedabad Mill Strike	1917
B. Kheda Satyagraha	1919
C. Jallianwala Bagh incident	1918
D. Champaran Satyagraha	1918

(a) A-1, B-2, C-3, D-4
(b) A-2, B-1, C-3, D-4
(c) A-3, B-4, C-2, D-1
(d) A-4, B-3, C-2, D-1

Police Avar Nirikshak Exam 22/12/2019 (Shift-II)

Ans. (c)

चम्पारण सत्याग्रह - 1917

अहमदाबाद मिल मजदूर हड़ताल – 1918

खेड़ा आंन्दोलन - 1918

जलियावाला बाग हत्याकांड - 1919

11. चंपारन सत्याग्रह का आरंभ कब हुआ?
(a) 1929
(b) 1917
(c) 1857
(d) 1946
When did the Champaran Satyagraha start?
(a) 1929
(b) 1917
(c) 1857
(d) 1946

BSSC First Inter Level Exam 29-01-2017

Ans. (b):

गाँधी जी ने भारत में अपना प्रथम सत्याग्रह चम्पारण में वर्ष 1917 में नील के किसानों के लिए तीनकठिया पद्धति के खिलाफ किया था।

12. महात्मा गाँधी ने दांडी यात्रा का प्रारंभ कहां से किया था?
(a) दांडी
(b) पोरबंदर
(c) अहमदाबाद
(d) साबरमती आश्रम
From where did Mahatma Gandhi start the Dandi March?
(a) Dandi
(b) Porbandar
(c) Ahmedabad
(d) Sabarmati Ashram

Patna (District Court) Steno Exam: 21.08.2016

Ans. (d):

दांडी यात्रा/दांडी सत्याग्रह/नमक यात्रा गाँधी जी द्वारा 12

मार्च 1930 को अपने 78 अनुयायियों को साथ लेकर साबरमती आश्रम से अरब सागर के दांडी तक 241 मील की यात्रा की गई।

13. वल्लभ भाई पटेल को सरदार की उपाधि किसने दी?
(a) महात्मा गाँधी
(b) विनोबा भावे
(c) बारदोली की महिलाएँ
(d) गुजरात के किसान
Who gave the title of Sardar to Vallabhbhai Patel?
(a) Mahatma Gandhi
(b) Vinoba Bhave
(c) Women of Bardoli
(d) Farmers of Gujarat

Patna (District Court) Steno Exam: 21.08.2016

Ans. (c)
1928 में गुजरात के प्रांतीय सरकार ने किसानों के लगान में 30% की वृद्धि कर दी, जिसके फलस्वरूप सरदार वल्लभभाई पटेल ने बारदोली में एक किसान आंदोलन का नेतृत्व किया जिसे बारदोली सत्याग्रह कहा जाता है।

बारदोली की महिलाओं की ओर से गाँधी जी ने उन्हें 'सरदार' की उपाधि दी थी।

14. गांधीजी दक्षिण अफ्रीका से भारत कब लौटे ?
(a) वर्ष 1920 में
(b) वर्ष 1912 में
(c) वर्ष 1915 में
(d) वर्ष 1916 में
When did Gandhiji return to India from South Africa?
(a) In the year 1920
(b) In the year 1912
(c) In the year 1915
(d) In the year 1916

Bihar Police Constable 15/12/2013

Ans. (c)
गांधी जी अफ्रीका से 9 January, 1915 ई. में भारत आए।

1893 में दादा अब्दुल्ला ने गांधी जी को दक्षिण अफ्रीका में मुकदमा लड़ने के लिए आमंत्रित किया।

15. महात्मा गाँधी की मृत्यु कब हुई थी?
(a) 1 जनवरी, 1947
(b) 30 जनवरी, 1947
(c) 30 जनवरी, 1948
(d) 1 जनवरी, 1948
When did Mahatma Gandhi die?
(a) January 1, 1947
(b) January 30, 1947
(c) January 30, 1948
(d) January 1, 1948

Patna High Court Steno & Cleark (10-04-2011)

Ans. (c):
महात्मा गाँधी की 30 जनवरी 1948 को नाथू राम गोडसे ने गोली मर कर हत्या कर दी।

16. 'हरिजन बन्धु' नामक पत्रिका का नाम बदलकर क्या रखा गया था?
(a) यंग इंडिया
(b) नवजीवन
(c) हरिजन
(d) हरिजन सेवक
What was the name of the magazine 'Harijan Bandhu' changed to?
(a) Young India
(b) new life
(c) Harijan
(d) Harijan Sevak

BSSC Prakhand Sankhyki Parvekshak 16.05.2010

Ans. (c)
महात्मा गाँधी ने 1919 में नवजीवन नामक पत्रिका की शुरूआत की थी। 1932 ई. में इसका नाम बदलकर हरिजन बन्धु कर दिया। हरिजन बन्धु नामक पत्रिका का नाम बदलकर हरिजन रखा गया था।

17. महात्मा गाँधी को किसने सबसे पहले 'राष्ट्रपिता' से सम्बोधित किया था?
(a) भगत सिंह
(b) सुभाषचन्द्र बोस
(c) रवीन्द्रनाथ टैगोर
(d) सरोजिनी

Who first addressed Mahatma Gandhi as 'Father of the Nation'?
(a) Bhagat Singh
(b) Subhash Chandra Bose
(c) Rabindranath Tagore
(d) Sarojini

BSSC Prakhand Sankhyki Parvekshak 16.05.2010

Ans. (b)

6 जुलाई, 1944 को सुभाष चन्द्र बोस ने रंगून रेडियो स्टेशन से एक संदेश प्रसारित करते हुए महात्मा गांधी को सर्वप्रथम राष्ट्रपिता कहकर संबोधित किया था तथा उनसे निर्णायक लड़ाई में शुभकानाएँ मांगी।

18. महात्मा गाँधी की हत्या नाथूराम गोड्से ने निम्नलिखित में से किस दिन किया था?
(a) 25 अगस्त, 1947
(b) 2 अक्टूबर, 1948
(c) 31 दिसम्बर, 1947
(d) 30 जनवरी, 1948

On which of the following days was Mahatma Gandhi assassinated by Nathuram Godse?
(a) August 25, 1947
(b) October 2, 1948
(c) 31 December, 1947
(d) January 30, 1948

Bihar Daroga (Police Avar Nirikshak) Exam 23/04/2008

Ans: (d)

महात्मा गाँधी की हत्या नाथूराम गोड्से ने 30 जनवरी, 1948 को की थी।

सविनय अवज्ञा आन्दोलन / गाँधी-इरविन समझौता/गोलमेज सम्मेलन/ पूना पैक्ट

INM

Civil Disobedience Movement) (Gandhi-Irwin Pact/ Round Table Conference/ Poona Pact)

1. खा अब्दुल गफ्फार खान द्वारा स्थापित 'खुदाई खिदमतगार' को किस नाम से जाना जाता था?
(a) ब्लू शर्ट
(b) ग्रीन शर्ट
(c) ब्लैक शर्ट
(d) रेड शर्ट्स
(e) उपर्युक्त में से कोई नहीं या उपर्युक्त में से एक से अधिक
By what name was 'Khudai Khidmatgar' established by Kha Abdul Ghaffar Khan known?
(a) blue shirt
(b) green shirt
(c) black shirt
(d) Red Shirts
(e) None of the above or more than one of the above

Bihar CDPO (प्रा.) परीक्षा-2018

Ans - (d)

सविनय अवज्ञा आंदोलन के दौरान उत्तर-पश्चिम सीमा पर खाँन अब्दुल गफ्फार खाँ द्वारा स्थापित 'खुदाई खिदमतगार को लाल कुर्ती (रेड शर्ट्स) आंदोलन के नाम से भी जाना जाता है।

2. गाँधीजी ने दांडी मार्च कहाँ से आरम्भ किया-
(a) साबरमती आश्रम
(b) दिल्ली आश्रम
(c) वाराणसी आश्रम
(d) जयपुर आश्रम
Where did Gandhiji start the Dandi March?
(a) Sabarmati Ashram
(b) Delhi Ashram
(c) Varanasi Ashram
(d) Jaipur Ashram

Bihar Police Madya Nishedh Constable Exam 16/10/2022

Ans. (a)

सविनय अवज्ञा आन्दोलन के तहत महात्मा गाँधी ने 12 मार्च, 1930 को साबरमती आश्रम से अपने 78 अनुयायियों के साथ दाण्डी के लिए मार्च प्रारम्भ किया। 6 अप्रैल, 1930 को 375 किमी की दूरी तय कर गांधी जी अरब सागर के तट पर स्थित दाण्डी पहुंचे और 6 अप्रैल, 1930 को नमक कानून तोड़कर सविनय अवज्ञा आन्दोलन की शुरूआत की।

3. निम्नलिखित में से किस सत्याग्रह आंदोलन में गांधीजी ने प्रत्यक्ष रूप से भाग नहीं लिया?
(a) राजकोट सत्याग्रह
(b) खेड़ा सत्याग्रह
(c) वायकोम सत्याग्रह
(d) असहयोग आंदोलन
(e) उपर्युक्त में से कोई नहीं या उपर्युक्त में से एक से अधिक
In which of the following Satyagraha movements did Gandhiji not directly participate??
(a) Rajkot Satyagraha
(b) Kheda Satyagraha
(c) Viacom Satyagraha
(d) Non-cooperation movement
(e) None of the above or more than one of the above

41st BPSC (Pre) 1996

Ans - (c)

वायकोम सत्याग्रह (1924-25) सामाजिक अस्पृश्यता की कुप्रथा के विरूद्ध त्रावणकोर (केरल) में शुरू किया गया। जिसका उद्देश्य अहिंसावादी तरीके से सामाजिक अस्पृश्यता की कुप्रथा से मुक्त होना था, क्योंकि त्रावणकोर में दलितों के मंदिर प्रवेश तथा सार्वजनिक सड़कों के प्रयोग की पाबंदी थी इसी आंदोलन में गाँधी जी ने प्रत्यक्ष रूप से भाग नहीं लिया था।

4. इनमें से किस ने अप्रैल 1930 में वेदारण्यम सत्याग्रह का आयोजन किया?
(a) वी . ओ चिदंबरम पिल्लई
(b) सी राजगोपालाचारी
(c) के. कामराज
(d) एनी बेसेंट
(e) उपर्युक्त में से कोई नहीं या उपर्युक्त में से एक से अधिक

Who among the following organized the Vedaranyam Satyagraha in April 1930?
(a) V. O Chidambaram Pillai
(b) C Rajagopalachari
(c) K.S. Kamaraj
(d) Annie Besant
(e) None of the above or more than one of the above

BPSC CDPO 2021

Ans. (b):
सविनय अवज्ञा आन्दोलन के दौरान अप्रैल, 1930 में सी. राजगोपालाचारी ने प्रसिद्ध वेदारण्यम सत्याग्रह का आयोजन तमिलनाडु के तंजावुर जिले के तिरुचिरापल्ली से वेदारण्यम तक मार्ग का चयन किया था।

5. सविनय अवज्ञा आंदोलन प्रारंभ करने का निर्णय लिया गया-
(a) लखनऊ अधिवेशन 1916 में
(b) अहमदाबाद अधिवेशन 1921 में
(c) लाहौर अधिवेशन 1929 में
(d) कराची अधिवेशन 1931 में
(e) उपर्युक्त में से कोई नहीं या उपर्युक्त में से एक से अधिक

It was decided to start civil disobedience movement.-
(a) Lucknow session in 1916
(b) Ahmedabad session in 1921
(c) Lahore session in 1929
(d) Karachi session in 1931
(e) None of the above or more than one of the above

BPSC Head Master 2022

Ans. (c)
कांग्रेस के लाहौर अधिवेशन-1929 में सविनय अवज्ञा आंदोलन प्रारम्भ करने का निर्णय लिया गया।

6. प्रसिद्ध 'गांधी इरविन समझौता' किस वर्ष हुआ था
(a) 1929 AD
(b) 1930 AD
(c) 1931 AD
(d) 1932AD
(e) उपर्युक्त में से कोई नहीं या उपर्युक्त में से एक से अधिक

In which year was the famous 'Gandhi-Irwin Pact' signed?
(a) 1929 AD
(b) 1930 AD
(c) 1931 AD
(d) 1932AD
(e) None of the above or more than one of the above

67th BPSC (Pre)2022
53rd-55th BPSC (Pre) 2011
44th BPSC (Pre)2000-01

Ans. (c):
गाँधी-इरविन समझौता 5 मार्च, 1931 को हुआ, जिसे दिल्ली समझौता भी कहा जाता है।

7. तीनो गोलमेज सम्मेलनों में किसने भाग लिया?
(a) मौलाना अबुल कलाम आजाद
(b) मदन मोहन मालवीय
(c) बी आर अंबेडकर
(d) महात्मा गांधी
(e) उपर्युक्त में से कोई नहीं या उपर्युक्त में से एक से अधिक

Who participated in all three Round Table Conferences??
(a) Maulana Abul Kalam Azad
(b) Madan Mohan Malviya
(c) B.R. Ambedkar
(d) Mahatma Gandhi
(e) None of the above or more than one of the above

67th BPSC(Pre) Nirast 2021

Ans. (c):
तीनों गोलमेज सम्मेलनों में डॉ. बी. आर. अम्बेडकर ने भाग लिया था। भारतीय राष्ट्रीय कांग्रेस ने केवल दूसरे गोलमेज सम्मेलन में हिस्सा लिया था जिसका नेतृत्व महात्मा गाँधी ने किया था।

8. पूना समझौता कब हस्ताक्षरित किया गया था?
(a) 20 अगस्त,1932
(b) 22 सितंबर,1932
(c) 24 सितंबर,1932
(d) 20 जुलाई,1932
(e) उपर्युक्त में से कोई नहीं या उपर्युक्त में से एक से अधिक
When was the Poona Pact signed??
(a) August 20, 1932
(b) 22 September, 1932
(c) September 24, 1932
(d) July 20, 1932
(e) None of the above or more than one of the above

BPSC CDPO 2021

Ans. (c)
24 सितम्बर, 1932 को डॉ. अम्बेडकर तथा अन्य हिन्दू नेताओं (मदन मोहन मालवीय, डॉ राजेन्द्र प्रसाद, पुरूषोत्तम दास और राजगोपालाचारी) के प्रयत्न से गांधी जी और अम्बेडकर के मध्य एक समझौता किया गया जिसे पूना समझौता कहा जाता है। इस समझौते के अनुसार-
- दलित वर्ग के लिए पृथक निर्वाचक मण्डल समाप्त कर दिया गया तथा व्यवस्थापिका सभा में अछूतों के स्थान हिन्दू वर्ग के अंतर्गत ही सुरक्षित रखे गये।
- प्रांतीय विधानमंडलों में दलित वर्गों के लिए 147 सीटें आवांटित की गई जबकि सांप्रदायिक पंचाट में उन्हें 71 सीटें प्रदान किया गया।
- केन्द्रीय विधानमंडल में, ब्रिटिश भारत के सामान्य निर्वाचक वर्ग के लिए प्रदत 18 प्रतिशत सीटें दलित वर्गों के लिए आरक्षित किया गया।

9. पूना समझौते का उद्देश्य था-
(a) हिंदू मुस्लिम एकता
(b) दलित वर्ग को प्रतिनिधित्व देना
(c) राजाओं को विशेषाधिकार देना
(d) द्वैध शासन(Dyarchy) पर पुनर्विचार करना
(e) उपर्युक्त में से कोई नहीं या उपर्युक्त में से एक से अधिक
The objective of Poona Agreement was-
(a) Hindu Muslim unity
(b) To give representation to the Dalit class
(c) Giving privileges to kings
(d) Rethinking Dyarchy
(e) None of the above or more than one of the above

46 BPSC (Pre) 2003-04

Ans : (b)
पूना समझौता भीमराव अम्बेडकर तथा महात्मा गाँधी के मध्य पूणे की यरवदा जेल में वर्ष 24 सितम्बर, 1932 ई. में हुआ था। इसका प्रमुख उद्देश्य दलित वर्ग को प्रतिनिधित्व प्रदान करना था।

10. दांडी यात्रा कितने दिन चली थी?
(a) 10 दिन (b) 20 दिन
(c) 24 दिन (d) 30 दिन
(e) उपर्युक्त में से कोई नहीं या उपर्युक्त में से एक से अधिक
How many days did the Dandi March last??
(a) 10 days (b) 20 days
(c) 24 days (d) 30 days
(e) None of the above or more than one of the above

66th BPSC (Pre) 2020
44th BPSC (Pre) 2000-01

Ans - (c)
दांडी मार्च / नमक मार्च साबरमती आश्रम से 12 मार्च, 1930 को प्रारम्भ किया गया था तथा 24 दिन की यात्रा के पचात 6 अप्रैल 1930 को दांडी पहुंचकर नमक कानून को भंग किया गया था।

11. निम्नलिखित में से कौन-सा एक सही सुमेलित नहीं है?
(a) चोरी चोरा कांड - 1920
(b) गांधी जी की दांडी यात्रा - 1930
(c) गांधी इरविन समझौता - 1931
(d) पूना पैक्ट - 1931
(e) उपर्युक्त में से कोई नहीं या उपर्युक्त में से एक से अधिक
Which one of the following is not correctly matched??
(a) Chori Chora scandal 1920
(b) Gandhiji's Dandi March 1930
(c) Gandhi Irwin Pact 1931
(d) Poona Pact 1931
(e) None of the above or more than one of the above

BPSC Auditor (Pre) 2021

Ans - (e)

चौरी-चौरा काण्ड - 5 फरवरी, 1922 ई

गांधीजी की दाण्डी मार्च - 12 मार्च, 1930 से 6 अप्रैल 1930 ई. तक

गांधी-इरविन समझौता - 5 मार्च, 1931

पूना पैक्ट - 24 सितम्बर, 1932 ई.

12. गांधी ने सविनय अवज्ञा आंदोलन का आह्वान किया-

(a) 1930 में (b) 1932 में
(c) 1933 में (d) 1935 में
(e) उपर्युक्त में से कोई नहीं या उपर्युक्त में से एक से अधिक

Gandhi called for civil disobedience movement-

(a) in 1930 (b) in 1932
(c) in 1933 (d) in 1935
(e) None of the above or more than one of the above

Bihar CDPO (प्रा.) परीक्षा-1998

Ans - (a)

गाँधी ने 12 मार्च 1930 को गुजरात के अहमदाबाद स्थित साबरमती आश्रम से अपने 78 समर्थकों के साथ दांडी के लिए पद यात्रा प्रारंभ की तथा 24 दिनों में 240 मील की पदयात्रा के पश्चात् 5 अप्रैल को दांडी पहुँचे। 6 अप्रैल 1930 को गांधीजी ने समुद्रतट पर नमक बनाकर कानून तोड़ा। यही से सविनय अवज्ञा आंदोलन की शुरूआत हुई।

13. प्रथम गोलमेज परिषद के समय इंग्लैंड के प्रधानमंत्री कौन थे?

(a) प्रिंस चर्चिल
(b) रैमजे मैकडोनाल्ड
(c) चैंबर्लिन
(d) लॉर्ड एटली
(e) उपर्युक्त में से कोई नहीं या उपर्युक्त में से एक से अधिक

Who was the Prime Minister of England at the time of the First Round Table Council??

(a) Prince Churchill
(b) Ramjay MacDonald
(c) Chamberlin
(d) Lord Attlee
(e) None of the above or more than one of the above

BPSC सांख्यिकी अधिकारी (प्री.) परीक्षा-2016

Bihar CDPO (प्रा.) परीक्षा 2005

Ans - (b)

प्रथम गोलमेज सम्मेलन 12 नवम्बर 1930 से 19 जनवरी 1931 तक लंदन में आयोजित हुआ। इस सम्मेलन का उद्घाटन ब्रिटेन के सम्राट जार्ज पंचम ने किया तथा अध्यक्षता प्रधानमंत्री रैम्जे मैकडोनाल्ड ने की।

14. सविनय अवज्ञा आंदोलन की असफलता के बाद गांधी जी ने महत्व दिया-

(a) रचनात्मक कार्यक्रम पर
(b) हिंसा के सीमित उपयोग पर
(c) अंग्रेजों से समझौते पर
(d) उपर्युक्त में से कोई नहीं
(e) उपर्युक्त में से एक से अधिक

After the failure of the Civil Disobedience Movement, Gandhiji gave importance to-

(a) On creative program
(b) On limited use of violence
(c) On agreement with the British
(d) None of the above
(e) More than one of the above

41st BPSC (Pre) 1996

Ans - (a)

सविनय अवज्ञा आन्दोलन की असफलता के बाद गाँधी जी ने रचनात्मक कार्यों को विशेष महत्व दिया जैसे- हरिजनोत्थान, खादी, हिन्दू-मुस्लिम एकता तथा छूआछूत का उन्मूलन इत्यादि।

15. महात्मा गांधी दिसंबर 1931 में खाली हाथ कहां से भारत लौटे थे?

(a) लंदन
(b) मॉस्को
(c) वाशिंगटन
(d) टोकियो
(e) उपर्युक्त में से कोई नहीं या उपर्युक्त में से एक से अधिक

Where did Mahatma Gandhi return to India empty handed in December 1931??

(a) London
(b) Moscow
(c) Washington

(d) Tokyo
(e) None of the above or more than one of the above

44th BPSC (Pre) 2000-01

Ans - (A)
द्वितीय गोलमेज सम्मेलन की असफलता के बाद जब गांधी जी लंदन से दिसम्बर, 1931 में भारत वापस आए तो उन्होंने भारतीयों को सम्बोधित करते हुए कहा था कि "में खाली हाथ लौटा है, परन्तु अपने देश की इज्जत को मैंने बट्टा नही लगने दिया।"

16. निम्नलिखित में से किस भारतीय नेता ने लंदन में प्रथम गोलमेज कांफ्रेंस में भाग लिया था?
(a) मौलाना मोहम्मद अली
(b) मौलाना अबुल कलाम आजाद
(c) महात्मा गांधी
(d) पंडित जवाहरलाल नेहरू
(e) उपर्युक्त में से कोई नहीं या उपर्युक्त में से एक से अधिक
Which of the following Indian leaders participated in the first Round Table Conference in London??
(a) Maulana Mohammad Ali
(b) Maulana Abul Kalam Azad
(c) Mahatma Gandhi
(d) Pandit Jawaharlal Nehru
(e) None of the above or more than one of the above

44 BPSC (Pre) 2000-01

Ans - (a)
प्रथम गोलमेज सम्मेलन 12 नवंबर, 1930 को लंदन में प्रारम्भ हुआ। इस सम्मेलन में डॉ. भीमराव अम्बेडकर, तेज बहादुर समू, मुहम्मद अली जिन्ना एवं मुहम्मद अली शामिल थे।

17. लंदन में द्वितीय गोलमेज सम्मेलन की असफलता इनकी छत्रछाया (Back drop) में हुआ-
(a) इमर्सन-गांधी समझौता
(b) हैले-गांधी समझौता
(c) इरविन-गांधी समझौता
(d) गांधी-साइमन समझौता
(e) उपर्युक्त में से कोई नहीं या उपर्युक्त में से एक से अधिक
The failure of the Second Round Table Conference in London happened under his patronage.-
(a) Emerson-Gandhi Pact
(b) Haile-Gandhi Pact
(c) Irwin-Gandhi Pact
(d) Gandhi-Simon Pact
(e) None of the above or more than one of the above

46th BPSC (Pre) 2003-04

Ans - (c)
महात्मा गाँधी और लॉर्ड इरविन के बीच 5 मार्च, 1931 को एक समझौता हुआ। कांग्रेस ने दूसरे गोलमेज सम्मेलन में भाग लेने की स्वीकृत दे दी। दूसरा गोलमेज सम्मेलन 7 सितम्बर, 1931 से 1 दिसम्बर 1931 ई. तक चला।

18. सन 1930 में कांग्रेस का सविनय अवज्ञा आंदोलन इतना सफल हुआ कि इन इंग्लिश शहरों में से एक में अंग्रेजी राजकीय चिन्ह कई महीनों तक गायब से हो गए
थे-
(a) पटना
(b) साहिबगंज
(c) बढ़ही
(d) मुजफ्फरपुर
(e) उपर्युक्त में से कोई नहीं या उपर्युक्त में से एक से अधिक
In 1930, the Civil Disobedience Movement of the Congress was so successful that in one of these English cities the English state symbols disappeared for several months.
Were-
(a) Patna
(b) Sahibganj
(c) Carpenter
(d) Muzaffarpur
(e) None of the above or more than one of the above

46th BPSC (Pre) 2003-04

Ans - (c)
सविनय अवज्ञा आंदोलन वर्ष 1930 के दौरान बिहार के बढ़ही शहर में आंदोलनकारियों का कब्जा हो जाने से वहां कई महीनों तक ब्रिटिश राज का नियंत्रण समाप्त हो गया था।

19. त्रावणकोर में कांग्रेस ने त्रावणकोर राज्य के जिस दीवान की स्वेच्छाचारी सरकार के विरुद्ध सविनय अवज्ञा आंदोलन आरंभ किया था, वे थे-
(a) सी. पी. रामास्वामी अय्यर
(b) जे.कृष्णस्वामी
(c) पी. के. वारियर
(d) भास्करण नायक
(e) उपर्युक्त में से कोई नहीं या उपर्युक्त में से एक से अधिक

In Travancore, the civil disobedience movement against the autocratic government of the Dewan of Travancore State was started by Congress was-
(a) C. P.S. Ramaswamy Iyer
(b) J. Krishnaswami
(c) P.K. warrior
(d) Bhaskaran Nayak
(e) None of the above or more than one of the above

46th BPSC (Pre) 2003-04

Ans - (a)

त्रावणकोर के स्वेच्छाचारी दीवान सी. पी. रामास्वामी अय्यर के विरुद्ध कांग्रेस ने सविनय अवज्ञा आंदोलन शुरू किया था।

20. गांधी-इरविन समझौता के हस्ताक्षरित होने में किसने महत्वपूर्ण भूमिका निभाई?
(a) मोतीलाल नेहरू
(b) मदन मोहन मालवीय
(c) तेज बहादुर सप्रू
(d) चिंतामणि
(e) उपर्युक्त में से कोई नहीं या उपर्युक्त में से एक से अधिक

Who played an important role in the signing of Gandhi-Irwin Pact??
(a) Motilal Nehru
(b) Madan Mohan Malviya
(c) Tej Bahadur Sapru
(d) Chintamani
(e) None of the above or more than one of the above

47th BPSC (Pre) 2004-05

Ans - (c)

वायसराय इरविन ने तेज बहादुर सप्रू तथा एम. आर. जयकर को कांग्रेस एवं सरकार के मध्य शांति स्थापित करने की संभावनाओं का पता लगाने के लिए कहा। इसी उद्देश्य के लिए जवाहर लाल नेहरू तथा मोती लाल नेहरू को गांधीजी से मिलने के लिये यरवदा जेल भेजा गया जिससे वे लोग गांधीजी के साथ समझौते के ऊपर विचार-विमर्श कर सकें। व्यापक विचार-विमर्श के बाद कांग्रेस कार्यकारिणी ने गांधीजी को वायसराय से बातचीत आरंभ करने को अधिकृत किया। इस प्रकार गांधीजी और इरविन ने 5 मार्च, 1931 को समझौता किया।

21. निम्नलिखित में से कौन-सा गोलमेज सम्मेलन 1932 में हुआ था?
(a) पहला
(b) दूसरा
(c) तीसरा
(d) चौथा
(e) उपर्युक्त में से कोई नहीं या उपर्युक्त में से एक से अधिक

In which of the following Round Table Conferences was held in 1932?
(a) first
(b) second
(c) third
(d) fourth
(e) None of the above or more than one of the above

56th-59th BPSC (Pre) 2015
53rd-55th BPSC (Pre) 2011

Ans - (c)

साइमन आयोग की रिपोर्ट पर विचार हेतु लंदन में कुल तीन गोलमेज सम्मेलन आयोजित किये गये जिसमें प्रथम गोलमेज सम्मेलन 12 नवंबर, 1930 से 19 जनवरी, 1931 तक, द्वितीय गोलमेज सम्मेलन 7 सितम्बर, 1931 से 1 दिसम्बर, 1931 तक तथा तृतीय गोलमेज सम्मेलन 17 नवम्बर, 1932 से 24 दिसम्बर, 1932 तक चला।

22. 1929 में 'खुदाई खिदमतगार' को किसने संगठित किया
(a) अब्दुल गफ्फार खान
(b) अली बंधु
(c) अंसारी बंधु
(d) मौलाना अबुल कलाम
(e) उपर्युक्त में से कोई नहीं या उपर्युक्त में से एक से अधिक

Who organized 'Khudai Khidmatgar' in 1929?
(a) Abdul Ghaffar Khan
(b) Ali brothers
(c) Ansari brothers
(d) Maulana Abul Kalam
(e) None of the above or more than one of the above

60th 62nd BPSC (Pre) 2016-17
40th BPSC (Pre) 1995
Bihar CDPO (प्रा.) परीक्षा 2005

Ans - (a)
खुदाई खिदमतगार अथवा लालकुर्ती दल का गठन वर्ष 1929 में खान अब्दुल गफ्फार खां ने की थी। इस संगठन ने सविनय अवज्ञा आन्दोलन में सक्रिय भूमिका का निर्वहन किया था।

23. गांधीजी के नमक सत्याग्रह का एकमात्र उद्देश्य क्या था?
(a) नमक कानून को निरस्त करना
(b) सरकार के सत्ता की कटौती
(c) आम लोगों के लिए आर्थिक राहत
(d) भारत के लिए पूर्ण स्वराज
(e) उपर्युक्त में से कोई नहीं या उपर्युक्त में से एक से अधिक
What was the sole objective of Gandhiji's Salt Satyagraha?
(a) Repeal of the salt law
(b) Reduction of government power
(c) Economic relief for common people
(d) Complete Swaraj for India
(e) None of the above or more than one of the above

63rd BPSC (Pre) 2017-18

Ans - (a)
गुजरात में नमक कानून के विरुद्ध सत्याग्रह आरंभ हुई। 12 मार्च, 1930 को गांधी जी की दांडी यात्रा आरम्भ हुई, और 6 अप्रैल को उन्होंने नमक कानून का उल्लंघन कर सत्याग्रह आरंभ किया।

24. भारतीय राष्ट्रीय कांग्रेस ने किस गोलमेज सम्मेलन में भाग नहीं लिया?
(a) प्रथम
(b) द्वितीय
(c) तृतीय
(d) सभी में भाग लिया
(e) उपर्युक्त में से कोई नहीं या उपर्युक्त में से एक से अधिक
Which Round Table Conference did the Indian National Congress not participate in??
(a) first
(b) second
(c) third
(d) participated in all
(e) None of the above or more than one of the above

63 BPSC (Pre) 2017-18

Ans - (e)
कांग्रेस ने एकमात्र दूसरे गोलमेज सम्मलेन में भाग लिया, पहले और तीसरे गोलमेज सम्मलेन में भाग नहीं लिया

25. गांधी जी ने किस वर्ष दांडी यात्रा शुरू की?
(a) 1919
(b) 1928
(c) 1927
(d) 1930
(e) उपर्युक्त में से कोई नहीं या उपर्युक्त में से एक से अधिक
In which year did Gandhiji start the Dandi March?
(a) 1919
(b) 1928
(c) 1927
(d) 1930
(e) None of the above or more than one of the above

Bihar APO GS-2013

Ans - (d)
महात्मा गांधी ने नमक कानून के विरोध में 12 मार्च 1930 को अहमदाबाद के साबरमती आश्रम से दांडी मार्च की शुरुआत की 24 दिन तक चलने वाली लम्बी यात्रा के बाद 6 अप्रैल 1930 को दांडी पहुंचकर महात्मा गांधी ने गैर कानूनी तरीके से नमक बनाकर नमक कानून को तोड़ा था।

26. 1930 में महात्मा गांधी ने सविनय अवज्ञा आंदोलन कहां से प्रारंभ किया था?
(a) वर्धा

(b) दांडी
(c) सेवाग्राम
(d) साबरमती
(e) उपर्युक्त में से कोई नहीं या उपर्युक्त में से एक से अधिक

Where did Mahatma Gandhi start the Civil Disobedience Movement in 1930?
(a) Wardha
(b) Dandi
(c) Sevagram
(d) Sabarmati
(e) None of the above or more than one of the above

65th BPSC (Pre) 2019

Ans - (b)

वर्ष 1930 में गाँधी जी ने सविनय अवज्ञा आन्दोलन के प्रारम्भ के प्रतीक के रूप में दांडी मार्च 12 मार्च 1930 में साबरमती आश्रम से लगभग 240 मील गुजरात के नौसारी जिले में 6 April, 1930 को दांडी गाँव पहुंचे तथा नमक बनाकर कानून को तोड़ा।

27. 'सविनय अवज्ञा आंदोलन' किसने प्रारंभ किया?
(a) जवाहरलाल नेहरु
(b) राजेंद्र प्रसाद
(c) लाल बहादुर शास्त्री
(d) महात्मा गांधी
(e) उपर्युक्त में से कोई नहीं या उपर्युक्त में से एक से अधिक

Who started the 'Civil Disobedience Movement'?
(a) Jawaharlal Nehru
(b) Rajendra Prasad
(c) Lal Bahadur Shastri
(d) Mahatma Gandhi
(e) None of the above or more than one of the above

30th Bihar (J) GS-2018
Bihar APO G.S. - 2011

Ans - (d)

गाँधी जी ने 12 मार्च 1930 ई. को अपने 78 चुने हुए अनुयायियों के साथ साबरमती आश्रम से दाण्डी (नौसारी जिला गुजरात) मार्च प्रारम्भ किया। 5 अप्रैल 1930 ई. को, 240 मील लम्बी पदयात्रा के बाद दाण्डी पहुँचे और 6 अप्रैल 1930 ई. को दाण्डी में नमक बनाकर नमक कानून तोड़ा।

28. सविनय अवज्ञा आंदोलन कब और किस यात्रा से शुरू हुआ?
(a) 1929, लाहौर
(b) 1930, अहमदाबाद
(c) 1930, दांडी
(d) 1920, चंपारण

When and from which journey did the Civil Disobedience Movement start?
(a) 1929, Lahore
(b) 1930, Ahmedabad
(c) 1930, Dandi
(d) 1920, Champaran

Police Avar Nirikshak Exam 19/10/2014 (Shift-1)
Bihar Police Madya Nishedh Constable Exam 27/02/2022

Ans. (c)

गाँधी जी ने 12 मार्च 1930 ई. को अपने 78 चुने हुए अनुयायियों के साथ साबरमती आश्रम से दाण्डी (नौसारी जिला गुजरात) मार्च प्रारम्भ किया। 5 अप्रैल 1930 ई. को, 240 मील लम्बी पदयात्रा के बाद दाण्डी पहुँचे और 6 अप्रैल 1930 ई. को दाण्डी में नमक बनाकर नमक कानून तोड़ा।

29. निम्नलिखित में से किस आंदोलन की शुरुआत नमक कानून को तोड़ने के साथ हुई थी?
(a) असहयोग आंदोलन
(b) चंपारण सत्याग्रह
(c) सविनय अवज्ञा आंदोलन
(d) भारत छोड़ो आंदोलन

Which of the following movements started with the breaking of the salt law?
(a) Non-cooperation movement
(b) Champaran Satyagraha
(c) Civil Disobedience Movement
(d) Quit India Movement

Bihar Police Constable 29/12/2019
Pravartan Avar Nirikshak Exam 29/08/2021

Ans. (c)

गाँधी जी ने सविनय अवज्ञा आन्दोलन के प्रारम्भ के प्रतीक के रूप में 12 मार्च 1930 ई. को अपने 78 चुने हुए अनुयायियों के साथ साबरमती आश्रम से दाण्डी (नौसारी जिला गुजरात) मार्च प्रारम्भ किया। 5 अप्रैल 1930 ई. को, 240 मील लम्बी पदयात्रा के बाद दाण्डी पहुँचे और 6 अप्रैल 1930 ई. को दाण्डी में नमक बनाकर नमक कानून तोड़ा।

30. सविनय अवज्ञा आंदोलन निम्न में से किसके ठीक पहले हुआ था?

(a) गाँधी इरविन समझौता (1931 ई.)
(b) पूना समझौता (1932 ई.)
(c) गाँधी-मैकडोनाल्ड समझौता (1932 ई.)
(d) इनमें से कोई नहीं

The Civil Disobedience Movement took place just before which of the following?

(a) Gandhi Irwin Pact (1931 AD)
(b) Poona Pact (1932 AD)
(c) Gandhi-Macdonald Pact (1932 AD)
(d) none of these

Forest Range Officer (Pre.) Exam 17/01/2020

Ans. (a):

सविनय अवज्ञा आंदोलन 1930 ई. में गांधी जी के नेतृत्व में शुरु किया गया था। जबकि गांधी इरविन समझौता 1931 ई. में, पूना समझौता 1932, तथा गांधी-मैकडोनाल्ड समझौता 1932 में हुआ था।

31. गाँधी जी की दाण्डी यात्रा का प्रारंभ किस तारीख और वर्ष है?

(a) 12 फरवरी, 1922
(b) 12 मार्च, 1930
(c) 2 मार्च, 1930
(d) 6 अप्रैल, 1930

What date and year is the beginning of Gandhiji's Dandi March?

(a) February 12, 1922
(b) March 12, 1930
(c) March 2, 1930
(d) April 6, 1930

Bihar Police Constable 09/12/2012 (Shift-I)

Police Avar Nirikshak Exam 22/07/2018

Ans : (b)

गाँधी जी ने 12 मार्च 1930 ई. को अपने 78 चुने हुए अनुयायियों के साथ साबरमती आश्रम से दाण्डी (नौसारी जिला गुजरात) मार्च प्रारम्भ किया। 5 अप्रैल 1930 ई. को, 240 मील लम्बी पदयात्रा के बाद दाण्डी पहुँचे और 6 अप्रैल 1930 ई. को दाण्डी में नमक बनाकर नमक कानून तोड़ा।

32. गाँधी ने दांडी यात्रा प्रारम्भ की थी-

(a) दांडी से
(b) साबरमती आश्रम से
(c) गुजरात से
(d) चम्पारण से

Gandhi started the Dandi March-

(a) From Dandi
(b) From Sabarmati Ashram
(c) From Gujarat
(d) From Champaran

DRDA Clerk-Computer operator (Group-3) Exam 15-03-2007

Ans. (b)

गाँधी जी ने 12 मार्च 1930 ई. को अपने 78 चुने हुए अनुयायियों के साथ साबरमती आश्रम से दाण्डी (नौसारी जिला गुजरात) मार्च प्रारम्भ किया। 5 अप्रैल 1930 ई. को, 240 मील लम्बी पदयात्रा के बाद दाण्डी पहुँचे और 6 अप्रैल 1930 ई. को दाण्डी में नमक बनाकर नमक कानून तोड़ा।

33. भारतीयों ने साइमन कमीशन का विरोध क्यों किया ?

(a) लाला लाजपत राय की मृत्यु पर रोष के कारण
(b) कमीशन का भारत आगमन अनुचित समय पर होने के कारण
(c) कमीशन के किसी भी सदस्य का भारतीय न होने के कारण
(d) कमीशन के प्रस्तावों पर असहमति के कारण

Why did Indians oppose the Simon Commission?

(a) Due to anger over the death of Lala Lajpat Rai
(b) Due to the Commission's arrival in India at an inopportune time

(c) Due to none of the members of the commission being an Indian
(d) Due to disagreement on the proposals of the commission

Bihar Avar Nirikshak Utpad (Pre.) Exam 02/12/2001

Ans. (c)

साइमन कमीशन के सभी सदस्य अंग्रेज होने के कारण कांग्रेसियों ने इसे 'व्हाइट मैन कमीशन' कहा।

34. ______ की समीक्षा के लिए साइमन कमीशन का गठन किया गया था।
(a) भारत के विधानमण्डलों
(b) अधिक सुधारों के लिए भारत की उपयुक्तता
(c) वायसराय की स्थिति
(d) भारत के लिए संविधान

Simon Commission was formed to review ______.
(a) Legislatures of India
(b) India's suitability for further reforms
(c) Position of Viceroy
(d) Constitution for India

Patna (High Court Assistant) Exam: 24.05.2016

Ans : (b)

ब्रिटिश सरकार द्वारा भारत शासन अधिनियम 1919 में पुनः सुधारों के लिए एवं अन्य अधिक सुधारों के लिए भारत की उपयुक्तता की समीक्षा के लिए सर जॉन साइमन की अध्यक्षता में सन् 1927 में एक विधिक आयोग साइमन कमीशन का गठन किया गया।

35. साइमन कमीशन को किसकी अध्यक्षता में नियुक्त किया गया था?
(a) सर जॉन साइमन
(b) क्लिमेंट एटली
(c) हैरी लेविंसन
(d) एडवर्ड कैडोगन
(e) उपर्युक्त में से कोई नहीं या उपर्युक्त में से एक से अधिक

Under whose chairmanship was the Simon Commission appointed??
(a) Sir John Simon
(b) Clement Attlee
(c) Harry Levinson
(d) Edward Cadogan
(e) None of the above or more than one of the above

65th BPSC (Pre) Re-exam 2019

Ans - (a)

साइमन कमीशन की नियुक्ति सर जॉन साइमन की अध्यक्षता में नवम्बर, 1927 को किया गया था। इस आयोग के सातों सदस्य अंग्रेज थे।

36. भारतीयों ने साइमन कमीशन का बहिष्कार क्यों किया?
(a) क्योंकि इसकाउद्देश्य भारत की समस्याओं को सुलझाने का नहीं था
(b) क्योंकि इसका उद्देश्य हिंदू और मुसलमानों में फूट डालना था
(c) क्योंकि इसके सभी सदस्य अंग्रेज थे और इसमें भारतीयों को प्रतिनिधित्व नहीं दिया गया था
(d) क्योंकि यह भारतीयों पर अत्याचारों के लिए जिम्मेदार था
(e) उपर्युक्त में से कोई नहीं या उपर्युक्त में से एक से अधिक

Why did Indians boycott the Simon Commission??
(a) Because its purpose was not to solve India's problems
(b) Because its objective was to create division between Hindus and Muslims.
(c) Because all its members were English and Indians were not represented in it
(d) Because it was responsible for atrocities on Indians
(e) None of the above or more than one of the above

BPSC सांख्यिकी अधिकारी (प्री.) परीक्षा- 2016

Ans - (c)

1919 के एक्ट के तहत गठित साइमन कमीशन 3 फरवरी 1928 को बम्बई पहुँचा, जिसका भारतीयों ने विरोध किया क्योंकि इसके सभी सदस्य अंग्रेज थे और इसमें भारतीयों को प्रतिनिधित्व नहीं दिया गया था।

37. साइमन कमीशन पहली बार भारत आया-
(a) 1926 में
(b) 1928 में
(c) 1939 में

(d) 1942 में
(e) उपर्युक्त में से कोई नहीं या उपर्युक्त में से एक से अधिक
Simon Commission came to India for the first time-
(a) in 1926
(b) in 1928
(c) in 1939
(d) in 1942
(e) None of the above or more than one of the above
29th Bihar (J) GS-2017

Ans - (b)
साइमन कमीशन 3 फरवरी 1928 ई. को कमीशन बम्बई पहुँचा।

38. द्वितीय गोलमेज सम्मेलन किस प्रश्न पर असफल रहा?
(a) सांप्रदायिक प्रतिनिधित्व
(b) डोमिनियन स्टेटस प्रदान करना
(c) सत्ता हस्तांतरण की तिथि
(d) सविनय अवज्ञा आंदोलन का स्थगन
(e) उपर्युक्त में से कोई नहीं या उपर्युक्त में से एक से अधिक
On which question did the Second Round Table Conference fail?
(a) Communal representation
(b) To confer dominion status
(c) Date of transfer of power
(d) Postponement of civil disobedience movement
(e) None of the above or more than one of the above

41st BPSC (Pre) 1996

Ans - (a)
दूसरा गोलमेज सम्मेलन (1931) साम्प्रदायिक नेतृत्व के प्रश्न पर विफल हो गया था।

39. बेगूसराय में चौकीदार कर के विरुद्ध आंदोलन, एक हिस्सा था-
(a) असहयोग आंदोलन का
(b) सविनय अवज्ञा आंदोलन का
(c) भारत छोड़ो आंदोलन का
(d) खिलाफत आंदोलन का
(e) उपर्युक्त में से कोई नहीं या उपर्युक्त में से एक से अधिक
The movement against Chowkidar Tax in Begusarai was a part of-
(a) Non-cooperation movement
(b) Civil disobedience movement
(c) Quit India Movement
(d) Khilafat movement
(e) None of the above or more than one of the above

42nd BPSC (Pre) 1997-98

Ans-(b)
सविनय अवज्ञा आंदोलन के समय जब देश के समुद्र के तटवर्ती लोग नमक बनाकर अपना विरोध प्रकट कर रहे थे तो बिहार के लोगों ने अपना विरोध व्यक्त करने के लिए चौकीदारों को कर देना बंद कर दिया।

40. सांप्रदायिक अवार्ड एवं पूना पैक्ट में क्रमशः दलित वर्ग के लिए कितने सीटें दी गई?
(a) क्रमशः 74 व 79
(b) क्रमशः 71 व 147
(c) क्रमशः 78 व 80
(d) क्रमशः 78 व 69
(e) उपर्युक्त में से कोई नहीं या उपर्युक्त में से एक से अधिक
How many seats were given for Dalit class in Communal Award and Poona Pact respectively??
(a) 74 and 79 respectively
(b) 71 and 147 respectively
(c) 78 and 80 respectively
(d) 78 and 69 respectively
(e) None of the above or more than one of the above

47th BPSC (Pre) 2004-05

Ans - (b)
द्वितीय गोलमेज सम्मेलन में विभिन्न साम्प्रदायिक एवं दलित वर्गों के लिए पृथक् निर्वाचक मण्डल के विषय पर कोई सहमति नहीं हो सकी थी। 16 अगस्त, 1932 को रैम्जे मेक्डोनाल्ड ने अपने साम्प्रदायिक अधिनिर्णय की घोषणा की, इसके अनुसार मुसलमान, यूरोपीय तथा सिख मतदाताओं के साथ-साथ दलित वर्गों के लिए भी पृथक्

निर्वाचन मण्डल का प्रावधान था। इसके विरोध में गाँधीजी ने आमरण अनशन प्रारम्भ कर दिया। मदन मोहन मालवीय ने अम्बेडकर सहित विभिन्न जातियों एवं राजनीतिक दलों का एक सम्मेलन बुलाया, जिसमें अन्ततः 24 सितम्बर, 1932 को पूना समझौता हुआ। इसके अनुसार विभिन्न प्रान्तीय विधानमण्डलों में दलित वर्गों के लिए 147 सीटें आरक्षित की गई, जबकि साम्प्रदायिक अधिनिर्णय में केवल 71 सीटों की ही व्यवस्था की गई थी। दूसरे, केंद्रीय विधानमण्डल में 18 प्रतिशत सीटें दलित वर्ग के लिए वृद्धि की गई।

41. अगस्त,1932 के रैमजे मैकडोनाल्ड के सांप्रदायिक पंचाट के द्वारा पहली बार एक पृथक निर्वाचक समूह बनाया गया-
(a) मुसलमानों के लिए
(b) भारतीय ईसाइयों के लिए
(c) एंगलो इंडियंस के लिए
(d) अछूतों के लिए
(e) उपर्युक्त में से कोई नहीं या उपर्युक्त में से एक से अधिक

A separate electoral group was created for the first time by Ramsey Macdonald's communal award of August, 1932.-
(a) for Muslims
(b) For Indian Christians
(c) For Anglo Indians
(d) for the untouchables
(e) None of the above or more than one of the above

42d BPSC (Pre) 1997-98

Ans - (d)

16 August, 1932 में रैम्जे मैकडोनाल्ड के कम्युनल अवार्ड के द्वारा हरिजनों व अछूतों के लिए अलग से निर्वाचन की व्यवस्था की गयी, जिसको समाप्त करने के लिए गांधी जी ने पूना के यरवदा जेल में आमरण अनशन किया। तत्पश्चात् गांधी जी तथा अम्बेडकर के बीच 24 सितम्बर 1932 ई. को एक समझौता हुआ। जिस पर ब्रिटिश सरकार ने अपनी स्वीकृति दी।

42. क्म्युनल अवार्ड किसके द्वारा प्रस्तुत किया गया?
(a) लॉर्ड मिंटो
(b) लॉर्ड एटली
(c) लॉर्ड मैकडोनाल्ड
(d) सर स्टेफोर्ड क्रिप्स
(e) उपर्युक्त में से कोई नहीं या उपर्युक्त में से एक से अधिक

Who presented the Communal Award??
(a) Lord Minto
(b) Lord Attlee
(c) Lord Macdonald
(d) Sir Stafford Cripps
(e) None of the above or more than one of the above

BPSC सांख्यिकी अधिकारी (प्री.) परीक्षा- 2016

Ans - (c)

ब्रिटिश प्रधानमंत्री रैम्जे मैकडोनाल्ड ने 16 अगस्त 1932 को एक पंचाट जारी किया जिसे साम्प्रदायिक पंचाट (कम्युनल अवार्ड) कहा गया। इसके तहत दलित वर्ग को भी अल्पसंख्यक मान कर हिन्दुओं से अलग कर दिया गया।

43. In which year All India Women's Conference was founded?/किस वर्ष ऑल इंडिया वूमेंस कान्फेरेंस की स्थापना की गई?
(a) 1923
(b) 1925
(c) 1927
(d) More than one of the above / उपर्युक्त में से एक से अधिक
(e) None of the above / उपर्युक्त में से कोई नहीं

BPSC TRE 2.0 14/12/2023 Paper-I

Ans. (c)

अखिल भारतीय महिला सम्मेलन (All India Women's Conference) की स्थापना 1927 ई. में की गई थी।

44. निम्नलिखित में से भारतीय राष्ट्रीय काँग्रेस के किस अधिवेशन में पहली बार मौलिक अधिकारों से सम्बन्धित प्रस्ताव पारित किए गए थे?
(a) सूरत अधिवेशन - 1907
(b) गया अधिवेशन - 1922
(c) कराची अधिवेशन - 1931
(d) उपर्युक्त में से कोई नहीं
(e) उपर्युक्त में से कोई नहीं / उपर्युक्त में से एक से अधिक

In which of the following sessions of the Indian National Congress, resolutions related to fundamental rights were passed for the first time?

(a) Surat Conference – 1907
(b) Gaya Conference – 1922
(c) Karachi session - 1931
(d) None of the above
(e) None of the above / More than one of the above

69th BPSC (Pre) 2023

Ans. (c)

भारतीय राष्ट्रीय कांग्रेस के कराची अधिवेशन-1931 (अध्यक्ष-पटेल) में पहली बार मौलिक अधिकारों से संबंधित प्रस्ताव पारित किये गये। इसके साथ ही राष्ट्रीय आर्थिक कार्यक्रम से सम्बद्ध प्रस्ताव भी पारित किया गया।

45. भारतीय राष्ट्रीय कांग्रेस के किस अधिवेशन में 'पूर्ण स्वराज' का सिद्धांत गृहीत हुआ था?

(a) कानपुर अधिवेशन, 1925
(b) लाहौर अधिवेशन, 1929
(c) कराची अधिवेशन, 1931
(d) उपर्युक्त में से एक से अधिक
(e) उपर्युक्त में से कोई नहीं

In which session of the Indian National Congress was the principle of 'Complete Swaraj' adopted?

(a) Kanpur session, 1925
(b) Lahore session, 1929
(c) Karachi session, 1931
(d) More than one of the above
(e) None of the above

BPSC School Teacher 2023 (Paper-III)

Ans. (b)

भारतीय राष्ट्रीय कांग्रेस के लाहौर अधिवेशन, 1929 में 'पूर्ण स्वराज' का सिद्धांत पारित हुआ था।

46. Who led the movement of Khudai Khidmatgar? खुदाई खिदमतगार आन्दोलन का नेतृत्व किसने दिया?

(a) Khwaja Moinuddin Chishti/ख्वाजा मोहनुद्दीन चिश्ती
(b) Khan Abdul Ghaffar Khan/खान अब्दुल गफ्फार खान
(c) Sir Syed Ahmad Khan/सर सैयद अहमद खान
(d) More than one of the above / उपर्युक्त में से एक से अधिक
(e) None of the above / उपर्युक्त में से कोई नहीं

BPSC TRE 2.0 14/12/2023 Paper-I

Ans. (b)

खुदाई खिदमतगार आन्दोलन उत्तर-पश्चिम सीमांत प्रांत में अब्दुल गफ्फार खान के नेतृत्व में वर्ष 1929 में शुरू हुआ था। यह आन्दोलन गांधी जी के अहिंसात्मक आन्दोलन से प्रेरित था।

47. When was the Poona Pact signed? पूना समझौते पर हस्ताक्षर कब किए गए?

(a) 24th September, 1932/24 सितम्बर, 1932
(b) 24th September, 1930/24 सितम्बर, 1930
(c) 26th September, 1930/26 सितम्बर, 1930
(d) More than one of the above /उपर्युक्त में से एक से अधिक
(e) None of the above/उपर्युक्त में से कोई नहीं

BPSC TRE 2.0 09/12/2023 (Paper-II)

Ans.(a)

पूना समझौता मदन मोहन मालवीय, सी. राजगोपालचारी, जयकर, तेजबहादुर सप्रू, घनश्याम दास बिड़ला इत्यादि नेताओं के प्रयासों से 24 सितम्बर, 1932 को महात्मा गाँधी और दलित नेता बी. आर. अम्बेडकर के बीच हुआ, जिसे पूना समझौता के नाम से जाना जाता है।

48. Which important event took place on 5th March, 1931? 5 मार्च, 1931 को कौन-सी महत्वपूर्ण घटना घटी?

(a) Gandhi-Irwin Pact/गाँधी-इरविन समझौता
(b) Gandhi attended the Round Table Conference /गाँधी का गोलमेज सम्मेलन में भाग लेना
(c) Karachi Congress/कराची काँग्रेस
(d) More than one of the above / उपर्युक्त में से एक से अधिक
(e) None of the above/उपर्युक्त में से कोई नहीं

BPSC TRE 2.0 09/12/2023 (Paper-II)

Ans.(a)

ऐतिहासिक गाँधी-इरविन समझौता 5 मार्च 1931 को महात्मा गाँधी और वायसराय लार्ड इरविन के बीच सम्पन्न हुआ।

49. पूना पैक्ट का उद्देश्य था
(a) रियासतों के साथ संघ का निर्माण
(b) भारतीय राष्ट्रीय काँग्रेस में महिलाओं का प्रतिनिधित्व
(c) दलित वर्ग का राजनीतिक प्रतिनिधित्व
(d) उपर्युक्त में से एक से अधिक
(e) उपर्युक्त में से कोई नहीं
The objective of Poona Pact was
(a) Formation of union with princely states
(b) Representation of women in the Indian National Congress
(c) Political representation of Dalit class
(d) More than one of the above
(e) None of the above

BPSC School Teacher 2023(Paper- II) Shift-2

Ans. (c)

पूना पैक्ट का उद्देश्य दलित वर्ग को राजनीतिक प्रतिनिधित्व प्रदान करना था। 24 सितंबर, 1932 को डॉ. अम्बेडकर तथा महात्मा गाँधी एवं अन्य हिन्दू नेताओं के प्रयत्न से पुणे की यरवदा सेंट्रल जेल में समझौता किया गया था। इसके तहत प्रान्तीय विधानमण्डल में दलित वर्ग की सीटें 71 से बढ़ाकर 148 कर दी गई।

50. अंबाबाई, एक स्वतन्त्रता सेनानी, भारत के किस राज्य की थीं?
(a) केरल
(c) कर्नाटक
(b) आंध्र प्रदेश
(d) मध्य प्रदेश
(e) उपर्युक्त में से कोई नहीं / उपर्युक्त में से एक से अधिक
Ambabai, a freedom fighter, belonged to which state of India?
(a) Kerala
(c) Karnataka
(b) Andhra Pradesh
(d) Madhya Pradesh
(e) None of the above / More than one of the above

69th BPSC (Pre) 2023

Ans. (c)

अंबाबाई, एक स्वतन्त्रता सेनानी, भारत के कर्नाटक राज्य की मूल निवासी थीं।

51. Gandhi's famous 'Dandi March' is Popularly known as गाँधी की प्रसिद्ध 'डांडी यात्रा' को कौन-सा आन्दोलन कहा जाता है?
(a) Salt Satyagraha/नमक सत्याग्रह
(b) Khilafat Movement/खिलाफत आन्दोलन
(c) Quit Inia Movement/भारत छोड़ो आन्दोलन
(d) More than one of the above / उपर्युक्त में से एक से अधिक
(e) None of the above/उपर्युक्त में से कोई नहीं

BPSC TRE2.0 SST 6th to 8th (9 Dec, 2023)

Ans. (a):

गाँधी जी की प्रसिद्ध दांडी यात्रा को नमक आन्दोलन कहा जाता है।

52. Who led the Civil Disobedience Movement in Northwest region of the India subcontinent? भारतीय उपमहाद्वीप के उत्तर-पश्चिम क्षेत्र में सविनय अवज्ञा आन्दोलन का नायक कौन था?
(a) Abul Kalam Azad/अबुल कलाम आजाद
(b) Shaukat Ansari/शौकत अन्सारी
(c) Abdul Gaffar Khan/अब्दुल गफ्फार खान
(d) More than one of the above उपर्युक्त में से एक से अधिक
(e) None of the above/उपर्युक्त में से कोई नहीं

BPSC TRE2.0 SST 6th to 8th (9 Dec, 2023)

Ans. (c):

भारतीय उपमहाद्वीप के उत्तर-पश्चिम क्षेत्र में सविनय अवज्ञा आन्दोलन (1930 ई.) का नायक अब्दुल गफ्फार खान थे। सरहदी गाँधी (सीमान्त गाँधी), बच्चा खाँ तथा बादशाह खान जैसी उपाधियों से विभूषित अब्दुल गफ्फार खान का जन्म पेशावर (पाकिस्तान) में हुआ था। इन्होंने सविनय अवज्ञा आंदोलन के दौरान उत्तर-पश्चिम सीमा प्रांत में खुदाई खिदमतगार नामक संगठन की सहायता से लाल कुर्ती आंदोलन चलाया था।

53. Who led the Salt Satyagraha on 6th April, 1930 in Champaran? 6 अप्रैल, 1930 को चंपारण में नमक सत्याग्रह का नेतृत्व किसने किया
(a) Bepin Behari Varma/बिपिन बिहारी वर्मा
(b) Laxmi Narayan Jha/लक्ष्मी नारायण झा
(c) Ramlal Prasad/रामलाल प्रसाद
(d) More than one of the above / उपर्युक्त में से एक से अधिक
(e) None of the above/उपर्युक्त में से कोई नहीं

BPSC TRE 2.0 09/12/2023 (Paper-II)

Ans.(a)
6 अप्रैल, 1930 को सारण एवं चम्पारण में नमक सत्याग्रह का नेतृत्व बिपिन बिहारी वर्मा ने किया था।

54. What was the objective of Puna Agreement? पूना समझौते का उद्देश्य क्या था?
(a) Hindu-Muslim unity /हिंदू-मुस्लिम एकता
(b) Representation of Dalit class दलित वर्ग का प्रतिनिधित्व
(c) Special rights to kings राजाओं को विशेषाधिकार देना
(d) More than one of the above उपर्युक्त में से एक से अधिक
(e) None of the above/उपर्युक्त में से कोई नहीं

BPSC TRE2.0 SST 9th to 10th (26 Aug, 2023)

Ans. (b):
पूना समझौते का उद्देश्य दलित वर्ग का प्रतिनिधित्व था।
पूना पैक्ट के अनुसार विभिन्न प्रान्तीय विधान मण्डलों में दलित वर्ग के लिए 148 सीट आरक्षित की गई तथा केन्द्रीय विधानमण्डल में 18% सीटें दलित वर्ग के लिए आरक्षित की गई।

55. How many volunteers were accompanied Gandhiji in the Dandi March? डांडी यात्रा में गाँधी के साथ कितने स्वयंसेवियों ने प्रतिभाग किया था?
(a) 98
(b) 78
(c) 87
(d) More than one of the above/उपर्युक्त में से एक से अधिक
(e) None of the above/उपर्युक्त में से कोई नहीं

Ans.(b):
12 मार्च 1930 ई. को गाँधी जी ने दाण्डी यात्रा की शुरुआत की थी। गाँधी जी साबरमती आश्रम, अहमदाबाद से अपने 78 अनुयायियों के साथ गुजरात के समुद्र तट पर स्थित डांडी (नौसारी जिला) के लिए निकल पड़े

56. वह पहला भारतीय कौन था, जो हाउस ऑफ कॉमंस का सदस्य बना था?
(a) एस. एन. बनर्जी
(b) जी. के. गोखले
(c) सी. आर. दास
(d) दादाभाई नौरोजी
(e) उपयुक्त में से कोई नहीं/उपयुक्त में से एक से अधिक
Who was the first Indian to become a member of the House of Commons?
(a) S. N. Banerjee
(b) G.S. K.S. Gokhale
(c) C.R. Slave
(d) Dadabhai Naoroji
(e) None of the above/More than one of the above

BPSC DACO 2021

ANSWER - D
दादाभाई नौरोजी पहले ऐसे भारतीय थे तो उदारवादी दल से ब्रिटिश संसद में 1892 के आम चुनाव में फिन्सबरी सीट से जीत कर हाउस ऑफ कॉमन्स के सदस्य बने।

57. गांधी-इरविन समझौते पर हस्ताक्षर होने वाला वर्ष है-
(a) 1930
(b) 1931
(c) 1929
(d) 1935
The year in which Gandhi-Irwin Pact was signed is-
(a) 1930
(b) 1931
(c) 1929
(d) 1935

Bihar Police Constable 15/12/2013
Police Avar Nirikshak Exam 22/12/2019 (Shift-1)

Ans. (b):

5 मार्च 1931 को महात्मा गांधी और तत्कालीन वायसराय लॉर्ड इरविन के बीच एक राजनैतिक समझौता हुआ जिसे गांधी इरविन समझौता या दिल्ली पैक्ट भी कहते हैं।

58. निम्नलिखित में से किसने तीनों गोलमेज सम्मेलनों में भाग लिया था?
(a) वल्लभभाई पटेल
(b) मदन मोहन मालवीय
(c) बी०आर० अम्बेडकर
(d) सुभाष चन्द्रबोस
Who among the following participated in all three Round Table Conferences?
(a) Vallabhbhai Patel
(b) Madan Mohan Malviya
(c) B.R. Ambedkar
(d) Subhash Chandrabose

Ashu Avar Nirikshak (PT) 26-08-2018

Ans : (c)
बी. आर. अम्बेडकर ने तीनों गोलमेज सम्मेलनों में भाग लिया था। कांग्रेस ने केवल द्वितीय गोलमेज सम्मेलन में ही के गांधी जी के नेतृत्व में भाग लिया था।

59. कांग्रेस ने किस एकमात्र गोलमेज सम्मेलन में भाग लिया?
(a) प्रथम
(b) द्वितीय
(c) तृतीय
(d) चतुर्थ
In which only Round Table Conference did Congress participate?
(a) first
(b) second
(c) third
(d) fourth

BSSC Swagatak 28.05.2007

Ans. (b)
कांग्रेस ने द्वितीय गोलमेज के आयोजन में भाग लिया था। यह सम्मेलन 7 सितम्बर, 1931 से 1 दिसम्बर 1931 तक चला। इस सम्मेलन में कांग्रेस की तरफ से गांधीजी ने भाग लिया था। इस आयोजन में शामिल होने के लिए गांधी जी 'एस.एस. राजपूताना' नामक जहाज से गये थे।

60. 1932 का पूना पैक्ट सम्बन्धित था-
(a) दलित वर्गों के राजनीतिक अधिकारों
(b) जनरल वर्ग के लिए
(c) कृषि क्षेत्र के लिए
(d) उत्पादन वर्ग के लिए
Poona Pact of 1932 was related to-
(a) Political rights of Dalit classes
(b) For general category
(c) For agricultural sector
(d) For production class

Bihar Police Madya Nishedh Constable Exam 16/10/2022

Ans. (a)
24 सितम्बर 1932 ई० को बाबा साहब भीमराव अम्बेडकर और महात्मा गाँधी, के मध्य मदन मोहन मालवीय के प्रयास से एक समझौता हुआ जिसे पूना पैक्ट कहा जाता है।

61. महात्मा गाँधी और बाबा साहेब अम्बेडकर के बीच पूना संधि कब की गई?
(a) 1919
(b) 1932
(c) 1937
(d) 1935
When was the Poona Treaty signed between Mahatma Gandhi and Baba Saheb Ambedkar?
(a) 1919
(b) 1932
(c) 1937
(d) 1935

BSSC Second Graduate Level (Pre) Exam 16.02.2015

Ans. (b)
24 सितम्बर 1932 ई० को बाबा साहब भीमराव अम्बेडकर और महात्मा गाँधी, के मध्य मदन मोहन मालवीय के प्रयास से एक समझौता हुआ जिसे पूना पैक्ट कहा जाता है।

62. निम्नलिखित में से किसने सांप्रदायिक पंचाट की घोषणा की?
(a) रिचर्ड एटली
(b) केर स्टार्मर

(c) रैम्जे मैक्डोनाल्ड
(d) मैट हैकॉक
Who among the following announced communal arbitration?
(a) Richard Attlee
(b) Keir Starmer
(c) Ramsey Macdonald
(d) Matt Haycock

Bihar Police Constable Exam 21/03/2021 (Shift-II)

Ans. (c)

रैम्जे मैक्डोनाल्ड ने 16 अगस्त 1932 ई0 'साम्प्रदायिक पंचाट' की घोषणा की।

63. किस अधिनियम के बारे में जवाहरलाल नेहरू ने कहा था कि 'हमें एक ऐसी कार दी गई थी जिसमें सब ब्रेक थे किंतु इंजन नहीं था'?
(a) 1858 का अधिनियम
(b) 1909 का अधिनियम
(c) 1919 का अधिनियम
(d) 1935 का अधिनियम
(e) उपर्युक्त में से कोई नहीं या उपर्युक्त में से एक से अधिक
About which Act did Jawaharlal Nehru say that 'We were given a car which had all the brakes but no engine'?
(a) Act of 1858
(b) Act of 1909
(c) Act of 1919
(d) Act of 1935
(e) None of the above or more than one of the above

66th BPSC (Pre) 2020

Ans - (d)

1935 का भारतीय शासन अधिनियम के बारे में जवाहर लाल नेहरू ने कहा था कि "हमें एक ऐसी कार दी गई थी जिसमें ब्रेक तो था किन्तु इंजन नहीं था।"

64. सन 1935 के विधेयक के तहत गठित संयुक्त संसदीय समिति के अध्यक्ष थे, जिसके परिणाम स्वरुप भारत सरकार कानून 1935 निर्मित हुआ-
(a) लॉर्ड लिनलिथगो
(b) जेम्स मैकडॉनल्ड
(c) विंस्टर्न चर्चिल
(d) क्लेमेंट इटली
(e) उपर्युक्त में से कोई नहीं है / उपर्युक्त में से एक से अधिक
He was the Chairman of the Joint Parliamentary Committee formed under the Bill of 1935, as a result of which the Government of India Act 1935 was created.-
(a) Lord Linlithgow
(b) James McDonald
(c) Winstern Churchill
(d) Clement Italy
(e) None of the above / More than one of the above

46th BPSC (Pre) 2003-04

उत्तर-(a)

अंतिम गोलमेज सम्मेलन नवम्बर, 1932 में हुआ। एक श्वेत पत्र जारी किया गया, जिस पर ब्रिटेन की संसद की संयुक्त प्रवर समिति ने विचार किया। इस समिति के अध्यक्ष लार्ड लिनलिथगो थे। इसके सुझावों के आधार पर 1935 ई. का अधिनियम बनाया गया।

INM

भारत छोड़ो आन्दोलन

(Quit India Movement)

1. नवंबर 1942 में जयप्रकाश नारायण किस जेल से भाग निकले?
(a) बेतिया जेल
(b) मोतिहारी जेल
(c) हाजीपुर जेल
(d) हजारीबाग सेंट्रल जेल
(e) उपर्युक्त में से कोई नहीं या उपर्युक्त में से एक से अधिक
From which jail did Jayaprakash Narayan escape in November 1942?
(a) Bettiah Jail
(b) Motihari Jail
(c) Hajipur Jail
(d) Hazaribagh Central Jail
(e) None of the above or more than one of the above

31th BPSC (J)-2022

Ans. (d) :
नवम्बर 1942 में जय प्रकाश नारायण हजारीबाग सेन्ट्रल जेल से अपने पाँच साथियों के साथ भाग निकले थे। इसके बाद जेल में बंद क्रांतिकारियों ने दिवाली का त्यौहार मनाया था।

2. भारत छोड़ो आंदोलन के दौरान बकरी का टापू में अखिल भारतीय आजाद दस्ता का गठन किया गया था-
(a) राम मनोहर लोहिया ने
(b) उषा मेहता ने
(c) चित्तू पांडे ने
(d) जयप्रकाश नारायण ने
(e) उपर्युक्त में से कोई नहीं या उपर्युक्त में से एक से अधिक
All India Azad Dasta was formed in Bakri Ka Tapu during the Quit India Movement.-
(a) Ram Manohar Lohia
(b) Usha Mehta
(c) Chittu Pandey
(d) Jaiprakash Narayan
(e) None of the above or more than one of the above

66th BPSC (Pre) (Re-Exam) 2020

Ans - (d)
जय प्रकाश नाराग्रण को ब्रिटिश भारतीय सीमा के बाहर नेपाल की तराई के 'बकरी का टापू' में अंग्रेजों के खिलाफ गुरिल्ला की तैयारी के दौरान 21 मई, 1943 ई. को ब्रिटिश हुकूमत के दबाव में में नेपाल की पुलिस ने गिरफ्तार कर लिया।

3. 'भारत छोड़ो आंदोलन' का प्रस्ताव कहां पारित हुआ था?
(a) नागपुर
(b) पूना
(c) मद्रास
(d) बंबई
(e) उपर्युक्त में से कोई नहीं या उपर्युक्त में से एक से अधिक
Where was the resolution of 'Quit India Movement' passed??
(a) Nagpur
(b) Poona
(c) Madras
(d) Bombay
(e) None of the above or more than one of the above

BPSC Motor Vehicle Insp. 2022
Bihar CDPO (प्रा.) परीक्षा-1998

Ans. (d):
भारत छोड़ो आन्दोलन का प्रस्ताव 8 अगस्त 1942 को बम्बई में अखिल भारतीय कांग्रेस कमेटी के सत्र में पारित किया गया तथा गांधी जी द्वारा ग्वालिया टैंक मैदान में अपने भाषण में "करो या मरो' का नारा दिया गया था।

4. क्रिप्स प्रस्ताव को एक टूटते हुए बैंक पर बाद की तिथि का चेक के रूप में किसने वर्णित किया?
(a) महात्मा गांधी
(b) जवाहरलाल नेहरू

(c) सरदार पटेल
(d) मौलाना अब्दुल कलाम आजाद
(e) उपर्युक्त में से कोई नहीं या उपर्युक्त में से एक से अधिक

Who described the Cripps proposal as a post-dated check on a failing bank??
(a) Mahatma Gandhi
(b) Jawaharlal Nehru
(c) Sardar Patel
(d) Maulana Abdul Kalam Azad
(e) None of the above or more than one of the above

BPSC Head Master 2022
44 BPSC (Pre) 2000-01

Ans. (a)
द्वितीय विश्व युद्ध में भारत का सहयोग प्राप्त करने हेतु क्रिप्स मिशन को 1942 में भारत भेजा। गांधी जी ने इसे 'आगे की तारीख वाला चेक' (Post Dated Cheque) कहा था, जिसमे जवाहर नेहरू ने जोड़ दिया कि जिसका बैंक नष्ट होने वाला है।

5. महात्मा गांधी द्वारा 1940 में प्रारंभ किए गए व्यक्तिगत सत्याग्रह के तीसरे सत्याग्रही कौन थे?
(a) विनोबा भावे
(b) जवाहरलाल नेहरू
(c) राजेंद्र प्रसाद
(d) ब्रह्मदत्त
(e) उपर्युक्त में से कोई नहीं या उपर्युक्त में से एक से अधिक

Who was the third Satyagrahi of the Individual Satyagraha started by Mahatma Gandhi in 1940??
(a) Vinoba Bhave
(b) Jawaharlal Nehru
(c) Rajendra Prasad
(d) Brahmadutt
(e) None of the above or more than one of the above

67th BPSC (Pre)2022

Ans. (d):
व्यक्तिगत सत्याग्रह का प्रारम्भ 17 अक्टूबर, 1940 में वर्धा के निकट पवनार ग्राम से शुरू हुआ। प्रथम सत्याग्रही विनोबा भावे , दूसरे सत्याग्रही जवाहर लाल नेहरू और तीसरे सत्याग्रही ब्रह्मदत्त थे।

6. भारत छोड़ो आंदोलन के दौरान खुफिया रेडियो किसने प्रारंभ किया?
(a) उषा मेहता
(b) सुभद्रा कुमारी चौहान
(c) सुचेता कृपलानी
(d) एनी बेसेंट
(e) उपर्युक्त में से कोई नहीं या उपर्युक्त में से एक से अधिक

Who started intelligence radio during the Quit India Movement?
(a) Usha Mehta
(b) Subhadra Kumari Chauhan
(c) Sucheta Kripalani
(d) Annie Besant
(e) None of the above or more than one of the above

67th BPSC (Pre)2022

Ans. (a):
बम्बई के ग्वालियर टैंक में 8 अगस्त, 1942 को आयोजित इस बैठक में भारत छोड़ो का प्रस्ताव पारित किया गया। भारत छोड़ो आंदोलन के दौरान उषा मेहता ने बम्बई में भूमिगत 'खुफिया रेडियो' की स्थापना की। इसका नाम 'द वॉयस ऑफ फ्रीडम' रखा गया था।

7. भारत छोड़ो आंदोलन के दौरान इनमें से कौन हजारीबाग जेल से फरार हुए?
(a) सच्चिदानंद सिन्हा
(b) जयप्रकाश नारायण
(c) जगजीवन राम
(d) रफी अहमद किदवई
(e) उपर्युक्त में से कोई नहीं या उपर्युक्त में से एक से अधिक

Who among the following escaped from Hazaribagh jail during the Quit India Movement?
(a) Sachchidanand Sinha
(b) Jaiprakash Narayan
(c) Jagjivan Ram
(d) Rafi Ahmed Kidwai
(e) None of the above or more than one of the above

67th BPSC(Pre) Nirast 2021

31 Bihar (J) Pre 2020 BPSC LDC (Pre) 2021

Ans. (b):

भारत छोड़ो आन्दोलन के दौरान अयप्रकाश नारायण को गिरफ्तार कर हजारी बाग सेन्ट्रल जेल में रखा गया। परन्तु कुछ ही दिनों में वे जेल की दीवार को फांदकर फरार हो गये तथा भूमिगत होकर आजाद दस्ता का गठन किया।

8. 11 अगस्त,1942 को पटना शहर में भारत छोड़ो आंदोलन का किन्होंने मार्गदर्शन किया?

(a) जमींदारों ने

(b) मुखियाओं ने

(c) रिक्शा चलाने वालों और इक्का चलाने वालों ने

(d) नगर के अधीनस्थ नागरिकों ने

(e) उपर्युक्त में से कोई नहीं या उपर्युक्त में से एक से अधिक

Who guided the Quit India Movement in Patna city on August 11, 1942?

(a) The landlords

(b) The chiefs

(c) Rickshaw pullers and rickshaw pullers

(d) The subordinate citizens of the city

(e) None of the above or more than one of the above

BPSC CDPO 2021

Ans. (e):

11 अगस्त 1942 को पटना शहर में भारत छोड़ो आन्दोलन को नेतृत्व विद्यावियों ने किया। विद्यार्थियों के एक जुलूस ने सचिवालय भवन के सामने विधायिका की इमारत पर राष्ट्रीय झण्डा फहराने की कोशिश की। पटनों के जिलाधीश डब्ल्यू, जी, आर्चर के आदेश पर पुलिस ने गोली चलायी, जिसमें 7 विद्यार्थी मारे गए तथा अनेक घायल हुए।

9. 'क्रिप्स के प्रस्ताव में वास्तव में हमें कुछ नहीं दिया यदि हम प्रस्तावों को स्वीकार करते हैं. तो हमें भविष्य में पछताना पड़ता..... युद्ध ने भारत को अपनी स्वतंत्रता प्राप्त करने का अच्छा अवसर प्रदान किया था. केवल एकवचन पर आधारित होने के कारण हमें इसे खोना नहीं चाहिए यह शब्द किसने लिखे?

(a) जवाहरलाल नेहरू

(b) मौलाना अबुल कलाम आजाद

(c) महात्मा गांधी

(d) सुभाष चंद्र बोस

(e) उपर्युक्त में से कोई नहीं या उपर्युक्त में से एक से अधिक

'The Cripps proposal really gives us nothing if we accept the proposals. Then we would have to repent in future... The war had provided a good opportunity for India to achieve its independence. We should not lose it because it is based on only one verse. Who wrote these words??

(a) Jawaharlal Nehru

(b) Maulana Abul Kalam Azad

(c) Mahatma Gandhi

(d) Subhash Chandra Bose

(e) None of the above or more than one of the above

BPSC CDPO 2021

Ans. (b):

ये शब्द मौलाना अबुल कलाम आजाद द्वारा क्रिप्स मिशन के सम्बन्ध में कहे गये।

ब्रिटिश प्रधानमंत्री चर्चिल ने सर स्टैफर्ड क्रिप्स के नेतृत्व में मार्च 1942 में क्रिप्स मिशन भेजा।

गाँधीजी - "यह आगे की तारीख का चेक था, जिसका बैंक नष्ट होने वाला था।"

जवाहर लाल नेहरू - "क्रिप्स योजना को स्वीकार करना भारत को अनिश्चित खण्डों में विभाजित करने के लिए मार्ग प्रशस्त करना था।"

10. भारत छोड़ो आंदोलन का नेतृत्व किया था -

(a) बी. आर अंबेडकर ने

(b) जवाहरलाल नेहरू ने

(c) महात्मा गांधी ने

(d) उपर्युक्त में से कोई नहीं

(e) उपर्युक्त में से एक से अधिक

Quit India Movement was led by –

(a) B. R Ambedkar

(b) Jawaharlal Nehru

(c) Mahatma Gandhi

(d) None of the above

(e) More than one of the above

45th BPSC (Pre) 2002

Ans - (d)

भारत छोड़ो आन्दोलन का प्रस्ताव 8 अगस्त, 1942 को मुम्बई के ग्वालिया टैंक मैदान में पास किया गया तथा 9 अगस्त की सुबह गांधी जी सहित सभी प्रमुख नेताओं को गिरफ्तार कर लिया गया। भारत छोड़ो आन्दोलन स्वतः स्फूर्त हो गया तथा जनता ने स्वयं अपना नेतृत्व किया।

11. भारत छोड़ो आन्दोलन के प्रस्तावक कौन थे?
(a) आचार्य नरेन्द्रदेव
(b) जे.बी. कृपलानी
(c) मौलाना अब्दुल कलाम आजाद
(d) जवाहर लाल नेहरू
Who was the proponent of Quit India Movement?
(a) Acharya Narendradev
(b) J.B. Kripalani
(c) Maulana Abdul Kalam Azad
(d) Jawaharlal Nehru

Bihar Daroga 17-12-2023 shift -2

Ans. (d)

भारत छोड़ो आन्दोलन का प्रस्ताव कांग्रेस के वर्ष 1942 के मुम्बई अधिवेशन में जवाहर लाल नेहरू द्वारा पेश किया गया था।

12. भारत छोड़ो आंदोलन, 1942 के समय जेल से भागकर किसने भूमिगत होकर लड़ाई लड़ी ?
(a) जय प्रकाश नारायण
(b) श्री कृष्णा सिन्हा
(c) फुलन प्रसाद वर्मा
(d) अनुग्रह नारायण सिन्हा
Who escaped from jail and fought underground during the Quit India Movement, 1942?
(a) Jai Prakash Narayan
(b) Shri Krishna Sinha
(c) Phoolan Prasad Verma
(d) Anugrah Narayan Sinha

Pravartan Avar Nirikshak Exam 29/08/2021

Ans. (a)

1942 के भारत छोड़ो आंदोलन के समय जय प्रकाश नारायण ने जेल से भाग कर भूमिगत होकर लड़ाई लड़ी थी। वरिष्ठ नेताओं के गिरफ्तार हो जाने पर जयप्रकाश नारायण ने राम मनोहर लोहिया और अरुणा आसफ अली के साथ मिलकर आंदोलन का नेतृत्व किया। बाद में जय प्रकाश नारायण को गिरफ्तार कर हजारीबाग जेल मे रखा गया जहाँ से दीवाली के दिन वे भागने में सफल हो गए और बाद में 'भूमिगत' रहकर आंदोलन का नेतृत्व किया तथा "आजाद दस्ता" नामक एक संगठन बनाया।

13. भारत छोड़ो आंदोलन के समय इंग्लैंड का प्रधानमंत्री था-
(A) चैंबरलेन
(b) चर्चिल
(c) क्लिमेंट एटली
(d) मैकडोनाल्ड
(e) उपर्युक्त में से कोई नहीं है उपर्युक्त में से एक से अधिक
The Prime Minister of England at the time of Quit India Movement was-
(A) Chamber Lane
(b) Churchill
(c) Clement Attlee
(d) McDonald's
(e) None of the above More than one of the above

47th BPSC (Pre) 2004-05

Ans - (b)

इंग्लैंड के प्रधानमंत्री

सर विस्टन चर्चिल - 1940-1945 ई

क्लीमेंट एटली - 1945-1951 ई

चैम्बरलेन - 1937 से 1940 तक

मैक्डोनाल्ड - 1924 से 1924 तक तथा 1929 से 1935 तक

14. भारत छोड़ो आंदोलन कब प्रारंभ हुआ?
(a) 9 अगस्त 1942
(b) 10 अगस्त 1942
(c) 15 अगस्त 1942
(d) 16 अगस्त 1942
(e) उपर्युक्त में से कोई नहीं है उपर्युक्त में से एक से अधिक
When did the Quit India Movement start??
(a) 9 August 1942
(b) 10 August 1942

(c) 15 August 1942
(d) 16 August 1942
(e) None of the above More than one of the above

48th-52nd BPSC (Pre) 2007-08
44th BPSC (Pre) 2000-01

Ans - (a)

14 जुलाई, 1942 को वर्धा में आयोजित कांग्रेस कार्यसमिति की बैठक में 'भारत छोड़ो आन्दोलन' पर एक प्रस्ताव पारित किया गया। 8 अगस्त, 1942 को बम्बई के ऐतिहासिक ग्वालिया टैंक मैदान में अखिल भारतीय कांग्रेस कमेटी की वार्षिक बैठक मौलान अबुल कलाम आजाद की अध्यक्षता में हुई जिसमें वर्धा प्रस्ताव (भारत छोड़ो) की पुष्टि कर दी गई। भारत छोड़ो आंदोलन के 9 अगस्त, 1942 को शुरू होते ही Operation Zero Hour के तहत गांधी जी तथा अन्य चोटी के कांग्रेस नेताओं को गिरफ्तार कर लिया गया।

15. कौन सी घटना सबसे पहले हुई?
(a) भारत छोड़ो आंदोलन का प्रस्ताव
(b) क्रिप्स मिशन का आगमन
(c) गवर्नर जनरल के पद पर लॉर्ड वेवेल का आगमन
(d) कैबिनेट मिशन का आगमन
(e) उपर्युक्त में से कोई नहीं है उपर्युक्त में से एक से अधिक

Which event happened first??
(a) Proposal for Quit India Movement
(b) Arrival of Cripps Mission
(c) Arrival of Lord Wavell to the post of Governor General.
(d) Arrival of Cabinet Mission
(e) None of the above or more than one of the above

67th BPSC(Pre) Nirast 2021

Ans. (b):

भारत छोड़ो आन्दोलन का प्रस्ताव - 14 जुलाई, 1942

गवर्नर जनरल के पद पर लॉर्ड वेवल का आगमन - जून, 1943

कैबिनेट मिशन का आगमन - 24 मार्च, 1946

16. करो या मरो का नारा किस से संबंधित है?
(a) लाला लाजपत राय
(b) महात्मा गांधी
(c) बाल गंगाधर तिलक
(d) सुभाष चंद्र बोस
(e) उपर्युक्त में से कोई नहीं है उपर्युक्त में से एक से अधिक

Do or die slogan is related to?
(a) Lala Lajpat Rai
(b) Mahatma Gandhi
(c) Bal Gangadhar Tilak
(d) Subhash Chandra Bose
(e) None of the above More than one of the above

41 BPSC (Pre) 1996
45th BPSC (Pre) 2002

Ans - (b)

अखित भारतीय कांग्रेस कमेटी की मीटिंग 8 अगस्त, 1942 को बंबई में हुई, जिसमें प्रसिद्ध भारत छोड़ो प्रस्ताव स्वीकार किया गया तथा इस मीटिंग में लोगों को संबोधित करते हुए गाँधी जी ने कहा कि मैं आप को मंत्र देता हूँ "करो या मरों" जिसका अर्थ था भारत की जनता देश की आजादी के लिए हर संभव प्रयत्न करे।

17. जयप्रकाश नारायण को राष्ट्रीय स्तर के नेता की पहचान किस संदर्भ में मिली?
(a) भारत छोड़ो आंदोलन
(b) कांग्रेस समाजवादी दल की स्थापना
(c) भूदान आंदोलन
(d) उनको कांग्रेस कार्यकारिणी का सदस्य बनाया जाना
(e) उपर्युक्त में से कोई नहीं है उपर्युक्त में से एक से अधिक

In what context did Jayprakash Narayan get the recognition of a national level leader??
(a) Quit India Movement
(b) Establishment of Congress Samajwadi Party
(c) Bhoodan Movement
(d) Making him a member of the Congress Executive
(e) None of the above More than one of the above

41 BPSC (Pre) 1996
48th-52 BPSC (Pre) 2007-08

Ans - (a)

जयप्रकाश नारायण को भारत छोड़ों आन्दोलन के दौरान राष्ट्रीय नेता के रूप में पहचान मिली।

18. अखिल भारतीय कांग्रेस कमेटी ने भारत छोड़ो प्रस्ताव पास किया वर्ष-
(a) 1970 में
(b) 1917 में
(c) 1930 में
(d) 1942 में
(e) उपर्युक्त में से कोई नहीं है उपर्युक्त में से एक से अधिक

Year All India Congress Committee passed Quit India resolution-
(a) in 1970
(b) in 1917
(c) in 1930
(d) in 1942
(e) None of the above More than one of the above

42 BPSC (Pre) 1997-98

Ans - (d)

14 जुलाई, 1942 में कांग्रेस कार्य समिति की वर्षा बैठक में 'अंग्रेजों भारत छोड़ो प्रस्ताव' पारित किया गया। 8 अगस्त, 1942 को अखिल भारतीय कांग्रेस की बैठक बम्बई के ऐतिहासिक 'ग्वालिया टैंक मैदान' में हुई। इस प्रस्ताव को कांग्रेस ने थोड़े बहुत संशोधनों के बाद इसे स्वीकार कर लिया।

19. 14 जुलाई 1942 में वर्धा में महात्मा गांधी जी ने कांग्रेस की कार्यकारी समिति में अपने भारत छोड़ो आंदोलन की चर्चा की, तब उस समिति के अध्यक्ष थे-
(a) राजगोपालाचारी
(b) मौलाना अबुल कलाम आजाद
(c) पंडित जवाहरलाल नेहरु
(d) डॉक्टर एनी बेसेंट
(e) उपर्युक्त में से कोई नहीं है उपर्युक्त में से एक से अधिक

On 14 July 1942, in Wardha, Mahatma Gandhi discussed his Quit India Movement in the Executive Committee of the Congress, then the chairman of that committee was-
(a) Rajagopalachari
(b) Maulana Abul Kalam Azad
(c) Pandit Jawaharlal Nehru
(d) Dr. Annie Besant
(e) None of the above More than one of the above

43rd BPSC (Pre) 1999

Ans - (b)

कांग्रेस कार्य समिति ने वर्धा की बैठक में 14 जुलाई, 1942 को इस आन्दोलन के लिए निर्णय किया। इस समिति के अध्यक्ष मौलाना अबुल कलाम आजाद थे।

20. जयप्रकाश नारायण किस आंदोलन से संबंधित थे?
(a) चम्पारण आन्दोलन
(b) असहयोग आंदोलन
(c) वैयक्तिक सत्याग्रह आंदोलन
(d) भारत छोड़ो आंदोलन
(e) उपर्युक्त में से कोई नहीं है उपर्युक्त में से एक से अधिक

Jayaprakash Narayan was related to which movement??
(a) Champaran Movement
(b) Non-cooperation movement
(c) Individual Satyagraha Movement
(d) Quit India Movement
(e) None of the above More than one of the above

44 BPSC (Pre) 2000-01

Ans - (d)

'लोकनायक' के नाम से प्रसिद्ध जय प्रकाश नारायण भारत छोड़ो आंदोलन के समय हजारीबाग जेल में बन्द थे। जेल की चहारदीवारी को फांदकर जय प्रकाश ने भूमिगत रहते हुए अच्युत पटवर्धन, अरूणा आसफ अली तथा अन्य नेताओं के साथ भारत छोड़ो आंदोलन में अपनी सक्रिय भूमिका निभायी।

21. स्वाधीनता आंदोलन के दौरान महात्मा गांधी के करीबी अंग्रेज मित्र थे-
(a) रेवेरेंट थॉमस मूर
(b) ए ओ ह्यूम
(c) रेवरंड चार्ली एन्ड्रूज
(d) विलियम वावेल
(e) उपर्युक्त में से कोई नहीं है उपर्युक्त में से एक से अधिक

Mahatma Gandhi's close British friends during the independence movement were-
(a) Reverend Thomas Moore
(b) A. O. Hume
(c) Reverend Charlie Andrews
(d) William Wavell
(e) None of the above More than one of the above

46th BPSC (Pre) 2003-04

Ans: (c)
स्वाधीनता आन्दोलन के दौरान 1942 ई. के भारत छोड़ो आन्दोलन में महात्मा गाँधी के आमरण अनशन के समय इनके अंग्रेजी मित्र रेवरण्ड चार्ली एन्डयूज उपस्थित थे।

22. इलाहाबाद में संपन्न कांग्रेस कार्यकारिणी समिति की बैठक (अप्रैल-मई 1947)में निम्नलिखित सदस्यों में से एक सदस्य भारत के नाजीवाद, फासीवाद तथा साम्राज्यवाद विरोधी निश्चित रूख के कारण जापान के विरुद्ध गुरिल्ला युद्ध की अपनी योजना के पक्ष में बहुमत जुटाने में सक्षम हुए थे, वे थे-
(a) सुभाष चंद्र बोस
(b) सरोजिनी नायडू
(c) मौलाना आजाद
(d) जवाहरलाल नेहरू
(e) उपर्युक्त में से कोई नहीं है उपर्युक्त में से एक से अधिक
In the Congress Working Committee meeting held at Allahabad (April-May 1947), one of the following members was able to gather majority in favor of his plan of guerrilla war against Japan due to India's definite stand against Nazism, Fascism and imperialism. happened, they were-
(a) Subhash Chandra Bose
(b) Sarojini Naidu
(c) Maulana Azad
(d) Jawaharlal Nehru
(e) None of the above More than one of the above

46th BPSC (Pre) 2003-04

Ans - (d)
जवाहर लाल नेहरू ने इलाहाबाद में सम्पन्न कांग्रेस कार्य समिति की बैठक में भारत के नाजीवाद, फासीवाद तथा साम्राज्यवाद विरोधी रुख के कारण जापान के विरुद्ध गुरिल्ला युद्ध की अपनी योजना के पक्ष में बहुमत जुटाने में सक्षम हुए।

23. महात्मा गांधी का मानना था कि द्वितीय विश्व युद्ध में भागीदारी से आशय निम्नलिखित सिद्धांत का उल्लंघन होगा-
(a) न्याय
(b) समानता
(c) समाजवाद
(d) अहिंसा
(e) उपर्युक्त में से कोई नहीं है उपर्युक्त में से एक से अधिक
Mahatma Gandhi believed that participation in the Second World War would violate the following principle:
(a) Justice
(b) equality
(c) Socialism
(d) non-violence
(e) None of the above More than one of the above

46th BPSC (Pre) 2003-04

Ans - (d)
सत्य व अहिंसा महात्मा गाँधी के दो आधारभूत सिद्धांत थे। द्वितीय महायुद्ध में भागीदारी से अहिंसा के सिद्धांत का उल्लंघन होता है

24. किस आंदोलन में गांधीजी ने करो या मरो का नारा दिया?
(a) चंपारण सत्याग्रह
(b) असहयोग आंदोलन
(c) सविनय अवज्ञा आंदोलन
(d) भारत छोड़ो आंदोलन
(e) उपर्युक्त में से कोई नहीं है उपर्युक्त में से एक से अधिक
In which movement did Gandhiji give the slogan of do or die??
(a) Champaran Satyagraha
(b) Non-cooperation movement
(c) Civil Disobedience Movement
(d) Quit India Movement
(e) None of the above More than one of the above

31" Bihar J (Pre) 2020

53d- 55th Bihar (Pre) 2011

Ans - (d)

भारत छोड़ो आन्दोलन के समय गांधी जी ने करो या मरो का नारा दिया था।

8 अगस्त, 1942 में बम्बई के ग्वालिया टैंक में ऐतिहासिक सम्मेलन में गांधी जी ने लगभग 70 मिनट तक भाषण किया। उन्होनें कहा की मैं आप को एक मंत्र देता हूँ "करो या मरो"

25. 1941 में व्यक्तिगत सविनय अवज्ञा की नीति के द्वारा युद्ध के प्रयासों का शांतिपूर्वक विरोध करने का निर्णय किसने लिया?

(a) तेज बहादुर सप्रू
(b) मौलाना अबुल कलाम आजाद
(c) जवाहरलाल नेहरू
(d) महात्मा गांधी
(e) उपर्युक्त में से कोई नहीं या उपर्युक्त में से एक से अधिक

Who decided in 1941 to peacefully oppose the war effort through the policy of individual civil disobedience?

(a) Tej Bahadur Sapru
(b) Maulana Abul Kalam Azad
(c) Jawaharlal Nehru
(d) Mahatma Gandhi
(e) None of the above or more than one of the above

BPSC Auditor (Pre) 2021

Ans - (d)

व्यक्तिगत सत्याग्रह 17 अक्टूबर 1940 ई. में पवनार आश्रम (महाराष्ट्र) से शुरू किया गया। पहले सत्याग्रही विनोबा भावे थे। 17 दिसम्बर 1940 को यह सत्याग्रह स्थगित कर दिया गया। 5 जनवरी 1941 ई. को जवाहरलाल नेहरु ने पुनः प्रारम्भ किया। इस आन्दोलन को दिल्ली चलो आन्दोलन भी कहा जाता है।

26. 8 अगस्त 1942 भारतीय इतिहास में महत्वपूर्ण है-

(a) आजाद हिंद फौज के गठन के लिए
(b) क्रिप्स प्रस्ताव के लिए
(c) भारत छोड़ो प्रस्ताव के लिए
(d) चक्रवर्ती राजगोपालाचारी की योजना के लिए
(e) उपर्युक्त में से कोई नहीं है उपर्युक्त में से एक से अधिक

8 August 1942 is important in Indian history-

(a) For the formation of Azad Hind Fauj
(b) For Cripps proposal
(c) For Quit India proposal
(d) For Chakraborty Rajagopalachari's plan
(e) None of the above More than one of the above

Bihar CDPO (प्रा.) परीक्षा-2005

Ans - (c)

भारत छोड़ो आंदोलन को अगस्त क्रांति के नाम से भी जाना जाता है। बम्बई कांग्रेस ने भारत छोडो प्रस्ताव को थोडे बहुत संशोधन के बाद 8 अगस्त 1942 को पास कर दिया।

27. निम्नलिखित का सही कालानुक्रम बताइए ?

(i) द्वितीय गोलमेज सम्मेलन
(ii) भारत छोड़ो आंदोलन
(iii) भारतीय राष्ट्रीय कांग्रेस की स्थापना
(iv) साइमन कमीशन रिपोर्ट

(a) (iv), (ii), (ii), (1)
(b) (iii), (iv), (i), (ii)
(c) (ii), (iii), (iv), (i)
(d) (i), (iv), (ii), (iii)

Tell the correct chronological order of the following?

(i) Second Round Table Conference
(ii) Quit India Movement
(iii) Establishment of Indian National Congress
(iv) Simon Commission Report

(a) (iv), (ii), (ii), (1)
(b) (iii), (iv), (i), (ii)
(c) (ii), (iii), (iv), (i)
(d) (i), (iv), (ii), (iii)

Police Avar Nirikshak Exam 26/12/2021 (Shift-II)

Ans. (b)

भारतीय राष्ट्रीय कांग्रेस की स्थापना - 1885

द्वितीय गोलमेज सम्मेलन - 1931

साइमन कमीशन रिपोर्ट - 1930

भारत छोड़ो आन्दोलन - 1942

28. कौन-सा युग्म गलत सुमेलित है?
(a) प्रत्यक्ष कार्यवाही दिवस - 16 अगस्त, 1946
(b) भारत छोड़ो आंदोलन की घोषणा - 9 अगस्त 1942
(c) चौरी-चौरा काण्ड - 5 फरवरी, 1922
(d) जलियाँवाला बाग काण्ड - 13 अप्रैल, 1919
Which pair is wrongly matched?
(a) Direct Action Day – 16 August, 1946
(b) Declaration of Quit India Movement – 9 August 1942
(c) Chauri-Chaura incident - 5 February, 1922
(d) Jallianwala Bagh incident – 13 April, 1919

Bihar Police Forest Range Office Exam 17/01/2020

Ans. (b)

भारत छोड़ो आंदोलन की घोषणा	8 अगस्त 1942
चौरी-चौरा काण्ड	5 फरवरी, 1922
प्रत्यक्ष कार्यवाही दिवस	16 अगस्त, 1946
जलियाँवाला बाग काण्ड	13 अप्रैल, 1919

29. प्रसिद्ध भारत छोड़ो प्रस्ताव कांग्रेस की कार्यकारिणी समिति द्वारा कब पारित हुआ?
(a) 6 अप्रैल, 1942
(b) 14 अगस्त, 1944
(c) 14 जुलाई, 1942
(d) 8 अगस्त, 1942
When was the famous Quit India resolution passed by the Executive Committee of the Congress?
(a) April 6, 1942
(b) August 14, 1944
(c) July 14, 1942
(d) August 8, 1942

Bihar Police Constable Exam 12/01/2020 (Shift-II)

Ans. (c)

14 जुलाई, 1942 को कांग्रेस कार्यकारिणी समिति ने वर्धा में भारत छोड़ो आन्दोलन का प्रस्ताव पारित किया। 8 अगस्त, 1942 को बॉम्बे के ग्वालिया टैंक से भारत छोड़ो आन्दोलन की घोषणा माहत्मा गाँधी ने की। गाँधी जी ने इसी मैदान से 'करो या मरो' का नारा भी दिया।

30. भारतीय स्वतंत्रता आन्दोलन मे 1942 में गाँधीजी द्वारा कौन सा आन्दोलन चलाया गया था?
(a) असहयोग आन्दोलन
(b) भारत छोड़ो आन्दोलन
(c) खिलाफत आन्दोलन
(d) सविनय आन्दोलन
Which movement was launched by Gandhiji in 1942 in the Indian independence movement?
(a) Non-cooperation movement
(b) Quit India Movement
(c) Khilafat Movement
(d) civil movement

Bihar Forest Guard Exam 20/12/2020

Ans. (b)

8 अगस्त, 1942 को बॉम्बे के ग्वालिया टैंक से भारत छोड़ो आन्दोलन की घोषणा माहत्मा गाँधी ने की। गाँधी जी ने इसी मैदान से 'करो या मरो' का नारा भी दिया।

31. भारत छोड़ो आंदोलन के समय सबसे अधिक समय तक समानांतर सरकार की स्थापना कहाँ की गई थी?
(a) बलिया
(b) तामलूक
(c) तलचर
(d) सतारा
Where was the parallel government established for the longest period during the Quit India Movement?
(a) Ballia
(b) Tamluk
(c) Talchar
(d) Satara

BSSC Pratham Inter Level (re-exam) 09-12-2018 (Shift-1)

Ans. (d)

भारत छोड़ो आंदोलन में पश्चिम में सतारा और पूर्व में मेदिनीपुर में समानान्तर सरकार की स्थापना की गई। सतारा में सबसे अधिक समय तक समानान्तर सरकार की स्थापना की गई।

32. भारत छोड़ो आंदोलन किस वर्ष हुआ?
(a) 1938 ई.
(b) 1943 ई.
(c) 1942 ई.
(d) 1935 ई.
In which year did the Quit India Movement take place?
(a) 1938 AD
(b) 1943 AD
(c) 1942 AD
(d) 1935 AD

BSSC Kara Mishrak (Kara Vibhag) 23-11-2013

Ans. (c)
8 अगस्त, 1942 को बॉम्बे के ग्वालिया टैंक से भारत छोड़ो आन्दोलन की घोषणा माहत्मा गाँधी ने की। गाँधी जी ने इसी मैदान से 'करो या मरो' का नारा भी दिया।

33. किस आंदोलन के दौरान महात्मा गांधी ने 'करो या मरों का नारा दिया?
(a) चंपारण आंदोलन
(b) सविनय अवज्ञा आंदोलन
(c) खिलाफत आंदोलन
(d) भारत छोड़ो आदोलन
During which movement did Mahatma Gandhi give the slogan of 'Do or Die?'
(a) Champaran Movement
(b) Civil Disobedience Movement
(c) Khilafat Movement
(d) Quit India Movement

Bihar Police Constable 09/12/2012 (Shift-I)

Ans, (d):
8 अगस्त, 1942 को बॉम्बे के ग्वालिया टैंक से भारत छोड़ो आन्दोलन की घोषणा माहत्मा गाँधी ने की। गाँधी जी ने इसी मैदान से 'करो या मरो' का नारा भी दिया।

34. 'भारत छोड़ो आंदोलन की नायिका' किसे कहा गया?
(a) कमलादेवी चट्टोपाध्याय
(b) सुचेता कृपलानी
(c) अरूणा आसफ अली
(d) सरोजिनी नायडू
(e) उपर्युक्त में से कोई नहीं है उपर्युक्त में से एक से अधिक
Who was called the 'heroine of Quit India Movement'?
(a) Kamaladevi Chattopadhyay
(b) Sucheta Kripalani
(c) Aruna Asaf Ali
(d) Sarojini Naidu
(e) None of the above More than one of the above

27th Bihar (J) GS-2013

Ans - (c)
भारत छोड़ो आन्दोलन की नायिका अरूणा आसफ अली को कहा जाता है। उन्हें 1942 में भारत छोड़ो आन्दोलन के दौरान मुम्बई के ग्वालिया टैंक में कांग्रेस का झण्डा फहराने के लिए हमेशा याद किया जाता है।

35. 1940 के अगस्त प्रस्ताव में क्या प्रस्ताव रखा गया था?
(a) भारत की शनैः शनैः पूर्ण स्वतंत्रता
(b) डोमिनियन स्टेटस
(c) प्रांतीय स्वायत्तता
(d) केंद्र में प्रतिनिधि सरकार
(e) उपर्युक्त में से कोई नहीं है उपर्युक्त में से एक से अधिक
What was proposed in the August Resolution of 1940??
(a) Gradually complete independence of India
(b) Dominion status
(c) Provincial Autonomy
(d) Representative government at the center
(e) None of the above More than one of the above

28th Bihar (J) GS-2014

Ans - (b)
वायसराय लॉर्ड लिनलिथगों ने 8 अगस्त, 1940 को अगस्त प्रस्ताव प्रस्तुत किया था। जिसकी मुख्य बातें इस प्रकार थी - डोमिनियन स्टेट, युद्ध के बाद एक प्रतिनिधिमूलक संविधान निर्मात्री संस्था गठन, एक युद्ध सलाहकार परिषद का गठन।

36. भारत छोड़ो प्रस्ताव पारित होने के बाद गांधीजी को कैद किया गया था-
(a) यरवदा जेल में
(b) नैनी जेल में

(c) अहमदनगर के किले में
(d) आगा खान पैलेस में
(e) उपर्युक्त में से कोई नहीं है उपर्युक्त में से एक से अधिक

Gandhiji was imprisoned after the Quit India Resolution was passed.-
(a) In Yerwada Jail
(b) Naini in jail
(c) In Ahmednagar Fort
(d) Aga Khan Palace
(e) None of the above More than one of the above

41st BPSC (Pre) 1996

उत्तर-(d)

अगस्त 1942 में बम्बई के ग्वालिया टैंक में भारत छोड़ो आंदोलन का प्रस्ताव कांग्रेस कमेटी द्वारा पारित किये जाते ही गांधी जी, कस्तूरबा तथा महादेव देसाई को पूना स्थित आगा खां महल में कैद कर लिया गया।

37. व्यक्तिगत सत्याग्रह आंदोलन की/ के प्रथम सत्याग्रही कौन थे/थी?
(a) सरोजिनी नायडू
(b) सी राजगोपालाचारी
(c) विनोबा भावे
(d) सुभाष चंद्र बोस
(e) उपर्युक्त में से कोई नहीं है उपर्युक्त में से एक से अधिक

Who was the first Satyagrahi of the Individual Satyagraha Movement??
(a) Sarojini Naidu
(b) C Rajagopalachari
(c) Vinoba Bhave
(d) Subhash Chandra Bose
(e) None of the above More than one of the above

65th BPSC (Pre) 2019
44th BPSC (Pre) 2000-01

Ans - (c)

17 अक्टूबर, 1940 को विनोबा भावे को प्रथम तथा जवाहर लाल नेहरू को द्वितीय सत्याग्रही बनाया गया था। इस आंदोलन के तीसरे सत्याग्रही ब्रह्मदत्त थे।

38. भारत छोड़ो आंदोलन से उत्पन्न दंगे किस क्षेत्र में सबसे अधिक व्यापक रहे?
(1) बिहार
(2) बंगाल
(3) गुजरात
(4) संयुक्त प्रांत
अपना उत्तर निम्नांकित कूटों से चुने
(a) 1 एवं 2 (b) केवल 1
(c) 2 एवं 3(d) 1 एवं 4
(e) उपर्युक्त में से कोई नहीं है उपर्युक्त में से एक से अधिक

In which area were the riots arising from the Quit India Movement most widespread?
(1) Bihar
(2) Bengal
(3) Gujarat
(4) United Province
Select your answer from the following codes
(a) 1 and 2 (b) 1 only
(c) 2 and 3 (d) 1 and 4
(e) None of the above More than one of the above

41st BPSC (Pre) 1996

Ans - (d)

भारत छोड़ो आन्दोलन, 1942 ई. के समय संयुक्त प्रांत और बिहार में दंगे हुए।

39. स्टेफोर्ड क्रिप्स एक सदस्य था -
(a) कंजरवेटिव पार्टी
(b) लेबर पार्टी
(c) लिबरल पार्टी
(d) आधिकारिक तंत्र
(e) उपर्युक्त में से कोई नहीं है उपर्युक्त में से एक से अधिक

Stafford Cripps was a member -
(a) Conservative Party
(b) Labor Party
(c) Liberal Party
(d) official machinery
(e) None of the above More than one of the above

27th Bihar (J) GS-2013

Ans - (b)

स्टेफोर्ड क्रिप्स लेबर पार्टी का सदस्य तथा ब्रिटिश कैबिनेट में मंत्री था। इसके नेतृत्व में मार्च, 1942 में एक मिशन भारत भेजा गया था।

40. वह कौन से कांग्रेस अध्यक्ष थे जिसने क्रिप्स मिशन व लॉर्ड वेवेल दोनों से वार्ताएं की?

(a) अबुल कलाम आजाद
(b) जवाहरलाल नेहरू
(c) जेबी कृपलानी
(d) सी राजगोपालाचारी
(e) उपर्युक्त में से कोई नहीं है उपर्युक्त में से एक से अधिक

Who was the Congress President who held talks with both Cripps Mission and Lord Wavell?

(a) Abul Kalam Azad
(b) Jawaharlal Nehru
(c) JB Kripalani
(d) C Rajagopalachari
(e) None of the above More than one of the above

47th BPSC (Pre) 2004-05

Ans - (a)

अबुल कलाम आजाद का जन्म मक्का में हुआ था। 35 वर्ष की आयु में भारतीय राष्ट्रीय काँग्रेस के अध्यक्ष पद ग्रहण करने वाले वे सबसे कम आयु के व्यक्ति थे। उन्होंने क्रिप्स मिशन (1942) तथा लार्ड वेवेल (1945) दोनों से वार्ताएं काँग्रेस अध्यक्ष के रूप में की।

INM आजाद हिन्द फौज/सुभाष चन्द्र बोस

(Azad Hind Fauj/Subhash Chandra Bose)

1. सुभाष चंद्र बोस ने निकोबार द्वीप को नया नाम……. दिया था-
(a) स्वराज द्वीप
(b) शहीद द्वीप
(c) बलिदान द्वीप
(d) नवोदय द्वीप
(e) उपर्युक्त में से कोई नहीं है उपर्युक्त में से एक से अधिक

Subhash Chandra Bose gave a new name to Nicobar Island……. Had given-
(a) Swaraj Island
(b) Shaheed Island
(c) Sacrifice Island
(d) Navodaya Island
(e) None of the above More than one of the above

67th BPSC (Pre)2022 48-52nd BPSC (Pre) 2007-08

Ans. (a) :
सुभाष चंद्र बोस ने 1943 को पोर्टब्लयर में झंडा फहराया तथा नेताजी ने अंडमान का नाम शहीद द्वीप तथा निकोबार का नाम स्वराज द्वीप रखा था।

2. फॉरवर्ड ब्लॉक किसके द्वारा स्थापित किया गया था?
(a) सरदार सिंह जी राणा
(b) सुभाष चंद्र बोस
(c) जयप्रकाश नारायण
(d) लक्ष्मी सहगल
(e) उपर्युक्त में से कोई नहीं है उपर्युक्त में से एक से अधिक

Forward Bloc was established by?
(a) Sardar Singh Ji Rana
(b) Subhash Chandra Bose
(c) Jaiprakash Narayan
(d) Lakshmi Sehgal
(e) None of the above More than one of the above

67th BPSC(Pre) Nirast 2021
44th BPSC (Pre) 2000-01

Ans. (b):
त्रिपुरी संकट 1939 के बाद सुभाष चन्द्र बोस ने त्यागपत्र दे दिया तथा मई, 1939 में सुभाष चन्द्र बोस द्वारा फॉरवर्ड ब्लॉक की स्थापना की गयी थी।

जन्म - 23 जनवरी, 1897 ई. को उड़ीसा के कटक में

राजनीतिक गुरू - चितरंजन दास

3. 1945-46 में दिल्ली में हुए आई.एन.ए.के मुकदमों के पक्ष में पेश हुए वकील थे-
(a) बी. आर. अंबेडकर
(b) राजेंद्र प्रसाद
(c) सी राजगोपालाचारी
(d) भूलाभाई देसाई
(e) उपर्युक्त में से कोई नहीं है उपर्युक्त में से एक से अधिक

The lawyer who appeared in favor of the INA cases held in Delhi in 1945-46 was-
(a) b. R.S. Ambedkar
(b) Rajendra Prasad
(c) C Rajagopalachari
(d) Bhulabhai Desai
(e) None of the above More than one of the above

BPSC CDPO 2021

66th BPSC (Pre) 2020

Ans. (d):
वर्ष 1945-46 में दिल्ली में हुए आई एन. ए. के मुकदमें के पक्ष में पेश होने वाले वकील भूलाभाई देसाई थे। बचाव पक्ष की पैरवी के लिए भारत के प्रसिद्ध वकील जवाहरलाल नेहरू, तेजबहादुर सप्रू, कैलाश नाथ काटजू तथा आसफ अली ने वर्षों बाद पुनः वकालत की।

4. नेता जी द्वारा आजाद हिंद सरकार की स्थापना की घोषणा कब की गई थी?
(a) 21 अक्टूबर 1943
(b) 21 दिसंबर 1943
(c) 25 दिसंबर 1945
(d) 15 अगस्त 1943
(e) उपर्युक्त में से कोई नहीं है उपर्युक्त में से एक से अधिक
When was the establishment of Azad Hind government announced by Netaji?
(a) 21 October 1943
(b) 21 December 1943
(c) 25 December 1945
(d) 15 August 1943
(e) None of the above More than one of the above

BPSC DACO 2021
42nd BPSC (Pre) 1997-98

Ans. (a) :
सुभाषचन्द्र बोस ने सिंगापुर से दिल्ली चलो' का नारा दिया और 21 अक्टूबर, 1943 को आजाद हिन्द सरकार की स्थापना की घोषणा की।

5. सुभाष चंद्र बोस के नाम के पहले सम्मान सूचक नेताजी किस देश में जोड़ा गया?
(a) भारत
(b) इटली
(c) जर्मनी
(d) जापान
(e) उपर्युक्त में से कोई नहीं है उपर्युक्त में से एक से अधिक
In which country was the honorific Netaji added before the name of Subhash Chandra Bose??
(a) India
(b) Italy
(c) Germany
(d) Japan
(e) None of the above More than one of the above

67th BPSC(Pre) Nirast 2021

Ans. (c) :
सुभाष चन्द्र बोस को द्वितीय द्वितीय विश्वयुद्ध के दौरान जर्मनी में 'नेताजी' की उपाधि से संबोधित किया था।

6. भारतीय राष्ट्रीय सेना (I.N.A.) की स्थापना किस वर्ष में हुई है?
(a) 1940
(b) 1941
(c) 1942
(d) 1943
(e) उपर्युक्त में से कोई नहीं है उपर्युक्त में से एक से अधिक
In which year was the Indian National Army (I.N.A.) established??
(a) 1940
(b) 1941
(c) 1942
(d) 1943
(e) None of the above More than one of the above

43 BPSC (Pre) 1999

Ans - (d)
इंडियन नेशनल आमों अर्थात् आजाद हिन्द फौजा की स्थापना 1943 ई. में सुभाष चन्द्र बोस ने किया था।

7. आई एन ए की स्थापना हुई?
(a) बर्मा में
(b) जापान में
(c) सिंगापुर में
(d) इंग्लैंड में
(e) उपर्युक्त में से कोई नहीं है उपर्युक्त में से एक से अधिक
INA was established?
(a) in Burma
(b) in Japan
(c) in Singapore
(d) in England
(e) None of the above More than one of the above

45th BPSC (Pre) 2002, 43 BPSC (Pre) 1999

Ans-(c)
आजाद हिन्द फौज की पुर्नस्थापना 1943 ई. में सुभाष चन्द्र बोस ने सिंगापुर में किया। वैसे इसके गठन का श्रेय कैप्टन मोहन सिंह को दिया जाता है

8. आइ एन ए किसके दिमाग की उपज थी और किसने इसकी स्थापना की?
(a) सुभाष चंद्र बोस
(b) कैप्टन मोहन सिंह
(c) चंद्रशेखर
(d) भगत सिंह
(e) उपर्युक्त में से कोई नहीं है उपर्युक्त में से एक से अधिक
Whose brainchild was INA and who established it??
(a) Subhash Chandra Bose
(b) Captain Mohan Singh
(c) Chandrashekhar
(d) Bhagat Singh
(e) None of the above More than one of the above

39th BPSC (Pre) 1994

Ans - (b)
जापानी सेना के अफसर मेजर फूजीहारा तथा ज्ञानी प्रीतम सिंह की सलाह पर मोहन सिंह ने सिंगापुर कब्जे के बाद बन्दी बनाए गए 40,000 युद्ध बन्दियों को लेकर आजाद हिन्द फौज (INA) की स्थापना की।

9. आजाद हिंद फौज की स्थापना किसने की थी?
(a) सुभाष चंद्र बोस
(b) सोहन सिंह
(c) रास बिहारी बोस
(d) मोहन सिंह
(e) उपर्युक्त में से कोई नहीं है / उपर्युक्त में से एक से अधिक
Who founded Azad Hind Fauj??
(a) Subhash Chandra Bose
(b) Sohan Singh
(c) Rash Bihari Bose
(d) Mohan Singh
(e) None of the above / More than one of the above

BPSC सांख्यिकी अधिकारी (प्री.) परीक्षा-2016

Ans - (d)
ब्रिटिश भारतीय सेना के एक अधिकारी मोहन सिंह ने 15 दिसम्बर 1941 को आजाद हिंद फौज का गठन किया।

10. भारतीय फॉरवर्ड ब्लॉक की स्थापना के लिए सुभाष चंद्र बोस से कौन जुड़े और आई.एन.ए.आंदोलन के साथ भी जुड़े रहे?
(a) जयप्रकाश नारायण
(b) बैकुंठ शुक्ल
(c) शीलभद्र याजी
(d) राम नारायण प्रसाद
(e) उपर्युक्त में से कोई नहीं है / उपर्युक्त में से एक से अधिक
Who was associated with Subhash Chandra Bose to establish the Indian Forward Bloc and was also associated with the INA movement??
(a) Jaiprakash Narayan
(b) Baikunth Shukla
(c) Shilabhadra Yaji
(d) Ram Narayan Prasad
(e) None of the above / More than one of the above

60-62nd BPSC (Pre) 2016-17

Ans - (c)
बिहार के स्वतंत्रता सेनानी शीलभद्र याजी अखिल भारतीय फॉरवर्ड ब्लॉक की स्थापना हेतु सुभाष चन्द्र बोस के सम्पर्क में रहे थे, और बाद में आई.एन.ए. के आन्दोलन में भी सक्रिय भूमिका निभाई थी।

11. निम्नलिखित व्यक्तियों में से किसने 1943 ईस्वी में सुभाष चंद्र बोस को सिंगापुर में आई. एन ए . बनाने में सहायता की?
(a) जनरल करिअप्पा ने
(b) जनरल मोहन सिंह ने
(c) जनरल मानेक शॉ ने
(d) जनरल जी अरोड़ा ने
(e) उपर्युक्त में से कोई नहीं है / उपर्युक्त में से एक से अधिक
Who among the following persons appointed Subhash Chandra Bose as INA in Singapore in 1943 AD? helped create?
(a) General Cariappa
(b) General Mohan Singh
(c) General Manek Shaw
(d) General G Arora
(e) None of the above / More than one of the above

Bihar CDPO (प्रा.) परीक्षा-2005

Ans - (b)
आजाद हिंद फौज की स्थापना का विचार सर्वप्रथम मोहन सिंह के दिमाग में आया और मलाया में 1941 ई. में इसका गठन किया। आगे 1943 ई. में मोहन सिंह की मदद से सुभाष चन्द्र बोस को नेतृत्व मिला।

12. सुभाष चन्द्र बोस द्वारा 'फॉरवर्ड ब्लॉक' का गठन किया गया
(a) 1936 ई. में
(b) 1938 ई. में
(c) 1939 ई. में
(d) 1940 ई. में
'Forward Block' was formed by Subhash Chandra Bose.
(a) In 1936 AD
(b) In 1938 AD
(c) In 1939 AD
(d) In 1940 AD

Bihar Daroga 17-12-2023 shift-2

Ans. (c):
ऑल इण्डिया फारवर्ड ब्लाक की स्थापना सुभाष चन्द्र बोस द्वारा सन् 1939 में कांग्रेस अध्यक्ष पद से इस्तीफा देने के बाद 1939 में किया गया।

13. फॉरवर्ड ब्लॉक की स्थापना किसने की थी?
(a) सुभाष चन्द्र बोस
(b) रासबिहारी बोस
(c) हेमचन्द्र घोष
(d) जादुगोपाल मुखोपाध्याय
Who founded the Forward Bloc?
(a) Subhash Chandra Bose
(b) Rash Bihari Bose
(c) Hemchandra Ghosh
(d) Jadugopal Mukhopadhyay

Bihar Police SI (Mains) Exam 03-09-2023

Ans. (a) :
फॉरवर्ड ब्लॉक की स्थापना सुभाष चन्द्र बोस ने की थी।

14. 'दिल्ली चलो' का नारा दिया था-
(a) एस० सी० बोस ने
(b) एम० के० गाँधी ने
(c) एल० एल० राय ने
(d) जे० एल० नेहरू ने
The slogan 'Dilli Chalo' was given by-
(a) S.C. Bose
(b) M. K. Gandhi
(c) L. L. Rai
(d) J. L. Nehru

Police Avar Nirikshak Exam 12/07/2017

Ans : (a)
'दिल्ली चलो" का नारा सुभाष चन्द्र बोस ने 5 जुलाई 1943 को सिंगापुर में "आजाद हिन्द फौज को दिया था। यहीं पर इन्होंने 'तुम मुझे खून दो, मैं तुम्हें आजादी दूँगा' का नारा भी दिया था।

15. भारत की स्वतंत्रता के लिए आजाद हिंद फौज की संकल्पना मूलतः किसने प्रस्तुत की ?
(a) रासबिहारी बोस
(b) सुभाष चन्द्र बोस
(c) महात्मा गाँधी
(d) अबुल कलाम आजाद
Who originally presented the concept of Azad Hind Fauj for the independence of India?
(a) Rash Bihari Bose
(b) Subhash Chandra Bose
(c) Mahatma Gandhi
(d) Abul Kalam Azad

Utpat Avar Nirikshak Exam 01/09/2012

Ans: (a)
1942 में भारत को अंग्रेजों के कब्जे से स्वतन्त्र कराने के उद्देश्य से आजाद हिन्द फौज (Indian National Army INA) नामक सशस्त्र सेना का संगठन बनाया गया। इसका गठन रास बिहारी बोस ने जापान की सहायता से टोक्यो में किया था।

16. वर्ष 1939 ई. में कांग्रेस को छोड़ने के पश्चात् सुभाषचंद्र बोस ने किस दल की स्थापना की?
(a) इंडियन फ्रीडम पार्टी
(b) फॉरवर्ड ब्लॉक
(c) रिवोल्यूशनरी फ्रंट
(d) आजाद हिन्द फौज

Which party was founded by Subhash Chandra Bose after leaving Congress in 1939?
(a) Indian Freedom Party
(b) Forward Block
(c) Revolutionary Front
(d) Azad Hind Fauj

BSSC Netra Sahayak 19.08.2007

Ans (b) :
वर्ष 1939 में कांग्रेस को छोड़ने के पश्चात् सुभाष चन्द्र बोस ने 'फॉरवर्ड ब्लॉक' का गठन किया था।

17. आजाद हिन्द फौज की स्थापना किसने की थी?
(a) चन्द्रशेखर आजाद
(b) सुभाषचन्द्र बोस
(c) भगत सिंह
(d) इनमें से कोई नहीं

Who founded Azad Hind Fauj?
(a) Chandrashekhar Azad
(b) Subhash Chandra Bose
(c) Bhagat Singh
(d) none of these

BSSC Netra Sahayak 19.08.2007

Ans. (d)
आज़ाद हिन्द फौज (Indian Nation Army INA) की स्थापना 1942 में सर्वप्रथम मोहन सिंह ने की थी जिसे 21 अक्टूबर, 1943 को नेताजी सुभाषचन्द्र बोस द्वारा पुनर्जीवित किया गया।

कैबिनेट मिशन / नौ सेना विद्रोह / संविधान सभा / भारत का संवैधानिक विकास

INM

(Cabinet Mission/Royal Indian Navy Mutiny / Constitutent Assembly / The Constitutional Development of India)

1. कैबिनेट मिशन भारत में आया-
   (a) फरवरी 1942
   (b) मार्च 1942
   (c) अप्रैल 1942
   (d) मई 1942
   (e) उपर्युक्त में से कोई नहीं या उपर्युक्त में से एक से अधिक

   Cabinet mission came to India-
   (a) February 1942
   (b) March 1942
   (c) April 1942
   (d) May 1942
   (e) None of the above or more than one of the above

60th-62nd BPSC (Pre) 2016-17

उत्तर-(e)

कैबिनेट मिशन 24 मार्च 1946 को भारत आया था। इसके अध्यक्ष लॉर्ड पैथिक लारेंस थे जबकि सदस्य स्टेफार्ड क्रिप्स और ए.वी. अलेक्जेंडर थे।

2. इनमें से कौन 1946 ईस्वी में भारत भेजे गए कैबिनेट मिशन का एक सदस्य नहीं था?
   (a) सर स्टेफोर्ड क्रिप्स
   (b) रैमजे मैकडोनाल्ड
   (c) ए.वी.अलेक्जेंडर
   (d) लॉर्ड पैथिक लोरेंस
   (e) उपर्युक्त में से कोई नहीं या उपर्युक्त में से एक से अधिक

   Who among the following was not a member of the Cabinet Mission sent to India in 1946 AD?
   (a) Sir Stafford Cripps
   (b) Ramjay MacDonald
   (c) A.V.Alexander
   (d) Lord Pethick Lawrence
   (e) None of the above or more than one of the above

67th BPSC (Pre)2022

63rd BPSC (Pre) 2017-18

BPSC सांख्यिकी अधिकारी (प्री.) परीक्षा-2016

Ans. (b):

24 मार्च, 1946 को ब्रिटिश कैबिनेट के तीन सदस्य लॉर्ड पैथिक लॉरेंस, सर स्टैफोर्ड क्रिप्स तथा ए.वी. अलेक्जेंटर के साथ कैबिनेट मिशन भारत आया।

3. कैबिनेट मिशन निम्नलिखित में से किसके लिए भारत भेजा गया था?
   1. एक राष्ट्रीय सरकार की स्थापना के लिए
   2. सत्ता के हस्तांतरण के लिए एक संवैधानिक व्यवस्था तैयार करने के लिए
   3. पाकिस्तान के लिए जिन्ना की मांग के ब्योंरो पर काम करने के लिए

   (a) केवल 3
   (b) केवल 1
   (c) केवल 2
   (d) उपर्युक्त में से एक से अधिक
   (e) उपर्युक्त में से कोई नहीं

   For which of the following Cabinet Mission was sent to India?
   1. To establish a national government
   2. To prepare a constitutional arrangement for transfer of power
   3. To work out the details of Jinnah's demand for Pakistan

   (a) only 3
   (b) Only 1
   (c) only 2
   (d) More than one of the above
   (e) None of the above

68th BPSC (Pre)-2022 (12-02-2023)

Ans. (c):

ब्रिटिश प्रधानमंत्री क्लीमेंट एटली द्वारा तीन सदस्यों भारत सचिव लार्ड पैथिक लारेंस, व्यापार बोर्ड के अध्यक्ष

स्टेफर्ड क्रिप्स और नौ सेना के प्रमुख ए.वी. अलेक्जेण्डर के साथ 24 मार्च, 1946 में कैबिनेट मिशन भारत को सत्ता हस्तान्तरण के लिए एक संवैधानिक व्यवस्था तैयार करने के लिए भेजा गया था।

4. नौसेना विद्रोह का नेतृत्व किसने किया था।
(a) एम.एस. खान
(b) बी.सी. दत्त
(c) सरदार वल्लभ भाई पटेल
(d) दौलतराव शिन्दे
Who led the Naval Revolt?
(a) M.S. Mine
(b) B.C. Dutta
(c) Sardar Vallabhbhai Patel
(d) Daulatrao Shinde

Bihar Police SI (Mains) Exam 03-09-2023

Ans. (a)
1945-46 ई. में ब्रिटिश जहाज पर कार्य करने वाले कर्मचारियों द्वारा किए गए नौसेना विद्रोह का नेतृत्व एम.एस. खान ने किया था।

5. 1946 में में भारत आए कैबिनेट मिशन में कितने सदस्य थे?
(a) 2 (b) 3
(c) 8 (d) 5
How many members were there in the Cabinet Mission that came to India in 1946?
(a) 2 (b) 3
(c) 8 (d) 5

Police Avar Nirikshak Exam 24/04/2022

Ans - (b)
ब्रिटिश प्रधानमंत्री क्लीमेंट एटली द्वारा तीन सदस्यों भारत सचिव लार्ड पैथिक लारेंस, व्यापार बोर्ड के अध्यक्ष स्टेफर्ड क्रिप्स और नौ सेना के प्रमुख ए.वी. अलेक्जेण्डर के साथ 24 मार्च, 1946 में कैबिनेट मिशन भारत को सत्ता हस्तान्तरण के लिए एक संवैधानिक व्यवस्था तैयार करने के लिए भेजा गया था।

6. बम्बई में नाविक विद्रोह की शुरुआत कब हुई? -
(a) 21 नवम्बर, 1945
(b) 18 फरवरी, 1946
(c) 22 जनवरी, 1946
(d) 18 मार्च, 1946
When did the sailors' rebellion start in Bombay? ,
(a) 21 November, 1945
(b) February 18, 1946
(c) January 22, 1946
(d) March 18, 1946

Bihar Police Constable Exam 14/03/2021 (Shift-I)

Ans. (b):
एम.एस. खान के नेतृत्व में बम्बई में शाही नौ सेना के विद्रोह की शुरुआत 18 फरवरी, 1946 में हुई। विद्रोह बम्बई के आई.एन.एस. तलवार पोत के नौसैनिकों द्वारा खराब भोजन, कम वेतन, नस्लीय भेदभाव को लेकर प्रारम्भ हुआ। 23 फरवरी 1846 को मो० अली जिन्ना तथा वल्लभ भाई पटेल के आश्वासन पर नौसैनिकों ने आत्मसमर्पण कर दिया।

7. निम्नलिखित में से कौन कैबिनेट मिशन का सदस्य नहीं था?
(a) विलियम वार्ड
(b) स्टैफोर्ड क्रिप्स
(c) पैथिक लॉरेंस
(d) ए.बी. एलेक्जेंडर
Who among the following was not a member of the Cabinet Mission?
(a) William Ward
(b) Stafford Cripps
(c) Pathic Lawrence
(d) A.B. Alexander

Police Avar Nirikshak Exam 29/11/2020

Ans. (a):
24 मार्च, 1946 को भारत आये 'कैबिनेट मिशन' में शामिल सदस्य - सर स्टेफोर्ड क्रिप्स, ए.वी. एलेक्जेण्डर तथा पैथिक लारेंस (अध्यक्ष) थे।

8. कांग्रेस के कौन-से उदारवादी नेता 'ब्रिटिश हाउस ऑफ कॉमन्स' के सदस्य रह चुके हैं?
(a) लाला लाजपत राय
(b) गोपाल कृष्ण गोखले
(c) दादाभाई नौरोजी
(d) सुरेंद्रनाथ बैनर्जी
Which liberal leaders of Congress have been members of the 'British House of Commons'?

(a) Lala Lajpat Rai
(b) Gopal Krishna Gokhale
(c) Dadabhai Naoroji
(d) Surendranath Banerjee

Bihar Police Constable 29/12/2019

Ans. (c) :
1892 में उदारवादी पार्टी के टिकट पर फ़िंसबरी संसदीय सीट से उदारवादी नेता दादाभाई नौरोजी "ब्रिटिश हाउस आफ कॉमन्स' के सदस्य चुने गए।

9. 1937 ई० में कांग्रेस मंत्रिमंडल कितने प्रांतों में बने-
(a) छः (b) सात
(c) आठ (d) नौ
In how many provinces were Congress cabinets formed in 1937?
(a) six (b) seven
(c) eight (d) nine

Police Avar Nirikshak Exam 22/07/2018

Ans: (c)
1935 एक्ट के तहत 1937 ई० के 11 प्रान्तों के चुनाव में कांग्रेस ने कुल आठ राज्यों में सरकारें बनाई। 1. मद्रास 2. बिहार 3. उड़ीसा 4. मध्य प्रांत 5. संयुक्त प्रांत 6. बम्बई 7. असम 8. पश्चिमी प्रांत

10. निम्न में से कौन संविधान निर्मात्री सभा का सदस्य नहीं था?
(a) मुहम्मद अली जिन्ना
(b) मौलाना अबुल कलाम
(c) जवाहर लाल नेहरू
(d) वल्लभभाई पटेल
Who among the following was not a member of the Constituent Assembly?
(a) Muhammad Ali Jinnah
(b) Maulana Abul Kalam
(c) Jawaharlal Nehru
(d) Vallabhbhai Patel

Nishedh Constable Exam Bihar Police Madya 27/02/2022

Ans. (a):
मुहम्मद अली जिन्ना। संविधान निर्मात्री सभा के सदस्य नहीं थे।

संविधान सभा में कुल 389 सदस्यों 208 सदस्य कांग्रेस तथा मुस्लिम लीग के 73 सदस्य थे।

11. संविधान सभा का प्रथम अधिवेशन किसकी अध्यक्षता में सम्पन्न हुआ?
(a) जवाहरलाल नेहरू
(b) सच्चिदानंद सिन्हा
(c) डॉ० राजेन्द्र प्रसाद
(d) सरदार वल्लभभाई पटेल
Under whose chairmanship was the first session of the Constituent Assembly held?
(a) Jawaharlal Nehru
(b) Sachchidanand Sinha
(c) Dr. Rajendra Prasad
(d) Sardar Vallabhbhai Patel

Police Avar Nirikshak Exam 22/07/2018 Bihar Police Constable Exam 14/03/2021 (Shift-1)

Ans. (b)
संविधान सभा का प्रथम अधिवेशन 9 दिसम्बर, 1946 को सेन्ट्रल हॉल दिल्ली में हुआ जिसका अध्यक्ष सबसे बुजुर्ग सदस्य सच्चिदानंद सिन्हा को बनाया गया

12. संविधान निर्माण हेतु संविधान सभा के सदस्यों द्वारा हस्ताक्षर कब किया गया था?
(a) 1950 ई०
(b) 1949 ई०
(c) 1952 ई०
(d) 1997 ई०
When were the signatures signed by the members of the Constituent Assembly for the making of the Constitution?
(a) 1950 AD
(b) 1949 AD
(c) 1952 AD
(d) 1997 AD

Utpad Avar Nirikshak Exam 09/06/2019

Ans: (a)
24 जनवरी, 1950 को संविधान पर संविधान सभा के 284 सदस्यों द्वारा अंतिम रूप से हस्ताक्षर किया गया जिसमें 8 महिलाएं थी।

13. कैबिनेट मिशन प्लान की योजना के तहत संविधान सभा का गठन हुआ-
(a) नवम्बर 1947 में
(b) नवम्बर 1946 में
(c) नवम्बर 1949 में
(d) जनवरी 1948 में

The Constituent Assembly was formed under the scheme of Cabinet Mission Plan-
(a) In November 1947
(b) In November 1946
(c) in November 1949
(d) in January 1948

Police Avar Nirikshak Exam 22/12/2019 (Shift-II)

Ans. (b)
1946 में कैबिनेट मिशन योजना के तहत भारतीय संविधान सभा का गठन हुआ।

14. संविधान सभा में 'उद्देश्य प्रस्ताव' प्रस्तुत किया गया-
(a) 9 दिसम्बर, 1946
(b) 26 जनवरी, 1947
(c) 13 दिसम्बर, 1946
(d) 15 अगस्त, 1946

'Objective Resolution' was presented in the Constituent Assembly-
(a) 9 December, 1946
(b) 26 January, 1947
(c) 13 December, 1946
(d) August 15, 1946

Police Avar Nirikshak Exam 22/07/2018

Ans: (c)
भारतीय संविधान सभा में उद्देश्य प्रस्ताव 13 दिसम्बर, 1946 को पं० जवाहर लाल नेहरू द्वारा प्रस्तुत किया गया जो कि 22 जनवरी, 1947 को स्वीकृत किया गया।
यही बाद में संविधान की प्रस्तावना बना.

15. 1946 ई. में 'उद्देश्यों सम्बन्धी प्रस्ताव' की रचना किसने की?
(a) भीमराव अम्बेडकर
(b) वल्लभभाई पटेल
(c) डॉ. राजेन्द्र प्रसाद
(d) जवाहरलाल नेहरू

Who composed the 'Objectives related proposal' in 1946 AD?
(a) Bhimrao Ambedkar
(b) Vallabhbhai Patel
(c) Dr. Rajendra Prasad
(d) Jawaharlal Nehru

Bihar Police Constable Exam 01/05/2010

Ans : (d)
उद्देश्य प्रस्ताव 13 दिसम्बर, 1946 को पंडित जवाहर लाल नेहरू द्वारा प्रस्तुत किया गया था, 22 जनवरी, 1947 का पारित हो गया.

16. किस घटना /किन घटनाओं ने ब्रिटिश प्रधानमंत्री क्लीमेंट एटली को सदमा पहुंचाया, जिसने घोषणा की कि ब्रिटिश साम्राज्यवाद की इमारत को एक बड़ा झटका लगा?
(a) कैबिनेट मिशन की विफलता
(b) शाही भारतीय जल सेना का विद्रोह
(c) क्रिप्स मिशन की अस्वीकार्यता
(d) आजाद हिंद फौज का सैन्य अभियान और शाही भारतीय जल सेना का विद्रोह
(e) उपर्युक्त में से कोई नहीं या उपर्युक्त में से एक से अधिक

Which event/s shocked British Prime Minister Clement Attlee, who declared that the edifice of British imperialism had suffered a major blow?
(a) Failure of Cabinet Mission
(b) Mutiny of the Royal Indian Navy
(c) Unacceptability of Cripps Mission
(d) Military campaign of Azad Hind Fauj and rebellion of Royal Indian Navy
(e) None of the above or more than one of the above

BPSC CDPO 2021

Ans. (b):
8 फरवरी, 1946 को शाही नौसेना के विद्रोह ने ब्रिटिश प्रधानमंत्री क्लीमेण्ट एटली को सदमा पहुँचाया।

17. कैबिनेट मिशन योजना में कौन प्रस्तावित नहीं था-
(a) भारतीय संघ का निर्माण
(b) अंतरिम सरकार की स्थापना
(c) संविधान सभा के लिए चुनाव
(d) पाकिस्तान का निर्माण

(e) उपर्युक्त में से कोई नहीं है उपर्युक्त में से एक से अधिक

Who was not proposed in the Cabinet Mission Plan?-

(a) Creation of Indian Union
(b) Establishment of interim government
(c) Elections for the Constituent Assembly
(d) Creation of Pakistan
(e) None of the above More than one of the above

Bihar CDPO (प्रा.) परीक्षा-1998

Ans - (d)

24 मार्च 1946 को भारत पहुंचे कैबिनेट मिशन ने 16 मई 1946 को अपनी रिपोर्ट प्रस्तुत की। जिसमे पाकिस्तान सम्बंधी मांग को स्वीकार नहीं किया।

18. 1946 में भारतीय नौसेना के नाविकों ने कहाँ विद्रोह किया था?

(a) कोलकाता में
(b) मद्रास में
(c) विशाखापट्टनम में
(d) मुंबई में
(e) उपर्युक्त में से कोई नहीं है उपर्युक्त में से एक से अधिक

Where did the sailors of the Indian Navy revolt in 1946??

(a) in Kolkata
(b) in Madras
(c) In Visakhapatnam
(d) in Mumbai
(e) None of the above More than one of the above

28th Bihar (J) GS-2014

Ans - (d)

नौसेना विद्रोह 18 फरवरी, 1946 में मुम्बई में आई.एन. एस. तलवार नामक जहाज के नौ-सैनिकों द्वारा किया गया था।

19. वर्ष 1946 में अंतरिम सरकार का नेतृत्व किसने किया था?

(a) जवाहरलाल नेहरू ने
(b) मौलाना अबुल कलाम आजाद ने
(c) लॉर्ड माउंटबेटन ने
(d) लियाकत अली
(e) उपर्युक्त में से कोई नहीं है उपर्युक्त में से एक से अधिक

Who led the interim government in the year 1946?

(a) Jawaharlal Nehru
(b) Maulana Abul Kalam Azad
(c) Lord Mountbatten
(d) Liaqat Ali
(e) None of the above More than one of the above

28th Bihar (J) GS-2014

Ans - (b)

2 सितम्बर, 1946 को अन्तरिम सरकार का गठन किया गया। इसका नेतृत्व पं. जवाहर लाल नेहरू ने किया था

वायसराय	- कार्यकारी परिषद् के अध्यक्ष
पं. नेहरू	- कार्यकारी परिषद के उपाध्यक्ष
राजेन्द्र प्रसाद	- खाद्य एवं कृषि मंत्री
आसफ अली	- रेल मंत्री
राज गोपालाचारी	- शिक्षा मंत्री
सरदार पटेल को	- गृह सूचना तथा प्रसारण मंत्रालय
सरदार बलदेव सिंह	- रक्षा मंत्री

20. ब्रिटिश हाउस ऑफ कॉमंस में चुने जाने वाले दादा भाई नौरोजी प्रथम भारतीय थे जिन्होंने इस दल के टिकट पर चुनाव लड़ा -

(a) उदारवादी दल
(b) मजदूर दल
(c) कंजरवेटिव दल
(d) साम्यवादी दल
(e) उपर्युक्त में से कोई नहीं या उपर्युक्त में से एक से अधिक

Dadabhai Naoroji was the first Indian to be elected to the British House of Commons, who contested the election on the ticket of this party. -

(a) Liberal party
(b) labor party
(c) Conservative Party
(d) Communist Party
(e) None of the above or more than one of the above

60th-62nd BPSC (Pre) 2016-17

Ans - (a)

लिबरल अर्थात उदारवादी दल से 1892 में ब्रिटिश हाउस ऑफ कॉमन्स में चुने जाने वाले दादाभाई नौरोजी प्रथम भारतीय थे।

21. ऑल इंडिया स्टेट पीपल्स कॉन्फ्रेंस का गठन कब हुआ था?
(a) सन 1924 में
(b) सन 1926 में
(c) सन 1927 में
(d) सन 1929 में
(e) उपर्युक्त में से कोई नहीं या उपर्युक्त में से एक से अधिक

When was the All India State People's Conference formed??
(a) In the year 1924
(b) In the year 1926
(c) In the year 1927
(d) In the year 1929
(e) None of the above or more than one of the above

40th BPSC (Pre) 1995

Ans - (c)

ऑल इण्डिया स्टेट पीपुल्स कॉन्फ्रेन्स का गठन 5 दिसम्बर, 1927 में हुआ था।

22. अंतरिम सरकार में वित्त मंत्री कौन थे
(a) लियाकत अली खान
(b) सरदार पटेल
(c) एम . ए.जिन्ना
(d) जवाहरलाल नेहरू
(e) उपर्युक्त में से कोई नहीं या उपर्युक्त में से एक से अधिक

Who was the Finance Minister in the interim government?
(a) Liaqat Ali Khan
(b) Sardar Patel
(c) M A. Jinnah
(d) Jawaharlal Nehru
(e) None of the above or more than one of the above

67th BPSC(Pre) Nirast 2021

Ans. (a):

2 सितम्बर, 1946 को पं. जवाहरलाल नेहरू ने बारह सदस्यीय अंतरिम सरकार का गठन किया जिसमें मुस्लिम लीग शामिल नहीं हुई. 26 अक्टूबर, 1946 को मुस्लिम लीग के 5 सदस्यों अंतरिम सरकार में शामिल हो गए। जिसमें लियाकत अली को वित्त मंत्री बनाया गया।

23. 1946 ईस्वी में बनी अंतरिम सरकार में राजेंद्र प्रसाद के पास कौन सा विभाग था?
(a) वित्त
(b) रक्षा
(c) ग्रह
(d) खाद्य एवं कृषि
(e) उपर्युक्त में से कोई नहीं उपर्युक्त में से एक से अधिक

Which department did Rajendra Prasad hold in the interim government formed in 1946?
(a) Finance
(b) defense
(c) planet
(d) Food and agriculture
(e) None of the above More than one of the above

67th BPSC(Pre) Nirast 2021

Ans. (d):

2 सितम्बर, 1946 में गठित अन्तरिम सरकार मंत्री एवं विभाग

पं. जवाहरलाल नेहरू - उपाध्यक्ष

सरदार वल्लभभाई पटेल - गृह, सूचना व प्रसारण मंत्रालय

सरदार बलदेव सिंह - रक्षा मंत्रालय

लियाकत अली - वित्त मंत्री

अरूणा आसफ अली - रेलवे

सी. राजगोपालाचारी - शिक्षा मंत्रालय का पद दिया गया था।

24. भारत का संविधान किसके द्वारा ग्रहण किया गया?
(a) गवर्नर जनरल
(b) ब्रिटिश संसद
(c) संविधान सभा
(d) भारत का संसद
(e) उपर्युक्त में से कोई नहीं है / उपर्युक्त में से एक से अधिक

By whom was the Constitution of India adopted??
(a) Governor General
(b) British Parliament
(c) Constituent Assembly
(d) Parliament of India
(e) None of the above / More than one of the above

Bihar CDPO (प्रा.) परीक्षा-2018

Ans - (c)
भारत का संविधान, संविधान सभा के द्वारा ग्रहण किया गया था।

25. सही कालानुक्रमिक क्रम में भारतीय स्वतंत्रता संग्राम में जुड़ी निम्नलिखित घटनाओं को व्यवस्थित करें
1. मुस्लिम उद्धार दिवस
2. डायरेक्ट एक्शन दिवस
3. कांग्रेस मंत्रालय का इस्तीफा
4. व्यक्तिगत सत्याग्रह
नीचे दिए गए कोट का उपयोग करके सही उत्तर चुने
(a) 3, 1, 4, 2
(b) 1, 2, 3, 4
(c) 4, 3, 2, 1
(d) 1, 3, 2, 4
(e) उपर्युक्त में से कोई नहीं है / उपर्युक्त में से एक से अधिक
Arrange the following events related to the Indian freedom struggle in the correct chronological order.
1. Muslim Liberation Day
2. Direct Action Day
3. Resignation of Congress Ministry
4. Individual Satyagraha
Choose the correct answer using the quote given below
(a) 3, 1, 4, 2
(b) 1, 2, 3, 4
(c) 4, 3, 2, 1
(d) 1, 3, 2, 4
(e) None of the above / More than one of the above

BPSC CDPO 2021

Ans. (a):
कांग्रेस मंत्रालयों का इस्तीफा - 29-30 अक्टूबर, 1939
मुस्लिम उद्धार दिवस - 22 दिसम्बर, 1939
व्यक्तिगत सत्याग्रह - 17 अक्टूबर, 1940
प्रत्यक्ष कार्यवाही दिवस - 16 अगस्त, 1946

26. कैबिनेट मिशन की अध्यक्षता किसके द्वारा की गई
(a) लॉर्ड इटली
(b) स्टफोर्ड क्रिप्स
(c) क्लीमेंट इटली
(d) सर पी. लॉरेंस
(e) उपर्युक्त में से कोई नहीं है / उपर्युक्त में से एक से अधिक
Who presided over the Cabinet Mission?
(a) Lord Italy
(b) Stafford Cripps
(c) Clement Italy
(d) Sir P. Lawrence
(e) None of the above / More than one of the above

45th BPSC (Pre) 2002

Ans - (d)
कैबिनेट मिशन 24 मार्च, 1946 को दिल्ली आया। इसके अध्यक्ष लार्ड पैथिक लारेन्स थे तथा अन्य दो सदस्यों में स्टेफर्ड क्रिप्स तथा ए. वी. अलेक्जेण्डर थे।

INM

गवर्नर /गवर्नर जनरल /वायसराय

(Governors/Governors General/Viceroys)

1. भारत के किस गवर्नर जनरल के कार्यकाल में कोलकाता मुंबई और मद्रास विश्वविद्यालय स्थापित किए गए थे?
(a) लॉर्ड विलियम बेंटिक
(b) लॉर्ड डलहौजी
(c) लॉर्ड कैनिंग
(d) लॉर्ड एलगिन
(e) उपर्युक्त में से कोई नहीं है / उपर्युक्त में से एक से अधिक
During the tenure of which Governor General of India, Kolkata, Mumbai and Madras Universities were established?
(a) Lord William Bentinck
(b) Lord Dalhousie
(c) Lord Canning
(d) Lord Elgin
(e) None of the above / More than one of the above

31 BPSC (J)-2022

Ans. (c)
वुड डिस्पैच (1854) के आधार पर लार्ड कैनिंग के कार्यकाल में वर्ष 1857 में कलकत्ता, बम्बई और मद्रास विश्वविद्यालय स्थापित किये गए।

2. किसने सिंध विजित कर उसका अधिकरण किया?
(a) वेलिंगटन
(b) स्लीमन
(c) नेपियर
(d) लॉरेंस
(e) उपर्युक्त में से कोई नहीं है / उपर्युक्त में से एक से अधिक
Who conquered Sindh and ruled it?
(a) Wellington
(b) Sleeman
(c) Napier
(d) Lawrence
(e) None of the above / More than one of the above

67th BPSC (Pre)2022

Ans. (c):
1843 में गवर्नर जनरल एलनबरों के अधीन, सिंध को ब्रिटिश राज्य शासन में मिला लिया गया और चार्ल्स नेपियर का इसका प्रथम गवर्नर नियुक्त किया गया।

3. दिल्ली दरबार के समय भारत का वायसराय कौन था?
(a) लॉर्ड रिपन
(b) लॉर्ड लिटन
(c) लॉर्ड लॉरेंस
(d) लॉर्ड नॉर्थब्रुक
(e) उपर्युक्त में से कोई नहीं है / उपर्युक्त में से एक से अधिक
Who was the Viceroy of India at the time of Delhi Darbar??
(a) Lord Ripon
(b) Lord Lytton
(c) Lord Lawrence
(d) Lord Northbrook
(e) None of the above / More than one of the above

BPSC Auditor (Pre) 2021

Ans.(b)
☞प्रथम दिल्ली दरबार - 1 जनवरी, 1877 - वायसराय 'लॉर्ड लिटन' - महारानी विक्टोरिया को भारत की साम्राज्ञी घोषित 'कैसर - ए – हिन्द' की उपाधि
☞दूसरा दिल्ली दरबार 1903 वायसराय 'कर्जन'
☞तीसरा दिल्ली दरबार – 1911 - वायसराय 'हार्डिंग द्वितीय' - दरबार में बंगाल विभाजन को रद्द राजधानी को कलकत्ता से दिल्ली स्थानान्तरित

4. दिल्ली दरबार के समय भारत का वायसराय कौन था?
(a) लॉर्ड रिपन
(b) लॉर्ड लिटन
(c) लॉर्ड लॉरेंस
(d) लॉर्डनॉर्थ बुक
(e) उपयुक्त में कोई नहीं है/उपयुक्त में से एक से अधिक

Who was the Viceroy of India at the time of Delhi Darbar??
(a) Lord Ripon
(b) Lord Lytton
(c) Lord Lawrence
(d) Lord North Book
(e) None of the above/More than one of the above

BPSC Auditor (Pre) 2021

ANSWER – B

प्रथम दिल्ली दरबार का आयोजन 01 जनवरी 1877 को किया गया था। इस समय भारत का वायसराय 'लार्ड लिटन' (1876-1880) था।

5. इनमें से किस वायसराय को अंडमान द्वीप समूह में छुरा मारकर मौत के घाट उतार दिया था?
(a) लॉर्ड एलगिन
(b) लॉर्ड लिटन
(c) लॉर्ड मेयो
(d) लॉर्ड रिपन
(e) उपर्युक्त में से कोई नहीं है / उपर्युक्त में से एक से अधिक

Which of these Viceroys was stabbed to death in the Andaman Islands??
(a) Lord Elgin
(b) Lord Lytton
(c) Lord Mayo
(d) Lord Ripon
(e) None of the above / More than one of the above

BPSC CDPO 2021

Ans. (c)

लॉर्ड मेयो को अण्डमान द्वीप समूह पर शेर अली अफरीदी नामक व्यक्ति ने छुरा मारकर हत्या कर दिया था। मेयो के कार्यकाल में 1872 में जनगणना का कार्य प्रारम्भ,

1872 में कृषि विभाग की स्थापना की, 1875 में अजमेर में मेयो कॉलेज की स्थापना

6. देसी राज्यों के साथ संबंधों में सर्वोच्चता की शक्तियों को स्पष्ट रूप से किसने परिभाषित किया?
(a) लॉर्ड मेयो
(b) लॉर्ड सलीसबरी
(c) लॉर्ड लिटन
(d) लॉर्ड कर्जन
(e) उपर्युक्त में से कोई नहीं है / उपर्युक्त में से एक से अधिक

Who clearly defined the powers of supremacy in relations with native states?
(a) Lord Mayo
(b) Lord Salisbury
(c) Lord Lytton
(d) Lord Curzon
(e) None of the above / More than one of the above

BPSC Auditor (Pre) 2021

Ans.(d)

देशी राज्यों के साथ संबंधों में सर्वोच्चता की शक्तियों को सुस्पष्ट रूप से "लार्ड कर्जन" ने परिभाषित किया।

7. सूची एक के साथ सूची दो को मिलाइए और सूचियां के नीचे दिए गए कूट की सहायता से सही उत्तर का चयन कीजिए:

सूची-1	सूची-2
(A) इल्बर्ट बिल	1. लार्ड लिटन
(b) द्वितीय अफगान युद्ध	2. लॉर्ड रिपन
(c) धार्मिक योग्यता अधिनियम	3. लॉर्ड डलहौजी
(d) प्राचीन स्मारक अधिनियम	4. लॉर्ड कर्जन

कूट: A B C D
(a) 4 1 3 2
(b) 2 4 1 3
(c) 1 2 3 4
(d) 2 1 3 4
(e) उपर्युक्त में से कोई नहीं है / उपर्युक्त में से एक से अधिक

Match List 1 with List 2 and select the correct answer with the help of the code given below the lists.:

List-1	List-2
(A) Ilbert Bill	1. Lord Lytton
(b) Second Afghan War	2. Lord Ripon
(C) Religious Qualification Act	3. Lord Dalhousie
(D) Ancient Monuments Act	4. Lord Curzon

Code:A B C D
(a) 4 1 3 2
(b) 2 4 1 3
(c) 1 2 3 4
(d) 2 1 3 4
(e) None of the above / More than one of the above

BPSC Auditor (Pre) 2021

Ans - (d)

इल्बर्ट बिल — लॉर्ड रिपन

द्वितीय अफगान युद्ध — लॉर्ड लिटन

धार्मिक अयोग्यता अधिनियम — लॉर्ड डलहौजी

प्राचीन स्मारक अधिनियम —- लॉर्ड कर्जन

8. भारत का प्रथम गवर्नर जनरल कौन था?
(a) लॉर्ड मेयो
(b) लॉर्ड लिटिल
(c) लॉर्ड कैनिंग
(d) लॉर्ड डफलिन
(e) उपर्युक्त में से कोई नहीं है / उपर्युक्त में से एक से अधिक
Who was the first Governor General of India?
(a) Lord Mayo
(b) Lord Little
(c) Lord Canning
(d) Lord Duflin
(e) None of the above / More than one of the above

66th BPSC (Pre) (Re-Exam) 2020

उत्तर-(e)

1833 के चार्टर एक्ट द्वारा बंगाल के गवर्नर जनरल का पदनाम बदलकर भारत का गवर्नर जनरल कर दिया गया। भारत के पहले गवर्नर जनरल विलियम बैंटिक थे.

9. भारत के किस गवर्नर जनरल के कार्यकाल में कोलकाता, मुंबई और मद्रास विश्वविद्यालय स्थापित किए गए थे?
(a) लॉर्ड विलियम बेंटिक
(b) लॉर्ड डलहौजी
(c) लॉर्ड कैनिंग
(d) लॉर्ड एल्गिन
(e) उपर्युक्त में से कोई नहीं है / उपर्युक्त में से एक से अधिक
During the tenure of which Governor General of India, Kolkata, Mumbai and Madras Universities were established?
(a) Lord William Bentinck
(b) Lord Dalhousie
(c) Lord Canning
(d) Lord Elgin
(e) None of the above / More than one of the above

31st Bihar J (Pre) 2020

Ans - (c)

लार्ड कैनिंग के कार्यकाल में 1857 में कलकत्ता, बम्बई, और मद्रास में विश्वविद्यालयों की स्थापना लन्दन विश्वविद्यालय के तर्ज पर हुई

10. ठगों का उन्मूलन किसके नेतृत्व में हुआ था?
(a) लॉर्ड क्लाइव
(b) कर्नल स्लीमन
(c) लॉर्ड मिंटो
(d) अलेक्जेंडर बर्न्स
(e) उपर्युक्त में से कोई नहीं है / उपर्युक्त में से एक से अधिक
Under whose leadership was the eradication of thugs?
(a) Lord Clive
(b) Colonel Sleeman
(c) Lord Minto
(d) Alexander Burns
(e) None of the above / More than one of the above

65th BPSC (Pre) 2019
Bihar CDPO (Pre) Exam 2018

Ans - (b)

लार्ड विलियम बेंटिक ने कर्नल स्लीमन को ठगों के विरूद्ध कार्यवाही करने के लिए नियुक्त किया।

11. अफगानिस्तान के प्रति आक्रमण नीति किस वायसराय ने अपनाई थी?
(a) लॉर्ड मेयों
(b) लॉर्ड लिटन
(c) लॉर्ड डफरिन
(d) लॉर्ड कैनिंग
(e) उपर्युक्त में से कोई नहीं है / उपर्युक्त में से एक से अधिक

Which Viceroy adopted the policy of aggression towards Afghanistan?
(a) Lord Mayon
(b) Lord Lytton
(c) Lord Dufferin
(d) Lord Canning
(e) None of the above / More than one of the above

65th BPSC (Pre) 2019

Ans - (b)
1862-1872 ई, तक ब्रिटिश भारत सरकार ने अफगानिस्तान के प्रति तटस्थता की नीति का पालन किया। लार्ड लिटन के आते ही अग्रगामी नीति अपनायी गयी. लार्ड लिटन ने अफगानिस्तान के विरूद्ध 21 नवम्बर 1878 को युद्ध की घोषणा कर दी।

12. भारत का अंतिम वायसराय निम्नलिखित में से कौन था?
(a) लॉर्ड वेवेल
(b) लॉर्ड माउंटबेटन
(c) राजगोपालाचारी
(d) उपर्युक्त में से कोई नहीं है
(e) उपर्युक्त में से एक से अधिक

Who among the following was the last Viceroy of India??
(a) Lord Wavell
(b) Lord Mountbatten
(c) Rajagopalachari
(d) none of the above
(e) More than one of the above

Bihar APO GS-2011

Ans - (b)
लॉर्ड माउंटबेटन ने 15 अगस्त 1947 से 21 जून 1948 तक भारत के अंतिम वायसराय के रूप में कार्य किया। आजादी के बाद से भारत के पहले गवर्नर जनरल बने थे। स्वतंत्र भारत के अंतिम गवर्नर जनरल "सी. राजगोपालाचारी" थे।

13. भारत का प्रथम गवर्नर जनरल कौन था?
(a) क्लाइव
(b) हेस्टिंग्स
(c) कार्नवालिस
(d) वेलेजली
(e) उपर्युक्त में से कोई नहीं है / उपर्युक्त में से एक से अधिक

Who was the first Governor General of India??
(a) Clive
(b) Hastings
(c) Cornwallis
(d) Wellesley
(e) None of the above / More than one of the above

Bihar APO GS-2009

उत्तर-(e)
रेग्यूलेटिंग एक्ट, 1773 के तहत वारेन हेस्टिंग्स को बंगाल का प्रथम गवर्नर जनरल बनाया गया। 1833 के एक्ट से भारत का प्रथम गवर्नर जनरल लार्ड विलियम बेटिक को बनाया गया।

14. 'सती' को गैरकानूनी किसने घोषित किया?
(a) वारेन हेस्टिंग्स
(b) विलियम बेंटिक
(c) कार्नवालिस
(d) कर्जन
(e) उपर्युक्त में से कोई नहीं है / उपर्युक्त में से एक से अधिक

Who declared 'Sati' illegal?
(a) Warren Hastings
(b) William Bentinck
(c) Cornwallis
(d) Curzon
(e) None of the above / More than one of the above

63rd BPSC (Pre) 2017-18

Ans - (b)
लॉर्ड विलियम बैंटिक ने 1829 में सती प्रथा का अन्त किया।

15. इंपीरियल कैडेट कॉर्प्स की स्थापना किसने की?
(a) लॉर्ड मिंटो
(b) लॉर्ड कर्जन
(c) लॉर्ड लिटन
(d) लॉर्ड रिपन
(e) उपर्युक्त में से कोई नहीं है / उपर्युक्त में से एक से अधिक

Who established the Imperial Cadet Corps??
(a) Lord Minto
(b) Lord Curzon
(c) Lord Lytton
(d) Lord Ripon
(e) None of the above / More than one of the above

63rd BPSC (Pre) 2017-18

Ans - (b)
देशी नरेशों के राजकुमारों के सैनिको के लिए 'इम्पीरियल कैडेट कॉर्प्स' की स्थापना लॉर्ड कर्जन द्वारा की गयी थी।

16. द्वैध शासन का जनक किसे माना जाता है
(a) लॉर्ड क्लाइव
(b) हेक्टर मुनरो
(c) लॉर्ड मैकाले
(d) सर लियोनेल कर्टिस
(e) उपर्युक्त में से कोई नहीं है / उपर्युक्त में से एक से अधिक
Who is considered the father of diarchy?
(a) Lord Clive
(b) Hector Munro
(c) Lord Macaulay
(d) Sir Lionel Curtis
(e) None of the above / More than one of the above

60th-62nd BPSC (Pre) 2016-17

Ans - (d)
द्वैध शासन का जनक सर लियोनिल कर्टिस को माना जाता है।

17. "मुझे विश्वास है कि कांग्रेस अपने विनाश की तरफ जा रही है और यह मेरी बड़ी इच्छा भारत में रहते होगी कि इसके शांतिप्रिय निधन के लिए इसका सहायक बनूँ", यह किसने लिखा?
(a) लॉर्ड लिटन
(b) लॉर्ड डफरिन
(c) लॉर्ड कर्जन
(d) लॉर्ड मिंटो
(e) उपर्युक्त में से कोई नहीं है / उपर्युक्त में से एक से अधिक
"I believe that the Congress is heading towards its destruction and it would be my great desire while living in India to help it in its peaceful demise", who wrote this??
(a) Lord Lytton
(b) Lord Dufferin
(c) Lord Curzon
(d) Lord Minto
(e) None of the above / More than one of the above

60th-62nd BPSC (Pre) 2016-17

Ans - (c)
कांग्रेस के बारे में यह कथन लार्ड कर्जन ने व्यक्त किया था।

18. निम्न में से किस वायसराय के कार्यकाल में भारतीयों को 'राय बहादुर' और 'खान बहादुर' की उपाधियाँ प्रदान करना प्रारंभ हुआ?
(a) लॉर्ड रिपन
(b) लॉर्ड लिटन
(c) लॉर्ड मेयो
(d) लॉर्ड डफरिन
(e) उपर्युक्त में से कोई नहीं है / उपर्युक्त में से एक से अधिक
During the tenure of which of the following Viceroys, the titles of 'Rai Bahadur' and 'Khan Bahadur' started being given to Indians??
(a) Lord Ripon
(b) Lord Lytton
(c) Lord Mayo
(d) Lord Dufferin
(e) None of the above / More than one of the above

60th-62nd BPSC (Pre) 2016-17

Ans - (b)
वायसराय लार्ड लिटन के कार्यकाल में भारतीयों को राय बहादुर' और 'खान बहादुर' की उपाधियां प्रदान करना प्रारंभ किया गया।

19. स्वतंत्र भारत के पहले भारतीय गवर्नर जनरल थे?
(a) राजगोपालाचारी
(b) सुरेंद्रनाथ
(c) राजेंद्र प्रसाद
(d) बी. आर. अंबेडकर
(e) उपर्युक्त में से कोई नहीं है / उपर्युक्त में से एक से अधिक

The first Indian Governor General of independent India was?
(a) Rajagopalachari
(b) Surendranath
(c) Rajendra Prasad
(d) B. R. Ambedkar
(e) None of the above / More than one of the above

53rd-55th BPSC (Pre) 2011
46th BPSC (Pre) 2003-04

Ans - (a)
स्वतंत्र भारत के प्रथम गवर्नर जनरल लार्ड माउण्टबेटन थे जबकि स्वतंत्र भारत के प्रथम एवं अंतिम भारतीय गवर्नर जनरल चक्रवर्ती राजगोपालाचारी थे।

20. 'सुरक्षा प्रकोष्ठ' की नीति संबंधित है-
(a) वारेन हेस्टिंग से
(b) लॉर्ड डलहौजी से
(c) हेनरी लॉरेंस से
(d) लॉर्ड हेस्टिंग से
(e) उपर्युक्त में से कोई नहीं है / उपर्युक्त में से एक से अधिक

The policy of 'Ring Fence' is related to-
(a) Warren Hasting
(b) Lord Dalhousie
(c) From Henry Lawrence
(d) Lord Hasting
(e) None of the above / More than one of the above

47th BPSC (Pre) 2004-05

Ans - (a)
सुरक्षा प्रकोष्ठ या घेरे की नीति 1765 से 1813 ई. तक लागू रही। इस नीति से मुख्यतः वारेन हेस्टिंग्स सम्बन्धित थे। इस नीति का विस्तार लार्ड वेलेस्ली की सहायक सन्धि था.

21. स्वतंत्र भारत का अंतिम गवर्नर जनरल कौन था?
(a) लॉर्ड माउंटबेटन
(b) सी राजगोपालाचारी
(c) राजेंद्र प्रसाद
(d) उपरोक्त में से कोई नहीं
(e) उपर्युक्त में से एक से अधिक

Who was the last Governor General of independent India??
(a) Lord Mountbatten
(b) C Rajagopalachari
(c) Rajendra Prasad
(d) None of the above
(e) More than one of the above

41st BPSC (Pre) 1996

Ans - (b)
स्वतंत्र भारत के प्रथम भारतीय और स्वतंत्र भारत के अन्तिम गवर्नर जनरल सी. राजगोपालाचारी थे।

22. 1878 ई. का वर्नाक्यूलर प्रेस एक्ट किसने रद्द कर दिया था?
(a) लॉर्ड रिपन
(b) लॉर्ड लिटन
(c) लॉर्ड कर्जन
(d) लॉर्ड मिंटो
(e) उपर्युक्त में से कोई नहीं है / उपर्युक्त में से एक से अधिक

Who repealed the Vernacular Press Act of 1878??
(a) Lord Ripon
(b) Lord Lytton
(c) Lord Curzon
(d) Lord Minto
(e) None of the above / More than one of the above

39th BPSC (Pre) 1994

उत्तर-(a)
लार्ड लिटन द्वारा लाये गए 1878 ई. के 'वर्नाक्यूलर प्रेस एक्ट को लॉर्ड रिपन ने 1882 ई. में रद्द कर दिया।

23. निम्नलिखित में से कौन बंगाल में स्थायी बंदोबस्त का प्रस्तावक था?
(a) सर जॉन शोर
(b) वारेन हेस्टिंग्स
(c) थॉमस मुनरो
(d) माउंट स्टुअर्ट एल्फिन्स्टन

Who among the following was a proponent of Permanent Settlement in Bengal?
(a) Sir John Shore
(b) Warren Hastings
(c) Thomas Munro
(d) Mount Stuart Elphinstone

Bihar Daroga 17-12-2023 Shift 1st

Ans. (a)

स्थायी बंदोबस्त या इस्तमरारी बन्दोबस्त का प्रस्तावक सर जान शोर को माना जाता है। स्थायी बन्दोबस्त को बंगाल में लागू करने का श्रेय कार्नवालिस को जाता है, जिन्होने सन् 1793 ई. को बंगाल में स्थाई बन्दोबस्त को लागू कर दिया

24. किस ब्रिटिश गवर्नर जनरल ने हड़प नीति अपनाई थी?
(a) लार्ड वारेन हेस्टिंगस
(b) लार्ड डलहौजी
(c) लार्ड कर्जन
(d) इनमें से कोई नहीं

Which British Governor General adopted the policy of annexation?
(a) Lord Warren Hastings
(b) Lord Dalhousie
(c) Lord Curzon
(d) none of these

Bihar Police SI (Mains) Exam 03-09-2023

Ans. (b)

लार्ड डलहौजी ने भारतीय देशी राज्यों को ब्रिटिश साम्राज्य का हिस्सा बनाने के लिए हड़प नीति अपनाई थी। इस नीति के तहत जब एक संरक्षित राज्य के शासक की प्राकृतिक उत्तराधिकारी के बिना मृत्यु हो जाती है तो उसके राज्य पर अंग्रेजों का कब्जा हो जाता था।

इस नीति के तहत उसने सर्वप्रथम 1848 में सतारा को तथा उसके बाद क्रमशः जैतपुर/संभलपुर/बुन्देलखण्ड ओडिसा (1849), बाघाट (1850), उदयपुर (1852), झाँसी (1853), नागपुर (1854) व अवध – कुशासन के आधार पर (1856) को ब्रिटिश साम्राज्य में मिला लिया था।

25. किस ब्रिटिश गवर्नर जनरल पर महाभियोग का मुकदमा चलाया गया था।
(a) लार्ड कार्नवालिस
(b) लार्ड वेलेजली
(c) लार्ड वारेन हेस्टिंगस
(d) लार्ड मिंटो

Which British Governor General was tried for impeachment?
(a) Lord Cornwallis
(b) Lord Wellesley
(c) Lord Warren Hastings
(d) Lord Minto

Bihar Police SI (Mains) Exam 03-09-2023

Ans. (c)

ब्रिटिश गवर्नर जनरल वारेन हेस्टिंग्स के अन्यायपूर्ण तथा निरंकुश कार्यों के कारण उस पर महाभियोग का मुकदमा चलाया गया

26. सर्वोच्चता की नीति निम्न में से किसने दिया था
(a) लॉर्ड विलियम्स
(b) लॉर्ड रिचर्डसन
(c) लॉर्ड क्लाइव
(d) लॉर्ड हेस्टिंग्स

Who among the following gave the policy of supremacy?
(a) Lord Williams
(b) Lord Richardson
(c) Lord Clive
(d) Lord Hastings

Bihar Police SI (Mains) Exam 03-09-2023

Ans. (d) :

कंपनी के कानून को सर्वोच्च कानून वाली 'सर्वोच्चता की नीति' लॉर्ड हेस्टिंग्स के नेतृत्व में शुरू की गई थी।

27. प्रथम आंग्ल-बर्मा युद्ध की शुरुआत के समय भारत का गवर्नर जनरल कौन था?
(a) लॉर्ड एमहर्स्ट
(b) लॉर्ड डलहौजी
(c) लॉर्ड कॉर्नवालिस
(d) लॉर्ड हेस्टिंग्स

Who was the Governor General of India at the beginning of the First Anglo-Burmese War?
(a) Lord Amherst
(b) Lord Dalhousie
(c) Lord Cornwallis
(d) Lord Hastings

BSSC Third Graduate Level (Pre) Exam 23.12.2022 Shift-1

Ans. (a):
प्रथम आंग्ल-बर्मा युद्ध की शुरुआत के समय भारत का गवर्नर जनरल लॉर्ड एमहर्स्ट था।

28. 1861 के भारतीय परिषद अधिनियम के समय वायसराय कौन थे?
(a) लॉर्ड कैनिंग
(b) लॉर्ड लॉरेंस
(c) लार्ड एल्गिन
(d) लाई नार्थबुक
Who was the Viceroy at the time of the Indian Council Act of 1861?
(a) Lord Canning
(b) Lord Lawrence
(c) Lord Elgin
(d) Lai Northbook
Bihar Police Constable Exam 21/03/2021 (Shift-1)

Ans. (a)
लॉड कैनिंग के कार्यकाल के दौरान 'गवर्नमेंट ऑफ इंडिया 1858 एक्ट' तथा 1861 के भारतीय परिषद अधिनियम को पारित किया गया।

29. जब 1942 में भारतीय राष्ट्रीय कांग्रेस ने 'भारत छोड़ों आंदोलन' छेड़ा तब भारत का वायसराय कौन था?
(a) लिनलिथगो
(b) लिटन
(c) रिपन
(d) कर्जन
Who was the Viceroy of India when the Indian National Congress launched the 'Quit India Movement' in 1942?
(a) Linlithgow
(b) Liton
(c) Ripon
(d) Curzon
Police Avar Nirikshak Exam 26/12/2021 (Shift-1)

Ans - (a)
भारत छोड़ो आन्दोलन 9 अगस्त, 1942 को मुम्बई से शुरु हुआ। उस समय भारत के वायसराय लार्ड लिनलिथगो थे।

30. स्वतंत्र भारत के प्रथम गवर्नर जनरल थे?
(a) सर रेडक्लिफ
(b) लॉर्ड माउंटबेटन
(c) सी राजगोपालाचारी
(d) लॉर्ड वेवेल
Who was the first Governor General of independent India?
(a) Sir Radcliffe
(b) Lord Mountbatten
(c) C Rajagopalachari
(d) Lord Wavell
Police Avar Nirikshak Exam 26/12/2021 (Shift-II)
BSSC Amin (Amanat) Exam Date-01.05.2005

Ans - (b)
लॉर्ड माउंटबेटन स्वतंत्र भारत का पहला गवर्नर जनरल था. सी. राजगोपालाचारी स्वतन्त्र भारत के प्रथम एवं अंतिम भातीय गवर्नर जनरल नियुक्त किये गये थे।

31. भारत के प्रथम गवर्नर जनरल थे-
(a) रॉबर्ट क्लाइव
(b) वारेन हेस्टिंग्स
(c) लॉर्ड कॉर्नवालिस
(d) लॉर्ड विलियम बैंटिक
The first Governor General of India was-
(a) Robert Clive
(b) Warren Hastings
(c) Lord Cornwallis
(d) Lord William Bentinck
Bihar Forest Guard Exam 16/12/2020 (Shift-II)
Police Avar Nirikshak Exam 12/07/2017
Patna High Court Steno & Cleark (10-04-2011)

Ans: (d)
1833 ई० के चार्टर एक्ट के अनुसार लॉर्ड विलियम बेटिक को बंगाल के गवर्नर जनरल से भारत का प्रथम गवर्नर-जनरल बना दिया गया।

32. 'व्यपगत का सिद्धान्त' से कौन संबंधित रहा है?
(a) लॉर्ड कैनिंग
(b) लॉर्ड कार्नवालिस
(c) लॉर्ड मिन्टो
(d) लॉर्ड डलहौजी

Who has been related to the 'Doctrine of Lapse'?
(a) Lord Canning
(b) Lord Cornwallis
(c) Lord Minto
(d) Lord Dalhousie

Bihar Daroga (Police Avar Nirikshak) Exam 23/04/2008
Police Avar Nirikshak Exam 29/11/2020

Ans : (d)
'व्यपगत का सिद्धान्त' अथवा 'राज्य हड़प की नीति' 'लॉर्ड डलहौजी' से सम्बन्धित है। इस सिद्धान्त के अनुसार, वे रियासतें जिनका राजा निःसंतान स्थिति में मर जाता है। उन्हें अपना उत्तराधिकारी गोद लेने का अधिकार नहीं था।

33. निम्नलिखित में से किसने 'रैयतवाड़ी बंदोबस्त' आरंभ किया?
(a) लॉर्ड कॉर्नवालिस
(b) सर जॉन शोर
(c) थॉमस मुनरो
(d) वारेन हेस्टिंग्स

Who among the following started the 'Rayatwari Settlement'?
(a) Lord Cornwallis
(b) Sir John Shore
(c) Thomas Munro
(d) Warren Hastings

Police Avar Nirikshak Exam 11/03/2018 (Shift-1)
Police Avar Nirikshak Exam 29/11/2020

Ans. (b)
रैयतवाड़ी व्यवस्था भू राजस्व वसूली हेतु लागू की गई व्यवस्था थी, जिसका जन्मदाता थामस मुनरो और कैप्टन रीड को माना जाता है।

34. भारत में किसने 'स्थानीय स्वशासन' को लागू किया था?
(a) लॉर्ड डफरिन
(b) लॉर्ड लिटन
(c) लॉर्ड रिपन
(d) लॉर्ड कर्जन

Who implemented 'Local Self-Government' in India?
(a) Lord Dufferin
(b) Lord Lytton
(c) Lord Ripon
(d) Lord Curzon

Forest Range Officer (Pre.) Exam 17/01/2020

Ans. (c):
भारत में 'लार्ड रिपन' ने स्थानीय स्वशासन को सर्वप्रथम लागू किया।

35. 1767 ई० में बंगाल का सर्वेयर जनरल किसे बनाया गया था?
(a) डॉ० मार्शल
(b) डॉ० गियर्सन
(c) जॉन प्रिंसेप
(d) मेजर रेनेल

Who was made the Surveyor General of Bengal in 1767 AD?
(a) Dr. Marshall
(b) Dr. Gierson
(c) John Prinsep
(d) Major Rennell

Utpad Avar Nirikshak Exam 09/06/2019

Ans : (d)
सन् 1767 ई० में भारत के प्रथम तथा बंगाल के सर्वेयर जनरल मेजर जेम्स रेनेल को बनाया गया था।

36. साम्प्रदायिक निर्वाचक का जनक किसे माना जाता है?
(a) लॉर्ड मिंटो
(b) लॉर्ड इरविन
(c) रैम्जे मैकडोनाल्ड
(d) वेलेजली

Who is considered the father of communal electorate?
(a) Lord Minto
(b) Lord Irwin
(c) Ramsey MacDonald
(d) Wellesley

Utpad Avar Nirikshak Exam 25/08/2019

Ans : (a)

साम्प्रदायिक निर्वाचक का जनक 'लॉर्ड मिंटो' को माना जाता है। 1909 ई को भारत शासन (परिषद) अधिनियम में मुसलमानों को पृथक निर्वाचक क्षेत्र की व्यवस्था कर 'फूट डालो और राज करो' की नीति अपनाई थी।

37. निम्नलिखित में से किसने ठगी के उन्मूलन से संबंधित सुधार लागू किए?
(a) लॉर्ड रिपन
(b) लॉर्ड लिट्टन
(c) विलियम बैंटिक
(d) लॉर्ड डलहौजी

Who among the following implemented reforms related to eradication of cheating?
(a) Lord Ripon
(b) Lord Lytton
(c) William Bentinck
(d) Lord Dalhousie

Police Avar Nirikshak Exam 22/12/2019 (Shift-1)

Ans. (c)

ठगी के उन्मूलन से संबंधित सुधार लॉर्ड विलियम बैंटिक ने लागू किए।

38. निम्नलिखित में से ब्रिटिश सरकार के कौन-से चार्टर एक्ट से बंगाल के गवर्नर जनरल को भारत का गवर्नर जनरल बना दिया गया?
(a) 1813 का चार्टर एक्ट
(b) 1853 का चार्टर एक्ट
(c) 1833 का चार्टर एक्ट
(d) 1773 का रेग्युलेटिंग एक्ट

By which of the following Charter Act of the British Government, the Governor General of Bengal was made the Governor General of India?
(a) Charter Act of 1813
(b) Charter Act of 1853
(c) Charter Act of 1833
(d) Regulating Act of 1773

Police Avar Nirikshak Exam 22/12/2019 (Shift-I)

Ans - (c)

1833 के चार्टर अधिनियम ने बंगाल के गवर्नर जनरल को भारत के गर्वनर जनरल में बदल दिया।

39. निम्नलिखित में से कौन-सा लॉर्ड कर्जन का योगदान नहीं था?
(a) सती प्रथा पर रोक
(b) बंगाल विभाजन
(c) सेना व न्यायिक सुधार
(d) पुलिस सुधार

Which of the following was not a contribution of Lord Curzon?
(a) Ban on Sati practice
(b) Partition of Bengal
(c) Army and judicial reforms
(d) Police reforms

Police Avar Nirikshak Exam 22/12/2019 (Shift-II)

Ans. (a)

लॉर्ड कर्जन ने 1902 में सर डब्ल्यू फ्रेजर की अध्यक्षता में पुलिस आयोग का गठन, 1900 में सेना में सुधार के लिए - किचनर आयोग का गठन, तथा 1905 ई. में बंगाल का विभाजन कर्जन का एक महत्वपूर्ण कार्य था।

सती प्रथा का अंत लार्ड बिलियम बैंटिक द्वारा 1829 में किया गया था।

40. भारत में ब्रिटिश शासन के दौरान अंतिम वायसराय कौन थे?
(a) माउंटबेटन
(b) इरविन
(c) वेवल
(d) मिन्टो

Who was the last former Viceroy during British rule in India?
(a) Mountbatten
(b) Irwin
(c) Wavell
(d) Minto

BSSC First Inter Level Exam 29-01-2017

Ans. (a):

भारत में ब्रिटिश शासन के दौरान अंतिम वायसराय लॉड माउंटबेटन था।

41. ब्रिटिश सम्राट के अधीन नियुक्त भारत का प्रथम वायसराय कौन था?
(a) लॉर्ड डलहौजी
(b) वारेन हेस्टिंग्स
(c) जॉन लारेंस
(d) लॉर्ड कैनिंग
Who was the first Viceroy of India appointed under the British Emperor?
(a) Lord Dalhousie
(b) Warren Hastings
(c) John Lawrence
(d) Lord Canning

Bihar Police Constable 31/07/2016

Ans. (d)
ब्रिटिश सम्राट के अधीन नियुक्त भारत का प्रथम वायसराय लॉर्ड कैनिंग था। भारत सरकार अधिनियम 1858 के द्वारा भारत के गवर्नर जनरल का नाम बदलकर 'भारत का वायसराय' कर दिया।

42. विलियम बैंटिंक द्वारा निम्न में से किस सुधारक उपाय को लागू नहीं किया गया था?
(a) दासता का अंत
(b) ठगों का दमन
(c) सती प्रथा का अंत
(d) धर्म में परिवर्तन के कारण असमनताओं का दूर करना
Which of the following reform measures was not implemented by William Bentinck?
(a) End of slavery
(b) Suppression of thugs
(c) End of Sati practice
(d) To remove inequalities due to change in religion

Police Avar Nirikshak Exam 18/09/2016

Ans. (a)
गवर्नर जनरल लार्ड एलनबरो ने 1843 के अधिनियम द्वारा भारत में दास प्रथा पर प्रतिबन्ध लगा दिया था।

43. भारत की आजादी के समय भारत के वायसराय कौन थे?
(a) लॉर्ड वावेल
(b) लॉर्ड कर्जन
(c) लॉर्ड माउंटबेटन
(d) सी. राजगोपालाचारी
Who was the Viceroy of India at the time of India's independence?
(a) Lord Wavell
(b) Lord Curzon
(c) Lord Mountbatten
(d) C. Rajagopalachari

BSSC Second Graduate Level (Pre) Exam 16.02.2015

Ans. (c)
लॉर्ड माउंटबेटन द्वारा 3 जून, 1947 को स्पष्ट कर दिया गया कि ब्रिटिश सरकार द्वारा 15 अगस्त, 1947 को भारत और पाकिस्तान को 'डोमिनियन स्टेट्स' के रूप में सत्ता का हस्तांतरण कर दिया जायेगा। ये भारतीय संघ के अंतिम वायसराय और स्वतंत्र भारत के पहले गवर्नर जनरल थे।

44. किस ब्रिटिश गवर्नर जनरल ने देश में से सती प्रथा निर्मूलन की थी?
(a) लॉर्ड हेस्टिंग्स
(b) लॉर्ड वेलेस्ली
(c) लॉर्ड विलियम बैंटिंक
(d) सर चार्ल्स मेटकॉफ
Which British Governor General had eradicated the practice of Sati from the country?
(a) Lord Hastings
(b) Lord Wellesley
(c) Lord William Bentinck
(d) Sir Charles Metcalfe

Police Avar Nirikshak Exam 19/10/2014 (Shift-I)

Ans. (c)
राजा राममोहन राय के प्रयास से लार्ड विलियम बैंटिंक ने 1829 ई. में देश में सती प्रथा का उन्मूलन किया था।

45. विश्वविद्यालयों में सरकारीकरण को किसने बढ़ावा दिया था?
(a) लॉर्ड रीडिंग
(b) लॉर्ड कॉर्नवालिस
(c) लॉर्ड कर्जन
(d) लॉर्ड वेवेल
Who promoted governmentization in universities?
(a) Lord Reading

(b) Lord Cornwallis
(c) Lord Curzon
(d) Lord Wavell

Bihar Police Constable Exam 19/10/2014

Ans. (c)
विश्वविद्यालयों में सरकारीकरण को लार्ड कर्जन ने बढ़ावा दिया था। इसने 1902 ई. में सर टामस रैले की अध्यक्षता में विश्वविद्यालय आयोग की स्थापना की। इसी के समय वर्ष 1904 में भारतीय विश्वविद्यालय अधिनियम पास किया गया।

46. 1798 ई. में भारत का गवर्नर जनरल कौन बनकर आया था?
(a) लॉर्ड वेलेजली
(b) थॉमस हिस्लोप
(c) वारेन हेस्टिंग्स
(d) आक्टर लोनी

Who became the Governor General of India in 1798 AD?
(a) Lord Wellesley
(b) Thomas Hislop
(c) Warren Hastings
(d) Actor Loni

Bihar Police Constable Exam 19/10/2014

Ans. (a)
1798 ई. में भारत का गवर्नर जनरल बनकर लार्ड वेलेजली आया।

47. निम्नलिखित को भारत में कार्य करने के कालक्रम के अनुसार क्रमबद्ध कीजिए-
1. वारेन हेस्टिंग
2. डलहौजी
3. वेलेजली
4. कार्नवालिस

कूट :
(a) 4, 1, 3, 2
(b) 1, 4, 3, 2
(c) 1, 4, 2, 3
(d) 4, 1, 2, 3

Arrange the following according to the chronological order of functioning in India:
1. Warren Hasting
2. Dalhousie
3. Wellesley
4. Cornwallis

Code :
(a) 4, 1, 3, 2
(b) 1, 4, 3, 2
(c) 1, 4, 2, 3
(d) 4, 1, 2, 3

Bihar Police Constable Exam 19/10/2014

Ans. (b):

वारेन हेस्टिंग्स	1774-1785 ई.
लार्ड कार्नवालिस	1786-1793 और 1805 ई.
लार्ड वेलेजली	1798-1805 ई.
लार्ड डलहौजी	1848-1856 ई.

48. भारत की स्वतंत्रता के बाद निम्न में से कौन भारतीय गवर्नर जनरल बना था?
(a) डॉ. राजेंद्र प्रसाद
(b) चक्रवर्ती राजगोपालाचारी
(c) पुरूषोत्तमदास टंडन
(d) गोविंद बल्लभ पंत

Who among the following became the Indian Governor General after India's independence?
(a) Dr. Rajendra Prasad
(b) Chakravarti Rajagopalachari
(c) Purushottamdas Tandon
(d) Govind Ballabh Pant

Bihar Police Constable 09/12/2012 (Shift-II)

Ans. (b)
भारत की स्वतंत्रता प्राप्ति के बाद प्रथम भारतीय गवर्नर तथा अंतिम भारतीय गवर्नर जनरल चक्रवर्ती राजगोपालाचारी थे।

49. लॉर्ड माउंटबेटन वायसराय के रूप में कार्य करने के लिये विशिष्ट निर्देश के साथ भारत आया था-
(a) भारतीय उपमहाद्वीप के किसी क्षेत्र को छोटे-छोटे विरोधी राज्य में विभाजन करना
(b) यदि सम्भव हो तो भारत को संगठित रखना
(c) जिन्ना की पाकिस्तान की मांग को स्वीकार करना
(d) कांग्रेस को विभाजन के लिये मनाना

Lord Mountbatten came to India with specific instructions to act as Viceroy-
(a) Dividing any area of the Indian subcontinent into small rival states
(b) If possible, to keep India united
(c) Accepting Jinnah's demand for Pakistan
(d) To convince Congress for division

BSSC Auditor 07.10.2012

Ans. (a)

लॉर्ड माउन्टबेटन को कार्य करने के लिए जब भारत भेजा गया तो उसे विशिष्ट निर्देश दिया गया था, कि भारतीय उपमहाद्वीप क्षेत्र को छोटे- छोटे विरोधी राज्य में विभाजित कर दें। 3 जून, 1947 को माउन्टबेटन ने 'माउन्टबेटन योजना' प्रस्तुत की थी।

50. सती प्रथा की रीति को अवैध घोषित किया था-
(a) लॉर्ड रिपन
(b) लॉर्ड विलियम बेंटिक
(c) लॉर्ड कॉर्नवालिस
(d) राजा राममोहन राय

The practice of Sati was declared illegal-
(a) Lord Ripon
(b) Lord William Bentinck
(c) Lord Cornwallis
(d) Raja Rammohan Roy

DRDA Clerk-Computer operator (Group-3) Exam 15.03.2007

Ans. (b)

वर्ष 1829 में लार्ड बिलियम बैटिक की अगुवाई एवं राजाराम मोहनराय जैसे समाज सुधारकों के अथक प्रयासों द्वारा सती प्रथा को भारत में अमान्य घोषित कर दिया गया।

51. भारत के अन्तिम गवर्नर जनरल कौन थे?
(a) लॉर्ड लिटन
(b) लॉर्ड माउण्ट बेटन
(c) सी. राजगोपालाचारी
(d) इनमें से कोई नहीं

Who was the last Governor General of India?
(a) Lord Lytton
(b) Lord Mountbatten
(c) C. Rajagopalachari
(d) none of these

Patna High Court Steno & Cleark (10-04-2011)

Ans. (c)

भारत के अन्तिम गवर्नर जनरल सी. राजगोपालाचारी थे। ये 21 जून 1948 से 26 जनवरी 1950 तक पदासीन रहे।

52. महान शहीद भगत सिंह, सुखदेव और राजगुरु को जब। फाँसी दी गई तब भारत का वायसराय कौन था ?
(a) लॉर्ड कर्जन
(b) लॉर्ड मिण्टो
(c) लॉर्ड इरविन
(d) लॉर्ड चेम्सफोर्ड

When the great martyrs Bhagat Singh, Sukhdev and Rajguru. Who was the Viceroy of India when he was hanged?
(a) Lord Curzon
(b) Lord Minto
(c) Lord Irwin
(d) Lord Chelmsford

Bihar Police Constable Exam 14/04/2010

Ans : (c)

23 मार्च, 1931 ई. को सुखदेव, भगत सिंह और राजगुरु को फाँसी दे दी गयी। इस समय भारत का वायसराय लार्ड इरविन था।

53. भारत का प्रथम वायसराय कौन था?
(a) वारेन हेस्टिंग्स
(b) लॉर्ड डलहौजी
(c) विलियम बेंटिंक
(d) लॉर्ड कैनिंग

Who was the first Viceroy of India?
(a) Warren Hastings
(b) Lord Dalhousie
(c) William Bentinck
(d) Lord Canning

Bihar Daroga (Police Avar Nirikshak) Exam 23/04/2008

Ans : (d)

भारत का प्रथम वायसराय एवं अन्तिम गर्वनर जनरल लॉर्ड कैनिंग था। 1858 ई अधिनियम के द्वारा ही गर्वनर जनरल को वायसराय कहा जाने लगा।

54. निम्नलिखित में से किसने वर्नाक्युलर प्रेस एक्ट निरस्त किया?
(a) लॉर्ड डफरिन
(b) लॉर्ड कर्जन
(c) लॉर्ड रिपन
(d) लॉर्ड हार्डिंग

Who among the following repealed the Vernacular Press Act?
(a) Lord Dufferin
(b) Lord Curzon
(c) Lord Ripon
(d) Lord Hardinge

BSSC Netra Sahayak 19.08.2007

Ans. (c):
लार्ड लिटन के द्वारा 1878 ई. में वर्नाक्युलर प्रेस एक्ट लागू किया गया था।

जिसे लार्ड रिपन ने सन् 1882 में रद्द कर दिया।

55. भारत का प्रथम वायसराय कौन था?
(a) लॉर्ड कैनिंग
(b) लॉर्ड कार्नवालिस
(c) लॉर्ड माउण्टबेटन
(d) लॉर्ड वैवेल

Who was the first Viceroy of India?
(a) Lord Canning
(b) Lord Cornwallis
(c) Lord Mountbatten
(d) Lord Wavol

BSSC Nimnvargiy Lipik Exam-29.12.2005

Ans. (a)
भारत सरकार अधिनियम 1858 में भारत के गवर्नर जनरल का नाम बदलकर 'भारत का वायसराय' कर दिया गया। भारत के पहले वायसराय लार्ड कैनिंग थे।

INM

माउण्टबेटन योजना / भारत विभाजन

(Mountbatten Plan/Partition of India)

1. इंग्लैंड में लार्ड्स के सदन में भारतीय स्वतंत्रता विधेयक कब पारित हुआ था?
(a) 14 जुलाई 1947
(b) 15 जुलाई 1947
(c) 16 जुलाई 1947
(d) 14 अगस्त 1947
(e) उपर्युक्त में से कोई नहीं है उपर्युक्त में से एक से अधिक
When was the Indian Independence Bill passed in the House of Lords in England??
(a) 14 July 1947
(b) 15 July 1947
(c) 16 July 1947
(d) 14 August 1947
(e) None of the above More than one of the above

Bihar CDPO (प्रा.) परीक्षा-2018

Ans - (c)

भारतीय स्वतंत्रता विधेयक 15 जुलाई 1947 ई. को हाउस ऑफ कॉमन्स में तथा 16 जुलाई 1947 को लार्ड्स सभा में प्रस्तुत किया गया। 18 जुलाई को ब्रिटिश संसद ने भारतीय स्वतंत्रता विधेयक 1947 पारित किया।

2. भारत के विभाजन के समय भारतीय राष्ट्रीय कांग्रेस का अध्यक्ष कौन था?
(a) जे बी कृपलानी
(b) जवाहरलाल नेहरू
(c) मौलाना अबुल कलाम आजाद
(d) सी राजगोपालाचारी
(e) उपर्युक्त में से कोई नहीं है उपर्युक्त में से एक से अधिक
Who was the President of the Indian National Congress at the time of the partition of India??
(a) J. B. Kriplani
(b) Jawaharlal Nehru
(c) Maulana Abul Kalam Azad
(d) C Rajagopalachari
(e) None of the above More than one of the above

65th BPSC (Pre) 2019

उत्तर-(a)

भारत के विभाजन के समय कांग्रेस के अध्यक्ष आचार्य जे.बी. कृपलानी थे। कांग्रेस के मेरठ अधिवेशन (54वां) 23 नवंबर 1946 की अध्यक्षता जे.बी. कृपलानी ने किया था।

3. भारत की आजादी के समय ब्रिटेन में निम्नलिखित राजनीतिक पार्टियों में से कौन सी पार्टी सत्ता में थी?
(a) कंजरवेटिव पार्टी
(b) लिबरल पार्टी
(c) लेबर-लिबरल गठन
(d) लेबर पार्टी
(e) उपर्युक्त में से कोई नहीं है उपर्युक्त में से एक से अधिक
Which of the following political parties was in power in Britain at the time of India's independence?
(a) Conservative Party
(b) Liberal Party
(c) Labour-Liberal formation
(d) Labor Party
(e) None of the above More than one of the above

Bihar CDPO (प्रा.) परीक्षा-2005

Ans - (d)

भारत की आजादी के समय ब्रिटेन में लेबर पार्टी सत्ता में थी और प्रधानमंत्री एटली थे।

4. फ्रंटियर गांधी ने कहा था कि उन्हें और उनके आंदोलन को उन्होंने 'भेड़ियों के सामने फेंक दिया था', वह किसका जिक्र कर रहे थे?
(a) कांग्रेस नेतृत्व
(b) मुस्लिम लीग
(c) ब्रिटिश सरकार
(d) वायसराय
(e) उपर्युक्त में से कोई नहीं है उपर्युक्त में से एक से अधिक

Who was Frontier Gandhi referring to when he said that he and his movement had been 'thrown to the wolves'?
(a) Congress leadership
(b) Muslim League
(c) British Government
(d) Viceroy
(e) None of the above More than one of the above

BPSC CDPO 2021

Ans. (a):
अब्दुल गफ्फार खान (फ्रांटियर गाँधी) ने भारत के विभाजन का विरोध किया था। किन्तु जब 15 अगस्त, 1947 को पख्तुनिस्तान पाकिस्तान का अंग बन गया तब उन्होंने कांग्रेस के नेताओं से कहा था कि उन्हें और उनके आन्दोलन को उन्होंने भेड़ियों के सामने फेंक दिया था।

5. अंग्रेजों द्वारा भारतीयों को 1947 में सत्ता हस्तांतरित किए जाने के समय कांग्रेस अध्यक्ष कौन था?
(a) जवाहरलाल नेहरु
(b) राजेंद्र प्रसाद
(c) अबुल कलाम आजाद
(d) जे. बी. कृपलानी
(e) उपर्युक्त में से कोई नहीं है उपर्युक्त में से एक से अधिक
Who was the Congress President when the British transferred power to the Indians in 1947??
(a) Jawaharlal Nehru
(b) Rajendra Prasad
(c) Abul Kalam Azad
(d) J.S. also. Kriplani
(e) None of the above More than one of the above

46th BPSC (Pre) 2003-04

Ans - (d)
वर्ष 1947 में सत्ता हस्तानांतरण के समय भारतीय राष्ट्रीय कांग्रेस के अध्यक्ष जे.बी. कृपलानी थे।

6. राजेंद्र प्रसाद ने किसे पाकिस्तान का जन्मदाता माना है?
(a) मुहम्मद जिन्ना
(b) लॉर्ड माउंटबेटन
(c) लॉर्ड मिंटो
(d) लियाकत अली खान
(e) उपर्युक्त में से कोई नहीं है उपर्युक्त में से एक से अधिक
Whom has Rajendra Prasad considered as the father of Pakistan??
(a) Muhammad Jinnah
(b) Lord Mountbatten
(c) Lord Minto
(d) Liaqat Ali Khan
(e) None of the above More than one of the above

63 BPSC (Pre) 2017-18

Ans - (c)
राजेन्द्र प्रसाद ने लॉर्ड मिन्टो को पाकिस्तान का जन्मदाता बताया है।

7. ब्रिटिश प्रधानमंत्री जिनके कार्यकाल के दौरान भारत में स्वतंत्रता प्राप्त की थी-
(a) विंस्टन चर्चिल
(b) क्लिमेंट एटली
(c) एंथोनी इडेन
(d) हेराल्ड विल्सन
(e) उपर्युक्त में से कोई नहीं है उपर्युक्त में से एक से अधिक
British Prime Minister during whose tenure India achieved independence-
(a) Winston Churchill
(b) Clement Attlee
(c) Anthony Eden
(d) Harold Wilson
(e) None of the above More than one of the above

25th Bihar (J) GS-2012

Ans - (b)
क्लीमेंट रिचर्ड एटली (लेबर पार्टी) 1945 से 1951 तक यूनाइटेड किंगडम के प्रधानमंत्री थे। उनके ही शासनकाल में भारत को स्वतंत्रता मिली।

8. किसने स्वतंत्र भारत के प्रथम प्रधानमंत्री जवाहरलाल नेहरू का, साहस और दूरदर्शिता के एक उत्कृष्ट नेता के रूप में अभिवादन किया?
(a) मौलाना अबुल कलाम आजाद
(b) लॉर्ड माउंटबेटन
(c) सरदार पटेल
(d) क्लिमेंट एटली
(e) उपर्युक्त में से कोई नहीं है उपर्युक्त में से एक से अधिक

Who greeted Jawaharlal Nehru, the first Prime Minister of independent India, as an outstanding leader of courage and foresight??
(a) Maulana Abul Kalam Azad
(b) Lord Mountbatten
(c) Sardar Patel
(d) Clement Attlee
(e) None of the above More than one of the above

BPSC CDPO 2021

Ans. (b)
लार्ड माउंटबेटन ने स्वतंत्र भारत के प्रथम प्रधानमंत्री जवाहरलाल नेहरू को साहस और दूरदर्शिता के एक उत्कृष्ट नेता के रूप में अभिवादन किया।

9. भारत के विभाजन को प्रथम बार......... के द्वारा स्वीकार किया गया
(a) वेवेल योजना
(b) क्रिप्स मिशन
(c) कैबिनेट मिशन
(d) माउंटबेटन योजना
(e) उपर्युक्त में से कोई नहीं या उपर्युक्त में से एक से अधिक
The partition of India was accepted for the first time by.........
(a) Wavell Plan
(b) Cripps Mission
(c) Cabinet Mission
(d) Mountbatten Plan
(e) None of the above or more than one of the above

BPSC Head Master 2022

Ans. (c)
भारत विभाजन का प्रस्ताव सर्व प्रथम कैबिनेट मिशन में दिया गया।

10. भारतीय स्वतंत्रता अधिनियम कब पारित हुआ था?
(a) 18 July 1947
(b) 15 August 1947
(c) 15 August 1947
(d) 20 Feburary 1947
When was the Indian Independence Act passed?
(a) 18 July 1947
(b) 15 August 1947
(c) 15 August 1947
(d) 20 February 1947

Bihar Police Constable Exam 12/01/2020 (Shift-I)

Ans. (a):
भारतीय स्वतंत्रता अधिनियम 18 जुलाई 1947 को ब्रिटिश संसद द्वारा पारित किया गया।

11. सत्ता हस्तांतरण के समय निम्नलिखित राज्यों में से एक में कांग्रेस दल का पूर्ण विकसित संगठन था-
(a) हैदराबाद
(b) अवध
(c) मैसूर
(d) जूनागढ़
(e) उपर्युक्त में से कोई नहीं या उपर्युक्त में से एक से अधिक
At the time of transfer of power, the Congress Party had a fully developed organization in one of the following states-
(a) Hyderabad
(b) Awadh
(c) Mysore
(d) Junagadh
(e) None of the above or more than one of the above

46th BPSC (Pre) 2003-04

Ans - (c)
सत्ता हस्तांतरण के समय मैसूर रियासत में कांग्रेस दल पूर्ण विकसित संगठन था।

12. नोआखली काल में महात्मा गांधी के सचिव कौन थे?
(a) निर्मल कुमार बोस
(b) महादेव देसाई
(c) प्यारेलाल
(d) वल्लभभाई पटेल
(e) उपर्युक्त में से कोई नहीं या उपर्युक्त में से एक से अधिक
Who was the secretary of Mahatma Gandhi during Noakhali period?
(a) Nirmal Kumar Bose
(b) Mahadev Desai
(c) Pyarelal
(d) Vallabhbhai Patel

(e) None of the above or more than one of the above

41st BPSC (Pre) 1996

Ans - (c)

नोआखली (बंगाल) में साम्प्रदायिक दंगों के समय महात्मा गाँधी के सचिव प्यारेलाल थे,

13. स्वतंत्रता संग्राम के दौरान भारतीय राज्यों जैसे कश्मीर, निजाम के हैदराबाद, त्रावणकोर आदि भारतीय शासकों द्वारा शासित राज्यों में एक समानांतर आंदोलन शुरू किया गया था. उसका नाम था -
(a) स्वराज आंदोलन
(b) राज्य वन आंदोलन
(c) प्रजामंडल आंदोलन
(d) उपर्युक्त में से एक से अधिक
(c) उपर्युक्त गें से कोई नहीं

During the freedom struggle, a parallel movement was started in the Indian states (states ruled by Indian rulers like Kashmir, Nizam's Hyderabad, Travancore etc.). Its name was -
(a) Swaraj Movement
(b) State Forest Movement
(c) Prajamandal Movement
(d) More than one of the above
(e) None of the above

68 BPSC (Pre)-2022 (12-02-2023)

Ans. (c) :

स्वतंत्रता संग्राम के दौरान प्रजा मण्डल आंदोलन द्वारा भारतीय राज्यों कश्मीर, निज़ाम के हैदराबाद, त्रावणकोर आदि जैसे भातरीय शासकों द्वारा शासित राज्यों में एक समानांतर आंदोलन शुरू किया गया था। प्रजामण्डल भारत में ब्रिटिश शासन के दौरान भारतीय रियासतों की जनता के संगठन थे।

14. 20 फरवरी,1947 को प्रधानमंत्री एटली ने भारत से ब्रिटिश शासन को कब तक वापस लेने की घोषणा की थी?
(a) जून,1948
(b) अगस्त,1947
(c) जनवरी,1948
(d) उपर्युक्त में से एक से अधिक
(e) उपर्युक्त में से कोई नहीं

On February 20, 1947, when did Prime Minister Attlee announce the withdrawal of British rule from India??
(a) June, 1948
(b) August, 1947
(c) January, 1948
(d) More than one of the above
(e) None of the above

68th BPSC (Pre)-2022 (12-02-2023)

Ans. (a):

20 फरवरी, 1947 की ब्रिटिश प्रधानमंत्री क्लीमेंट एटली ने ब्रिटिश संसद के हाउस ऑफ कॉमन्स में घोषणा की, कि 30 जून, 1948 तक भारत छोड़ देंगे।

15. इनमें से किसने 1947 में भारत और पाकिस्तान के बीच अंतरराष्ट्रीय सीमाएं खींचने के लिए स्थापित की गई दो सीमा आयोगों का नेतृत्व किया था?
(a) सीरिल रेडक्लिफ
(b) ए. पी. मून
(c) ए.बी. अलेक्जेंडर
(d) उपर्युक्त में से कोई नहीं
(e) उपर्युक्त में से एक से अधिक

Who among the following led the two boundary commissions established in 1947 to draw international boundaries between India and Pakistan?
(a) Cyril Radcliffe
(b) A. P. Moon
(c) A.B. Alexander
(d) None of the above
(e) More than one of the above

68th BPSC (Pre)-2022 (12-02-2023)

Ans. (a):

1947 में भारत और पाकिस्तान के बीच अंतर्राष्ट्रीय सीमा के निर्धारण के लिए ब्रिटिश सरकार ने न्यायमूर्ति सिरिल रेडक्लिफ के नेतृत्व में सीमा आयोग का गठन किया था।

INM

स्वतंत्रता के बाद का भारत

(India After Independence)

1. आजादी के बाद भारत और नेपाल के बीच प्रथम शांति और मित्रता संधि किस वर्ष काठमांडू में हस्ताक्षरित की गई थी?
(a) 1947
(b) 1948
(c) 1949
(d) 1950
In which year was the first peace and friendship treaty between India and Nepal signed in Kathmandu after independence?
(a) 1947
(b) 1948
(c) 1949
(d) 1950

BSSC Second Graduate Level (Pre) Exam 23.02.2015

Ans. (d):
आजादी के बाद भारत और नेपाल के बीच प्रथम शांति और मित्रता संधि 31 जुलाई 1950 में काठमांडू में हस्ताक्षरित की गई।

2. भारत और चीन के बीच पंचशील समझौता कब हस्ताक्षरित हुआ?
(a) 1949
(b) 1962
(c) 1954
(d) इनमें से कोई नहीं
When was the Panchsheel Agreement signed between India and China?
(a) 1949
(b) 1962
(c) 1954
(d) none of these

BSSC Second Graduate Level (Pre) Exam 16.02.2015

Ans. (c) :
पंचशील समझौता भारत-चीन संबंधों को मजबूती प्रदान करने के उद्देश्य से 29 अप्रैल, 1954 को किया गया। इसमें पांच सिद्धांत शामिल हैं-
1. अखण्डता और संप्रभुता का पारस्परिक सम्मान।
2. एक-दूसरे पर आक्रमण नहीं करना।
3. आंतरिक मामलों में हस्तक्षेप न करना।
4. परस्पर सहयोग एवं लाभ को बढ़ावा देना।
5. शांतिपूर्ण सह-अस्तित्व की नीति का पालन करना।

3. स्वतंत्र भारत के प्रथम गृहमंत्री कौन थे?
(a) जवाहरलाल नेहरू
(b) बल्लभ भाई पटेल
(c) बी०आर० अम्बेडकर
(d) सरोजिनी नायडू
Who was the first Home Minister of independent India?
(a) Jawaharlal Nehru
(b) Vallabh Bhai Patel
(c) B.R. Ambedkar
(d) Sarojini Naidu

Utpat Avar Nirikshak Exam 01/09/2012

Ans : (b)
स्वतंत्र भारत के प्रथम गृहमंत्री और उपप्रधानमंत्री सरदार बल्लभ भाई पटेल थे।

4. भारत में भूदान व ग्रामदान आंदोलन किसने आरंभ किया?
(a) महात्मा गांधी
(b) जय प्रकाश नारायण
(c) राममनोहर लोहिया
(d) आचार्य विनोबा भावे
Who started Bhoodan and Gramdan movement in India?
(a) Mahatma Gandhi
(b) Jai Prakash Narayan
(c) Ram Manohar Lohia
(d) Acharya Vinoba Bhave

Bihar Police Constable 09/12/2012 (Shift-I)
DRDA Clerk-Computer operator (Gr-3) Exam 15.03.2007

Ans. (d)
भारत में भूदान आन्दोलन 1951 में आचार्य विनोबा भावे द्वारा आरम्भ किया गया था।

5. भारत में 'संपूर्ण क्राति' का आह्वान किसने किया था?
(a) महात्मा गांधी
(b) लालू प्रसाद यादव
(c) सुभाष चंद्र बोस
(d) जयप्रकाश नारायण

Who called for 'total revolution' in India?
(a) Mahatma Gandhi
(b) Lalu Prasad Yadav
(c) Subhash Chandra Bose
(d) Jaiprakash Narayan

Bihar Police Constable 09/12/2012 (Shift-I)

Ans. (d)
भारत में सम्पूर्ण क्रान्ति का आह्वान जयप्रकाश नारायण ने किया था। ये

INM विविध

(Miscellaneous)

1. निम्नलिखित में से किसने 1940 में सर्वप्रथम व्यक्तिगत सत्याग्रह शुरू किया?
(a) महात्मा गाँधी
(b) जवाहर लाल नेहरू
(c) विनोबा भावे
(d) राजेन्द्र प्रसाद
Who among the following first started individual Satyagraha in 1940?
(a) Mahatma Gandhi
(b) Jawaharlal Nehru
(c) Vinoba Bhave
(d) Rajendra Prasad

Bihar Daroga 17-12-2023 Shift 1st

Ans. (c)
व्यक्तिगत सत्याग्रह 1940 में महात्मा गाँधी द्वारा शुरु किया था। इस सत्याग्रह के अन्तर्गत पूर्व निर्धारित सत्याग्रही भाषण देगा एवं अपनी गिरफ्तारी देगा। महात्मा गाँधी ने विनोबा भावे को प्रथम एवं जवाहर नेहरू को दूसरा सत्याग्रही चुना था। तीसरे सत्याग्रही ब्रह्मदत्त बने.

2. कोठारी आयोग का संबंध किससे है।
(a) व्यापार
(b) शिक्षा
(c) बैंक
(d) विवाह
Kothari Commission is related to whom?
(a) business
(b) education
(c) bank
(d) marriage

Bihar Police SI (Mains) Exam 03-09-2023

Ans. (b)
कोठारी आयोग का संबंध शिक्षा के विकास से है। कोठारी आयोग का गठन 1964-66 में गया था।

3. मगध विश्वविद्यालय कहाँ स्थित है?
(a) पटना में
(b) मुजफ्फरपुर में
(c) बोधगया में
(d) नालन्दा में
Where is Magadh University located?
(a) in Patna
(b) In Muzaffarpur
(c) in Bodhgaya
(d) in Nalanda

BSSC Amin (Amanat) Exam Date-01.05.2005

Ans. (c)
मगध विश्वविद्यालय बोधगया जिले में स्थित है। इसकी स्थापना 1962 में शिक्षाविद् व पूर्व मुख्यमंत्री सत्येन्द्र नारायण सिन्हा ने की थी।

4. वुड्स डिस्पैच किस से संबंधित है?
(a) शिक्षा सुधार
(b) पुलिस सुधार
(c) प्रशासनिक सुधार
(d) सामाजिक सुधार
Where is Magadh University located?
(a) in Patna
(b) In Muzaffarpur
(c) in Bodhgaya
(d) in Nalanda

BSSC Third Graduate Level (Pre) Exam 24.12.2022 Shift-1

Ans. (a)
वुड्स डिस्पैच शिक्षा सुधार से संबंधित है। वर्ष 1854 में चार्ल्स वुड की अध्यक्षता में गवर्नर लार्ड डलहौजी ने वुड्स डिस्पैच का गठन किया । इसे भारत में 'अंग्रेजी शिक्षा का मैग्नाकार्टा' कहा जाता है।

5. सुगौली की सन्धि (नेपाल) कब सम्पन्न हुई?
(a) 1816 में
(b) 1824 में

(c) 1926 में
(d) 1810 में
When was the Treaty of Sugauli (Nepal) concluded?
(a) in 1816
(b) in 1824
(c) in 1926
(d) in 1810

BSSC Third Graduate Level (Pre) Exam 23.12.2022 Shift-I

Ans. (a):
आंग्ल-नेपाली युद्ध की समाप्ति सुगौली की संधि (नेपाल) 1816 से हुई।

6. ज्ञान दार्शनिक कन्फ्यूशियस को चीनी किस अन्य नाम से जानते हैं?
(a) कुंज-फूत्से
(b) ली-साओ
(c) चू-यूआन
(d) शांग-सू
By what other name do the Chinese know the wisdom philosopher Confucius?
(a) Kunj-Footse
(b) Li-Sao
(c) Chu-Yuan
(d) Shang-Su

Bihar Police Constable Exam 14/03/2021 (Shift-II)

Ans. (a):
ज्ञान दार्शनिक कन्फ्यूशियस को चीन में उनके जातीय नाम 'कुंग फूत्से' नाम से भी जाना जाता है। कन्फ्यूशियस बुद्ध, सुकरात और महावीर के समकालीन थे।

7. भारत की गुटनिरपेक्षता की विदेश नीति के जन्मदाता कौन थे?
(a) जवाहरलाल नेहरू
(b) अटल बिहारी वाजपेयी
(c) इन्दिरा गाँधी
(d) महात्मा गाँधी
Who was the father of India's foreign policy of non-alignment?
(a) Jawaharlal Nehru
(b) Atal Bihari Vajpayee
(c) Indira Gandhi
(d) Mahatma Gandhi

Bihar Police Constable Exam 14/03/2021 (Shift-II)

Ans. (a)
भारत की गुटनिरपेक्षता (NAM) को देश की विदेश नीति का आधार बनाने के जन्मदाता तथा विश्व में भी गुटनिरपेक्षता की नीति के जन्मदाता भारत के प्रथम प्रधानमंत्री पं. जवाहर लाल नेहरू थे।

गुटनिरपेक्षता की नीति के जन्मदाता तत्कालीन-भारत के प्रधानमंत्री पं. जवाहर लाल नेहरू मिस्र के राष्ट्रपति अब्दुल नासिर, यूगोस्लाविया के राष्ट्रपति-मार्शल टीटो को माना जाता है।

8. निम्न में से कौन सुमेलित है-
(a) भारत परिषद् अधिनियम (1892) - प्रतिनिधि सरकार की स्थापना
(b) मार्ले-मिंटो सुधार (1909) - केन्द्र में द्वैध शासन
(c) भारत शासन अधिनियम (1935) - प्रांतों में द्वैध शासन
(d) मांटेग्यू चेम्सफोर्ड सुधार (1919) - साम्प्रदायिक प्रतिनिधित्व
Which of the following is matched-
(a) Indian Council Act (1892) – Establishment of representative government
(b) Morley-Minto Reforms (1909) – Dyarchy at the center
(c) Government of India Act (1935) – Dyarchy in the provinces
(d) Montague Chelmsford Reforms (1919) – Communal Representation

Utpad Avar Nirikshak Exam 25/08/2019

Ans: (a)
भारत परिषद् अधिनियम,1892 - प्रतिनिधि सरकार की स्थापना।

मार्ले मिंटो सुधार, 1909 - साम्प्रदायिक निर्वाचन पद्धति की शुरूआत

मांटेग्यू चेम्सफोर्ड सुधार,1919 - प्रान्तों में द्वैध शासन।

भारत शासन अधिनियम, 1935 - प्रांतों में द्वैध शासन की समाप्ति तथा केन्द्र में द्वैध शासन की शुरूआत।

9. राष्ट्रीय ध्वज का डिजाइन किसने तैयार किया था?
(a) पिंगली वेंकैया
(b) श्यामलाल गुप्ता
(c) रामसुंदर भंडारी
(d) भीकाजी कामा
Who designed the national flag?
(a) Pingali Venkayya
(b) Shyamlal Gupta
(c) Ramsundar Bhandari
(d) Bhikaji Cama

Utpad Avar Nirikshak Exam 25/08/2019

Ans: (a)
राष्ट्रीय ध्वज का डिजाइन "पिंगली वेंकैया" द्वारा तैयार किया गया था। 22 जुलाई, 1947 को संविधान सभा ने राष्ट्रीय ध्वज को लेकर प्रस्ताव पारित किया।

10. निम्न में से किस अंग्रेज व्यक्ति ने पहली बार श्रीमद्भगवतद्गीता का अनुवाद अंग्रेजी में किया था?
(a) विलियम जॉस
(b) चार्ल्स विल्किन्स
(c) अलेक्जेंडर कनिंघम
(d) जॉन मार्शल
Which of the following Englishmen first translated Shrimad Bhagwat Geeta into English?
(a) William Joss
(b) Charles Wilkins
(c) Alexander Cunningham
(d) John Marshall

Bihar Police Constable & Fireman Exam 25/11/2018

Ans. (b) :
चार्ल्स विल्किन्स ने पहली बार श्रीमद्भगवतगीता का अनुवाद अंग्रेजी में किया था।

11. भारतीय कम्युनिस्ट पार्टी की स्थापना किसने की थी?
(a) एन. दत्त मजूमदार
(b) सौम्येन्द्रनाथ बोस
(c) एम. एन. रॉय
(d) एम. एन. घोष
Who founded the Communist Party of India?
(a) N. Dutt Majumdar
(b) Soumyendranath Bose
(c) M.N. Roy
(d) M.N. Ghosh

BSSC Pratham Inter Level (re-exam) 09-12-2018 (Shift-I)

Ans. (c):
भारतीय कम्युनिस्ट पार्टी भारत का एक साम्यवादी दल है जिसकी स्थापना 26 दिसम्बर, 1925 को कानपुर (UP) में हुई थी। इसके संस्थापक एम.एन. रॉय थे।

12. शहीदों का दिवस कब मनाया जाता है?
(a) 5 फरवरी
(b) 30 जनवरी
(c) 14 फरवरी
(d) 30 जून
When is Martyrs' Day celebrated?
(a) 5 February
(b) 30 January
(c) 14 February
(d) 30th June

BSSC First Inter Level Exam 29-01-2017

Ans. (b)
30 जनवरी को शहीद दिवस मनाया जाता है।

13. अमर गीत वंदे मातरम किसके द्वारा लिखा गया था?
(a) रबींद्र नाथ टैगोर
(b) सुरेन्द्र नाथ बंद्योपाध्याय
(c) बंकिम चंद्र चट्टोपाध्याय
(d) शरत चंद्र चटर्जी
By whom was the immortal song Vande Mataram written?
(a) Rabindra Nath Tagore
(b) Surendra Nath Bandyopadhyay
(c) Bankim Chandra Chattopadhyay
(d) Sharat Chandra Chatterjee

Patna (District Court) Steno Exam: 17.07.2016
BSSC Kara Mishrak (Kara Vibhag) 23-11-2013

Ans (c):
वंदेमातरम गीत बंकिम चन्द्र चट्टोपाध्याय द्वारा लिखा गया। संस्कृत - बांग्ला भाषा में लिखित मिश्रित गीत वन्देमातरम

का प्रकाशन 1882 में इनके प्रसिद्ध उपन्यास आनंदमठ में गीत के रूप में हुआ। पहली बार 1896 को कांग्रेस के कलकत्ता अधिवेशन यह गीत गाया गया। वंदेमातरम राष्ट्रीय गीत को 24 जनवरी 1950 को स्वीकार किया गया था। इस गीत को गाने का समय 65 सेकेण्ड है।

14. पाकिस्तान नाम किसने दिया ?
(a) मोहम्मद अली जिन्ना
(b) फैजुल हक
(c) लियाकत अली खान
(d) चौधरी रहमत अली
Who gave the name Pakistan?
(a) Mohammad Ali Jinnah
(b) Faizul Haq
(c) Liaqat Ali Khan
(d) Chaudhary Rahmat Ali

Patna (District Court) Steno Exam: 21.08.2016

Ans. (d)
वर्ष 1933 में केंब्रिज विश्विद्यालय के मुस्लिम छात्र चौधरी रहमत अली ने इकबाल की 'सेपरेट मुस्लिम नेशन' थ्योरी पर काम करके 'Now or Never' नामक शीर्षक से एक बुकलेट निकाली जिसमें 'पाकिस्तान' नामक शब्द का ईजाद किया गया था।

15. बर्मा ब्रिटिश भारत से कब अलग हुआ?
(a) 1932
(b) 1939
(c) 1935
(d) 1942
When did Burma separate from British India?
(a) 1932
(b) 1939
(c) 1935
(d) 1942

BSSC Second Graduate Level (Pre) Exam 23.02.2015

Ans. (c)
बर्मा ब्रिटिश भारत से 1935 में अलग हुआ।

16. निम्नलिखित में से किसे 'भारतीय क्रान्ति की माँ' के रूप में जाना जाता है?
(a) सरोजिनी नायडू
(b) कस्तूरबा गाँधी
(c) मैडम भीकाजी कामा
(d) रानी लक्ष्मीबाई
Who among the following is known as the 'Mother of the Indian Revolution'?
(a) Sarojini Naidu
(b) Kasturba Gandhi
(c) Madam Bhikaji Cama
(d) Rani Laxmibai

BSSC Auditor 07.10.2012

Ans. (c)
मैडम भीकाजी कामा ने जर्मनी के स्टुटगार्ड नगर में 22 अगस्त, 1907 में हुई अन्तर्राष्ट्रीय कांग्रेस में तिरंगा झण्डा फहराया था। इन्हें 'भारतीय क्रांति की जननी' के रूप में जाना जाता है।

17. ब्रिटिश संसद का प्रथम भारतीय सदस्य कौन बना?
(a) बदरुद्दीन तैय्यबजी
(b) डब्ल्यू.सी. बैनर्जी
(c) वाचा
(d) दादा भाई नौरोजी
Who became the first Indian member of the British Parliament?
(a) Badruddin Tayyabji
(b) W.C. Banerjee
(c) Vacha
(d) Dada Bhai Naoroji

BSSC Auditor 07.10.2012

Ans. (d)
दादा भाई नौरोजी 1892 में वह लिबरल पार्टी की ओर से ब्रिटिश संसद (House of Common) के सदस्य चुने गए थे।

18. निम्न को काल क्रमानुसार व्यवस्थित कीजिए-
(i) गाँधी जी की भारत में वापसी
(ii) लखनऊ समझौता
(iii) प्रथम विश्वयुद्ध का प्रारम्भ
(iv) चम्पारण सत्याग्रह
(a) (i), (ii), (iii), (iv)
(b) (ii), (iii), (i), (iv)
(c) (ii), (ii), (i), (iv)
(d) (iii), (i), (ii), (iv)

Arrange the following in chronological order:
(i) Gandhiji's return to India
(ii) Lucknow Pact
(iii) Beginning of the First World War
(iv) Champaran Satyagraha
(a) (i), (ii), (iii), (iv)
(b) (ii), (iii), (i), (iv)
(c) (ii), (iii), (i), (iv)
(d) (iii), (i), (ii), (iv)

BSSC Auditor 07.10.2012

Ans. (d) :
प्रथम विश्व युद्ध - 1914 से 1918 तक
गांधी जी का भारत आगमन - 9 जनवरी, 1915
लखनऊ समझौता - दिसम्बर, 1916
चंपारण आंदोलन – 1917

19. पंचशील का प्रतिपादन किस वर्ष में हुआ ?
(a) 1954
(b) 1955
(c) 1956
(d) 1958
In which year was Panchsheel propounded?
(a) 1954
(b) 1955
(c) 1956
(d) 1958

Bihar Police Constable 09/12/2012 (Shift-I)

Ans. (a):
भारत और चीन के मध्य 1954 में पंचशील सिद्धान्त का आविर्भाव हुआ। यह शांतिपूर्ण सह अस्तित्व के सिद्धात पर आधारित है। भारत के प्रथम प्रधानमंत्री पं० जवाहर लाल नेहरू को इसका जनक माना जाता है।

20. पूर्ण क्रांति का आह्वान किया गया था
(a) महात्मा गाँधी के द्वारा
(b) भगत सिंह के द्वारा
(c) डॉ. भीमराव अम्बेडकर के द्वारा
(d) जयप्रकाश नारायण के द्वारा
Complete revolution was called for
(a) By Mahatma Gandhi
(b) By Bhagat Singh
(c) By Dr. Bhimrao Ambedkar
(d) By Jaiprakash Narayan

BSSC Second Graduate Level (Pre) Exam 18.12.2011

Ans. (d)
सम्पूर्ण क्रान्ति जयप्रकाश नारायण का विचार व नारा था। जिसका आह्वान उन्होंने 1975 के आपातकाल के दौरान इंदिरा गाँधी को पदच्यचुत करने के लिये संपूर्ण क्रांति नामक आंदोलन चलाया।

21. निम्नलिखित में से कौन 'रॉयल कमीशन ऑन पब्लिक सर्विसेज इन इण्डिया, 1912' का सदस्य नहीं था?
(a) गोपाल कृष्ण गोखले
(b) अब्दुर्रहीम
(c) वेलेन्टाइन शिरोल
(d) बाल गंगाधर तिलक
Who among the following was not a member of the 'Royal Commission on Public Services in India, 1912'?
(a) Gopal Krishna Gokhale
(b) Abdurrahim
(c) Valentine Shirol
(d) Bal Gangadhar Tilak

Bihar Police Constable Exam 14/04/2010

Ans : (d)
लार्ड इस्लिंगटन की अध्यक्षता में रॉयल कमीशन ऑन पब्लिक सर्विसेज इन इण्डिया, 1912 की नियुक्ति किंग जार्ज पंचम ने की थी। गोपाल कृष्ण गोखले, अब्दुल रहीम, महादेव भाष्कर , वेलेन्टाइन आदि इस आयोग के सदस्य थे।

22. लोकमान्य तिलक के विषय में निम्नलिखित में से कौन सा कथन सही नहीं है?
(a) उन्होंने मराठी पत्र 'केसरी' प्रकाशित किया
(b) वह नरमपंथी कांग्रेसी नेता थे
(c) उन्होंने 'गणपति' एवं शिवाजी' नामक त्यौहारों की शुरुआत की
(d) उन्हें 1897 ई. में वैमनस्य एवं घृणा फैलाने के आरोपों के लिए कैद किया गया था
Which of the following statements is not correct about Lokmanya Tilak?
(a) He published the Marathi newspaper 'Kesari'

(b) He was a moderate Congress leader
(c) He started the festivals named 'Ganpati' and Shivaji'
(d) He was imprisoned in 1897 AD on charges of spreading enmity and hatred

Bihar Police Constable 19/10/2010 (Shift-II)

Ans. (b)
बालगंगाधर गरम दल से संबंधित कांग्रेसी नेता थे।

23. विदेश में प्रथम स्वतंत्र भारतीय सरकार किसने स्थापित की?
(a) बरकतुल्ला
(b) सुभाषचन्द्र बोस
(c) लाला हरदयाल
(d) राजा महेन्द्र प्रताप सिंह

Who established the first independent Indian government abroad?
(a) Barkatullah
(b) Subhash Chandra Bose
(c) Lala Hardayal
(d) Raja Mahendra Pratap Singh

BSSC Ashulipik sahTankar 27.08.2006

Ans. (d)
विदेश में प्रथम भारतीय सरकार की स्थापना प्रथम विश्व युद्ध के दौरान राजा महेन्द्रप्रताप सिंह ने 1915-16 में काबुल में की थी। राजा महेंद्र प्रताप इस सरकार में राष्ट्रपति, तथा मोहम्मद बरकतुल्ला प्रधानमंत्री थे।

24. गाँधी जी को 'अर्द्धनग्न फकीर' किसने कहा था?
(a) माउण्टबेटन
(b) हेस्टिंग्ज
(c) विंस्टन चर्चिल
(d) जिन्ना

Who called Gandhiji a 'half-naked fakir'?
(a) Mathantbetan
(b) Hastings
(c) Winston Churchill
(d) Jinnah

BSSC Nimnvargiy Lipik Exam 21.08.2005

Ans. (c)
गाँधी जी को 'अर्द्धनग्न फकीर' विंस्टन चर्चिल ने कहा था।

25. भारत का महान वृद्ध व्यक्ति किसे कहा गया है?
(a) एम.जी. रानाडे
(b) डब्ल्यू सी बनर्जी
(c) गोपाल कृष्ण गोखले
(d) दादा भाई नौरोजी
(e) उपर्युक्त में से कोई नहीं है / उपर्युक्त में से एक से अधिक

Who has been called the great old man of India??
(a) M.G. Ranade
(b) W.C. Banerjee
(c) Gopal Krishna Gokhale
(d) Dada Bhai Naoroji
(e) None of the above / More than one of the above

BPSC Head Master 2022

Ans. (d)
दादा भाई नैरोजी को भारत का महान् वयोवृद्ध पुरुष (grand old man of india) कहा जाता है।

26. वह पहले भारतीय कौन था, जो हाउस ऑफ कॉमंस का सदस्य बना था?
(a) एस.एन. बैनर्जी
(b) जी. के. गोखले
(c) सी.आर.दास
(d) दादाभाई नौरोजी
(e) उपर्युक्त में से कोई नहीं है / उपर्युक्त में से एक से अधिक

Who was the first Indian to become a member of the House of Commons??
(a) S.N. Banerjee
(b) G.S. K.S. Gokhale
(c) C.R.Das
(d) Dadabhai Naoroji
(e) None of the above / More than one of the above

BPSC DACO 2021

Ans. (d):
दादाभाई नौरोजी पहले ऐसे भारतीय थे जो उदारवादी दल से ब्रिटिस संसद में 1892 के आम चुनाव में जीत कर हाउस ऑफ कॉमन्स के सदस्य बने।

27. निम्नलिखित आंदोलनों का कालानुक्रमिक क्रम क्या है?
1. डेक्कन दंगे
2. इंडिगो आंदोलन
3. पंजाब में भूमि अलगाव के खिलाफ आंदोलन
4. पाटनी आंदोलन
नीचे दिए गए कोड का उपयोग करके सही उत्तर चुनें
(a) 2, 3, 1, 4
(b) 1, 3, 4, 2
(c) 2, 4, 1, 3
(d) 4, 2, 3, 1
(e) उपर्युक्त में से कोई नहीं है / उपर्युक्त में से एक से अधिक
What is the chronological order of the following movements?
1. Deccan riots
2. Indigo movement
3. Movement against land alienation in Punjab
4. Patni Movement
Select the correct answer using the code given below
(a) 2, 3, 1, 4
(b) 1, 3, 4, 2
(c) 2, 4, 1, 3
(d) 4, 2, 3, 1
(e) None of the above / More than one of the above

BPSC CDPO 2021

Ans. (c)
इंडिगो आंदोलन (नील विद्रोह) - 1859-60
डेक्कन दंगे - 1875-76
पंजाब में भूमि अलगाव के खिलाफ आंदोलन - 1900

28. "‥ . . . ‥ ‥ . जवाहरलाल के 'बौद्धिक विकास' में फरवरी 1927 में ब्रुसेल्स कांग्रेस में औपनिवेशिक दमन और साम्राज्यवाद के विरुद्ध उनकी सक्रिय भागीदारी के साथ एक मोड़ आया" यह शब्द किसने लिखे?
(a) एस. गोपाल
(b) बी.आर.नंदा
(c) माइकल ब्रेचर
(d) बी. एन.पांडे
(e) उपर्युक्त में से कोई नहीं है / उपर्युक्त में से एक से अधिक
............Jawaharlal's 'intellectual development' took a turn with his active participation in the Brussels Congress in February 1927 against colonial oppression and imperialism." Who wrote these words?
(a) S. Gopal
(b) B.R.Nanda
(c) Michael Brecher
(d) B. N.Pandey
(e) None of the above / More than one of the above

BPSC CDPO 2021

Ans. (a) :
जवाहरलाल के जीवनी लेखक एस. गोपाल के अनुसार जवाहरलाल नेहरू ब्रुसेल्स से 'आत्मसजग क्रान्तिकारी' होकर लोटे।

29. सूची I को सूची II के साथ मिलाइए और सूचियों के नीचे दिए गए कूट की सहायता से सही उत्तर का चयन कीजिए

सूची I	सूची II
A. आनंद भवन	1. मुंबई
B. साबरमती आश्रम	2. अमृतसर
C. गेटवे ऑफ़ इंडिया	3. इलाहाबाद
D. जलियांवाला बाग	4. अहमदाबाद

कूट: A B C D
(a) 3 2 4 1
(b) 2 1 3 4
(c) 3 4 1 2
(d) 4 3 1 2
(e) उपर्युक्त में से कोई नहीं है / उपर्युक्त में से एक से अधिक
Match List I with List II and select the correct answer with the help of the codes given below the lists.

List I	List II
A. Anand Bhawan	1. Mumbai
B. Sabarmati Ashram	2. Amritsar
C. Gateway of India	3. Allahabad
D. Jallianwala Bagh	4. Ahmedabad

Code: A B C D
(a) 3 2 4 1
(b) 2 1 3 4
(c) 3 4 1 2
(d) 4 3 1 2
(e) None of the above / More than one of the above

BPSC LDC (Pre) 2021

Ans. (c):

आनन्द भवन — इलाहाबाद

साबरमती आश्रम – अहमदाबाद

गेटवे ऑफ इण्डिया – मुंबई

जलियाँवाला बाग —अमृतसर

30. राज्य विभाग की स्थापना किसकी अध्यक्षता में की गई?
(a) महात्मा गांधी
(b) जे. एल. नेहरू
(c) जी. बी. पंत
(d) सरदार पटेल
(e) उपर्युक्त में से कोई नहीं है / उपर्युक्त में से एक से अधिक

Under whose chairmanship was the State Department established??
(a) Mahatma Gandhi
(b) J. l. Nehru
(c) G. B. pant
(d) Sardar Patel
(e) None of the above / More than one of the above

63rd BPSC (Pre) 2017-18

उत्तर-(d)

देशी रियासतों के भारत में विलय हेतु 5 जुलाई 1947 को रियासत विभाग अथवा राज्य विभाग का गठन सरदार पटेल की अध्यक्षता में किया गया।

31. 1927 की बटलर कमेटी का उद्देश्य था-
(a) भारतीय सेना का आधुनिकरण करना
(b) भारतीय कृषि का आधुनिकरण करना
(c) राष्ट्रीय समाचार पत्रों पर सेंसर लागू करना
(d) भारत सरकार तथा देशी राज्यों के मध्य संबंधों को सुधारना
(e) उपर्युक्त में से कोई नहीं है / उपर्युक्त में से एक से अधिक

The objective of the Butler Committee of 1927 was-
(a) Modernizing the Indian Army
(b) Modernizing Indian agriculture
(c) Imposing censorship on national newspapers
(d) To improve relations between the Government of India and the native states.
(e) None of the above / More than one of the above

46 BPSC (Pre) 2003-04

Ans - (d)

1927 में सरकार ने भारतीय रियासतों की समिति अथवा बटलर समिति की नियुक्ति की। इस समिति का प्रमुख उद्देश्य भारत सरकार व देशी राज्यों के मध्य सम्बन्धों में सुधार लाना था।

32. निम्न में से किस देशी रियासत को अंग्रेजों ने अपने क्षेत्र में नहीं मिलाया था?
(a) सिंध
(b) ग्वालियर
(c) अवध
(d) सतारा
(e) उपर्युक्त में से कोई नहीं है / उपर्युक्त में से एक से अधिक

Which of the following native states was not annexed by the British into their territory??
(a) Sindh
(b) Gwalior
(c) Awadh
(d) Satara
(e) None of the above / More than one of the above

63rd BPSC (Pre) 2017-18

Ans - (b)

अंग्रेजों द्वारा ग्वालियर रियासत का विलय नहीं किया गया था।

सिन्ध का विलय लार्ड एलनबरों के द्वारा 1843 ई. में

सतारा का विलय 1848 ई. में लार्ड डलहौजी के द्वारा

अवध का विलय 1856 ई. में कुशासन का आरोप लगाकर लार्ड डलहौजी द्वारा

33. निम्नलिखित में से किसने भूदान आंदोलन प्रारंभ किया था?
(a) महात्मा गांधी
(b) जवाहरलाल नेहरू
(c) आचार्य विनोबा भावे
(d) जग जीवन राम
(e) उपर्युक्त में से कोई नहीं है / उपर्युक्त में से एक से अधिक
Who among the following started the Bhoodan Movement?
(a) Mahatma Gandhi
(b) Jawaharlal Nehru
(c) Acharya Vinoba Bhave
(d) Jag Jeevan Ram
(e) None of the above / More than one of the above

Bihar APO GS-2011

उत्तर-(c)
भूदान आन्दोलन आचार्य विनोबा भावे द्वारा 1951 में तेलंगाना के पोचम्पल्ली गाँव से स्वैच्छिक भूमि सुधार आन्दोलन के लिए चलाया गया था।

34. 19वीं शताब्दी के अंत में इतिहास के अध्ययन ने भारत में राष्ट्रीयता की भावना पैदा करने में किस प्रकार मदद की?
(a) ब्रिटिश शासन के तहत दयनीय स्थिति को बदलने और संघर्ष करने के लिए लोगों से आग्रह करके
(b) इतिहास की पुनर्व्याख्या करके और अंग्रेजों द्वारा भारतीयों को पिछड़ा, आदिम और खुद पर शासन करने में असमर्थ के रूप में चित्रित करने का खंडन करके
(c) भारत के गौरवशाली अतीत के बारे में लिखकर और लोगों से उनकी उपलब्धियां पर गर्व करने का आग्रह करके
(d) उपर्युक्त में से एक से अधिक
(e) उपर्युक्त में से कोई नहीं
How did the study of history help in creating a sense of nationalism in India in the late 19th century??
(a) By urging people to struggle and change the miserable conditions under British rule.
(b) By reinterpreting history and refuting the British portrayal of Indians as backward, primitive and incapable of ruling themselves.
(c) By writing about India's glorious past and urging people to be proud of its achievements.
(d) More than one of the above
(e) None of the above

68th BPSC (Pre)-2022 (12-02-2023)

Ans. (d):
ब्रिटिश शासन के तहत दयनीय स्थितियों और संघर्ष का आह्वान करके तथा इतिहास की पुनर्व्याख्या करके और अंग्रेजों द्वारा भारतीयों को पिछड़ा आदिम और खुद पर शासन करने में असमर्थ के रूप में चित्रित करने का खण्डन करके, भारत के गौरवशाली अतीत के बारे में लिखकर और लोगों से उनकी उपलब्धियों पर गर्व करने का आग्रह करके राष्ट्रीयता की भावना का विकास किया गया।

35. 1940 में विनोबा भावे ने व्यक्तिगत सत्याग्रह कहां से आरंभ किया?
(a) पुत्रपरा-वायलर,केरल
(b) खेड़ा जिले में नडियाद, गुजरात
(c) पवनार, महाराष्ट्र
(d) उपर्युक्त में से एक से अधिक
(e) उपर्युक्त में से कोई नहीं
Where did Vinoba Bhave start Individual Satyagraha in 1940??
(a) Putrapara-Vayalar, Kerala
(b) Nadiad in Kheda district, Gujarat
(c) Pawanar, Maharashtra
(d) More than one of the above
(e) None of the above

68 BPSC (Pre)-2022 (12-02-2023)

Ans. (c)
17 अक्टूबर, 1940 ई. को आचार्य विनोबा भावे ने पवनार (महाराष्ट्र) से व्यक्तिगत सत्याग्रह/ दिल्ली चलो आन्दोलन की शुरुआत किया।

36. सूची I के साथ सूची I I को मिलाइए और सूचियां के नीचे दिए गए कूट की सहायता से सही उत्तर का चयन कीजिए:

सूची I	सूची II
(A) कार्यानंद शर्मा	1. गया
(B) यदुनंदन शर्मा	2. मुंगेर
(C) यमुनाकारजी	3. अन्ना वारी
(D) राहुल सांकृत्यायन	4. सारण

कूट : A B C D
(a) 1 2 4 3
(b) 2 3 1 4
(c) 2 1 4 3
(d) 1 2 3 4
(e) उपर्युक्त में से कोई नहीं या उपयुक्त में से एक से अधिक

Match List I with List I and select the correct answer with the help of the code given below the lists:

List I	List II
(A) Karyanand Sharma	1. Gaya
(B) Yadunandan Sharma	2. Munger
(C) Yamuna Karji	3. Anna Vari
(D) Rahul Sankrityayan	4. Saran

Code: A B C D
(a) 1 2 4 3
(b) 2 3 1 4
(c) 2 1 4 3
(d) 1 2 3 4
(e) None of the above or more than one of the above as appropriate

BPSC Auditor (Pre) 2021

Ans - (c)

यदुनन्दन शर्मा – गया

जमुना कारंजी – सारण

राहुल सांकृत्यायन – छपरा (अन्नवारी)

कार्यानन्द शर्मा — मुंगेर

37. किसने कहा,"जब तक यह तीसरी शक्ति अथवा इंग्लैंड यहां है, हमारे सांप्रदायिक मतभेद हमें परेशान करते रहेंगे"?
(a) डॉ राजेंद्र प्रसाद
(b) मौलाना अबुल कलाम आजाद
(c) जवाहरलाल नेहरू
(d) विनायक दामोदर सावरकर
(e) उपर्युक्त में से कोई नहीं या उपर्युक्त में से एक से अधिक

Who said, "As long as this Third Power or England is here, our communal differences will continue to trouble us"?
(a) Dr. Rajendra Prasad
(b) Maulana Abul Kalam Azad
(c) Jawaharlal Nehru
(d) Vinayak Damodar Savarkar
(e) None of the above or more than one of the above

66th BPSC (Pre) (Re-Exam) 2020

Ans - (e)

गाँधी जी ने कहा - जब तक यह तीसरी शक्ति अथवा इंग्लैण्ड यहाँ है, हमारे साम्प्रदायिक मतभेद हमे परेशान करते रहेंगे।

38. सुरेंद्रनाथ बनर्जी को सिविल सर्विसेज से किस वर्ष निलंबित किया गया?
(a) 1872 ई
(b) 1874 ई
(c) 1877 ई
(d) 1884 ई
(e) उपर्युक्त में से कोई नहीं है / उपर्युक्त में से एक से अधिक

In which year was Surendranath Banerjee suspended from Civil Services?
(a) 1872 AD
(b) 1874 AD
(c) 1877 AD
(d) 1884 AD
(e) None of the above / More than one of the above

Bihar APO (Pre) 2020
60th-620d BPSC (Pre) 2016-17

Ans - (b)

सुरेन्द्रनाथ बनर्जी को सिविल सर्विसेज से वर्ष 1874 ई. में निलम्बित कर दिया गया।

39. निम्न में से कौन सी जोड़ी सही है?
(a) विनोबा भावे - द्वितीय व्यक्तिगत सत्याग्रही
(b) सी. आर. दास - देशबंधु
(c) विलियम वेडरबर्न - 1907 के कांग्रेस सभापति
(d) श्याम जी कृष्ण वर्मा - पेरिस में इंडिया हाउस के संस्थापक
(e) उपर्युक्त में से कोई नहीं या उपयुक्त में से एक से अधिक

Which of the following pairs is correct?
(a) Vinoba Bhave - Second Personal Satyagrahi
(b) C.R. Das - Deshbandhu
(c) William Wedderburn – Congress President of 1907
(d) Shyam Ji Krishna Verma – Founder of India House in Paris
(e) None of the above or more than one of the above as appropriate
(e) None of the above / More than one of the above

66th BPSC (Pre) 2020

Ans - (b)

चितरंजन दास को 'देशबन्धु' कहा जाता है, विनोबा भावे प्रथम व्यक्तिगत सत्याग्रही थे, जबकि द्वितीय सत्याग्रही जवाहर लाल नेहरू थे। 1907 में कांग्रेस अध्यक्ष रास बिहारी घोष थे.

40. निम्न में से किस कॉलेज में गांधी जी ने पढ़ाई की थी?
(a) शामल दास कॉलेज, भावनगर
(b) धर्मेंद्र सिंहजी कॉलेज, राजकोट
(c) गुजरात कॉलेज, अहमदाबाद
(d) बहाउद्दीन कॉलेज, जूनागढ़
(e) उपर्युक्त में से कोई नहीं या उपर्युक्त में से एक से अधिक

In which of the following colleges did Gandhiji study?
(a) Shamaldas College, Bhavnagar
(b) Dharmendra Singhji College, Rajkot
(c) Gujarat College, Ahmedabad
(d) Bahauddin College, Junagadh
(e) None of the above / More than one of the above

66th BPSC (Pre) 2020

Ans - (a)

1885 में स्थापित शामलदास कॉलेज में महात्मा गांधी ने पढ़ाई की थी।

41. मुंबई योजना में प्रस्ताव था?
(a) तीव्र आर्थिक विकास का
(b) समान वितरण का
(c) कुछ पूंजीवादी विशेषताओं के परित्याग का
(d) कर्मचारी/ कामगार कल्याण योजना का
(e) उपर्युक्त में से कोई नहीं है उपर्युक्त में से एक से अधिक

Was there a proposal in Mumbai Plan?
(a) Rapid economic growth
(b) Uniform distribution
(c) Abandonment of some capitalist characteristics
(d) Employee/Worker Welfare Scheme
(e) None of the above More than one of the above

65th BPSC (Pre) Re-exam 2019

Ans - (e)

बॉम्बे प्लान आठ प्रमुख उद्योगपतियों द्वारा 1944 में तैयार योजना के तहत 15 वर्षीय पूंजीवादी योजना पेश किया गया था।

42. 'जिम्मरमैन योजना' से संबंधित व्यक्ति था/ थे?
(a) लाला हरदयाल
(b) भूपेंद्र नाथ दत्त
(c) वीरेंद्र नाथ चट्टोपाध्याय
(d) उपर्युक्त सभी
(e) उपर्युक्त में से कोई नहीं

Who was/were the persons related to the 'Zimmerman Plan'?
(a) Lala Hardayal
(b) Bhupendra Nath Dutt
(c) Virender Nath Chattopadhyay
(d) All of the above
(e) None of the above

65th BPSC (Pre) Re-exam 2019

Ans - (d)

लाला हरदयाल, भूपेन्द्र नाथ दत्त, वीरेन्द्रनाथ चट्टोपाध्याय व अन्य ने मिलकर 1915 में जिम्मरमैन योजना के तहत बर्लिन कमेटी फॉर इंडियन इंडिपेंडेंस की स्थापना की।

43. निम्न कथनों में से कौन से कथन सही हैं?
I. लाइक अली निजाम के एग्जीक्यूटिव काउंसिल के प्रेसिडेंट थे
II. हैदराबाद के खिलाफ 'ऑपरेशन पोलो'48 घंटे तक चली थी
III. कश्मीर राज्य ने इंस्ट्रूमेंट ऑफ एक्सेशन 15-08-1947

के दिन हस्ताक्षरित किए थे

IV. शाहनवाज भुट्टो जूनागढ़ स्टेट के आखिरी दीवान थे

V. के. एम. मुंशी को भारत सरकार ने हैदराबाद में अपने एजेंट के रूप में नियुक्त किया था

(a) केवल I, IV और V
(b) केवल I, II, और II
(c) केवल II, IIIऔर IV
(d) केवल I, II, IIIऔर I V
(e) उपर्युक्त में से कोई नहीं या उपर्युक्त में से एक से अधिक

Which of the following statements are correct?

I. Laik Ali was the President of the Nizam's Executive Council

II. 'Operation Polo' against Hyderabad lasted for 48 hours

III. The State of Kashmir signed the Instrument of Accession on 15-08-1947

IV. Shahnawaz Bhutto was the last Diwan of Junagadh State.

V. K. M. Munshi was appointed by the Government of India as its agent in Hyderabad

(a) Only I, IV and V
(b) Only I, II, and II
(c) II, III and IV only
(d) Only I, II, III and IV
(e) None of the above or more than one of the above

65th BPSC (Pre) Re-exam 2019

उत्तर-(a)

हैदराबाद के खिलाफ आपरेशन पोलो 13 सितंबर, 1948 से लेकर 17 सितंबर, 1948 तक चला था। कश्मीर राज्य के महाराजा हरिसिंह ने इंस्ट्रूमेंट ऑफ एक्सेशन पर हस्ताक्षर 26 अक्टूबर, 1947 को किया था।

44. राष्ट्रीय स्वयंसेवक संघ (RSS)का प्रधान कार्यालय कहां स्थित है?

(a) दिल्ली
(b) कोलकाता
(c) मुंबई
(d) नागपुर
(e) उपर्युक्त में से कोई नहीं है / उपर्युक्त में से एक से अधिक

Where is the head office of Rashtriya Swayamsevak Sangh (RSS) located?

(a) Delhi
(b) Kolkata
(c) Mumbai
(d) Nagpur
(e) None of the above / More than one of the above

30th Bihar (J) GS-2018

Ans - (d)

राष्ट्रीय स्वयं सेवक संघ भारत का एक हिन्दू राष्ट्रवादी, स्वयं सेवक संगठन है, इसका मुख्यालय नागपुर, महाराष्ट्र में स्थित है। इसकी स्थापना 27 सितम्बर 1925 को विजय दशमी के दिन केशव हेडगेवार द्वारा की गई.

45. भारत की पहली सूती कपड़े की मिल के संस्थापक कौन थे?

(a) कावसाजी नानाजी दभार
(b) जमशेदजी टाटा
(c) रणछोड़ लाल मेहता
(d) नानजी कालिदास मेहता
(e) उपर्युक्त में से कोई नहीं है / उपर्युक्त में से एक से अधिक

Who was the founder of India's first cotton textile mill?

(a) Kawsaji Nanaji Dabhar
(b) Jamsetji Tata
(c) Ranchod Lal Mehta
(d) Nanji Kalidas Mehta
(e) None of the above / More than one of the above

28th Bihar (J) GS-2014

Ans – (a)

भारत में पहली सूती कपड़े की मील का कारखाना मुम्बई में पारसी कावसजी नानाजी दाभार ने 1854 ई. में स्थापित किया.

46. "मुसलमान यदि खुश और संतुष्ट है, तो भारत में ब्रिटिश शक्ति का महत्तम बचाव होगा",यह किसने लिखा?

(a) हर्बर्ट रिसले
(b) लॉर्ड लिटन
(c) डब्ल्यू.डब्ल्यू.हंटर
(d) एच. एन. ब्रेल्सफोर्ड
(e) उपर्युक्त में से कोई नहीं है / उपर्युक्त में से एक से अधिक

Who wrote, "If the Muslims are happy and satisfied, then there will be the greatest protection for the British power in India"?
(a) Herbert Risley
(b) Lord Lytton
(c) W.W.Hunter
(d) H.N. Brailsford
(e) None of the above or more than one of the above
(e) None of the above / More than one of the above

60th-62d BPSC (Pre) 2016-17

Ans – (c)
W.W. Hunter ने अपनी पुस्तक 'द इंडियन मुसलमान" में लिखा - मुसलमान यदि खुश और संतुष्ट है, तो भारत में ब्रिटिश शक्ति का महत्तम बचाव होगा।

47. राजनीतिक सुधारो को लेकर विरोध करने वाले पहले भारतीय कौन थे?
(a) दादाभाई नौरोजी
(b) सुरेंद्रनाथ
(c) राममोहन राय
(d) बाल गंगाधर तिलक
(e) उपर्युक्त में से कोई नहीं है / उपर्युक्त में से एक से अधिक
Who was the first Indian to protest against political reforms??
(a) Dadabhai Naoroji
(b) Surendranath
(c) Rammohan Roy
(d) Bal Gangadhar Tilak
(e) None of the above / More than one of the above

48-52 BPSC (Pre) 2007-08

Ans - (d)
लोकमान्य बाल गंगाधर तिलक राष्ट्रीय आंदोलन के प्रथम नेता थे, जिसने जनसाधारण के साथ निकट संबंध स्थापित किये।

48. शारदा मणि कौन थी?
(a) राजा राममोहन राय की पत्नी
(b) रामकृष्ण परमहंस की पत्नी
(c) विवेकानंद की मां
(d) केशव चंद्र सेन की पुत्री
(e) उपर्युक्त में से कोई नहीं है / उपर्युक्त में से एक से अधिक
Who was Sharda Mani??
(a) Wife of Raja Ram Mohan Roy
(b) Wife of Ramakrishna Paramhansa
(c) Vivekananda's mother
(d) Daughter of Keshav Chandra Sen
(e) None of the above / More than one of the above

47 BPSC (Pre) 2004-05

Ans - (b)
शारदामणि रामकृष्ण परमहंस की पत्नी का नाम था।

49. निम्न उद्योगपतियों में कौन से व्यक्ति लंबे समय तक ए. आई.सी. के खजांची रहे तथा 1930 में जेल भी गए?
(a) जी. डी. बिरला
(b) जमनालाल बजाज
(c) जे आर डी टाटा
(d) वालचंद हीराचंद
(e) उपर्युक्त में से कोई नहीं है / उपर्युक्त में से एक से अधिक
Who among the following industrialists was A. for a long time? Was the treasurer of ICK and also went to jail in 1930?
(a) G. D. Birla
(b) Jamnalal Bajaj
(c) J. R. D. Tata
(d) Walchand Hirachand
(e) None of the above / More than one of the above

47th BPSC (Pre) 2004-05

Ans - (b)
सेठ जमनालाल बजाज काँग्रेस के कोषाध्यक्ष पद पर 1920 से 1942 तक रहे। गाँधी सेवा संघ के संस्थापक रहे।

50. 7 दिसंबर, 1942 को श्री योगेंद्र शुक्ला कहां लाए गए?
(a) रांची
(b) मुंगेर
(c) पटना
(d) भागलपुर
(e) उपर्युक्त में से कोई नहीं है / उपर्युक्त में से एक से अधिक

Where was Shri Yogendra Shukla brought on December 7, 1942?
(a) Ranchi
(b) Munger
(c) Patna
(d) Bhagalpur
(e) None of the above / More than one of the above

45th BPSC (Pre) 2002

Ans - (c)
जय प्रकाश नारायण के साथ 9 नवम्बर, 1942 को हजारीबाग जेल से भागने के उपरान्त योगेन्द्र शुक्ल मुजफ्फरपुर में गिरफ्तार कर लिए गए। 7 दिसम्बर, 1942 को योगेन्द्र शुक्ला पटना लाए गए और उन्हें बक्सर जेल भेज दिया गया।

51. कम्युनिस्ट इंटरनेशनल का सदस्य बनने वाला पहला भारतीय कौन था?
(a) एम. एन.राय
(b) मुजफ्फर अहमद
(c) एस. ए. डांगे
(d) उपरोक्त में से कोई नहीं
(e) उपर्युक्त में से एक से अधिक
Who was the first Indian to become a member of the Communist International??
(a) M.N.Rai
(b) Muzaffar Ahmed
(c) S. A. Dange
(d) None of the above
(e) More than one of the above

40th BPSC (Pre) 1995

Ans - (a)
एम. एन. राय कम्युनिस्ट इण्टरनेशनल के पहले भारतीय सदस्य थे।

52. सर स्टेफोर्ड क्रिप्स दिल्ली कब पहुंचे थे
(a) 23 जनवरी, 1941
(b) 23 मार्च, 1942
(c) 23 जून, 1942
(d) 23 अक्टूबर, 1942
(e) उपर्युक्त में से कोई नहीं है / उपर्युक्त में से एक से अधिक
When did Sir Stafford Cripps reach Delhi?
(a) January 23, 1941
(b) March 23, 1942
(c) June 23, 1942
(d) October 23, 1942
(e) None of the above / More than one of the above

Bihar CDPO (प्रा.) परीक्षा-2018

Ans - (b)
द्वितीय विश्व में भारत का सहयोग प्राप्त करने के लिए ब्रिटेन ने क्रिप्स मिशन को भारत भेजा। 23 मार्च 1942 को क्रिप्स मिशन दिल्ली पहुँचा।

53. किसकी कानून समस्या के समाधान हेतु महात्मा गांधी को 1893 में दक्षिण अफ्रीका बुलाया गया था?
(a) कश्मीर के शेख अब्दुल्ला
(b) बंगाल के तीतू मीर
(c) बिहार के इमदाद इमाम
(d) गुजरात के दादा अब्दुल्ला
(e) उपर्युक्त में से कोई नहीं है / उपर्युक्त में से एक से अधिक
To solve whose legal problem was Mahatma Gandhi called to South Africa in 1893??
(a) Sheikh Abdullah of Kashmir
(b) Titu Mir of Bengal
(c) Imdad Imam of Bihar
(d) Dada Abdullah of Gujarat
(e) None of the above / More than one of the above

Bihar CDPO (प्रा.) परीक्षा-2018

Ans - (d)
1893 ई. में गाँधीजी को गुजरात के दादा अब्दुल्ला, जो दक्षिण अफ्रीका में रहते थे, अपने एक मुकदमें के सिलसिले में गाँधीजी को दक्षिण अफ्रीका बुलाया।

54. स्वतंत्रता, समानता और भ्रातत्व की प्रेरणा कहां से आई?
(a) अमेरिकी क्रांति
(b) फ्रेंच क्रांति
(c) रूसी क्रांति
(d) चीनी क्रांति
(e) उपर्युक्त में से कोई नहीं है / उपर्युक्त में से एक से अधिक

Where did the inspiration for liberty, equality and fraternity come from?
(a) American Revolution
(b) French Revolution
(c) Russian Revolution
(d) Chinese Revolution
(e) None of the above / More than one of the above

Bihar CDPO (प्रा.) परीक्षा-2018

Ans - (b)
फ्रांस की क्रांति (1789-1799) ने फ्रांस में गणतंत्र की स्थापना की तथा स्वतंत्रता समानता और भ्रातृत्व का नारा दिया।

55. पुणे की यरवदा केंद्रीय जेल महाराष्ट्र की सबसे बड़ी जेल है. इसकी स्थापना ब्रिटिश द्वारा निम्नलिखित में से किस वर्ष में की गई थी?
(a) 1851
(b) 1861
(c) 1871
(d) 1881
(e) उपर्युक्त में से कोई नहीं है / उपर्युक्त में से एक से अधिक
Yerwada Central Jail of Pune is the largest jail of Maharashtra. It was established by the British in which of the following years?
(a) 1851
(b) 1861
(c) 1871
(d) 1881
(e) None of the above / More than one of the above

Bihar APO GS-2012

Ans - (c)
पुणे की यरवदा केन्द्रीय जेल की स्थापना ब्रिटिश सरकार द्वारा 1871 ई. में की गयी थी।

56. समाजवाद का समर्थक कौन था,जो 1933 में ब्रिटिश शासन, देसी राज्यों, जमींदारवाद और पूंजीवाद को उखाड़ फेंकना चाहता था?
(a) राजेंद्र प्रसाद
(b) जवाहरलाल नेहरु
(c) भूलाभाई देसाई
(d) सरदार पटेल
(e) उपर्युक्त में से कोई नहीं है / उपर्युक्त में से एक से अधिक
Who was a supporter of socialism, who wanted to overthrow British rule, native states, landlordism and capitalism in 1933?
(a) Rajendra Prasad
(b) Jawaharlal Nehru
(c) Bhulabhai Desai
(d) Sardar Patel
(e) None of the above / More than one of the above

60-62 BPSC (Pre) 2016-17

Ans - (b)
जवाहर लाल नेहरू समाजवाद के समर्थक थे, और 1933 में ब्रिटिश शासन, देशी राज्यों, जमींदारवाद और पूंजीवाद को उखाड़ फेंकना चाहते थे।

57. सुमेलित कीजिए

A.	बारदोली	1.	महाराष्ट्र
B.	चौरी चौरा	2.	गुजरात
C.	यरवदा	3.	पश्चिम बंगाल
D.	नोआखली	4.	उत्तर प्रदेश

	A	B	C	D
(a)	1	2	3	4
(b)	2	1	4	3
(c)	2	4	1	3
(d)	4	1	3	2

(e) उपर्युक्त में से कोई नहीं है / उपर्युक्त में से एक से अधिक

match up

A. Bardoli	1. Maharashtra
B. Chauri Chaura	2. Gujarat
C. Yerwada	3. West Bengal
D. Noakhali	4. Uttar Pradesh

	A	B	C	D
(a)	1	2	3	4
(b)	2	1	4	3
(c)	2	4	1	3
(d)	4	1	3	2

(e) None of the above / More than one of the above

48th-52nd BPSC (Pre) 2007-08

Ans - (c)

बारदोली — गुजरात

चौरी-चौरा — उत्तर प्रदेश

यरवदा — महाराष्ट्र

नोआखली — पं. बंगाल

58. सन 1932 में निम्नलिखित में से एक आदेश पारित करके अखिल भारतीय कांग्रेस समिति को गैरकानूनी करार दे दिया गया था, वह आदेश है-
(a) गैरकानूनी संघ अध्यादेश
(b) शांति कानून का उल्लंघन
(c) कार्यपालक अधिकार आध्यादेश
(d) वायसराय का विशेष आदेश
(e) उपर्युक्त में से कोई नहीं है / उपर्युक्त में से एक से अधिक

In 1932, the All India Congress Committee was declared illegal by passing one of the following orders, that order is-
(a) Unlawful Association Ordinance
(b) Violation of peace law
(c) Executive Powers Ordinance
(d) Special order of the Viceroy
(e) None of the above / More than one of the above

46th BPSC (Pre) 2003-04

Ans - (a)

4 जनवरी, 1932 को गैर-कानूनी संघ अध्यादेश के तहत कांग्रेस तथा उसके सहयोगी संगठनों को अवैध घोषित करके उनके भवन, कार्यालय तथा सम्पत्ति पर कब्जा कर लिया गया।

59. वर्ष 1946-50 के दौरान संविधान सभा का अध्यक्ष कौन था?
(a) सी राजगोपालाचारी
(b) जवाहरलाल नेहरू
(c) वल्लभभाई पटेल
(d) राजेंद्र प्रसाद
(e) उपर्युक्त में से कोई नहीं है / उपर्युक्त में से एक से अधिक

Who was the President of the Constituent Assembly during the year 1946-50??
(a) C Rajagopalachari
(b) Jawaharlal Nehru
(c) Vallabhbhai Patel
(d) Rajendra Prasad
(e) None of the above / More than one of the above

BPSC सांख्यिकी अधिकारी (प्री.) परीक्षा-2016

Ans - (d)

9 दिसम्बर, 1946 को सच्चिदानंद सिन्हा को संविधान सभा का अस्थायी अध्यक्ष बनाया गया तथा 11 दिसम्बर 1946 को राजेन्द्र प्रसाद को स्थायी अध्यक्ष बनाया गया जो 26 जनवरी 1950 तक इस पद पर रहे।

60. किस वर्ष में वी.डी.सावरकर हिंदू महासभा के अध्यक्ष निर्वाचित हुए थे?
(a) 1938
(b) 1916
(c) 1935
(d) 1919
(e) उपर्युक्त में से कोई नहीं है / उपर्युक्त में से एक से अधिक

In which year V.D.Savarkar was elected President of Hindu Mahasabha?
(a) 1938
(b) 1916
(c) 1935
(d) 1919
(e) None of the above / More than one of the above

Bihar CDPO (प्रा.) परीक्षा-2018

Ans - (a)

वी. डी. सावरकर 1938 में अखिल भारतीय हिंदू महासभा के कर्णावती (अहमदाबाद) में हुए सत्र के अध्यक्ष चुने गए।

61. "पुनः याद रखें, अब यह झंडा लहरा गया है, यह कभी नहीं झुकना चाहिए, जब तक एक भी भारतीय, पुरुष, महिला या बालक भारत में जीवित रहे", यह किसने कहा था?
(a) गुजरात में गांधी ने
(b) लाहौर में जवाहरलाल नेहरू ने
(c) बंगाल में एसएन बैनर्जी ने
(d) सिंगापुर में सुभाष चंद्र बोस ने
(e) उपर्युक्त में से कोई नहीं है / उपर्युक्त में से एक से अधिक

"Remember again, now that this flag has flown, it must never lower, so long as even one Indian, man, woman or child lives in India", who said this?
(a) Gandhi in Gujarat
(b) Jawaharlal Nehru in Lahore
(c) SN Banerjee in Bengal
(d) Subhash Chandra Bose in Singapore
(e) None of the above / More than one of the above

Bihar CDPO (प्रा.) परीक्षा-2018

Ans - (b)

31 दिसम्बर 1929 की आधी रात को रावी नदी के तट पर कांग्रेस अध्यक्ष जवाहर लाल नेहरू ने भारतीय स्वतंत्रता का प्रतीक तिरंगा झंडा फहराया

62. अपनी किस कार्यकारिणी कमेटी में कांग्रेस ने भू स्वामित्व को समाप्त करने की नीति अपनाई?
(a) कार्यकारिणी कमेटी 1937 ई.
(b) कार्यकारिणी कमेटी 1942 ई.
(c) कार्यकारिणी कमेटी 1945 ई.
(d) कार्यकारिणी कमेटी 1946ई.
(e) उपर्युक्त में से कोई नहीं है / उपर्युक्त में से एक से अधिक

In which of its executive committees did Congress adopt the policy of abolishing land ownership??
(a) Executive Committee 1937 AD
(b) Executive Committee 1942 AD
(c) Executive Committee 1945 AD
(d) Executive Committee 1946 AD.
(e) None of the above / More than one of the above

39th BPSC (Pre) 1994

Ans - (a)

1937 ई. की कांग्रेस सरकार ने चुनाव अभियान के दौरान कृषि में सुधार करने का आश्वासन दिया तथा काग्रेस कार्यकारिणी ने भू-सुधार हेतु व्यापक रणनीति तैयार की और कांग्रेस शासित राज्यों में कृषकों के व्यापक हित में कास्तकारी अधिनियम पारित किये गये। संयुक्त प्रांत में 1939 ई. में तथा बिहार एवं उड़ीसा में 1938 ई. में नये काश्तकारी कानून पारित हुए।

63. निम्नलिखित में से ब्रिटिश शासन के दौरान भारतवर्ष के अन्तर्गत निर्वनीकरण का कौन-सा मुख्य कारण था?
(a) रेलवे के मार्गों पर तख्तों (स्लीपर) की माँग को पूरा करना तथा शाही नौसेना के लिए इमारती लकड़ी की आपूर्ति करना
(b) नियोजित वनों की माँग को पूरा करना तथा चाय एवं कॉफी का वृक्षारोपण करना
(c) विस्तारित खेती की माँग को पूरा करने के लिए भूमि को उन्नत करना
(d) उपर्युक्त में से एक से अधिक
(e) उपर्युक्त में से कोई नहीं

Which of the following was the main reason for deforestation in India during the British rule?
(a) To meet the demand for sleepers on railway routes and to supply timber to the Royal Navy.
(b) To meet the demand of planned forests and plantation of tea and coffee.
(c) To improve land to meet the demand for expanded farming.
(d) More than one of the above
(e) None of the above

BPSC School Teacher 2023 (Paper II) Shift-1

Ans. (c)

ब्रिटिश शासन के दौरान भारत में निर्वनीकरण का मुख्य कारण विस्तारित खेती की माँग को पूरा करने के लिए भूमि को उन्नत करना था। साथ ही बढ़ती जनसंख्या, अधिक खाद्यान्य की माँग, वाणिज्यिक फसल और लकड़ी का उत्पादन निर्वनीकरण के अन्य कारण थे।

64. Who started the Asiatic Society of Bengal in 1784 / 1784 ई. में एशियाटिक सोसाइटी ऑफ बंगाल का आरम्भ किसने किया था?
(a) Max Muller / मैक्स मूलर
(b) Charles William / चार्ल्स विलियम
(c) William Jones / विलियम जोन्स
(d) More than one of the above /उपर्युक्त में से एक से अधिक
(e) None of the above/उपर्युक्त में से कोई नहीं

BPSC TRE 2.0 7/12/2023 Shift-II (Paper-III)

Ans. (c)

एशियाटिक सोसाइटी की स्थापना 15 जनवरी, 1784 को विलियम जॉस ने कोलकाता स्थित फोर्ट विलियम में की थी।

65. सुभाष चन्द्र बोस भारतीय राष्ट्रीय काँग्रेस के त्रिपुरी अधिवेशन मे किसको हराकर अध्यक्ष बने थे ?

(a) पट्टाभि सीतारमैया
(b) रसबिहारी बोस
(c) जवाहरलाल नेहरू
(d) उपर्युक्त में से एक से अधिक
(e) उपर्युक्त में से कोई नहीं

Subhash Chandra Bose became the President of the Indian National Congress by defeating whom in the Tripuri session?

(a) Pattabhi Sitaramaiya
(b) Rasbihari Bose
(c) Jawaharlal Nehru
(d) More than one of the above
(e) None of the above

BPSC School Teacher 2023(Paper-II) Shift-2

Ans. (a)

सुभाष चन्द्र बोस कांग्रेस के त्रिपुरी (म.प्र.) अधिवेशन 1939 ई. में गांधी जी द्वारा समर्थित पट्टाभि सीतारमैया को हराकर अध्यक्ष बने थे। सुभाष चन्द्र बोस द्वारा 1939 में कांग्रेस के अध्यक्ष पद से इस्तीफा देने के बाद डॉ. राजेन्द्र प्रसाद को अध्यक्ष का पद सौंपा गया।

66. Which of the following is correct about he attitude of Muslim League in relation to the independence of India?
निम्नलिखित में से भारत की स्वतंत्रता के प्रति मुस्लिम लीग के दृष्टिकोण के बारे में कौन-सा सही है?

(a) It rejected the proposals of Cripps Mission in 1942 on the ground that their demand of Pakistan was not accepted/इसने क्रिप्स मिशन, 1942 का प्रस्ताव इस आधार पर अस्वीकार किया कि उनकी पाकिस्तान की माँग को स्वीकार नहीं किया गया था।
(b) It rejected Wavell Plan in 1945 as it might weaken their claim for independent Pakistan. /इसने वेवल योजना, 1945 को अस्वीकृत किया क्योंकि उनकी स्वतंत्र पाकिस्तान की माँग को यह- कमजोर कर सकती थी।
(c) It rejected Cabinet Mission proposals and took resort to direct action in 19/इसने कैबिनेट मिशन प्रस्तावों को अस्वीकार किया और 1946 में गाँधी कार्यवाही का सहारा लिया।
(d) More than one of the above /उपर्युक्त में से एक से अधिक
(e) None of the above / उपर्युक्त में से कोई नहीं

BPSC TRE 2.0 14/12/2023 Paper-I

Ans. (d)

मुस्लिम लीग ने क्रिप्स मिशन, वैवेल योजना और कैबिनेट मिशन को अस्वीकार कर दिया था।

67. In which year did 'All India Muslim League' table the demand of Separate Pakistan? 'ऑल इंडिया मुस्लिम लीग' ने किस वर्ष अलग पाकिस्तान की माँग का प्रस्ताव रखा था?

(a) 22 December, 1939/22 दिसम्बर, 1939
(b) 23 March, 1940/23 मार्च, 1940
(c) 8 August, 1940/8 अगस्त, 1940
(d) More than one of the above उपर्युक्त में से एक से अधिक
(e) None of the above/उपर्युक्त में से कोई नहीं

BPSC TRE 2.0 18/12/2023 (Paper-III)

Ans. (b)

23 मार्च, 1940 को ऑल इंडिया मुस्लिम लीग के लाहौर अधिवेशन में भारत से पृथक पाकिस्तान राज्य की माँग का प्रस्ताव रखा गया।

68. Who started Home Rule Leage in 1915? 1915 में होम रूल लीग किसने प्रारम्भ की थी?

(a) Gopal Krishna Gokhale/गोपाल कृष्ण गोखले
(b) Annie Besant/एनी बेसेन्ट
(c) G. S. Khaparde/जी. एस. खापर्डे
(d) More than one of the above / उपर्युक्त में से एक से अधिक
(e) None of the above / उपर्युक्त में से कोई नहीं

BPSC TRE 2.0 10/12/2023 (Paper-III)

Ans. (e)

भारत में तिलक ने अप्रैल 1916 में तथा एनी बेसेंट ने सितंबर 1916 में होमरूल लीग की स्थापना की थी।

69. मुस्लिम लीग द्वारा किस तिथि को 'मुक्ति दिवस' मनाया गया था?
(a) 22 दिसम्बर, 1939
(b) 17 अक्टूबर, 1939
(c) 22 दिसम्बर, 1940
(d) उपर्युक्त में से एक से अधिक
(e) उपर्युक्त में से कोई नहीं

BPSC School Teacher 2023 (Paper-III)

Ans. (a)

22 दिसम्बर, 1939 को मुस्लिम लीग के अध्यक्ष मोहम्मद अली जिन्ना के नेतृत्व में कई भारतीय मुसलमानों ने मुक्ति दिवस मनाया था।

70. किस स्थान पर बी.जी. तिलक ने 'होमरूल लीग' की स्थापना 1916 में की थी?
(a) पूना
(b) बम्बई
(c) नागपुर
(d) उपर्युक्त में से एक से अधिक
(e) उपर्युक्त में से कोई नहीं

At which place B.G. Tilak founded 'Home Rule League' in 1916?
(a) Poona
(b) Bombay
(c) Nagpur
(d) More than one of the above
(e) None of the above

BPSC School Teacher 2023 (Paper II) Shift-1

Ans. (a)

अप्रैल 1916 में 'बाल गंगाधर तिलक' ने बेलगाँव, पुणे में 'होमरूल लीग' की स्थापना की थी। जबकि एनी बेसेंट ने सितंबर 1916 में मद्रास से होमरूल लीग की शुरूआत की थी।

71. Where was the Ghadar Party established? 'गदर पार्टी' की स्थापना कहाँ पर हुई थी?
(a) France/फ्रांस
(b) Germany/जर्मनी
(c) United States of America/संयुक्त राज्य अमेरिका
(d) More than one of the above/उपर्युक्त में से एक से अधिक
(e) None of the above/उपर्युक्त में से कोई नहीं

BPSC TRE 2.0 7/12/2023 Shift-II (Paper-III)

Ans. (c)

गदर पार्टी की स्थापना संयुक्त राज्य अमेरिका के सैन फ्रांसिस्कों में 1913 में हुई थी। गदर पार्टी के संस्थापक अध्यक्ष सरदार सोहन सिंह भाकना थे।

72. Who established the branch of Anushilan Samiti at Patna in 1913? किसने 1913 में अनुशीलत समिति की एक शाखा की स्थापना पटना में की?
(a) Sachindra Nath Sanyal/सचीन्द्रनाथ सान्याल
(b) Bankim Chandra Mitra/बंकिम चंद्र मित्र
(c) Raghubir Singh/रघुबीर सिंह
(d) More than one of the above /उपर्युक्त में से एक से अधिक
(e) None of the above / उपर्युक्त में से कोई नहीं

BPSC TRE 2.0 10/12/2023 (Paper-III)

Ans. (a)

अनुशीलन समिति की एक शाखा पटना में सचिंद्र नाथ सान्याल ने 1913 में स्थापित की थी।

कलकत्ता में अनुशीलन समिति की स्थापना 24 मार्च 1902 को प्रमथनाथ मित्रा तथा बरिन्द कुमार घोष ने की थी।

73. At which of the following places Chisti Khan and Dunde Khan revolted with the impression of Ghadar Party? / गदर पार्टी से प्रभावित होकर चिश्ती खान एवं डुंडे खान ने निम्नलिखित में से किस स्थान पर विद्रोह किया था?
(a) San Francisco / सैन फ्रांसिस्को
(b) Vancouver /बैंकोवर
(c) Singapore / सिंगापुर
(d) More than one of the above / उपर्युक्त में से एक से अधिक
(e) None of the above / उपर्युक्त में से कोई नही।

BPSC TRE 2.0 18/12/2023 (Paper-II)

Ans. (c)

गदर पार्टी से प्रभावित होकर चिश्ती खान एवं डुंडे खान ने सिंगापुर में विद्रोह किया था।

74. In which year did Muzaffarpur Bomb Case happen?/किस वर्ष मुजफ्फरपुर बम काण्ड की घटना घटी?
(a) 1906
(b) 1907
(c) 1908
(d) More than one of the above / उपर्युक्त में से एक से अधिक
(e) None of the above / उपर्युक्त में से कोई नही

BPSC TRE 2.0 18/12/2023 (Paper-II)

Ans. (c)
मुजफ्फरपुर बम काण्ड की घटना 30 अप्रैल, 1908 को बिहार के मुजफफरपुर में घटी थी।

75. लंदन में 'अभिनव भारत' का संस्थापक कौन था?
(a) विनायक दामोदर सावरकर
(b) पी. एम. बापट
(c) श्यामजी कृष्ण वर्मा
(d) उपर्युक्त में से एक से अधिक
(e) उपर्युक्त में से कोई नहीं
Who was the founder of 'Abhinav Bharat' in London?
(a) Vinayak Damodar Savarkar
(b) P.M.Bapat
(c) Shyamji Krishna Verma
(d) More than one of the above
(e) None of the above

BPSC School Teacher 2023 (Paper-IV)

Ans. (a)
लंदन में अभिनव भारत का संस्थापक विनायक दामोदर से सावरकर थे।

76. किस षड्यंत्र के मामले में, तीन अंग्रेजों को साजिश करने के लिए कारागार में अवरूद्ध किया गया था ?
(a) नासिक षड्यंत्र मामला
(b) कानपुर षड्यंत्र मामला
(c) मेरठ षड्यंत्र मामला
(d) उपर्युक्त में से एक से अधिक
(e) उपर्युक्त में से कोई नहीं
In which conspiracy case, three Englishmen were imprisoned for conspiracy?
(a) Nashik Conspiracy Case
(b) Kanpur Conspiracy Case
(c) Meerut Conspiracy Case
(d) More than one of the above
(e) None of the above

BPSC School Teacher 2023 (Paper-II) Shift-2

Ans. (c)
मेरठ षडयंत्र केस के अंतर्गत तीन ब्रिटिश नागरिक फिलिप स्प्रेट, बेन ब्रैडके, केस्टर हचिन्सन को गिरफ्तार कर मुकदमा चलाया गया। इस केस में फंसे अभियुक्तों को बचाने के लिए जवाहरलाल नेहरू, एम.ए. अंसारी, के.एन. काटजू, एम.सी. कांगला आदि ने पैरवी की थी।

77. The Quit India Resolution was adopted by the Congress in Bombay on / बम्बई में काँग्रेस द्वारा भारत छोड़ो प्रस्ताव पास किया गया
(a) 7 August, 1942/7 अगस्त, 1942 को
(b) 8 August, 1942/8 अगस्त, 1942 को
(c) 9 August, 1942/9 अगस्त, 1942 को
(d) More than one of the above/उपर्युक्त में से एक से अधिक
(e) None of the above/उपर्युक्त में से कोई नहीं

BPSC TRE 2.0 15/12/2023 (Paper-IV)

Ans.(b)
बम्बई में कांग्रेस कमेटी द्वारा 8 अगस्त, 1942 को भारत छोड़ो आन्दोलन प्रस्ताव पास किया गया।

78. Who organized the 'Azad Dasta'? 'आजाद दस्ता' की स्थापना किसने की?
(a) Vinoba Bhave/विनोबा भावे
(b) Jayaprakash Narayan/जयप्रकाश नारायण
(c) Jwala Prasad/ज्वाला प्रसाद
(d) More than one of the above / उपर्युक्त में से एक से अधिक
(e) None of the above / उपर्युक्त में से कोई नहीं

BPSC TRE 2.0 10/12/2023 (Paper-III)

Ans. (b)
आजाद दस्ता एक क्रांतिकारी संगठन था जिसकी स्थापना 1942 में भारत छोड़ो आंदोलन के दौरान जय प्रकाश नारायण ने की थी।
सूरज नारायण सिंह के नेतृत्व में बिहार के मधुबनी जिले में संगठन की एक अलग स्वतंत्र परिषद की स्थापना की गई थी।

79. Who was the founder of 'Indian National Army (INA)'? / 'भारतीय राष्ट्रीय सेना (आई.एन.ए.)' के संस्थापक कौन थे?
(a) Subhash Chandra Bose/सुभाष चन्द्र बोस
(b) Mohan Singh/मोहन सिंह
(c) Lala Lajpat Rai/लाला लाजपत राय
(d) More than one of the above/उपर्युक्त में से एक से अधिक
(e) None of the above/उपर्युक्त में से कोई नहीं

BPSC TRE 2.0 8/12/2023 (Paper-III)

Ans.(b)
भारतीय राष्ट्रीय सेना (आई.एन.ए.) की स्थापना मूल रूप से कैप्टन मोहन सिंह ने

80. गदर पार्टी की स्थापना कहाँ पर हुई थी?
(a) फ्रांस
(b) जर्मनी
(c) संयुक्त राज्य अमेरिका
(d) उपर्युक्त में से एक से अधिक
(e) उपर्युक्त में से कोई नहीं

Where was the Gadar Party established?
(a) France
(b) Germany
(c) United States
(d) More than one of the above
(e) None of the above

BPSC School Teacher 2023 (Paper-IV)

Ans. (c)
पंजाब के प्रमुख क्रांतिकारी लाल हरदयाल द्वारा USA में अध्यापन के दौरान सोहन सिंह भाकना के सुझाव पर 1 नवम्बर 1913 को गदर पार्टी की स्थापना की गई थी। इस पार्टी के द्वारा 'हिन्दुस्तान गदर' नामक पत्रिका निकाली थी, जो प्रारंभ में उर्दू तथा बाद में गुरूमुखी में भी छपने लगी।

81. लॉर्ड लिटन निम्नलिखित में से किससे सम्बन्धित नहीं हैं?
(a) स्ट्रैची कमीशन
(b) शस्त्र अधिनियम
(c) वर्नाक्युलर प्रेस ऐक्ट
(d) इल्बर्ट बिल
(e) उपर्युक्त में से कोई नहीं / उपर्युक्त में से एक से अधिक

Lord Lytton is not related to which of the following?
(a) Strachey Commission
(b) Arms Act
(c) Vernacular Press Act
(d) Ilbert Bill
(e) None of the above / More than one of the above

69th BPSC (Pre) 2023

Ans. (d)
लॉर्ड रिपन द्वारा प्रस्तावित इल्बर्ट बिल, 1883 एक विवादास्पद विधेयक था, जिसमें भारतीय न्यायाधीशों को यूरोपीय अपराधियों की सुनवाई करने की अनुमति देने की मांग की गई थी।

82. Who first raised the National Flag outside India?/विदेश में भारतीय राष्ट्रीय ध्वज प्रथम बार किसने फहराया?
(a) Lala Lajpat Rai / लाला लाजपत राय
(b) Madam Bhikaji Cama / मैडम भीकाजी कामा
(c) Rash Bihari Bose /रासबिहारी बोस
(d) More than one of the above / उपर्युक्त में से एक से अधिक
(e) None of the above / उपर्युक्त में से कोई नहीं

BPSC TRE 2.0 14/12/2023 Paper-I

Ans. (b)
मैडम भीकाजी कामा ने 1907 में पहली बार विदेशी धरती (जर्मनी के स्टटगॉर्ट में) पर भारतीय झंडा फहराया था। भीकाजी कामा को 'भारतीय क्रांति की जननी' के रूप में भी जाना जाता है।

83. Who among the following became India's unofficial Ambassador to England?/इनमें से कौन इंग्लैंड में भारत के अनाधिकारिक दूत बने?
(a) Surendranath Banerjee/सुरेन्द्रनाथ बनर्जी
(b) Dadabhai Naoroji/दादाभाई नौरोजी
(c) Swami Vivekananda/स्वामी विवेकानन्द
(d) More than one of the above/उपर्युक्त में से एक से अधिक
(e) None of the above/उपर्युक्त में से कोई नहीं

BPSC TRE 2.0 15/12/2023 (Paper-IV)

Ans.(b)
इंग्लैण्ड में भारत का अनाधिकारिक दूत दादाभाई नौरोजी माने जाते हैं। 1866 ई. में ईस्ट इंडिया एसोसिएशन की स्थापना कर दादाभाई नौरोजी ने ब्रिटिश जनता और संसद को भारतीय विषयों से अवगत कराया तथा भारतीयों के पक्ष में इंग्लैण्ड में। जनसमर्थन तैयार किया, इसीलिए वे भारत के दूत कहे जाते थे।

84. Who described the Government of India Act, 1935 as a 'Charter of Slavery'? / भारत सरकार अधिनियम, 1935 को किसने 'गुलामी का चार्टर' बताया?
(a) Mahatma Gandhi/महात्मा गाँधी
(b) Netaji Subhas Chandra Bose/नेताजी सुभाष चन्द्र बोस
(c) Maulana Hasrat Mohani/मौलाना हसरत मोहानी
(d) More than one of the above/उपर्युक्त में से एक से अधिक
(e) None of the above/उपर्युक्त में से कोई नहीं

BPSC TRE 2.0 15/12/2023 (Paper-IV)

Ans.(e)
भारत शासन अधिनियम, 1935 को 'दासता/गुलामी का चार्टर' जवाहर लाल नेहरू ने कहा था। इसके साथ ही उन्होंने इसे 'एक कार जिसमें ब्रेक तो है पर इंजन नहीं' भी कहा था। जिन्ना ने इस एक्ट को पूर्णतया सड़ा हुआ, मूल रूप से बुरा कह कर पूर्णतया अस्वीकृत कर दिया था।

85. The British ruled India for a long period due to the/अंग्रेजों ने भारत पर लम्बे समय तक राज्य कैसे किया?
(a) Liberal policies of the Congress/कॉंग्रेस की उदारवादी के कारण
(b) Imprisonment of Indian leaders/भारतीय नेताओं की गिरफ्तारी के कारण
(c) Policy of Divide and Rule/'बाँटो और राज करो' की नीति के कारण
(d) More than one of the above/उपर्युक्त में से एक से अधिक
(e) None of the above/उपर्युक्त में से कोई नहीं

BPSC TRE 2.0 15/12/2023 (Paper-IV)

Ans.(c)
अंग्रेजों ने भारत पर लम्बे समय तक शासन करने के लिए 'बॉटो और राज करो' की नीति का सहारा लिया।

86. Which of the following Indians qualified Indian Civil Service Exam for the first time in 1863? 1863 में इन्डियन सिविल सर्विस पास करने वाले प्रथम भारतीय इनमें से कौन थे?
(a) Debendranath Thakur/देवेन्द्रनाथ ठाकुर
(b) Satyendranath Thakur/सत्येन्द्रनाथ ठाकुर
(c) Surendranath Banerjee/सुरेन्द्रनाथ बनर्जी
(d) More than one of the above/उपर्युक्त में से एक से अधिक
(e) None of the above/उपर्युक्त में से कोई नहीं

BPSC TRE 2.0 7/12/2023 Shift-II (Paper-III)

Ans. (b)
1863 में इंडियन सिविल सर्विस पास करने वाले प्रथम भारतीय सत्येन्द्रनाथ ठाकुर थे।

87. In 1953, a States Reorganization Commission was appointed under the Chairmanship of/1953 में राज्य पुनर्गठन आयोग का गठन किसकी अध्यक्षता में हुआ?
(a) Tej Bahadur Sapru/तेज बहादुर सप्रू
(b) Sir Fazl Ali /सर फ़ज़ल अली
(c) Vallabhbhai Patel / वल्लभभाई पटेल
(d) More than one of the above / उपर्युक्त में से एक से अधिक
(e) None of the above / उपर्युक्त में से कोई नही

BPSC TRE 2.0 18/12/2023 (Paper-II)

Ans. (b)
राज्य पुनर्गठन आयोग की स्थापना फजल अली की अध्यक्षता में दिसंबर 1953 में की गई थी। के. एम. पणिक्कर और एच.एन. कुंजरू राज्य पुनर्गठन आयोग के सदस्य थे।

88. वह महिला स्वतंत्रता सेनानी कौन थी, जो स्वतंत्रता आन्दोलन की 'वयोवृद्ध महिला' के रूप में विख्यात थी?
(a) अरुणा आसफ अली
(b) गुलाब कौर
(c) बिश्नी देवी शाह
(d) उपर्युक्त में से कोई नहीं
(e) उपर्युक्त में से एक से अधिक
Who was that female freedom fighter, who was known as the 'Veteran Woman' of the freedom

movement?
(a) Aruna Asaf Ali
(b) Gulab Kaur
(c) Bishni Devi Shah
(d) None of the above
(e) More than one of the above

BPSC School Teacher 2023 (Paper II) Shift-1

Ans. (a)

अरूणा आसफ अली, वह महिला स्वतंत्रता सेनानी थी, जो स्वतंत्रता आन्दोलन की 'वयोवृद्ध महिला' के रूप में विख्यात थी। उन्होंने 1942 में भारत छोड़ो आंदोलन के समय मुंबई के ग्वालिया टैंक मैदान में कांग्रेस का झंडा फहराया था।

89. भारत के स्वतन्त्रता संग्राम के दौरान, निम्नलिखित घटनाओं पर विचार कीजिए :
1. होम रूल आन्दोलन
2. सूरत विभाजन
3. खेड़ा सत्याग्रह
4. मिन्टो-मॉर्ले सुधार

ऊपर दी गई घटनाओं का निम्नलिखित में से कौन-सा सही कालानुक्रमिक क्रम है?
(a) 1-3-2-4
(b) 2-4-1-3
(c) 1-4-2-3
(d) 2-3-1-4
(e) उपर्युक्त में से कोई नहीं / उपर्युक्त में से एक से अधिक

Consider the following events during India's freedom struggle:
1. Home Rule Movement
2. Surat Partition
3. Kheda Satyagraha
4. Minto-Morley Reforms

Which of the following is the correct chronological order of the above events?
(a) 1-3-2-4
(b) 2-4-1-3
(c) 1-4-2-3
(d) 2-3-1-4
(e) None of the above / More than one of the above

69th BPSC (Pre) 2023

Ans. (b):

सूरत विभाजन (1907)
मार्ले-मिन्टो सुधार (1909)
होमरूल आंदोलन (1916)
खेड़ा सत्याग्रह (1918)

90. लॉर्ड मेयो के 1870 के संकल्प के बारे में, निम्नलिखित में से कौन-से कथन सही हैं?
1. केंद्रीय और प्रांतीय वित्त को विभाजित करने वाला यह पहला कदम था।
2. प्रांतीय सरकारों को कुछ सेवाएँ प्रशासित करने का अधिकार दिया गया।
3. इसने मौजूदा असमानता को सुधारने का प्रयास किया।
4. इसने प्रांतों की वास्तविक आवश्यकताओं पर ध्यान केंद्रित किया।

नीचे दिए गए कूट का प्रयोग कर सही उत्तर चुनिए।
(a) केवल 1 और 2
(b) केवल 1, 3 और 4
(c) केवल 2, 3 और 4
(d) 1, 2, 3 और 4
(e) उपर्युक्त में से कोई नहीं / उपर्युक्त में से एक से अधिक

Regarding Lord Mayo's resolution of 1870, which of the following statements are correct?
1. This was the first step to divide the central and provincial finances.
2. Provincial governments were given the authority to administer certain services.
3. It attempted to improve existing inequality.
4. It focused on the real needs of the provinces.

Select the correct answer using the code given below.
(a) 1 and 2 only
(b) 1, 3 and 4 only
(c) Only 2, 3 and 4
(d) 1, 2, 3 and 4
(e) None of the above / More than one of the above

69th BPSC (Pre) 2023

Ans. (d)

लॉर्ड मेयो के 1870 के संकल्प के बारे में निम्न प्रावधानों का उल्लेख था-

केन्द्रीय और प्रांतीय वित्त को विभाजित करने वाला यह पहला कदम था।

प्रांतीय सरकारों को कुछ सेवाएं प्रशासित करने का अधिकार दिया गया था।

इसने मौजूदा असमानता को सुधारने का प्रयास किया।

इसने प्रांतो की वास्तविक आवश्यकताओं पर ध्यान केन्द्रित किया।

91. निम्नलिखित में से कौन-सा यूनेस्को विश्व धरोहर स्थल नहीं है?

(a) कुतुब मीनार
(b) लाल किला
(c) इंडिया गेट
(d) उपर्युक्त में से कोई नहीं
(e) उपर्युक्त में से कोई नहीं / उपर्युक्त में से एक से अधिक

Which of the following is not a UNESCO World Heritage Site?

(a) Qutub Minar
(b) Red Fort
(c) India Gate
(d) None of the above
(e) None of the above / More than one of the above

69th BPSC (Pre) 2023

Ans. (c)

कुतुबमीनार 1993 में और लाल किला 2007 में यूनेस्को के विश्व धरोहर स्थल में शामिल हुआ। भारत के कुल 42 स्थल, विश्व धरोहर स्थल (यूनेस्को) में शामिल है।

92. भारतीय स्वतंत्रता संघर्ष के दौरान किसने 'स्वदेश बान्धव समिति' का गठन किया था?

(a) अश्विनी कुमार दत्त
(b) बटुकेश्वर दत्त
(c) सूर्य सेन
(d) उपर्युक्त में से एक से अधिक
(e) उपर्युक्त में से कोई नहीं

Who formed 'Swadesh Bandhav Samiti' during the Indian freedom struggle?

(a) Ashwini Kumar Dutt
(b) Batukeshwar Dutt
(c) Surya Sen
(d) More than one of the above
(e) None of the above

BPSC School Teacher 2023(Paper-II) Shift-2

Ans. (a)

अश्विनी कुमार दत्त ने 6 अगस्त, 1905 को 'स्वदेश बांधव समिति' की स्थापना की,

93. सूची-1 को सूची-II से सुमेलित कीजिए और सूचियों के नीचे दिए गए कूट से सही उत्तर चुनिए :

सूची-1 (नारों के नाम)	सूची-II (संबंधित राजनीतिक दल/ राजनेता)
A. गरीबी हटाओ	1. वाम मोर्चा
B. लोकतंत्र बचाओ	2. इंदिरा काँग्रेस
C. जोतने वालों की भूमि	3. जनता दल
D. तेलगुओं के स्वाभिमान की रक्षा	4. एन.टी. रामाराव

Codes: A B C D
(a) 2 1 3 4
(b) 2 3 1 4
(c) 1 4 3 2
(d) उपर्युक्त में से एक से अधिक
(e) उपर्युक्त में से कोई नहीं

Match List-I with List-II and select the correct answer from the codes given below the lists:

List-I (Names of Slogans)	List-II (Related Political Parties/Politicians)
A. Eliminate poverty	1. Left Front
B. Save Democracy	2. Indira Congress
C. Land of the tillers	3. Janata Dal
D. Protection of self-respect of Telugus	4. N.T. Ramarao

Codes: A B C D
(a) 2 1 3 4
(b) 2 3 1 4
(c) 1 4 3 2
(d) More than one of the above
(e) None of the above

BPSC School Teacher 2023 (Paper II) Shift-1

Ans. (b):

गरीबी हटाओ	इंदिरा काँग्रेस
लोकतंत्र बचाओ	जनता दल
जोतने वालों की भूमि	वाम मोर्चा
तेलगुओं के स्वाभिमान की रक्षा	एन.टी. रामाराव

94. 1938 में किसकी अध्यक्षता में राष्ट्रीय योजना समिति की स्थापना की गई थी?
(a) डॉ. राजेंद्र प्रसाद
(b) सुभाष चन्द्र बोस
(c) जवाहरलाल नेहरू
(d) उपर्युक्त में से एक से अधिक
(e) उपर्युक्त में से कोई नहीं

Under whose chairmanship was the National Planning Committee established in 1938?
(a) Dr. Rajendra Prasad
(b) Subhash Chandra Bose
(c) Jawaharlal Nehru
(d) More than one of the above
(e) None of the above

BPSC School Teacher 2023 (Paper II) Shift-1

Ans. (c)
1938 में जवाहरलाल नेहरू की अध्यक्षता में 'राष्ट्रीय योजना समिति की स्थापना की गई थी।

95. Who founded the 'Forward Bloc'? किसने 'फॉरवर्ड ब्लॉक' की स्थापना की थी?
(a) Chittaranjan Das/चित्तरंजन दास
(b) Subhas Chandra Bose/सुभाष चन्द्र बोस
(c) Jawaharlal Nehru/जवाहरलाल नेहरू
(d) More than one of the above उपर्युक्त में से एक से अधिक
(e) None of the above / उपर्युक्त में से कोई नहीं

BPSC TRE2.0 SST 6th to 8th (9 Dec, 2023)

Ans. (b) :
सुभाष चन्द्र बोस ने 1939 में फॉरवर्ड ब्लॉक की स्थापना की थी।

96. Who said that "the aim of revolutionaries is not terrorism but the revolution and the aim of revolution is the establishment of National Government in India"? यह किसने कहा कि "क्रांतिकारियों का उद्देश्य आतंकवाद नहीं अपितु क्रान्ति और क्रान्ति का उद्देश्य भारत में राष्ट्रीय सरकार की स्थापना है"?
(a) Bhagat Singh/भगत सिंह
(b) Subhas Chandra Bose/सुभाष चन्द्र बोस
(c) Bal Gangadhar Tilak/बाल गंगाधर तिलक
(d) More than one of the above उपर्युक्त में से एक से अधिक
(e) None of the above/उपर्युक्त में से कोई नहीं

BPSC TRE2.0 SST 6th to 8th (9 Dec, 2023)

Ans. (b) :
सुभाष चन्द्र बोस ने कहा कि क्रांतिकारियों का उद्देश्य आतंकवाद नहीं अपितु क्रान्ति और क्रांति का उद्देश्य भारत में राष्ट्रीय सरकार की स्थापना है।

97. Who constructed 'Jantar Mantar'? 'जंतर-मंतर' का निर्माण किसने किया था?
(a) Akbar / अकबर
(b) Shah Jahan /शाहजहाँ
(c) Shivaji /शिवाजी
(d) More than one of the above / उपर्युक्त में से एक से अधिक
(e) None of the above/उपर्युक्त में से कोई नहीं

BPSC TRE2.0 SST 9th to 10th (26 Aug, 2023)

Ans. (e):
जंतर-मंतर का निर्माण सवाई राजा जयसिंह (राजा जयसिंह II) ने करवाया था। पांच वेधशालाओं का निर्माण करवाया जिसे जतर-मंतर के नाम से जाना जाता था

जयपुर, उज्जैन, मथुरा, दिल्ली तथा वाराणसी में वेधशाला का निर्माण वकरवाया।

98. Who took the Komagata Maru ship on rent to sail to Vancouver?/ वैंकूवर जाने के लिए कॉमागाटामारू जहाज किराये पर किसने लिया था?
(a) Harnam Singh / हरनाम सिंह
(b) Gurmeet Singh / गुरमीत सिंह
(c) Kartar Singh /करतार सिंह
(d) More than one of the above / उपर्युक्त में से एक से अधिक

(e) None of the above/उपर्युक्त में से कोई नहीं

BPSC TRE2.0 SST 9th to 10th (26 Aug, 2023)

Ans. (e):

एक भारतीय नागरिक गुरदीप सिंह (गुरदत्त सिंह) ने एक जापानी जलपोत कॉमागाटामारू को किराये पर लेकर कनाडा के बैंकूवर नगर ले जाने का प्रयत्न किया

99. Which one of the following was not associated with the foundation of the Shore Committee? शोर कमेटी की स्थापना से कौन संबंधित नहीं थे?

(a) Hussain Rahim / हुसैन रहीम
(b) Balwant Singh / बलवंत सिंह
(c) Bhagwan Singh /भगवान सिंह
(d) More than one of the above उपर्युक्त में से एक से अधिक
(e) None of the above/उपर्युक्त में से कोई नहीं

BPSC TRE2.0 SST 9th to 10th (26 Aug, 2023)

Ans. (c):

कामगाटामारू प्रकरण (1914) के यात्रियों के अधिकारों के लिए लड़ने के उद्देश्य से हुसैन रहीम, सोहनलाल पाठक, और बलवंत सिंह के नेतृत्व में शोर कमेटी (तटीय समिति) गठित की गई थी।

100. Which woman revolutionist died while conducting a raid on Armory at Chittagong? चटगाँव शस्त्रागार पर हमले के दौरान कौन महिला क्रान्तिकारी मारी गई थीं?

(a) Pritilata Waddedar / प्रीतिलता वादेदार
(b) Kalpana Datta / कल्पना दत्त
(c) Santi Ghosh /शांति घोष
(d) More than one of the above / उपर्युक्त में से एक से अधिक
(e) None of the above/उपर्युक्त में से कोई नहीं

BPSC TRE2.0 SST 9th to 10th (26 Aug, 2023)

Ans. (a):

चटगाँव शस्त्रागार पर हमले के दौरान प्रीतिलता वादेदार नामक क्रान्तिकारी महिला मारी गई थी।

101. Which of the following revolutionaries was not associated with Kakori Train Case? इनमें से कौन क्रांतिकारी काकोरी ट्रेन कांड से संबन्धित नहीं था?

(a) Ashfaqulla Khan / अशफाकउल्ला खान
(b) Ram Prasad Bismil /एम प्रसाद बिस्मिल
(c) Prafulla Chaki /प्रफुल्ल चाकी
(d) More than one of the above उपर्युक्त में से एक से अधिक
(e) None of the above/उपर्युक्त में से कोई नहीं

BPSC TRE2.0 SST 9th to 10th (26 Aug, 2023)

Ans. (c):

प्रफुल्ल चाकी 1908 में हुए मुजफ्फरपुर के मजिस्ट्रेट किंग्स फोर्ट की हत्या से सम्बन्धित थे।

102. In which language was the first issue of Ghadar published on 1st November, 1913? / 1 नवम्बर, 1913 को गदर का पहला अंक किस भाषा में प्रकाशित हुआ?

(a) Gurmukhi /गुरुमुखी
(b) Urdu /उर्दू
(c) Hindi हिन्दी
(d) More than one of the above उपर्युक्त में से एक से अधिक
(e) None of the above/उपर्युक्त में से कोई नहीं

BPSC TRE2.0 SST 9th to 10th (26 Aug, 2023)

Ans. (b):

1 नवम्बर 1913 को सैन फ्रांसिस्को से प्रकाशित साप्ताहिक समाचार पत्र गदर का पहला अंक उर्दू भाषा में छपा हुआ था। दिसम्बर 1913 में यह गुरुमुखी लिपि में प्रकाशित हुआ और उसके बाद अंग्रेजी, मराठी, गुजराती, हिन्दी तथा पश्तो भाषा में भी प्रकाशित हुआ।

103. At which place was Ghadar Party founded? गदर पार्टी की स्थापना किस स्थान पर हुई थी?

(a) Berlin/बर्लिन
(b) San Francisco/सैन फ्रांसिस्को
(c) Atlanta/अटलांटा
(d) More than one of the above /उपर्युक्त में से एक से अधिक
(e) None of the above/उपर्युक्त में से कोई नहीं

Ans.(b):

गदर पार्टी की स्थापना 1 नवम्बर 1913 ई. में संयुक्त राज्य अमेरिका के सैन फ्रांसिस्को नगर में लाला हरदयाल, तारकनाथ दास, सोहन सिंह भाकना आदि द्वारा की गई थी।

104. On which date was the Constituent Assembly held its First Session? / किस तिथि को संविधान सभा की पहली बैठक हुई थी?
(a) 5th December, 1946/5 दिसम्बर, 1946
(b) 9th December, 1946/9 दिसम्बर, 1946
(c) 14th December, 1946/14 दिसम्बर, 1946
(d) More than one of the above/उपर्युक्त में से एक से अधिक
(e) None of the above / उपर्युक्त में से कोई नहीं

Ans.(b):
9 दिसम्बर 1946 को संविधान सभा की पहली बैठक हुई थी

105. भारतीय राष्ट्रीय कांग्रेस की प्रथम महिला अध्यक्ष कौन थी?
(a) सरोजिनी नायडू
(b) एनी बेसेंट
(c) कस्तूरबा गांधी
(d) अरूणा आसिफ अली
(e) उपर्युक्त में से कोई नहीं या उपर्युक्त में से एक से अधिक
Who was the first woman president of the Indian National Congress?
(a) Sarojini Naidu
(b) Annie Besant
(c) Kasturba Gandhi
(d) Aruna Asif Ali
(e) None of the above or more than one of the above

BPSC Head Master 2022
67th BPSC(Pre) Nirast 2021
65th BSPC (Pre) 2019
28th Bihar (J) G.S. 2014
25th Bihar (J) G.S.2012
40th BSPC (Pre) 1995

Ans. (b) :
एनी बेसेंट भारतीय राष्ट्रीय कांग्रेस की पहली महिला अध्यक्ष थी। इन्होंने 1917 ई. में कलकत्ता में कांग्रेस के 32वें अधिवेशन की अध्यक्षता की थी।

106. 1929 लाहौर में आयोजित भारतीय राष्ट्रीय कांग्रेस के अधिवेशन का अध्यक्ष कौन था?
(a) वल्लभ भाई पटेल
(b) मोतीलाल नेहरू
(c) जवाहरलाल नेहरू
(d) राजेंद्र प्रसाद
(e) उपर्युक्त में से कोई नहीं या उपर्युक्त में से एक से अधिक
Who was the President of the Indian National Congress session held in Lahore in 1929??
(a) Vallabhbhai Patel
(b) Motilal Nehru
(c) Jawaharlal Nehru
(d) Rajendra Prasad
(e) None of the above or more than one of the above

67th BPSC(Pre) Nirast 2021
64 BPSC (Pre) 2018-19
67th BPSC सांख्यिकी अधिकारी (प्रा.) परीक्षा 2016

Ans. (c):
1929 ई., में लाहौर में आयोजित भारतीय राष्ट्रीय कांग्रेस के अधिवेशन की अध्यक्षता पंडित जवाहरलाल नेहरू ने की थी।

107. नरमपंथी द्वारा उपयोग में लाई गई 'प्रार्थना याचिका और विरोधी' की पद्धति को गरम दल के नेताओं ने .... का नाम लिया था
(a) वीरता
(b) भिक्षावृत्ति की राजनीति
(c) राष्ट्रीय कर्तव्य
(d) शर्मनाक कृत्य
(e) उपर्युक्त में से कोई नहीं या उपर्युक्त में से एक से अधिक
The method of 'pray and petition and opposition' used by the moderates was named by the leaders of the extremist party as ....
(a) bravery
(b) Politics of beggary
(c) National duty
(d) shameful act
(e) None of the above or more than one of the above

BPSC DACO 2021

Ans. (b):
नरमपंथी राष्ट्रवादी व उदारवादी नेता संवैधानिक तरीकों से अपनी मांगे प्रार्थना पत्रों, प्रतिवेदनों, स्मरण पत्रों एवं

शिष्ट मण्डलों के द्वारा सरकार के सम्मुख प्रस्तुत करते थे। उग्रपंथी नेताओं ने इसे 'राजनीतिक भिक्षावृत्ति' की संज्ञा प्रदान की।

108. भारतीय राष्ट्रीय कांग्रेस के प्रथम मुस्लिम अध्यक्ष कौन थे?
(a) आर. ए.किदवई
(b) बदरुद्दीन तैयब जी
(c) हकीम अजमल खान
(d) जाकिर हुसैन
(e) उपर्युक्त में से कोई नहीं या उपर्युक्त में से एक से अधिक

Who was the first Muslim President of the Indian National Congress?
(a) R. A.Kidwai
(b) Badruddin Tayyab ji
(c) Hakim Ajmal Khan
(d) Zakir Hussain
(e) None of the above or more than one of the above

BPSC AAO 2021

Ans. (b):
भारतीय राष्ट्रीय कांग्रेस के प्रथम मुस्लिम अध्यक्ष बदरुद्दीन तैय्यब जी थे, जिन्होंने कांग्रेस के तीसरे अधिवेशन, मद्रास (1887 में) में अध्यक्षता की थी।

109. सूरत विभाजन - 1907 के बाद,भारतीय राष्ट्रीय कांग्रेस पर किसका नियंत्रण हुआ?
(a) चरमपंथी
(b) क्रांतिकारी
(c) नरमपंथी
(c) समाजवादी
(e) उपर्युक्त में से कोई नहीं या उपर्युक्त में से एक से अधिक

After the Partition of Surat (1907), who took control of the Indian National Congress??
(a) extremist
(b) Revolutionary
(c) moderate
(c) Socialist
(e) None of the above or more than one of the above

BPSC AAO 2021

Ans. (c):
कांग्रेस के सूरत अधिवेसन 1907 में अध्यक्ष पद को लेकर नरम पंथियों एवं गरम दल के नेताओं में विवाद के परिणामस्वरूप कांग्रेस का विभाजन हो गया। इसके पश्चात इस अधिवेशन के अध्यक्ष नरम दल के नेता रास बिहारी घोष बने।

110. 1888 में इलाहाबाद में किस राजा ने भारतीय राष्ट्रीय कांग्रेस के चौथे अधिवेशन के संपन्न होने में बहुत बहुमूल्य सहायता प्रदान कीथी?
(a) भींगा के राजा
(b) बनारस के राजा
(c) दरभंगा के राजा
(d) जगदीशपुर के राजा
(e) उपर्युक्त में से कोई नहीं या उपर्युक्त में से एक से अधिक

Which king provided very valuable assistance in concluding the fourth session of the Indian National Congress in Allahabad in 1888? Was?
(a) King of Bhinga
(b) The King of Benares
(c) King of Darbhanga
(d) King of Jagdishpur
(e) None of the above or more than one of the above

BPSC CDPO 2021

Ans. (c):
1888 में इलाहाबाद में दरभंगा के राजा ने भारतीय राष्ट्रीय कांग्रेस के चौथे अधिवेशन (जार्ज यूले की अध्यक्षता में) के सम्पत्र होने में बहुमूल्य सहायता प्रदान की थी।

111. अधिकतर नरमपंथी नेता थे -
(a) ग्रामीण क्षेत्रों से
(b) शहरी क्षेत्रों से
(c) दोनों ग्रामीण तथा शहरी क्षेत्रों से
(d) पंजाब से
(e) उपर्युक्त में से कोई नहीं या उपर्युक्त में से एक से अधिक

Most of the moderate leaders were -
(a) From rural areas
(b) From urban areas
(c) From both rural and urban areas
(d) From Punjab
(e) None of the above or more than one of the above

43rd BPSC (Pre) 1999

Ans - (b)

प्रारम्भ में भारत के अधिकतर नरमपंथी नेता - महादेव गोविन्द रानाडे, दादाभाई नौरोजी, गोपालकृष्ण गोखले और फिरोजशाह मेहता शहरी क्षेत्रों थे।

112. भारतीय राष्ट्रीय आंदोलन गरमपंथियो के प्रभावधीन आया -
(a) 1906 के बाद
(b) 1909 के बाद
(c) 1914 के बाद
(d) 1919 के बाद
(e) उपर्युक्त में से कोई नहीं या उपर्युक्त में से एक से अधिक

The Indian national movement came under the influence of extremists (a) after 1906
(b) after 1909
(c) after 1914
(d) after 1919
(e) None of the above or more than one of the above

43 BPSC (Pre) 1999

उत्तर (a)

भारतीय राष्ट्रवाद कांग्रेस के साथ आगे बढ़ रहा था। प्रारम्भ में कांग्रेस में नरम विचारधारा के लोग थे। तिलक के आने के बाद गरमपंथी विचारधारा का प्रभाव बढ़ा, परिणामस्वरूप 1907 ई. सूरत में कांग्रेस का विभाजन हो गया।

113. निम्न में से कौन उग्रपंथी नहीं था?
(a) बाल गंगाधर तिलक
(b) मदनलाल
(c) उधम सिंह
(d) गोपाल कृष्ण गोखले
(e) उपर्युक्त में से कोई नहीं या उपर्युक्त में से एक से अधिक

Who among the following was not an extremist??
(a) Bal Gangadhar Tilak
(b) Madanlal
(c) Udham Singh
(d) Gopal Krishna Gokhale
(e) None of the above or more than one of the above

44th BPSC (Pre) 2000-01

Ans - (d)

गोपालकृष्ण गोखले कांग्रेस के नरम दल से सम्बन्धित थे। 1905 ई. में गोखले ने 'भारत सेवक समाज' (Servents of India Society) की स्थापना की थी। इन्हें महात्मा गांधी का राजनीतिक गुरु कहा जाता है।

114. 1947 ई. में भारतीय राष्ट्रीय कांग्रेस के अध्यक्ष थे?
(a) जे बी कृपलानी
(b) जवाहरलाल नेहरू
(c) सी राजगोपालाचारी
(d) राजेंद्र प्रसाद
(e) उपर्युक्त में से कोई नहीं या उपर्युक्त में से एक से अधिक

In 1947, he was the President of the Indian National Congress.?
(a) J. B. Kriplani
(b) Jawaharlal Nehru
(c) C Rajagopalachari
(d) Rajendra Prasad
(e) None of the above or more than one of the above

Bihar CDPO (प्रा.) परीक्षा-2005 2

Ans - (a)

आचार्य जे.बी.कृपलानी कांग्रेस के मेरठ में आयोजित 54वें अधिवेशन, नवम्बर 1946 में अध्यक्ष बने जो भारत के स्वतंत्रता (15 अगस्त 1947) के समय कांग्रेस के अध्यक्ष थे। इन्होंने नवम्बर 1947 में इस्तीफा दे दिया। अतः राजेन्द्र प्रसाद अध्यक्ष बनाए गये।

115. भारत का पूर्ण स्वराज दिवस सर्वप्रथम कब मनाया गया?
(a) 15 अगस्त,1947
(b) 15 अगस्त,1930
(c) 26 जनवरी,1930
(d) 26 जनवरी,1930
(e) उपर्युक्त में से कोई नहीं या उपर्युक्त में से एक से अधिक

When was India's Purna Swaraj Day celebrated for the first time?
(a) August 15, 1947
(b) August 15, 1930
(c) January 26, 1930
(d) 26 January, 1930
(e) None of the above or more than one of the above

BPSC सांख्यिकी अधिकारी (प्री.) परीक्षा-2016

Ans - (d)

भारत का पूर्ण स्वराज दिवस सर्वप्रथम 26 जनवरी 1930 को मनाया गया।

116. भारतीय राष्ट्रीय कांग्रेस की कार्यसमिति में भारत छोड़ो प्रस्ताव कहां पारित किया था?

(a) वर्धा (b) सूरत
(c) बिहार (d) कोलकाता
(e) उपर्युक्त में से कोई नहीं या उपर्युक्त में से एक से अधिक

Where was the Quit India resolution passed in the Working Committee of the Indian National Congress?

(a) Wardha (b) Surat
(c) Bihar (d) Kolkata
(e) None of the above or more than one of the above

BPSC सांख्यिकी अधिकारी (प्री.) परीक्षा-2015

Ans - (a)

14 जुलाई 1942 को वर्धा में आयोजित कांग्रेस कार्यसमिति की बैठक में " भारत छोड़ो आंदोलन पर" प्रस्ताव पारित किया गया था।

117. निम्न में से कौन सा सही सुमेलित नहीं है?

(a) बेलगांव अधिवेशन 1924 - महात्मा गांधी
(b) कोलकाता अधिवेशन 1928 - सरोजिनी नायडू
(c) हरिपुरा अधिवेशन 1938 - सुभाष चंद्र बोस
(d) मेरठ अधिवेशन 1946 - आचार्य कृपलानी
(e) उपर्युक्त में से कोई नहीं या उपर्युक्त में से एक से अधिक

Which of the following is not correctly matched??

(a) Belgaum Conference 1924 - Mahatma Gandhi
(b) Kolkata session 1928 - Sarojini Naidu
(c) Haripura convention 1938 - Subhash Chandra Bose
(d) Meerut session 1946 - Acharya Kripalani
(e) None of the above or more than one of the above

BPSC सांख्यिकी अधिकारी (प्री.) परीक्षा-2016

Ans - (b)

1928 ई. को कांग्रेस के कलकत्ता अधिवेशन की अध्यक्षता मोतीलाल नेहरू ने किया था।

118. भारतीय राष्ट्रीय कांग्रेस का प्रथम अधिवेशन कहां हुआ था?

(a) कोलकाता (b) लाहौर
(c) मुंबई (d) पुणे
(e) उपर्युक्त में से कोई नहीं या उपर्युक्त में से एक से अधिक

Where was the first session of the Indian National Congress held??

(a) Kolkata (b) Lahore
(c) Mumbai (d) Pune
(e) None of the above or more than one of the above

Bihar CDPO (Pre) Exam 2005
44th BPSC (Pre) Exam 2000-01
Bihar CDPO (Pre) Exam 1998
42nd BPSC (Pre) 1997-98

Ans - (c)

भारतीय राष्ट्रीय कांग्रेस का प्रथम अधिवेशन 28 दिसम्बर, 1885 ई बम्बई के गोकुलदास तेजपाल संस्कृत कॉलेज में व्योमेश चन्द्र बनर्जी की अध्यक्षता में हुआ। इसके प्रथम महासचिव ए. ओ. ह्यूम थे। इस प्रथम अधिवेशन में कुल 72 प्रतिनिधियों ने भाग लिया था।

119. भारतीय राष्ट्रीय कांग्रेस की स्थापना की थी-

(a) ए ओ ह्यूम ने
(b) सुरेंद्रनाथ बनर्जी ने
(c) डब्ल्यू सी बनर्जी ने
(d) एनी बेसेंट ने
(e) उपर्युक्त में से कोई नहीं या उपर्युक्त में से एक से अधिक

Indian National Congress was founded by-

(a) A. O. Hume
(b) Surendranath Banerjee
(c) WC Banerjee
(d) Annie Besant
(e) None of the above or more than one of the above

65th BPSC (Pre) Exam 2019
44 BPSC (Pre) Exam 2000-01
42 BPSC (Pre) 1997-98

Ans - (a)

भारतीय राष्ट्रीय कांग्रेस की स्थापना (1885 ई.) अवकाश प्राप्त अंग्रेज सिविल सेवक ए.ओ. ह्यूम ने की थी।

120. भारतीय राष्ट्रीय कांग्रेस के संस्थापक थे एक -
(a) असैनिक सेवक
(b) विज्ञानी
(c) सामाजिक कार्यकर्ता
(d) मिलिट्री कमांडर
(e) उपर्युक्त में से कोई नहीं या उपर्युक्त में से एक से अधिक

The founder of the Indian National Congress was –
(a) civil servant
(b) scientist
(c) Social worker
(d) Military Commander
(e) None of the above or more than one of the above

43rd BPSC (Pre) 1999

Ans - (a)

एक सिविल सेवक (असैनिक प्रयास) ए. ओ. हाम और उनके साथियों ने 1885 ई. में कांग्रेस की स्थापना की।

121. भारतीय राष्ट्रीय कांग्रेस की स्थापना की गई वर्ष -
(a) 1865 में (b) 1867 में
(c) 1885में . (d) 1887में
(e) उपर्युक्त में से कोई नहीं या उपर्युक्त में से एक से अधिक

The year the Indian National Congress was established -
(a) in 1865 (b) in 1867
(c) in 1885 (d) in 1887
(e) None of the above or more than one of the above

Bihar APO G.S. 2013
43 BPSC (Pre) 1999
38th BPSC (Pre) 1992-93

Ans - (c)

ए. ओ. हाम और उनके साथियों ने 1885 ई. में कांग्रेस की स्थापना की।

122. "स्वराज मेरा जन्मसिद्ध अधिकार है और मैं इसे लेकर रहूंगा" यह वक्तव्य किससे संबंधित है
(a) बिरसा मुंडा
(b) अनुग्रह नारायण सिन्हा
(c) सच्चिदानंद सिन्हा
(d) उपर्युक्त में से कोई नहीं
(e) उपर्युक्त में से एक से अधिक

The statement "Swaraj is my birthright and I will have it" is related to
(a) Birsa Munda
(b) Anugrah Narayan Sinha
(c) Sachchidanand Sinha
(d) None of the above
(e) More than one of the above

44th BPSC (Pre) 2000-01
BPSC AE-1995

Ans - (d)

लोकमान्य बाल गंगाधर तिलक ने कांग्रेस के लखनऊ अधिवेशन, 1916 ई. कहा - स्वराज मेरा जन्मसिद्ध अधिकार है और मैं इसे लेकर रहूंगा

123. निम्नलिखित में से किस नेता ने 1906 में कोलकाता कांग्रेस अधिवेशन की अध्यक्षता की थी?
(a) बाल गंगाधर तिलक
(b) गोपाल कृष्ण गोखले
(c) अरविंद घोष
(d) दादाभाई नौरोजी
(e) उपर्युक्त में से कोई नहीं या उपर्युक्त में से एक से अधिक

Which of the following leaders presided over the Kolkata Congress session in 1906?
(a) Bal Gangadhar Tilak
(b) Gopal Krishna Gokhale
(c) Arvind Ghosh
(d) Dadabhai Naoroji
(e) None of the above or more than one of the above

44 BPSC (Pre) 2000-01

Ans - (d)

दादा भाई नौरोजी ने कांग्रेस के कलकत्ता अधिवेशन-1906 की अध्यक्षता की। इस अधिवेशन में स्वदेशी आन्दोलन, बहिष्कार, राष्ट्रीय शिक्षा और स्वशासन से सम्बन्धित चार प्रस्ताव पारित किए गए थे।

124. निम्नलिखित में से कौन सा नेता कांग्रेस के गरम दल से संबंधित था
(a) अरविंद घोष
(b) दादा भाई नौरोजी
(c) जी के गोखले
(d) एसएन बनर्जी
(e) उपर्युक्त में से कोई नहीं या उपर्युक्त में से एक से अधिक
Which of the following leaders belonged to the extremist group of Congress?
(a) Arvind Ghosh
(b) Dada Bhai Naoroji
(c) G. K. Gokhale
(d) S N Banerjee
(e) None of the above or more than one of the above

45th BPSC (Pre) 2002

Ans - (a)
अरविन्द घोष कांग्रेस के गरम दल के नेता थे। इन्होंने पांडिचेरी में ओरविले आश्रम स्थापित किया

125. राष्ट्रीय आंदोलन में निम्न में से किस को नरमदलीय के तौर पर नहीं जाना जाता था?
(a) बाल गंगाधर तिलक
(b) दादा भाई नौरोजी
(c) एम. जी. रानाडे
(d) गोपाल कृष्ण गोखले
(e) उपर्युक्त में से कोई नहीं या उपर्युक्त में से एक से अधिक
Who among the following was not known as a moderate in the national movement??
(a) Bal Gangadhar Tilak
(b) Dada Bhai Naoroji
(c) M.G. Ranade
(d) Gopal Krishna Gokhale
(e) None of the above or more than one of the above

45th BPSC (Pre) 2002
43 BPSC (Pre) 1999

Ans - (a)
नरम दलीय नेता दादाभाई नौरोजी, एम. जी. रानाडे, गोपाल कृष्ण गोखले थे। बाल गंगाधर तिलक, लाला लाजपत राय, विपिन चन्द्र पाल जिन्हें लाल, बाल, पाल के नाम से भी जाना जाता है, गरम दलीय नेता थे।

126. भारतीय राष्ट्रीय कांग्रेस के दूसरे अधिवेशन की अध्यक्षता किसने की?
(a) गणेश आगरकर
(b) सुरेंद्रनाथ बनर्जी
(c) दादा भाई नौरोजी
(d) फिरोजशाह मेहता
(e) उपर्युक्त में से कोई नहीं या उपर्युक्त में से एक से अधिक
Who presided over the second session of the Indian National Congress??
(a) Ganesh Agarkar
(b) Surendranath Banerjee
(c) Dada Bhai Naoroji
(d) Firozshah Mehta
(e) None of the above or more than one of the above

27th Bihar (J) G.S. 2013
45th BPSC (Pre) 2002

Ans - (c)
भारतीय राष्ट्रीय कांग्रेस का दूसरा अधिवेशन कलकत्ता में 1886 ई. हुआ था जिसकी अध्यक्षता दादा भाई नौरोजी ने किया था।

127. 1947 के भारतीय राष्ट्रीय कांग्रेस के दिल्ली अधिवेशन की अध्यक्षता किसने की?
(a) जे बी कृपलानी
(b) राजेंद्र प्रसाद
(c) अब्दुल कलाम आजाद
(d) जवाहरलाल नेहरू
(e) उपर्युक्त में से कोई नहीं या उपर्युक्त में से एक से अधिक
Who presided over the Delhi session of the Indian National Congress in 1947??
(a) J. B. Kriplani
(b) Rajendra Prasad
(c) Abdul Kalam Azad
(d) Jawaharlal Nehru
(e) None of the above or more than one of the above

47th BPSC (Pre) 2004-05

Ans - (b)

वर्ष 1947 के भारतीय राष्ट्रीय काँग्रेस के दिल्ली अधिवेशन की अध्यक्षता राजेन्द्र प्रसाद द्वारा की गई थी। लेकिन 1947 में स्वतंत्रता प्राप्ति के समय जे. बी. कृपलानी कांग्रेस के अध्यक्ष थे।

128. कांग्रेस के नरम दल के नेताओं की आंदोलन की पद्धति थी-
(a) असहयोग
(b) राजवामबद्ध आंदोलन (Constitutional Agitation)
(c) अनुकूल प्रविघटन (Passive Resistance)
(d) अविधेयक
(e) उपर्युक्त में से कोई नहीं या उपर्युक्त में से एक से अधिक

The method of agitation of the moderate party leaders of Congress was-
(a) non-cooperation
(b) Constitutional Agitation
(c) Passive Resistance
(d) Non-billable
(e) None of the above or more than one of the above

48th-52nd BPSC (Pre) 2007-08

Ans - (b)

कांग्रेस के नरम दल के नेताओं की आंदोलन की प्रमुख पद्धति राजवांमबद्ध आंदोलन (Constitutional agitation) प्रशासन में भारतीयों की भागीदारी तथा जनता में राजनीतिक जागरूकता उत्पन्न करना था। अनुकूल प्रविघटन (Passive Resistance) उग्रवादियों की मुख्य मागे थीं।

129. भारतीय राष्ट्रीय कांग्रेस के प्रथम अधिवेशन में कितने प्रतिनिधियों ने भाग लिया?

(a) 52	(b) 62
(c) 72	(d) 82

(e) उपर्युक्त में से कोई नहीं या उपर्युक्त में से एक से अधिक

How many delegates participated in the first session of the Indian National Congress?

(a) 52	(b) 62
(c) 72	(d) 82

(e) None of the above or more than one of the above

53rd-55th BPSC (Pre) 2011

Ans - (c)

भारतीय राष्ट्रीय कांग्रेस की स्थापना दिसम्बर 1885 में बम्बई के गोकुलदास तेजपाल संस्कृत कॉलेज में हुई। इसके प्रथम अधिवेशन में 72 प्रतिनिधियों ने भाग लिया था।

130. बीसवीं सदी के प्रारंभिक वर्षों में कांग्रेस में विभाजन की प्रक्रिया शुरू हुई -
(a) कांग्रेस आंदोलन की रणनीतियों पर
(b) कांग्रेस आंदोलन के उद्देश्यों पर
(c) कांग्रेस आंदोलन में लोगों की भागीदारी पर
(d) उपर्युक्त में से कोई नहीं
(e) उपर्युक्त में से सभी

The process of division in Congress started in the early years of the twentieth century -
(a) On the strategies of Congress movement
(b) On the objectives of the Congress movement
(c) On people's participation in the Congress movement
(d) None of the above
(e) All of the above

56th-59th BPSC (Pre) 2015

Ans - (d)

20 वीं सदी के पहले दशक (1905-07) के बीच कांग्रेस के गरमपंथियों और नरमपंथियों के पारस्परिक मतभेद उत्पन्न हो गये थे, जिसका मुख्य कारण कांग्रेस द्वारा चलाये जा रहे आन्दोलन की रणनीति, उद्देश्य और आन्दोलन की प्रसार या विस्तार को लेकर विवाद था जिसकी वजह से 1907 में कांग्रेस का सूरत अधिवेशन में विभाजन दो गुटों में हो गया था।

131. इंडियन नेशनल कांग्रेस की प्रथम भारतीय महिला अध्यक्ष कौन थी?
(a) श्रीमती एनी बेसेंट
(b) सुचेता कृपलानी
(c) सरोजनी नायडू
(d) इंदिरा गांधी
(e) उपर्युक्त में से कोई नहीं या उपर्युक्त में से एक से अधिक

Who was the first Indian woman president of the Indian National Congress?
(a) Mrs. Annie Besant

(b) Sucheta Kripalani
(c) Sarojini Naidu
(d) Indira Gandhi
(e) None of the above or more than one of the above

56th-59th BPSC (Pre) 2015

Ans - (c)

एनी बेसेन्ट को 1917 जबकि काँग्रेस की प्रथम भारतीय महिला अध्यक्षा सरोजनी नायडू थीं। इन्होंने दिसम्बर 1925 में कानपुर में हुए कांग्रेस के 40वें अधिवेशन की अध्यक्षता की थी।

132. महात्मा गांधी ने भारतीय राष्ट्रीय कांग्रेस के किस अधिवेशन की अध्यक्षता की?
(a) 1922
(b) 1924
(c) 1928
(d) 1930
(e) उपर्युक्त में से कोई नहीं या उपर्युक्त में से एक से अधिक

Which session of the Indian National Congress did Mahatma Gandhi preside over?
(a) 1922
(b) 1924
(c) 1928
(d) 1930
(e) None of the above or more than one of the above

63 BPSC (Pre) 2017-18

Ans - (b)

कांग्रेस का उन्तालीसवां अधिवेशन दिसम्बर, 1924 ई. में कर्नाटक के बेलगाँव में हुआ, जिसके अध्यक्ष गांधी जी बनाये गये। गाँधी जी केवल एक बार ही कांग्रेस के अध्यक्ष बने थे।

133. भारतीय राष्ट्रीय कांग्रेस ने मौलिक अधिकार का प्रस्ताव किस अधिवेशन में पारित किया था?
(a) 1931 कराची कांग्रेस
(b) 1929 लाहौर कांग्रेस
(c) 1939 त्रिपुरी कांग्रेस
(d) 1942 वर्धा कांग्रेस
(e) उपर्युक्त में से कोई नहीं या उपर्युक्त में से एक से अधिक

In which session did the Indian National Congress pass the resolution on fundamental rights??
(a) 1931 Karachi Congress
(b) 1929 Lahore Congress
(c) 1939 Tripuri Congress
(d) 1942 Wardha Congress
(e) None of the above or more than one of the above

Bihar APO GS-2012

Ans - (a)

कांग्रेस का कराची अधिवेशन 29 मार्च, 1931 को हुआ था। इस अधिवेशन में मौलिक अधिकार का प्रस्ताव पारित किया गया। इस अधिवेशन की अध्यक्षता सरदार वल्लभ भाई पटेल ने की थी। इसी अधिवेशन में गांधी ने कहा था 'गाँधी मर सकते है, परन्तु गाँधीवाद हमेशा जिन्दा रहेगा।'

134. किसने प्रथम अखिल भारतीय ट्रेड यूनियन कांग्रेस अधिवेशन की अध्यक्षता की?
(a) एन. एम. जोशी
(b) एम. एन. रॉय
(c) लाला लाजपत राय
(d) एस. ए डांगे
(e) उपर्युक्त में से कोई नहीं या उपर्युक्त में से एक से अधिक

Who presided over the first All India Trade Union Congress session??
(a) N. M. Joshi
(b) M.N. Roy
(c) Lala Lajpat Rai
(d) S. A. dange
(e) None of the above or more than one of the above

28th Bihar (J) GS-2014

BPSC AE 1995

48th-52nd BPSC (Pre) 2007-08

Ans - (c)

अखिल भारतीय ट्रेड यूनियन काँग्रेस की स्थापना 1920 ई. (मुम्बई) में एन.एम. जोशी ने किया था। इस संगठन के प्रथम अधिवेशन की अध्यक्षता लाला लाजपत राय ने की थी।

135. भारतीय राष्ट्रीय कांग्रेस के 1916 के लखनऊ अधिवेशन में किसने बिहार के नील उगाने वालों का प्रश्न प्रस्तुत किया था?

(a) राजकुमार शुक्ला
(b) डॉ राजेंद्र प्रसाद
(c) जे. बी. कृपलानी
(d) संपूर्णानंद सिन्हा
(e) उपर्युक्त में से कोई नहीं या उपर्युक्त में से एक से अधिक

Who presented the question of indigo growers of Bihar in the 1916 Lucknow session of the Indian National Congress??

(a) Rajkumar Shukla
(b) Dr. Rajendra Prasad
(c) J.S. also. Kriplani
(d) Sampurnanand Sinha
(e) None of the above or more than one of the above

65th BPSC (Pre) Re-exam 2019

Ans - (a)

भारतीय राष्ट्रीय काँग्रेस के 1916 के लखनऊ अधिवेशन में राजकुमार शुक्ला ने बिहार के नील उगाने वालों किसानों का प्रश्न प्रस्तुत किया था। इस अधिवेशन की अध्यक्षता अम्बिकाचरण मजूमदार ने की थी।

136. किस वर्ष में एक भारतीय महिला भारतीय राष्ट्रीय कांग्रेस की अध्यक्षा बनी थी?

(a) 1917
(b) 1918
(c) 1920
(d) 1924
(e) उपर्युक्त में से कोई नहीं या उपर्युक्त में से एक से अधिक

In which year did an Indian woman become the President of the Indian National Congress??

(a) 1917
(b) 1918
(c) 1920
(d) 1924
(e) None of the above or more than one of the above

65th BPSC (Pre) Re-exam 2019

Ans - (e)

भारतीय राष्ट्रीय कांग्रेस की पहली भारतीय महिला अध्यक्षा 1925 कानपुर अधिवेशन में सरोजनी नायडू बनी थीं।

137. सन 1938 में भारतीय राष्ट्रीय कांग्रेस के अध्यक्ष निर्वाचित हुए -

(a) अबुल कलाम आजाद
(b) सुभाष चंद्र बोस
(c) पट्टाभि सीतारमैय्या
(d) जे. बी. कृपलानी
(e) उपर्युक्त में से कोई नहीं या उपर्युक्त में से एक से अधिक

In 1938, the President of the Indian National Congress was elected -

(a) Abul Kalam Azad
(b) Subhash Chandra Bose
(c) Pattabhi Sitaramaiya
(d) J.S. also. Kriplani
(e) None of the above or more than one of the above

41 BPSC (Pre) 1996

Ans - (b)

भारतीय राष्ट्रीय कांग्रेस का 1938 में 51वां अधिवेशन हरिपुरा (गुजरात) में हुआ, जिसके अध्यक्ष सुभाष चन्द्र बोस थे। इसी अधिवेशन में राष्ट्रीय योजना समिति का गठन किया गया। जिसके अध्यक्ष के रूप में पं० जवाहर लाल नेहरू को नियुक्त किया गया।

138. 1897 के भारतीय राष्ट्रीय कांग्रेस के अमरावती अधिवेशन को किसने 'तीन दिवसीय तमाशा' कहा था?

(a) जतीन्द्र नाथ बनर्जी
(b) सतीश मुखर्जी
(c) अश्वनी कुमार दत्त
(d) हरकिशन लाल
(e) उपर्युक्त में से कोई नहीं या उपर्युक्त में से एक से अधिक

Who called the Amravati session of the Indian National Congress of 1897 a 'three-day farce'?

(a) Jatindra Nath Banerjee
(b) Satish Mukherjee
(c) Ashwani Kumar Dutt
(d) Harkishan Lal
(e) None of the above or more than one of the above

65th BPSC (Pre) Re-exam 2019

Ans - (c)

1897 के भारतीय राष्ट्रीय काँग्रेस के अमरावती अधिवेशन को अश्विनी कुमार दत्त ने तीन दिवसीय तमाशा' कहा था।

139. 1905 ईस्वी में 'सर्वेंट ऑफ़ इंडिया सोसाइटी' की स्थापना किसके द्वारा की गई थी?
(a) सुरेंद्रनाथ बनर्जी
(b) बिपिन चंद्र पाल
(c) महादेव गोविंद रानाडे
(d) गोपाल कृष्ण गोखले
(e) उपर्युक्त में से कोई नहीं या उपर्युक्त में से एक से अधिक

By whom was the Servant of India Society established in 1905 AD?
(a) Surendranath Banerjee
(b) Bipin Chandra Pal
(c) Mahadev Govind Ranade
(d) Gopal Krishna Gokhale
(e) None of the above or more than one of the above

67th BPSC(Pre) Nirast 2021

Ans. (d):

सन् 1905 ई. में सर्वेन्ट्स ऑफ इण्डिया सोसाइटी की स्थापना कांग्रेस के उदारवादी नेता गुरू गोपाल कृष्ण गोखले द्वारा की गयी। इसकी स्थापना महाराष्ट्र के पुणे में हुयी थी।

140. भारतीय राष्ट्रीय कांग्रेस में विभाजन हुआ, सूरत अधिवेशन में -
(a) 1905में
(b) 1907में
(c) 1909 में
(d) 1910 में
(e) उपर्युक्त में से कोई नहीं या उपर्युक्त में से एक से अधिक

There was a split in the Indian National Congress in the Surat session. -
(a) in 1905
(b) in 1907
(c) in 1909
(d) in 1910
(e) None of the above or more than one of the above

Bihar CDPO (प्रा.) परीक्षा-1998

उत्तर-(b)

26 दिसम्बर, 1907 को भारतीय राष्ट्रीय कांग्रेस का अधिवेशन सूरत में हुआ जिसमें कांग्रेस विभाजित हो गई।

141. भारतीय राष्ट्रीय कांग्रेस के द्वितीय सम्मेलन में कितने मुस्लिम प्रतिनिधियों ने भाग लिया था?
(a) 2
(b) 33
(c) 30
(d) 41
(e) उपर्युक्त में से कोई नहीं या उपर्युक्त में से एक से अधिक

How many Muslim delegates participated in the second conference of the Indian National Congress??
(a) 2
(b) 33
(c) 30
(d) 41
(e) None of the above or more than one of the above

66th BPSC (Pre) (Re-Exam) 2020

Ans - (b)

कांग्रेस का दूसरा अधिवेशन 1886 में कलकत्ता में हुआ था। (जिसके अध्यक्ष दादाभाई नौरोजी थे। इसमें 33 मुस्लिम प्रतिनिधियों ने हिस्सा लिया था।

142. महात्मा गांधी अपना राजनीतिक गुरु किसको मानते थे?
(a) रविंद्र नाथ टैगोर को
(b) मदन मोहन मालवीय को
(c) दादा भाई नौरोजी को
(d) गोपाल कृष्ण गोखले को
(e) उपर्युक्त में से कोई नहीं या उपर्युक्त में से एक से अधिक

Whom did Mahatma Gandhi consider as his political guru??
(a) Rabindra Nath Tagore
(b) Madan Mohan Malviya
(c) Grandfather Naoroji
(d) Gopal Krishna Gokhale
(e) None of the above or more than one of the above

38th BPSC (Pre) 1992-93

Ans - (d)

महात्मा गाँधी गोपाल कृष्ण गोखले को अपना राजनीतिक गुरू मानते थे, जबकि गोपाल कृष्ण गोखले अपना आध्यात्मिक और राजनीतिक गुरु एम. जी. रानाडे को मानते थे।

143. इनमें से किस व्यक्ति को गांधीजी अपना 'राजनीतिक गुरु' मानते थे?
(a) दादा भाई नौरोजी
(b) एम. जी. रानाडे
(c) गोपाल कृष्ण गोखले
(d) बाल गंगाधर तिलक
(e) उपर्युक्त में से कोई नहीं या उपर्युक्त में से एक से अधिक

Which of these persons did Gandhiji consider as his 'political guru'??
(a) Dada Bhai Naoroji
(b) M.G. Ranade
(c) Gopal Krishna Gokhale
(d) Bal Gangadhar Tilak
(e) None of the above or more than one of the above

29th Bihar (J) GS-2017

Ans - (c)

जनवरी, 1915 ई. में गाँधी जी भारत आये और यहाँ पर उनका सम्पर्क गोपाल कृष्ण गोखले से हुआ, जिन्हें गाँधी जी ने अपना राजनीतिक गुरू बनाया।

144. किसने कहा था "कांग्रेस आंदोलन न तो लोगों द्वारा प्रेरित था, न हीं यह उनके द्वारा सोचा या योजनाबद्ध किया गया था"
(a) लॉर्ड डफरिन
(b) सर सैयद अहमद
(c) लॉर्ड कर्जन
(d) लाला लाजपत राय
(e) उपर्युक्त में से कोई नहीं है / उपर्युक्त में से एक से अधिक

Who said "The Congress movement was neither inspired by the people, nor was it thought or planned by them"
(a) Lord Dufferin
(b) Sir Syed Ahmed
(c) Lord Curzon
(d) Lala Lajpat Rai
(e) None of the above / More than one of the above

47th BPSC (Pre) 2004-05

Ans - (b)

सर सैय्यद अहमद खाँ ने 1888 में कहा था कि कांग्रेस आंदोलन न तो जनता द्वारा प्रेरित था और न ही उनके द्वारा सोचा गया या योजनाबद्ध किया गया था।

145. भारतीय संघ (Indian Association) के संस्थापक कौन थे?
(a) दादा भाई नौरोजी
(b) बाल गंगाधर तिलक
(c) ए.ओ.हुयूम
(d) सुरेंद्रनाथ बनर्जी
(e) उपर्युक्त में से कोई नहीं है / उपर्युक्त में से एक से अधिक

Who was the founder of the Indian Association?
(a) Dada Bhai Naoroji
(b) Bal Gangadhar Tilak
(c) A.O.Huyum
(d) Surendranath Banerjee
(e) None of the above / More than one of the above

45th BPSC (Pre) 2002

Ans - (d)

1876 ई. में सुरेन्द्र नाथ बनर्जी ने आनन्द मोहन बोस के साथ मिलकर कलकत्ता में इण्डियन एसोसियेशन (भारत संघ) नामक संस्था का गठन किया।

146. लाला लाजपत राय संबंधित रहे थे-
(a) भारतीय राष्ट्रीय कांग्रेस से
(b) आर्य समाज से
(c) a एवं b दोनों से
(d) न तो a और न ही b से
(e) उपर्युक्त में से कोई नहीं है / उपर्युक्त में से एक से अधिक

Lala Lajpat Rai was related to-
(a) From Indian National Congress
(b) From Arya Samaj
(c) From both a and b
(d) neither a nor b

(e) None of the above / More than one of the above

Bihar CDPO (प्रा.) परीक्षा-1998

Ans. (c) :

लाला लाजपत राय भारतीय राष्ट्रीय कांग्रेस के गरम दल के प्रमुख नेता तथा पूरे पंजाब के प्रतिनिधि थे इन्हे 'पंजाब केसरी' की उपाधि प्राप्त हुई। स्वामी दयानंद के सम्पर्क में आने के कारण वे आर्य समाज के प्रबल समर्थक बन गए।

147. महात्मा गांधी का जन्म किस वर्ष हुआ था?

(a) 1868 ईस्वी
(b) 1869 ईस्वी
(c) 1870 ईस्वी
(d) 1871 ईस्वी
(e) उपर्युक्त में से कोई नहीं है / उपर्युक्त में से एक से अधिक

In which year was Mahatma Gandhi born??

(a) 1868 AD
(b) 1869 AD
(c) 1870 AD
(d) 1871 AD
(e) None of the above / More than one of the above

BPSC LDC (Pre) 2021

Ans. (b):

महात्मा गाँधी का जन्म 02 अक्टूबर 1869 को गुजरात के काठियावाड़ में पोरबंदर नामक स्थान में हुआ था।

148. Who established the Indian Association in 1876? / 1876 में इंडियन एसोसिएशन की स्थापना किसने की थी?

(a) W. C. Bonnerjee /डब्ल्यू. सी. बनर्जी
(b) Sisir Kumar Ghosh / शिशिर कुमार घोष
(c) Surendranath Banerjee / सुरेन्द्रनाथ बनर्जी
(d) More than one of the above / उपर्युक्त में से एक से अधिक
(e) None of the above / उपर्युक्त में से कोई नहीं

BPSC TRE 2.0 14/12/2023 Paper-I

Ans. (c)

इंटियन एसोरिएशन की रथापना जुलाई, 1876 ई. में कलकत्ता में सुरेन्द्रनाथ बनर्जी ने की थी।

149. In which year was the 'Madras Mahajan Sabha' formed? 'मद्रास महाजन सभा' की स्थापना किस वर्ष हुई थी?

(a) 1879
(b) 1881
(c) 1883
(d) More than one of the above / उपर्युक्त में से एक से अधिक
(e) None of the above/उपर्युक्त में से कोई नहीं

BPSC TRE 2.0 18/12/2023 (Paper-III)

Ans. (e)

'मद्रास महाजन सभा का गठन वर्ष 1884 में एम. वीर राघवाचारी, बी. सुब्रह्मण्यम अय्यर एवं पी.आनंद चार्लू द्वारा किया गया।

150. Who organized the Hindu Mela? 'हिंदू मेला' किसने संगठित किया?

(a) Rajnarayan Bose/राजनारायण बोस
(b) Nabagopal Mitra/नवगोपाल मित्र
(c) Aurobindo Ghosh/अरबिंदो घोष
(d) More than one of the above/उपर्युक्त में से एक से अधिक
(e) None of the above /उपर्युक्त में से कोई नहीं

BPSC TRE 2.0 7/12/2023 Shift-II (Paper-III)

Ans.(a)

'हिन्दू मेला' एक सामाजिक-सांस्कृतिक संस्था थी जिसकी स्थापना 1867 में गणेन्द्रनाथ ठाकुर ने द्विजेन्द्रनाथ ठाकुर, राजनारायण बोस और नवगोपाल मित्र के साथ मिलकर की थी।

151. Where was the First Session of the Indian National Congress held? /भारतीय राष्ट्रीय काँग्रेस का पहला अधिवेशन कहाँ हुआ?

(a) Calcutta / कलकत्ता
(b) Bombay /बम्बई
(c) Madras /मद्रास
(d) More than one of the above / उपर्युक्त में से एक से अधिक
(c) Nonc of thc above/उपर्युक्त में से कोई नहीं

BPSC TRE 2.0 18/12/2023 (Paper-III)

Ans. (b)

1885 में ए. ओ. ह्यूम (A.O. Hume) ने भारतीय राष्ट्रीय कांग्रेस की स्थापना की। इसका पहला अधिवेशन- दिसंबर 1885 में व्योमेश चन्द्र बनर्जी की अध्यक्षता में बम्बई में हुआ।

152. Who was the first woman President of the A Indian National Congress? /भारतीय राष्ट्रीय काँग्रेस की प्रथम महिला अध्यक्ष कौन थी?

(a) Kasturba Gandhi/कस्तूरबा गाँधी
(b) Annie Besant /एनी बेसेन्ट
(c) Kamala Nehru/कमला नेहरू
(d) More than one of the above/उपर्युक्त में से एक से अधिक
(e) None of the above/उपर्युक्त में से कोई नहीं

BPSC TRE 2.0 7/12/2023 Shift-II (Paper-III)

Ans.(b)

भारतीय राष्ट्रीय काँग्रेस की प्रथम महिला अध्यक्ष एनी बेसेन्ट थी। वर्ष 1917 में कलकत्ता में आयोजित भारतीय राष्ट्रीय कांग्रेस के अधिवेशन में उन्हें अध्यक्ष बनाया गया था।

153. The Lucknow Pact took place in लखनऊ समझौता हुआ था।

(a) 1915/1915 में
(b) 1916/1916 में
(c) 1917/1917 में
(d) More than one of the above /उपर्युक्त में से एक से अधिक
(e) None of the above/उपर्युक्त में से कोई नहीं

BPSC TRE 2.0 7/12/2023 Shift-II (Paper-III)

Ans. (b)

लखनऊ समझौता दिसम्बर 1916 में लखनऊ में आयोजित इंडियन नेशनल कांग्रेस और मुस्लिम लीग के संयुक्त सत्र में दोनों दलों के बीच एक समझौता था।

154. "सुरक्षा वाल्व सिद्धान्त के आधार पर भारतीय राष्ट्रीय काँग्रेस की स्थापना, ब्रिटिश सरकार के खतरों से बचाने के लिए थी।" उपर्युक्त विचार किस नेता के थे?

(a) सी. राजगोपालाचारी
(b) लाला लाजपत राय
(c) बिपिन चन्द्र पाल
(d) इनमें से कोई नहीं
(e) उपर्युक्त में से कोई नहीं / उपर्युक्त में से एक से अधिक

"The establishment of the Indian National Congress, based on the safety valve principle, was to protect the British Government from threats." Which leader had the above mentioned views?

(a) C. Rajagopalachari
(b) Lala Lajpat Rai
(c) Bipin Chandra Pal
(d) none of these
(e) None of the above / More than one of the above

69th BPSC (Pre) 2023

Ans. (b)

लाला लाजपत राय - "सुरक्षा वाल्व सिद्धान्त के आधार पर भारतीय राष्ट्रीय कांग्रेस की स्थापना, ब्रिटिश सरकार को खतरों से बचाने के लिए थी।" उन्होंने वर्ष 1916 में अपनी पुस्तक 'यंग इंडिया' में 'सेफ्टी वाल्व थ्योरी' का उपयोग किया और कहा कि यह लॉर्ड डफरिन के दिमाग की उपज है।

155. Who among the following said that "Congress is to tottering to its fall and one of my great ambitions while in India is to assist it to a peaceful demise"?/ इनमें से किसने कहा था कि 'कांग्रेस का महल लड़खड़ा रहा है और भारत में रहते हुए मेरी एक बड़ी महत्त्वाकांक्षा यह है कि शांति के साथ इसे मरने में सहयोग दे सकूँ"?

(a) Dufferin/डफरिन
(b) Minto/मिन्टो
(c) Curzon/कर्जन
(d) More than one of the above/उपर्युक्त में से एक से अधिक
(e) None of the above/उपर्युक्त में से कोई नहीं

BPSC TRE 2.0 8/12/2023 (Paper-III)

Ans - (c)

तत्कालीन ब्रिटिश गवर्नर जनरल कर्जन ने कहा था कि "कांग्रेस का महल लड़खड़ा रहा है और भारत में रहते हुए

मेरी एक बड़ी महत्त्वाकांक्षा यह है कि शांति के साथ इसे मरने में सहयोग दे सकूँ"।

156. In which year was the Indian National Congress divided/split for the first time? सर्वप्रथम भारतीय राष्ट्रीय काँग्रेस का विभाजन किस वर्ष हुआ था?
(a) 1905
(b) 1907
(c) 1909
(d) More than one of the above /उपर्युक्त में से एक से अधिक
(e) None of the above/उपर्युक्त में से कोई नहीं

Ans.(b):
सर्वप्रथम भारतीय राष्ट्रीय कांग्रेस का विभाजन 1907 ई. में सूरत अधिवेशन में हुआ था। इसकी अध्यक्षता रास बिहारी घोष ने की। इस अधिवेशन में भारतीय राष्ट्रीय कांग्रेस दो भागों में गरम दल एवं नरम दल के रूप में विभाजित हो गई।

157. मालाबार में मोपला विद्रोह किस वर्ष हुआ था
(a) 1928
(b) 1921
(c) 1926
(d) 1930
(e) उपर्युक्त में से कोई नहीं या उपर्युक्त में से एक से अधिक
In which year did the Moplah rebellion take place in Malabar?
(a) 1928
(b) 1921
(c) 1926
(d) 1930
(e) None of the above or more than one of the above

BPSC LDC (Mains)-2022

Ans. (b):
मालाबार में मोपला विद्रोह सन् 1921 में हुआ था।

158. मालाबार में मोपला विद्रोह किस का परिणाम था?
(a) बारदोली सत्याग्रह
(b) जलियांवाला बाग हत्याकांड
(c) खिलाफत आंदोलन
(d) असहयोग आंदोलन
(e) उपर्युक्त में से कोई नहीं या उपर्युक्त में से एक से अधिक
What was the result of the Moplah rebellion in Malabar?
(a) Bardoli Satyagraha
(b) Jallianwala Bagh massacre
(c) Khilafat Movement
(d) Non-cooperation movement
(e) None of the above or more than one of the above

BPSC AAO 2021

Ans. (c):
केरल के मालाबार क्षेत्र में 1921 में हुए मोपला विद्रोह, खिलाफत आंदोलन का ही परिणाम था, जिसका नेतृत्व खिलाफत नेता 'अली मुसलियार' ने किया तथा इस विद्रोह का समर्थन महात्मा गांधी, मौलाना आजाद व शौकत अली ने भी किया।

159. 1921 में मोपला आंदोलन जो शाखा थी-
(a) खिलाफत आंदोलन की
(b) 1857 के स्वतंत्रता संग्राम की
(c) स्वदेशी आंदोलन की
(d) असहयोग आंदोलन की
(e) उपर्युक्त में से कोई नहीं या उपर्युक्त में से एक से अधिक
The Moplah movement in 1921 was a branch of-
(a) Khilafat Movement
(b) Of the freedom struggle of 1857
(c) Swadeshi movement
(d) Non-cooperation movement
(e) None of the above or more than one of the above

43rd BPSC (Pre) 1999

Ans - (d)
मोपला विद्रोह 1921 ई. में मालाबार तट (आधुनिक केरल) में हुआ, जो मूलतः 1916 में प्रारम्भ काश्तकारों का आंदोलन था। 1921 ई. में असहयोग आन्दोलन के दौरान गांधी जी, मौलाना आजाद और शौकत अली ने मोपला आन्दोलन का समर्थन किया।

160. नगरों में असहयोग आंदोलन के संबंध में निम्नलिखित में से कौन सा कथन सही नहीं है?
1. आंदोलन में केवल उच्च जातियों और अमीरों ने भाग लिया
2. मद्रास की जस्टिस पार्टी द्वारा भी काउंसिल के चुनावों का बहिष्कार किया गया
3. हजारों छात्रों ने सरकारी नियंत्रण वाले स्कूलों को छोड़ दिया, प्रधानाध्यापकों और शिक्षकों ने इस्तीफा दे दिया और वकीलों ने अपनी प्रैक्टिस छोड़ दी

(a) केवल 1 और2
(b) केवल 1 और 3
(c) केवल 2 और 3
(d) उपर्युक्त में से कोई नहीं
(e) उपर्युक्त में से एक से अधिक

Which of the following statements is not correct regarding the non-cooperation movement in cities??
1. Only the upper castes and the rich participated in the movement
2. Council elections were also boycotted by the Justice Party of Madras.
3. Thousands of students left government-controlled schools, principals and teachers resigned and lawyers left their practices.

(a) Only 1 and 2
(b) 1 and 3 only
(c) 2 and 3 only
(d) None of the above
(e) More than one of the above

68 BPSC (Pre)-2022 (12-02-2023)

Ans. (a)

नगरों में असहयोग आन्दोलन के दौरान उच्च जातियाँ ही नहीं बल्कि सभी जाति और धर्म के लोगों के साथ ही धनाढ्य तथा मध्यम वर्ग की भागीदारी महत्वपूर्ण थी। इस आन्दोलन के दौरान हजारों छात्रों ने सरकारी नियंत्रण वाले स्कूलों को छोड़ दिया, प्रधानाध्यापकों और शिक्षकों ने इस्तीफा दे दिया और वकीलों ने अपनी प्रैक्टिस छोड़ दी थी।

161. 1922 में कौन-सी घटना हुई?
(a) असहयोग आंदोलन
(b) चौरी चौरा की घटना
(c) जलियांवाला बाग हत्याकांड
(d) साइमन कमीशन का आगमन
(e) उपर्युक्त में से कोई नहीं या उपर्युक्त में से एक से अधिक

Which event happened in 1922?
(a) Non-cooperation movement
(b) Chauri Chaura incident
(c) Jallianwala Bagh massacre
(d) Arrival of Simon Commission
(e) None of the above or more than one of the above

31 BPSC (J)-2022

Ans. (b):

वर्ष 1922 में असहयोग आन्दोलन के दौरान 5 फरवरी 1922 को चौरी-चौरा (गोरखपुर) में उग्र भीड़ ने एक पुलिस थाने को जला दिया था।

162. रविंद्र नाथ टैगोर ने अपनी 'नाइटहुड' उपाधि किस कारण त्याग दी?
(a) सविनय अवज्ञा आंदोलन का क्रूर दमन
(b) भगत सिंह को फांसी दिया जाना
(c) जलियांवाला बाग हत्याकांड
(d) चौरी चौरा की घटना
(e) उपर्युक्त में से कोई नहीं या उपर्युक्त में से एक से अधिक

Why did Rabindranath Tagore give up his 'Knighthood' title??
(a) Brutal suppression of civil disobedience movement
(b) Hanging of Bhagat Singh
(c) Jallianwala Bagh massacre
(d) Chauri Chaura incident
(e) None of the above or more than one of the above

65th BPSC (Pre) 2019

28th Bihar (J) GS-2014

Ans - (c)

13 अप्रैल, 1919 जलियाँवाला बाग भीषण नरसंहार से रवीन्द्रनाथ टैगोर क्षुब्ध होकर ब्रिटिश सरकार द्वारा दी गई नाइटहुड' की उपाधि वापस कर दी।

163. वर्ष 1919 भारतीय इतिहास से संबंधित है -
(a) कोलकाता से दिल्ली में राजधानी के बदले जाने से
(b) जलियांवाला बाग त्रासदी से
(c) बंगाल विभाजन से
(d) खिलाफत आंदोलन से
(e) उपर्युक्त में से कोई नहीं या उपर्युक्त में से एक से अधिक
The year 1919 belongs to Indian history -
(a) Due to change of capital from Kolkata to Delhi
(b) Jallianwala Bagh tragedy
(c) By the partition of Bengal
(d) From Khilafat movement
(e) None of the above or more than one of the above

38th BPSC (Pre) 1992-93

Ans - (b)
13 अप्रैल, 1919 को पंजाब का प्रसिद्ध जलियांवाला बाग हत्याकाण्ड हुआ।

164. मालाबार में मोपला विद्रोह किसका परिणाम था?
(a) बारदोली सत्याग्रह
(b) जलियांवाला बाग हत्याकांड
(c) खिलाफत आंदोलन
(d) असहयोग आंदोलन
(e) उपर्युक्त में से कोई नहीं या उपर्युक्त में से एक से अधिक
What was the result of the Moplah rebellion in Malabar??
(a) Bardoli Satyagraha
(b) Jallianwala Bagh massacre
(c) Khilafat Movement
(d) Non-cooperation movement
(e) None of the above or more than one of the above

BPSC AE-195
BPSC AAO 2021

Ans. (c):
केरल के मालाबार क्षेत्र में 1921 में हुए मोपला विद्रोह, खिलाफत आंदोलन का ही परिणाम था।

165. निम्नलिखित में से किस आन्दोलन के दौरान हिन्दी को पूरे देश के लिए भाषा के रूप में अपनाया गया था?
(a) असहयोग आन्दोलन
(b) सविनय अवज्ञा आन्दोलन
(c) भारत छोडो आन्दोलन
(d) स्वदेशी आन्दोलन
(e) उपर्युक्त में से कोई नहीं या उपर्युक्त में से एक से अधिक
During which of the following movements Hindi was adopted as the language of the entire country?
(a) Non-Cooperation Movement
(b) Civil Disobedience Movement
(c) Quit India Movement
(d) Swadeshi movement
(e) None of the above or more than one of the above

BPSC DACO 2021

Ans. (a):
असहयोग आन्दोलन के दौरान कांग्रेस ने यह तय किया कि जहाँ तक संभव हो हिंदी को बतौर संपर्क भाषा के रूप में पूरे देश में इस्तेमाल किया जाए।

166. निम्नलिखित में से कौन से महात्मा गांधी के सत्याग्रह के प्रमुख सिद्धांत थे
1. सत्यवादिता 2. अहिंसा
3. निडरता 4. संयम
(a) केवल 1 एवं 2
(b) केवल 2 एवं3
(c) केवल 1 एवं 3
(d) केवल 1, 2 एवं3
(e) उपर्युक्त में से कोई नहीं या उपर्युक्त में से एक से अधिक
Which of the following were the main principles of Mahatma Gandhi's Satyagraha
1. truthfulness 2. Non-violence
3. Fearlessness 4. Restraint
(a) Only 1 and 2
(b) Only 2 and 3
(c) Only 1 and 3
(d) Only 1, 2 and 3
(e) None of the above or more than one of the above

BPSC AAO 2021

Ans. (d) :

महात्मा गांधी ने अपने सत्याग्रह आंदोलनों में प्रमुख सिद्धांतों 1. सत्य 2. अहिंसा 3. निडरता या निर्भयता को महत्वपूर्ण बताया है-

167. 1922 में कौन-सी घटना हुई?
(a) असहयोग आंदोलन का प्रारंभ
(b) चौरी चौरा की घटना
(c) जलियांवाला बाग हत्याकांड
(d) साइमन कमीशन का आगमन
(e) उपर्युक्त में से कोई नहीं या उपर्युक्त में से एक से अधिक
Which event happened in 1922?
(a) Start of non-cooperation movement
(b) Chauri Chaura incident
(c) Jallianwala Bagh massacre
(d) Arrival of Simon Commission
(e) None of the above or more than one of the above

31st Bihar J (Pre) 2020

Ans - (b)

5 फरवरी 1922 ई. को संयुक्त प्रान्त के गोरखपुर जिले में चौरी-चौरा नामक स्थान पर किसानों के एक जुलुस पर गोली चलाए जाने के कारण क्रुद्ध भीड़ ने थाने में आग लगा दी।

168. 1923 में स्वराज पार्टी का गठन किसने किया?
(a) महात्मा गांधी
(b) वल्लभभाई पटेल
(c) सी. आर. दास व मोतीलाल नेहरू
(d) बी. आर. अंबेडकर
(e) उपर्युक्त में से कोई नहीं या उपर्युक्त में से एक से अधिक
Who formed the Swaraj Party in 1923??
(a) Mahatma Gandhi
(b) Vallabhbhai Patel
(c) C.R. Das and Motilal Nehru
(d) B. R. Ambedkar
(e) None of the above or more than one of the above

66th BPSC (Pre) 2020

Ans - (c)

स्वराज पार्टी की स्थापना 1 जनवरी, 1923 ई. को परिवर्तनवादियों का नेतृत्व करते हुए, चितरंजन दास और पंडित मोतीलाल नेहरू ने विठ्ठल भाई पटेल, मदनमोहन मालवीय और एम.आर. जयकार के साथ मिलकर इलाहाबाद में की थी। इसके अध्यक्ष चितरंजन दास और सचिव मोतीलाल नेहरू बनाए गए थे।

169. 1920-22 के असहयोग आंदोलन के दौरान बिहार में प्रचलित मान्यताओं में से एक यह थी कि उनकी जीत होगी, क्योंकि गांधी-
(a) धर्म के प्रतीक थे
(b) एक निपुण राजनीतिज्ञ थे
(c) को अंग्रेजों को हराने का तरीका पता था
(d) अंग्रेजी जानते थे
(e) उपर्युक्त में से कोई नहीं या उपर्युक्त में से एक से अधिक
One of the prevailing beliefs in Bihar during the non-cooperation movement of 1920-22 was that they would win because Gandhi-
(a) were symbols of religion
(b) was an accomplished politician
(c) knew the way to defeat the British
(d) knew English
(e) None of the above or more than one of the above

56th-59th BPSC (Pre) 2015

Ans - (a)

1920-22 के असहयोग आन्दोलन के दौरान बिहार में प्रचलित मान्यताओं में से एक यह थी कि उनकी जीत होगी क्योंकि लोगों का मानना था कि गांधी जी धर्म के प्रतीक है एवं धर्म की ही जीत होगी।

170. 'खिलाफत आंदोलन' किसने प्रारंभ किया?
(a) मौलाना मोहम्मद अली एवं शौकत अली
(b) जवाहरलाल नेहरू
(c) महात्मा गांधी
(d) लाल बहादुर शास्त्री
(e) उपर्युक्त में से कोई नहीं या उपर्युक्त में से एक से अधिक
Who started the 'Khilafat Movement'?
(a) Maulana Mohammad Ali and Shaukat Ali
(b) Jawaharlal Nehru
(c) Mahatma Gandhi
(d) Lal Bahadur Shastri

(e) None of the above or more than one of the above

Bihar (J) GS-2018

30th BPSC सांख्यिकी अधिकारी (प्रा०) परीक्षा-2016

Ans - (a)

प्रथम विश्व युद्ध के बाद ब्रिटिश सरकार ने तुर्की साम्राज्य का विघटन करने का निश्चय से नाराज होकर भारतीय मुसलमान मुहम्मद अली तथा शौकत अली ने खिलाफत आन्दोलन शुरू किया। सितम्बर, 1919 में 'अखिल भारतीय खिलाफत कमेटी' का गठन किया गया। नवम्बर, 1919 को दिल्ली में होने वाले खिलाफत कमेटी के सम्मेलन की अध्यक्षता महात्मा गांधी को प्रदान की गई।

171. सन 1920 ईस्वी की खिलाफत कमेटी की सभा, जिसने गांधीजी को असहयोग आंदोलन के नेतृत्व को संभालने का अनुरोध किया था, वह किस शहर में हुई थी?

(a) लखनऊ
(b) लाहौर
(c) इलाहाबाद
(d) कराची
(e) उपर्युक्त में से कोई नहीं या उपर्युक्त में से एक से अधिक

In which city was the meeting of the Khilafat Committee of 1920 AD, which requested Gandhiji to take over the leadership of the non-cooperation movement, held??

(a) Lucknow
(b) Lahore
(c) Allahabad
(d) Karachi
(e) None of the above or more than one of the above

39th BPSC (Pre) 1994

Ans - (c)

गांधी जी ने 1920 में खिलाफत कमेटी को अंग्रेजी हुकुमत के खिलाफ असहयोग आंदोलन प्रारम्भ करने की सलाह दी। 9 जून, 1920 को खिलाफत कमेटी ने इलाहाबाद में इस सलाह को स्वीकार किया।

172. असहयोग आंदोलन की स्थगन संबंधी घटनाओं का सही क्रम इंगित करें-

1. चोरी चोरा में पुलिस गोलीकांड
2. उग्र भीड़ द्वारा पुलिस थाने को जलाना
3. गांधी जी द्वारा आंदोलन का स्थगन
4. गांधीजी की गिरफ्तारी

निम्नलिखित कूटों में से अपना उत्तर चुने-

(a) 1, 2, 3 एवं 4
(b) 2, 1, 3 एवं 4
(c) 4,1, 2 एवं 3
(d) 2, 1, 4 एवं 3
(e) उपर्युक्त में से कोई नहीं या उपर्युक्त में से एक से अधिक

Indicate the correct sequence of events related to suspension of non-cooperation movement.-

1. Police firing in Chori Chora
2. Burning of police station by angry mob
3. Suspension of the movement by Gandhiji
4. Arrest of Gandhiji

Choose your answer from the following codes-

(a) 1, 2, 3 and 4
(b) 2, 1, 3 and 4
(c) 4, 1, 2 and 3
(d) 2, 1, 4 and 3
(e) None of the above or more than one of the above

40th BPSC (Pre) 1995

Ans - (a)

क्रम इस प्रकार है:

1. 5 फरवरी, 1922 को चौरी-चौरा में कांग्रेस और खिलाफत का जुलूस
2. कुछ पुलिसवालों द्वारा दुर्व्यवहार, उसके बाद जुलूस में शामिल एक जत्थे द्वारा पुलिस पर हमला, पुलिस ने गोली चलायी, उत्तेजित भीड़ ने थाने में आग लगा दिया
3. गांधी जी द्वारा 12 फरवरी, 1922 को असहयोग आंदोलन स्थगित
4. गाँधी जी को जेल।

173. अखिल भारतीय खिलाफत सम्मेलन जो कि 1919 में हुआ उसका अध्यक्ष किसे चुना गया था?

(a) महात्मा गांधी
(b) जवाहरलाल नेहरू
(c) शौकत अली
(d) एस. सी. बोस
(e) उपर्युक्त में से कोई नहीं या उपर्युक्त में से एक से अधिक

Who was elected president of the All India Khilafat Conference held in 1919??

(a) Mahatma Gandhi
(b) Jawaharlal Nehru
(c) Shaukat Ali
(d) S. C. Bose
(e) None of the above or more than one of the above

43 BPSC (Pre) 1999

Ans - (a)

नवम्बर 1919 को आल इंडिया खिलाफत कॉन्फ्रेंस की एक बैठक बुलाई और इसके अध्यक्ष गांधी जी बनाये गये।

174. अमृतसर के जलियांवाला बाग में भीड़ का दमन हुआ-

(a) 1 जून, 1918
(b) 13 अप्रैल, 1919
(c) 14 अप्रैल, 1920
(d) 6 जुलाई, 1921
(e) उपर्युक्त में से कोई नहीं या उपर्युक्त में से एक से अधिक

The crowd was suppressed in Jallianwala Bagh of Amritsar-

(a) June 1, 1918
(b) April 13, 1919
(c) April 14, 1920
(d) July 6, 1921
(e) None of the above or more than one of the above

46th BPSC (Pre) 2003-04
BPSC AE-2001 (Paper III)

Ans - (b)

13 अप्रैल 1919 को डॉ. सत्यपाल तथा सैफुद्दीन किचलू के गिरफ्तारी के विरोधस्वरूप अमृतसर के जलियांवाला बाग नामक स्थान पर एक सभा का आयोजन किया गया था, जनरल डायर के आदेश पर गोलियां चलवाने के कारण भारी संख्या में लोग मारे गये।

175. रॉलेक्ट एक्ट कब पास हुआ था?

(a) 1919 (b) 1920
(c) 1921 (d) 1922
(e) उपर्युक्त में से कोई नहीं या उपर्युक्त में से एक से अधिक

When was the Rowlatt Act passed??

(a) 1919 (b) 1920
(c) 1921 (d) 1922
(e) None of the above or more than one of the above

48th-52nd BPSC (Pre) 2007-08

Ans - (a)

सर सिडनी रॉलेट की अध्यक्षता वाली समिति की सिफारिश के आधार पर 1919 में रॉलेट एक्ट को पास किया गया।

176. गाँधीजी ने असहयोग-आन्दोलन कब प्रारम्भ किया?

(a) 1920 (b) 1919
(c) 1921 (d) 1922
(e) उपर्युक्त में से कोई नहीं या उपर्युक्त में से एक से अधिक

When did Gandhiji start the non-cooperation movement?started?

(a) 1920 (b) 1919
(c) 1921 (d) 1922
(e) None of the above or more than one of the above

48th-52nd BPSC (Pre) 2007-08
53d-55th BPSC (Pre) 2011
44th BPSC (Pre) 2000-01

Ans-(a)

गाँधी जी द्वारा 1 अगस्त, 1920 को असहयोग आंदोलन प्रारम्भ किया गया था।

177. जलियांवाला बाग में प्रदर्शन के लिए क्यों लोग जमा हुए थे?

(a) गांधीजी और लाजपत राय की गिरफ्तारी के प्रति विरोध प्रदर्शन करने
(b) किचलू तथा सत्यपाल के बंदी बनाने के विरोध में प्रदर्शन करने
(c) वैशाखी की प्रार्थना के लिए
(d) पंजाब सरकार के अमानवीयय कार्यकलापों के प्रति विरोध प्रकट करने
(e) उपर्युक्त में से कोई नहीं या उपर्युक्त में से एक से अधिक

Why did people gather for demonstration in Jallianwala Bagh??

(a) To protest against the arrest of Gandhiji and Lajpat Rai
(b) To protest against the arrest of Kitchlu and Satyapal

(c) For Vaisakhi prayers
(d) To express protest against the inhumane activities of the Punjab Government.
(e) None of the above or more than one of the above

48th-52nd BPSC (Pre) 2007-08

Ans - (b)
13 अप्रैल, 1919 को पंजाब के स्थानीय नेता डॉ. सैफुद्दीन किचलू तथा सत्यपाल के गिरफ्तारी के विरोध स्वरूप प्रदर्शन करने हेतु बड़ी संख्या में लोग जलियांवाला बाग में एकत्र हुए थे।

178. महात्मा गांधी ने खिलाफत आंदोलन का समर्थन क्यों किया?
(a) खलीफा ने क्रांतिकारियों को शरण दी थी
(b) गांधीजी ने अंग्रेजो के खिलाफ अपने आंदोलन में भारतीय मुसलमानों का सहयोग प्राप्त करना चाहा था
(c) खलीफा ने भारत के स्वतंत्रता आंदोलन का समर्थन किया
(d) खलीफा गांधी जी के अच्छे मित्र थे
(e) उपर्युक्त में से कोई नहीं या उपर्युक्त में से एक से अधिक

Why did Mahatma Gandhi support the Khilafat movement?
(a) The Caliph had given shelter to the revolutionaries.
(b) Gandhiji wanted to get the support of Indian Muslims in his movement against the British.
(c) Caliph supported India's independence movement
(d) Khalifa was a good friend of Gandhiji.
(e) None of the above or more than one of the above

48th-52 BPSC (Pre) 2007-08

Ans - (b)
महात्मा गाँधी जी द्वारा अंग्रेजों के खिलाफ अपने आंदोलन में भारतीय मुसलमानों के सहयोग प्राप्त करने के उद्देश्य से ही खिलाफत आंदोलन का समर्थन किया था।

179. इस घटना के बाद महात्मा गांधी ने असहयोग आंदोलन को अपनी 'हिमालय जैसी भूल' बताई थी?
(a) चौरी-चौरा
(b) खेड़ा सत्याग्रह
(c) नागपुर सत्याग्रह
(d) राजकोट सत्याग्रह
(e) उपर्युक्त में से कोई नहीं या उपर्युक्त में से एक से अधिक

After this incident, did Mahatma Gandhi call the non-cooperation movement as his 'Himalaya-like mistake'?
(a) Chauri-Chaura
(b) Kheda Satyagraha
(c) Nagpur Satyagraha
(d) Rajkot Satyagraha
(e) None of the above or more than one of the above

56th-59th BPSC (Pre) 2015

Ans - (a)
उत्तर प्रदेश के गोरखपुर जिले में स्थित चौरी-चौरा नामक स्थान पर 5 फरवरी, 1922 को पुलिस के 23 जवानों को थाने के अंदर जिंदा जला दिया गया। इससे आहत होकर गाँधीजी ने असहयोग आंदोलन वापस ले लिया और चौरी-चौरा को हिमालय जैसी भूल बताया था.

180. जलियांवाला बाग नरसंहार किस गांधीवादी सत्याग्रह के संबंध में हुआ?
(a) स्वदेशी सत्याग्रह
(b) रोलेट सत्याग्रह
(c) बारदोली सत्याग्रह
(d) वैयक्तिक सत्याग्रह
(e) उपर्युक्त में से कोई नहीं या उपर्युक्त में से एक से अधिक

Jallianwala Bagh massacre took place in connection with which Gandhian Satyagraha??
(a) Swadeshi Satyagraha
(b) Roulette Satyagraha
(c) Bardoli Satyagraha
(d) Individual Satyagraha
(e) None of the above or more than one of the above

64th BPSC (Pre) 2018-19

Ans - (b)
रौलेट एक्ट के विरूद्ध सत्याग्रह चलाने के लिए फरवरी, 1919 में गाँधी जी ने 'सत्याग्रह सभा' की स्थापना की। 9 अप्रैल, 1919 को अमृतसर में एक विशाल जुलूस

निकाला गया जिसका नेतृत्त्व डॉ. सत्यपाल और डॉ. किचलू ने किया। 10 अप्रैल को दोनों नेताओं को गिरफ्तार कर लिया गया। इसके विरोध में जलियांवाला बाग में एक सभा का आयोजन 13 अप्रैल, 1919 को हुआ, जिस पर जनरल डायर ने गोली चलवाई और हजारों सत्याग्रही शहीद हो गए।

181. ब्रिटिश शासन काल में किस कानून के अंतर्गत लोगों को बिना उचित सुनवाई के बंदी बनाने की अनुमति थी?

(a) रॉलेक्ट एक्ट
(b) 1870 का सिटीजन एक्ट
(c) हिंदू कोड बिल
(d) इल्बर्ट बिल
(e) उपर्युक्त में से कोई नहीं या उपर्युक्त में से एक से अधिक

Under which law during the British rule was it allowed to detain people without proper trial??

(a) Rowlatt Act
(b) Citizen Act of 1870
(c) Hindu Code Bill
(d) Ilbert Bill
(e) None of the above or more than one of the above

28th Bihar (J) GS-2014

Ans - (a)

मार्च, 1919 को पास हुए विधेयक रौलेट एक्ट के द्वारा अंग्रेजी सरकार जिसको चाहे, जब चाहे, बिना मुकदमा चलाये जेल में बंद रख सकती थी, इसीलिए इस कानून को बिना वकील, बिना अपील, बिना दलील का कानून कहा गया।

182. चौरी-चौरा की घटना कब घटित हुई?

(a) 5 फरवरी, 1922
(b) 26 जनवरी, 1857
(c) 15 अगस्त, 1857
(d) 25 दिसंबर, 1925
(e) उपर्युक्त में से कोई नहीं या उपर्युक्त में से एक से अधिक

When did the Chauri Chaura incident occur??

(a) February 5, 1922
(b) 26 January, 1857
(c) August 15, 1857
(d) 25 December, 1925
(e) None of the above or more than one of the above

30 Bihar (J) GS-2018

Ans - (a)

चौरी-चौरा की घटना 5 फरवरी 1922 को संयुक्त प्रान्त के गोरखपुर जिले में चौरी-चौरा नामक स्थान पर घटित हुई।

183. रॉलेक्ट एक्ट का भारतीय राष्ट्रीय कांग्रेस ने विरोध किया, क्योंकि इसका लक्ष्य था-

(a) वैयक्तिक स्वतंत्रता को सीमित करना
(b) भारतीय राष्ट्रीय कांग्रेस को प्रतिबंधित करना
(c) सांप्रदायिक प्रतिनिधित्व को विस्तृत करना
(d) देशद्रोह के आरोप में राष्ट्रीय नेताओं को बंदी बनाना
(e) उपर्युक्त में से कोई नहीं या उपर्युक्त में से एक से अधिक

The Rowlatt Act was opposed by the Indian National Congress because it aimed at-

(a) Limiting personal freedom
(b) Banning the Indian National Congress
(c) To widen communal representation
(d) Imprisoning national leaders on charges of treason
(e) None of the above or more than one of the above

41st BPSC (Pre) 1996

Ans - (a)

सर सिडनी रॉलेट की अध्यक्षता में गठित कमेटी की सिफारिश पर मार्च, 1919 को लागू किए गए रोलेट एक्ट में की गयी व्यवस्था के अनुसार मजिस्ट्रेटों के पास यह अधिकार था कि वह किसी भी संदेहास्पद व्यक्ति को गिरफ्तार करके उस पर मुकदमा चला सकता है। साथ ही उसे अनिश्चित काल तक के लिए जेल भेजा सकता है। इस एक्ट को बिना अपील, बिना दलील तथा बिना वकील का कानून भी कहा गया। इसे काला अधिनियम एवं आतंकवादी अपराध अधिनियम के नाम से भी जाना जाता है।

184. किस घटना के कारण गांधी जी ने असहयोग आंदोलन वापस लिया था?

(a) काकोरी कांड
(b) चौरी-चौरा कांड
(c) जलियांवाला बाग कांड

(d) मुजफ्फरपुर कांड
(e) उपर्युक्त में से कोई नहीं या उपर्युक्त में से एक से अधिक

Due to which incident did Gandhiji withdraw the non-cooperation movement?
(a) Kakori incident
(b) Chauri-Chaura incident
(c) Jallianwala Bagh incident
(d) Muzaffarpur incident
(e) None of the above or more than one of the above

46th (d) मुजफ्फरपुर काण्ड BPSC (Pre) 2003-04

Ans - (b)

चौरी-चौरा काण्ड 5 फरवरी, 1922 को हुआ। 12 फरवरी को बारदोली में महात्मा गांधी ने कांग्रेस कार्य समिति की बैठक में हिंसात्मक रूख अपना लेने के कारण असहयोग आंदोलन को समाप्त करने का प्रस्ताव रखा।

185. फरवरी 1922 ईस्वी में पुलिस चौकी में आग लगाने की घटना से संबंधित 'चौरी-चौरा' किस राज्य में हुआ?
(a) राजस्थान
(b) मध्य प्रदेश
(c) बिहार
(d) उत्तर प्रदेश
(e) उपर्युक्त में से कोई नहीं या उपर्युक्त में से एक से अधिक

In which state 'Chauri-Chaura' related to the incident of setting fire to the police post in February 1922 AD took place?
(a) Rajasthan
(b) Madhya Pradesh
(c) Bihar
(d) Uttar Pradesh
(e) None of the above or more than one of the above

67th BPSC (Pre)2022

Ans. (d):

5 फरवरी, 1922 को गोरखपुर जिले (उ.प्र.) के चौरी-चौरा नामक स्थान पर पुलिस तथा प्रदर्शनकारियों के बीच मुठभेड़ हो गया, जिसकी वजह से वहीं की उग्र भीड़ ने एक पुलिस थाने को आग के हवाले कर दिया।

186. किस घटना ने गांधीजी को भारत के स्वतंत्रता संग्राम के क्षेत्र में लाकर खड़ा किया?
(a) रोलेट अधिनियम
(b) जलियांवाला बाग हत्याकांड
(c) मोंटेग्यू चेम्सफोर्ड सुधार अधिनियम
(d) बाल गंगाधर तिलक की मृत्यु
(e) उपर्युक्त में से कोई नहीं या उपर्युक्त में से एक से अधिक

Which incident brought Gandhiji into the field of India's freedom struggle??
(a) Rowlatt Act
(b) Jallianwala Bagh massacre
(c) Montague Chelmsford Reform Act
(d) Death of Bal Gangadhar Tilak
(e) None of the above or more than one of the above

BPSCसांख्यिकी अधिकारी (प्री.) परीक्षा-2016

Ans - (b)

पंजाब के लोकप्रिय नेता डॉ. किचलू व डॉ. सत्यपाल के गिरफ्तारी के विरोध में जलियांवाला बाग में हो रही सभा पर जनरल डायर ने गोली चलवा दिया। इसी घटना के बाद गाँधीजी ने अपने असहयोग आंदोलन की शुरूआत की।

187. 'ब्रिटिश का भर्ती सार्जेंट' की उपाधि प्रथम विश्व युद्ध के दौरान सरकार को अपना सहयोग देने के कारण किसने प्राप्त की?
(a) मोतीलाल नेहरू
(b) महात्मा गांधी
(c) गोपाल कृष्ण गोखले
(d) मदन मोहन मालवीय
(e) उपर्युक्त में से कोई नहीं या उपर्युक्त में से एक से अधिक

Who received the title of 'British Recruiting Sergeant' for his support to the government during the First World War?
(a) Motilal Nehru
(b) Mahatma Gandhi
(c) Gopal Krishna Gokhale
(d) Madan Mohan Malviya
(e) None of the above or more than one of the above

BPSC CDPO 2021

Ans. (b)

ब्रिटिश का भर्ती सार्जेन्ट की उपाधि प्रथम विश्व युद्ध के दौरान सरकार को अपना सहयोग देने के कारण महात्मा गाँधी को दी गई।

188. स्वराज दल की स्थापना ------ असफलता के बाद हुई?
(a) असहयोग आंदोलन
(b) सविनय अवज्ञा आंदोलन
(c) रॉलेक्ट बिल सत्याग्रह
(d) चंपारण सत्याग्रह
(e) उपर्युक्त में से कोई नहीं या उपर्युक्त में से एक से अधिक

Swaraj Dal was established after failure of ?
(a) Non-cooperation movement
(b) Civil Disobedience Movement
(c) Rowlatt Bill Satyagraha
(d) Champaran Satyagraha
(e) None of the above or more than one of the above

60th-62nd BPSC (Pre) 2016-17

Ans - (a)
स्वराज पार्टी का गठन 1923 को असहयोग आन्दोलन की असफलता के बाद हुआ था।

189. स्वराज दल की स्थापना किसने की?
(a) तिलक एवं चितरंजन दास
(b) गांधी एवं मोतीलाल नेहरू
(c) गांधी एवं तिलक
(d) चितरंजन दास एवं मोतीलाल नेहरू
(e) उपर्युक्त में से कोई नहीं या उपर्युक्त में से एक से अधिक

Who founded Swaraj Dal??
(a) Tilak and Chittaranjan Das
(b) Gandhi and Motilal Nehru
(c) Gandhi and Tilak
(d) Chittaranjan Das and Motilal Nehru
(e) None of the above or more than one of the above

53-55 BPSC (Pre) 2011

Ans - (d)
जनवरी 1923 में चितरंजन दास एवं मोतीलाल नेहरू ने इलाहाबाद में स्वराज पार्टी की स्थापना की।

190. स्वराज आम जनता के लिए होना चाहिए केवल खास वर्गों के लिए नहीं, के प्रसिद्ध सूत्र की घोषणा की-
(a) सी. आर. दास ने
(b) सी. राजगोपालाचारी ने
(c) मोतीलाल नेहरू ने
(d) गोपीनाथ साहा ने
(e) उपर्युक्त में से कोई नहीं या उपर्युक्त में से एक से अधिक

Swaraj should be for the general public and not only for special classes, declared the famous formula of-
(a) C.R. The servant
(b) C. Rajagopalachari
(c) Motilal Nehru
(d) Gopinath Saha
(e) None of the above or more than one of the above

42nd BPSC (Pre) 1997-98

Ans - (a)
सी. आर. दास की मान्यता थी कि स्वराज, जनसामान्य हेतु होना चाहिए न कि केवल कुलीन एवं अभिजात्य वर्ग हेतु।

191. 1923 ईस्वी में स्वराज पार्टी का गठन एक समूह के रूप में इनमें से किस संगठन में से हुआ था?
(a) आर.एस. एस.
(b) कांग्रेस
(c) मुस्लिम लीग
(d) प्रजा स्वतंत्र पार्टी
(e) उपर्युक्त में से कोई नहीं या उपर्युक्त में से एक से अधिक

In 1923 AD, Swaraj Party was formed as a group out of which of the following organizations??
(a) R. S. S.
(b) Congress
(c) Muslim League
(d) Praja Swatantra Party
(e) None of the above or more than one of the above

Bihar CDPO (प्रा.) परीक्षा-2005

Ans - (b)
कांग्रेस में एक नई विचार धारा ने मार्च 1923 में स्वराज पार्टी के स्थापना में भूमिका निभायी तथा विधान सभाओं में प्रवेश कर असहयोग की नीति को अपनाया।

192. भारतीय राष्ट्रीय कांग्रेस द्वारा किस दिन को 'पूर्ण स्वराज दिवस' घोषित किया गया था?
(a) 26- 01-1930
(b) 15-08-1947
(c) 30-01-1948
(d) 31-12-1950
(e) उपर्युक्त में से कोई नहीं या उपर्युक्त में से एक से अधिक
Which day was declared as 'Purna Swaraj Day' by the Indian National Congress?
(a) 26- 01-1930
(b) 15-08-1947
(c) 30-01-1948
(d) 31-12-1950
(e) None of the above or more than one of the above

66th BPSC (Pre) 2020

Ans - (a)

31 दिसम्बर, 1929 की अर्द्धरात्रि के समय रावी नदी के तट पर भारतीय स्वतंत्रता का प्रतीक तिरंगा झंडा फहराया गया था। इसी दिन 26 जनवरी, 1930 को राष्ट्र के प्रथम स्वतंत्रता दिवस के रूप में मनाने का निश्चय किया गया था तथा 26 जनवरी को पूर्ण स्वराज दिवस के रूप में घोषित किया गया।

193. भारतीय स्वतंत्रता संग्राम के बारे में निम्नलिखित में से कौन-सा कथन सही नहीं है?
(a) वर्ष 1921 में महात्मा गांधी को गिरफ्तार कर लिया गया था
(b) चौरी-चौरा कांड के कारण गांधी जी ने असहयोग आंदोलन से हाथ खींच लिया था (c) गांधी जी ने अपना पहला प्रमुख सार्वजनिक भाषण बनारस हिंदू विश्वविद्यालय में दिया था
(d) उपर्युक्त में से एक से अधिक
(e) उपर्युक्त में से कोई नहीं
Which of the following statements is not correct about the Indian freedom struggle??
(a) Mahatma Gandhi was arrested in the year 1921
(b) Due to Chauri-Chaura incident, Gandhiji had withdrawn from the non-cooperation movement.
(c) Gandhiji gave his first major public speech in Banaras Hindu University.
(d) More than one of the above
(e) None of the above

68th BPSC (Pre)-2022 (12-02-2023)

Ans. (a):

10 अप्रैल, 1919 को अंग्रेजों द्वारा पहली बार गाँधी जी को गिरफ्तार किया गया।

194. किस आंदोलन में गांधीजी ने करो या मरो का नारा दिया?
(a) चंपारण सत्याग्रह
(b) असहयोग आंदोलन
(c) सविनय अवज्ञा आंदोलन
(d) भारत छोड़ो आंदोलन
(e) उपर्युक्त में से कोई नहीं या उपर्युक्त में से एक से अधिक
In which movement did Gandhiji give the slogan of do or die??
(a) Champaran Satyagraha
(b) Non-cooperation movement
(c) Civil Disobedience Movement
(d) Quit India Movement
(e) None of the above or more than one of the above

31th BPSC (J)-2022

Ans. (d):

1942 ई. के भारत छोड़ो आन्दोलन के दौरान महात्मा गांधी द्वारा 'करो या मरो' का नारा दिया गया था।

195. 1920 के मध्य में हिंदुस्तानी सेवा दल की शुरुआत किसने की?
(a) जवाहरलाल नेहरू
(b) सुभाष चंद्र बोस
(c) एन.एस, हार्डिकर
(d) एन.जी. रंगा
(e) उपर्युक्त में से कोई नहीं या उपर्युक्त में से एक से अधिक
Who started the Hindustani Seva Dal in the mid-1920s?
(a) Jawaharlal Nehru
(b) Subhash Chandra Bose
(c) N. S. hardikar
(d) N.G.Ranga
(e) None of the above or more than one of the above

65th BPSC (Pre) Re-exam 2019

Ans - (c)

1 जनवरी, 1924 में एन.एस, हार्डिकर के नेतृत्व में हिन्दुस्तानी सेवा दल का गठन हुआ। यह भारतीय राष्ट्रीय कांग्रेस का जमीनी संगठन है।

196. जमशेदपुर मजदूर संगठन की स्थापना 1920 में किसने की?
(a) एस.एन.हलदर
(b) व्योमकेश चक्रवर्ती
(c) रमेश पाल
(d) स्वामी विश्वानंद
(e) उपर्युक्त में से कोई नहीं या उपर्युक्त में से एक से अधिक

Who founded the Jamshedpur Mazdoor Sangathan in 1920?
(a) S. N. Haldar
(b) Vyomkesh Chakraborty
(c) Ramesh Pal
(d) Swami Vishwananda
(e) None of the above or more than one of the above

65th BPSC (Pre) Re-exam 2019

Ans - (a)

जमशेदपुर लेबर एसोसिएशन की स्थापना 1920 में एस.एन. हलदर द्वारा किया गया था।

197. ट्रेड यूनियन आंदोलन के क्रांतिकारी चरण का समय था
(a) 1939-45
(b) 1926-39
(c) 1918-26
(d) 1914-18
(e) उपर्युक्त में से कोई नहीं है / उपर्युक्त में से एक से अधिक

The time of the revolutionary phase of the trade union movement was
(a) 1939-45
(b) 1926-39
(c) 1918-26
(d) 1914-18
(e) None of the above / More than one of the above

48th-52 BPSC (Pre) 2007-08

Ans - (b)

ट्रेड यूनियन आंदोलन का क्रांतिकारी चरण 1926- 39 तक माना जा सकता है।

198. बलदेव सहाय ने महाधिवक्ता के पद से त्यागपत्र कब दिया
(a) 1942
(b) 1943
(c) 1913
(d) 1911
(e) उपर्युक्त में से कोई नहीं है / उपर्युक्त में से एक से अधिक

When did Baldev Sahay resign from the post of Advocate General?
(a) 1942
(b) 1943
(c) 1913
(d) 1911
(e) None of the above / More than one of the above

48-52nd BPSC (Pre) 2007-08

Ans - (a)

9 अगस्त, 1942 में भारत छोड़ो आंदोलन में अंग्रेजों ने काफी बर्बर तरीके से जनता के ऊपर कार्यवाही और बड़े नेताओं को गिरफ्तार कर लिया गया। इसी के विरोध स्वरूप बिहार के महाधिवक्ता बलदेव सहाय ने त्यागपत्र (1942) दे दिया।

199. मुंबई में अखिल भारतीय व्यापार संघ कांग्रेस (AITUC) की स्थापना कब हुई?
(a) 1920
(b) 1925
(c) 1929
(d) 1935
(e) उपर्युक्त में से कोई नहीं है / उपर्युक्त में से एक से अधिक

When was All India Trade Union Congress (AITUC) established in Mumbai??
(a) 1920
(b) 1925
(c) 1929
(d) 1935
(e) None of the above / More than one of the above

47th BPSC (Pre) 2004-05

Ans - (a)

अंतर्राष्ट्रीय श्रम सम्मेलनों में प्रतिनिधित्व के उद्देश्य से अखिल भारतीय व्यापार संघ कांग्रेस (AITUC) की स्थापना 1920 में की गई। इसका पहला सम्मेलन 31 अक्टूबर, 1920 को बम्बई में लाला लाजपत राय की अध्यक्षता में हुआ।

200. किसने 1921 में पहली बार 'पूर्ण स्वतंत्रता' की मांग को उठाया?

(a) मौलाना मोहम्मद अली
(b) पंडित जवाहरलाल नेहरू
(c) महात्मा गांधी
(d) मौलाना हसरत मोहनी
(e) उपर्युक्त में से कोई नहीं है / उपर्युक्त में से एक से अधिक

Who raised the demand for 'complete independence' for the first time in 1921??

(a) Maulana Mohammad Ali
(b) Pandit Jawaharlal Nehru
(c) Mahatma Gandhi
(d) Maulana Hasrat Mohini
(e) None of the above / More than one of the above

56th-59th BPSC (Pre) 2015

Ans - (d)

कांग्रेसी नेता हसरत मोहानी ने 1921 में कांग्रेस के अहमदाबाद अधिवेशन (अध्यक्षता अजमल खां) में पहली बार पूर्ण स्वराज्य (Complete Independence) की मांग की थी।

201. 'ऑल इंडिया ट्रेड यूनियन कांग्रेस' का प्रथम अध्यक्ष कौन था?

(a) वी.वी. गिरी
(b) एस.ए. डांगे
(c) पंडित नेहरू
(d) लाला लाजपत राय
(e) उपर्युक्त में से कोई नहीं है / उपर्युक्त में से एक से अधिक

Who was the first president of 'All India Trade Union Congress'??

(a) V.V. kernel
(b) S. A. Dange
(c) Pandit Nehru
(d) Lala Lajpat Rai
(e) None of the above / More than one of the above

47th BPSC (Pre) 2004-05

Ans - (d)

ऑल इण्डिया ट्रेड यूनियन कांग्रेस की स्थापना 1920 में चम्बई में की गई थी। इसके पहले अध्यक्ष गरम दल के लाला लाजपतराय थे, जिन्होंने 31 अक्टूबर, 1920 को बम्बई अधिवेशन की अध्यक्षता की थी।

202. अगस्त, 1923 के बनारस हिंदू महासभा के अधिवेशन की अध्यक्षता की-

(a) स्वामी श्रद्धानंद
(b) राजेंद्र प्रसाद
(c) लाला लाजपत राय
(d) पंडित मदन मोहन मालवीय
(e) उपर्युक्त में से कोई नहीं है / उपर्युक्त में से एक से अधिक

Presided over the session of Banaras Hindu Mahasabha in August, 1923-

(a) Swami Shraddhanand
(b) Rajendra Prasad
(c) Lala Lajpat Rai
(d) Pandit Madan Mohan Malviya
(e) None of the above / More than one of the above

43 BPSC (Pre) 1999 6

Ans - (a)

हिन्दू महासभा की स्थापना 23 फरवरी, 1915 ई. को हरिद्वार के कुम्भ मेले में पण्डित मदन मोहन मालवीय ने की थी। 1923 ई. में इसकी बैठक बनारस में हुई वहां इसकी अध्यक्षता करने का श्रेय स्वामी श्रद्धानन्द जी को है।

203. The Non-Cooperation Movement was suspended in ? असहयोग आन्दोलन को निलम्बित किया गया था

(a) 1921
(b) 1922
(c) 1923
(d) More than one of the above /उपर्युक्त में से एक से अधिक
(e) None of the above/उपर्युक्त में से कोई नहीं

BPSC TRE 2.0 7/12/2023 Shift-II (Paper-III)

Ans. (b)

असहयोग आंदोलन को चौरी-चौरी काण्ड के पश्चात वर्ष 1922 में निलम्बित किया गया था।

204. निम्नलिखित में से असहयोग आन्दोलन में भाग लेने वाले खेतिहरों की प्रमुख माँग कौन-सी थी?
(a) राजस्व में कमी
(b) बेगार का उन्मूलन
(c) वन क्षेत्रों में अपने पशुओं को चराने, ईंधन की लकड़ी तथा फल इकट्ठा करने हेतु खेतिहरों का प्रवेश खोलना
(d) उपर्युक्त में से एक से अधिक
(e) उपर्युक्त में से कोई नहीं
Which of the following was the main demand of the farmers participating in the non-cooperation movement?
(a) Decrease in revenue
(b) Abolition of forced labor
(c) Opening the entry of farmers to the forest areas for grazing their animals, collecting fuel wood and fruits.
(d) More than one of the above
(e) None of the above

BPSC School Teacher 2023 (Paper II) Shift-1

Ans. (d)
असहयोग आंदोलन में भाग लेने वाले किसानों की प्रमुख माँग राजस्व में कमी करना, बेगारी का उन्मूलन करना तथा जमींदारों का बहिष्कार किया जाना था। आदिवासी खेतिहरों ने वन क्षेत्रों में अपने पशुओं को चराने, ईंधन की लकड़ी तथा फल इकट्ठा करने हेतु वनों में प्रवेश की अनुमति की माँग की।

205. Which ideology is not related with National Movement?/किस विचारधारा का राष्ट्रीय आंदोलन से कोई संबंध नहीं है?
(a) Gandhian /गाँधीवादी
(b) Moderate /उदारवादी
(c) Communist /साम्यवादी
(d) More than one of the above / उपर्युक्त में से एक से अधिक
(e) None of the above / उपर्युक्त में से कोई नहीं

BPSC TRE 2.0 18/12/2023 (Paper-II)

Ans. (e)
तीनों विचारधाराओं – साम्यवादी, गाँधीवादी, उदारवादी का संबंध राष्ट्रीय आन्दोलन। से रहा है।

206. Who was the 'political guru' of Mahatma Gandhi? महात्मा गाँधी का 'राजनीतिक गुरू' कौन था?
(a) Dadabhai Naoroji / दादाभाई नौरोजी
(b) M. G. Ranade /एम.जी. रानाडे
(c) Surendranath Banerjea / सुरेन्द्रनाथ बनर्जी
(d) More than one of the above/उपर्युक्त में से एक से अधिक
(e) None of the above/उपर्युक्त में से कोई नहीं

BPSC TRE 2.0 7/12/2023 Shift-II (Paper-III)

Ans. (e)
महात्मा गाँधी के राजनीतिक गुरु गोपाल कृष्ण गोखले थे।

207. In which Congress Session was the Resolution on Non-Cooperation Movement adopted? किस काँग्रेस सत्र में असहयोग आन्दोलन का संकल्प लिया गया?
(a) Nagpur Session/नागपुर सत्र
(b) Lucknow Session/लखनऊ सत्र
(c) Surat Session/सूरत सत्र
(d) More than one of the above / उपर्युक्त में से एक से अधिक
(e) None of the above/उपर्युक्त में से कोई नहीं

BPSC TRE2.0 SST 6th to 8th (9 Dec, 2023)

Ans. (a):
काँग्रेस के नागपुर सत्र में दिसम्बर (1920 ई.) असहयोग आन्दोलन संकल्प पारित का किया गया था। इस सत्र में असहयोग आन्दोलन से सम्बद्ध प्रस्ताव सी. आर. दास. ने रखा था।

208. Which Session of the Indian National Congress was presided over by Mahatma Gandhi? / भारतीय राष्ट्रीय काँग्रेस के किस सत्र की महात्मा गाँधी ने अध्यक्षता की थी?
(a) Gaya, 1922/गया, 1922
(b) Belgaon, 1924/बेलगाँव, 1924
(c) Lucknow, 1916/लखनऊ, 1916
(d) More than one of the above उपर्युक्त में से एक से अधिक
(e) None of the above / उपर्युक्त में से कोई नहीं

BPSC TRE2.0 SST 6th to 8th (9 Dec, 2023)

Ans. (b) :

भारतीय राष्ट्रीय काँग्रेस के बेलगाँव सत्र 1924 की महात्मा गाँधी ने अध्यक्षता की थी।

209. During the Non-Cooperation Movement of 1920 AD, who was a strong opponent of the principle of boycott of the Legislative Council?
1920 ई. के असहयोग आन्दोलन के दौरान काँग्रेस के विधान परिषदों के बहिष्कार के सिद्धांत का कौन प्रबल विराधी था?
(a) Motilal Nehru/मोतीलाल नेहरू
(b) Chittaranjan Das/चित्तरंजन दास
(c) Lala Lajpat Rai/लाला लाजपत राय
(d) More than one of the above उपर्युक्त में से एक से अधिक
(e) None of the above/उपर्युक्त में से कोई नहीं

BPSC TRE2.0 SST 6th to 8th (9 Dec, 2023)

Ans. (d):

1920 ई. के असहयोग आन्दोलन के दौरान काँग्रेस के विधान परिषदों के बायकाट का विरोध चित्तरंजन दास के अलावा लाला लाजपत राय, एनी वेसेन्ट, विपिन चन्द्र पाल, मदन मोहन मालवीय एवं मुहम्मद अली जिन्ना ने भी किया।

मोती लाल नेहरू एवं अली बन्धुओं ने विधान परिषद के बायकाट का समर्थन किया।

210. भारतीय राष्ट्रीय काँग्रेस की प्रथम महिला अध्यक्ष कौन थीं?
(a) सरोजिनी नायडू
(b) एनी बेसेंट
(c) इंदिरा गाँधी
(d) अरुणा आसफ अली

BSSC Second Graduate Level (Pre) Exam 23.02.2015

Ans.(b):
भारतीय राष्ट्रीय कांग्रेस की प्रथम महिला अध्यक्ष श्रीमति एनी बेसेंट थीं। जिन्होंने 1917 में कोलकाता अधिवेशन की अध्यक्षता की.

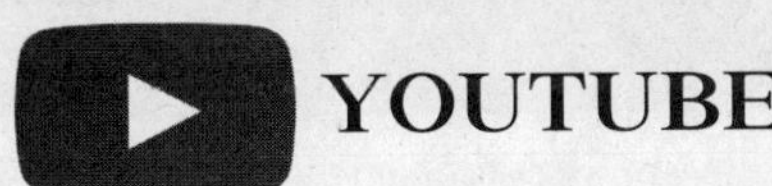